律师执业研修文丛

# 建设工程
# 施工合同
## 法律结构解析

董建福 ◎ 编著

知识产权出版社

全国百佳图书出版单位

—北 京—

图书在版编目（CIP）数据

建设工程施工合同法律结构解析 / 董建福编著. —北京：知识产权出版社，2022.8
（律师执业研修文丛）
ISBN 978 - 7 - 5130 - 8247 - 1

Ⅰ. ①建… Ⅱ. ①董… Ⅲ. ①建筑工程—工程施工—合同法—法律解释—中国
Ⅳ. ①D923.65

中国版本图书馆 CIP 数据核字（2022）第 124581 号

策划编辑：齐梓伊　　　　　　　　　　　责任校对：王　岩
责任编辑：秦金萍　　　　　　　　　　　责任印制：刘译文
封面设计：智兴设计室·索晓青

## 建设工程施工合同法律结构解析

董建福　编著

| | |
|---|---|
| 出版发行：知识产权出版社 有限责任公司 | 网　　址：http://www.ipph.cn |
| 社　　址：北京市海淀区气象路 50 号院 | 邮　　编：100081 |
| 责编电话：010 - 82000860 转 8176 | 责编邮箱：1195021383@qq.com |
| 发行电话：010 - 82000860 转 8101/8102 | 发行传真：010 - 82000893/82005070/82000270 |
| 印　　刷：天津嘉恒印务有限公司 | 经　　销：新华书店、各大网上书店及相关专业书店 |
| 开　　本：720mm×1000mm　1/16 | 印　　张：43.25 |
| 版　　次：2022 年 8 月第 1 版 | 印　　次：2022 年 8 月第 1 次印刷 |
| 字　　数：684 千字 | 定　　价：178.00 元 |

ISBN 978 - 7 - 5130 - 8247 - 1

这是一份迟到的礼物。2020 年 9 月我的孩子董慕田开始上小学，本书是我送给孩子董慕田的上学礼物。愿他在以后的学习中师法曾文正公，坚持"人但有恒，事无不成"的"尚拙"精神，在持续的努力中日日精进！

晚睡一点，早起一点，勉强自己一点！

| 简 目 |

# |目　录|

## 第一章

# 建设工程施工合同及相关问题概述

随着城镇化建设的推进，建筑业已经成为国民经济的重要组成部分，在促进经济发展、推动就业方面发挥了重要作用。建筑业在国民经济中处于承上启下的地位，关联行业众多，涉及房地产开发行业、建筑材料行业、机械行业等。所以，建设工程施工合同案件往往涉及房地产开发、商品房买卖、以物抵债纠纷、施工机械的租赁、建筑材料的买卖，法律关系盘根错节。建筑业作为房地产开发的下游产业受国家宏观调控的影响较大，近年来房地产企业、建筑施工企业破产情况时有出现，工程烂尾导致拖欠工程款、材料款的情况时有发生。因为建筑行业与房地产开发行业的联系十分紧密，当前大多拖欠工程款纠纷都与房地产开发企业的破产清算及建设工程的转让相关。笔者认为，在系统介绍建设工程施工合同时，很有必要将在建建筑物的物权及转让、建设工程施工与房地产开发的关系进行简要阐述。

## 第一节　建设工程施工合同概述

在建设工程施工合同的法律体系中，调整建设工程施工合同最早的法律法规是《中华人民共和国建筑法》（以下简称《建筑法》）、《建设工程质量管理条例》、原《中华人民共和国合同法》①（以下简称原《合同法》）。随着建设工程施工合同案件的逐渐增多，最高人民法院为了适应新形势，曾出台了《最高人民法院关于建设工程价款优先受偿权问题的批复》《最高人民法院关于审理建设工程施工合同纠纷案件适用法律问题的解释》以及《最高人民法院关于审理建设工程施工合同纠纷案件适用法律问题的解释（二）》，这三部司法解释曾是审理建设工程施工合同纠纷案件的重要法律依据。《中华人民共和国民法典》（以下简称《民法典》）颁布后，为了适应建设工程施工合同案件专业性强、事实认定复杂、审理期限较长的特点，最高人民法院将以上三部司法解释进行整理，并于2020年12月29日发布了《最高人民法院关于审理建设工程施工合同纠纷案件适用法律问题的解释（一）》（以下简称《建工解释（一）》），以回应现实的需要。

## 一、建设工程合同与建设工程施工合同

《民法典》第788条规定："建设工程合同是承包人进行工程建设，发包人支付价款的合同。建设工程合同包括工程勘察、设计、施工合同。"由此可以确定，建设工程施工合同的概念是建设工程合同的子概念，建设工程施工合同包含在建设工程合同的外延内。

### （一）建设工程的范围

《建设工程质量管理条例》第2条规定："凡在中华人民共和国境内从事建设工程的新建、扩建、改建等有关活动及实施对建设工程质量监督管理的，必须遵守本条例。本条例所称建设工程，是指土木工程、建筑工程、线路管道和设备安装工程及装修工程。"

### （二）建设工程与建筑工程的区别

在法律、行政法规等规范性文件中经常出现"建设工程"和"建筑工程"的概念，但是建设工程和建筑工程在法律上的定义是不同的。《建筑法》第2条规定：在中华人民共和国境内从事建筑活动，实施对建筑活动的监督

---

① 《中华人民共和国民法典》自2021年1月1日起施行，《中华人民共和国合同法》同时废止，并被《民法典》部分吸收。

管理，应当遵守本法。本法所称建筑活动，是指各类房屋建筑及其附属设施的建造和与其配套的线路、管道、设备的安装活动。《建筑法》第2条规定中的建筑工程，是指具有顶盖、梁柱和墙壁，供人民生产、生活等使用的建筑物，[①] 包括厂房、剧院、旅馆、商店、学校、医院和住宅等，其中的"附属设施"是指与房屋建筑配套的水塔、自行车棚、水池等。"线路、管道、设备的安装"是指与房屋建筑及其附属设施相配套的电器，给排水、通信、电梯等线路、管道、设备的安装活动。所以，建筑工程一般包括三种：一是房屋建筑；二是房屋建筑的附属设施；三是房屋建筑配套的线路、管道、设备的安装。《建设工程质量管理条例》第2条第2款规定："本条例所称建设工程，是指土木工程、建筑工程、线路管道和设备安装工程及装修工程。"由此不难得出以下结论，建设工程的外延包含了建筑工程，建筑工程是建设工程的子概念。

（三）建设工程施工合同的简述

1. 建设工程施工合同的分类

根据《建筑业企业资质管理规定》第5条的规定，建筑业企业资质分为施工总承包资质、专业承包资质、施工劳务资质三个序列。建设工程施工合同最主要的分类标准是按照承包人的资质进行划分，建设工程施工合同一般分为施工总承包合同、专业承包合同、施工劳务合同三类合同。

2. 建设工程施工合同主体的范围

建设工程施工合同的主体包括发包人与承包人。目前我国的法律对建设工程施工合同的发包人并无民事主体的限制，任何民事主体只要符合条件，就可以成为建设工程施工合同的发包人。《建筑法》对建设工程施工合同主体的规范主要是围绕建设工程施工合同的承包人，本书认为有必要在第一章概述部分对建设工程施工合同的承包人进行简要介绍，而对建设工程的发包人，本书将在第三章中予以阐释。

《民法典》第791条规定："发包人可以与总承包人订立建设工程合同，也

---

① 常设中国建设工程法律论坛第八工作组：《中国建设工程施工合同法律全书条文释义与实务指引》，法律出版社2019年版，第653页。

可以分别与勘察人、设计人、施工人订立勘察、设计、施工承包合同。发包人不得将应当由一个承包人完成的建设工程支解成若干部分发包给数个承包人。总承包人或者勘察、设计、施工承包人经发包人同意，可以将自己承包的部分工作交由第三人完成。第三人就其完成的工作成果与总承包人或者勘察、设计、施工承包人向发包人承担连带责任。承包人不得将其承包的全部建设工程转包给第三人或者将其承包的全部建设工程支解以后以分包的名义分别转包给第三人。禁止承包人将工程分包给不具备相应资质条件的单位。禁止分包单位将其承包的工程再分包。建设工程主体结构的施工必须由承包人自行完成。"《建筑法》第26条规定："承包建筑工程的单位应当持有依法取得的资质证书，并在其资质等级许可的业务范围内承揽工程。禁止建筑施工企业超越本企业资质等级许可的业务范围或者以任何形式用其他建筑施工企业的名义承揽工程。禁止建筑施工企业以任何形式允许其他单位或者个人使用本企业的资质证书、营业执照，以本企业的名义承揽工程。"《建筑法》第29条规定："建筑工程总承包单位可以将承包工程中的部分工程发包给具有相应资质条件的分包单位；但是，除总承包合同中约定的分包外，必须经建设单位认可。施工总承包的，建筑工程主体结构的施工必须由总承包单位自行完成。建筑工程总承包单位按照总承包合同的约定对建设单位负责；分包单位按照分包合同的约定对总承包单位负责。总承包单位和分包单位就分包工程对建设单位承担连带责任。禁止总承包单位将工程分包给不具备相应资质条件的单位。禁止分包单位将其承包的工程再分包。"施工劳务，又称劳务作业分包，是指施工总承包企业或者专业承包企业将其承包工程中的劳务作业发包给施工劳务企业完成的行为。根据住房和城乡建设部《建筑业企业资质标准》（建市〔2014〕159号）对施工劳务序列不分类别和等级，只要满足了该标准第49条规定的施工劳务企业资质标准，均可承担各类施工劳务作业。[①] 通过对以上法律规定的梳理，本书对建设工程施工总承包、建设工程施工专业承包、施工劳务之间的相互关系，总结出以下三个方面：

---

① 常设中国建设工程法律论坛第八工作组：《中国建设工程施工合同法律全书条文释义与实务指引》，法律出版社2019年版，第182页。

（1）建设工程施工主体的资质要求。所有建设工程施工主体必须是有相应资质的单位，只能在相应的资质范围内承揽业务，任何个人都不具备建设工程施工的主体资格。禁止建筑施工企业超越本企业资质等级许可的业务范围或者以任何形式借用其他建筑施工企业的名义承揽工程。

（2）建设工程施工合同的总承包人、专业承包人对建设工程质量的责任承担。建设工程的发包人（一般是业主方）与建设工程施工总承包人签订建设工程施工总承包合同，建设工程总承包人在总包范围内承担质量责任。专业承包人对专业承包项目的工程质量与总承包人对发包人承担连带责任。

（3）建设工程施工总承包、专业承包、施工劳务的关系。建设工程总承包方可以将建设工程的专业部分及劳务部分进行分包，但建设工程主体部分不得分包（钢结构除外）。除建设工程施工合同另有约定外，专业承包必须经过发包人同意，但施工劳务可以不经发包人同意。建设工程施工的发包人（一般是业主方）也可以直接与专业承包人签订建设工程专业承包合同进行平行发包。专业承包单位不得将自己承包的专业工程再次分包，但专业承包工程中的劳务部分可以再分包给施工劳务承包人。建设工程施工的总承包人可以与施工劳务承包人签订施工劳务合同，建设工程的专业承包人也可以与施工劳务承包人签订施工劳务合同。建设工程施工劳务合同与建设工程专业承包合同属于不同的法律关系，建设工程专业承包将承包范围里的施工劳务进行分包不属于建设工程再行分包，建设工程专业承包中的劳务部分分包可不经发包人同意。

（四）建设工程施工合同的特点

1. 建设工程施工合同应当采用书面形式

《民法典》第 469 条第 1 款规定："当事人订立合同，可以采用书面形式、口头形式或者其他形式。"《民法典》第 789 条规定："建设工程合同应当采用书面形式。"建设工程施工合同涉及社会利益和公共安全，建设工程的施工行为是国家行政机关监管的对象，所以对工程建设的质量控制、进度控制、费用控制等是承发包双方当事人的社会责任。同时，因为建设工程项目金额大、履行期长、可变因素多，权利、义务关系复杂多变，所以采用书面形式有利于承发包人双方权利、义务的保障。但是，在司法实践中存在大量已经开始施工，但未签订书面建设工程施工合同的情况，对于此种施工行为，合同是否成立存在争议。但根据《民法典》第490条第2款规定："法律、行政法规规定或者当事人约定合同应当采用书面形式订立，当事人未采用书面形式但是一方已经履行主要义务，对方接受时，该合同成立。"因此，对于已经施工的工程，应认定合同已经成立。

2. 建设工程施工合同的签订程序及内容

按照是否符合法定的招标投标形式，建设工程施工合同可划分为必须招标投标的建设工程施工合同和非必须招标投标的建设工程施工合同，两种方式订立合同，均包括要约、承诺两个过程。对于采用招标投标程序签订的建设工程施工合同，招标、投标各阶段在《民法典》中均有不同的法律性质。招标文件是要约邀请，投标文件是要约，中标通知书是承诺，但招标人向中标人发出中标通知书是否就意味着建设工程施工合同成立，这个问题在实践中存在巨大的争议。

《民法典》第789条规定："建设工程合同应当采用书面形式。"《中华人民共和国招标投标法》（以下简称《招标投标法》）第46条第1款规定："招标人和中标人应当自中标通知书发出之日起三十日内，按照招标文件和中标人的投标文件订立书面合同。招标人和中标人不得再行订立背离合同实质性内容的其他协议。"根据以上规定，有观点认为，既然将签订书面建设工程施工合同作为合同成立的条件，那么只要中标人拒不签订书面合同，建设工程施工合同就未成立。因建设工程施工合同未成立，此时中标人拒不签订书面合同将不导致中标人违约责任的产生。然而，根据《建工解释（一）》第22条规定："当事人签订的建设工程施工合同与招标文件、投标文件、中标通知书载明的工程范围、建设工期、工程质量、工程价款不一致，一方当事人请求将招标文件、投标文件、中标通知书作为结算工程价款的依据的，人民法院应予支持。"这条司法解释确立了招标文件、投标文件、中标通知书为结算依据的规则，但并未将书面的建设工程施工合同作为结算依据，言外之意，经过招标投标程序，经开标、评标过程，一旦定标，发出中标通知书，便意味着承诺的生效。《民法典》第483条规定："承诺生效时合同成立，但是法律另有规定或者当事人另有约定的除外。"所以，建设工程施工合同成立应当是中标通知书发出时。中标通知书发出后，中标人与发包人签订的书面建设工程施工合同仅仅是对权利、义务等合同内容作出进一步的文字确认。

3. 主管部门提供示范文本供选择使用

建设工程施工是一项复杂的系统工程，发包人与承包人权利、义务关系复杂，建设工程施工合同履行过程中不确定性因素较多。为了指导当事人对建设工程施工合同的签约和履行，减少合同履行中的纠纷，国家主管部门分别于 1999 年、2013 年、2017 年印发了三版《建设工程施工合同（示范文本）》，供当事人签订合同时选择参考。除 2013 年版《建设工程施工合同（示范文本）》明确废止外，目前依然适用的为 1999 年版和 2017 年版《建设工程施工合同（示范文本）》。《建设工程施工合同（示范文本）》由建设主管部门推荐使用，并不具有强制性。《民法典》第 470 条第 2 款规定："当事人可以参照各类合同的示范文本订立合同。"2008 年《江苏省高级人民法院关于审理建设工程施工合同纠纷案件若干问题的意见》第 8 条规定："建设工程合同生效后，当事人对有关内容没有约定或者约定不明确的，可以协议补充；不能达成补充协议的，按照合同有关条款或者参照国家建设部和国家工商总局联合推行的《建设工程施工合同（示范文本）》的通用条款确定。"所以，《建设工程施工合同（示范文本）》在司法实践和工程实践中具有重要的参考意义。本书将大量引用 2017 年版《建设工程施工合同（示范文本）》的内容，在章节中针对相应的通用合同条款予以解读。下面首先从 2017 年版《建设工程施工合同（示范文本）》的篇章结构进行介绍。

（1）《建设工程施工合同（示范文本）》的组成。《建设工程施工合同（示范文本）》由合同协议书、通用合同条款和专用合同条款三部分组成。

一是合同协议书。合同协议书共计 13 条，主要包括：工程概况、合同工期、质量标准、签约合同价和合同价格形式、项目经理、合同文件构成、承诺以及合同生效条件等重要内容，集中约定了合同当事人基本的合同权利义务。在建设工程施工合同的构成文件中，协议书的解释在顺序上优先于其他合同文件。对于通过招标投标签订的建设工程施工合同的合同协议书中填写的内容应与投标文件、中标通知书等招投标文件的实质性内容保持一致，避免协议与中标通知书实质性内容相背离，产生"黑白合同"的问题，进而影响合同效力。

二是通用合同条款。通用合同条款是合同当事人根据《建筑法》、原《合同法》等法律法规的规定，就工程建设的实施及相关事项，对合同当事人的权利义务作出的原则性约定。通用合同条款共计 20 条，具体条款分别为：一般约定、发包人、承包人、监理人、工程质量、安全文明施工与环境保护、工期和进度、材料与设备、试验与检验、变更、价格调整、合同价格、计量与支付、验收和工程试车、竣工结算、缺陷责任与保修、违约责任、不可抗力、保险、索赔和争议解决。使用 2017 年版《建设工程施工合同（示范文本)》时，原则上合同当事人不应直接修改通用条款，但可以在专用合同条款中进行相应补充。

三是专用合同条款。专用合同条款是合同当事人根据具体工程特点，在不违反法律规定的前提下，根据不同建设工程的特点及具体情况，在双方协商的基础上对通用合同条款相对应的部分进行细化、完善、补充、修改或另行约定，专用合同条款体现合同当事人的意思自治。

（2）2017 年版《建设工程施工合同（示范文本)》的性质和适用范围。2017 年版《建设工程施工合同（示范文本)》为非强制性使用文本，由建设工程施工合同当事人选择适用。它可以适用于房屋建筑工程、土木工程、线路管道和设备安装工程、装修工程等建设工程的施工承发包活动，合同当事人可结合建设工程具体情况，据此订立合同，并按照法律法规规定和合同约定承担相应的法律责任及合同权利义务。

（3）建设工程施工合同文件构成。依照 2017 年版《建设工程施工合同（示范文本)》合同协议书第 6 条约定，协议书与下列文件一起构成合同文件：①中标通知书（如果有）；②投标函及其附录（如果有）；③专用合同条款及其附件；④通用合同条款；⑤技术标准和要求；⑥图纸；⑦已标价工程量清单或预算书；⑧其他合同文件。在合同订立及履行过程中形成的与合同有关的文件均构成合同文件组成部分。2017 年版《建设工程施工合同（示范文本)》通用合同条款第 1.1.1.1 目约定："合同：是指根据法律规定和合同当事人约定具有约束力的文件，构成合同的文件包括合同协议书、中标通知书（如果有）、投标函及其附录（如果有）、专用合同条款及其附件、通用合同条款、技术标准和要求、图纸、已标价工程量清单或预算书以及其他合同文件。"

（4）建设工程施工合同文件解释规则。依照 2017 年版《建设工程施工合同（示范文本）》通用合同条款第 1.5 款约定，组成合同的各项文件应互相解释，互为说明。除专用合同条款另有约定外，解释合同文件的优先顺序如下：①合同协议书；②中标通知书（如果有）；③投标函及其附录（如果有）；④专用合同条款及其附件；⑤通用合同条款；⑥技术标准和要求；⑦图纸；⑧已标价工程量清单或预算书；⑨其他合同文件。上述各项合同文件包括合同当事人就该项合同文件所作出的补充和修改，属于同一类内容的文件，应以最新签署的为准。在合同订立及履行过程中形成的与合同有关的文件均构成合同文件组成部分，并根据其性质确定优先解释顺序。也就是说，合同文件的优先顺序，实际上是解决当不同合同文件内容不一致及产生冲突时，应以哪个合同文件为准的问题。

（五）建设工程施工合同与一般承揽合同的关系

《民法典》第 3 编第 18 章"建设工程合同"第 808 条规定："本章没有规定的，适用承揽合同的有关规定。"《民法典》第 770 条规定："承揽合同是承揽人按照定作人的要求完成工作，交付工作成果，定作人支付报酬的合同。承揽包括加工、定作、修理、复制、测试、检验等工作。"《民法典》第 788 条第 1 款规定："建设工程合同是承包人进行工程建设，发包人支付价款的合同。"所以，建设工程施工合同是特殊的承揽合同，这两类合同的联系主要存在以下四个方面。

1. 承包人或承揽人应当基于信任，独立完成主要工作任务

《民法典》第 772 条第 1 款规定："承揽人应当以自己的设备、技术和劳力，完成主要工作，但是当事人另有约定的除外。"承揽合同的承揽人违反此项义务，根据《民法典》第 772 条第 2 款规定："承揽人将其承揽的主要工作交由第三人完成的，应当就该第三人完成的工作成果向定作人负责；未经定作人同意的，定作人也可以解除合同。"《民法典》第 791 条第 2 款规

定："总承包人或者勘察、设计、施工承包人经发包人同意，可以将自己承包的部分工作交由第三人完成。第三人就其完成的工作成果与总承包人或者勘察、设计、施工承包人向发包人承担连带责任。承包人不得将其承包的全部建设工程转包给第三人或者将其承包的全部建设工程支解以后以分包的名义分别转包给第三人。"《建筑法》第 29 条第 1 款规定："建筑工程总承包单位可以将承包工程中的部分工程发包给具有相应资质条件的分包单位；但是，除总承包合同中约定的分包外，必须经建设单位认可。施工总承包的，建筑工程主体结构的施工必须由总承包单位自行完成。"上述法律规定的立法本意在于体现承揽人或承包人应当独立完成主要工作，不得将主要工作转包。《民法典》第 806 条第 1 款规定："承包人将建设工程转包、违法分包的，发包人可以解除合同。"所以，建设工程施工合同的承包人及承揽合同的承揽人应遵循承包人或承揽人独立自主完成主要工作任务的原则。建设工程施工合同的承包人或承揽人违反此项义务，发包人或承揽人可以解除合同。

2. 合同当事人应当具有相互协作的义务

承揽合同是基于信任而签订的，它隐含着承揽合同的根本属性，即信赖和协作。承揽合同的主体包括承揽人和定作人，承揽人应当按照定作人提出的要求进行工作。定作人与承揽人之间是基于信任订立合同的，彼此协作才能完成承揽任务。建设工程施工合同作为特殊的承揽合同也建立在相互信任的基础上，只有发包人和承包人相互协助才能适当地履行合同的全部义务。《民法典》第 778 条规定："承揽工作需要定作人协助的，定作人有协助的义务。定作人不履行协助义务致使承揽工作不能完成的，承揽人可以催告定作人在合理期限内履行义务，并可以顺延履行期限；定作人逾期不履行的，承揽人可以解除合同。"《民法典》第 806 条第 2 款规定："发包人提供的主要建筑材料、建筑构配件和设备不符合强制性标准或者不履行协助义务，致使承包人无法施工，经催告后在合理期限内仍未履行相应义务的，承包人可以解除合同。"总之，在履行承揽合同和建设工程施工合同时，当事人应当相互协作，协作是这两种合同的根本属性，违反这种义务，将构成根本性违约，守约方均有权解除合同。

3. 建设工程施工合同的承包人对承建工程不享有留置权

《民法典》第 447 条规定："债务人不履行到期债务，债权人可以留置已经合法占有的债务人的动产，并有权就该动产优先受偿。前款规定的债权人为留置权人，占有的动产为留置财产。"但是，留置权仅仅适用于动产。《民法典》赋予承揽人对承揽活动工作成果享有留置权。《民法典》第 783 条规定："定作人未向承揽人支付报酬或者材料费等价款的，承揽人对完成的工作成果享有留置权或者有权拒绝交付，但是当事人另有约定的除外。"这是承揽合同中承揽人享有定作物留置权的法律根据。虽然建设工程施工合同属于特殊的承揽合同，但留置权不适用于不动产，而建设工程属于不动产，不属于留置权的客体。所以，建设工程施工合同的承包人不享有留置权。特别是根据《民法典》的规定，建设工程施工合同的承包人享有建设工程价款优先受偿权，该优先受偿权优先于留置权和抵押权，所以对承包人而言，在建设工程上设定担保物权没有意义。

4. 承揽合同的任意解除权不适用于建设工程施工合同

《民法典》第 787 条规定："定作人在承揽人完成工作前可以随时解除合同，造成承揽人损失的，应当赔偿损失。"根据这条规定，承揽合同的定作人享有任意解除权。《民法典》第 808 条规定："本章没有规定的，适用承揽合同的有关规定。"建设工程施工合同的发包人是否享有任意解除权？《民法典》以及《建工解释（一）》对于这个问题，都没有明确的规定。但是，建设工程施工合同本质上属于承揽合同，根据《民法典》第 808 条的规定，在没有特殊规定的情况下，建设工程施工合同适用承揽合同的规定。所以关于建设工程施工合同的发包人是否享有定作人的任意解除权在实践中存在争议。对于这个问题，最高人民法院认为，在建设工程施工合同中，仅以合同性质否定发包人的任意解除权，理由并不充分。但是，因为建设工程施工合同标的额通常较高，而且除了合同双方一致意思表示外，建设工程施工合同的成立和生效还需要受到招标投标制度和资质管理制度的规范，所以应当对建设工程施工合同发包人的任意解除权作出适当限制。① 因此，对建设工程施工合同发包人的任意解除权应当进行限制，建设工程施工合同的解除权应当适用《民法典》第563条②法定解除权的一般规定，以及《民法典》第806条的特殊规定，即"承包人将建设工程转包、违法分包的，发包人可以解除合同。发包人提供的主要建筑材料、建筑构配件和设备不符合强制性标准或者不履行协助义务，致使承包人无法施工，经催告后在合理期限内仍未履行相应义务的，承包人可以解除合同。合同解除后，已经完成的建设工程质量合格的，发包人应当按照约定支付相应的工程价款；已经完成的建设工程质量不合格的，参照本法第七百九十三条③的规定处理"。

## 二、建设工程施工合同纠纷相关案件的管辖权规则

### （一）专属管辖是建设工程施工合同及相关案件确定管辖权的一般原则

1. 建设工程施工合同纠纷案件适用专属管辖

2015年2月4日施行的《最高人民法院关于适用〈中华人民共和国民事诉讼法〉的解释》（以下简称《民事诉讼法解释》④）将建设工程施工合同纠纷案件的管辖划分为两个阶段。2015年版《民事诉讼法解释》施行前，建设工程施工合同纠纷按照一般合同纠纷确定地域管辖。而对合同履行地的认定是依据2005年施行的《最高人民法院关于审理建设工程施工合同纠纷案件适

---

① 最高人民法院民法典贯彻实施工作领导小组主编：《中华人民共和国民法典合同编理解与适用（三）》，人民法院出版社2020年版，第1900页。
② 《民法典》第563条规定："有下列情形之一的，当事人可以解除合同：（一）因不可抗力致使不能实现合同目的；（二）在履行期限届满前，当事人一方明确表示或者以自己的行为表明不履行主要债务；（三）当事人一方迟延履行主要债务，经催告后在合理期限内仍未履行；（四）当事人一方迟延履行债务或者有其他违约行为致使不能实现合同目的；（五）法律规定的其他情形。以持续履行的债务为内容的不定期合同，当事人可以随时解除合同，但是应当在合理期限之前通知对方。"
③ 《民法典》第793条规定："建设工程施工合同无效，但是建设工程经验收合格的，可以参照合同关于工程价款的约定折价补偿承包人。建设工程施工合同无效，且建设工程经验收不合格的，按照以下情形处理：（一）修复后的建设工程经验收合格的，发包人可以请求承包人承担修复费用；（二）修复后的建设工程经验收不合格的，承包人无权请求参照合同关于工程价款的约定折价补偿。发包人对因建设工程不合格造成的损失有过错的，应当承担相应的责任。"
④ 如无特别指出，本书所涉及的《民事诉讼法解释》为2022年修正版。

用法律问题的解释》第 24 条规定："建设工程施工合同纠纷以施工行为地为合同履行地。"因此，2015 年版《民事诉讼法解释》生效前，建设工程施工合同纠纷所涉施工行为地的法院只是具有管辖权的法院之一，不能排除其他法院管辖。该司法解释施行后，才在其第 28 条针对《中华人民共和国民事诉讼法》（以下简称《民事诉讼法》①）第 34 条第 1 项规定的不动产纠纷由不动产所在地人民法院专属管辖作了解释："不动产纠纷是指因不动产的权利确认、分割、相邻关系等引起的物权纠纷。农村土地承包经营合同纠纷、房屋租赁合同纠纷、建设工程施工合同纠纷、政策性房屋买卖合同纠纷，按照不动产纠纷确定管辖。不动产已登记的，以不动产登记簿记载的所在地为不动产所在地；不动产未登记的，以不动产实际所在地为不动产所在地。"因此，2015 年版《民事诉讼法解释》施行后，建设工程施工合同纠纷的管辖权为专属管辖，管辖法院是建设工程所在地法院。立法者作出如此设计，主要是因为建设工程施工合同涉及招标投标、工程验收、资料备案、司法鉴定、建设工程价款优先权行使、执行拍卖等方面，由建设工程所在地法院管辖建设工程施工合同纠纷，更便于审理和后期执行。

2. 建设工程施工合同纠纷相关案件中适用专属管辖的范围

建设工程施工合同纠纷由不动产纠纷所在地人民法院专属管辖，但是"建设工程合同纠纷"下一级案由包括"建设工程施工合同纠纷"在内的数个案由，"建设工程合同纠纷"下一级案由中的其他案由是否也适用于专属管辖，在司法实践中存在不同的理解。有观点认为，建设工程施工合同纠纷范围应仅指《民事案件案由规定》的第 115 个第三级案由"115. 建设工程合同纠纷"项下的第三个第四级案由，即"建设工程施工合同纠纷"。但是，最高人民法院认为，应当按照不动产纠纷由不动产所在地人民法院专属管辖的建设工程施工合同纠纷，不限于《民事案件案由规定》的"建设工程合同纠纷"项下的第三个第四级案由"建设工程施工合同纠纷"，而是应当包括"建设工程合同纠纷"项下的建设工程施工相关的案件：建设工程施工合同纠纷、建设工程价款优先受偿权纠纷、建设工程分包合同纠纷、建设工程监

---

① 本书涉及多个版本《民事诉讼法》相关内容，如无特殊说明皆指 2021 年修正版。

理合同纠纷、装饰装修合同纠纷、铁路修建合同纠纷、农村建房施工合同纠纷。[①] 简言之，按照最高人民法院的意见，以上七类案件均由建设工程所在地人民法院专属管辖。

（二）建设工程施工合同纠纷特定情形下的管辖权

1. 未开工的建设工程施工合同适用专属管辖

建设工程施工合同签订后，但未实际开工建设，因合同解除、赔偿损失等引发的纠纷，以及要求返还履约保证金的纠纷是否适用专属管辖存在争议。笔者认为，将建设工程施工合同纠纷规定为专属管辖，主要是考虑在建设工程所在地管辖案件，便于审理和后期执行，节省诉讼成本和司法资源。虽然建设工程尚未开工建设，但与建设施工有关的工作都是围绕着建设工程所在地展开的，如招投标活动、施工机械的租赁、劳务人员的组织、原材料的采购、行政审批及各种保证金的缴纳。所以从节省诉讼成本、统一裁判规则、便于执行的角度来看，未开工的建设工程施工合同涉及的合同解除、赔偿损失、履约保证金的返还，也应当适用专属管辖。

2. 建设工程结算协议书中约定管辖的处理

建设工程施工合同纠纷由建设工程所在地人民法院专属管辖。但如果当事人就涉诉工程达成结算协议书，是否可以不受专属管辖的限制？在实务中一般存在两种不同的观点。第一种观点认为，双方当事人达成结算协议书的，纠纷的性质转化为欠款，按照欠款关系确定管辖，可以由双方当事人协议约定管辖。特别是在双方当事人对于结算协议数额已经没有争议的情况下，没有必要再回到基础法律关系中去处理。第二种观点认为，结算协议书的基础来源于建设工程施工合同，应当以基础法律关系确定案件的管辖法院，故仍应按建设工程施工合同关系确定管辖。笔者同意第二种观点，理由如下文所述。

在一个案件中可能存在多种法律关系，但总存在一个基础法律关系，这个基础法律关系是人民法院确定案件案由的根据。《最高人民法院关于审理民间借贷案件适用法律若干问题的规定》第 14 条规定："原告以借据、收

---

① 高民智："关于民诉法解释中有关管辖若干问题的理解与适用"，载《人民法院报》，2015 年 8 月 27 日，第 5 版。

据、欠条等债权凭证为依据提起民间借贷诉讼，被告依据基础法律关系提出抗辩或者反诉，并提供证据证明债权纠纷非民间借贷行为引起的，人民法院应当依据查明的案件事实，按照基础法律关系审理。当事人通过调解、和解或者清算达成的债权债务协议，不适用前款规定。"这条司法解释明确了如果原告起诉的法律关系与基础法律关系不一致，被告依据基础法律关系提出抗辩，人民法院应当依据查明的案件事实，按照基础法律关系审理。建设工程结算协议书在建设工程施工中虽然具有相对独立的地位，但也仅仅是建设工程施工合同中价款的结算，其基础法律关系仍为建设工程施工合同。建设工程结算协议书的生效甚至是履行完毕并不代表着建设工程施工合同的最终履行完毕。建设工程价款的结算协议并不影响施工方质量保证责任的继续履行，一般建设工程施工合同价款履行完毕应该在缺陷责任期满后，但此时承包人应当继续承担相应质量保证责任，建设工程施工合同继续履行。《最高人民法院关于审理民间借贷案件适用法律若干问题的规定》第14条第2款中的"调解、和解或者清算达成的债权债务协议"与结算协议书是不同的，结算协议书并不是对建设工程施工合同的权利义务履行的最后清理，而仅仅是承发包双方对工程价款的最终合意。如果结算协议书能够约定管辖法院，那么这与法律将建设工程施工合同设定为专属管辖的立法目的相违背。所以，建设工程结算协议书作为建设工程施工合同基础法律关系的一部分，不能突破专属管辖的限制，仍应由建设工程施工地人民法院确定管辖。

3. 工程款债权转让的管辖确定

承包人将其对发包人的工程款债权转让给第三人的，该债权的管辖法院是否按照《民事诉讼法》一般管辖原则处理在司法实践中也存在争议。工程款债权转让合同是债权人与出让人就原建设工程施工合同债权而订立的转让合同，工程款转让的债权人是原建设工程施工合同债权的继受主体，工程款债权转让标的是原建设工程施工合同的债权。因为建设工程施工合同工程款债权转让纠纷实质上并非针对债权转让行为，而是由原建设工程施工合同的权利义务关系形成的，所以仍应按原建设工程施工合同的案由确定专属管辖，而不能以债权转让为由规避。江苏省高级人民法院的部分法官也持此种观点："由于债权转让后，债务人对原权利人的抗辩可以对抗受让人，故仍系围绕建设工程的事项所展开，应根据原建设工程施工合同法律关系确定管辖。"①

4. 实际施工人不受总承包合同约定仲裁条款管辖的约束

建设工程施工合同纠纷具有特殊性，涉及利益主体众多，尤其需要注意保护处于弱势地位的建筑工人的权益。《建工解释（一）》第43条规定："实际施工人以转包人、违法分包人为被告起诉的，人民法院应当依法受理。实际施工人以发包人为被告主张权利的，人民法院应当追加转包人或者违法分包人为本案第三人，在查明发包人欠付转包人或者违法分包人建设工程价款的数额后，判决发包人在欠付建设工程价款范围内对实际施工人承担责任。"这条司法解释赋予实际施工人突破合同相对性直接向发包人主张工程价款的权利。总包合同中发包人与承包人签订的建设工程施工合同约定有仲裁条款，司法实践中发包人以此为由否定实际施工人主张的人民法院的司法管辖权。笔者认为，实际施工人能否通过人民法院向发包人主张权利，取决于实际施工人与转包人、违法分包人之间的关系，而非发包人与转包人、违法分包人之间的仲裁条款约定。发包人与承包人之间建设工程施工合同约定的仲裁条款，只能约束总包合同中发包人与承包人，而不能约束作为非合同当事人的实际施工人。所以实际施工人依据《建工解释（一）》第43条的规定向发包人提起诉讼、主张权利，不受发包人与承包人之间总包合同中的仲裁条款的制约，不能排除人民法院的司法管辖。

## 三、建设工程施工合同特殊情况下的付款义务主体

一般来说，在建设工程施工中业主单位与建设工程施工合同的发包单位是一致的，在这种情况下，对工程款支付责任主体并不会产生争议。但是由于建设工程施工活动的复杂性，有时会出现施工合同中的发包人并非业主单位，而是业主单位之外的其他单位的情况。在委托代建、合作开发房地产、承租人签订装修施工合同等情况下，都可能出现发包人和业主单位不一致的情况。在司法实践中，有些建设单位通过联营或合作开发的形式，由具有独立法人资格单位的联营方或合作方作为发包人签订施工合同，出现工程款纠

---

① 李玉生主编：《建设工程施工合同案件审理指南》，人民法院出版社2019年版，第34页。

纷时则会依据合同相对性原则，以其不是施工合同当事人为由，主张其不应向承包人承担工程款来逃避工程款支付责任。

（一）合作开发房地产合同各方当事人对拖欠的工程价款承担连带责任

合作开发房地产是房地产开发的普遍形式。合作开发房地产是当事人双方约定，各自分别提供土地、资金、技术等，合作开发房地产项目，并于房屋建成后按合同约定比例分配房屋和土地使用权的房地产开发形式。在合作开发房地产的过程中，往往都会以房地产合作开发中一方的名义与施工企业签订建设工程施工合同，这就导致未签订建设工程施工合同的其他合作开发方亦存在责任问题。司法实践倾向于认为，合作开发房地产是共同投资、共同经营、共担风险的合作开发房地产行为，尽管其他合作开发房地产主体未签订施工合同，在形式上不属于施工合同的相对方，但仍应当对合作开发房地产的项目拖欠的工程款承担连带责任。2018 年发布的《河北省高级人民法院建设工程施工合同案件审理指南》（以下简称《河北省建工审理指南》）第16 条规定："合作开发房地产合同中的一方当事人作为发包人与承包人签订建设工程施工合同，承包人要求合作开发的各方当事人对欠付的工程款承担连带责任的，人民法院应支持。"2012 年发布的《北京市高级人民法院关于审理建设工程施工合同纠纷案件若干疑难问题的解答》第 39 条规定："两个以上的法人、其他组织或个人合作开发房地产项目，其中合作一方以自己名义与承包人签订建设工程施工合同，承包人要求其他合作方对欠付工程款承担连带责任的，应予支持。承包人仅以建设工程施工合同发包人为被告追索工程款的，应依承包人的起诉确定被告。"

（二）委托代建合同中工程款的责任承担

2004 年，国务院出台《国务院关于投资体制改革的决定》，对非经营性政府投资项目加快推行"代建制"，即通过招标等方式，选择专业化的项目管理单位负责建设实施，严格控制项目投资、质量和工期，竣工验收后移交给使用单位。此后，各地在建设工程项目中逐步推行委托代建制。建设工程项目的委托代建应区分政府项目强制委托代建和其他项目自主委托代建两类情况，针对这两种情况，应当对委托人对代建人的行为是否应承担法律责任的问题进行区分。对于政府项目强制实行委托代建的合同，与《民法典》规定的委托合同有重大区别。首先，国家在非经营性政府投资项目中推行代建制，目的是使代建单位作为项目建设期法人，全面负责项目建设过程中的组织管理，通过专业化项目管理形式达到有效规范政府和部门的行为，控制项目投资规模、风险的作用。其次，属于行政强制规定必须进行委托代建的工程，委托人不能决定是否进行委托施工，也不能依据《民法典》中委托合同的规定随时解除合同，此类合同带有明显的行政管理色彩。最后，代建单位的职责包括进行施工招标、选择施工单位、签订施工合同，负责项目全部工程质量、承担工期延误的责任等，表明其实际成为了该建设项目的项目法人，应独立对外承担法律责任。笔者认为，对于非经营性政府投资项目，承包人依据《民法典》第926条第2款的规定，认为委托人应与代建人承担连带责任，这不仅与代建人作为建设项目法人的身份不符，亦有违国家出台非经营性政府投资项目中推行代建制的目的。对于项目建设单位自主委托代建的，其与普通委托合同的性质并无不同，应按照《民法典》第925条和第926条的规定处理。

## 四、不属于建设工程施工合同的常见情形

### （一）农民为自建低层住宅而签订的合同属于承揽合同

建设工程施工合同原本属于承揽完成不动产工程项目的承揽合同，因为建设工程自身的特殊性，所以《民法典》设立专章予以规范。《民法典》第18章"建设工程合同"第808条规定："本章没有规定的，适用承揽合同的有关规定。"所以，建设工程施工合同是一种特殊的承揽合同。农村建房具有规模较小、资金少、利润少的特点，正规的建筑企业一般不愿意到农村建设施工，村民出于建房成本的考虑也不可能承包给正规的建筑企业。因为农村建筑市场的需要，所以农村建房大部分承包给了没有进行工商登记、没有资质证书、组织形式松散的个体工匠组织起来的施工队伍。法律关系的认定对当事人之间的实体权利、义务产生实质性影响。农民自建低层住宅建设中

存在多种法律关系，如农民与个体工匠之间的法律关系、建房过程中的人身损害赔偿的法律关系等。

1. 农村建房施工合同法律关系的界定

《建筑法》第 2 条规定："在中华人民共和国境内从事建筑活动，实施对建筑活动的监督管理，应当遵守本法。本法所称建筑活动，是指各类房屋建筑及其附属设施的建造和与其配套的线路、管道、设备的安装活动。"《建筑法》第 83 条第 3 款规定："抢险救灾及其他临时性房屋建筑和农民自建低层住宅的建筑活动，不适用本法。"所以，农民自建低层住宅不属于建设工程，不受《建筑法》的调整。农村建房施工合同的法律性质的认定应当对"农民自建低层住宅"进行准确的界定。按照原建设部《关于加强村镇建设工程质量安全管理的若干意见》的规定，村庄建设规划范围内的农民自建两层（含两层）以下住宅为农民自建低层住宅。原《建设部关于加强农民住房建设技术服务和管理的通知》规定："六、三层（含三层）以上的农民住房建设管理要严格执行《建筑法》《建筑工程质量管理条例》[①] 等法律法规的有关规定。"所以，"农民自建低层住宅"的范围应当是农民自建的两层（含两层）以下住宅。

2. 农民自建低层住宅建设导致人身损害纠纷的处理

农民自建低层住宅，一般涉及三方主体、两个法律关系。三方主体是指业主、个体工匠、雇员三方；两个法律关系涉及业主和个体工匠之间的承揽法律关系，以及个体工匠和雇员之间的雇用法律关系。雇员在从事雇用活动中遭受人身损害，个体工匠的赔偿责任是不容置疑的，但是，业主对雇员的人身损害是否承担连带责任，在司法实践中存在不同意见。《民法典》第1193 条规定："承揽人在完成工作过程中造成第三人损害或者自己损害的，定作人不承担侵权责任。但是，定作人对定作、指示或者选任有过错的，应当承担相应的责任。"笔者认为，农民自建低层住宅建设中业主和个体工匠之间为承揽法律关系，在这种承揽法律关系中，对个体工匠从事承揽农民自建低层住宅建设中是否有相应资质的限制，是业主在承揽活动中对定作、指

———————————

① 应为《建设工程质量管理条例》。

示或者选任是否有过错的判断标准。《村庄和集镇规划建设管理条例》第 23 条第 2 款规定："在村庄、集镇规划区内从事建筑施工的个体工匠，除承担房屋修缮外，须按有关规定办理施工资质审批手续。"从这个意义上来说，在村庄、集镇规划区内从事建筑施工的个体工匠，除承担房屋修缮外，还须按有关规定办理施工资质审批手续。但关于施工资质审批手续的办理，《村庄和集镇规划建设管理条例》规定得较为笼统。对于该问题，原《村镇建筑工匠从业资格管理办法》中曾规定了从事农民自建低层住宅个体工匠的资质审批、认证的规则，只不过该管理办法已于 2004 年 7 月 2 日废止。所以，若农民将自建低层住宅发包给没有资质的个体工匠，则违反了《村庄和集镇规划建设管理条例》中对个体工匠的资质要求。很明显，根据《民法典》第 1193 条的规定，业主对定作、指示或者选任有过错的，业主对个体工匠在完成工作过程中造成个体工匠自身损害应承担相应的责任，对个体工匠雇用的人员与个体工匠承担连带责任，但是业主无论是对个体工匠的责任，还是对个体工匠雇用人员的责任，都是一种过错责任，业主在过错的范围内承担责任。

（二）不涉及变动建筑主体和承重结构的家庭装饰装修合同属于承揽合同

1. 装饰装修合同法律及行政法规上的梳理

（1）《民事案件案由规定》是人民法院在审理民事案件中认定基本民事法律关系的依据。在最高人民法院印发的《民事案件案由规定》中，装饰装修合同纠纷是建设工程合同的子案由，是作为第三级案由建设工程合同纠纷下辖的第四级案由。所以装饰装修工程都属于建设工程，应受《建筑法》的调整。

（2）《建筑法》第 2 条第 2 款规定："本法所称建筑活动，是指各类房屋建筑及其附属设施的建造和与其配套的线路、管道、设备的安装活动。"《最高人民法院关于装修装饰工程款是否享有合同法第二百八十六条规定的优先受偿权的函复》也指出，"装修装饰工程属于建设工程，可以适用《中华人民共和国合同法》第二百八十六条关于优先受偿权的规定，但装修装饰工程的发包人不是该建筑物的所有权人或者承包人与该建筑物的所有权人之间没有合同关系的除外。享有优先权的承包人只能在建筑物因装修装饰而增加价值的范围内优先受偿"。《建工解释（一）》第37条规定："装饰装修工程具备折价或者拍卖条件，装饰装修工程的承包人请求工程价款就该装饰装修工程折价或者拍卖的价款优先受偿的，人民法院应予支持。"通过以上法律及司法解释的明确规定可知，装饰装修工程属于建设工程应当不存争议。

（3）《建设工程质量管理条例》第2条第2款规定："本条例所称建设工程，是指土木工程、建筑工程、线路管道和设备安装工程及装修工程。"《建筑法》第13条规定："从事建筑活动的建筑施工企业、勘察单位、设计单位和工程监理单位，按照其拥有的注册资本、专业技术人员、技术装备和已完成的建筑工程业绩等资质条件，划分为不同的资质等级，经资质审查合格，取得相应等级的资质证书后，方可在其资质等级许可的范围内从事建筑活动。"既然装饰装修合同属于建设工程施工合同，那么装饰装修合同的承包人都必须具备相应的从事装饰装修工程资质。

2. 装饰装修合同的分类

实务界普遍主张，应将装饰装修活动区分为"公装"与"家庭居室装饰装修"。所谓"家庭居室装饰装修"，根据中国建筑装饰协会发布的《住宅装饰装修行业自律管理企业准入与清出办法（试行）》第2条规定："本办法所称'家装'，是指为了保护住宅建筑主体结构，完善住宅的使用功能，采用装饰装修材料或饰物，对住宅建筑内部表面和使用空间环境所进行的处理和美化过程的建筑活动。"同时，根据《住宅室内装饰装修管理办法》第2条第2款的规定，"住宅室内装饰装修"主体应限于业主或住宅使用人，故应将建设单位为进行成品房销售而实施的批量住宅装修排除在外。所谓"公装"，主要是指营业、办公用房的装修，以及建设单位进行的批量住宅装修。

3. 不涉及变动建筑主体和承重结构的"家庭居室装饰装修"承包人不受资质的限制

（1）不具备建筑资质的个人可以承接家庭居室装饰装修活动。《家庭居室装饰装修管理试行办法》第6条规定："凡承接家庭居室装饰装修工程的单位，应当持有建设行政主管部门颁发的具有建筑装饰装修工程承包范围的

《建筑业企业资质证书》。对于承接家庭居室装饰装修工程的个体装饰装修从业者，应当持所在地乡镇以上人民政府有关主管部门出具的务工证明、本人身份证、暂时居住证，向工程所在地的建设行政主管部门或者其指定的机构登记备案，实行'登记注册、培训考核、技能鉴定、持证上岗'的制度。具体办法由省、自治区、直辖市人民政府建设行政主管部门制订。"根据这条规定，不具备建筑资质的个人可以承接"家庭居室装饰装修"活动。

（2）装修方案涉及变动建筑主体和承重结构只能由具有相应资质的装饰装修企业承担。《住宅室内装饰装修管理办法》第9条规定："装修人经原设计单位或者具有相应资质等级的设计单位提出设计方案变动建筑主体和承重结构的，或者装修活动涉及本办法第六条、第七条、第八条内容的，必须委托具有相应资质的装饰装修企业承担。"所以，"住宅室内装饰装修"工程如果涉及变动建筑主体和承重结构等建造活动的，该建筑活动属于建设工程施工，则承包人必须具备相应资质，否则装饰装修合同无效。如果"住宅室内装饰装修"活动不涉及变动建筑主体和承重结构等建造活动的，该建筑活动属于承揽合同，则承揽人无须取得相应资质。

## 第二节　在建建筑物物权及转让

在建建筑物的法律称谓是"正在建造的建筑物"。《民法典》第395条规定："债务人或者第三人有权处分的下列财产可以抵押：……（五）正在建造的建筑物、船舶、航空器；……"《民法典》第402条规定："以本法第三百九十五条第一款第一项至第三项规定的财产或者第五项规定的正在建造的建筑物抵押的，应当办理抵押登记。抵押权自登记时设立。"《不动产登记暂行条例实施细则》第75条第3款规定对正在建造的建筑物作出如下定义，"前款规定的在建建筑物，是指正在建造、尚未办理所有权首次登记的房屋等建筑物"。但是，在司法实践中，一些楼盘因各种原因而停工，"烂尾楼"已经成为社会现象。"烂尾楼"的存续，会涉及楼盘的施工方、买房人、合作开发人、其他债权人等各方主体的利益。对"烂尾楼"的处理实质上是对在建建筑物的处理，这会涉及很多法律问题，如物权认定、权利转让的保护等，这些问题在理论上和实务上具有重大意义，应当予以深入探讨。

## 一、在建建筑物的物权

《民法典》第 114 条第 2 款规定："物权是权利人依法对特定的物享有直接支配和排他的权利，包括所有权、用益物权和担保物权。"物权中所有权是最典型的物权，物权是指权利人直接支配标的物，并排除他人干涉的权利。那么，所有权就是权利人全面支配标的物，并排除他人干涉的权利。《民法典》第 240 条规定："所有权人对自己的不动产或者动产，依法享有占有、使用、收益和处分的权利。"所有权的权利范围包括对标的物的占有、使用、收益和处分。《民法典》第 323 条规定："用益物权人对他人所有的不动产或者动产，依法享有占有、使用和收益的权利。"用益物权的权利范围仅是对标的物使用价值进行占有、使用和收益的权利。《民法典》第 386 条规定："担保物权人在债务人不履行到期债务或者发生当事人约定的实现担保物权的情形，依法享有就担保财产优先受偿的权利，但是法律另有规定的除外。"担保物权的权利范围是对标的物交换价值进行优先受偿的权利。

### （一）在建建筑物的所有权

1. 在建建筑物具有不动产的法律特征

《民法典》第 115 条规定："物包括不动产和动产。法律规定权利作为物权客体的，依照其规定。"以物是否可以移动为标准，法律将物划分为动产和不动产。动产是指能够自行移动或用外力移动而不改变其性质和价值的有体物。不动产是指不能自行移动或外力移动，否则会改变其性质或减损其价值的有体物。不动产包括土地以及房屋、林木等地上定着物，动产是指不动产以外的物。通过对动产和不动产比较分析，不动产具有以下几个法律特征。

（1）不动产物权的设立、变更、转让和消灭以登记为物权变动公示要件。《民法典》第 208 条规定："不动产物权的设立、变更、转让和消灭，应当依照法律规定登记。动产物权的设立和转让，应当依照法律规定交付。"《民法典》第 224 条规定："动产物权的设立和转让，自交付时发生效力，但是法律另有规定的除外。"在建建筑物的转让，涉及土地的转让和建筑物的转让。对于土地的转让应当办理土地使用权转让登记作为物权变动的公示，在建建筑物没有产权登记，一般采取变更建设工程规划许可证建设单位名称的方式完成变更物权公示。

（2）《民法典》中规定的部分用益物权只能设定在不动产上。如建设用地使用权、土地承包经营权、宅基地使用权等，以上权利在动产上不能设定。

（3）不动产上只能设定担保物权中的抵押权。《民法典》中规定的担保物权的种类为抵押权、质权和留置权，动产上均可设定以上三种担保物权。《民法典》第395条、第402条将正在建造的建筑物列入可以抵押的财产，对于使用正在建造的建筑物进行抵押的应当办理抵押登记，抵押权自登记时设立。

（4）在建建筑物权属纠纷适用专属管辖。《民事诉讼法》第34条规定，"因不动产纠纷提起的诉讼，由不动产所在地人民法院管辖"，即不动产涉及诉讼时适用专属管辖。动产则在涉及诉讼时没有特殊的规定。

2. 在建建筑物属于不动产的范畴

《不动产登记暂行条例》第2条第2款规定："本条例所称不动产，是指土地、海域以及房屋、林木等定着物。"定着物是指固"定"且附"着"于土地，具有独立于土地之外的经济价值的物。定着物一般包括房屋等建筑物和构筑物两类。建筑物是指定着于土地上，由顶盖、梁柱、墙壁等所组成，足以遮蔽风雨，供人居住或使用的构造物，包括房屋、仓库、地下室、空间走廊、立体停车场等。构筑物包括桥梁、隧道、大坝、道路等。《民法典》把土地与土地上的定着物进行区分，土地上的定着物并非土地的构成部分。《不动产登记暂行条例实施细则》第75条第3款规定："前规规定的在建建筑物，是指正在建造、尚未办理所有权首次登记的房屋等建筑物。"只要开始建造，并且尚未办理所有权首次登记的建筑物，都属于在建建筑物，而不用考虑是否达到建筑物的标准。《民法典》第395条规定："债务人或者第三人有权处分的下列财产可以抵押：……（五）正在建造的建筑物、船舶、航空器；……"《民法典》第402条规定："以……正在建造的建筑物抵押的，应当办理抵押登记。抵押权自登记时设立。"由《民法典》第395条和第402

条的规定可知，在建建筑物办理抵押登记应当与房产、土地等不动产一样办理登记手续，抵押权自登记时生效。所以在建建筑物应当与不动产相当。

3. 在建建筑物所有权归属

《民法典》第 209 条第 1 款规定："不动产物权的设立、变更、转让和消灭，经依法登记，发生效力；未经登记，不发生效力，但是法律另有规定的除外。"《民法典》第 208 条规定的物权变动规则是针对基于法律行为而产生不动产物权变动的情形，《民法典》第 209 条第 1 款后半句是基于非法律行为而产生不动产物权变动的情形作出的例外性说明，即"法律另有规定的除外"。针对不动产物权变动，《民法典》第 209 条规定的"法律另有规定的除外"，是《民法典》第 229 条、第 230 条、第 231 条规定的"因人民法院、仲裁机构的法律文书或者人民政府的征收决定等""继承""合法建造、拆除房屋等事实行为"引发的不动产物权变动，不以登记作为物权变动的生效要件。《民法典》第 231 条规定："因合法建造、拆除房屋等事实行为设立或者消灭物权的，自事实行为成就时发生效力。"因合法建造取得物权的标准为事实成就之日，即建筑物建成之日。笔者认为，此时的建筑物必须符合法律上的建筑物外延的定义，即定着于土地上，由顶盖、梁柱、墙壁等所组成，足以遮风避雨，满足人民生产生活需要，并竣工验收合格。在建建筑物与建成的建筑物在法律意义上是不同的。根据《民法典》第 231 条的规定，建筑物建成之日，因合法建造取得物权，所以建造人便享有了不动产物权。正在建造的建筑物因建造未完成，不可能成为一个法律意义上的建筑物。如果法律上不认可在建建筑物的所有权，就会使在建建筑物成为无主物，建造人对其的投入就无相应权益保障。所以，笔者认为在建建筑物建成之前是由投入资产组成，在建建筑物的所有权的客体应为在建建筑物的投入资产，建造人取得的是对此投入资产的所有权。在建建筑物虽不属于法律意义上的建筑物，但属于资产的范畴，所有权的归属应当属于建造人。

4. 在建建筑物所有权只能设定在合法建筑上

合法建筑是指建造人在依法取得土地使用权的前提下，所建造的建筑物能依法取得建设用地规划许可证、建设工程规划许可证等。违法建筑产生的原因可能是未取得土地权属在他人土地上建造的建筑物，也可能是虽取得了土地权属，但未取得相关的规划许可和用地许可。《民法典》第231条的规定仅限于因合法的建造行为取得建筑物所有权，违法建筑建造人不能仅因其建造行为取得所有权。如果是没有取得规划许可或者违反规划许可建造的建筑物，城乡规划主管部门会依据《中华人民共和国城乡规划法》（以下简称《城乡规划法》）的相关规定进行处罚，如责令罚款、没收实物、停止建设、限期改正或限期拆除。

（二）在建建筑物的担保物权

《民法典》第395条规定了抵押财产包括"正在建造的建筑物"。《民法典》第402条规定："以本法第三百九十五条第一款第一项至第三项规定的财产或者第五项规定的正在建造的建筑物抵押的，应当办理抵押登记。抵押权自登记时设立。"由此可以看出，在建建筑物可以成为抵押权客体。

1. 在建建筑物抵押登记的性质

（1）本登记与预告登记的区别。《民法典》将不动产登记分为本登记和预告登记。本登记就是指对于已经实际发生的物权变动进行的登记；预告登记是为保全一项以将来发生不动产物权变动为目的的请求权的不动产登记，是相对于本登记的登记制度。《民法典》第209条第1款规定："不动产物权的设立、变更、转让和消灭，经依法登记，发生效力；未经登记，不发生效力，但是法律另有规定的除外。"不动产物权的取得是以登记为生效条件的，此处的登记是指本登记。《民法典》第221条规定："当事人签订买卖房屋的协议或者签订其他不动产物权的协议，为保障将来实现物权，按照约定可以向登记机构申请预告登记。预告登记后，未经预告登记的权利人同意，处分该不动产的，不发生物权效力。预告登记后，债权消灭或者自能够进行不动产登记之日起九十日内未申请登记的，预告登记失效。"预告登记不是取得不动产物权，其目的是使被登记的请求权具有物权的效力，对后来发生的与该项请求权内容相同的不动产物权的处分行为，具有对抗的效力。预告登记的效力主要表现在三个方面：其一，违背预告登记的处分行为不具有物权效力；其二，在预告登记义务人破产或者强制执行时，预告登记具有物权效力；其三，预告登记保全的债权因履行而转化为物权时，物权的顺位依据预告登记时间予以确定。① 不动产登记区分为本登记与预告登记的意义，主要在于二者效力不同，本登记的效力是使物权直接成立，而预告登记的效力仅在于保障将来实现物权，即未经预告登记权利人同意的，对该不动产的处分不发生物权效力。本登记可以使抵押权成立，预告登记只能使债权产生一定的对抗效力，使被登记的请求权具有物权的效力。

（2）在建建筑物抵押登记为本登记。建设工程周期长、投资大，以正在建设中的建筑物进行抵押成了获得建设资金的重要渠道。根据《民法典》第402条的规定："正在建造的建筑物抵押的，应当办理抵押登记。抵押权自登记时设立。"在建建筑物的抵押登记是否为本登记，直接影响了在建建筑物的抵押效力。如果在建建筑物抵押登记属于预告登记，那么抵押权人享有的只是一项请求权，而并非物权本身，显然对抵押权人是不利的。《民法典》明确了在建建筑物可以作为抵押权客体，以在建建筑物抵押的，债权人在办理抵押登记后就取得了抵押权。《民法典》第402条并未区分建筑物抵押和正在建造的建筑抵押，而是将二者一并规定，并且明确规定，"应当办理抵押登记。抵押权自登记时设立"。所以，债权人在办理了在建建筑物抵押权登记后就取得了抵押权。《不动产登记暂行条例实施细则》第75条规定："以建设用地使用权以及全部或者部分在建建筑物设定抵押的，应当一并申请建设用地使用权以及在建建筑物抵押权的首次登记。当事人申请在建建筑物抵押权首次登记时，抵押财产不包括已经办理预告登记的预购商品房和已经办理预售备案的商品房。前款规定的在建建筑物，是指正在建造、尚未办理所有权首次登记的房屋等建筑物。"通过《民法典》第402条和《不动产登记暂行条例实施细则》第75条的内容足以说明，以在建建筑物设定抵押时，当事人申请的是抵押权登记而非预告登记。在建建筑物抵押权登记应属于本登记，而非预告登记。

---

① 最高人民法院民事审判第一庭编："预购商品房抵押的预告登记是否产生抵押效力"，载《民事审判指导与参考》（2016年卷），人民法院出版社2018年版，第113页。

　引文内容是对原《物权法》第9条和第20条的说明，原《物权法》被《民法典》吸收后，原《物权法》第9条和第20条对应《民法典》第208条和第221条。

2. 在建建筑物抵押的范围

在建建筑物抵押权中的抵押物是正在建造的建筑物，没有所有权初始登记，房屋登记机构不能给抵押权人发放房屋他项权利证书，而只能发放在建建筑物抵押登记证明。由于在建建筑物在抵押期间可能不断变化，所以抵押权效力所及的标的物范围并不以抵押权设定时的标的物状态为限，只要在抵押权实现时标的物特定即可。笔者认为，在建建筑物标的物特定是指行使抵押权时在建建筑物的具体形态。行使抵押权时，工程虽未竣工，但是工程量已经发生变化，此时的特定形态就是变化后在建建筑物。若抵押权行使时，在建建筑物已经竣工且初始登记完毕，则抵押物的范围扩展到已经竣工的房屋。一般在建建筑物抵押登记会对抵押物的范围明确说明，抵押范围的认定应以当事人的真实意思表示为准，如果抵押范围明确约定仅限于土地使用权和签订抵押合同时已经完成的工程，那么其后建成的房屋应属于新增建筑物，不属于抵押财产；如果抵押范围明确约定包括未来建成的房屋，亦按约定。如果在建建筑物抵押范围约定不明确，那么抵押权人行使抵押权时以当时在建建筑物的完成形态为抵押权标的，而不是以设定抵押权时在建建筑物的形态为抵押权标的。也就是说，抵押物的范围不仅包括土地使用权以及已完工部分，还包括未来可能建成的部分。

3. 在建建筑物抵押登记与预购商品房抵押登记的区别

虽然在建建筑物抵押登记与预购商品房抵押登记的标的物，同属于尚未建造完毕且未办理房屋所有权首次登记的建筑物，但这两种抵押登记的性质是不同的。在建建筑物抵押登记为本登记，预购商品房抵押登记为预告登记，这也是在建建筑物抵押登记与预购商品房抵押登记最根本的区别。造成这种差别的根源在于抵押人对抵押财产所享有的权利不同。从抵押物的角度来分析，在建建筑物抵押与预购商品房抵押中抵押的客体似乎都是正在建造的建筑物，但是根据《民法典》在建建筑物依据建造人的建造活动取得了在建建筑物的所有权，预购商品房买卖合同中的买受人，即使占有了商品房，只要没有进行房产登记，买受人既未取得相应的建设用地使用权，也没有取得预购商品房的所有权，其只拥有请求房地产开发企业交付预购商品房的债权请求权而已。《民法典》第 395 条规定："债务人或者第三人有权处分的下列财产可以抵押：（一）建筑物和其他土地附着物；（二）建设用地使用权；（三）海域使用权；（四）生产设备、原材料、半成品、产品；（五）正在建造的建筑物、船舶、航空器；（六）交通运输工具；（七）法律、行政法规未禁止抵押的其他财产。抵押人可以将前款所列财产一并抵押。"《民法典》中的债权请求权并未规定为可以抵押的财产，所以预购商品房买卖合同中买受人的债权请求权不能作为向债权人抵押的标的物。

## 二、在建建筑物的转让

《民法典》第208条规定："不动产物权的设立、变更、转让和消灭，应当依照法律规定登记。动产物权的设立和转让，应当依照法律规定交付。"不动产物权变动核心为不动产登记，这既是不动产物权交易安全性的需要，也是不动产物权公示原则的必然要求。在建建筑物虽为不动产，但未取得不动产初始登记，事实上无法进行在建建筑物的不动产物权变动登记。房地产市场中因资金链断裂而产生的"烂尾楼"的处理，已经成为一个社会性问题。在"烂尾楼"这个问题上，无论是收购、拍卖，还是以其他方式解决，其实质都是对在建建筑物的转让。在建建筑物即使无法直接进行不动产权属变动登记，也不影响合法的在建建筑物的转让。虽然在建建筑物不能进行过户登记，但是若具备一定条件时，受让方依然享有在建建筑物的所有权。

（一）在建建筑物转让的条件

1. 在建建筑物物权确定方可转让

《民法典》虽采取了"房地一体"原则，但把建筑物及所占土地从法律上区分为不同的物，并予以分别调整。在建建筑物的构成包括在建建筑物的土地使用权和在建建筑物的投入资产。所以，确定在建建筑物的权属主要根据土地权属和在建建筑物的权属确定。

（1）关于土地权属的确定。国有建设用地进行了使用权首次登记的，会有不动产权属证书作为物权证明；尚未申请首次登记的，可以根据国有建设用地划拨决定书、国有建设用地使用权出让合同等文件确定国有土地使用权的归属。集体所有的土地可以根据土地的登记情况及权属来源材料来确定权属。

（2）关于在建建筑物权属的确定。一般情况下，建造完成之前，在建建筑物只作为资产的形态存在，在建建筑物的建设方即资产的投入方，为在建建筑物的权利人；在建建筑物已经建造完成，依据《民法典》第231条的规定，建造人因合法建造的事实行为取得物权。《民法典》第352条规定："建设用地使用权人建造的建筑物、构筑物及其附属设施的所有权属于建设用地使用权人，但是有相反证据证明的除外。"《城乡规划法》第40条规定："在城市、镇规划区内进行建筑物、构筑物、道路、管线和其他工程建设的，建设单位或者个人应当向城市、县人民政府城乡规划主管部门或者省、自治区、直辖市人民政府确定的镇人民政府申请办理建设工程规划许可证。申请办理建设工程规划许可证，应当提交使用土地的有关证明文件、建设工程设计方案等材料。需要建设单位编制修建性详细规划的建设项目，还应当提交修建性详细规划。对符合控制性详细规划和规划条件的，由城市、县人民政府城乡规划主管部门或者省、自治区、直辖市人民政府确定的镇人民政府核发建设工程规划许可证。城市、县人民政府城乡规划主管部门或者省、自治区、直辖市人民政府确定的镇人民政府应当依法将经审定的修建性详细规划、建设工程设计方案的总平面图予以公布。"所以，在没有相反证据的情况下，无论是基于法律的直接规定，还是规划审批许可，在建建筑物的所有权都应当属于建设用地的使用权人。

2. 在建建筑物与土地使用权同时转让

《民法典》坚持对土地和地上定着物实行分立主义，将土地与地上定着物作为两个物看待。为了避免出现土地权利人和在建建筑物的建设方不一致的情形，《民法典》实行"房地一体"原则，房随地走、地亦随房走。《民法典》第356条规定："建设用地使用权转让、互换、出资或者赠与的，附着于该土地上的建筑物、构筑物及其附属设施一并处分。"所以在法律上，在建建筑物的所有权转让是以转让建设用地使用权的方式实现的。《中华人民共和国城市房地产管理法》（以下简称《城市房地产管理法》）第39条规定："以出让方式取得土地使用权的，转让房地产时，应当符合下列条件：（一）按照出让合同约定已经支付全部土地使用权出让金，并取得土地使用权证书；

（二）按照出让合同约定进行投资开发，属于房屋建设工程的，完成开发投资总额的百分之二十五以上，属于成片开发土地的，形成工业用地或者其他建设用地条件。转让房地产时房屋已经建成的，还应当持有房屋所有权证书。"所以，符合《城市房地产管理法》第 39 条的规定条件，以出让方式取得土地使用权的，转让土地时土地上的定着物随即转让。

（二）在建建筑物登记的实现

1. 初始登记对建筑物所有权的影响

初始登记，是指对不动产的首次登记。根据《不动产登记暂行条例实施细则》第 35 条的规定："申请国有建设用地使用权及房屋所有权首次登记的，应当提交下列材料：（一）不动产权属证书或者土地权属来源材料；（二）建设工程符合规划的材料；（三）房屋已经竣工的材料；……"所以，合法建造的房屋已经竣工验收是房屋初始登记的前提。根据《民法典》第 231 条的规定："因合法建造房屋设立物权的，自事实行为成就时发生效力。"合法建造事实行为成就，房屋建造人因建造完成取得建筑物的所有权，属于非基于民事法律行为的物权取得，这是一种事实取得而非法律行为取得，亦非进行初始登记。所以，从建筑物物权取得事实上讲，初始登记只是建筑的行政手续，不是取得所有权的法定依据，房屋建成之所有权归属与房屋初始登记为两回事。根据《民法典》第 232 条的规定，因合法建造取得房屋所有权的，处分该物权时，"依照法律规定需要办理登记的，未经登记，不发生物权效力"。合法建造完成的房屋，建造人即取得其所有权，但初始登记之前，该所有权欠缺处分的效力，若物权人此时进行处分，则不发生物权变动的效力，只有先行办理初始登记，再协助受让人办理过户登记手续，才会发生不动产物权变动的效果。所以，在办理初始登记之前的建筑物所有权，因欠缺处分效力，属于不完全物权，不动产登记完毕的建筑物所有权则为完全所有权。

2. 在建建筑物转让的所有权登记

《民法典》第 208 条规定："不动产物权的设立、变更、转让和消灭，应当依照法律规定登记……"在建建筑物因尚未竣工，故不能办理所有权初始登记。如果认为在建建筑物只有在建成后并且办理了房屋所有权转移登记之后才能实现物权变动，那么在签订转让合同到房屋建成并办理房屋所有权首次登记之间，受让人一直享有的只是债权而非物权，对受让人的权益保护极为不利。《民法典》规定了登记是不动产物权变动的生效要件，既然允许在建建筑物转让，就应当允许在建建筑物实现物权变动。由于转让的标的物是在建建筑物而非建成后的房屋，所以在建建筑物的登记不应是房屋所有权转移登记。在建建筑物由土地使用权和在建建筑物的投入资产构成，鉴于不动产登记是不动产物权取得的公示方式，所以在建建筑物转让的所有权登记应当分为土地和建设工程两部分变更登记。对于土地使用权，只需要办理在建建筑物占用范围内的土地使用权转移登记，即完成了土地使用权的变更公示；对于在建建筑物，建设工程规划许可证作为行政部门颁发的行政性文书同样具有很强的公示性，建设工程规划许可证上的建设主体变更后，可视为在建建筑物已经转让完成，受让人应依法取得在建建筑物的所有权。

## 三、建设工程施工合同中的以房抵债

在建设工程施工合同结算过程中，发包人与承包人约定，以承包人承建的部分房屋抵顶工程款的方式普遍存在，但是由于抵债的标的物为承建的房产，所以司法实践中存在若干争议。

### （一）以房抵债合同的效力

1. 以房抵债合同不以发包人取得商品房预售许可证明为有效条件

开发商由于资金紧张，往往要求施工方垫资施工，在房屋尚未盖好之前就与施工方签订以房抵款合同；或者房屋建成后将建成后的房屋抵顶给施工方。以房抵款合同实际上是开发商以建成后的房屋折价作为支付给施工方的工程款，施工方以开发商欠其的工程款作为购买房屋的对价。有观点认为，以房抵债合同事实上符合商品房买卖合同的实质要件。如果房地产开发经营企业作为建设工程的发包人，与承包人订立以房抵债合同抵顶所欠工程价款，那么此种行为就意味着承包人即成为商品房的买受人，工程价款债权就是承包人支付的购买商品房的对价，发包人与承包人订立的以物抵债合同实质上衍化为商品房买卖合同。《最高人民法院关于审理商品房买卖合同纠纷案件适用法律若干问题的解释》第 2 条的规定："出卖人未取得商品房预售许可证明,与买受人订立的商品房预售合同,应当认定无效,但是在起诉前取得商品房预售许可证明的,可以认定有效。"因此,以尚未取得商品房预售许可证明的商品房签订以房抵债合同的,违反了《最高人民法院关于审理商品房买卖合同纠纷案件适用法律若干问题的解释》第 2 条的规定,应认定无效。笔者并不认同这种观点。笔者认为,如果开发商以未取得商品房预售许可的房产与施工方签订以房抵债合同,此种以房抵债合同,名为以房抵债实为以资产抵债,抵债物为土地使用权以及附着于土地上的资产组成。参照最高人民法院《关于经济合同的名称与内容不一致时如何确定管辖权问题的批复》第 1 条:"当事人签订的经济合同虽具有明确、规范的名称,但合同约定的权利义务内容与名称不一致的,应当以该合同约定的权利义务内容确定合同的性质。"此时的以房抵债合同应当根据该合同约定的权利义务内容确定合同的性质。该以房抵债合同抵债标的物为发包方提供的抵债资产,此种情形的以房抵债合同即使抵债房产不具有商品房预售许可也并不违反法律、行政法规,以房抵债合同应当认定有效。

2. 建设工程施工合同无效不影响以房抵债合同的效力

发包人与承包人就工程款达成以房抵工程款合同,为了办理房屋过户登记,双方还会在条件成熟时签订房屋买卖合同。关于建设工程施工合同无效,以清结工程款为目的的以房抵债合同的效力认定,笔者认为,出现建设工程施工合同无效的情况,以房抵债应当是双方真实意思表示一致的结果,若符合商品房买卖的条件,那么应当认可其效力。

(1)建设工程施工合同虽然无效,但不影响承包人结算工程款。由于建设工程的特殊性,承包人投入的建筑材料和劳动已经物化到工程中,施工合同无效,只能采取《民法典》第 157 条规定的折价补偿的方式。《民法典》第 793 条第 1 款规定:"建设工程施工合同无效,但是建设工程经验收合格的,可以参照合同关于工程价款的约定折价补偿承包人。"该法条确定了建设工程施工合同无效折价补偿的计算方式为"参照合同约定"。建设工程施工合同无论是否有效,发包人都负有参照合同关于工程价款的约定折价补偿的义务。

（2）建设工程施工合同与以房抵债合同具有相对独立性。建设工程抵债合同为当事人对欠付的工程款进行结算的约定，性质上属于发包人与承包人对既存债权债务关系的清理。《民法典》第567条规定："合同的权利义务关系终止，不影响合同中结算和清理条款的效力。"根据该条款的立法精神，即使合同无效，双方对无效合同进行清算的条款的效力也不受影响，意思自治应该得到尊重，以稳定社会关系。

3. 以房抵债房产未取得不动产登记证书不影响以房抵债合同的效力

以房抵债合同具有消灭债权债务的功能和目的。在实际操作中，发、承包人签订以房抵债合同时，以房抵债合同的标的物，即承包人承建的房产尚未取得不动产登记权属证书，根据《城市房地产管理法》第38条①的规定，未依法登记领取权属证书的房产不得转让，此时以房抵债合同的效力便存在争议。《民法典》第215条规定："当事人之间订立有关设立、变更、转让和消灭不动产物权的合同，除法律另有规定或者当事人另有约定外，自合同成立时生效；未办理物权登记的，不影响合同效力。"该法条就是通常所说的不动产物权变动的原因与结果相区分的原则。物权变动区分的原则从以下四点理解：一是不动产物权变动的效力判断，应该以影响民事法律行为效力的条件来判断，而不以是否能够办理物权登记为标准进行判断；二是不动产物权的变动，必须以登记为必要条件，而不能以产生物权变动的合同生效为条件；三是法律规定或者合同当事人约定，当事人之间订立有关设立变更、转让和消灭不动产物权的合同，只有经过办理物权登记，合同才生效的，应该依照法律规定或者当事人的约定；四是非法律行为引起的物权变动，不适用《民法典》第215条的规定。目前《城市房地产管理法》第38条规定的房产不得交易的情形被认定为管理性规范或倡导性规范，不影响合同效力。所以，

---

① 《城市房地产管理法》第38条规定："下列房地产，不得转让：（一）以出让方式取得土地使用权的，不符合本法第三十九条规定的条件的；（二）司法机关和行政机关依法裁定、决定查封或者以其他形式限制房地产权利的；（三）依法收回土地使用权的；（四）共有房地产，未经其他共有人书面同意的；（五）权属有争议的；（六）未依法登记领取权属证书的；（七）法律、行政法规规定禁止转让的其他情形。"

发包人与承包人签订的以房抵债合同，即使合同标的物房产不能实际过户履行，也不影响以房抵债合同的效力。

4. 国家财政资金投资的建设工程以物抵债合同的效力

国内投资建设项目中以政府财政资金为投资来源的建设项目日益增多，因政府投资的建设项目可能是房产，也可能是基础设施，故笔者此处采用了以物抵债合同这一称谓。关于国家财政资金投资的建设工程项目价款结算中，发包人与承包人以此种项目为标的物签订以房抵债合同的效力，笔者认为，不能以政府财政资金投资为由否定以房抵债合同的效力。国家投资的重大建设工程项目主要是满足国家利益和社会公共利益的需要，具有广泛的民生性和公益性。这种国家投资的重大建设工程项目从立项审批、建设资金拨付到工程价款结算都有国家财政或者审计部门的使用监管，往往政府主管部门以以物抵债合同违反我国财政资金使用的强制性法律规定为由，否定以物抵债合同的效力。但是，笔者认为，以物抵债合同属于民事合同，民事合同效力的判断依据是《民法典》有关民事法律行为效力的规定，只有建设单位和施工单位通过以物抵债结算工程价款违反合同效力性规定时，才能认定以物抵债合同无效。以物抵债合同是当事人真实意思表示，原则上应当维持其法律效力。

5. 以房抵债合同的效力发生在工程款确定后

《河北省建工审理指南》第17条规定："工程价款确定前，发包人与承包人约定以土地或商品房抵顶工程款的，该合同属于流质契约，应认定为无效。当事人请求继续履行该抵债合同的，不予支持。人民法院应对涉案土地或房屋进行评估，折价后支付承包人的工程款。支付工程款后的剩余款项，应返还发包人；不足部分，承包人可向发包人另行主张。"河北省高级人民法院事实上将承发包双方以土地或商品房抵顶工程款的约定视为对工程款的债权担保，在债权未确定前，应当为担保的流质条款，属于无效的民事法律行为。所以，以房抵债合同应当签订于工程款确定后，防止因流质条款被认定为无效。

（二）以房抵债合同，房产过户时工程款债权消灭

以房抵债合同工程款债权消灭的时间，在司法实践中存在争议。观点一，

当事人之间达成的以房抵债合同在生效时，发生工程款债权消灭的法律效果。观点二，以房抵债的标的物房产发生物权变动时，即房产过户至承包人名下时才能发生工程款债权消灭的法律效果。笔者认可第二种观点，当事人达成的以房抵债合同是债权人履行债务的一种方式，必须待发包人将用以抵债的房产物权登记过户给承包人，才能发生清偿工程价款债权的法律效果。以房抵债合同属于债权合同，是当事人之间实施的一种双方法律行为，只要以房抵债合同生效，债权人即取得抵偿房产的债权，并有权请求债务人办理抵债不动产的物权变动手续。承包人要获得抵债房产的所有权，同样要采用合意加登记的不动产物权公示方法，办理不动产物权登记，方可使抵债的房产发生物权变动效力，仅订立以物抵债合同不能自动取得抵债不动产的物权。如果发包人和承包人就建设工程所有权抵偿工程价款达成合同，而未按照《民法典》物权编的规定办理抵债标的物物权登记手续的，视为抵债的标的物物权没有发生变动，发包人仍是建设工程的合法所有权人，双方不办理不动产物权登记手续的，以房抵债合同不发生物权变动的效力。此时以房抵债合同虽然生效，但是不发生工程款债权消灭的法律后果。《河北省建工审理指南》第18条规定："工程价款确定后，包括施工过程中对已完工程的造价确定后，发包人与承包人约定以土地或商品房抵顶工程款，如果已经办理土地或房屋的过户手续的，应认定为有效。如果尚未办理土地或房屋过户手续，一方当事人主张继续给付工程欠款及利息的，人民法院应予支持。"从该指南可知，以房抵债合同即使签订生效，也并不导致承包人的工程款债权的消灭，承包人有权选择发包人履行以房抵债的合同，也可以继续要求发包人支付工程款。

## 第二章

# 建设工程施工合同的效力

建设工程施工合同的效力是建设工程施工合同案件中首先应解决的问题，因为合同的效力问题直接影响着案件的审理方向。建设工程施工合同受到不同领域的多部法律及其规范性文件的调整，仅强制性规范就有数十条之多，但是以上法律规范并非均影响合同效力。从相关法律、行政法规的强制性规范内容看，可归纳为两类：一是保障建设工程质量的规范，二是维护建筑市场公平竞争秩序的规范。在建设工程施工合同案件中，影响合同效力的因素，除了《民法典》中影响民事法律行为效力的一般性规定外，《建工解释（一）》中对建设工程施工合同的效力也进一步明确为，承包人未取得建筑业企业资质或者超越资质等级、没有资质的实际施工人借用有资质的建筑施工企业名义、建筑工程必须招标投标而未招标或者中标无效、承包人转包建设工程、承包人违法分包建设工程、违反规划许可等行为，均可导致建设工程施工合同无效。一旦建设工程施工合同被确认为无效，会直接导致建设工程施工合同中工期质量价款条款的适用、违约责任、损害赔偿责任、责任主体的过错认定等多方面的问题，这些与有效的建设工程施工合同在民事责任上均存在着不同。

## 第一节　建设工程施工合同中的招标投标

招标投标是大宗货物买卖、工程建设项目发包与承包、服务项目采购普遍采用的一种交易方式。所谓建设工程招标投标活动，是指建设工程的发包人作为招标方采取适当的方式，发布拟建工程的有关信息，如工程的内容和主要的技术条件、对承包人的资质要求等，但不标明工程的造价，通过这些行为表明发包人将选择符合条件的承包人与之订立建设工程合同的意向，由各有意承包该工程项目的承包人作为投标方向招标方提出自己的工程报价或其他承包条件，参与投标竞争，经招标方对各投标方的报价和其他条件进行审查比较后，从中择优选定中标者，并与之签订建设工程合同的活动。① 为了规范招标投标活动，保护国家利益、社会公共利益和招标投标各方的合法权益，国家制定了《招标投标法》《中华人民共和国招标投标法实施条例》（以下简称《招标投标法实施条例》）等法律法规。建设工程的招标投标活动，应当遵循公开公正、平等竞争的原则，择优选择承包单位。

## 一、《招标投标法》中对建设工程施工合同的划分

招标投标行为是目前经济领域中普遍采用的签订合同的方式。鉴于经济活动的多样性和灵活性，招标投标行为也衍生出不同的方式。《招标投标法》第 10 条根据邀请投标人的范围，将招标活动分为公开招标和邀请招标；公开招标是指招标人以招标公告的方式邀请不特定的法人或者其他组织投标；邀请招标是指招标人以投标邀请书的方式邀请特定的法人或者其他组织投标。投标是指响应招标，参加竞争以获得招标项目。《招标投标法》第 3 条根据建设工程施工合同采取招标投标方式的强制性，将建设工程施工合同划分为必须招标投标的建设工程施工合同与非必须招标投标的建设工程施工合同。《招标投标法》第 31 条将两个以上法人或者其他组织以一个投标人身份共同投标，定义为联合体。笔者在本节主要介绍《招标投标法》第 3 条、第 31 条规定的必须招标投标的建设工程、非必须招标投标的建设工程及联合体投标。

---

① 胡康生：《中华人民共和国合同法释义》，法律出版社 2013 年版，第 443 页。
原《合同法》已废止，但本引文为对建设工程招标投标活动概念进行的学理解释，不涉及具体法律条文。

（一）必须招标投标的建设工程的范围和标准

1. 法律规定中必须招标投标的建设工程的范围和标准

《招标投标法》第3条第1款规定："在中华人民共和国境内进行下列工程建设项目包括项目的勘察、设计、施工、监理以及与工程建设有关的重要设备、材料等的采购，必须进行招标：（一）大型基础设施、公用事业等关系社会公共利益、公众安全的项目；（二）全部或者部分使用国有资金投资或者国家融资的项目；（三）使用国际组织或者外国政府贷款、援助资金的项目。"《招标投标法》第3条第1款的规定应属效力性强制性规定，在具体界定时不应随意扩大适用。《招标投标法实施条例》第2条规定："招标投标法第三条所称工程建设项目，是指工程以及与工程建设有关的货物、服务。前款所称工程，是指建设工程，包括建筑物和构筑物的新建、改建、扩建及其相关的装修、拆除、修缮等；所称与工程建设有关的货物，是指构成工程不可分割的组成部分，且为实现工程基本功能所必需的设备、材料等；所称与工程建设有关的服务，是指为完成工程所需的勘察、设计、监理等服务。"另外，《招标投标法》第66条规定："涉及国家安全、国家秘密、抢险救灾或者属于利用扶贫资金实行以工代赈、需要使用农民工等特殊情况，不适宜进行招标的项目，按照国家有关规定可以不进行招标。"《招标投标法实施条例》第9条第1款规定："除招标投标法第六十六条规定的可以不进行招标的特殊情况外，有下列情形之一的，可以不进行招标：（一）需要采用不可替代的专利或者专有技术；（二）采购人依法能够自行建设、生产或者提供；（三）已通过招标方式选定的特许经营项目投资人依法能够自行建设、生产或者提供；（四）需要向原中标人采购工程、货物或者服务，否则将影响施工或者功能配套要求；（五）国家规定的其他特殊情形。"

2. 部委规章中规定的必须招标投标的范围和标准

《招标投标法》第3条对必须招标的工程项目范围规定得比较笼统，所以在实践中难以把握。因此，《招标投标法》第3条第2款规定："前款所列项目的具体范围和规模标准，由国务院发展计划部门会同国务院有关部门制订，报国务院批准。"

2018 年发布的《必须招标的工程项目规定》对属于必须招标投标的工程范围进行了如下规定：

第一条 为了确定必须招标的工程项目，规范招标投标活动，提高工作效率、降低企业成本、预防腐败，根据《中华人民共和国招标投标法》第三条的规定，制定本规定。

第二条 全部或者部分使用国有资金投资或者国家融资的项目包括：（一）使用预算资金 200 万元人民币以上，并且该资金占投资额 10% 以上的项目；（二）使用国有企业事业单位资金，并且该资金占控股或者主导地位的项目。

第三条 使用国际组织或者外国政府贷款、援助资金的项目包括：（一）使用世界银行、亚洲开发银行等国际组织贷款、援助资金的项目；（二）使用外国政府及其机构贷款、援助资金的项目。

第四条 不属于本规定第二条、第三条规定情形的大型基础设施、公用事业等关系社会公共利益、公众安全的项目，必须招标的具体范围由国务院发展改革部门会同国务院有关部门按照确有必要、严格限定的原则制订，报国务院批准。

第五条 本规定第二条至第四条规定范围内的项目，其勘察、设计、施工、监理以及与工程建设有关的重要设备、材料等的采购达到下列标准之一的，必须招标：（一）施工单项合同估算价在 400 万元人民币以上；（二）重要设备、材料等货物的采购，单项合同估算价在 200 万元人民币以上；（三）勘察、设计、监理等服务的采购，单项合同估算价在 100 万元人民币以上。同一项目中可以合并进行的勘察、设计、施工、监理以及与工程建设有关的重要设备、材料等的采购，合同估算价合计达到前款规定标准的，必须招标。

第六条 本规定自 2018 年 6 月 1 日起施行。

2018 年发布的《必须招标的基础设施和公用事业项目范围规定》规定：

第一条 为明确必须招标的大型基础设施和公用事业项目范围，根据《中华人民共和国招标投标法》和《必须招标的工程项目规定》，制定本规定。

第二条 不属于《必须招标的工程项目规定》第二条、第三条规定情形的大型基础设施、公用事业等关系社会公共利益、公众安全的项目，必须招标的具体范围包括：（一）煤炭、石油、天然气、电力、新能源等能源基础设施项目；（二）铁路、公路、管道、水运，以及公共航空和A1级通用机场等交通运输基础设施项目；（三）电信枢纽、通信信息网络等通信基础设施项目；（四）防洪、灌溉、排涝、引（供）水等水利基础设施项目；（五）城市轨道交通等城建项目。

第三条　本规定自2018年6月6日起施行。

从《必须招标的工程项目规定》第5条文义看，必须招标投标的项目应当同时具备项目范围和规模标准两个条件，如果建设工程属于必须招标投标的范围，但是未达到必须招标的规模，那么应当属于建设单位自主决定招标的范围，建设单位与承包人自行签订的建设工程施工合同合法、有效。

为了更好地执行《必须招标的工程项目规定》和《必须招标的基础设施和公用事业项目范围规定》，国家发展和改革委员会于2020年10月19日发布了《国家发展改革委办公厅关于进一步做好〈必须招标的工程项目规定〉和〈必须招标的基础设施和公用事业项目范围规定〉实施工作的通知》。故由上述规定可准确理解依法必须招标的工程建设项目范围。

（1）关于使用国有资金的项目。《必须招标的工程项目规定》第2条第1项中"预算资金"，是指《中华人民共和国预算法》规定的预算资金，包括一般公共预算资金、政府性基金预算资金、国有资本经营预算资金、社会保险基金预算资金。第2项中"占控股或者主导地位"，参照《中华人民共和国公司法》（以下简称《公司法》）第216条关于控股股东和实际控制人的理解执行，即"其出资额占有限责任公司资本总额百分之五十以上或者其持有的股份占股份有限公司股本总额百分之五十以上的股东；出资额或者持有股份的比例虽然不足百分之五十，但依其出资额或者持有的股份所享有的表决权已足以对股东会、股东大会的决议产生重大影响的股东"；国有企业事业单位通过投资关系、协议或者其他安排，能够实际支配项目建设的，也属于占控股或者主导地位。项目中国有资金的比例，应当按照项目资金来源中所有国有资金之和计算。

（2）关于项目与单项采购的关系。《必须招标的工程项目规定》第2条至第4条及《必须招标的基础设施和公用事业项目范围规定》第2条规定范围的项目，其勘察、设计、施工、监理以及与工程建设有关的重要设备、材料等的单项采购分别达到《必须招标的工程项目规定》第5条规定的相应单项合同价估算标准的，该单项采购必须招标；该项目中未达到前述相应标准的单项采购，不属于《必须招标的工程项目规定》规定的必须招标范畴。

（3）关于招标范围列举事项。依法必须招标的工程建设项目范围和规模标准，应当严格执行《招标投标法》第3条和《必须招标的工程项目规定》《必须招标的基础设施和公用事业项目范围规定》的规定；法律、行政法规或者国务院对必须进行招标的其他项目范围有规定的，依照其规定。没有法律、行政法规或者国务院规定依据的，对《必须招标的工程项目规定》第5条第1款第3项中没有明确列举规定的服务事项、《必须招标的基础设施和公用事业项目范围规定》第2条中没有明确列举规定的项目，不得强制要求招标。

（4）关于同一项目中的合并采购。《必须招标的工程项目规定》第5条规定的"同一项目中可以合并进行的勘察、设计、施工、监理以及与工程建设有关的重要设备、材料等的采购，合同估算价合计达到前款规定标准的，必须招标"，目的是防止发包方通过化整为零方式规避招标。其中"同一项目中可以合并进行"，是指根据项目实际，以及行业标准或行业惯例，符合科学性、经济性、可操作性要求，同一项目中适宜放在一起进行采购的同类采购项目。

（5）关于总承包招标的规模标准。对于《必须招标的工程项目规定》第2条至第4条规定范围内的项目，发包人依法对工程以及与工程建设有关的货物、服务全部或者部分实行总承包发包的，总承包中施工、货物、服务等各部分的估算价中，只要有一项达到《必须招标的工程项目规定》第5条规定相应标准，即施工部分估算价达到400万元以上，或者货物部分达到200万元以上，或者服务部分达到100万元以上，则整个总承包发包应当招标。

3. 非国有资金投资的商品房开发项目原则上不属于必须招标投标的建设工程

2000年，原国家发展计划委员会发布了原《工程建设项目招标范围和规模标准规定》，根据其第 3 条的规定，商品住宅属于关系到社会公共利益、公众安全的公用事业的项目，按照《招标投标法》第 3 条的规定，应当属于强制招标投标范围。2014 年 7 月，住房和城乡建设部发布《住房和城乡建设部关于推进建筑业发展和改革的若干意见》之后，各地逐渐对非国有资金投资项目发包方式进行改革，由建设单位自主决定是否进行招标发包。2018 年，国务院在批准《必须招标的工程项目规定》的同时，明确废止了 2000 年发布的原《工程建设项目招标范围和规模标准规定》。但是，2018 年《必须招标的工程项目规定》并未明确非国有资金投资的商品住宅项目属于强制招标范围，所以在司法实践中存在了不同的认识。

笔者认为，2000 年发布的原《工程建设项目招标范围和规模标准规定》中规定了商品住宅属于强制招标投标范围，而 2018 年《必须招标的工程项目规定》则将相关条款删除，可见 2018 年《必须招标的工程项目规定》对商品住宅项目是否属于必须招标范围持开放态度。2014 年 7 月，《住房和城乡建设部关于推进建筑业发展和改革的若干意见》放松了对非国有资金投资项目强制招标的管制；2014 年 10 月，《河北省住房和城乡建设厅关于做好非国有资金投资建筑工程项目监管工作的通知》，明确规定："《工程建设项目招标范围和规模标准规定》（国家发展计划委员会 3 号令）规定范围内的非国有资金投资建筑工程，试行建设单位自主决定是否进行招标发包和在有形建筑市场进行工程交易。建设单位决定采用招标发包且申请纳入监管的，经项目所在地建设行政主管部门批准后，按现行规定执行。"根据《招标投标法》第 3 条的规定，只要属于"大型基础设施、公用事业等关系社会公共利益、公众安全的项目"，无论是否属于国有资金投资，建设单位均应采用招标的方式签订建设工程施工合同。涉及公共利益与公众安全的判断，关键要看是否关涉不特定多数人的安全，商品房项目人员流动性相对较小，故不宜将商品房建设项目归为涉及社会公共利益的项目。

笔者认为，对于非国有资金投资的未经招标投标程序签订的商品房住宅项目施工合同的效力认定可以作如下处理：如果建设工程施工合同签订在 2014 年《住房和城乡建设部关于开展建筑业改革发展试点工作的通知》发布以前，则应依据原《工程建设项目招标范围和规模标准规定》中必须招标投标的范围和规模标准认定非国有资金投资的商品房开发项目是否属于必须招标投标的建设工程项目。如果建设工程施工合同签订在 2018 年《必须招标的工程项目规定》施行之前，2014 年《住房和城乡建设部关于开展建筑业改革发展试点工作的通知》发布后，则应按以下方式处理：地方政府对商品房招标投标予以放宽的，应认可未经招标投标签订的建设工程施工合同的效力，对于没有进行试点工作的地区，仍应认定无效。对于 2018 年《必须招标的工程项目规定》实施之后签订建设工程施工合同的商品住宅建设项目未进行招投标程序的，则应依《必须招标的工程项目规定》的精神，严格限制强制招标工程范围，不能以发包人未进行招标投标而否定建设工程施工合同的效力，而应充分尊重发包人与承包人的意思自治与契约自由，通过合同约束双方当事人的民事行为。

（二）建设工程施工中标合同与自行签订的合同辨析

1. 必须招标投标的建设工程项目中标合同与自行签订的合同

（1）必须招标投标的建设工程的项目招标人与中标人在招标投标之前自行签署建设工程施工合同。司法实践中经常出现以下情况，必须招标投标的建设工程项目在招标投标之前或中标通知书发出前，招标人与中标人已经签署完成了建设工程施工合同。这就出现了两份合同，即中标合同和招标人、中标人自行签订的在中标合同之前的合同。根据《建工解释（一）》第 1 条第 1 款第 3 项的规定，建设工程必须进行招标而未履行招标投标程序签订的建设工程施工合同无效，即招标人与投标人自行签订的建设工程施工合同因应当招标投标而未招标投标，所以无效。《招标投标法》第 55 条规定："依法必须进行招标的项目，招标人违反本法规定，与投标人就投标价格、投标方案等实质性内容进行谈判的，给予警告，对单位直接负责的主管人员和其他直接责任人员依法给予处分。前款所列行为影响中标结果的，中标无效。"在这种情况下中标合同与自行签订的合同均属无效合同。《建工解释（一）》第 24 条第 1 款规定："当事人就同一建设工程订立的数份建设工程施工合同均无效，但建设工程质量合格，一方当事人请求参照实际履行的合同关于工程价款的约定折价补偿承包人的，人民法院应予支持。"所以，必须进行招标的建设工程项目中，招标人与中标人违反规定，在未正式签订中标合同前，就自行订立的合同和之后签订的中标合同均属无效合同，按照当事人双方实际履行的合同约定折价补偿承包人。

（2）招标人在中标通知书发出后另行签订与中标合同实质性条款不一致的建设工程施工合同。根据《招标投标法》第46条第1款规定："招标人和中标人应当自中标通知书发出之日起三十日内，按照招标文件和中标人的投标文件订立书面合同。招标人和中标人不得再行订立背离合同实质性内容的其他协议。"此种情形属于《招标投标法》第46条规定的情形，笔者称此种情形为典型的"黑白合同"，在以后的章节里沿用此种称谓。"黑合同"是中标通知书发出后，招标人和中标人再行订立背离招标文件、中标通知书的实质性内容的合同；中标合同是"白合同"，招标文件、投标文件、中标通知书是构成"白合同"的实质性组成部分。目前招标投标合同备案制度已经不是招标投标行为的必须环节。《建工解释（一）》第2条第1款规定："招标人和中标人另行签订的建设工程施工合同约定的工程范围、建设工期、工程质量、工程价款等实质性内容，与中标合同不一致，一方当事人请求按照中标合同确定权利义务的，人民法院应予支持。"《建工解释（一）》第22条规定："当事人签订的建设工程施工合同与招标文件、投标文件、中标通知书载明的工程范围、建设工期、工程质量、工程价款不一致，一方当事人请求将招标文件、投标文件、中标通知书作为结算工程价款的依据的，人民法院应予支持。"可见《建工解释（一）》第2条和第22条所确立的建设工程施工合同的"黑白合同"结算规则为：招标人与中标人签订的黑合同与招标文件、投标文件、中标通知书实质性内容不一致的，以招标文件、投标文件、中标通知书作为结算依据。以上为典型"黑白合同"的概括性介绍，详细内容将在本章第二节予以阐释。

2. 非必须招标投标的建设工程项目中标合同与自行签订合同

（1）非必须招标投标的建设工程项目与必须招标投标的建设工程项目关于招标投标程序的区别。非必须招标投标的建设工程项目与必须招标投标的建设工程项目，均采取招标投标程序签订合同，在适用《招标投标法》中没有实质性的差异，但在招标投标程序的非关键步骤上，具有以下几个区别。

第一，《招标投标法实施条例》第7条规定："按照国家有关规定需要履行项目审批、核准手续的依法必须进行招标的项目，其招标范围、招标方式、招标组织形式应当报项目审批、核准部门审批、核准。项目审批、核准部门应当及时将审批、核准确定的招标范围、招标方式、招标组织形式通报有关行政监督部门。"由此，招标范围、招标方式、招标组织形式的审批、核准程序只限定于必须进行招标的项目，对于非必须招标工程项目在招标范围、招标方式、招标组织形式上没有限定，只要求发包人具备招标能力、评标能力，可以自主决定招标、评标。在招标方式上，可以选择公开招标，也可以选择邀请招标。在招标范围上，是建设工程全部招标还是某一部分单独进行招标，是采用总承包形式招标，还是分解成不同标段分别招标，由发包人自主决定。

第二，必须进行招标的项目的资格预审文件和招标文件，应当使用国务院发展改革部门会同有关行政监督部门制定的标准文本；资格预审公告和招标公告，还应当在国务院发展改革部门依法指定的媒介发布，发布不得收取费用。非必须招标投标的建设工程项目则因其有较强的市场化属性和发包人自主性，在编制资格预审文件和招标文件、发布资格预审公告和招标公告信息时并不需要完全按照必须招标的建设工程项目的要求处理。发布媒体可以自由选择，通过报纸、网络、电视等可以发布公告的媒介均可。

第三，必须招标工程项目提交资格预审申请文件的时间，自资格预审文件停止发售之日起不得少于5日，还必须按规定成立资格审查委员会审查资格预审申请文件。而非必须招标工程可以根据项目的具体情况确定提交资格预审申请文件合理的期限，是否组织资格审查委员会由发包人自主决定。

第四，必须招标的工程项目的评标委员会专家成员应当从评标专家库内随机抽取确定，不得指定或变相指定，非依法定事由，不得更换评标委员会委员。非必须招标投标工程项目只要能够满足对发包人工程项目的评审能力，评标委员会专家成员可以随机确定，也可指定。

第五，必须招标的工程项目招标人应当自收到评标报告之日起3日内公示中标候选人，公示期不得少于3日，中标人一般确定为排名第一的候选人。关于非必须招标投标工程项目的公示期，法律无明确规定，在中标人的选择上，发包人可以根据评标结果选择最优中标人，但中标人不一定是排名第一的候选人。

（2）非必须招标投标的建设项目自行签订合同与中标合同之间的联系。建设工程以招标方式确定中标人，不仅仅涉及招标人与中标人的利益，还涉及众多投标人的利益。所以，建设单位一旦自行决定采用招标投标方式发包建设工程的，通过招标投标程序一旦确定中标人，无论建设工程是否属于必须招标投标的项目，一样适用于《招标投标法》，受《招标投标法》的约束。《建工解释（一）》第23条规定："发包人将依法不属于必须招标的建设工程进行招标后，与承包人另行订立的建设工程施工合同背离中标合同的实质性内容，当事人请求以中标合同作为结算建设工程价款依据的，人民法院应予支持，但发包人与承包人因客观情况发生了在招标投标时难以预见的变化而另行订立建设工程施工合同的除外。"通过以上司法解释可以认定，对于非必须招标投标项目，招标人与投标人在中标通知书发出后另行签订与招标投标文件、中标通知书实质性内容不一致的施工合同受《招标投标法》第46条"黑白合同"的调整，结算方式也按照中标合同进行结算。非必须招标投标项目，建设单位与施工单位自行签订合同，针对同一工程又履行了招投标程序，形成了两份合同，如何确定合同的效力？《招标投标法》第55条规定："依法必须进行招标的项目，招标人违反本法规定，与投标人就投标价格、投标方案等实质性内容进行谈判的，给予警告，对单位直接负责的主管人员和其他直接责任人员依法给予处分。前款所列行为影响中标结果的，中标无效。"《招标投标法》第55条针对依法必须招标投标的项目进行了特别规定，如果非必须招标投标项目的招标人、中标人就实质性内容提前谈判的，应当不影响中标合同的效力。中标合同和中标合同签订前建设单位与施工单位自行签订的合同，如果没有损害国家、集体、第三人利益，那么两份合同均有效。如果中标通知书与先行签订的合同实质性内容不一致，那么中标合同对先行签订的合同产生变更的法律效力，两份合同均产生法律效力。

（三）联合体投标

建设工程施工中的一些大型项目，结构复杂、技术难度大、施工周期长，单一的施工主体很难独立完成，这就涉及数个施工企业组成联合体联合承包。2017年版《建设工程施工合同（示范文本）》通用合同条款第3.8.1项约定："联合体各方应共同与发包人签订合同协议书。联合体各方应为履行合同向发包人承担连带责任。"通用合同条款第3.8.2项约定："联合体协议经发包人确认后作为合同附件。在履行合同过程中，未经发包人同意，不得修改联合体协议。"通用合同条款第3.8.3项约定："联合体牵头人负责与发包人和监理人联系，并接受指示，负责组织联合体各成员全面履行合同。"由于联合体承包的施工项目往往涉及面广、法律关系复杂，故联合体承包较单一主体承包更容易发生矛盾或纠纷。为减少或避免纠纷，在实施联合体模式承包建设工程时须注意遵守以下几个规则。

1. 联合体之间必须签订共同投标协议

《招标投标法》第31条规定："两个以上法人或者其他组织可以组成一个联合体，以一个投标人的身份共同投标。联合体各方均应当具备承担招标项目的相应能力；国家有关规定或者招标文件对投标人资格条件有规定的，联合体各方均应当具备规定的相应资格条件。由同一专业的单位组成的联合体，按照资质等级较低的单位确定资质等级。联合体各方应当签订共同投标协议，明确约定各方拟承担的工作和责任，并将共同投标协议连同投标文件一并提交招标人。联合体中标的，联合体各方应当共同与招标人签订合同，就中标项目向招标人承担连带责任。招标人不得强制投标人组成联合体共同投标，不得限制投标人之间的竞争。"所以，以联合体模式投标的联合体各成员之间必须签订书面协议，以明确各方的权利义务。联合体投标协议须条款完备、内容详尽、用词清晰明确，以避免或减少法律纠纷。应当注意，联合体不得与其中的各成员方另签承包协议，以避免联合承包法律关系转变为违法分包关系或转包关系而导致合同无效。

2. 联合体各方共同与发包人签订联合承包合同

联合体中标后，联合体各方须共同与发包人签订联合承包合同，也可以由具有明确委托权限、委托事项的联合体代表人与发包人签订联合承包合同，联合承包合同须明确联合体各方的施工范围、施工内容、付款方式、竣工验收方式、结算方式、违约责任等，对上述内容的明确约定有利于联合承包合同顺利地全面履行。

3. 联合体各方均须符合法定的资质条件

建设工程承包人资质等级，体现了承包人的劳动管理能力和技术管理能力，是确保工程质量的前提条件。根据《招标投标法》第 31 条第 2 款规定，联合体各方均应当具备承担招标项目的相应能力，国家有关规定或者招标文件对投标人资格条件有规定的，联合体各方均应当具备规定的相应资格条件。由同一专业的单位组成的联合体，按照资质等级较低的单位确定资质等级。《建筑法》第 27 条第 1 款规定："大型建筑工程或者结构复杂的建筑工程，可以由两个以上的承包单位联合共同承包。共同承包的各方对承包合同的履行承担连带责任。"因联合承包产生的纠纷，在诉讼主体上由联合承包人共同起诉、应诉，发包人仅起诉一方承包人或仅一方承包人起诉发包人的，应通知或追加其他承包人参加诉讼。综上所述，联合体承包建设工程在投标阶段应按法律规定的资质条件组建好联合体，同一专业的单位、不同等级资质的单位组成联合体的，应按较低资质的单位确定该联合体的资质。在中标后，联合体各方应共同与发包人签订联合承包合同，联合承包合同各成员应向发包人承担连带责任。

## 二、《招标投标法》与《民法典》的关联

招标投标的程序，本质上是招标人引入竞争机制与投标人订立合同。《民法典》和《招标投标法》在适用上存在关联性，无论是依据《民法典》的规定，还是依据《招标投标法》的规定，招标投标都应当理解为订立合同的一种方式。《招标投标法》虽然规定了不少强制性和行政处罚性质的内容，但从性质上看，是一部规定招标投标程序的法律。笔者倾向于认为《招标投标法》是属于民事范畴内的法律。就订立民事合同而言，《招标投标法》是《民法典》的特别规定。通过联系这两部法律，在本节中将说明招标投标程序中各阶段发生的法律行为和产生的文件在《民法典》中的法律性质。

（一）关于合同成立、生效

《民法典》第 464 条第 1 款规定："合同是民事主体之间设立、变更、终

止民事法律关系的协议。"合同的本质在于缔结合同的当事人内心意思达成一致，双方合意的形成。合同当事人通过意思表示设立、变更或终止彼此之间的民事法律关系，最终订立或终止合同。对于合同的订立方式，《民法典》第471条规定："当事人订立合同，可以采取要约、承诺方式或者其他方式。"因此，本书将在要约、承诺的基础上对合同成立、生效进行简述。

1. 要约

要约实际上分为要约邀请和要约两部分。合同的成立，要约是必要条件，但要约邀请不是合同成立的必要条件，没有要约邀请，合同也可以成立。要约邀请，又称要约引诱，是指希望他人向自己发出要约的意思表示。关于要约，《民法典》第472条规定："要约是希望与他人订立合同的意思表示，该意思表示应当符合下列条件：（一）内容具体确定；（二）表明经受要约人承诺，要约人即受该意思表示约束。"《民法典》第488条规定："承诺的内容应当与要约的内容一致。受要约人对要约的内容作出实质性变更的，为新要约。有关合同标的、数量、质量、价款或者报酬、履行期限、履行地点和方式、违约责任和解决争议方法等的变更，是对要约内容的实质性变更。"《民法典》第488条的规定是对合同的实质性条款作了列举，所列项目为实质性条款，但实质性条款并不限于所列各项。实质性条款在实际交易的合同中是否构成实质性改变，还需要就个案进行具体分析，对于不同的合同类型，实质性条款并不完全相同。

2. 承诺

承诺是指受要约人向要约人发出同意要约的意思表示，承诺通知到达要约人时承诺生效，承诺生效时合同成立。如果受要约人向要约人之外的人作出意思表示，那么不能产生承诺的效力。关于承诺的期限，《民法典》第481条规定："承诺应当在要约确定的期限内到达要约人。要约没有确定承诺期限的，承诺应当依照下列规定到达：（一）要约以对话方式作出的，应当即时作出承诺；（二）要约以非对话方式作出的，承诺应当在合理期限内到达。"在《民法典》中承诺生效为到达主义，《民法典》第137条规定："以对话方式作出的意思表示，相对人知道其内容时生效。以非对话方式作出的意思表示，到达相对人时生效。以非对话方式作出的采用数据电文形式的意思表示，相对人指定特定系统接收数据电文的，该数据电文进入该特定系统时生效；未指定特定系统的，相对人知道或者应当知道该数据电文进入其系统时生效。当事人对采用数据电文形式的意思表示的生效时间另有约定的，按照其约定。"承诺通知生效也遵循着《民法典》第 137 条的规定，以非对话方式作出的承诺，承诺通知到达要约人时生效。从签订合同的承诺、要约的构成角度来看，《招标投标法》中中标通知书的法律性质为承诺。《招标投标法》第 45 条第 2 款规定："……中标通知书发出后，招标人改变中标结果的，或者中标人放弃中标项目的，应当依法承担法律责任。"可见中标通知书发出后对招标人、中标人即具有法律约束力，而不必送达中标人。所以，中标通知书的生效采用的是发信主义，这一规则和《民法典》中承诺生效的送达主义是不一致的。

（二）招标投标中文件的构成

1. 招标文件

招标文件是建设单位向社会公众及投标单位发出的参加投标所需要的一切材料。《招标投标法》第 19 条规定："招标人应当根据招标项目的特点和需要编制招标文件。招标文件应当包括招标项目的技术要求、对投标人资格审查的标准、投标报价要求和评标标准等所有实质性要求和条件以及拟签订合同的主要条款。国家对招标项目的技术、标准有规定的，招标人应当按照其规定在招标文件中提出相应要求。……"招标文件一般包括三部分：

（1）招标公告或投标邀请书、投标人须知、评标办法、投标文件格式等，主要介绍招标项目的基本情况及招标投标活动的程序规则。

（2）工程量清单、设计图纸、技术标准和要求、合同条款等。

（3）其他供投标人了解的项目信息，如项目的地理信息、水文、地质、气象、交通等资料。

2. 投标文件

根据 2007 年版《中华人民共和国标准施工招标文件》第 3.1.1 项的规定，投标文件应包括下列内容：投标函及投标函附录；法定代表人身份证明或附有法定代表人身份证明的授权委托书；联合体协议书；投标保证金；已标价工程量清单；施工组织设计；项目管理机构；拟分包项目情况表；资格审查资料；投标人须知前附表规定的其他材料。

3. 中标通知书

中标通知书是在投标有效期内，招标人以书面形式向中标人发出中标的通知文件。在向中标人发出中标通知书同时，招标人亦须将中标结果通知未中标的投标人。中标通知书的内容包括中标人名称、项目名称、中标价、工期、工程质量、签订合同时间等内容。

4. 中标合同

中标合同是招标人确定中标人后与中标人按照法律规定签订的合同。《招标投标法》第46条第1款规定："招标人和中标人应当自中标通知书发出之日起三十日内，按照招标文件和中标人的投标文件订立书面合同。……"根据2017年版《建设工程施工合同（示范文本）》通用合同条款第1.1款的约定，构成建设工程施工合同的文件包括合同协议书、中标通知书（如果有）、投标函及其附录（如果有）、专用合同条款及其附件、通用合同条款、技术标准和要求、图纸、已标价工程量清单或预算书以及其他合同文件。所以，广义上的中标合同除招标人与中标人签订的书面建设工程施工合同外，还包括其他一系列法律文件。在实践中出现了中标人在中标通知书发出之日起30日后才签订书面合同的情形，关于此合同效力的问题存在争议。《民法典》第153条规定："违反法律、行政法规的强制性规定的民事法律行为无效。但是，该强制性规定不导致该民事法律行为无效的除外。违背公序良俗的民事法律行为无效。"根据《招标投标法》第46条的规定，中标人在中标通知书发出之日起30日签订书面合同，其主要目的是督促当事人尽快签订合同，即使招标人与中标人未签订书面建设工程施工合同，建设工程施工合同也于招标人发出中标通知书之日成立。所以，笔者认为《招标投标法》第46条规定应当属于管理性规定，根据《民法典》第153条第1款的规定违反该规定不导致建设工程施工合同无效。

5. 备案合同

备案合同是指经过招标投标程序后，发包方、承包方按照招标投标文件记载的实质性内容，在规定的期限内签订并备案的建设工程施工合同。一般情况下，备案合同即中标合同，二者的内容应该是完全一致的。但是，在司法实践中出现了备案的建设工程施工合同与招标投标文件不一致的情况。《建工解释（一）》第22条规定："当事人签订的建设工程施工合同与招标文件、投标文件、中标通知书载明的工程范围、建设工期、工程质量、工程价款不一致，一方当事人请求将招标文件、投标文件、中标通知书作为结算工程价款的依据的，人民法院应予支持。"所以，备案合同的实质性内容与招标文件、投标文件、中标通知书中实质性内容不一致的，备案合同中的工程范围、建设工期、工程质量、工程价款等实质性内容不具有结算的约束力。

　　随着法律的修改，建设工程施工合同备案制度范围被逐渐缩小，备案合同的法律地位也逐渐降低。建设工程施工合同备案制度发生了很大的变化，逐渐限定在必须招标投标的工程项目中。《国务院办公厅关于开展工程建设项目审批制度改革试点的通知》已经在全国试点省市取消了建设工程施工合同备案制度。《招标投标法》第12条第3款规定："依法必须进行招标的项目，招标人自行办理招标事宜的，应当向有关行政监督部门备案。"2019年版《房屋建筑和市政基础设施工程施工招标投标管理办法》第44条第1款规定："依法必须进行施工招标的工程，招标人应当自确定中标人之日起15日内，向工程所在地的县级以上地方人民政府建设行政主管部门提交施工招标投标情况的书面报告。……"随着建设工程施工合同备案制度改革的推进，合同备案制度今后主要会在必须招标投标建设工程项目以及使用国有资本投资的工程项目中存在。许多地方已经开始试行对于非必须招标投标建设工程项目由建设单位自主决定发包的方式，不再强制要求进行招标投标，对于招标后是否办理备案也没有强制性的要求，建设工程施工合同备案登记制度对建设工程施工合同的效力和结算亦不产生影响。《河北省建工审理指南》第9条规定："法律、行政法规未规定必须进行招投标的建设工程，实际上也未经过招投标，当事人根据当地行政主管部门的要求，对双方签订的建设工程施工合同进行备案后另行签订实质性内容不同的合同，应当以当事人实际履行的合同作为工程价款的结算根据。"

### （三）招标投标文件的法律性质

1. 招标为要约邀请

招标是依法提出招标项目的法人或其他组织，以招标公告的方式邀请不特定的法人或其他组织投标，或以投标邀请书的方式邀请特定的法人或其他组织投标。《民法典》第473条规定："要约邀请是希望他人向自己发出要约的表示。拍卖公告、招标公告、招股说明书、债券募集办法、基金招募说明书、商业广告和宣传、寄送的价目表等为要约邀请。商业广告和宣传的内容符合要约条件的，构成要约。"要约邀请与要约不同，要约邀请只是邀请他人向自己发出要约，至于他人是否按照要约邀请向自己发出要约，在法律上没有强制约束力。然而，要约是一经承诺就能成立合同的意思表示。因此，要约邀请属于订立合同的前期准备阶段，本身对要约邀请人和相对人都没有法律约束力。很明显，招标行为属于要约邀请。因为招标行为仅是订立建设工程施工合同前的准备行为，尚未正式进入缔约的协商过程，在法律规定的期限内，招标人对发布的招标文件仍具有修改的权利。《招标投标法》第23条规定："招标人对已发出的招标文件进行必要的澄清或者修改的，应当在招标文件要求提交投标文件截止时间至少十五日前，以书面形式通知所有招标文件收受人。该澄清或者修改的内容为招标文件的组成部分。"建设工程招标作为要约邀请，招标人可以修改招标公告和招标文件，仅仅是对签订建设工程施工合同前的准备行为，未产生缔约的法律效力。投标人根据招标文件的要求投标后，招标人也不负有与投标人强制缔约的义务，既然招标人与投标人不具有强制缔约效力，在招标人主观善意的情形下有权单方终止招标，投标人不能依据《民法典》第500条的规定请求招标人承担缔约过失责任。但是，如果招标人违背诚实信用原则，没有正当理由擅自终止招标或者违法选定投标人，并因此给未中标的投标人造成损失的，则应当承担缔约过失责任。

2. 投标为要约

投标是投标人按照招标人在招标公告或投标邀请书中的要求，对招标文件作出实质性响应的意思表示。投标文件中包含将来订立合同的具体条款，只要招标人承诺就可签订合同。投标人应根据自身情况及经验，对是否参与投标作出决定，投标书是投标人响应招标人要约邀请的意思表示，也是投标人以订立合同为目的向招标人发出的书面文件。投标人必须对招标文件提出的所有实质性要求和条件作出全面回答，所以招标公告或投标邀请书属于要约邀请，投标则是投标人希望和招标人订立合同的意思表示，属于要约。投标自到达招标人时产生法律效力。投标到达招标人的时间，应当根据招标文件的规定进行送达，如未能按照招标文件的要求，在规定期限内或以规定方式送达，不能产生要约生效的法律效力。既然投标为要约行为，那么投标具有法律约束力。同一投标人不能就同一投标进行一次以上的投标，投标行为应当是一次性的。在投标文件发出后的投标有效期限内，投标人不得随意修改投标文件的内容和撤回投标文件，投标人对自己的报价负责。

3. 发出中标通知书为承诺

《招标投标法》规定的招标投标基本程序为，招标人发出招标公告或招标邀请（即要约邀请），投标人向招标人发出投标书（即要约），之后经开标、评标和定标程序确定中标人，招标人向中标人发出中标通知书。按照《民法典》中要约、承诺的合同订立结构分析，中标通知书属于承诺。《招标投标法》第 45 条规定："中标人确定后，招标人应当向中标人发出中标通知书，并同时将中标结果通知所有未中标的投标人。中标通知书对招标人和中标人具有法律效力。中标通知书发出后，招标人改变中标结果的，或者中标人放弃中标项目的，应当依法承担法律责任。"由该法条分析得出，中标通知书对招标人、中标人发生法律效力的时间为中标通知书发出后。所以，《招标投标法》对于中标通知书这一承诺方式的生效时间采用的是"发信主义"，即只要招标人将中标通知书发出，中标通知书即生效。

## 三、中标合同成立的时间

通过招标投标程序签订的建设工程施工合同，合同成立的时间在司法实务中存在重大意义，或直接约束招标投标当事人的权利义务，或确定招投标程序完成后一方当事人拒不签订合同的责任范围。

（一）中标合同成立于中标通知书发出之时

在司法实践中，对于中标合同成立的时间点，主要存在两种观点。第一种观点是中标合同成立于招标人与中标人双方签订书面合同时。其理据为：招标投标程序中，成交确认书的发出虽属于承诺，但该承诺为签订正式书面合同的预约承诺，招标投标程序中成交确认书的发出只意味着招标人与中标人之间达成了签订本约的合意，即只是形成本合同的预约合同。《招标投标法》第46条第1款规定："招标人和中标人应当自中标通知书发出之日起三十日内，按照招标文件和中标人的投标文件订立书面合同……"《民法典》第789条规定："建设工程合同应当采用书面形式。"《民法典》第490条第1款规定："当事人采用合同书形式订立合同的，自当事人均签名、盖章或者按指印时合同成立……"招标人和中标人按照招标投标文件订立书面合同，书面合同的成立时间为双方当事人签字、盖章或者按指印时。第二种观点是中标合同成立于中标通知书之时。其理据为：招标投标程序中，中标通知书为招标人作出的承诺，中标通知书一经发出，承诺即生效。根据《民法典》第484条的规定，以通知方式作出的承诺，即承诺以非对话的方式作出，到达相对人时生效。发出中标通知书为招标投标程序中招标人的承诺行为，中标通知书到达中标人时，承诺生效，合同成立。但是，根据《招标投标法》第45条第2款规定，中标通知书对招标人和中标人具有法律效力；中标通知书发出后，招标人改变中标结果的，或者中标人放弃中标项目的，应当依法承担法律责任。笔者认为，既然《招标投标法》第45条第2款规定了中标通知书发出后，招标人改变中标结果的，或者中标人放弃中标项目的，应当依法承担法律责任，那么通过招标投标程序签订的合同自中标通知书发出之时即产生法律效力。《建工解释（一）》第22条规定："当事人签订的建设工程施工合同与招标文件、投标文件、中标通知书载明的工程范围、建设工期、工程质量、工程价款不一致，一方当事人请求将招标文件、投标文件、中标通知书作为结算工程价款的依据的，人民法院应予支持。"该条司法解释也将招标文件、投标文件、中标通知书赋予了高于书面建设工程施工合同的法律地位。

　　笔者认为，所谓中标通知书，是指在招标投标中，招标人向投标人发出的确认投标人中标的通知书。中标通知书发出后，建设工程施工合同成立并生效。中标通知书的发出标志着招标投标程序的结束，意味着发包人和承包人就建设工程施工合同的基本内容达成合意。此时，合同成立并生效。《招标投标法》第46条所规定的书面合同形式系对合同内容的再确认，仅仅具有证据效力。在深化审批制度改革、缩小建设工程施工合同备案的大背景下，书面的建设工程施工合同及备案合同的重要性已经不复存在，招标投标过程中确定当事人权利义务时依据的最重要的文件应当是招标文件、投标文件和中标通知书。所以，中标通知书发出后，确定当事人权利义务依据的应当是招标文件、投标文件以及中标通知书，这些文件即构成当事人之间的书面合同。

　　《招标投标法》第46条规定属于管理性、倡导性规定，招标人、中标人未按规定执行的，对合同成立并无影响，书面建设工程施工合同只是对招投标文件以及中标通知书的进一步明确和规范化，而不是建设工程施工合同成立的必要条件。如果合同成立的时间为招标人与中标人按照《招标投标法》的规定签订书面合同之时，那么当事人之间通过严格的招标投标程序的行为，应当解释为预约合同，从而使招标投标程序对于缔约当事人的约束力大大下降。这种后果将导致任何一方当事人如果在通过招标投标程序产生的中标通知书发出后，表示拒绝签订书面合同，那么法律责任只能是构成预约合同的违约，而非本约合同的违约，对违约一方的法律责任明显追究力度不够，这绝非《招标投标法》的立法原意。而将招标投标过程认定为在当事人之间成立本约合同，则一旦当事人签订的书面合同与招标投标文件相背离，完全可以根据招标投标文件确定当事人之间的权利义务关系，即招标投标程序中合同成立于中标通知书发出之时。

　　（二）中标通知书发出之时，一方当事人拒不签订合同的责任范围

　　招标公告是招标人向潜在的不特定的投标人发出的要约邀请，投标是投标人根据招标文件向招标人发出的订立合同的要约，招标人发出中标通知书属于承诺，招标人发出中标通知书之时，建设工程施工合同即告成立，依法成立的合同，自成立时生效。根据2019年版《房屋建筑和市政基础设施工程

施工招标投标管理办法》第46条第2款、第3款规定："中标人不与招标人订立合同的，投标保证金不予退还并取消其中标资格，给招标人造成的损失超过投标保证金数额的，应当对超过部分予以赔偿；没有提交投标保证金的，应当对招标人的损失承担赔偿责任。招标人无正当理由不与中标人签订合同，给中标人造成损失的，招标人应当给予赔偿。"招标人与投标人之间签订书面的建设工程施工合同仅是形式上的要求，招标人发出中标通知书时，施工合同成立并生效，任何一方拒绝签订书面施工合同均属违约，应当按照《民法典》第577条的规定承担违约责任。中标通知书发出之后，如果发包人拒绝签订施工合同、改变中标结果的，则发包人应当承担违约责任，应当赔偿另一方所有损失，包括中标人的可得利益损失；如果中标人拒绝签订施工合同，放弃中标项目的，招标人有权没收其投标保证金，如果保证金不足以弥补招标人损失的，有权另行要求赔偿。

## 四、建设工程施工合同违反《招标投标法》致使施工合同无效的情形

在建设工程施工过程中采用招标投标的形式签订建设工程施工合同广泛存在，但违反《招标投标法》签订建设工程施工合同可能导致施工合同无效。《建工解释（一）》第1条第1款第3项规定："建设工程施工合同具有下列情形之一的，应当依据民法典第一百五十三条第一款的规定，认定无效：……（三）建设工程必须进行招标而未招标或者中标无效的。"该条司法解释将违反《招标投标法》导致建设工程施工合同无效规定为两种情形：其一，建设工程项目为法定招标投标项目而未招标投标；其二，建设工程施工合同中标无效。

（一）法定必须招标投标而未招标投标，合同无效

《招标投标法》第3条规定："在中华人民共和国境内进行下列工程建设项目包括项目的勘察、设计、施工、监理以及与工程建设有关的重要设备、材料等的采购，必须进行招标：（一）大型基础设施、公用事业等关系社会公共利益、公众安全的项目；（二）全部或者部分使用国有资金投资或者国家融资的项目；（三）使用国际组织或者外国政府贷款、援助资金的项目。"

《招标投标法》是规范建筑市场招投标活动的具有公法性质的一部法律，目的是通过规范建筑项目的招投标活动，进而保护国家利益和社会公共利益及公共安全。法定必须招标的工程项目涉及公共利益，所以必须招标的项目没有招标的，建设工程施工合同无效，符合《招标投标法》立法目的及宗旨。[①]

（二）建设工程施工合同中标无效的主要情形

根据《招标投标法》的规定，投标人和其他利害关系人认为招标投标活动不符合《招标投标法》规定的，有权提出异议或者依法向政府行政主管部门投诉。可见政府行政主管部门有权对招标投标活动实施监督，对招标投标活动中的违法行为进行查处。但是，招标投标活动本质上是一种民事法律行为，法律亦未排除人民法院及仲裁机构对中标结果是否有效的审查认定权。人民法院或仲裁机构在发现案件中具有中标无效的情形时可以直接认定中标结果无效，否定建设工程施工合同的效力。所以，政府行政主管部门和人民法院、仲裁委员会均有权对中标的效力进行审查。工程项目虽然履行了招标投标程序，但是根据《招标投标法》以及《招标投标法实施条例》的规定，如果存在以下情形，则中标无效。

1. 招标代理机构存在违法行为影响中标结果的

《招投投标法》第 50 条规定："招标代理机构违反本法规定，泄露应当保密的与招标投标活动有关的情况和资料的，或者与招标人、投标人串通损害国家利益、社会公共利益或者他人合法利益的……影响中标结果的，中标无效。"招标代理机构是依法设立、从事招标代理业务并提供相关服务的社会中介组织，其应当在招标人委托的范围内代理招标业务，并遵守法律关于招标人的规定。招标代理机构存在违法行为导致合同无效的，包括两种情形：其一，招标代理机构违反保密义务；其二，招标代理机构与招标人、投标人串通损害国家利益、社会公共利益或者他人合法权益的。

（1）招标代理机构违反保密义务。《招标投标法实施条例》第 65 条规定："招标代理机构在所代理的招标项目中投标、代理投标或者向该项目投

---

① 最高人民法院民事审判第一庭编著：《最高人民法院建设工程施工合同司法解释理解与适用》，人民法院出版社 2015 年版，第 28 页。

标人提供咨询的，接受委托编制标底的中介机构参加受托编制标底项目的投标或者为该项目的投标人编制投标文件、提供咨询的，依照招标投标法第五十条的规定追究法律责任。"招标代理机构是依法设立、从事招标代理业务并提供相关服务的社会中介组织。招标人和招标代理机构之间属于委托代理关系。招标代理机构的保密义务主要包括两部分。其一，招标代理机构不得在所代理的招标项目中投标或者代理投标。招标代理机构在代理招标项目时获得了更多招标项目信息，如果允许其参加投标或者代理投标人投标，则很容易与其他投标人串通投标，而且将严重破坏公平竞争的机制，侵害其他投标人的合法权益。其二，招标代理机构不得为所代理的招标项目的投标人提供咨询。允许招标代理机构向所代理招标项目的投标人提供咨询意见的，有可能泄露招标项目信息，帮助接受咨询意见的投标人获得竞争优势，这对其他投标人不公平，因此应当予以禁止。

（2）招标代理机构与招标人、投标人串通损害国家利益、社会公共利益或者他人合法权益的。《民法典》第154条规定："行为人与相对人恶意串通，损害他人合法权益的民事法律行为无效。"所谓恶意串通，就是双方当事人具有共同目的，希望通过订立合同损害国家、集体或者第三人的利益。该行为破坏了国家正常的招标投标程序，损害了正常的交易秩序，如果影响中标结果的，中标无效。

2. 招标人存在泄露信息，影响中标结果

《招标投标法》第52条规定："依法必须进行招标的项目的招标人向他人透露已获取招标文件的潜在投标人的名称、数量或者可能影响公平竞争的有关招标投标的其他情况的，或者泄露标底的……影响中标结果的，中标无效。"根据该规定，导致中标无效应当从两个层面考虑：第一个层面是从公平竞争的角度，对于依法必须招标投标的工程项目，招标人向他人透露已获取招标文件的潜在投标人的名称、数量等可能影响公平竞争的情况；第二个层面是从公正的角度，对于招标人泄露标底，无论是否为必须招标投标的项目，招标人均不得泄露标底。

3. 串通投标、行贿中标

《招标投标法》第53条规定："投标人相互串通投标或者与招标人串通

投标的，投标人以向招标人或者评标委员会成员行贿的手段谋取中标的，中标无效……"根据该规定，中标无效的情形分为以下三种情况。

（1）投标人之间相互串通投标。投标人相互串通投标，是指投标人彼此之间以口头或者书面形式，就投标情况互相通气，达到避免相互竞争，损害招标人和其他投标人的合法权益，甚至损害国家和社会公共利益，破坏了招标投标竞争规则的行为。《招标投标法实施条例》第39条和第40条列明了11种投标人相互串通投标的情形：①投标人之间协商投标报价等投标文件的实质性内容；②投标人之间约定中标人；③投标人之间约定部分投标人放弃投标或者中标；④属于同一集团、协会、商会等组织成员的投标人按照该组织要求协同投标；⑤投标人之间为谋取中标或者排斥特定投标人而采取的其他联合行动；⑥不同投标人的投标文件由同一单位或者个人编制；⑦不同投标人委托同一单位或者个人办理投标事宜；⑧不同投标人的投标文件载明的项目管理成员为同一人；⑨不同投标人的投标文件异常一致或者投标报价呈规律性差异；⑩不同投标人的投标文件相互混装；⑪不同投标人的投标保证金从同一单位或者个人的账户转出。

（2）投标人与招标人串通投标。投标人与招标人串通投标，是指投标人与招标人在招标投标活动中，以不正当的手段从事私下交易，致使招标投标流于形式的行为。投标人与招标人串通投标的行为共同损害国家利益、社会公共利益或者其他投标人的合法权益，应当予以禁止。《招标投标法实施条例》第41条列明了6种投标人与招标人串通投标的情形：①招标人在开标前开启投标文件并将有关信息泄露给其他投标人；②招标人直接或者间接向投标人泄露标底、评标委员会成员等信息；③招标人明示或者暗示投标人压低或者抬高投标报价；④招标人授意投标人撤换、修改投标文件；⑤招标人明示或者暗示投标人为特定投标人中标提供方便；⑥招标人与投标人为谋求特定投标人中标而采取的其他串通行为。

（3）投标人向招标人或者评标委员会成员行贿谋取中标。投标人向招标人或者评标委员会成员行贿谋取中标，是指投标人以谋取中标为目的，给予招标人（包括工作人员）、招标代理机构（包括工作人员）或者评标委员会成员财物或者其他好处的行为。这一行为直接破坏了招标投标活动的市场竞争机制，既损害了其他投标人的合法权益，也损害了国家利益和社会公共利益，应当被严格禁止。

4. 弄虚作假，骗取中标

《招标投标法》第54条规定："投标人以他人名义投标或者以其他方式弄虚作假，骗取中标的，中标无效……"根据该规定，骗取中标可分为以下两种情形。

（1）投标人以他人名义投标。一般表现为一些不具备法定的或者招标文件规定的资质、资格条件的单位或者个人，采取"挂靠"甚至直接冒名顶替的方法，通过受让或者租借等方式获取资格、资质证书，以具备资质、资格条件的企业、事业单位的名义参加投标。

（2）投标人以其他方式弄虚作假，骗取中标。一般表现形式有：①使用伪造、变造的招标文件要求的资质、资格等证明文件；②提供虚假的财务状况或者业绩；③提供虚假的项目负责人或者主要技术人员简历、劳动关系证明；④提供虚假的信用状况等。

5. 必须招标投标的项目中招标人与投标人就实质性内容先行谈判，影响中标结果的

《招标投标法》第43条规定："在确定中标人前，招标人不得与投标人就投标价格、投标方案等实质性内容进行谈判。"《招标投标法》第55条规定："依法必须进行招标的项目，招标人违反本法规定，与投标人就投标价格、投标方案等实质性内容进行谈判的……影响中标结果的，中标无效。"《招标投标法》第43条中实质性内容的范围，可以参照《建工解释（一）》第2条第1款规定："招标人和中标人另行签订的建设工程施工合同约定的工程范围、建设工期、工程质量、工程价款等实质性内容，与中标合同不一致，一方当事人请求按照中标合同确定权利义务的，人民法院应予支持。"通过以上法条，可以梳理出招标人与投标人就实质性内容先行谈判，导致中标无效的条件：①谈判的时间在确定中标人之前；②谈判的项目是依法必须进行招标的项目；③谈判的内容是工程范围、建设工期、工程质量、工程价款等实质性内容；④谈判的后果要影响中标结果。

6. 违法确定中标人

《招标投标法》第 57 条规定："招标人在评标委员会依法推荐的中标候选人以外确定中标人的，依法必须进行招标的项目在所有投标被评标委员会否决后自行确定中标人的，中标无效……"该条规定了两种中标无效的情形。其一，招标人在评标委员会依法推荐的中标候选人以外确定中标人的中标无效。但是该法条对于必须招标投标的工程项目和非必须招标投标的工程项目对中标效力是否有区别，存在争议。笔者认为，从该法条可以看出，"招标人在评标委员会依法推荐的中标候选人以外确定中标人的"规定并未对必须招标投标的工程项目还是非必须招标投标的工程项目进行区分。所以，凡是招标人在评标委员会依法推荐的中标候选人以外确定中标人，不论该项目是必须招标投标的工程项目还是非必须招标投标的工程项目，中标均无效。其二，依法必须进行招标的项目在所有投标被评标委员会否决后，招标人自行确定中标人的，无论该中标人是否在投标人范围内，中标无效。

7. "低于成本价中标"的

《招标投标法》第 33 条规定："投标人不得以低于成本的报价竞标……"《建设工程质量管理条例》第 10 条规定："建设工程发包单位，不得迫使承包方以低于成本的价格竞标，不得任意压缩合理工期。建设单位不得明示或者暗示设计单位或者施工单位违反工程建设强制性标准，降低建设工程质量。"从《招标投标法》的法律条文梳理得出结论，低于成本的招标投标报价也不应当获得中标。《招标投标法》第 41 条规定："中标人的投标应当符合下列条件之一：（一）能够最大限度地满足招标文件中规定的各项综合评价标准；（二）能够满足招标文件的实质性要求，并且经评审的投标价格最低；但是投标价格低于成本的除外。"笔者认为，建筑质量关系建筑使用人的生命财产安全，质量低劣的建筑更可能危及不特定多数人的生命财产安全。如果不能保证承包人获得足够利润的对价，其必然要从其他方面获得相应利润，而偷工减料、粗制滥造就成为其获取利润的途径，故而建筑质量无法保证。《招标投标法》第 33 条和第 41 条规定都对低于成本价投标作了否定性评价。虽然这些规定从字面上看并不属于相关效力性强制性规定，但是从建立公平、公正、公开的市场秩序和维护建筑业健康发展的角度来看，对低于成本价中标签订的建设工程施工合同应认为其属于损害社会公共利益，该合同应属无效。根据 2011 年《全国民事审判工作会议纪要》第 24 条的规定，以低于工程建设成本的工程项目标底订立的施工合同，应当依据《招标投标法》第 41 条第 2 项的规定认定无效。

（1）关于低于成本价的判断。关于低于成本价的判断，在实践中并没有明确的标准。笔者认为，此处的成本价应为建筑企业自己的成本价，而不是国家定额。《招标投标法》第 33 条禁止的只是企业以低于自己的成本价进行投标竞标，是为了防止承包人偷工减料造成工程质量隐患等危害公众安全的行为发生。但是对于是否属于低于成本价投标中标，实际上难以准确认定和查明。每个企业的人力管理、技术、财务控制等实际情况千差万别，因此各自的建造成本也各不相同，以建筑市场社会平均成本作为判断是否低于成本价并不科学。所以，低于成本价的判断标准应以企业个别成本为依据，综合建筑市场社会平均成本予以判断。

（2）低于成本价中标的施工合同工程款的结算。《民法典》第 793 条第 1 款规定："建设工程施工合同无效，但是建设工程经验收合格的，可以参照合同关于工程价款的约定折价补偿承包人。"笔者认为，低于成本价中标的施工合同经竣工验收合格，工程款的结算应当参照合同约定支付工程价款。其理由有三种：第一，《民法典》第 793 条第 1 款规定的建设工程施工合同无效，但是建设工程经验收合格的，可以参照合同关于工程价款的约定折价补偿承包人的结算规则，并没有排除低于成本价中标情形的适用。所以，从平衡双方当事人利益看，低于成本价中标参照合同约定结算工程价款符合双方当事人的合同预期。第二，从司法实践角度来看，对于低于成本价中标的施工合同，如果允许按实结算，则因工程的实际造价不仅包括该工程的成本，还包括了项目工程的利润等，所以结算价会高于中标价。承包人在以违法手段中标并与发包人签订建设工程施工合同后，如果以按实结算的方式支付工程价款，则导致违法行为反而获得比合法行为更多的利益，最终使否定建设工程施工合同效力的目的落空。第三，从平衡双方当事人利益角度来看，依据合同约定结算工程价款符合双方当事人的合同预期。如果按照工程成本进行结算，由于成本价计算复杂、难度较大，所以在实践中难以把握。

## 第二节　黑白合同

在建设工程领域中，经常会出现建设单位和施工单位就同一建设工程签订两份或两份以上在实质性内容上存在差异的合同，这类合同就是我们俗称的"黑白合同"。其中，通常将经过招标投标程序产生的中标合同称为"白合同"，把实际履行的与中标合同存在实质性差异的合同称为"黑合同"。"黑白合同"的频繁发生，不仅冲击社会市场秩序，还给司法实践造成很大困扰，但随着建设工程施工合同案件审理的逐渐深入，司法实践已在如何判断"实质性内容"的范围、"黑白合同"效力及结算规则、同一工程数份合同的效力及结算规则等问题上，有了较为成熟的解决思路。

### 一、建设工程施工合同的"实质性内容"

"黑白合同"之所以争议很大，其根本原因在于这类合同在实质性条款内容上存在差异。故对建设工程施工合同实质性内容的判断成为是否适用"黑白合同"相关法律规范的前提。

（一）《招标投标法》中"实质性内容"的判断标准

在建设工程领域，合同的实质性内容主要是指涉及招标人与中标人的权利义务的条款，该方面内容的改变在一定程度上足以影响其他投标人中标，破坏招标投标活动合法有序的竞争环境。因此，结合《招标投标法》，如何判断合同中的实质性内容，可以从以下两点考虑。

1. 对招标人与中标人的权利义务的影响

《招标投标法》第46条中规定"招标人和中标人……按照招标文件和中标人的投标文件订立书面合同""招标人和中标人不得再行订立背离合同实质性内容的其他协议"。

中标通知书自发出之日起，招标人与中标人之间的主要权利义务已经确定。招标人与中标人就建设工程施工所享有的权利义务体现在招标文件、中

标文件、中标通知书以及建设工程施工合同之中。虽然依据《民法典》的规定，当事人享有变更合同之权利，但这种变更受限于招标投标文件及建设工程施工合同。招标投标程序之后，双方另行订立的其他协议，如果较大地改变了双方的权利义务内容，则与招标文件、中标文件、中标通知书相违背，属于背离合同的"实质性内容"。在司法实践中，发包人与承包人另行订立的合同与中标合同，如果只是在工程范围、工期、质量、价款等方面进行了部分变更，未达到实质性变更的条件，那么另行订立的合同仍有效，可以作为结算的依据。

2. 一定程度上足以影响其他投标人中标

《招标投标法》第1条规定："为了规范招标投标活动，保护国家利益、社会公共利益和招标投标活动当事人的合法权益，提高经济效益，保证项目质量，制定本法。"该条规定开宗明义，明确了通过招标投标程序订立合同的目的是保护国家利益、社会公共利益和招标投标活动当事人的合法权益，保证竞标人之间处于一个公开、公正、公平的竞争环境。如果允许招标人和中标人可以再行订立背离合同实质性内容的其他协议，则违背了招标投标活动的初衷，对参与招标投标程序的其他竞标人有失公平。基于这点考虑，在招标人和中标人另行签订的协议中，凡是排除其他投标人中标的可能或者提高其他投标人中标条件的内容，都可认定为"实质性内容"。

（二）建设工程施工合同中"实质性内容"的范围

《建工解释（一）》第2条第1款规定："招标人和中标人另行签订的建设工程施工合同约定的工程范围、建设工期、工程质量、工程价款等实质性内容，与中标合同不一致，一方当事人请求按照中标合同确定权利义务的，人民法院应予支持。"该解释将通过招投标程序确定的建设工程施工合同中的有关工程范围、建设工期、工程质量、工程价款等的约定，界定为建设工程施工合同的实质性内容。

1. 工程范围

建设工程施工合同约定了承包人的施工范围，该范围由招标文件、投标文件与中标合同等文件确定。工程范围并不仅仅是指建筑物或者构筑物的结构与面积等，更主要是指是否包括土建、设备安装、装饰装修等。不同的工程范围对施工人的技术水平和管理水平要求不同，而且施工人投入的设备、人力等也不相同。工程范围通常由招标人即发包人确定，而不是由投标人即施工人确定。招标人、中标人另行签订的建设工程施工合同，增加或者减少工程范围的情况时有发生。但值得注意的是，因发包人的设计变更、建设工程规划指标调整等客观原因，发包人与承包人以补充协议、会谈纪要甚至签证等变更工程范围的，不应当认定为背离中标合同的实质性内容的变更。

2. 建设工期

建设工期是建设工程施工合同中施工人完成工程的时间或者期限，包括合同所约定的期限变更。一般建设方都希望缩短建设工期，短工期不仅可以保证建设方尽早使用工程，而且可以有效避免对第三方承担逾期责任。关于建设工期，除了加强管理、广泛应用新技术、新工艺、新材料和新设备进行科学施工外，真正的决定因素是现有的生产技术条件和自然条件。通常情况下，竞标人在投标文件中确定的建设工期是决定其是否中标的关键因素之一。在中标人与招标人另行签订的建设工程施工合同中，缩短或者延长建设工期的情况都有存在。

3. 工程价款

工程价款是指发包人用以支付承包人按照合同约定完成承包范围内全部工作的价款，包括按照合同约定发生的价格变化。《民法典》第788条第1款规定："建设工程合同是承包人进行工程建设，发包人支付价款的合同。"所以支付工程价款是发包人最主要的义务，收取工程价款是承包人最主要的权利。在工程范围与工程质量、建设工期不变的情况下，决定工程中标人的因素往往就是工程价款，即投标文件中工程价款最低者中标。在目前的市场环境下，发包人占主导地位，因而承包人为了能够中标，往往会在投标时或者在另行签订的协议中承诺降低工程价款。《建工解释（一）》第2条第2款列举了当事人变相降低工程价款的四种典型形式：①直接降低工程决算价款即让利；②中标人同意以明显高于市场价格购买其承建的房产；③中标人无偿建设住房配套设施；④向建设单位捐赠财物。当然，无论以何种形式，最终的结果是使工程价款有一定程度的下降。关于发包人与承包人另行签订的合同约定的工程价款与中标合同的工程价款等实质性条款存在不一致是否就构成了"黑白合同"，笔者认为，如果另行签订的合同与中标合同在工程价款方面差别不大，就不构成"黑白合同"。

4. 工程质量

建设工程质量是对工程的安全、适用、经济、环保、美观等特性的综合要求，质量标准必须符合国家现行有效的质量验收规范和合同约定。建设工程的质量，不但关系到生产经营活动的正常运行，也关系到人民生命财产安全，所以保证建设工程的质量和安全是《建筑法》的主要立法目的之一。在招标投标过程中，竞标人不会以降低工程质量赢得中标机会，招标人与中标人签订的施工合同，通常要求施工人保证工程质量。但是，在实际的招标投标过程中，为了排除其他竞标人中标，招标人往往在招标文件中故意提高工程质量要求，如多层建筑按照高层建筑质量提出招标要求，在特定人中标后，再根据工程的实际情况，在另行签订的协议中，降低工程质量。然而，如果发包方和承包方另行签订的合同对建设工程的质量提出更高的要求，并在工程价款结算时给予适当增加，可以认定为对中标合同质量条款的补充，应当认定有效。

5. 其他重大权利义务

招标人与中标人另行签订的合同中，涉及双方重大权利义务条款的改变，若足以排除其他竞标人、改变竞标人，则构成"实质性内容"，应受到法律规制。这类情况在司法实践中通常出现以下情形。例如，开发商资金暂时短缺而由施工人提供资金后，承包人就会要求开发商将房屋以明显低于市场价格充抵工程价款。或者，改变工程价款的支付方式导致当事人权利义务产生实质影响的，如发包人未按照约定的方式履行支付工程价款的义务，而是通过转移债权，以房屋或者项目（甚至包括将来收益）抵顶、债权转股权等形式支付工程价款或者大幅延长工程价款支付期限。

（三）合同中的"实质性内容"不同于《民法典》中合同的主要条款

《民法典》第 470 条第 1 款规定："合同的内容由当事人约定，一般包括下列条款：（一）当事人的姓名或者名称和住所；（二）标的；（三）数量；（四）质量；（五）价款或者报酬；（六）履行期限、地点和方式；（七）违约责任；（八）解决争议的方法。"但是，《民法典》第 470 条属于倡导性条款，对合同的成立不具有强制约束力。如果当事人达成的协议不完全具备《民法典》第 470 条规定的内容，但能够确认当事人的姓名或名称、标的和数量，就可以认定为合同成立。对于欠缺的其他条款内容，当事人可以协商补充，也可以依照《民法典》的规定或者解释规则予以补充。而建设工程施工合同中的"实质性内容"特指建设工程领域中对招标人与投标人产生重大影响，用于区分"黑白合同"的条款。它与《民法典》第 470 条规定的合同主要条款，在内容上有所交叉，但又不完全相同。

## 二、"黑白合同"的法律效力

典型的"黑白合同"限定在招标人与中标人确定中标合同后，双方又签订背离中标合同实质性内容的合同。但现实中，"黑合同"时常会签订于中标通知书发出之前。因此，笔者对"黑白合同"的范围进行了扩张，本节中将凡是经招标投标程序签订的合同统称为"白合同"，凡未经招标投标程序签订的合同统称为"黑合同"。"黑白合同"是违反《招标投标法》《建筑法》的相关规定，严重影响建筑市场招标投标秩序的行为。关于"黑白合同"的效力问题应当结合具体情况进行认定。

（一）必须招标投标的建设工程中"黑白合同"的效力认定

1. 必须招标投标的建设工程未经招标，施工合同无效

《建工解释（一）》第 1 条第 1 款第 3 项规定："建设工程施工合同具有下列情形之一的，应当依据民法典第一百五十三条第一款的规定，认定无效：……（三）建设工程必须进行招标而未招标或者中标无效的。"所以，建设工程必须进行招标而未招标，即使该建设工程签署了数份施工合同，意思表示的合同，也均无效，而不论其是否为发承包人用以行政部门备案的合同，抑或为发承包人签署的反映真实意思表示的合同。数份建设工程施工合同均无效的，以实际履行的合同作为结算依据。

2. 必须招标投标的建设工程，"黑合同"签署于中标通知书发出后，"黑白合同"的效力认定

这种情况比较典型，适用《建工解释（一）》第 2 条和第 22 条规定的"黑白合同"结算规则。建设工程属于《招标投标法》第 3 条规定的强制性招标投标范围的，发包人履行了该法规定的程序，如没有其他导致建设工程施工合同无效的情况，发包人与承包人依据签订的建设工程施工合同有效，即"白合同"有效。但此后发包人与承包人另行签订了建设工程施工合同，即"黑合同"，其效力应当具体情况具体分析。如果"黑合同"构成了对中标合同即"白合同"的"实质性内容的改变"，则"黑合同"违反了《招标投标法》第 46 条效力性强制性规定，"黑合同"无效。如果"黑合同"并未构成对中标合同即"白合同"的"实质性内容的改变"，那么此时"黑合同"并非《建工解释（一）》第 2 条规定的"黑合同"，而应当认定为对"白合同"的合理变更及补充，其效力应该为法律所认可。

3. 必须招标投标的建设工程，"黑合同"签署于中标通知书发出前，"黑白合同"的效力认定

必须招标投标的建设工程项目，招标人与中标人可能在中标通知书发出前，就已经签订了建设工程施工合同，而后再履行法定的招标投标程序。在这种情况下出现了两份合同，即中标合同和招标人与中标人在招标投标前自行签订的合同。

（1）关于中标合同的效力。招标人与中标人之间的建设工程施工合同的招标投标活动中标有效，才会形成合法、有效的建设工程施工合同。《招标投标法》第 43 条规定："在确定中标人前，招标人不得与投标人就投标价格、投标方案等实质性内容进行谈判。"在中标前，招标人与中标人就已经对中标合同进行了实质性谈判，显然招标人与中标人存在串通行为。因此，当该行为发生在必须招标投标的建设工程中时，应根据《招标投标法》第 55

条①规定进行处理。这种在依法履行招标投标程序之前，招标人已经实质性地确定了建设工程承包人的情形，严重违背了招标投标制度设立的初衷。所以，此种情况下，中标无效。并且根据《建工解释（一）》第1条的规定，招标人和中标人之间中标行为无效时，因中标而产生的建设工程施工合同也无效。

（2）招标人与中标人在招标投标前自行签订的合同的效力。根据《建工解释（一）》第1条的规定，必须进行招标的工程建设项目，未经招标投标订立的建设工程施工合同无效。显然，必须进行招标的工程建设项目，招标人与中标人因违反了法定的招标投标程序，在招标投标前自行签订的合同属于无效合同。

（3）必须招标投标的建设工程，招标人与中标人在中标合同签署前自行签订的建设工程施工合同的结算规则。这种情形不存在法律意义上的"中标合同"，也不属于典型意义上的"黑白合同"，不适用《建工解释（一）》第2条规定的"黑白合同"结算规则。既然中标合同和招标人与中标人在招标投标前自行签订的合同均为无效合同，那么应当适用数份无效建设工程施工合同的结算规则。根据《建工解释（一）》第24条规定："当事人就同一建设工程订立的数份建设工程施工合同均无效，但建设工程质量合格，一方当事人请求参照实际履行的合同关于工程价款的约定折价补偿承包人的，人民法院应予支持。实际履行的合同难以确定，当事人请求参照最后签订的合同关于工程价款的约定折价补偿承包人的，人民法院应予支持。"所以，在工程质量合格前提下，应当参照发承包双方实际履行的合同结算工程价款。

（二）非必须招标投标的建设工程，"黑白合同"的效力认定

1. 非必须招标投标的建设工程，未经招标投标程序签订的数份合同的效力认定

非必须招标投标的建设工程可以由发包人自行选择承包人，建设工程施

---

① 《招标投标法》第55条规定："依法必须进行招标的项目，招标人违反本法规定，与投标人就投标价格、投标方案等实质性内容进行谈判的，给予警告，对单位直接负责的主管人员和其他直接责任人员依法给予处分。前款所列行为影响中标结果的，中标无效。"

工合同的内容也由发包人和承包人协商确定。非必须招标投标的建设工程中"黑白合同"是指同一建设工程发包人与承包人同时签订数份建设工程施工合同。签订数份建设工程施工合同可能是出于避税需要，也可能是出于备案需要。一般来说，向行政部门申报的合同为"白合同"，私下签订的真实调整双方的权利义务关系的合同为"黑合同"。但是，目前建设工程施工合同备案制度的范围已经逐渐缩小，建设工程施工合同备案目前仅作为行政管理手段，不影响建设工程施工合同的效力。在非必须招标投标的建设工程未采取招标投标程序的情况下，承包人与发包人签订数份建设工程施工合同，判断合同效力依据的法律为《民法典》，此时《招标投标法》不作为判断合同效力的依据，数份内容不一致的建设工程施工合同应当从合同是否存在法定的无效情形综合判断合同的效力。非必须招标投标的建设工程在未采取招标投标程序情形下，数份合同的效力认定实际上是不存在"黑白合同"的效力判断问题的。所以若不存在《民法典》规定合同无效的情形，应当以体现当事人真实意思表示的那份合同作为有效的合同，进行结算，而不论该合同是"白合同"还是"黑合同"。

2. 非必须招标投标的建设工程，采取招标投标程序订立合同，"黑白合同"的效力认定

建设工程虽然不属于《招标投标法》第3条规定的必须招标投标的范围，但发包人或按照建设主管部门的要求，或自愿采取招标投标的程序，订立了建设工程施工合同，这时应当受《招标投标法》的约束，也存在"黑白合同"的问题。其中，中标合同为"白合同"，另行签订的合同为"黑合同"。《建工解释（一）》第23条规定："发包人将依法不属于必须招标的建设工程进行招标后，与承包人另行订立的建设工程施工合同背离中标合同的实质性内容，当事人请求以中标合同作为结算建设工程价款依据的，人民法院应予支持，但发包人与承包人因客观情况发生了在招标投标时难以预见的变化而另行订立建设工程施工合同的除外。"《河北省建工审理指南》第8条规定："法律、行政法规未规定必须进行招投标的建设工程，经过合法有效的招投标程序的，当事人实际履行的建设工程施工合同与备案中标合同实质性内容不一致的，应当以中标合同作为工程价款的结算根据。"笔者认为，

无论是非必须招标投标的建设工程，还是必须招标投标的建设工程，只要采取了《招标投标法》规定的程序签订建设工程施工合同，就应当适用《招标投标法》。但是，必须招标投标工程和非必须招标投标工程毕竟存在法律上的不同，笔者将非必须招标投标工程中同一工程签订数份合同的问题作了以下归纳。

（1）非必须招标投标的工程项目在采取招标投标程序前，招标人与中标人就同一工程签订施工合同的情形。因非必须招标投标工程发包人可自行选择承包人，发包人与承包人自行签订的合同如果不违反《民法典》第153条、第154条的规定，则合同有效。对于非必须招标投标项目，即使存在中标前招标人与中标人就实质性条款协商的情形，根据《招标投标法》第55条的规定，中标合同也为有效合同。对于不属于法律规定强制招标的建设工程，发包人和承包人协商订立建设工程施工合同以后，又就同一建设工程履行了招标投标程序，并发出了中标通知书的，视为没有违反《招标投标法》的强制性规定，建设工程施工合同具有变更订立在先的合同条款的效力。

（2）非必须招标投标的建设工程项目，在采取招标投标程序确定中标合同后，招标人与中标人就同一工程另行签订施工合同的情形。非必须招标投标的建设工程，当事人可以依据《招标投标法》的规定选择招标投标方式确定承包人。只要采用招标方式发包建设工程，就必然涉及招标投标法律程序和不特定的众多投标人的利益，如果不适用《招标投标法》的规定，可能损害社会公共利益。所以，无论是必须招标投标的建设工程项目，还是非必须招标投标的建设工程项目，只要通过招标投标方式订立的建设工程施工合同，就应当适用《招标投标法》的规定，不应允许当事人私下再订立与招标文件、投标文件、中标通知书实质性内容不一致的其他合同。所以，非必须招标投标项目在采取招标投标程序后，招标人与中标人就同一工程另行签订施工合同，应根据《建工解释（一）》第23条规定，适用"黑白合同"的结算规则。

（3）《建工解释（一）》第23条对于非必须招标投标的建设工程"黑白合同"的适用上有所放宽，但规定"发包人与承包人因客观情况发生了在招标投标时难以预见的变化而另行订立建设工程施工合同的除外"。该条司法解释规定的客观情况变化，应当符合以下条件。其一，客观情况变化应发生在招标投标之后。如果客观情况在招标投标之前就已经存在，当事人应当预见到其招标投标行为的后果，不能以此为由另行订立实质性内容与中标合同不一致的建设工程施工合同。其二，客观情况变化应属重大。建设工程开工后，客观情况变化必须达到改变了当事人订立合同的基础的程度，即变化后的客观情况会直接导致当事人重新决定是否订立合同或者变更合同对价。如果不允许当事人另行订立合同，会导致当事人利益严重失衡。基于以上情况，发包人与承包人针对工程范围、建设工期、工程质量、工程价款更改了中标合同中的内容，建设工程施工合同应当按照更改以后的内容作为结算的依据。但是，在司法实践中，不应轻易否定中标合同的效力。

## 三、"黑白合同"的结算规则

建设工程项目按照是否属于必须招标投标的标准，可划分为必须招标投标的项目和非必须招标投标的项目。这两种情况下，均可能产生"黑白合同"的问题。《建工解释（一）》第23条规定承包人中标后，无论是必须招标投标的建设工程还是非必须招标投标的建设工程，只要承包人与发包人另行订立背离中标合同的实质性内容的建设工程施工合同，均应当以中标合同作为建设工程施工合同的结算依据。只不过对依法必须招标投标的建设工程，《招标投标法》规定了更为严格的管理规范，而非必须招标投标的建设工程也应遵守《招标投标法》，但赋予当事人有一定的自由选择权。

### （一）"白合同"为结算规则的理据

1. 由《招标投标法》的立法目的决定

《招标投标法》的立法目的是"规范招标投标活动，保护国家利益、社会公共利益和招标投标活动当事人的合法权益，提高经济效益，保证项目质量"。招标投标活动有国家意志的介入，有政府相关部门的严格管理，有一整套规范的运作程序，这使得招标投标过程能够最大限度保障各方当事人的利益，能够确保建设工程质量。对于依法必须招标投标的建设工程，将"白合同"作为结算依据有利于保证招标投标活动合法有序运转，保障各方利益不受侵害，而对于非必须招标投标的工程项目，尽管法律层面赋予其很大的自主权，但当其进行招标投标程序时，也应适用《招标投标法》的相关规定。

2. 符合合同自由原则

当事人依法享有自愿订立合同的权利，任何单位和个人不得非法干预。当事人自愿选择通过何种方式缔结合同是一项基本的民事权利。对于非必须招标投标的工程项目，当事人可以选择通过谈判直接发包的方式缔结合同，也可以选择通过招标投标的方式缔结合同，法律并未加以限制。对于必须招标投标的工程项目，招标人必须采用招标投标的形式确定承包人。当事人一旦选择通过招标投标方式缔结合同，则必须遵守《招标投标法》确定的规则，一旦违反了法律规定，就必须承担法律规定的后果。缔约当事人签订中标合同后另行订立背离中标合同实质性内容的协议，实质上是对《招标投标法》第46条的违反。合同自由是缔约当事人基本的民事权利，但合同自由必须在法律规定的权限、范围内才有其意义。

（二）典型"黑白合同"结算规则适用的条件

1. "白合同"有效是适用"黑白合同"结算规则的前提

在招标投标程序中，中标合同为"白合同"。《建工解释（一）》第2条第1款规定确定了"黑白合同"的结算规则是以中标合同作为结算工程价款的依据。《建工解释（一）》第24条第1款规定确立了同一建设工程签订数份无效合同的结算规则以实际履行的合同作为结算工程款的依据。比较两条司法解释，可以发现，《建工解释（一）》第2条规定的"白合同"应当是合法、有效的合同。如果"白合同"无效，就应当适用于《建工解释（一）》第24条确定的结算规则。《招标投标法》第46条中规定的"再行订立背离合同实质性内容的其他协议"就是指建设工程施工合同中的"黑合同"。该条规定应当属于效力性规定，违反该规定的行为无效。但是应当特别注意，当事人另行签订的建设工程施工合同，并非是以签订时间的先后作为确定中标合同及另行签订合同效力的唯一条件，中标合同及另行签订合同是否无效，取决于另行签订合同对中标合同的实质性条款是否产生重要改变。

2. "黑合同"应当签订于"白合同"之后

从《招标投标法》第46条规定对"黑合同"的法律定义来看，典型"黑合同"应当签署于中标合同订立之后，其与《建工解释（一）》第2条中的"黑合同"的范围是一致的。如果属于必须招标投标的项目且"白合同"签订在"黑合同"之后，那么根据《招标投标法》第55条的规定，招投标之前就已经与投标人就投标价格、投标方案等实质性内容进行谈判时，将直接导致的法律后果会是中标无效，即"白合同"无效，而"黑合同"因违反了必须招标投标的规定，也属无效。此种情况适用于《建工解释（一）》第24条规定，即同一建设工程签订多份合同均无效，参照实际履行的合同作为结算的依据；实际履行的合同难以确定，参照最后签订的合同进行结算。在必须招标投标项目中，中标合同签订前先行签署的合同，不适用关于"黑白合同"的结算规则，即不能以"白合同"作为结算依据。所以，"黑白合同"的结算规则只适用于"黑合同"签订于"白合同"之后的情形，先行于中标合同之前签订的合同不属于法律意义上的"黑合同"。

（三）招标投标的效力对"黑白合同"结算的影响

1. 招标投标有效情形下"黑白合同"的结算规则

（1）招标投标有效情形下"黑白合同"中招标文件、投标文件、中标通知书为结算工程价款的依据。根据《建工解释（一）》第2条第1款规定，在招标投标有效时，当事人签订的合同与招标投标文件不一致的话，应将招标投标文件作为结算工程价款的根据。招标投标文件以及中标通知书表明已经在招标人、中标人之间成立合同，该合同对招标人、中标人具有法律约束力。招标人、中标人应当根据招标文件、投标文件、中标通知书中的实质性条款包括建设工期、工程范围、工程质量、工程价款等方面的实质性内容签订中标合同，而不能有所背离。此外，以招标文件、投标文件、中标通知书作为结算工程价款的依据，是严格贯彻执行《招标投标法》的必然要求。法律、行政法规规定中标合同的变更必须经过法定程序，"黑合同"虽然可能是当事人的真实意思表示，但由于违反《招标投标法》第46条强制性规定，合同形式不合法，所以不产生变更"白合同"的法律效力。当事人签订中标合同后，如果出现了变更合同的法定事由，可以变更合同。

（2）招标投标文件包含招标人、中标人的全部权利义务。有人认为，司法解释已经明确规定书面合同与招投标文件在工程范围、工程质量、工程价款、建设工期不一致时，以招标投标文件作为结算工程价款的根据，但并未规定可以作为其他权利义务的根据。至于能否作为其他权利义务的根据，比如能否作为主张违约的根据、能否作为赔偿损失的根据、能否作为确定纠纷管辖的根据等问题，要结合当事人对于合同的约定以及合同文件解释的优先顺序来确定当事人之间的权利义务关系。如果招标文件与合同的非实质性条款存在不一致时，应根据上述原则来确定当事人之间的权利义务关系。故对于招标投标文件与合同不一致时能否作为当事人全部权利义务关系依据的问题，应具体情况具体分析，不能一概而论。[①]

2. 招标投标无效情形下"黑白合同"的结算依据

《建工解释（一）》第2条规定以中标合同作为结算规则，适用的前提是中标有效的情形。根据《建工解释（一）》第1条的规定，建设工程必须进行招标而未招标或者中标无效的，建设工程施工合同认定无效。所以，中标无效，则建设工程施工合同的中标合同无论是否经过备案均无效。招标人、中标人另行签订的"黑合同"，因违反《招标投标法》第46条，所以"黑合同"亦属无效。中标无效的情形下，"黑白合同"均无效。根据《民法典》第793条第1款[②]和《建工解释（一）》第24条规定，建设工程施工合同中"黑白合同"均无效时，应当将符合双方当事人的真实意思，并在施工过程中具体履行的那份合同作为工程价款的结算依据。确定参照合同约定结算工程价款考虑的主要因素是，合同约定的工程价款数额是双方当事人的真实合意，与缔约时的市场行情相符，按照这一标准结算工程价款，有利于当事人接受裁决结果。实际履行的合同难以确定时，当事人应当参照最后签订的合同结算建设工程价款。

---

①　最高人民法院民事审判第一庭编著：《最高人民法院新建设工程施工合同司法解释（一）理解与适用》，人民法院出版社2021年版，第231页。

②　《民法典》第793条第1款规定："建设工程施工合同无效，但是建设工程经验收合格的，可以参照合同关于工程价款的约定折价补偿承包人。"

（四）"白合同"是否备案不影响合同的法律效力

《招标投标法》第12条第3款规定："依法必须进行招标的项目，招标人自行办理招标事宜的，应当向有关行政监督部门备案。"招标备案是招标程序中行政主管部门介入的一个环节。当前，备案合同制度发生了很大变化。《国务院办公厅关于开展工程建设项目审批制度改革试点的通知》已经在全国试点省市取消了建设工程施工合同备案制度。为贯彻落实国务院深化"放管服"改革、优化营商环境的要求，修改后的《房屋建筑和市政基础设施工程施工招标投标管理办法》在第2条明确该规定仅适用于依法必须进行招标的房屋建筑和市政基础设施工程，第18条则进一步规定："依法必须进行施工招标的工程，招标人应当在招标文件发出的同时，将招标文件报工程所在地的县级以上地方人民政府建设行政主管部门备案，但实施电子招标投标的项目除外。建设行政主管部门发现招标文件有违反法律、法规内容的，应当责令招标人改正。"《招标投标法》和《房屋建筑和市政基础设施工程施工招标投标管理办法》将建设工程施工合同的备案仅仅限定在依法必须进行招标的项目，对于非强制招标投标的建设项目无论是否采取招标投标的方式签订建设工程施工合同，对建设工程施工合同的备案均没有强制性的要求。显然建设工程施工合同的备案仅为管理性规定，而并不影响合同效力。无论是依法必须进行招标投标的工程项目还是非强制招标投标的工程项目，当事人通过招标投标的方式进行发包与承包，并根据招标投标结果签订建设工程施工合同，建设工程施工合同即产生法律效力。

（五）合同当事人已经按照"黑合同"签订结算协议，应认定结算协议有效

建设工程施工合同当事人按照"黑合同"已经签订了结算协议，任何一方当事人都无权反悔，主张按照"白合同"另行结算。其主要理由如下：《建工解释（一）》第2条的立法目的是解决出现纠纷时双方以哪份合同作为结算依据，如果双方依据"黑合同"达成了结算协议，便意味着结算之时不存在合同适用上的争议，《建工解释（一）》第2条也就没有了适用的基础。合同当事人双方根据"黑合同"已达成结算协议，结算协议本身是一种独立

的民事行为，双方之间已形成了新的意思表示一致，只要意思表示不存在欺诈、胁迫，侵害国家、集体或者第三人利益等情形时，双方当事人就应当严格遵守。河北省高级人民法院也持此种观点。《河北省建工审理指南》第7条规定："当事人就同一建设工程订立的数份施工合同均被认定为无效的，在结算工程价款时，应当参照当事人真实意思表示并实际履行的合同约定结算工程价款。当事人已经基于其中一份合同达成结算单的，如不存在欺诈、胁迫等撤销事由，应认定该结算单有效。"由此可知，河北省高级人民法院认为基于无效的建设工程施工合同产生的结算单，如果不存在欺诈、胁迫等撤销事由，就应认定该结算单有效。笔者认为，这种观点可以适用于"黑白合同"的情形，因为建设工程施工合同与结算协议之间具有相对的独立性，建设工程施工合同无效并不影响基于无效施工合同产生的结算协议的效力。当事人双方基于"黑合同"签署了结算协议，区分"黑白合同"便没有了适用的意义。如果结算协议没有法定无效的情形，应认定该结算单有效。

### 四、"黑白合同"与合同变更

合同的变更体现了合同当事人的缔约自由。正常的合同变更受到法律保护，对于一些以变更合同之名，行签订"黑白合同"之实的行为，要准确区分。在实质性内容之外修改、变更中标合同的，不属于签订"黑白合同"。根据《招标投标法》的有关规定，中标合同确定后，招标人和中标人不得再行订立背离合同实质性内容的其他协议。但是在合同实际履行过程中，存在设计变更导致工程量增加等影响中标合同的实际履行情况，此时承包人与发包人经协商对中标合同的内容进行了修改，属于正常的合同变更情形。

（一）通过招标投标程序签订的合同的正常变更

合同变更，是指合同在成立以后，尚未履行或者完全履行以前，双方当事人就合同的内容进行修改或者补充的行为。合同成立后，任何一方未经对方同意都不得改变合同的内容。但是，当事人在订立合同时，不可能对涉及的所有问题都作出明确的约定，对于合同履行过程中一些新的情况，需要对双方的权利义务关系重新进行调整和约定，此时就需要当事人对合同内容进行修改或者补充。《民法典》第543条规定："当事人协商一致，可以变更合同。"因此对合同进行变更是当事人的一项基本权利。关于建设工程施工合同的变更，住房和城乡建设部发布的《建设工程工程量清单计价规范》（GB50500－2013）中第2.0.16项规定："合同工程实施过程中由发包人提出或由承包人提出经发包人批准的合同工程任何一项工作的增、减、取消或施工工艺、顺序、时间的改变；设计图纸的修改；施工条件的改变；招标工程量清单的错、漏从而引起合同条件的改变或工程量的增减变化。"在建设施工合同履行过程中，发生变更是客观的，也是允许的，并非所有的变更都会构成"黑白合同"。2017年版《建设工程施工合同（示范文本）》在通用合同条款第10.1款对于通常情况下施工合同产生变更的具体情形进行了列举，主要包括以下情形：①增加或减少合同中任何工作，或追加额外的工作；②取消合同中任何工作，但转由他人实施的工作除外；③改变合同中任何工作的质量标准或其他特性；④改变工程的基线、标高、位置和尺寸；⑤改变工程的时间安排或实施顺序。工程因设计变更、规划调整或者遇到特殊地质情况等客观原因导致工程量扩大或者缩小、质量标准或施工工期发生变化，当事人协商一致签订补充协议、会谈纪要等书面文件，对中标合同的实质性内容进行变更和补充的，属于正常的合同变更，应以上述文件作为确定当事人权利义务的依据，修改后的合同可以作为结算工程价款的依据。所以，通过招标投标程序签订建设工程施工合同的正常变更，一般是指除建设工程施工合同实质性条款以外的变更，但是涉及建设工程施工合同实质性条款的变更是发生于设计变更、规划调整或者特殊地质情况导致时，也属于正常变更。

（二）"黑白合同"与合同变更的区分

笔者认为，在以下情形下应当允许当事人对中标合同进行变更，而不属于"黑合同"的范畴。

1. 对中标合同中的非实质性内容进行变更

《招标投标法》强调不得订立背离合同实质性内容的其他协议。但对当事人另行订立合同，变更非实质性内容并没有限制。《招标投标法》第46条第 1 款规定的"合同实质性内容"，通过《建工解释（一）》第 2 条的规定体现在建设工程施工合同中工程范围、工程价款、工程质量、建设工期四项内容。笔者认为除以上四项内容外，凡是可能排除其他竞标人，改变招标人、中标人重大权利义务的条件，都可能构成《招标投标法》第 46 条第 1 款中的"合同实质性内容"。所以，在以上情形之外的变更，如果不涉及双方利益的重大调整，就应属于正常范畴。

2. 对中标合同实质性内容依法进行变更

《招标投标法》第 46 条规定"招标人和中标人不得再行订立背离合同实质性内容的其他协议"，但并不意味着对中标合同的实质性内容就不能进行任何变更。对于中标合同的实质性内容的范围，《建工解释（一）》第 2 条中规定有工程范围、建设工期、工程质量、工程价款等方面。从证据角度来看，这类背离合同实质性内容的其他协议，可以以补充协议、会谈纪要、往来函件、签证等书面文件形式出现。笔者认为，以下几种情况虽然构成对中标合同实质性条款的修改，但不构成《招标投标法》第 46 条规定的"黑合同"。

（1）工程发生了在招标投标时难以预见的客观情况变化的情形。客观情况发生的变化是当事人在招标投标时难以预见的，当事人意志以外的与建设工程有关的客观事实。笔者认为，《建工解释（一）》第 23 条规定的客观情况发生变化一般包括如下情形。

一是建设工程的原材料、工程设备价格变化超出了正常的幅度。建设工程的原材料、工程设备价格变化在正常幅度内涨跌时，属于正常的商业风险。对于正常的商业风险，当事人各方都无权对价格进行调整，但在施工过程中发生了当事人不能预见的外部因素导致原材料价格发生超出正常范围的大幅波动，继续履行合同对当事人一方明显不公平或明显困难时，当事人可以另行订立合同，这也符合《民法典》第 533 条规定的情势变更原则。严格来讲，材料价格、工程设备价格的变化属于正常的市场风险，当事人应有一定的风险承担意识，但如果价格发生了重大变化，超出了正常情况下当事人能够承受的幅度，继续履行合同会导致当事人等价关系发生动摇，那么出于诚实信用原则，针对缔约各方权利义务失衡的状态进行公平的调整，应被允许。在这种情况下，为使失衡的权利义务得以恢复，当事人可另行订立合同，对合同相关条款进行变更。需要指出的是，原材料或工程设备的范围应当有所限制。原材料的范围通常应当为主要材料，是在建设工程中用量较大，占工程造价比例较高的材料，主要原材料价格发生重大变化对于工程造价的影响比较大，应当允许当事人对招投标价格进行调整，这不属于背离中标合同。

二是招标投标后，人工单价发生了重大变化。在建设工程价款中，人工、材料、机械费用在造价中占有重要的地位，人工单价的重大变化对工程造价的影响也比较大。人工单价通常由各地省级或行业建设主管部门发布的人工费调整文件进行规范。建设工程施工周期长，人工单价在某些地方、某个时间可能会经历多次调整。人工单价的调整直接影响到建设工程的造价，若一概不允许当事人对人工单价发生的波动进行调整，则既不符合建设工程实际情况，也会使建设工程的施工方承受巨大的损失，造成严重的不公。与原材料价格发生重大变化类似，人工单价变化在一定幅度内应视为正常的市场风险，若超过各地规定的涨跌幅度或当事人约定的涨跌幅度时，则可认为属于客观情况发生了重大变化。

（2）建设工程的规划、设计发生了重大变化。建设工程规划许可证是建设工程规划合法性的凭证，未经主管部门批准不得变更，建设单位必须按照规划许可证的要求进行工程建设。建设工程规划的变化属于国家行政机关的权限范围，建设工程规划的改变很可能导致工程的设计、用途的变化，对工程的造价也必然产生影响。区域总体规划发生变化、用地规划进行调整或者其他原因导致土地、工程的规划和设计发生重大变化时，当事人可根据变化的情况重新确定双方的权利义务。此种情况下，当事人另行订立的建设工程施工合同的标的、范围均发生了重大改变，且该变化属于缔约当事人意志以外，在招标投标时难以预见的客观情况发生的变化，所以不能按照原中标合同履行，应以另行订立的合同作为结算工程价款的根据。此外，在施工过程中，因设计变更、建设工程规划指标调整等客观原因，建设单位和施工单位也可以变更工期、工程价款等实质性内容。

## 第三节 建设工程施工合同的无效情形及结算

建设工程施工合同的效力，是每个建设工程施工合同纠纷案件中首先要审查的内容。如果建设工程施工合同有效，则按照有效合同的思路进行审理；如果其无效，则按照无效合同的思路进行审理。关于民事法律行为的效力，《民法典》第 143 条规定："具备下列条件的民事法律行为有效：（一）行为人具有相应的民事行为能力；（二）意思表示真实；（三）不违反法律、行政法规的强制性规定，不违背公序良俗。"《民法典》第 153 条规定："违反法律、行政法规的强制性规定的民事法律行为无效。但是，该强制性规定不导致该民事法律行为无效的除外。违背公序良俗的民事法律行为无效。"《民法典》第 143 条是对民事法律效力的一般性规定，若民事法律行为有效，则必须具备该条规定的条件。《民法典》第 153 条是对《民法典》第 143 条中"不违反法律、行政法规的强制性规定"情形的民事行为效力的进一步明确，即并非所有违反法律和行政法规的强制性规定的民事法律行为都是无效的。建设工程施工领域的特殊性决定了行政法规调整、干预建设工程施工行为的现象普遍存在，如果全部认定违反行政法规的建设工程施工合同无效，则严重影响交易安全，不利于保护当事人利益和平息社会矛盾。对于强制性规定性质的认定不是简单地以"禁止""不得"等否定性表达作为判断标准，而是应根据相关法律、行政法规的立法目的，相关行为是否属于严重侵害国家、集体和社会公共利益，相关行为是否需要国家权力对当事人意思自治进行干预等标准进行判断。[①] 而且建设用地规划与建设工程规划直接关系到土地合理、科学利用，这与不特定的大多数人的切身利益是紧密相关的，属于社会公共利益的范畴。所以，在建设工程施工合同效力认定上，相关法律、行政法规中的效力性强制性规定主要是围绕直接关系土地使用规划、建设工程规

---

[①] 参见大连顺达房屋开发有限公司与瓦房店市沧崖乡人民政府土地租赁合同纠纷申诉、申请民事裁定书，案号为（2016）最高法民申 1223 号。

划、建筑工程质量、建筑市场的规范经营展开的。因此，本节主要围绕《民法典》《建筑法》和《建工解释（一）》对影响建设工程施工合同效力的特殊规定进行梳理，并总结了无效建设工程施工合同的结算规则。

## 一、建设工程施工合同无效的情形

关于建设工程施工合同的效力，《民法典》制定了一般性的裁判规则，而在《建工解释（一）》中建设工程施工合同效力的认定主要集中在第1条和第3条，这两条规定归纳出导致建设工程施工合同无效的四种情形：其一，建设工程承包人违反资质的有关规定；其二，建设工程转包、违法分包、借用资质；其三，应当招标而未招标或者中标无效；其四，建设工程违反行政许可的有关规定。对于以上四种导致建设工程施工合同无效的情形，除应当招标而未招标或者中标无效的情形在本章第二节中已经详细介绍外，笔者对其余三种导致建设工程施工合同无效的情形进行如下介绍。

### （一）建设工程承包人违反资质的有关规定的情形

建设工程涉及公共安全，《建筑法》《建设工程质量管理条例》《建筑企业资质管理规定》等法律法规，建立了以承包人的资质为中心对建设施工行为进行管理的法律体系。《建工解释（一）》第1条第1款第1项规定："建设工程施工合同具有下列情形之一的，应当依据民法典第一百五十三条第一款的规定，认定无效：（一）承包人未取得建筑业企业资质或者超越资质等级；……"从这条司法解释可以明确两种因资质问题导致建设工程施工合同无效的情形：其一，承包人未取得建筑施工企业资质；其二，承包人超越建筑施工企业资质等级承揽工程。

#### 1. 承包人未取得建筑施工企业资质

建筑施工企业是指从事建筑施工生产活动的独立经营、独立核算的经济组织。它包括建筑工程总承包企业、建筑工程施工总承包企业和建筑专业承包企业三类。其中，建筑工程总承包企业是对建设工程从立项到交付使用全过程承包的企业，应当具备施工图设计、工程施工、设备采购、材料订货、工程技术开发应用、配合生产使用部门进行生产准备直到竣工投产等能力。

建筑工程施工总承包企业是指从事建筑工程施工阶段总承包活动的企业。建筑专业承包企业，是指从事建筑工程施工专项分包活动和承包限额以下小型建筑工程活动的企业。关于限额以下小型建筑工程的范围，根据目前的有关规定，由省、自治区、直辖市人民政府建设行政主管部门确定。《建筑法》第13条规定："从事建筑活动的建筑施工企业、勘察单位、设计单位和工程监理单位，按照其拥有的注册资本、专业技术人员、技术装备和已完成的建筑工程业绩等资质条件，划分为不同的资质等级，经资质审查合格，取得相应等级的资质证书后，方可在其资质等级许可的范围内从事建筑活动。"《建筑法》第26条规定："承包建筑工程的单位应当持有依法取得的资质证书，并在其资质等级许可的业务范围内承揽工程。禁止建筑施工企业超越本企业资质等级许可的业务范围或者以任何形式用其他建筑施工企业的名义承揽工程。禁止建筑施工企业以任何形式允许其他单位或者个人使用本企业的资质证书、营业执照，以本企业的名义承揽工程。"所谓资质等级，是指按照人员素质、管理水平、资金数量、技术装备和建筑工程业绩等情形划分从事建筑活动的级别。《建筑法》及相关部门规章对建筑施工企业资质管理的规定属于法定的强制性规定，没有取得资质而承揽工程，建设工程施工合同无效。未取得建筑施工企业资质承包建设工程包括以下情形：①没有营业执照、施工资质证书的个体施工队伍以及包工头违法承揽建设工程的；②虽取得资质证书，但所承揽工程非其资质允许承包范围；③建筑施工企业的分支机构以自己的名义对外承揽工程的。分支机构不具有法人资格，即使领取了营业执照，但因不具有相应资质，所以不能对外以自己的名义承包工程。

2. 承包人超越建筑施工企业资质等级承揽工程

（1）承包人超越建筑施工企业资质签订的建设工程施工合同无效。《建筑法》对建筑施工企业资质等级的强制性规定，在于严格建筑施工企业进入建筑施工市场的条件，以保证建筑工程质量。建筑施工企业应当在资质等级范围内从事建筑活动，不能超越有关部门核定的等级范围。

（2）承包人超越企业资质签订的建设工程施工合同效力的补正。建筑施工企业实行资质等级管理制度，即建筑施工企业要依据其取得的资质等级承揽与其资质等级相适应的建设工程。承包人在签订建设工程施工合同时超越资质等级许可的范围，违反了《建筑法》的强制性规定，依照《建工解释（一）》第1条的规定，应当认定合同无效。但是在承包人超越资质等级承揽工程的特定的情况下，会产生无效合同的效力补正问题。《建工解释（一）》第4条规定："承包人超越资质等级许可的业务范围签订建设工程施工合同，在建设工程竣工前取得相应资质等级，当事人请求按照无效合同处理的，人民法院不予支持。"即如果承包人在建设工程竣工前取得相应资质等级，合同违反《建筑法》中关于资质要求的禁止性规定的情形已经消失，那么该合同可以认定有效。《建工解释（一）》第4条将承包人超越资质等级许可的业务范围签订建设工程施工合同效力补正的时间确定为建设工程竣工前，主要理由为，虽然建筑施工企业超越资质等级承揽工程，但是在工程竣工前取得与承揽工程相适应的资质等级，表明其已经具备对承揽工程进行建设的施工能力。此种情况下认定合同有效，与《建筑法》通过对建筑施工企业资质的管理来达到保证建设工程质量的目的并不矛盾。笔者认为，承包人超越建筑施工企业资质订立合同于建设工程竣工前产生效力补正的法律后果应从以下三点来分析。

一是建设工程竣工的标准。建设工程竣工一般是指承包人将工程竣工的相关资料提交给发包人，监理公司对承包人工程竣工的事实予以认可，并将建设工程实际交付发包人。如果承包人出于某方面的考虑（如发包人没有全额支付工程价款），虽然没有将已经实际竣工的工程实际交付发包人，但有证据证明工程已经实际竣工，那么可以认定工程竣工的事实，并据此作出竣工时间的认定。对于因合同解除等原因导致工程未施工完毕，一般应以承包人停止建设，将工程实际交付发包人前确定是否取得与承揽工程相适应的资质等级，作为确认合同效力的事实基础。[①] 二是建设工程施工合同无效可能由多方面造成，但建设工程施工合同的效力补正仅发生在承包人超越资质和工程未取得行政许可的情况下，不应再扩大合同效力补正的范围。三是承包人超越资质致建设工程施工合同无效的效力补正的时间应严格限定在竣工之

---

[①] 最高人民法院民事审判第一庭编著：《最高人民法院新建设工程施工合同司法解释（一）理解与适用》，人民法院出版社2021年版，第56页。

前。超越资质等级签订的建设工程施工合同的效力补正的时间为"竣工之前"，之所以作出如此界定，是因为建设工程施工企业超越资质等级承揽建设工程，意味着建设施工企业的能力不能满足该建设工程的需要。超越资质的建设工程施工合同效力补正的时间应当和建筑施工企业具备满足该工程的施工能力密切联系，工程验收前建筑施工企业具备了承揽该工程的能力，在此情况下对施工合同进行效力补正，符合合同目的。《建工解释（一）》第4条仅规定了超越资质等级许可的业务范围承揽建设工程的情况可以进行效力补正，效力补正后认定合同有效。对于建筑施工企业未取得资质的情况也应类推适用，只要建筑施工企业在工程竣工前取得相应资质，也应认定建设工程施工合同有效。

（二）建设工程转包、违法分包、借用资质的情形

建设工程转包、违法分包、借用资质是建筑施工中普遍存在的违法行为，一直未能得到有效的解决。根据《建工解释（一）》第1条的规定，承包人因转包、违法分包建设工程与他人签订的建设工程施工合同无效；没有资质的实际施工人借用有资质的建筑施工企业名义签订的建设工程施工合同无效。建设工程转包、违法分包、借用资质是不同的法律概念，应当予以严格区分。

1. 建设工程转包

《建设工程质量管理条例》第78条第3款规定："本条例所称转包，是指承包单位承包建设工程后，不履行合同约定的责任和义务，将其承包的全部建设工程转给他人或者将其承包的全部建设工程肢解以后以分包的名义分别转给其他单位承包的行为。"《建筑法》第28条规定："禁止承包单位将其承包的全部建筑工程转包给他人，禁止承包单位将其承包的全部建筑工程肢解以后以分包的名义分别转包给他人"。一般转包分为三种表现形式。其一，直接转包。也就是说，将其承包的全部建设工程转给他人。其二，肢解分包。所谓肢解分包，是指建设单位将应当由一个承包单位完成的建设工程分解成若干部分以分包的名义发包给不同的承包单位的行为。其三，特殊转包。总包单位将工程依法承包后，未在施工现场设立项目管理机构和派驻相应人员，未对该工程的施工活动进行组织管理的情形，视同转包。无论是哪一种转包

形式，其实质都是承包单位承包建设工程后，不履行合同约定的责任和义务，将承包的全部或部分工程转给他人。笔者认为，建设工程的转包是法律禁止的行为，本身是属于违法行为。《建工解释（一）》第1条规定的"转包"在法律层面上实际上存在着三方主体、两个合同，即发包人与承包人之间存在一个建设工程承包合同，而承包人（转包人）与转承包人之间存在一个转包合同，三方主体之间建立了承包与转包两层法律关系。转包行为为法律明确禁止，转包合同无效。转包合同无效并不影响承包合同的效力。

2. 建设工程违法分包

《建筑法》第29条规定："建筑工程总承包单位可以将承包工程中的部分工程发包给具有相应资质条件的分包单位；但是，除总承包合同中约定的分包外，必须经建设单位认可。施工总承包的，建筑工程主体结构的施工必须由总承包单位自行完成。建筑工程总承包单位按照总承包合同的约定对建设单位负责；分包单位按照分包合同的约定对总承包单位负责。总承包单位和分包单位就分包工程对建设单位承担连带责任。禁止总承包单位将工程分包给不具备相应资质条件的单位。禁止分包单位将其承包的工程再分包。"据此，违法分包主要有以下几个表现形式。

（1）建设工程主体分包。根据《建筑法》第29条和《建设工程质量管理条例》第78条的规定，建筑工程主体结构的施工必须由总承包单位自行完成，违反规定进行分包的即构成违法分包。但如果建设工程主体结构是钢结构工程的，可以进行专业分包。

（2）分包人不具有相应的资质。《民法典》第791条第3款规定："禁止承包人将工程分包给不具备相应资质条件的单位。……"该条款对建设工程施工的分包人从法律层面上进行了资质限制，即禁止承包人将工程分包给不具备相应资质条件的单位。

（3）专业分包工程承包人将其承包的专业工程中非劳务作业部分再分包。根据《房屋建筑和市政基础设施工程施工分包管理办法》（以下简称《房屋分包管理办法》）第9条的规定，"专业分包工程承包人必须自行完成所承包的工程"。专业分包工程承包人将其承包的专业工程中非劳务作业部分再分包的，属于违法分包。劳务作业承包人必须自行完成所承包的任务。

施工劳务单位将其承包的劳务再分包的，属于违法分包。以上为常见的三种违法分包的情形，出现以上情形将导致建设工程分包合同无效。

3. 没有资质的实际施工人借用有资质的建筑施工企业名义

《建筑法》对建筑施工企业的从业资格作了严格的限定，明确规定从事建筑活动的建筑施工企业取得相应等级的资质证书后，方可在其资质等级许可的范围内从事建筑活动。《建筑法》第26条规定："承包建筑工程的单位应当持有依法取得的资质证书，并在其资质等级许可的业务范围内承揽工程。禁止建筑施工企业超越本企业资质等级许可的业务范围或者以任何形式用其他建筑施工企业的名义承揽工程。禁止建筑施工企业以任何形式允许其他单位或者个人使用本企业的资质证书、营业执照，以本企业的名义承揽工程。"《建设工程质量管理条例》第25条明确规定："施工单位应当依法取得相应等级的资质证书，并在其资质等级许可的范围内承揽工程。禁止施工单位超越本单位资质等级许可的业务范围或者以其他施工单位的名义承揽工程。禁止施工单位允许其他单位或者个人以本单位的名义承揽工程。施工单位不得转包或者违法分包工程。"根据《建工解释（一）》第1条第1款的规定，没有资质的实际施工人借用有资质的建筑施工企业名义与他人签订的建设工程施工合同无效。实际施工人，应当特指无效合同的承包人，如转包、违法分包的承包人，挂靠施工中的借用资质的承包人等。实际施工人借用有资质建筑施工企业名义承揽工程在实践中普遍存在，表现形式包括：无资质的实际施工人挂靠具有资质的施工企业，无资质的实际施工人变相作为具有资质的施工企业内部承包人，无资质的实际施工人与具有资质的施工企业名义上的联营等。虽然形式多种多样，但实际上都是利用有资质建筑施工企业名义进行招标投标活动进而签订建设工程施工合同、规避行政部门监管的行为，其目的就是获取非法利益。

4. 转包、违法分包、挂靠的非法所得不再收缴

《建筑法》《建设工程质量管理条例》等法律法规均明确规定禁止转包、违法分包。《建工解释（一）》第1条第2款明确规定："承包人因转包、违法分包建设工程与他人签订的建设工程施工合同，应当依据民法典第一百五十三条第一款及第七百九十一条第二款、第三款的规定，认定无效。"原

《最高人民法院关于审理建设工程施工合同纠纷案件适用法律问题的解释》第4条规定："承包人非法转包、违法分包建设工程或者没有资质的实际施工人借用有资质的建筑施工企业名义与他人签订建设工程施工合同的行为无效。人民法院可以根据民法通则第一百三十四条规定，收缴当事人已经取得的非法所得。"《建工解释（一）》未规定对违法发包、转包、违法分包的非法所得进行收缴的民事制裁措施，所以在违法发包、转包、违法分包中对非法所得收缴的民事措施已经废止，转包、违法分包、挂靠的非法所得，人民法院不再收缴。

（三）建设工程违反行政许可的有关规定的情形

建设工程开工建设，按照行政法规规定必须具备建设用地规划许可证、建设工程规划许可证、建设用地使用权证、建筑工程施工许可证四个证书。在实践中，有些项目的开工建设，并不完全具备上述"四证"。关于以上"四证"对于建设工程施工合同效力的影响，《河北省建工审理指南》第1条规定："发包人未取得建设用地规划许可证或建设工程规划许可证，与承包人签订的建设工程施工合同，应认定为无效。但在一审法庭辩论终结前取得两证或者经主管部门批准建设的，可以认定有效。发包人已经办理建设用地使用权手续，但尚未取得建设用地使用权证，不影响合同效力。发包人未取得建设工程施工许可证的，不影响合同效力。"笔者将"四证"对建设工程施工合同的效力的影响作出如下分析。

1. 建设用地规划许可证、建设工程规划许可证与建设工程施工合同效力的关系

（1）建设用地规划许可证与建设工程规划许可证的法律性质。建设用地规划许可证，是建设单位在向国土资源管理部门申请征收土地或行政划拨建设用地之前，经城市规划行政主管部门确认建设项目的位置和范围符合城市规划的法定凭证，是建设单位用地的法律凭证。没有此证的用地属非法用地，开发商的开发建设和预售或销售商品房也属非法，不能领取不动产权证。建设工程规划许可证，是城市规划行政主管部门依法核发的，确认有关建设工程符合城市规划要求的法律凭证，是建设单位进行建设活动中接受监督检查

时的法定依据。从功能上看，建设用地规划许可证主要是为了保证建设项目整体上符合城市规划；建设工程规划许可证则是对建设项目的具体方案进行审查。从效力上看，用地规划许可证是工程规划许可证的前提，没有得到建设用地规划许可证的建设项目不可能取得建设工程规划许可证。建设工程规划许可证也不能突破建设用地规划许可证的内容，未取得建设工程规划许可证或者未按照建设工程规划许可证的规定进行建设的建设工程实际上也是违法建筑。城市规划许可作为对"图纸上"城市规划的实施和管理手段，贯穿于整个建设项目过程中。无论是建设用地规划许可证，还是建设工程规划许可证，其核心都必须以城市规划为依据。建设用地规划许可不能取得便意味着建设单位不能取得建设用地，取得建设用地规划许可证是取得建设工程规划许可证的前提。所以，取得建设用地规划许可证和建设工程规划许可证是建设工程合法建造的前提，没有上述两证的建设工程为违法建筑，不受法律保护。

（2）发包人是建设工程规划许可证等规划审批手续的法定义务主体。《建工解释（一）》第3条规定的"未取得建设工程规划许可证等规划审批手续"主要是指未取得建设工程规划许可证或者未按照建设工程规划许可证的规定进行建设。在实践中，建设项目行政审批阶段包括：规划许可审批、土地批准审批、"大循环"审批（包括消防、卫生、人防、环保等部门的审批）、施工图审查、交纳建设项目相关费用、施工许可审批（含中标通知书、工程质量监督、安全监督、施工合同备案、监理合同备案等项目的审批）。《城乡规划法》第40条第1款①规定了需办理工程规划许可证的工程范围和条件，在城市、镇规划区内进行各种建设，应当依法取得建设工程规划许可证。因此，办理建设工程规划许可证的法定义务主体是发包人，未取得建设工程规划许可证而导致合同无效的过错在发包人，如果因合同无效造成承包人损失的，发包人需要承担过错责任。

（3）未取得建设工程规划许可证等规划审批手续的建设工程施工合同无

---

① 《城乡规划法》第40条第1款规定："在城市、镇规划区内进行建筑物、构筑物、道路、管线和其他工程建设的，建设单位或者个人应当向城市、县人民政府城乡规划主管部门或者省、自治区、直辖市人民政府确定的镇人民政府申请办理建设工程规划许可证。"

效。建设单位取得建设工程规划许可证等规划审批手续是进行合法建设的前提，未取得前述手续即进行建设或者未按照建设工程相关规划许可的规定进行建设是法律明确禁止的行为。《建工解释（一）》第3条明确规定："当事人以发包人未取得建设工程规划许可证等规划审批手续为由，请求确认建设工程施工合同无效的，人民法院应予支持，但发包人在起诉前取得建设工程规划许可证等规划审批手续的除外。发包人能够办理审批手续而未办理，并以未办理审批手续为由请求确认建设工程施工合同无效的，人民法院不予支持。"因此，发包人未取得建设工程规划许可证等规划审批手续前提下，发包人与承包人签订的建设工程施工合同因违反法律强制性规定而无效。另外，《建工解释（一）》第3条规定的"建设工程规划许可证等规划审批手续"，不仅包括建设工程规划许可证，还包括乡村建设规划许可证、临时审批手续等。

（4）未取得建设工程规划许可证等规划审批手续的建设工程施工合同的效力补正。无效合同不是一个静态的概念，它深受一定的法律价值和政策的影响，因而在一定情况下，无效合同完全可以通过一定的补救方式，进行合同效力的补正。所谓合同效力补正理论，是指当事人所订立的合同因违反法律禁止性规定，导致合同不能满足有效条件，当事人可以通过事后补正或者实际履行来使合同满足有效的条件，促使合同有效。合同效力补正的直接法律后果是使原本无效的合同发生效力上的转化，成为有效合同。《建工解释（一）》第3条第1款确立了未取得建设工程规划许可的建设工程施工合同的效力补正原则，合同效力补正的时间节点为"起诉前"。之所以这样规定，主要是考虑法律对建设工程设定了行政许可制度，但是这种行政许可在实践中存在种种不规范，如果一律认定以未通过行政许可的建设工程为标的的施工合同无效，显然会导致大量的建设工程停摆。所以，从客观情况出发，符合条件的建设工程施工合同可以进行效力补正，有利于减少纠纷。

（5）发包人故意不办理规划审批手续，不影响建设工程施工合同的效力。发包人作为建设单位应当在取得各种许可手续后，才能开工建设工程项目，这是属于发包人的法定义务。但在建设工程实践中，如果建设工程施工合同无效，承包人即使向发包人提供了合格的建设工程，但发包人因不受无效的建设工程施工合同约束，发包人仅有义务参照合同约定折价补偿承包人，所以这种情况很可能导致发包人在具备各种规划审批手续条件的情况下，出于主观恶意故意不予办理相关手续。为了避免这种情况对承包人造成损害，《建工解释（一）》第3条第2款规定"发包人能够办理审批手续而未办理，并以未办理审批手续为由请求确认建设工程施工合同无效的，人民法院不予支持"。该条司法解释的立法基础来源于《民法典》的第159条规定，即"附条件的民事法律行为，当事人为自己的利益不正当地阻止条件成就的，视为条件已经成就；不正当地促成条件成就的，视为条件不成就"。所以，发包人故意不办理相关手续主观恶意明显，违反了诚实信用原则，法律对发包人利用恶意反悔获利的行为作出否定性评价，对发包人恶意主张合同无效的请求不予支持。但是从举证的角度来说，发包人故意不办理相关手续的，承包人对规划审批手续的条件成就应负举证责任，既要证明该工程项目已经具备办理建设工程规划许可证等规划审批手续的条件，又要证明发包人存在不办理相关手续的主观故意。对于发包人未办理审批手续的举证，当事人可以到规划审批部门取证，但对于发包人主观上存在故意，需要人民法院根据当事人的举证对具体情况进行分析。

2. 建设用地使用权证与建设工程施工合同效力的关系

《民法典》第344条规定："建设用地使用权人依法对国家所有的土地享有占有、使用和收益的权利，有权利用该土地建造建筑物、构筑物及其附属设施。"建设用地使用权证是各级人民政府颁发的建设用地使用权人使用国有土地使用权的法律凭证。但《城乡规划法》第40条第2款规定："申请办理建设工程规划许可证，应当提交使用土地的有关证明文件……"《中华人民共和国城镇国有土地使用权出让和转让暂行条例》第16条规定："土地使用者在支付全部土地使用权出让金后，应当依照规定办理登记，领取土地使用证，取得土地使用权。"只有在土地使用者支付全部土地使用权出让金后，才能取得建设用地使用权证。但建设单位在申请办理或者取得建设工程规划许可证的时候，实际上就已经取得了使用土地的有关证明文件，至于是否取得建设用地使用权证，与申请办理或者取得建设工程规划许可证并无必然关系。因此，办理建设工程规划许可证应当拥有使用土地的有关证明文件，但不一定必须办理建设用地使用权证。当然，取得了建设用地使用权证，不仅可以直接用以证明用地者已向国土资源管理部门支付了土地使用权出让金，甚至向一级开发者支付了补偿款，还有权在其指向的建设用地上进行房地产开发建设。虽然《民法典》第216条和第217条规定"不动产登记簿是物权归属和内容的根据""不动产权属证书是权利人享有该不动产物权的证明"，但是未取得建设用地使用权证不代表建设用地使用权不为发包人（业主方）使用。未取得建设用地使用权证并不能认定该工程属于违法建筑。因此，有关建设用地使用权证的法律规定，属于管理性强制性规定，不影响建设工程施工合同的效力。

3. 建筑工程施工许可证与建设工程施工合同效力的关系

建设工程施工合同签订之后，建设工程项目正式施工之前，还需要取得建筑工程施工许可证。为了加强对建筑活动的监督管理，维护建筑市场秩序，保证建筑工程的质量和安全，由建设行政主管部门核发建筑工程施工许可证。《建筑法》第7条第1款规定："建筑工程开工前，建设单位应当按照国家有关规定向工程所在地县级以上人民政府建设行政主管部门申请领取施工许可证……"根据该规定，建设单位申请领取施工许可证必须在施工企业已经确定的条件下才能办理，也就是说，只有在建设工程施工合同生效后才能办理。《建筑工程施工许可管理办法》第2条第1款规定："在中华人民共和国境内从事各类房屋建筑及其附属设施的建造、装修装饰和与其配套的线路、管道、设备的安装，以及城镇市政基础设施工程的施工，建设单位在开工前应当依照本办法的规定，向工程所在地的县级以上地方人民政府住房城乡建设主管部门（以下简称发证机关）申请领取施工许可证。"在建设工程正式施工前发放施工许可证应是建设行政主管部门对建设工程项目加强监管的一种行政手段，主要目的是审查建设单位或者承包单位是否具备法律规定的建设或者施工条件，具有行政管理的性质。如果建设单位或者施工单位违反该管理规定，应当受到相应的行政处理。施工人在未取得建设审批手续的情况下进行施工，其行为构成非法建设，应受到行政处罚，但不能以此认定建设工程施工合同无效。况且，办理相关证件手续是建设方的义务，不能因此影响到承包人的合法权益。

## 二、建设工程施工合同部分无效的情形

建设工程质量关系到人民群众的基本生活，关系到国家的基础设施建设和国民经济的正常运转。为加强建设工程质量，有必要建立严格的建设工程质量监管机制。建设工程质量关系到公共安全，建设工程施工合同对工程质量约定低于国家强制性质量标准或任意压缩合理工期，均会造成建设工程的质量隐患，影响公共利益。《第八次全国法院民事商事审判工作会议（民事部分）纪要》第30条规定："要依法维护通过招投标所签订的中标合同的法律效力。当事人违反工程建设强制性标准，任意压缩合理工期、降低工程质量标准的约定，应认定无效。对于约定无效后的工程价款结算，应依据建设工程施工合同司法解释的相关规定处理。"该纪要主要是针对规范建设工程施工合同当事人对工程质量及工期的约定，但是应当注意，违反强制性质量标准、压缩合理工期，仅导致相关条款约定无效，建设工程施工合同整体的效力，不应因此认定无效。

（一）违反工程建设强制性标准

《中华人民共和国标准化法》（以下简称《标准化法》）第10条第1款规定："对保障人身健康和生命财产安全、国家安全、生态环境安全以及满足经济社会管理基本需要的技术要求，应当制定强制性国家标准。"工程技术标准包括强制性标准和推荐性标准，强制性标准是合同当事人必须遵照执行的，属于合同文件的当然组成部分，合同当事人不得排除适用，但合同当事人可以在专业合同条款中约定更为严格的推荐性标准和企业标准来保障工程质量和安全。《建设工程质量管理条例》第10条规定："建设工程发包单位，不得迫使承包方以低于成本价格竞标，不得任意压缩合理工期。建设单位不得明示或暗示设计单位或者施工单位违反工程建设强制性标准，降低建设工程质量。"工程建设强制性标准直接涉及工程质量、安全、卫生及环境保护等方面的工程建设标准强制性条文，按照国家有关规定，保证结构安全和功能的标准大多数属强制性标准。在建设工程施工中发包人与承包人均不得违反工程建设强制性标准。

（二）任意压缩合理工期

建设工期是指施工人完成施工任务的期限。合理工期是指在正常建设条件下，采取科学合理的施工工艺和管理方法，以现行的建设行政主管部门发布的工期定额为基础，结合项目建设的具体情况，使投资方、各参加单位均获得满意的经济效益的工期。确定合理工期是保证建设工程质量的必然要求，建设工期能否合理确定往往会影响到工程质量好坏。工程建设的质量安全，不仅涉及承发包双方利益，更关系社会公共利益。不合理约定工期，盲目赶工期、简化工序，会严重影响建设项目的安全施工。《建设工程安全生产管理条例》第7条规定："建设单位不得对勘察、设计、施工、工程监理等单位提出不符合建设工程安全生产法律、法规和强制性标准规定的要求，不得压缩合同约定的工期。"但定额工期与合理工期并非完全一致，定额工期反映的是社会平均水平，是经选取各类典型工程经分析整理后综合取得的数据，而判断工期是否合理，关键是采取科学合理的施工工艺和管理方法、符合施工技术规定，使投资方、各参建单位都获得满意的经济效益。基于各施工单位自身能力不同，完成施工任务效率有差异，不宜"一刀切"规定合理工期。

## 三、无效建设工程施工合同的工程价款结算

《民法典》第157条规定："民事法律行为无效、被撤销或者确定不发生效力后，行为人因该行为取得的财产，应当予以返还；不能返还或者没有必要返还的，应当折价补偿。有过错的一方应当赔偿对方由此所受到的损失；各方都有过错的，应当各自承担相应的责任。法律另有规定的，依照其规定。"建设工程施工合同的特殊之处在于，建设工程的施工过程就是承包人将劳务及建筑材料物化到建设工程的过程。基于这一特殊性，发包人取得的财产，形式上是承包人建设的工程，但实际上是承包人对工程建设投入的劳务及建筑材料。建设工程施工合同虽被确认无效，但当建筑工程经验收合格时，发包人因无效施工合同取得的财产就不能适用返还，而只能适用折价补偿原则。《民法典》第157条确立了无效合同在不能返还

或者没有必要返还的情形下，应当折价补偿这一司法原则；并在《民法典》第793条第1款中进一步明确规定："建设工程施工合同无效，但是建设工程经验收合格的，可以参照合同关于工程价款的约定折价补偿承包人。"笔者认为，无效建设工程施工合同的结算规则应当从以下三个方面进行理解。

（一）参照合同约定支付工程价款是目前建设工程施工现状的实际需要

按照《民法典》第157条"不能返还的或者没有必要返还的，应当折价补偿"的处理方式，实践中应当按照实际工程量和建设行政主管部门发布的市场价格信息作为确定无效建设工程施工合同折价补偿的标准，但是如此确定折价补偿标准会造成以下问题。目前建筑市场属于发包人市场，承包人为获得建设工程合同，常常以低于签约时适用的工程定额标准和政府公布的市场价格信息标准承揽工程，如果合同无效，那么按照上述折价补偿的标准，就可能诱使承包人恶意主张合同无效，以达到获取高于合同约定结算工程价款的目的。如果发包人只负责折价返还工程造价中的成本，则工程造价中的利润及税金就被发包人获得，这样不能很好地平衡当事人之间的利益关系，将会导致矛盾激化。特别是按照实际工程量和建设行政主管部门发布的市场价格信息确定建设工程造价成本时可能需要委托鉴定，增加当事人的诉讼成本，不能及时审结案件。人民法院在综合考虑后，决定将参照合同约定支付工程价款确定为折价补偿的标准，起到定分止争的目的。但是必须明确，《民法典》第793条第1款的本意并不是赋予无效建设工程施工合同的承包人或发包人结算工程价款时，有权选择参照合同约定或按照建设行政主管部门发布的市场价格来确定信息结算方式。而是确立了建设工程合同无效后，工程验收合格时，工程价款的结算原则为《民法典》第157条的折价补偿，即"可以参照合同关于工程价款的约定折价补偿"。

（二）验收合格是参照无效建设工程施工合同结算的前提

《建筑法》及《建设工程质量管理条例》规定，未经验收或者验收不合格的建设工程，不得交付使用。建筑工程是否验收合格与建设工程施工合同的效力没有法律上的因果关系，即使建设工程施工合同无效，工程验收合格则建设工程价值就已实现。建筑物的质量在建设工程施工中处于核心地位，并被《民法典》及《建筑法》等相关法律法规所认可。笔者认为，经验收合格的工程应当包括三种情况：一是竣工后验收合格；二是正在建设中的工程经阶段性验收合格；三是建设工程完工后验收不合格，经过修复后验收合格的工程。地基基础工程和主体结构工程具有相对独立性，完成这部分工程时应当验收，验收合格后才能进行下一步施工。建筑物也因地基基础工程和主体结构的合格而产生一定的价值，未完的工程，应当对经阶段性验收合格的地基基础工程和主体结构部分折价补偿。折价补偿是《民法典》第 157 条规定处理无效合同的原则，建设工程是建筑材料、劳务施工、工程管理行为融合的产物，已经不可能采取返还的方式，所以只能采取折价补偿。既然是折价补偿，前提是建设工程存在使用价值，所以折价补偿的前提条件仅指合同标的物为质量合格的建设工程，不适用于质量不合格的建设工程。

（三）无效建设工程施工合同中参照合同约定结算工程价款

根据《民法典》第 793 条第 1 款的规定，验收合格的无效建设工程的结算规则为参照合同关于工程价款的约定折价补偿承包人。根据《民法典》第 157 条的规定，发包人向承包人折价补偿是一种发包人承担无效合同法律责任的方式，折价补偿既可以由双方当事人协商折价，也可以由人民法院拍卖。实践中，拍卖成本很高，有严格的程序，所以并不可取。如果让双方当事人协商折价，由于当事人已经为合同效力、建设工程价款支付等纠纷起诉至法院，所以另行达成折价协议的可能性较小，而且协商成本也较高。然而，建设工程施工合同所约定的建设工程价款与建设工程协商折价的价款本质上相同，都可以视为承包人对建设工程进行的对价。故将建设工程合同约定的建设工程价款视为双方当事人对建设工程协商折价的价款，是一种经济、便捷且符合双方当事人利益的方法。因此，在建设工程施工合同无效，但建设工程经验收合格的情况下，根据《民法典》第 793 条第 1 款的规定，可以参照合同关于工程价款的约定折价补偿承包人。《民法典》第 793 条第 1 款是在原

《最高人民法院关于审理建设工程施工合同纠纷案件适用法律问题的解释》第 2 条①的基础上演化而来。针对该条解释，有人认为其是将无效合同有效处理。但笔者认为，这种观点不正确。这条规定并非将无效合同有效处理，仅是确定了一种建设工程折价补偿标准的计算方式。《民法典》第 793 条第 1 款的规定仅是对无效合同产生的工程价款的折价补偿，在补偿时，发包人应当向承包人全额给付，不能按照过错原则扣减建设工程施工合同的价款。即使建设工程施工合同无效是由承包人的原因造成的，发包人也不能因此减少工程价款的给付。因此，对于参照合同关于工程价款的约定折价补偿承包人这一问题，应当从以下几个方面进行理解。

1. 无效建设工程施工合同折价补偿的参照范围

建设工程施工合同影响价款的条件不仅仅是建设工程施工合同约定的计价，还包括合同约定的付款时间、工程价款支付进度、工程质量、工期等事项。那么，无效建设工程施工合同参照工程价款的约定计价折价补偿是否还包括合同约定的付款时间、工程价款支付进度、下浮率、工程质量、工期等事项，就涉及一个参照范围的问题。笔者认为，建设工程施工合同虽然无效，但只要工程验收合格，那么承包人、发包人就均有权请求参照合同约定折价补偿工程价款，但是对"参照合同约定"应进行限制性的理解。"参照合同约定"不等同于"按照合同约定"，无效合同不会因工程质量合格而补正合同的效力，对于合同约定的其他条款，不宜参照适用。

对计价标准的"参照合同约定"不涉及付款时间、工程价款支付进度、工程质量、工期、付款条件、付款方式、工程价款扣减事由以及质量保证金的扣留及返还等事项的参照适用，而应当仅限于合同约定的计价标准。需要特别强调的是，对于质量保证金的扣留并无法律上的强制性规定，在无效合同的情况下，按照建设工程施工合同的约定在工程价款中扣留质量保证金是缺乏依据的。《建筑法》虽然规定了工程质量责任制和工程质量保修制度，

① 原《最高人民法院关于审理建设工程施工合同纠纷案件适用法律问题的解释》第 2 条："建设工程施工合同无效，但建设工程经竣工验收合格，承包人请求参照合同约定支付工程价款的，应予支持。"

但并未对质量保证金作出规定。工程质量保证金（保修金）是指发包人与承包人在建设工程承包合同中约定，从应付工程价款中预留，用以保证承包人在缺陷责任期内对建设工程出现的缺陷进行维修的资金。发包人从应付工程价款中预留质量保证金，在合同无效的情况下，质量保证金条款不发生效力，质量保证金作为工程价款的一部分不应按照约定的比例及时间扣留。

《建工解释（一）》第6条规定："建设工程施工合同无效，一方当事人请求对方赔偿损失的，应当就对方过错、损失大小、过错与损失之间的因果关系承担举证责任。损失大小无法确定，一方当事人请求参照合同约定的质量标准、建设工期、工程价款支付时间等内容确定损失大小的，人民法院可以结合双方过错程度、过错与损失之间的因果关系等因素作出裁判。"所以，付款时间、工程价款支付进度、工程质量、工期、违约责任等事项不属于参照合同约定结算工程价款的范畴，应当属于损害赔偿的范畴，而损害赔偿按照过错程度予以分担。笔者认为违约责任是建立在合同有效的基础上，故在合同无效的情形下，违约条款不应继续适用。

2. 无效建设工程施工合同中，承包人应当参照合同约定给付工程价款

对于《民法典》第793条第1款，有人理解为，建设工程施工合同无效，承包人可以选择参照合同约定结算工程价款，也可以选择按照国家规定的工程定额计价标准或者政府公布的建筑市场价格信息结算工程价款。笔者认为，该司法解释的规定具有强制适用的效力，在建设工程施工合同无效而建设工程竣工验收合格的情况下，承包人只能参照合同约定支付工程价款，不能选择其他结算方式。《民法典》第157条是《民法典》第793条第1款的立法来源，是在建设工程施工合同无效而建设工程验收合格的情形下，对返还财产的特殊处理原则。若合同对工程价款具有明确约定，在目前的建设工程市场环境中，发包人与承包人约定的计价应该低于国家规定的工程定额标准或者按照政府公布的市场价格信息计价，否则，会使承包人获得较高的违法利润。更重要的是，按照发包人与承包人约定的计价能够达到发包人与承包人签订合同时的心理预期，也会避免部分案件产生司法鉴定的诉累，这对发包人与承包人更加公平。所以，《民法典》第793条第1款确定的折价补偿规则，对承发包双方均具有约束力，任何一方均不得主张不适用这一条款的规

定，而将国家规定的工程定额标准或者政府公布的市场价格信息作为折价补偿的依据。对此，《河北省建工审理指南》第 6 条中规定："建设工程施工合同无效，发包人与承包人均有权请求参照合同约定支付工程价款；承包人要求另行按照定额结算或者据实结算的，人民法院不予支持。"

3. 无效建设工程施工合同中工程价款结算包括工程价款利润

根据民法的基本原理，无效建设工程施工合同中的利润应当属于非法所得，对于该非法所得，承包人是否享有该权利存在一定的争议。笔者认为，承包人应有权依据合同约定主张利润。根据《建筑安装工程费用项目组成》的规定，"建筑安装工程费用项目按费用构成要素组成划分为人工费、材料费、施工机具使用费、企业管理费、利润、规费和税金"。该文件将利润作为工程价款的组成部分。但是《民法典》第 793 条第 1 款的规定并未将工程价款进行拆分，也没有将工程利润排除在折价补偿的范围外。从立法原意上看，该条规定并非是认可承包人从法律上可以获得非法所得，而是通过合同关于工程价款的约定确定承包人获得折价补偿数额的计算方式。特别是在建设工程固定总价合同或者未将工程价款进行拆分的固定单价合同中，也不能区分成本和利润。所以，在无效建设工程施工合同结算中，从法律和事实两个层面上看，均不能扣除工程价款的利润。

4. 无效建设工程施工合同价款利息的处理

《建工解释（一）》第 26 条规定："当事人对欠付工程价款利息计付标准有约定的，按照约定处理。没有约定的，按照同期同类贷款利率或者同期贷款市场报价利率计息。"利息具有法定孳息的性质，具有附随性，与工程价款是密不可分的。既然无效建设工程施工合同中，承包人有权请求发包人支付工程价款，自然也有权请求发包人支付工程价款的利息，利息的计付标准没有约定的，按照同期同类贷款利率或者同期贷款市场报价利率计息，但是约定的利息不是法定孳息。这既是承包人履行建设工程施工合同后应得的利益，也是发包人拖欠工程价款应当支付的对价。

5. 参照合同工程价款约定折价补偿的请求权主体

《民法典》第 793 条第 1 款是无效建设工程施工合同的结算规则，但在实际操作中出现了争议，"参照合同关于工程价款的约定折价补偿承包人"的请求权主体是否仅为承包人？发包人是否同样享有请求参照合同关于工程价款的约定折价补偿的权利？最高人民法院认为，平等保护发包人与承包人请求参照合同约定结算工程价款的权利，符合对等原则和权利义务相一致的原则，所以不应排除发包人享有此项请求权。建设工程施工合同无效，但建设工程经竣工验收合格，发包人请求参照合同约定支付工程价款的，应当予以支持。① 结合司法实践，在建设工程施工合同依法被认定无效的情况下，如果建设工程经竣工验收合格，施工合同双方当事人均有权请求参照合同约定的工程价款作为折价补偿的标准。这是建设工程施工合同被确认无效且建设工程经竣工验收合格的情形下工程价款结算的一般处理原则。对此，最高人民法院在对江苏省高级人民法院关于常州长兴集团房地产开发有限公司与南通新华建筑集团公司建设工程施工合同纠纷请示一案的答复中指出："《建设工程司法解释》第 2 条②确立了建设工程施工合同无效，但建设工程经验收竣工合格时的折价补偿原则，即参照合同约定支付工程价款。该条的本意并不是赋予承包人选择参照合同约定或工程定额标准进行结算的权利。根据该条规定精神，建设工程施工合同无效，但建设工程经竣工验收合格，发包人也可以请求参照合同约定支付工程价款。"《河北省建工审理指南》第 6 条也规定，建设工程施工合同无效，发包人与承包人均有权请求参照合同约定支付工程价款。

6. 无效建设工程施工合同中工程修复时的结算

《民法典》第 799 条规定："建设工程竣工后，发包人应当根据施工图纸及说明书、国家颁发的施工验收规范和质量检验标准及时进行验收。验收合格的，发包人应当按照约定支付价款，并接收该建设工程。建设工程竣工经验收合格后，方可交付使用；未经验收或者验收不合格的，不得交付使用。"

---

① 最高人民法院民事审判第一庭编：《民事审判指导与参考》（总第 35 辑），法律出版社 2009 年版，第 35 页。
② 即原《最高人民法院关于审理建设工程施工合同纠纷案件适用法律的解释》第 2 条，现已被《民法典》第 793 条第 1 款吸收。《民法典》第 793 条第 1 款规定："建设工程施工合同无效，但是建设工程经验收合格的，可以参照合同关于工程价款的约定折价补偿承包人。"

建设工程价款的支付是以建设工程竣工验收合格为前提的，建设工程施工合同的效力原则上不影响工程价款的给付。施工单位对建设工程的质量还承担修复义务，建设工程质量不合格，则施工单位首先承担修复义务，修复合格的结算工程价款，修复不合格的，则工程价款不予结算。《民法典》第793条第2款规定："建设工程施工合同无效，且建设工程经验收不合格的，按照以下情形处理：（一）修复后的建设工程经验收合格的，发包人可以请求承包人承担修复费用；（二）修复后的建设工程经验收不合格的，承包人无权请求参照合同关于工程价款的约定折价补偿。"所以，建设工程施工合同无效，若工程质量不合格，以能否修复为标准产生不同的法律后果：修复合格的，按照无效建设工程施工合同的结算规则进行结算；修复不合格的，按照无效施工合同的损害赔偿规则承担民事责任。

（1）建设工程经修复后验收合格，工程价款的结算规则。建设工程质量以国家标准、行业标准为依据的，工程质量不合格但经过修复，可以使缺陷得到弥补。《建设工程质量管理条例》第32条规定："施工单位对施工中出现质量问题的建设工程或者竣工验收不合格的建设工程，应当负责返修。"对于验收不合格的建设工程，法律赋予了承包人的修复义务，承包人履行了该义务并经验收合格时，参照合同约定结算工程价款的法定条件便已经成就，可适用参照合同约定结算工程价款。如果承包人拒绝承担修复义务，或者基于双方丧失合作基础的情况，发包人与承包人均同意由第三人进行建设工程的修复工作时，那么发包人可以要求承包人承担修复费用。

（2）建设工程经修复后验收不合格，损失责任的承担。《建筑法》第58条规定："建筑施工企业对工程的施工质量负责。建筑施工企业必须按照工程设计图纸和施工技术标准施工，不得偷工减料。工程设计的修改由原设计单位负责，建筑施工企业不得擅自修改工程设计。"《建筑法》第59条规定："建筑施工企业必须按照工程设计要求、施工技术标准和合同的约定，对建筑材料、建筑构配件和设备进行检验，不合格的不得使用。"由以上法律规定可知，建设工程经验收不合格，承包人应当承担民事责任。但建筑业的实际情况是，工程质量不合格可能是由发包人的原因造成的，如发包人提供的设计有缺陷，造成按照发包人提供的设计图纸进行施工建造的房屋存在质量问题，无法经过验收；或者发包人提供、指定购买的建筑材料、建筑构配件、设备不符合国家强制性标准；或者发包人在工程发包过程中操作不规范，将工程肢解分包，或者直接指定分包人，而被指定的分包人不具有相应的资质，或者不能按照规定施工，导致工程质量存在缺陷。显然，建设工程验收不合格可能是承包人的责任，也可能是发包人的责任，还可能是承发包双方的混合责任。如果建设工程的质量缺陷无法通过修复予以弥补，那么建设工程，便丧失了利用价值，只能推倒重新进行建设，这时承包方和发包方在建设工程中的投入应当作为建设工程施工合同的损失。《民法典》第793条第3款规定："发包人对因建设工程不合格造成的损失有过错的，应当承担相应的责任。"该法条的来源为《民法典》第157条的规定："……有过错的一方应当赔偿对方由此所受到的损失；各方都有过错的，应当各自承担相应的责任。法律另有规定的，依照其规定。"所以，建设工程施工合同无效，工程验收不合格，经修复后验收仍不合格，应当对造成损失的原因进行区分，发包人与承包人应当对其相应过错造成的损失承担责任。建设工程经修复后不能验收合格的，就意味着承包人不能按照《民法典》第799条的规定履行交付验收合格的建设工程，则发包人享有不予支付工程价款的权利。若建设工程验收合格，则依据《民法典》第793条第1款的规定，可以参照合同关于工程价款的约定折价补偿承包人。在建设工程施工合同无效，建设工程经验收不合格的情况下，原则上应当由承包人承担责任，这是《建筑法》规定的责任承担的基本原则，但导致建设工程质量不合格的原因非常复杂，在发包人对建设工程的质量不合格也存在过错的情况下，完全由承包人承担责任是不公平的。依照《民法典》第793条第3款的规定，"发包人对因建设工程不合格造成的损失有过错的，应当承担相应的责任。对于建设工程不合格造成的损失，发包人具有过错的，应当承担相应的民事责任"。

## 四、无效建设工程施工合同的损害赔偿

《建工解释（一）》第6条对建设工程施工合同无效，除工程价款以外造成承包人或发包人的损失的计算标准、赔偿范围、赔偿原则的处理进行了规

定。该司法解释第 6 条规定："建设工程施工合同无效，一方当事人请求对方赔偿损失的，应当就对方过错、损失大小、过错与损失之间的因果关系承担举证责任。损失大小无法确定，一方当事人请求参照合同约定的质量标准、建设工期、工程价款支付时间等内容确定损失大小的，人民法院可以结合双方过错程度、过错与损失之间的因果关系等因素作出裁判。"《河北省建工审理指南》第 14 条规定："建设工程施工合同无效，当事人一方依照《合同法》第 58 条①规定，请求对方赔偿其因合同无效所受到的损失，人民法院应当综合过错程度、损失大小、损失与对方的过错之间是否存在因果关系等因素，依照诚实信用原则和公平原则，作出认定和裁决。"最高人民法院和河北省高级人民法院均坚持了基于无效建设工程施工合同产生的损害赔偿适用过错原则，损失责任的承担应当综合过错程度、损失大小、损失与过错的因果关系等因素，依照诚实信用原则，公平认定和裁决。此外，最高人民法院还进一步明确，若损失大小无法确定，一方当事人可以请求参照合同约定的质量标准、建设工期、工程价款支付时间等内容确定损失大小。对于无效合同订立的过错责任，根据导致施工合同无效的情形不同，承发包双方应承担的过错责任有所不同。

（一）建设工程施工合同无效后损害赔偿的构成要件

根据《民法典》第 157 条，合同无效后承担赔偿责任的处理应遵循以下构成要件：当事人的过错责任分担；损害结果的发生；损害过错与损害结果的因果关系。具体分析如下。

1. 当事人的过错责任分担

根据《民法典》第 157 条的规定，合同无效后产生的损害赔偿责任属于过错责任的范畴，根据当事人的过错大小，合理划分过错责任，双方都有过错的应当各自承担相应的责任。在实践中，合同当事人的过错一般根据造成建设工程施工合同无效的原因予以认定。因承包方无资质或超越资质等级以

---

① 原《合同法》已废止，该法第 58 条被《民法典》第 157 条吸收。《民法典》第 157 条规定："民事法律行为无效、被撤销或者确定不发生效力后，行为人因该行为取得的财产，应当予以返还；不能返还或者没有必要返还的，应当折价补偿。有过错的一方应当赔偿对方由此所受到的损失；各方都有过错的，应当各自承担相应的责任。法律另有规定的，依照其规定。"

及借用资质承揽建设工程而导致施工合同被确认无效的，承包方应对无效合同的订立承担主要过错责任；但如发包方系在明知的情况下订立上述无效合同，则其承担的过错责任份额应相应加大；因发包方未依法进行招标或发包方规避招标、虚假招标导致所订立的合同无效的，则应由发包方承担主要过错责任，但如在招标投标过程中，系由承发包双方恶意串通导致合同无效，则承包方的过错责任亦应相应加大；对于转包、违法分包行为导致的合同无效，应由承包方承担主要过错责任。

2. 损失以实际发生为限

《民法典》第157条规定是将合同无效后造成的损失作为承担责任的范围，且该责任范围应以实际发生的财产责任为限。在合同被确认无效的情况下，无效合同赔偿范围不包括可得利益损失，这主要是因为无效合同具有不可履行性。所以无效合同的处理以返还财产、折价补偿为原则，损失赔偿的范围以实际损失为限，不应当赔偿合同履行后可得的期待利益。

3. 损失与过错之间具有因果关系

因果关系是违法行为和损害结果之间内在的必然联系。民事行为主体只能为自己的行为承担责任，损害结果只能由行为人自身造成，如果违法行为与损害结果之间没有必然联系，那么损害赔偿责任是不成立的。就建设工程施工合同无效而言，对于合同无效造成的损失的，必须是发包人或者承包人的违法行为造成，即损失与导致合同无效的过错行为之间存在法律上的因果关系，只有存在因果关系，行为人才应承担相应的民事责任。

（二）承包人因合同无效向发包人主张损失赔偿的范围

1. 实际支出损失

根据《建工解释（一）》第1条和第3条的规定，因发包人的原因造成建设工程施工合同被确认无效的，主要包括以下情况：依法必须进行招标的建设工程项目，发包人规避招标、虚假招标导致所订立的合同无效；发包人违反国家规定的工程建设程序未取得规划审批手续而订立的建设工程合同无效等。以上情况属于因发包人的过错导致建设工程施工合同被确认无效，根据过错责任原则发包人有义务赔偿承包人的损失。损失包括以下几项：承包人因办理招标投标手续支出的费用、合同备案支出的费用、订立合同支出的费用、除工程价款之外的因履行合同支出的费用等实际损失和费用。

2. 停工、窝工损失

《民法典》第 803 条规定："发包人未按照约定的时间和要求提供原材料、设备、场地、资金、技术资料的，承包人可以顺延工程日期，并有权请求赔偿停工、窝工等损失。"最高人民法院发布的《第八次全国法院民事商事审判工作会议（民事部分）纪要》第 32 条规定："因发包人未按照约定提供原材料、设备、场地、资金、技术资料的，隐蔽工程在隐蔽之前，承包人已通知发包人检查，发包人未及时检查等原因致使工程中途停、缓建，发包人应当赔偿因此给承包人造成的停（窝）工损失，包括停（窝）工人员人工费、机械设备窝工费和因窝工造成设备租赁费用等停（窝）工损失。"2017年版《建设工程施工合同（示范文本）》通用条款中对发包人不履行告知变更后的施工方案、施工技术交底、完善施工条件等协作义务，致使承包人窝工，以致难以完成工程项目建设，承包人催告在合理期限内履行，发包人逾期仍不履行的，承包人有权要求发包人赔偿窝工损失。针对停工、窝工的损失，承包方应当采取措施防止损失的扩大，如果承包人拒不履行防止损失的扩大的义务，则无权对扩大的损害要求赔偿。

（三）发包人因合同无效向承包人主张损失赔偿的范围

1. 实际支出的费用

根据《建工解释（一）》第 1 条的规定，由于承包人的主要过错造成建设工程施工合同被确认无效的，主要包括以下几种情况：①承包人无资质、超越资质、借用资质；②承包人转包、违法分包；③承包人中标无效。以上原因均是承包人的过错导致建设工程施工合同无效。在这种情况下，承包人应当赔偿发包人实际支出的费用，主要包括发包人因办理招标投标手续支出的费用、合同备案支出的费用、订立合同支出的费用、准备或者实际履行合同支出的费用等实际支出损失。发包方与第三方签订的合同导致的违约责任损失，在一定条件下可以作为建设工程施工合同无效过错责任赔偿范围。[①]

---

[①] 最高人民法院指导性案例"美兰公司与大华公司建设工程施工合同纠纷案"。参见最高人民法院民事审判第一庭编：《民事审判指导与参考》（总第 53 辑），人民法院出版社 2013 年版，第 146 ～ 151 页。

《民法典》第157条确立了无效合同赔偿的原则，无效施工合同已经全部或部分履行的情况下，在履行过程中因任何一方的过错导致对方产生实际损失，过错方均应向对方予以赔偿。基于对承包人能按期完工的信赖，发包人才与第三人订立商品房买卖合同、房屋租赁合同、设备买卖合同等并确定违约责任，承包方在履行无效合同中逾期竣工的过错行为，与发包方向第三人承担违约责任之间具有因果关系。作为赔偿损失一方的承包方对此损失的发生在订立无效施工合同时是明知或应当知道的，该损失应纳入合同无效赔偿范围。所以，在发包方已经实际向第三人履行了违约责任或已被生效的法律文书确定向第三人履行违约责任，应作为发包方的实际损失纳入合同无效过错赔偿范围。

2. 工程质量导致的损失

《民法典》第801条规定："因施工人的原因致使建设工程质量不符合约定的，发包人有权请求施工人在合理期限内无偿修理或者返工、改建。经过修理或者返工、改建后，造成逾期交付的，施工人应当承担违约责任。"《建工解释（一）》第6条规定："建设工程施工合同无效……损失大小无法确定，一方当事人请求参照合同约定的质量标准、建设工期、工程价款支付时间等内容确定损失大小的，人民法院可以结合双方过错程度、过错与损失之间的因果关系等因素作出裁判。"建设工程施工合同无效，在客观上无法证明损失的情况下，当事人双方关于建设工程质量的约定可以作为损害赔偿额计算的标准。建设工程质量虽符合国家强制性标准，但不符合约定的质量标准，承包人应当赔偿发包人的损失，如果发包人对质量不合格也存在过错的，发包人也应承担一定责任，发包人与承包人对工程质量均有责任的，由双方按过错程度来承担责任。

（四）无效合同的损失可参照合同约定确定

《民法典》第793条第1款明确针对合同无效后进行折价补偿的原则为"参照合同关于工程价款的约定"，但是应当明确，这并不等同于"按照合同约定"，它只是确定了无效合同折价补偿的标准是"参照合同约定"，而不是无效合同按有效合同处理。承包人请求参照合同约定支付工程价款的，只是对建设工程价款计价标准参照适用，而对于合同约定的付款条件、付款时间、付款方式、工程价款扣减事由以及质量保证金的扣留与返还等事项，不属于《民法典》第 793 条第 1 款的参照范围。按照《建工解释（一）》第 6 条第 1 款确定的举证规则，遭受损失的当事人一方往往因难以举证证明损失，而处于不利地位导致利益失衡。根据《民法典》确立的公平原则，从平衡合同双方当事人利益的角度出发，在施工合同无效且当事人双方在合同中对损失赔偿标准有明确约定的前提下，基于在无效施工合同参照合同关于支付工程价款的约定折价补偿的现行处理规则，在司法实践中当事人一方无法证明损失的情况下，原则上也可以参照合同约定赔偿损失。因此，在当事人无法举证证明实际损失的情况下，应当允许当事人请求参照合同约定的质量标准、建设工期、工程价款支付时间等内容来确定损失大小。这样处理并非将无效合同当作有效处理，而是寻找一种符合建设工程施工合同特点的损失赔偿的计算方式。双方当事人在签订施工合同时，关于工程计价、计量、工程价款支付比例、支付时间、工程质量、工期、结算程序、质量保证金的扣留等约定内容，均是当事人的真实意思表示，是双方签约时对作为施工合同中最核心内容慎重考虑作出的决定，不应因合同违反国家行政管理相关规定无效而只选择性适用计价和计量条款，将其他支付条款全盘否定。因此，可以参照上述合同约定内容来确定实际损失大小，以避免发生当事人因合同无效而获得比合同有效额外的利益。[①]

（五）无效建设工程施工合同的诉讼时效

无效合同，是指合同在形式上虽然已经成立，但因其在内容和形式上违反了法律、行政法规的强制性规定以及社会公共利益，因此应被确认为无效的合同。[②] 合同被确认无效后是否适用诉讼时效制度，法律和司法解释未予明确。司法实践的通说认为，合同效力与诉讼时效是两个不同的法律概念，诉讼时效的立法意图就是督促权利人及时行使权利，维护社会财产秩序的稳

---

[①] 最高人民法院民事审判第一庭编著：《最高人民法院新建设工程施工合同司法解释（一）的理解与适用》，人民法院出版社 2021 年版，第 74 页。

[②] 崔建远：《合同法总论》（第 2 版上卷），人民大学出版社 2011 年版，第 308 页。

定；合同效力虽然由人民法院或者仲裁机构事后确认，不受诉讼时效限制，但无效合同一方当事人请求返还财产的，仍然受到诉讼时效的限制。在建设工程施工领域，当合同被确认无效后，产生的债权请求权中主要有确认合同无效请求权、工程价款请求权和赔偿损失请求权。

1. 确认合同无效请求权

确认合同无效是法院代表的公权力对合同效力作出的否定性评价，是一种价值判断和对事实的确认，只要人民法院或者仲裁机构运用国家公权力对合同进行价值判断时的法律和行政法规认为该合同是无效的，就表明合同的违法性状态一直持续，不因单纯的时间经过而改变。确认合同无效请求权虽名为请求权，实则是实体法上的形成权，且合同效力涉及国家利益和社会公共利益的保护问题。因此，对合同无效的确认不受诉讼时效期间的限制。

2. 工程价款请求权

由于建设工程施工合同被依法确认无效后，施工单位物化在建设工程中的材料费用和人工费用无法返还原物，所以只能采取折价的方式进行补偿。施工单位请求建设单位折价补偿的请求权属于不当得利债权请求权，应适用诉讼时效制度的相关规定。目前建设工程施工合同无效，工程价款请求权的诉讼时效计算存在两种观点。第一种观点认为，应当按照《建工解释（一）》第27条的规定确定发包方的诉讼时效。《民法典》第793条第1款是无效建设工程施工合同结算的处理原则，对于无效合同施工单位返还财产的请求权，与有效合同施工单位行使工程价款请求权，结算规则一致，所以在适用诉讼时效时应当遵循相同的处理原则，即根据《建工解释（一）》第27条规定："利息从应付工程价款之日开始计付。当事人对付款时间没有约定或者约定不明的，下列时间视为应付款时间：（一）建设工程已实际交付的，为交付之日；（二）建设工程没有交付的，为提交竣工结算文件之日；（三）建设工程未交付，工程价款也未结算的，为当事人起诉之日。"《建工解释（一）》第27条规定的是当事人对付款时间没有约定或者约定不明的情况下对应付款时间的认定，但如果当事人对无效建设工程施工合同工程价款付款时间具有明确的约定时，合同履行期限届满，当事人没有履行或者没有完全履行合同的，以合同无效为由请求返还财产、赔偿损失的，诉讼时效期间从履行期限届满之日起计算。

第二种观点认为，合同无效之后，原合同不再继续履行，当事人之间在合同中约定的履行期限也当然无效，合同无效之后的请求权并非基于原合同产生，故不能从原合同的履行期限届满之日起计算诉讼时效。建设工程施工合同被确认无效后，虽然工程价款未经结算不能确定，但债权人一方可以通过提起诉讼并要求进行工程造价鉴定的方式积极行使自己的权利。当事人基于无效合同产生的返还财产和赔偿损失的请求权系法院判决确认合同无效后所产生的法律后果，当事人知道或者应当知道其权利受到侵害，该请求权应当从合同被确认无效时才出现，故诉讼时效从合同被确认无效之日起计算更为合理。最高人民法院审理的广西北生集团有限责任公司与北海市威豪房地产开发公司、广西壮族自治区畜产进出口北海公司土地使用权转让合同纠纷案［(2005)民一终字第104号］中，最高人民法院认为："合同效力的认定，实质是国家公权力对民事行为进行的干预。合同无效系自始无效，单纯的时间经过不能改变无效合同的违法性。当事人请求确认合同无效，不应受诉讼时效期间的限制，而合同经确认无效后，当事人关于返还财产及赔偿损失的请求，应当适用法律关于诉讼时效的规定。本案中，威豪公司与北生集团签订的《土地合作开发协议书》被人民法院确认无效后，威豪公司才享有财产返还的请求权，故威豪公司的起诉没有超过法定的诉讼时效期间。"此案例表明，最高人民法院仍认为在合同被宣告无效后，当事人才享有返还财产和赔偿损失的请求权，合同无效后的请求权诉讼时效应当从合同被宣告无效之日起计算。

3. 赔偿损失请求权

人民法院或者仲裁机构确认合同无效，对于当事人主张赔偿损失的请求权，因该请求权是基于缔约过失责任而产生的，而缔约过失责任的确定必须以确认合同无效为前提，因此赔偿损失请求权的诉讼时效期间应从合同被确认无效之日开始计算。

## 第三章

# 建设工程施工合同主体

建设工程施工合同中参与主体众多,主要是发包人、承包人、发包人代表、项目经理、分包人、设计人、监理人等。除以上合法的参与主体外,还有转承包、违法分包合同的承包人、挂靠人等非法的建设工程施工合同参与主体。在案件的审理过程中,正确认识建设工程施工合同中各参与主体的法律性质、法律关系是正确处理案件的前提。本章第一节主要是对建设工程施工合同中合法的参与主体的法律性质、法律关系进行介绍,本章第二至第五节主要分析建设工程施工合同实务中经常出现的违法发包人、转包人、违法分包人、挂靠人、实际施工人、内部承包人的认定及其在建设工程施工合同中承担的法律责任。根据《建工解释(一)》的规定,承包人转包、违法分包建设工程和没有资质的实际施工人借用资质承揽建设工程,签订的建设工程施工合同无效,但由于建设工程施工的专业性、技术的复杂性,建设工程完全由承包人独自完成不符合建设工程的专业特点,所以应当允许承包人依法将部分建设工程交由其他建筑施工企业来完成。在这种情况下,如何对转包、违法分包和借用资质的施工行为进行认定,就成为建设工程施工合同纠纷案件司法实践中的一个难题。

## 第一节　建设工程施工合同的合法参与主体

建设工程施工合同的合法参与主体包括签约主体及辅助参与人员,具体包括发包人、承包人、监理人、设计人、分包人、发包人代表、项目经理、总监理工程师等。建设工程施工合同的签约主体为发包人、承包人与分包人，即依法签订合同并按照合同约定行使合同权利、履行合同义务的主体。建设工程施工合同的辅助参与人员包括：发包人代表、监理人、项目经理、造价咨询人。本节以 2017 年版《建设工程施工合同（示范文本）》通用合同条款为蓝本，对建设工程施工合同的合法参与主体的法律性质、法律关系进行介绍。

## 一、发包人

发包人是指具有工程发包主体资格和支付工程款能力的当事人以及取得该当事人资格的合法继承人。2017 年版《建设工程施工合同（示范文本）》通用合同条款第 1.1.2.2 目约定："发包人：是指与承包人签订合同协议书的当事人及取得该当事人资格的合法继承人。"

### （一）建设工程施工中发包人的主要义务

根据 2017 年版《建设工程施工合同（示范文本）》通用合同条款的约定，发包人在履行合同过程中应遵守法律和工程建设标准规定，并履行以下义务。

1. 建设工程的许可或批准义务

2017 年版《建设工程施工合同（示范文本）》通用合同条款第 2.1 款约定："发包人应遵守法律，并办理法律规定由其办理的许可、批准或备案，包括但不限于建设用地规划许可证、建设工程规划许可证、建设工程施工许可证、施工所需临时用水、临时用电、中断道路交通、临时占用土地等许可和批准。发包人应协助承包人办理法律规定的有关施工证件和批件。因发包人原因未能及时办理完毕前述许可、批准或备案，由发包人承担由此增加的费用和（或）延误的工期，并支付承包人合理的利润。"发包人与承包人应当在专用合同条款中就项目本身和施工的许可、批准或备案的办理期限作出明确的约定，同时约定逾期办理应当承担的违约责任，和如果未能取得工程施工所需的许可、批准或备案，承包人拒绝进场施工时，由此增加的费用和

（或）延误的工期由责任方承担。但如果在项目本身或施工未取得许可、批准或备案的情况下，承包人进场施工，其主观存在过错，在其过错范围内承担相应的责任。

2. 图纸提供和交底的义务

2017年版《建设工程施工合同（示范文本）》通用合同条款第1.6.1项约定："发包人应按照专用合同条款约定的期限、数量和内容向承包人免费提供图纸，并组织承包人、监理人和设计人进行图纸会审和设计交底。发包人至迟不得晚于第7.3.2项〔开工通知〕载明的开工日期前14天向承包人提供图纸。因发包人未按合同约定提供图纸导致承包人费用增加和（或）工期延误的，按照第7.5.1项〔因发包人原因导致工期延误〕约定办理。"发包人的提供图纸和交底是应当承担的一项义务。针对于发包人的此项义务应当从以下几方面理解。

（1）国家实施施工图审查制度，施工图未经审查合格的，不得使用。建设单位应当将施工图送审查机构审查，审查合格的，审查机构应当向建设单位出具审查合格书，并在全套施工图上加盖审查专用章。按规定应当进行审查的施工图，未经审查合格的，住建部门不得颁发施工许可证。

（2）免费提供图纸是发包人的主要义务之一，发包人提供图纸的完整性、及时性、准确性直接影响到工程施工。合同当事人应在专用合同条款中明确应由发包人提供图纸的数量、期限、图纸种类及内容，避免因约定不明，影响合同正常履行。因发包人未按约定提供图纸导致承包人费用增加和（或）工期延误的，发包人应当承担相应的责任。

（3）发包人应当组织承包人、监理人及设计人进行图纸会审和设计交底，以便各方掌握图纸的准确内容，保证工程施工的顺利进行。如发包人怠于或迟延组织图纸会审和设计交底，为保证合同顺利履行，承包人可以催告其履行相应义务。

（4）合同当事人在专用合同条款中约定发包人提供图纸的期限，应不得晚于开工通知载明的开工日期前的第14天。如发包人未按合同约定提供图纸或提供图纸不符合合同约定，或提供图纸迟延的，应当准确记录提供图纸的时间、名称、数量。

3. 工程量清单准确和完整的义务

2017 年版《建设工程施工合同（示范文本）》通用合同条款第 1.13 款约定："除专用合同条款另有约定外，发包人提供的工程量清单，应被认为是准确的和完整的。出现下列情形之一时，发包人应予以修正，并相应调整合同价格：（1）工程量清单存在缺项、漏项的；（2）工程量清单偏差超出专用合同条款约定的工程量偏差范围的；（3）未按照国家现行计量规定强制性规范计量的。"工程量清单，是指发包人依据国家标准、招标文件、设计文件以及施工现场实际情况编制的，随招标文件发布供投标报价的工程量清单，包括其说明和表格。工程量清单系由发包人提供，承包人基于发包人提供的工程量清单进行报价并签订承包合同。未经发包人同意，承包人不得擅自修改工程量清单中的项目、数值等内容，因此发包人应保证其提供的工程量清单的准确性和完整性。发包人提供的工程量清单出现缺项、漏项、工程量偏差超过专用合同条款中约定的一定范围的情况下，由发包人予以修正并调整合同价格。

4. 提供施工现场、施工条件和基础资料的义务

2017 年版《建设工程施工合同（示范文本）》通用合同条款第 2.4.1 项约定："除专用合同条款另有约定外，发包人应最迟于开工日期 7 天前向承包人移交施工现场。"通用合同条款第 2.4.2 项约定："除专用合同条款另有约定外，发包人应负责提供施工所需要的条件，包括：（1）将施工用水、电力、通讯线路等施工所必需的条件接至施工现场内；（2）保证向承包人提供正常施工所需要的进入施工现场的交通条件；（3）协调处理施工现场周围地下管线和邻近建筑物、构筑物、古树名木的保护工作，并承担相关费用；（4）按照专用合同条款约定应提供的其他设施和条件。"通用合同条款第 2.4.3 项约定："发包人应当在移交施工现场前向承包人提供施工现场及工程施工所必需的毗邻区域内供水、排水、供电、供气、供热、通信、广播电视等地下管线资料，气象和水文观测资料，地质勘察资料，相邻建筑物、构筑物和地下工程等有关基础资料，并对所提供资料的真实性、准确性和完整性负责。按照法律规定确需在开工后方能提供的基础资料，发包人应尽其努力及时地在相应工程施工前的合理期限内提供，合理期限应以不影响承包人的

正常施工为限。"此外，关于逾期提供的责任，通用合同条款第2.4.4项约定："因发包人原因未能按合同约定及时向承包人提供施工现场、施工条件、基础资料的，由发包人承担由此增加的费用和（或）延误的工期。"

施工现场、施工条件和基础资料是保证承包人进场正常施工的基本前提，关系到合同工期的起算时间。发包人应当按照合同约定及时向承包人提供符合合同约定的施工现场、施工条件和基础资料，并对施工现场和施工条件满足承包人施工需要负责，对基础资料的真实性、完整性和准确性负责。施工现场应当包括工程施工场地以及为保证施工需要的其他场地。发包人应当在开工日期7天前向承包人移交施工场地，如果专用合同条款另有约定的，以专用合同条款约定为准。一般情况下，施工条件包括但不限于以下几个方面：①施工用水、电力、通讯线路等施工所必需的条件；②施工设备和工程设备、材料及车辆等所需要的进入施工现场的交通条件；③施工现场周围地下管线和邻近建筑物、构筑物、古树名木的保护；④根据工程特点及施工环境所需要提供的其他设施和条件。

5. 提供资金来源证明及支付担保的义务

2017年版《建设工程施工合同（示范文本）》通用合同条款第2.5款约定："除专用合同条款另有约定外，发包人应在收到承包人要求提供资金来源证明的书面通知后28天内，向承包人提供能够按照合同约定支付合同价款的相应资金来源证明。除专用合同条款另有约定外，发包人要求承包人提供履约担保的，发包人应当向承包人提供支付担保。支付担保可以采用银行保函或担保公司担保等形式，具体由合同当事人在专用合同条款中约定。"

6. 支付合同价款的义务

2017年版《建设工程施工合同（示范文本）》通用合同条款第2.6款约定："发包人应按合同约定向承包人及时支付合同价款。"建设工程施工合同是承包人进行工程建设，发包人支付价款的合同。因此，发包人按照合同的约定及时向承包人支付合同价款是发包人最主要的合同义务。合同价款的支付包括预付款、进度款、结算价款和质量保证金的支付。

7. 组织竣工验收的义务

2017年版《建设工程施工合同（示范文本）》通用合同条款第2.7款约

定："发包人应按合同约定及时组织竣工验收。"竣工验收是承包人取得工程结算款的前提，在承包人按照合同约定建成工程后，如果发包人不按照合同约定及时组织竣工验收，承包人就无法要求发包人办理竣工结算，从而严重损害承包人合法权益。

（二）建设工程施工合同发包主体

一般建设工程施工合同具有发包人和承包人两方主体，司法实践中针对建设工程施工合同承发包主体资格的纠纷不断增多。建设工程施工合同承包人的主体资格和市场准入条件在《建筑法》及配套的行政法规中有严格、明确的规定，但在司法实践中，对建设工程施工合同的发包方，即建设单位的主体资格，在《建筑法》等法律、行政法规中并没有明确的限定。《建筑法》采用了"建设单位"这一称谓。但不能因此得出建设工程施工合同中的发包人，仅限于经过批准进行工程项目建设的法人单位或者其他组织的结论，并进而否认其他民事主体作为发包人的资格。结合司法实践，笔者将发包人主体资格归纳为以下内容。

1. 房地产开发项目中发包人主体资格

（1）房地产开发项目中，发包人不具有房地产开发营业执照，不能成为建设工程施工合同的发包主体。《民法典》第153条规定："违反法律、行政法规的强制性规定的民事法律行为无效。但是，该强制性规定不导致该民事法律行为无效的除外。违背公序良俗的民事法律行为无效。"从法律理论上来看，强制性禁止性规定分为管理性强制性规定和效力性强制性规定。一般区分管理性强制性规定和效力性强制性规定可以采取以下标准：①法律法规明确规定违反禁止性规定将导致合同无效或不成立的，该规定属于效力规定；②法律法规虽没有明确规定违反禁止性规定将导致合同无效或不成立的，但违反该规定若使合同继续有效将损害国家利益和社会公共利益，也应当认为该规定属于效力性强制性规定；③法律法规虽没有明确规定违反禁止性规定将导致合同无效或不成立的，违反该规定若使合同继续有效并不损害国家利益和社会公共利益，而只是损害当事人的利益，在此情况下，该规定就不应属于效力规定，而是管理性强制性规定。一般来说，只有违反了效力性强制性规定的合同才作为无效的合同，而违反了管理性强制性的规定，可以由有关部门对当事人实施行政处罚，但不一定宣告合同无效。营业执照是公司进行日常经营活动最基本的证件，营业执照中载明了公司的经营范围。房地产开发项目中发包人不具有房地产开发营业执照构成违法发包是毋庸置疑的，至少违反了发包主体超越相应的经营范围的规定。但该种违法行为是法律上的管理性强制性规定还是效力性强制性规定，应当进一步分析。《城市房地产开发经营管理条例》第 34 条规定："违反本条例规定，未取得营业执照，擅自从事房地产开发经营的，由县级以上人民政府工商行政管理部门责令停止房地产开发经营活动，没收违法所得，可以并处违法所得 5 倍以下的罚款。"法律对未取得营业执照，擅自从事房地产开发经营的行为采取了严格禁止的态度，对于房地产企业的设立、房地产开发经营程序也作出了一系列限制。房地产开发者未领取营业执照，事实上无法实施房地产开发活动中包括房屋预售、登记备案、产权登记等的全部环节，即无企业的主体资格，房地产开发的目的是不可能实现的。所以，房地产开发企业取得营业执照的规定应属于强制性、效力性强制性规定，未依法取得从事房地产开发营业执照的发包人与承包人签订的建设工程合同，应认定为无效合同。

（2）房地产开发项目中发包人不具有相应房地产开发资质。行政法规对房地产开发企业在资质审查上也有相应的规定。《城市房地产开发经营管理条例》第 9 条规定："房地产开发主管部门应当根据房地产开发企业的资产、专业技术人员和开发经营业绩等，对备案的房地产开发企业核定资质等级。房地产开发企业应当按照核定的资质等级，承担相应的房地产开发项目。具体办法由国务院建设行政主管部门制定。"对于房地产开发企业资质作出规定的目的也只是保证房地产项目开发的顺利进行，禁止无资质或超越资质开发房地产项目。《城市房地产开发经营管理条例》第 35 条规定："违反本条例规定，未取得资质等级证书或者超越资质等级从事房地产开发经营的，由县级以上人民政府房地产开发主管部门责令限期改正，处 5 万元以上 10 万元以下的罚款；逾期不改正的，由工商行政管理部门吊销营业执照。"由以上行政法规可以看出，未取得资质等级证书或者超越资质等级从事房地产开发经营的法律后果仅仅是由县级以上人民政府房地产开发主管部门责令限期改正，并且《建工解释（一）》中对发包人的资质是否影响建设工程合同的效力也没有作出规定。房地产开发企业资质管理的规定应属行政法上的管理性强制性规定，并不影响房地产开发企业签订合同的效力。

2. 建设单位的分支机构作为发包人

《民法典》第 74 条规定："法人可以依法设立分支机构。法律、行政法规规定分支机构应当登记的，依照其规定。分支机构以自己的名义从事民事活动，产生的民事责任由法人承担；也可以先以该分支机构管理的财产承担，不足以承担的，由法人承担。"法人与其设立的分支机构之间存在如下关系：分支机构虽有名称，但分支机构的名称应当反映法人与分支机构之间的隶属关系；分支机构的经营及其他业务活动来自法人的授权；法人决定分支机构的组织结构和人员管理，分支机构没有自主权；分支机构所有资产隶属于法人。所以，分支机构虽然具有相对的独立性，但属于法人的组成部分，不具有独立的法人资格，不具有独立的财产，且不能独立承担民事责任。建设单位的分支机构在没有授权的情况下不能对外订立建设工程施工合同。在实践中，存在建设工程施工合同履行过程中由建设单位的分支机构签订补充协议、工程签证、会议纪要等文件的情况。对这种情况不宜直接否定合同效力，依据《民法典》第 171 条第 1 款规定："行为人没有代理权、超越代理权或者代理权终止后，仍然实施代理行为，未经被代理人追认的，对被代理人不发生效力。"由建设单位的分支机构订立的合同应属于效力待定合同，如果得到建设单位或者施工单位的追认或者同意，则为有效合同，否则为无效合同。

3. 不具备法人资格的组织或者自然人作为发包人

随着我国社会主义市场经济体制的建立和完善，建设工程的投资主体亦日益呈现多元化。许多不具备法人资格的组织或者自然人投资建设工程的项目非常普遍。《建筑法》第 83 条第 3 款规定："抢险救灾及其他临时性房屋建筑和农民自建低层住宅的建筑活动，不适用本法。"该法条中的"农民自建"是指农民作为建设主体，其有权选择个体工匠或者建筑施工企业进行建设活动。农民选择个体工匠施工，施工行为受《村庄和集镇规划建设管理条例》调整，如果选择具有相应资质的建筑施工企业，建筑活动应当受《建筑法》调整。因此，对不具有法人资格的其他组织或者自然人发包建设工程，只要不存在《民法典》第 153 条第 1 款规定的情形，应当认定有效。

（三）发包人代表

在工程实施过程中，为了便于发包人及时履行合同约定的各项义务、行使合同约定的各项权利，需要明确发包人驻现场的授权代表，以代表发包人及时处理建设工程过程中遇到的各类问题、签署各种往来函件，保证工程的正常实施。

1. 发包人代表的法律地位

2017 年版《建设工程施工合同（示范文本）》通用合同条款第 1.1.2.7 目约定："发包人代表：是指由发包人任命并派驻施工现场在发包人授权范围内行使发包人权利的人。"发包人代表属于发包人的委托代理人，代表发包人行使权利、履行义务，其权利范围以发包人的任命文件或授权文件为准。发包人对发包人代表在授权范围内的行为承担责任。发包人代表可以是发包人员工，也可以是发包人聘请的第三方机构人员，如项目管理公司、造价咨询人员等。

2. 发包人代表的权限及更换

2017 年版《建设工程施工合同（示范文本）》通用合同条款第 2.2 款约定："发包人应在专用合同条款中明确其派驻施工现场的发包人代表的姓名、职务、联系方式及授权范围等事项。发包人代表在发包人的授权范围内，负责处理合同履行过程中与发包人有关的具体事宜。发包人代表在授权范围内的行为由发包人承担法律责任。发包人更换发包人代表的，应提前 7 天书面通知承包人。发包人代表不能按照合同约定履行其职责及义务，并导致合同无法继续正常履行的，承包人可以要求发包人撤换发包人代表。不属于法定必须监理的工程，监理人的职权可以由发包人代表或发包人指定的其他人员行使。"发包人更换发包人代表只需提前 7 天通知承包人，无须承包人同意。发包人代表不能按照合同约定履行其职责及义务，承包人可以要求发包人撤换发包人代表。对于因发包人不能按照合同约定履行其职责及义务造成合同不能正常履行所增加的费用和（或）延误的工期，由发包人承担。

## 二、承包人

为了保证建设工程的质量和施工安全，法律对承包人的资质作出了严格的要求，承包人未取得建设施工企业资质或者超越资质等级的建设工程施工合同无效，所以承包人应当具备相应的工程施工承包资质。2017 年版《建设工程施工合同（示范文本）》通用合同条款第 1.1.2.3 目约定："承包人：是指与发包人签订合同协议书的，具有相应工程施工承包资质的当事人及取得该当事人资格的合法继承人。"

（一）建设工程施工中承包人的主要义务

1. 承包人的一般义务

2017 年版《建设工程施工合同（示范文本）》通用合同条款第 3.1 款约定："承包人在履行合同过程中应遵守法律和工程建设标准规定，并履行以下义务：（1）办理法律规定应由承包人办理的许可和批准，并将办理结果书面报送发包人留存；（2）按法律规定和合同约定完成工程，并在保修期内承担保修义务；（3）按法律规定和合同约定采取施工安全和环境保护措施，办理工伤保险，确保工程及人员、材料、设备和设施的安全；（4）按合同约定的工作内容和施工进度要求，编制施工组织设计和施工措施计划，并对所有施工作业和施工方法的完备性和安全可靠性负责；（5）在进行合同约定的各项工作时，不得侵害发包人与他人使用公用道路、水源、市政管网等公共设施的权利，避免对邻近的公共设施产生干扰。承包人占用或使用他人的施工场地，影响他人作业或生活的，应承担相应责任；（6）按照第 6.3 款〔环境保护〕约定负责施工场地及其周边环境与生态的保护工作；（7）按第 6.1 款〔安全文明施工〕约定采取施工安全措施，确保工程及其人员、材料、设备和设施的安全，防止因工程施工造成的人身伤害和财产损失；（8）将发包人按合同约定支付的各项价款专用于合同工程，且应及时支付其雇用人员工资，并及时向分包人支付合同价款；（9）按照法律规定和合同约定编制竣工资料，完成竣工资料立卷及归档，并按专用合同条款约定的竣工资料的套数、内容、时间等要求移交发包人；（10）应履行的其他义务。"

## 2. 承包人现场查勘的义务

2017 年版《建设工程施工合同（示范文本）》通用合同条款第 3.4 款约定："承包人应对基于发包人按照第 2.4.3 项〔提供基础资料〕提交的基础资料所做出的解释和推断负责，但因基础资料存在错误、遗漏导致承包人解释或推断失实的，由发包人承担责任。承包人应对施工现场和施工条件进行查勘，并充分了解工程所在地的气象条件、交通条件、风俗习惯以及其他与完成合同工作有关的其他资料。因承包人未能充分查勘、了解前述情况或未能充分估计前述情况所可能产生后果的，承包人承担由此增加的费用和（或）延误的工期。"虽然发包人应向承包人提交基础资料，并对基础资料的准确性和完整性负责，但承包人也应谨慎地勘察施工现场和施工条件。

## 3. 工程照管与成品、半成品保护的义务

2017 年版《建设工程施工合同（示范文本）》通用合同条款第 3.6 款约定："（1）除专用合同条款另有约定外，自发包人向承包人移交施工现场之日起，承包人应负责照管工程及工程相关的材料、工程设备，直到颁发工程接收证书之日止。（2）在承包人负责照管期间，因承包人原因造成工程、材料、工程设备损坏的，由承包人负责修复或更换，并承担由此增加的费用和（或）延误的工期。（3）对合同内分期完成的成品和半成品，在工程接收证书颁发前，由承包人承担保护责任。因承包人原因造成成品或半成品损坏的，由承包人负责修复或更换，并承担由此增加的费用和（或）延误的工期。"对此，分析如下。

（1）在专用合同条款没有其他约定的情况下，承包人对工程及工程相关的材料、工程设备的照管责任自发包人向承包人移交施工现场之日起到颁发工程接收证书之日止。在承包人负责照管期间，因承包人原因造成工程、材料、工程设备损坏的，由承包人负责修复或更换，并承担由此增加的费用和（或）延误的工期。

（2）对合同内分期完成的成品和半成品，在工程接收证书颁发前，由承包人承担保护责任。因承包人原因造成成品或半成品损坏的，由承包人负责修复或更换，并承担由此增加的费用和（或）延误的工期。因非承包人原因

造成成品或半成品损坏的，发包人可以委托承包人负责修复或更换，由此增加的费用和（或）延误的工期由发包人承担责任，但承包人存在过错的，应承担相应的责任。

4. 履约担保义务

2017 年版《建设工程施工合同（示范文本）》通用合同条款第 3.7 款约定："发包人需要承包人提供履约担保的，由合同当事人在专用合同条款中约定履约担保的方式、金额及期限等。履约担保可以采用银行保函或担保公司担保等形式，具体由合同当事人在专用合同条款中约定。因承包人原因导致工期延长的，继续提供履约担保所增加的费用由承包人承担；非因承包人原因导致工期延长的，继续提供履约担保所增加的费用由发包人承担。"履约担保并非承包人的强制性义务，应当由合同当事人根据工程实际情况在专用合同条款中予以明确。施工合同当事人约定承包人应当提交履约担保，则承包人应当保证履约担保在工程接收证书颁发之前持续有效。《建设工程质量保证金管理办法》第 5 条规定："推行银行保函制度，承包人可以银行保函替代预留保证金。"第 11 条规定："发包人在接到承包人返还保证金申请后，应于 14 天内会同承包人按照合同约定的内容进行核实。如无异议，发包人应当按照约定将保证金返还给承包人。对返还期限没有约定或者约定不明确的，发包人应当在核实后 14 天内将保证金返还承包人，逾期未返还的，依法承担违约责任。发包人在接到承包人返还保证金申请后 14 天内不予答复，经催告后 14 天内仍不予答复，视同认可承包人的返还保证金申请。"

（二）项目经理

为了顺利实现合同约定的工程质量、安全、工期及成本控制，及时处理工程建设过程中遇到的各类问题以及各种往来函件，保证工程的顺利实施，承包人设立了项目经理职务。《建筑施工企业项目经理资质管理办法》第 2 条规定："本办法所称建筑施工企业项目经理（以下简称项目经理），是指受企业法定代表人委托对工程项目施工过程全面负责的项目管理者，是建筑施工企业法定代表人在工程项目上的代表人。"项目经理属于承包人的授权代表，其在承包人的授权范围内负责合同履行，且应具备建造师执业资格。承包人建立以项目经理为首的生产管理机制，实行项目经理负责制，项目经理应该是承包人的员工。2017 年版《建设工程施工合同（示范文本）》通用合同条款第 1.1.2.8 目约定："项目经理：是指由承包人任命并派驻施工现场，在承包人授权范围内负责合同履行，且按照法律规定具有相应资格的项目负责人。"为确保项目经理的稳定性和工程实施的连续性，需要更换项目经理时应当获得发包人的书面同意。

1. 项目经理是承包人派驻的项目负责人

2017 年版《建设工程施工合同（示范文本）》通用合同条款第 3.2.1 项约定："项目经理应为合同当事人所确认的人选，并在专用合同条款中明确项目经理的姓名、职称、注册执业证书编号、联系方式及授权范围等事项，项目经理经承包人授权后代表承包人负责履行合同。项目经理应是承包人正式聘用的员工，承包人应向发包人提交项目经理与承包人之间的劳动合同，以及承包人为项目经理缴纳社会保险的有效证明。承包人不提交上述文件的，项目经理无权履行职责，发包人有权要求更换项目经理，由此增加的费用和（或）延误的工期由承包人承担。项目经理应常驻施工现场，且每月在施工现场时间不得少于专用合同条款约定的天数。项目经理不得同时担任其他项目的项目经理。项目经理确需离开施工现场时，应事先通知监理人，并取得发包人的书面同意。项目经理的通知中应当载明临时代行其职责的人员的注册执业资格、管理经验等资料，该人员应具备履行相应职责的能力。承包人违反上述约定的，应按照专用合同条款的约定，承担违约责任。"通用合同条款第 3.2.2 项约定："项目经理按合同约定组织工程实施。在紧急情况下为确保施工安全和人员安全，在无法与发包人代表和总监理工程师及时取得联系时，项目经理有权采取必要的措施保证与工程有关的人身、财产和工程的安全，但应在 48 小时内向发包人代表和总监理工程师提交书面报告。"项目经理在建设工程施工合同中具有特殊的地位，正确认识项目经理在履行合同中的法律地位和作用，应当从以下几方面理解。

（1）为了保证项目经理的稳定性和工程实施的连续性，项目经理应是与承包人正式签订了合法有效的劳动合同的员工，两者存在劳动关系。目前我国取消了项目经理的执业资质认定，但项目经理仍应具有满足项目条件的建造师执业资格。对项目经理任职资格的严格限定，也是防止承包人转包工程的一项重要措施。就履行施工合同而言，项目经理的能力水平、执业素养及其行为品质将对合同约定的工程产生巨大的影响。虽然我国已经取消了项目经理执业资质认定，但是，项目经理责任制依然存在，大中型工程的项目经理应由取得建造师执业资格的人员担任。项目经理的资历和能力对于实现工程质量、安全、进度、成本管理等各项目标具有重大影响。为了保证项目经理有足够的时间和精力履行施工合同、组织施工，项目经理不得同时担任两个或两个以上工程项目的项目经理。所以，项目经理应是发包人确认的人选，在专用合同条款中亦应载明，未经发包人同意，承包人不得擅自更换项目经理。如果出现特殊情况，如出现项目经理疾病、离职等情形需更换项目经理的，应取得发包人书面同意。若项目经理需要暂时离开施工现场的，则应事先通知监理人，并取得发包人的书面同意，并提供临时代行其职责的人员的相应信息资料。

（2）项目经理的授权，由承包人根据实际情况确定，项目经理在承包人授权范围内代表承包人履行合同，其行为后果由承包人承担。承包人应当在专用合同条款中对项目经理的授权范围作出具体明确的约定，尤其是对于项目经理某些权力的限制，如代表承包人接收工程款或向发包人借款等，更应当具体、明确，从而避免因项目经理授权不明，形成表见代理，而最终使承包人承担不利后果。

（3）紧急情况下，应授予项目经理临时处置权。在出现与工程有关的，危及人身、财产和工程的安全的紧急情况，而项目经理又无法按照合同约定与发包人和监理人及时取得联系的情况下，项目经理如果不立即采取必要措施对紧急情况临时处置，将可能造成安全事故，严重危及工程及人身财产的安全，所以发包人必须授予项目经理在紧急情况下的临时处置权。但同时项目经理应在作出临时措施之后48小时内向发包人代表和总监理工程师提交书面报告，说明具体情况及采取的措施。在这种情况下所发生的合理的费用和延误工期，应当根据法律规定和合同约定由责任方承担或者根据不可抗力的情形分担责任。[①]

2. 项目经理的更换

2017 年版《建设工程施工合同（示范文本）》通用合同条款第 3.2.3 项约定："承包人需要更换项目经理的，应提前 14 天书面通知发包人和监理人，并征得发包人书面同意。通知中应当载明继任项目经理的注册执业资格、管理经验等资料，继任项目经理继续履行第 3.2.1 项约定的职责。未经发包人书面同意，承包人不得擅自更换项目经理。承包人擅自更换项目经理的，应按照专用合同条款的约定承担违约责任。"通用合同条款第 3.2.4 项约定："发包人有权书面通知承包人更换其认为不称职的项目经理，通知中应当载明要求更换的理由。承包人应在接到更换通知后 14 天内向发包人提出书面的改进报告。发包人收到改进报告后仍要求更换的，承包人应在接到第二次更换通知的 28 天内进行更换，并将新任命的项目经理的注册执业资格、管理经验等资料书面通知发包人。继任项目经理继续履行第 3.2.1 项约定的职责。承包人无正当理由拒绝更换项目经理的，应按照专用合同条款的约定承担违约责任。"通用合同条款第 3.2.5 项约定："项目经理因特殊情况授权其下属人员履行其某项工作职责的，该下属人员应具备履行相应职责的能力，并应提前 7 天将上述人员的姓名和授权范围书面通知监理人，并征得发包人书面同意。"

（1）为有效限制承包人更换项目经理，发包人应当在专用合同条款中就承包人更换项目经理的条件作出限制，并在专用合同条款中就承包人擅自更换项目经理的违约责任作出明确的约定。当发包人和监理人收到承包人更换项目经理的通知后，首先应当依据合同约定及实际情况审查承包人要求更换项目经理的理由是否成立。发包人和监理人有权否决承包人更换项目经理的要求，且在满足条件之前承包人不得擅自更换项目经理。

（2）对于不称职的项目经理，发包人有权书面通知承包人更换，但应当

---

[①] 《建设工程施工合同（示范文本）GF-2017-0201 使用指南》（2017 版）编委会编著：《建设工程施工合同（示范文本）GF-2017-0201 使用指南》（2017 版），中国建筑工业出版社 2018 年版，第 72 页。

在通知中载明要求更换的理由。虽然发包人对承包人的项目经理有监督考核甚至更换的权利，但是发包人享有更换项目经理的条件，应当符合专用合同条款中就项目经理不称职的约定。为防止承包人在项目经理不称职的情况下拒绝更换项目经理，发包人应当在专用合同条款中明确约定承包人拒绝更换不称职项目经理时，应承担的违约责任。

（3）在征得发包人书面同意的前提下，项目经理具有以下三种条件时，可以授权下属人员履行某项工作职责：①具有专用合同条款中明确约定的情况；②被授权的人员应当具备履行相应职责的能力；③承包人应当提前7天将被授权人员的姓名及授权范围书面通知监理人，并征得发包人书面同意。

（三）承包人现场人员

2017年版《建设工程施工合同（示范文本）》通用合同条款第3.3.1项约定："除专用合同条款另有约定外，承包人应在接到开工通知后7天内，向监理人提交承包人项目管理机构及施工现场人员安排的报告，其内容应包括合同管理、施工、技术、材料、质量、安全、财务等主要施工管理人员名单及其岗位、注册执业资格等，以及各工种技术工人的安排情况，并同时提交主要施工管理人员与承包人之间的劳动关系证明和缴纳社会保险的有效证明。"通用合同条款第3.3.2项约定："承包人派驻到施工现场的主要施工管理人员应相对稳定。施工过程中如有变动，承包人应及时向监理人提交施工现场人员变动情况的报告。承包人更换主要施工管理人员时，应提前7天书面通知监理人，并征得发包人书面同意。通知中应当载明继任人员的注册执业资格、管理经验等资料。特殊工种作业人员均应持有相应的资格证明，监理人可以随时检查。"通用合同条款第3.3.3项约定："发包人对于承包人主要施工管理人员的资格或能力有异议的，承包人应提供资料证明被质疑人员有能力完成其岗位工作或不存在发包人所质疑的情形。发包人要求撤换不能按照合同约定履行职责及义务的主要施工管理人员的，承包人应当撤换。承包人无正当理由拒绝撤换的，应按照专用合同条款的约定承担违约责任。"通用合同条款第3.3.4项约定："除专用合同条款另有约定外，承包人的主要施工管理人员离开施工现场每月累计不超过5天的，应报监理人同意；离开施工现场每月累计超过 5 天的，应通知监理人，并征得发包人书面同意。主要施工管理人员离开施工现场前应指定一名有经验的人员临时代行其职责，该人员应具备履行相应职责的资格和能力，且应征得监理人或发包人的同意。"通用合同条款第 3.3.5 项约定："承包人擅自更换主要施工管理人员，或前述人员未经监理人或发包人同意擅自离开施工现场的，应按照专用合同条款约定承担违约责任。"承包人主要施工管理人员组成，应当包括合同管理、施工、技术、材料、质量、安全、财务等人员。承包人除了提交上述人员的资料外，还应当一并提供上述人员与承包人之间的劳动关系、缴纳社会保险的证明和工资发放证明，确认上述人员为承包人合法聘用的员工。承包人更换主要施工管理人员的，应当提前 7 天通知监理人，并征得发包人书面同意，通知中应当载明继任者资料。承包人擅自更换主要施工管理人员或主要施工管理人员擅自离开工地，承包人应当按照专用合同条款约定承担违约责任。

## 三、分包人

因工程建设项目具有周期长、技术复杂、工期紧等特点，承包人经常将工程主体结构、关键性工作以外的专业工程或劳务施工分包给第三方——分包人，包括专业承包人和施工劳务承包人。2017 年版《建设工程施工合同（示范文本）》通用合同条款第 1.1.2.6 目约定："分包人：是指按照法律规定和合同约定，分包部分工程或工作，并与承包人签订分包合同的具有相应资质的法人。"分包人均应具备相应资质，且不得超越资质等级范围承接分包工作。此外，承包人也不得将工程主体结构、关键性工作分包给第三人，也不得将分包工程中的非劳务施工部分再行分包。

### （一）分包的概念和类型

分包是指已经和发包人订立建设工程施工合同的承包人将其承包的工程建设任务中的专业工程或者劳务施工交给分包人来完成。在建设工程施工合同中，分包是一种常见的建设工程施工组织形式。分包和转包不一样，转包行为是违法行为，但分包行为有合法、违法之分。

分包的类型是按照建筑施工企业的资质进行划分的，一般来说，每一个建筑施工企业的资质类型就对应一种建设工程施工合同的分包类型。根据住房和城乡建设部《建筑业企业资质标准》的规定，建筑业企业资质分为施工总承包、专业承包和施工劳务三个序列。其中，施工总承包序列设有 12 个类别：建筑工程施工总承包资质标准、公路工程施工总承包资质标准、铁路工程施工总承包资质标准、港口与航道工程施工总承包资质标准、水利水电工程施工总承包资质标准、电力工程施工总承包资质标准、矿山工程施工总承包资质标准、冶金工程施工总承包资质标准、石油化工工程施工总承包资质标准、市政公用工程施工总承包资质标准、通信工程施工总承包资质标准、机电工程施工总承包资质标准。

专业承包序列设有 36 个类别：地基基础工程专业承包资质标准、起重设备安装工程专业承包资质标准、预拌混凝土专业承包资质标准、电子与智能化工程专业承包资质标准、消防设施工程专业承包资质标准、防水防腐保温工程专业承包资质标准、桥梁工程专业承包资质标准、隧道工程专业承包资质标准、钢结构工程专业承包资质标准、模板脚手架专业承包资质标准、建筑装修装饰工程专业承包资质标准、建筑机电安装工程专业承包资质标准、建筑幕墙工程专业承包资质标准、古建筑工程专业承包资质标准、城市及道路照明工程专业承包资质标准、公路路面工程专业承包资质标准、公路路基工程专业承包资质标准、公路交通工程专业承包资质标准、铁路电务工程专业承包资质标准、铁路铺轨架梁工程专业承包资质标准、铁路电气化工程专业承包资质标准、机场场道工程专业承包资质标准、民航空管工程及机场弱电系统工程专业承包资质标准、机场目视助航工程专业承包资质标准、港口与海岸工程专业承包资质标准、航道工程专业承包资质标准、通航建筑物工程专业承包资质标准、港航设备安装及水上交管工程专业承包资质标准、水工金属结构制作与安装工程专业承包资质标准、水利水电机电安装工程专业承包资质标准、河湖整治工程专业承包资质标准、输变电工程专业承包资质标准、核工程专业承包资质标准、海洋石油工程专业承包资质标准、环保工程专业承包资质标准、特种工程专业承包资质标准。以上专业承包对应相应的分包类型。

而施工劳务不再区分类别和等级，相关企业只要符合资质条件，即可承担各类施工劳务施工；施工劳务的范围一般包括人工、辅材、人工组织管理。

对于工程材料、施工机械设备等均由劳务施工发包人提供；劳务费用一般是通过工日的单价和工日的总数量进行费用结算，不发生主要材料、大型机械、设备等费用的结算，不收取管理费。

（二）分包的条件

承包人经发包人同意或总包合同另有约定，可以将建设工程进行分包。《建筑法》第29条第1款规定："建筑工程总承包单位可以将承包工程中的部分工程发包给具有相应资质条件的分包单位；但是，除总承包合同中约定的分包外，必须经建设单位认可。……"发包人认可并最终选择承包人施工，是基于工程建设实际需要，并综合承包人建设能力、业绩水平等各项因素作出的判断，承包人即使根据法律规定可以将分包范围内的工程予以分包施工，也应根据法律规定取得发包人同意，除非双方已经就有关分包工程在合同中作了明确约定。法律允许承包人将部分专业工程或者劳务施工部分分包给第三人来完成，但承包人将部分分包必须符合法律规定，否则即构成违法分包。合法的分包应当符合以下几个条件。

1. 总承包合同应当合法有效

建设工程施工合同一般分为施工总承包合同、专业承包合同和施工劳务合同。施工总承包人将专业工程或者劳务作业进行分包，产生专业承包合同和施工劳务合同。可见分包合同是以施工总承包合同的部分内容为标的的，所以总承包合同是分包合同赖以产生的前提，如果总承包合同因违反法律的强制性规定被确认为无效，那么分包合同也就丧失了合法存在的基础。

2. 分包人必须具有相应建筑施工资质条件

分包合同中的分包人必须具有相应建筑施工资质条件，这是分包合同是否发生法律效力的实质性要件。如果总承包人将部分分包给不具有相应资质条件的施工企业，那么分包合同是无效的。关于分包的资质要求，根据《建筑业企业资质管理规定》，从事土木工程、建筑工程、线路管道设备安装工程的新建、扩建、改建等施工活动的企业，应当按照其拥有的资产、主要人员、已完成的工程业绩和技术装备等条件申请建筑业企业资质，经审查合格，取得建筑业企业资质证书后，方可在资质许可的范围内从事建筑施工活动。

分包工程承包人必须具有相应的资质，并在其资质等级许可的范围内承揽业务，禁止承包人将分包给不具备相应资质条件的单位或个人。

3. 承包人分包工程必须基于合同的约定或者征得发包人许可

2017 年版《建设工程施工合同（示范文本）》通用合同条款第 3.5.2 项约定："承包人应按专用合同条款的约定进行分包，确定分包人。……除合同另有约定外，承包人应在分包合同签订后 7 天内向发包人和监理人提交分包合同副本。"承包人获得建设工程承包权的重要原因是发包人基于对承包人的施工能力和管理水平的信任和期待，如果承包人擅自将部分工程分包给其他施工单位，将可能损害发包人的利益。因此，除劳务施工分包合同外，承包人分包建设工程必须征得发包人的同意或许可，或者在建设工程施工合同中约定允许承包人分包，这是分包合同是否有效的必要条件。

4. 建设工程的主体工程不得分包

2017 年版《建设工程施工合同（示范文本）》通用合同条款第 3.5.1 项约定："承包人不得将其承包的全部工程转包给第三人，或将其承包的全部工程肢解后以分包的名义转包给第三人。承包人不得将工程主体结构、关键性工作及专用合同条款中禁止分包的专业工程分包给第三人，主体结构、关键性工作的范围由合同当事人按照法律规定在专用合同条款中予以明确。承包人不得以劳务分包的名义转包或违法分包工程。"施工总承包的，建设工程主体结构的施工必须由总承包人自行完成，建设工程的主体工程不得分包。主体工程是整个建设工程的基础，直接决定了整个建设工程的质量是否符合国家规定的强制性安全标准，法律要求建设工程的主体工程必须由承包人亲自完成，不得分包。总承包人是否分包建设工程主体工程，也是判定合法分包和违法分包的重要标准。

5. 分包人不得再次分包

承包人只能进行一次分包，分包人不得将分包的工程再行分包。不符合前述合法分包构成要件的分包行为均属于违法分包，此时所订立的分包合同应依法认定无效。违法分包合同主要针对专业承包，承包人将建设工程中的劳务施工部分分包给不具有施工劳务资质的企业，所订立的劳务施工分包合同应认定为无效。

6. 质量责任

《建筑法》第 29 条第 2 款规定："建筑工程总承包单位按照总承包合同的约定对建设单位负责；分包单位按照分包合同的约定对总承包单位负责。总承包单位和分包单位就分包工程对建设单位承担连带责任。"该法第 55 条再次重申："建筑工程实行总承包的，工程质量由工程总承包单位负责，总承包单位将建筑分包给其他单位的，应当对分包工程的质量与分包单位承担连带责任。分包单位应当接受总承包单位的质量管理。"

（三）分包合同价款

1. 分包合同价款由承包人负责结算

按照 2017 年版《建设工程施工合同（示范文本）》通用合同条款第 3.5.4 项约定，分包合同价款由承包人与分包人结算，未经承包人同意，发包人不得向分包人支付分包工程价款，但专用合同条款另有约定，或生效法律文书要求发包人向分包人支付分包合同价款的，发包人有权从应付承包人工程款中扣除该部分款项。原则上，根据合同相对性理论，分包人只与承包人存在合同关系，而与发包人并不存在直接合同关系，分包人的分包合同价款应当由承包人与分包人结算，因此在合同没有约定或无生效法律文书确认发包人直接向分包人结算工程款的情况下，发包人直接向分包人结算工程款是对承包人合同权益的侵害。因此，为有效防止发包人与分包人直接结算损害承包人合同利益的行为，承包人应当在专用合同条款中约定，如果发包人擅自向分包人支付分包价款的，不免除发包人对承包人的付款责任。[①]

2. 合法分包人不享有《建工解释（一）》第 43 条赋予实际施工人的权利

建设工程验收合格的，发包人应该按照合同约定向承包人结算工程价款，承包人将建设工程分包，分包人也应当按照合同约定取得工程价款。但是，

---

① 《建设工程施工合同（示范文本）GF-2017-0201 使用指南》（2017 版）编委会编著：《建设工程施工合同（示范文本）GF-2017-0201 使用指南》（2017 版），中国建筑工业出版社 2018 年版，第 85 页。

合法分包人不能直接依据《建工解释（一）》第43条的规定向发包人主张支付工程价款。《建工解释（一）》第43条第2款规定："实际施工人以发包人为被告主张权利的，人民法院应当追加转包人或者违法分包人为本案第三人，在查明发包人欠付转包人或者违法分包人建设工程价款的数额后，判决发包人在欠付建设工程价款范围内对实际施工人承担责任。"该条司法解释突破了合同主体相对性的限制，赋予了实际施工人向发包人直接主张工程价款的权利。这种法律制度上的设计是由于目前转包和违法分包的现象导致拖欠建筑工人工资的情况频频发生，不仅影响了建筑市场正常的交易秩序，而且也不利于社会稳定。《建工解释（一）》第43条适用的主体为转包或违法分包情形下的实际施工人，不能拓展到合法的分包主体。在建设工程合法分包的情形下，发包人、总承包人和分包人应严格按照各自合同的相对性原则履行合同，在总承包合同没有明确约定或者征得总承包人同意（包括事后追认）时，发包人不应违反合同约定直接向分包人支付分包工程的价款，否则发包人的行为构成违约，总承包人请求发包人支付分包工程价款的，发包人不得以其已经向分包人支付工程价款为抗辩事由拒绝向承包人履行工程价款债务。至于分包人已经获得的分包工程价款，因缺少合同和法律依据，在法律性质上属于不当得利，发包人可以另行向分包人主张返还。但如果发包人无故拖延工程结算或者拖延支付承包人工程价款，且承包人怠于行使工程价款请求权时，分包人有权依据《民法典》第535条的规定行使代位权，代替承包人直接向发包人主张支付工程价款。

## 四、监理人

《建筑法》第30条规定："国家推行建筑工程监理制度。国务院可以规定实行强制监理的建筑工程的范围。"建筑工程监理制度并非要求一切建设工程均必须委托工程监理。建设工程施工项目无论是否属于强制监理的范畴，监理人与发包人建立的都是一种委托合同的关系。一方面，发包人赋予监理人对工程建设项目监督管理的权利；另一方面，发包人还应当向承包人披露监理人的授权范围、监理人具体负责人等信息，以确保监理工程的顺利进行。2017年版《建设工程施工合同（示范文本）》通用合同条款第1.1.2.4目约定："监理人：是指在专用合同条款中指明的，受发包人委托按照法律规定进行工程监督管理的法人或其他组织。"监理人是发包人的委托代理人，其权利来源于发包人的授权，监理人不是建设工程施工合同的当事人。监理人行使的职权，除了发包人授予外，还有法律规定的职责和义务，如对工程质量、施工安全的监督。发包人应在专用合同条款中明确监理人的授权范围，或者单独在专用合同条款后附具授权文件，避免因授权不明影响工程的正常实施，并进而造成合同当事人之间的纠纷。

监理人的组织形式包括法人和其他组织，即监理公司和监理事务所。其中，国家规定强制监理项目的监理人应是具有相应监理资质的法人，监理事务所不得从事强制监理项目的监理工作。需要注意的是，对于非强制监理工程项目，发包人可以不委托监理人，而自行进行工程管理或者聘请工程管理人、工程造价咨询人等进行工程管理。

（一）监理人的一般规定

2017 年版《建设工程施工合同（示范文本）》通用合同条款第 4.1 款约定："工程实行监理的，发包人和承包人应在专用合同条款中明确监理人的监理内容及监理权限等事项。监理人应当根据发包人授权及法律规定，代表发包人对工程施工相关事项进行检查、查验、审核、验收，并签发相关指示，但监理人无权修改合同，且无权减轻或免除合同约定的承包人的任何责任与义务。除专用合同条款另有约定外，监理人在施工现场的办公场所、生活场所由承包人提供，所发生的费用由发包人承担。"

1. 监理人的权限来源于发包人的授权及法律的规定

监理人只是发包人委托对工程项目行使监督职责的人，并不是发包人的代表，监理人对工程施工的监督检查义务也来源于发包人的授权和法律规定。所以，发包人与监理人之间的委托关系决定了对发包人与承包人之间签订的施工合同，监理人没有权利作任何修改，也无权免除施工人的任何义务。对于监理人修改合同、减轻或免除合同约定的承包人的任何责任与义务的行为，承包人和发包人代表都有权拒绝。

2. 发包人代表和监理人的权限应在专用条款中明确

发包人与承包人应当在专用合同条款中就监理人和发包人代表的授权范

围作出明确具体的规定。如果发包人代表的授权与监理人的授权出现交叉和授权不明，承包人应当在订立合同过程中以及订立合同后及时向发包人提出，并要求予以明确，以避免影响承包人正常履行合同。除专用合同条款另有约定外，监理人在施工现场的办公场所、生活场所由承包人提供，所发生的费用由发包人承担。

（二）监理人员

发包人授予监理人对建设工程实施监督管理的权利，并由监理人派驻施工现场的监理人员行使。监理人员包括总监理工程师和监理工程师，且均需具备监理工程师执业资格，总监理工程师还需具备与工程规模和标准相适应的监理执业经验。

1. 总监理工程师

总监理工程师是监理人任命的具有注册监理工程师资质的人员。总监理工程师全面负责监理工作，领导并管理施工现场监理机构的日常工作，对工程质量、安全、进度、环境保护等进行监理，并及时下达指示。2013年，住房和城乡建设部《建设工程监理规范》（GB/T 50319 – 2013）第3.2.1项规定："总监理工程师应履行下列职责：1. 确定项目监理机构人员及其岗位职责。2. 组织编制监理规划，审批监理实施细则。3. 根据工程进展及监理工作情况调配监理人员，检查监理人员工作。4. 组织召开监理例会。5. 组织审核分包单位资格。6. 组织审查施工组织设计、（专项）施工方案。7. 审查开复工报审表，签发工程开工令、暂停令和复工令。8. 组织检查施工单位现场质量、安全生产管理体系的建立及运行情况。9. 组织审核施工单位的付款申请，签发工程款支付证书，组织审核竣工结算。10. 组织审查和处理工程变更。11. 调解建设单位与施工单位的合同争议，处理工程索赔。12. 组织验收分部工程，组织审查单位工程质量检验资料。13. 审查施工单位的竣工申请，组织工程竣工预验收，组织编写工程质量评估报告，参与工程竣工验收。14. 参与或配合工程质量安全事故的调查和处理。15. 组织编写监理月报、监理工作总结，组织整理监理文件资料。"总之，总监理工程师应按照法律规定和合同约定履行监理职责，即总监理工程师具有相对的独立性，除行使发包人授权的职责外，还应履行法律规定的职责。

2. 监理人的履职方式和更换

2017 年版《建设工程施工合同（示范文本）》通用合同条款第 4.2 款约定："……更换总监理工程师的，监理人应提前 7 天书面通知承包人；更换其他监理人员，监理人应提前 48 小时书面通知承包人。"监理人履行监理职责，应当注意以下几点。

（1）监理人对于监理人员的授权应当符合委托监理合同及施工合同专用合同条款中有关监理人授权的约定，对于实行强制监理的工程，对监理人员的授权还要遵守法律的规定。发包人应当根据委托监理合同及施工专用合同条款的约定，将监理人员的姓名和授权范围以书面的形式提前通知承包人。如果监理人授权不明或错误，承包人有权提出异议，并有权要求发包人就监理人的权限予以明确、更改或明确作出指示。

（2）监理人更换监理人员，应当征得发包人书面同意，而对于承包人，则无须其书面同意，但监理人对其有通知的义务。由于总监理工程师是监理人的代表，具有重要的地位，所以应该提前 7 天书面通知承包人。对于其他监理人员的更换，监理人只要提前 48 小时书面通知承包人即可。需要注意的是，若发包人依据委托监理合同要求监理人更换总监理工程师或监理工程师，那么更换后的总监理工程师或监理工程师将继续行使合同文件所约定的前任职权，履行前任义务，故若有变动，应立即予以明确，并通知承包人。

（三）监理人的指示

2017 年版《建设工程施工合同（示范文本）》通用合同条款第 4.3 款约定："监理人应按照发包人的授权发出监理指示。监理人的指示应采用书面形式，并经其授权的监理人员签字。紧急情况下，为了保证施工人员的安全或避免工程受损，监理人员可以口头形式发出指示，该指示与书面形式的指示具有同等法律效力，但必须在发出口头指示后 24 小时内补发书面监理指示，补发的书面监理指示应与口头指示一致。监理人发出的指示应送达承包人项目经理或经项目经理授权接收的人员。因监理人未能按合同约定发出指示、指示延误或发出了错误指示而导致承包人费用增加和（或）工期延误的，由发包人承担相应责任。除专用合同条款另有约定外，总监理工程师不应将第4.4款〔商定或确定〕约定应由总监理工程师作出确定的权力授权或委托给其他监理人员。承包人对监理人发出的指示有疑问的，应向监理人提出书面异议，监理人应在48小时内对该指示予以确认、更改或撤销，监理人逾期未回复的，承包人有权拒绝执行上述指示。监理人对承包人的任何工作、工程或其采用的材料和工程设备未在约定的或合理期限内提出意见的，视为批准，但不免除或减轻承包人对该工作、工程、材料、工程设备等应承担的责任和义务。"

1. 监理人发出指示的权限和形式

监理人的任何指示均应当在发包人授权范围内进行，并且指示应当采取书面形式，在紧急情况下可以作出口头指示，但必须在24小时内补发书面指示。监理人的指示应当送达项目经理或项目经理委托接收的人员，否则，监理人的指示不发生效力。在专用合同条款中没有明确约定的情况下，总监理工程师不能将由总监理工程师享有的2017年版《建设工程施工合同（示范文本）》通用合同条款中第4.4款中所约定的权利授权或委托给其他监理人。监理人未能按照合同约定发出指示、指示延误或发出了错误指示而导致承包人费用增加和（或）工期延误的，由发包人承担赔偿。

2. 承包人对监理人指示有疑问的处理

承包人对监理人发出的指示有疑问，应当向监理人提出书面异议。因为监理人指令存在不当，会给建设工程带来重大不利影响，所以承包人应当对监理人发出的指示谨慎对待。监理人对承包人的指示未予回复，参考2017年版《建设工程施工合同（示范文本）》通用合同条款第4.3款，其约定监理人未在48小时内对相关指示予以确认、更改或撤销，承包人即有权拒绝执行该指示。

3. 监理人在约定或合理期限未提出意见，视为认可承包人的施工行为

监理人对承包人的任何工作、工程或其采用的材料和工程设备等事宜在约定和合理的期限内逾期未提出意见时，为保证工程正常进行，监理人逾期未提出意见即视为认可。但是，这种认可不免除或减轻承包人对该工作、工程、材料、工程设备等应承担的责任和义务，以防止承包人滥用此权利。

### (四) 争议的解决

2017 年版《建设工程施工合同（示范文本）》通用合同条款第 4.4 款约定："合同当事人进行商定或确定时，总监理工程师应当会同合同当事人尽量通过协商达成一致，不能达成一致的，由总监理工程师按照合同约定审慎作出公正的确定。总监理工程师应将确定以书面形式通知发包人和承包人，并附详细依据。合同当事人对总监理工程师的确定没有异议的，按照总监理工程师的确定执行。任何一方合同当事人有异议，按照第 20 条〔争议解决〕约定处理。争议解决前，合同当事人暂按总监理工程师的确定执行；争议解决后，争议解决的结果与总监理工程师的确定不一致的，按照争议解决的结果执行，由此造成的损失由责任人承担。"

1. 商定或确定的一般原则[①]

在合同当事人产生争议，当事人采用 2017 年版《建设工程施工合同（示范文本）》通用合同条款第 4.4 款约定的商定或确定程序解决争议时，总监理工程师应秉持客观中立的立场，先行会同合同当事人就争议事项进行协商，以尽可能就争议事项达成一致。在合同当事人无法就争议事项达成一致时，总监理工程师应根据法律规定和合同约定，在充分听取发包人和承包人的意见基础上，审慎地作出确定，并就其所作出的确定的理由和依据，向合同当事人进行充分的说明，同时还应附具相关的依据。

2. 总监理工程师作出的确定应先行执行[②]

合同当事人对总监理工程师作出的确定无异议的，应签署书面的补充协议或备忘录以便于明确合同当事人的责任和义务。总监理工程师的确定并不是解决争议的最终方式，当事人存在异议的，可以按照 2017 年版《建设工程施工合同（示范文本）》通用合同条款第 20 条〔争议解决〕的约定寻求其他方式解决争议。但在争议解决前，仍应先行按照总监理工程师的确定执行。

---

[①] 《建设工程施工合同（示范文本）GF－2017－0201 使用指南》（2017 版）编委会编著：《建设工程施工合同（示范文本）GF－2017－0201 使用指南》（2017 版），中国建筑工业出版社 2018 年版，第 98 页。

[②] 同上。

3. 总监理工程师作出的确定造成损失的承担①

合同当事人应先行按照总监理工程师的确定执行，但争议解决与总监理工程师的确定不一致时，可能会产生损失。该损失应根据具体情况分析确定责任方，由责任方承担赔偿责任。如承包人在总监理工程师确定过程中提供虚假资料或遗漏重要资料误导总监理工程师的，则承包人应按照过错程度承担相应责任。反之，如果总监理工程师确定的错误是因发包人原因或总监理工程师自身的专业水平和经验欠缺导致，则应由发包人承担责任。

# 第二节　违法发包、转包与违法分包

建设工程违法发包、转包、违法分包、借用资质的行为是《建筑法》等法律法规明确禁止的行为，简称"三包一挂靠"。建设工程施工合同在法律性质上属于特殊的承揽合同，发包人与承包人是基于相互信任才订立合同的。但是建筑领域中为追求利益，违法发包、转包、违法分包的现象屡禁不止，甚至出现层层转包、多层分包现象。长期以来建筑领域的"三包一挂靠"等违法行为是政府部门一直打击的重点，如2014年住房和城乡建设部发布的原《建筑工程施工转包违法分包等违法行为认定查处管理办法（试行）》使建设领域的违法行为从认定到查处做到了有规可循；2018年住房和城乡建设部修改了《房屋建筑和市政基础设施工程施工招标投标管理办法》，进一步规范了建设工程招标投标活动；2019年住房和城乡建设部《建筑工程施工发包与承包违法行为认定查处管理办法》的实施，有助于遏制违法发包、转包、违法分包及挂靠等违法行为，维护建筑市场秩序。

## 一、违法发包

违法发包，是指建设单位将工程发包给个人或不具有相应资质的单位、

---

① 《建设工程施工合同（示范文本）GF-2017-0201使用指南》（2017版）编委会编著：《建设工程施工合同（示范文本）GF-2017-0201使用指南》（2017版），中国建筑工业出版社2018年版，第98页。

肢解发包、违反法定程序发包及其他违反法律法规规定发包的行为。根据《建筑工程施工发包与承包违法行为认定查处管理办法》第6条，建设工程领域内出现的违法发包的情形如下文介绍。

1. 建设单位将工程发包给个人

《建设工程质量管理条例》第7条第1款规定："建设单位应当将工程发包给具有相应资质等级的单位。"建设工程的施工需要一年或数年的建设周期，工程的施工由多个部门相互协调、配合，个人是不具备承揽建设工程的条件的，所以法律将不具备承揽建设工程的法定资质与安全生产条件的个人排除在工程承建主体之外。建筑市场上经常出现个人以具备法定资质与安全生产条件的单位名义，对外承揽建筑工程的情形，即挂靠行为。从建设单位的角度来看，如果建设单位未尽到审查义务将工程发包给个人，或明知实际承揽工程项目的是个人而非合格的单位，仍然将工程发包给个人所挂靠的单位的，则显然构成违法发包。

2. 建设单位将工程发包给不具有相应资质的单位

《建筑法》第13条规定："从事建筑活动的建筑施工企业……按照其拥有的注册资本、专业技术人员、技术装备和已完成的建筑工程业绩等资质条件，划分为不同的资质等级，经资质审查合格，取得相应等级的资质证书后，方可在其资质等级许可的范围内从事建筑活动。"《建筑法》第26条第1款规定："承包建筑工程的单位应当持有依法取得的资质证书，并在其资质等级许可的业务范围内承揽工程。"建设工程发包过程中，发包单位必须将建设工程发包给具有相应资质条件的承包单位，这是法律的强制性规定。

3. 依法应当招标未招标或未按照法定招标程序发包

依法应当招标未招标。《建筑法》第19条规定："建筑工程依法实行招标发包，对不适于招标发包的可以直接发包。""依法实行招标发包"是指依法必须招标投标的建设工程项目，如大型基础设施、公用事业等关系社会公共利益、公共安全的项目，全部或部分使用国有资金投资或国家融资的项目，使用国际组织或者外国政府贷款、援助资金的项目。"依法实行招标发包"的项目未采取招标发包的属违法发包。非必须招标投标的建设工程项目，一且依照《招标投标法》采用招标的形式发包，就应严格适用《招标投标法》的相关规定，否则属于违法发包。

未按照法定招标程序发包。建设单位设置不合理的招标投标条件，限制、排斥潜在投标人或者投标人。《建筑法》第16条规定的公开、公正和平等竞争的原则，是建筑工程发包与承包的招标投标活动应当遵循的基本原则，建设单位不得设置不合理的招标投标条件，限制、排斥潜在投标人或者投标人。审查投标人的投标资格是招标人的一项权利，但如果招标人滥用它，将会直接侵害潜在投标人或其他投标人的合法权益，影响招标的正常进行。《招标投标法实施条例》第32条第2款规定："招标人有下列行为之一的，属于以不合理条件限制、排斥潜在投标人或者投标人：（一）就同一招标项目向潜在投标人或者投标人提供有差别的项目信息；（二）设定的资格、技术、商务条件与招标项目的具体特点和实际需要不相适应或者与合同履行无关；（三）依法必须进行招标的项目以特定行政区域或者特定行业的业绩、奖项作为加分条件或者中标条件；（四）对潜在投标人或者投标人采取不同的资格审查或者评标标准；（五）限定或者指定特定的专利、商标、品牌、原产地或者供应商；（六）依法必须进行招标的项目非法限定潜在投标人或者投标人的所有制形式或者组织形式；（七）以其他不合理条件限制、排斥潜在投标人或者投标人。"

4. 建设单位将应当由一个单位承包的工程肢解发包

肢解发包，是指建设单位将应当由一个承包单位完成的建设工程分解成若干部分发包给不同的承包单位的行为。对此，《民法典》第791条第1款规定："……发包人不得将应当由一个承包人完成的建设工程支解成若干部分发包给数个承包人。"《建筑法》第24条规定："提倡对建筑工程实行总承包，禁止将建筑工程肢解发包。建筑工程的发包单位可以将建筑工程的勘察、设计、施工、设备采购一并发包给一个工程总承包单位，也可以将建筑工程勘察、设计、施工、设备采购的一项或者多项发包给一个工程总承包单位；但是，不得将应当由一个承包单位完成的建筑工程肢解成若干部分发包给几个承包单位。"笔者认为，"应当由一个承包单位完成的建设工程"应当是指建设工程除主体结构不得分包外，建设工程合法的最小分包范围，即按照

《建筑企业资质标准》规定的 36 个专业承包和施工劳务的工作范围进行划分。如果在规定范围外再分包，就构成了肢解分包。

## 二、转包

转包行为是严重违反法律法规的行为，不仅损害发包人利益，还严重扰乱建筑市场管理秩序，危害建设工程质量。根据《建设工程质量管理条例》第 78 条第 3 款规定，转包是指承包单位承包建设工程后，不履行合同约定的责任和义务，将其承包的全部建设工程转给他人或者将其承包的全部建设工程肢解以后以分包的名义分别转给其他单位承包的行为。在《建筑工程施工发包与承包违法行为认定查处管理办法》中，转包对象除单位外，还包括个人。从对转包的定义上来分析，转包主要存在两种形式：一是施工单位不履行合同主要责任和义务，将工程全部转包他人施工；二是施工单位将其承包的全部工程肢解后以分包的名义转包他人施工。这两种形式有一个共同的特点，就是转包人对建设工程不进行施工组织和资金投入，而是将建设工程交由第三方施工。

### （一）转包的法律特征

1. 转包人不履行合同责任和义务，将承包工程全部转给第三方

转包人在承包工程后，通常不成立项目管理部门（现场的项目管理部实际是由转承包人组建的），也不委派技术人员和管理人员对工程建设进行管理和技术指导，往往以收取总包管理费的方式，将全部工程转让给转承包人，转承包人履行建设工程合同中应由转包人履行的义务。转包人将合同权利与义务全部转让给转承包人，转承包人成为实际施工人，与原合同发包人之间客观上形成了工程施工的法律关系（原合同指发包人或总包人与转包人之间的建设工程合同）。转包后，转包人不履行原合同约定的全部建设工程任务，全部的建设工程均由转承包人完成。但由于转承包人并非直接与发包人订立建设工程合同，所以转承包人无权要求按照原合同相关价款约定来向发包人主张工程价款。

2. 转包人对转承包人的施工质量安全等承担连带责任

《建筑法》第 67 条规定："承包单位将承包的工程转包的，或者违反本

法规定进行分包的，责令改正，没收违法所得，并处罚款，可以责令停业整顿，降低资质等级；情节严重的，吊销资质证书。承包单位有前款规定的违法行为的，对因转包工程或者违法分包的工程不符合规定的质量标准造成的损失，与接受转包或者分包的单位承担连带赔偿责任。"工程转包后，在转包人并不退出原合同关系的前提下，转承包人与原合同发包人建立了新的事实合同关系，转承包人应就建设工程的质量、工期、安全对原合同发包人承担责任。同时，转包人也应按照原合同就建设工程的质量、工期、安全对原合同发包人承担连带责任。

（二）转包的法律性质

实践中，凡是在承接工程后，对该工程不派出项目管理班子，不进行实质性管理，不依照合同约定对承包的工程进行建设，全部转包给他人，或者以分包的名义将工程肢解后分别转包给他人的，均属转包行为。转包人将建设工程转包后，不履行原合同约定的全部建设工程任务，但这并不等同转包人退出了原合同关系。转包行为是违反效力性规定的行为，无论转包人是否取得原合同发包人的同意，转包行为均无效，但转包行为无效，并不影响承包人与发包人之间的建设工程施工合同的效力。辨析转包的法律性质必须清晰其与合同权利义务概括转移之间的关系。合同权利义务概括转移的法律依据是《民法典》第555条规定，即"当事人一方经对方同意，可以将自己在合同中的权利和义务一并转让给第三人"。合同权利义务概括转移，是指合同当事人一方的权利义务一并转移给第三人，该第三人取而代之成为原合同权利义务的受让人。也就是说，合同权利义务概括转移产生了合同一方退出合同的履行过程，导致原合同关系的消灭，第三人取代了转让方的地位，产生出一种新的合同关系。然而，建设工程施工合同转包后，原合同的主体并未发生变化，只是一方当事人就合同约定的内容又与合同以外的第三人签订新的合同，原合同不受转包合同的影响。当事人之间实际上形成了两个合同关系。

### （三）转包的具体情形①

根据 2019 年住房和城乡建设部《建筑工程施工发包与承包违法行为认定查处管理办法》第 8 条规定，以下十种情形应认定为"转包"，但有证据证明属于挂靠或者其他违法行为的除外。

1. 承包单位将其承包的全部工程转给其他单位（包括母公司承接建筑工程后将所承接工程交由具有独立法人资格的子公司施工的情形）或个人施工的

本项所述情形是指包单位在承接工程后，将承包的全部工程转给其他单位或个人施工，而不论转承包人是否有资质，这属于比较典型、比较常见的转包行为。《建设工程质量管理条例》已将该种情形规定为"转包"行为。

2. 承包单位将其承包的全部工程肢解以后，以分包的名义分别转给其他单位或个人施工的

本项所述情形也系"转包"定义中所明确包含的转包情形，《建设工程质量管理条例》中也将该种情形规定为"转包"行为。需要注意以下三点。①转包人与转承包人必须是两个没有隶属关系的独立法人或其他组织或个人。工程全部肢解后，如果以内部分包名义转给的是转包人的分公司或内部机构，则不构成转包。②承包人必须将全部建设工程肢解。承包人必须是将其承包的全部建设工程肢解以后、以分包的名义分别转让给其他单位或个人才构成转包，而不是将其承包的全部建设工程任务中的部分肢解分包给其他单位或个人，承包人只是将其承包的全部建设工程任务中的分部分项或某一部分肢解分包给其他单位或个人，应构成分包或非法分包而不是转包。③劳务承包单位不属于转包的主体，建筑承包分为施工总承包、专业承包和劳务承包。如果是劳务承包单位将其承包的工作再分包，则不构成转包，而属于违法分包。

---

① 朱树英主编：《建筑工程施工发包与承包违法行为认定查处管理办法适用指南》，法律出版社 2020 年版，第 62~68 页。

3. 施工总承包单位或专业承包单位未派驻项目负责人、技术负责人、质量管理负责人、安全管理负责人等主要管理人员，或派驻的上述负责人员中一人及以上与施工单位没有订立劳动合同且没有建立劳动工资和社会养老保险关系，或派驻的项目负责人未对该工程的施工活动进行组织管理，又不能进行合理解释并提供相应证明的

在合法的施工承包关系中，施工单位（包括施工总承包和专业承包单位，下同）在承接工程后，应当在施工现场派驻实际管理人员（包括项目负责人、技术负责人、质量管理负责人和安全管理负责人等）。通常情况下，这些实际管理人员应当履行合同义务（管理义务），对该工程的施工活动进行组织管理，以体现其具有相应资质的施工现场管理能力。如果承包人未在施工现场派驻相应的项目负责人、技术负责人、质量管理负责人和安全管理负责人等主要管理人员，不履行工程的管理义务，未对该工程的施工活动进行组织管理，而现场施工却在进行，则很可能存在转包的情形，此种情况下则需要承包人提供其实际履行了管理义务的证据。因此，在出现本项所述情形时，应当允许相关单位或个人进行解释和提供材料证明，如相关单位或个人能够进行合理解释或提供材料证明其已经履行了管理义务，则不应当视为转包。

同时，施工单位在施工现场派驻的实际管理人员应当是施工单位的正式员工，即应当与施工单位订立劳动合同、建立劳动工资及社会养老保险关系，如果这些实际管理人员（尤其是项目负责人、项目经理）中的一人及以上施工单位之间没有订立劳动合同，且没有建立劳动工资或社会养老保险关系则可能存在转包情形，如果相关单位或个人不能进行合理解释和提供材料证明的，应认定为转包。需要注意的是，出现本项所述情形，除了可能存在转包情形外，还可能存在关联公司之间相互借用人员、劳务派遣等情形，亦可能是存在其他违法行为（如挂靠）。因此，在出现本项所述情形时，应当允许相关单位或个人进行解释和提供材料证明，如相关单位或个人能够进行合理解释或提供材料证明其不构成转包或其他违法行为（如挂靠）的，则不应认定为转包或其他违法行为。

4. 合同约定由承包单位负责采购的主要建筑材料、构配件及工程设备或租赁的施工机械设备，由其他单位或个人采购、租赁，或施工单位不能提供有关采购、租赁合同及发票等证明，又不能进行合理解释并提供相应证明的

在合法的施工承包关系中，施工单位在承接工程之后，应当按照施工合同约定负责采购或租赁主要建筑材料、构配件、工程设备及施工机械设备。如果按照施工合同约定应当由施工单位负责采购或租赁的上述材料和设备由其他单位或个人采购、租赁，或者施工单位不能提供有关采购、租赁合同及发票等证明，则可能存在转包情形。需要注意的是，出现本项所述情形，除可能存在转包情形之外，还可能存在施工单位委托其他单位或个人采购、租赁材料设备及施工单位有关采购、租赁合同及发票已遗失损毁等情况。法律法规并不禁止施工单位委托其他单位或个人采购、租赁材料设备，如果施工单位能够提供材料证明其他单位或个人采购、租赁材料设备系受其委托，且其他单位或个人除受托采购、租赁材料设备外，并不负责具体施工事宜，则不应认定为转包。此外，出现本项所述情形时，还可能是存在转包之外的其他违法行为（如挂靠）。因此，在出现本项所述情形时，应当允许相关单位或个人进行解释和提供材料证明，如相关单位或个人能够进行合理解释并提供材料证明其不构成转包行为或构成其他违法行为（如挂靠）的，则不应认定为转包行为或认定构成其他违法行为。

5. 专业作业承包人承包的范围是承包单位承包的全部工程，专业作业承包人计取的是除上缴给承包单位"管理费"之外的全部工程价款的

在合法的施工承包关系中，施工单位在承接工程之后，为避免高昂的人力成本支出，将工程的劳务部分分包给具有资质的专业作业承包人属于正常的现象。《建工解释（一）》第5条规定："具有劳务作业法定资质的承包人与总承包人、分包人签订的劳务分包合同，当事人请求确认无效的，人民法院依法不予支持。"但如果劳务作业分包单位除配备或购买合同约定及劳务工作所必需的辅材外，还负责采购其他材料包括建筑主材、租赁机械设备，甚至负责现场统筹管理等责任，专业作业承包人获得除"管理费"之外的全部工程价款时，则构成转包的情形。此处的"管理费"，实质上是施工单位

通过转包工程所获得的不正当利益。

6. 承包单位通过采取合作、联营、个人承包等形式或名义，直接或变相将其承包的全部工程转给其他单位或个人施工的

合作、联营、个人承包等形式本身并不被法律所禁止，均是企业生产经营过程中提升竞争力和企业效益的有效措施。但近些年在工程建设领域中，却产生了大量以合作、联营、个人承包等形式或名义，直接或变相地将其承包的全部工程转给他人施工，从而规避转包法律规定的情形。如合作、联营方不具备建筑施工相应资质、内部承包人同施工单位之间没有劳动合同、工资、社保关系；或虽有相应资质合作联营后，施工单位不再进行项目的施工，也不对合作、联营、个人承包的施工行为进行组织管理，这些行为严重破坏了建筑市场秩序，导致工程实践中出现了大量质量、安全事故。施工单位这种变通的合作、联合、个人承包行为实际上完全符合转包的特征，应当作为转包行为，予以认定和禁止。需要注意的是，如果合作方、联营方、内部承包方在项目上并不是以自己身份或联合体身份出现，而是以施工单位名义对外的，应当认定为挂靠。

7. 专业工程的发包单位不是该工程的施工总承包或专业承包单位的，但建设单位依约作为发包单位的除外

在合法的施工承包关系中，施工单位在承接工程之后，其承包范围内的所有工程（包括专业承包工程）应由其自行施工，或者依法将其承包范围内的专业承包工程分包给其他单位施工。通常情况下，施工单位将其承包范围内的专业承包工程分包给其他单位施工的，应当由该施工单位作为专业承包工程的发包单位，即施工单位与其承包范围内专业承包工程的发包单位应当是同一个。如果专业承包工程的发包单位不是该工程的总承包单位或专业承包单位的，则可能存在转包情形，如果相关单位不能进行合理解释和提供材料证明的，应认定为转包。

在此，需要注意以下三个问题。一是该种转包情形要求施工单位与其承包范围内专业承包工程的发包单位分别为两个独立法人单位，如果两者不是两个独立法人单位，如专业承包工程的发包单位系施工单位下属的不具有独立法人地位的分支机构（如系施工单位分公司）的，则不能当然地认定为转

包。二是该种转包情形应排除建设单位依约作为发包单位的情况，在工程实践中，建设单位往往会在施工合同中约定建设单位可直接发包或指定发包部分专业工程，建设单位依据施工合同中的约定发包部分专业工程（作为专业工程的发包单位），不能认定为转包。还有一种情况是即便建设单位在缺乏合同约定的情况下发包部分专业工程，也是构成建设单位的违法发包行为，而不能认定为转包。三是出现本项所述情形时，应当允许相关单位或个人进行解释和提供材料证明，如相关单位或个人能够进行合理解释或提供材料证明其不构成转包或其他违法行为（如挂靠）的，则不应认定为转包或其他违法行为。

8. 专业作业的发包单位不是该工程承包单位的

在合法的施工承包关系中，施工单位在承接工程之后，可以将其承包范围内的专业作业分包给具有专业承包资质的单位施工。在这种情况下，应当由该施工单位作为专业作业的发包单位，即施工单位与其承包范围内专业作业的发包单位应当是同一个。如果专业作业的发包单位不是该工程的承包单位的，则可能存在转包情形，但也可能存在其他违法行为（如挂靠）。因此，出现本项所述情形时，应当详细核查相关单位或个人的情况，若排除了挂靠，则应认定该发包单位存在转包行为。

9. 施工合同主体之间没有工程款收付关系，或者承包单位收到款项后又将款项转拨给其他单位和个人，又不能进行合理解释并提供材料证明的

在合法的施工承包关系中，工程款支付主体应该是合同双方，即工程款应该由建设单位直接支付给施工合同载明的施工总承包单位或专业承包单位。如果建设单位没有向施工总承包单位或专业承包单位支付工程款；或者虽然建设单位支付了工程款，但是支付凭证上载明的单位与施工合同中载明的承包单位不一致；或者承包单位在收到建设单位支付的工程款后，又将工程款支付给其他单位和个人的，都有可能存在转包情形。但是，出现本项所述情形时，还可能是存在转包之外的其他违法行为（如挂靠）或者不构成违法行为。因此，在出现本项所述情形时，应当允许相关单位或个人进行解释和提供材料证明，如相关单位或个人能够进行合理解释并提供材料证明其不构成转包或其他违法行为（如挂靠），则不应认定为转包或其他违法行为。

10. 两个以上的单位组成联合体承包工程，在联合体分工协议中约定或者在项目实际实施过程中，联合体一方不进行施工也未对施工活动进行组织管理的，并且向联合体其他方收取管理费或者其他类似费用的，视为联合体一方将承包的工程转包给联合体其他方

在实践中，对大型房地产公司而言，其往往会成立关联的施工企业（该施工企业与房地产公司之间的关联关系有的较为明显，有的并不明显），其所开发的房地产项目均会交给其成立的施工企业（对依法必须招标的项目，招投标手续都会齐全），但这些施工企业承接工程后并不实际施工，而是将工程交给其他施工单位进行施工。为了规避施工企业在承接工程之后再交给其他施工单位施工会被认定为转包的法律风险，这些施工企业在准备承接工程时（包括在参加招投标时）就会与其他施工单位组成联合体，然后通过约定（通常在联合体协议中标明）或实际履行的方式，将全部工程交由联合体其他方施工，这些施工企业既不进行施工，也不对施工活动进行组织管理，并且还收取联合体其他单位管理费或其他类似费用。这种情形在实质上属于转包的一种，即应视为联合体一方将承包的工程转包给联合体其他方。

### 三、违法分包

违法分包，是指承包单位承包工程后违反法律法规规定，把单位工程或分部分项工程分包给其他单位或个人施工的行为。《建筑法》第29条第3款规定："禁止总承包单位将工程分包给不具备相应资质条件的单位。禁止分包单位将其承包的工程再分包。"根据《建设工程质量管理条例》第78条第2款及《建筑工程施工发包与承包违法行为认定查处管理办法》第12条，笔者将违法分包归纳为以下6种情形①。

1. 承包单位将其承包的工程分包给个人的

《建筑法》规定从事建筑活动的单位应当具有相应的资质，才能取得从

---

① 参见朱树英主编：《建筑工程施工发包与承包违法行为认定查处管理办法适用指南》，法律出版社2020年版，第111～115页。

事建筑活动的许可。但是，我国曾经大量存在"包工头"以个人名义承揽分包业务的情况。对此，我国特别在法律法规中，予以明确禁止。《房屋建筑和市政基础设施工程施工分包管理办法》第8条第2款明确规定："严禁个人承揽分包工程业务。"据此，个人不具有分包资质，其承揽分包工程行为属于违法分包。

2. 施工总承包单位或专业承包单位将工程分包给不具备相应资质单位的

根据《建筑法》第13条规定，我国对施工企业实施从业资质管理制度。施工企业取得相应等级的资质证书后，方可在其资质等级许可的范围内从事建筑活动。《建筑业企业资质管理规定》对该制度进行了详细的规定，并且与从业资质制度相适应，《建筑法》等法律法规均将没有资质的单位承接分包工程的行为认定为违法分包。

2015年《建筑业企业资质管理规定》将建筑业企业资质明确为施工总承包资质、专业承包资质、施工劳务资质三个序列，2015年1月1日起施行的《建筑业企业资质标准》对该上述划分也有所反映；2020年《建筑业企业资质管理规定和资质标准实施意见》在操作层面上，沿用2015年版实施意见进行详细规定；各省、自治区、直辖市也针对《建筑业企业资质管理规定》制定了相应的实施细则。其中，2015年1月1日起施行的《建筑业企业资质标准》可以作为判断专业工程承包单位是否具有相应的资质条件的直接依据，具体单位资质可在"全国建筑市场监管公共服务平台"查询。

3. 施工总承包单位将建设工程主体结构的施工分包给其他单位的，钢结构工程除外

《建筑法》第29条规定施工总承包的，建筑工程主体结构的施工必须由总承包单位自行完成。《建设工程质量管理条例》第78条也规定施工总承包单位将建设工程主体结构的施工分包给其他单位的，认定为违法分包。但是，《招标投标法》规定中标人可以将中标项目的部分非主体、非关键性工作分包给他人完成，也就是说，《招标投标法》除主体结构外还增加了对关键性工作禁止转包的规定。此外，《对外援助成套项目管理办法》也有禁止关键性工作分包的表述。2017年版《建设工程施工合同（示范文本）》通用条款

3.5.1项也明确规定："……承包人不得将工程主体结构、关键性工作及专用合同条款中禁止分包的专业工程分包给第三人……"

但考虑到工程专业承包的实际情况，以及关键性工作的认定问题，本条在沿用以往法律法规规定的基础上，明确了钢结构工程可以进行分包。

4. 专业分包单位将其承包的专业工程中非劳务作业部分再分包的

《建筑法》《合同法》《建设工程质量管理条例》中都没有提到劳务作业分包的问题。上述三部法律法规最早于1997年、1999年、2000年颁布，而当时施行的1995年《建筑业企业资质管理规定》将建筑业企业分为工程施工总承包企业、施工承包企业和专项分包企业三类，也没有劳务作业分包。之后2001年发布的《建筑业企业资质管理规定实施细则》中明确将建筑业企业资质分为施工总承包资质、专业承包资质、施工劳务资质三个序列。但值得注意的是，在2004年版《房屋分包管理办法》中明确了专业工程分包和劳务作业分包的划分，并在第14条规定："禁止将承包的工程进行违法分包。下列行为，属于违法分包：（一）分包工程发包人将专业工程或者劳务作业分包给不具备相应资质条件的分包工程承包人的；（二）施工总承包合同中未有约定，又未经建设单位认可，分包工程发包人将承包工程中的部分专业工程分包给他人的。"《房屋分包管理办法》明确了专业工程部分不可再分包，而专业工程承包人可以将劳务作业再分包。该规定一直沿用至今，在2019年版《房屋分包管理办法》中依旧可见。

5. 专业作业承包人将其承包的劳务再分包的

本项与前项的区别在于分包主体。前项是指专业工程承包人的再分包。本项是指专业作业承包人的再分包。专业工程承包人可以将其承包的专业工程中的劳务作业部分再分包，但是专业作业承包人不能将其承接的劳务再分包。

专业工程承包中的劳务作业分包是社会专业分工的需要，而专业作业承包人以劳务输出为主，与专业工程承包的技术、材料、设备等的复合组成相比，具有单一性，如专业作业承包人将其承包的劳务再行分包，不但不能体现社会分工、提高生产效率，反而容易滋生劳务作业层层再分包，增加生产成本，降低工程质量，同时也不利于深化建筑用工制度改革和建筑业农民工向建筑工人的转变。

2019 年《房屋分包管理办法》第 9 条规定"劳务作业承包人必须自行完成所承包的任务",禁止了专业作业承包人的再分包。现行有效的《建设工程施工劳务分包合同（示范文本）》（GF－2003－0214）第 28 条约定："劳务分包人不得将本合同项下的劳务作业转包或再分包给他人。否则，劳务分包人将依法承担责任。"可见，我国对专业作业承包单位的再分包一直持否定态度。

在以上规定的基础上，本项明确了专业作业承包单位将其承接的劳务再次分包的，属于违法分包。

6. 专业作业承包人除计取劳务作业费用外，还计取主要建筑材料款和大中型施工机械设备、主要周转材料费用的

2015 年 1 月 1 日起施行的《建筑业企业资质标准》将建筑业企业资质标准分为施工总承包、专业承包和施工劳务三个序列。其中施工总承包序列设有 12 个类别，一般分 4 个等级（特级、一级、二级、三级）；专业承包序列设有 36 个类别，一般分 3 个等级（一级、二级、三级）；施工劳务序列不分类别和等级。2015 年 3 月 1 日起实施的《建筑业企业资质管理规定》也延续了这一分类。专业作业承包人应当取得施工劳务资质，承接具有施工总承包资质或专业承包资质的企业分包的劳务作业。专业作业承包人承包施工劳务作业的施工范围不能突破，计取的费用仅为劳务费用及部分辅材费用。

## 四、转包、分包与劳务作业分包

### （一）转包与分包的区别

1. 法律认可程度不同

工程转包是法律明确禁止的行为，任何转包行为均违法。然而，分包具有合法分包与违法分包的区别。依法成立的分包合同具有法律效力，受法律保护。《建筑工程施工发包与承包违法行为认定查处管理办法》第 12 条对于违法分包的情形给予了明确规定。

2. 法律责任不同

在分包中，施工总承包人与分包人对建设工程的质量承担连带责任；在转包中，转包人与转承包人对建设工程质量承担连带责任。

3. 工程项目的管理程度不同

转包是转包人承包建设工程后，不履行合同约定的责任和义务，将其承包的全部建设工程转给他人或者将其承包的全部建设工程肢解以后以分包的名义分别转给其他单位承包的行为。分包是建设单位或承包人将建设工程的一部分分包给其他承包单位施工完成的行为。转包工程中转包人不对项目进行施工管理、资金投入，只收取管理费。专业承包中，总承包人需要独立完成工程的主体结构建设，并对分包工程进行管理。

（二）劳务作业分包与转包

1. 劳务作业分包

根据《建筑法》关于分包工程的责任承担原则，劳务作业分包承包人按照劳务作业分包合同的约定，对劳务作业分包作业向劳务作业分包的发包人负责，劳务作业分包的发包人和承包人对工程的劳务作业部分施工向总承包人以及建设单位承担连带责任。[1] 承包人将建设工程中的劳务作业分包给劳务作业分包企业，应依照劳务作业分包合同的约定向分包人支付劳务费用，但发包人将劳务费用直接支付给劳务作业分包人不违反现行法律的禁止性规定，也不损害劳务作业发包人即承包人的利益，且有利于解决日益严重的工程价款拖欠问题，因此，发包人直接向劳务作业分包人支付劳务费用，应当认定为发包人向承包人支付的部分工程价款。劳务作业承包人在建设工程施工中发生安全事故造成人身损害，受害者赔偿请求主体在司法实践中存在争议。笔者认为，只要属于合法的劳务作业分包，劳务作业的承包人就应对劳务作业的安全负有责任，劳务作业中发生安全事故造成人身损害的应当由劳务作业的承包人承担相应的赔偿责任。在劳务作业分包合同无效的情况下，因建设工程劳务合同本质上就是特殊的承揽合同，所以应当按照《民法典》

---

[1] 最高人民法院民事审判第一庭编著：《最高人民法院新建设工程施工合同司法解释（一）理解与适用》，人民法院出版社2021年版，第63页。

关于定作人责任的规定处理完成工作任务过程中发生的人身伤害事故的责任承担。《民法典》第 1193 条规定："承揽人在完成工作过程中造成第三人损害或者自己损害的，定作人不承担侵权责任。但是，定作人对定作、指示或者选任有过错的，应当承担相应的责任。"此种情况应当由施工总承包人或者专业承包人承担相应的赔偿责任。目前建设工程中存在大量的非法劳务作业分包的现象，确认劳务作业分包的合法性能够明确劳务作业分包合同的效力，从而确定劳务承包人与发包人之间的民事责任范围。

2. 劳务作业分包与转包的区别

建设工程承包按照承包人的资质和承包范围，可以分为施工总承包、专业承包、施工劳务承包。如果是施工劳务承包，承包人将其承包的劳务作业再分包，则不应构成转包，而属于违法分包。实践中劳务作业分包一般指向的是建设工程的全部劳务作业或者专业工程分包范围内的全部劳务作业，这致使劳务作业分包与转包建设工程在表象上很难区分，所以需要在法律上厘清两者之间的关系。建设工程的转包是法律、行政法规禁止的，但是劳务作业分包是我国建设工程法律、行政法规所提倡的施工方式，只要劳务作业分包企业具有劳务作业分包的法定资质，劳务作业分包合同就是有效的。除此之外，现行法律对劳务作业分包没有严格的禁止性规定，因此，合法性是劳务作业分包与建设工程转包之间的本质区别。笔者认为，劳务作业分包与转包具体存在如下几点区别。

（1）法律定义不同。根据《房屋分包管理办法》第 13 条的规定，下列行为属于转包：①专业分包工程承包人或者劳务作业承包人不履行专业承包合同或者劳务作业分包合同的约定，将其承包的全部工程发包给他人，或者将其承包的全部工程肢解后以分包的名义分别发包给他人的，属于转包行为；②分包工程发包人将工程分包后，并未在施工现场设立项目管理机构和派驻相应人员，未对该工程的施工活动进行组织管理的，视同转包行为。上述规定为劳务作业分包与工程转包之间的界限作出了明确界定。

（2）合同标的不同。施工劳务不区分类别和等级，相关企业只要符合资质条件，即可承担各类施工劳务作业，相关的劳务主要包括木工、砌筑、抹灰、油漆等。转包是总承包人将其承包的全部工程或者将其承包的全部工程肢解后以分包的名义分别转给其他单位或个人施工的行为，其合同指向的对象是全部的工程建设任务。

（3）合同效力不同。劳务作业分包属于合法行为，国家对劳务作业分包并不禁止；转包因违反国家强制性规定而无效。

（4）责任承担不同。劳务作业分包情形下，劳务作业分包人对总承包人或者分包人负责，不对发包人负责。转包情形下，根据《建筑法》第 67 条的规定："承包单位将承包的工程转包的，或者违反本法规定进行分包的，责令改正，没收违法所得，并处罚款，可以责令停业整顿，降低资质等级；情节严重的，吊销资质证书。承包单位有前款规定的违法行为的，对因转包工程或者违法分包的工程不符合规定的质量标准造成的损失，与接受转包或者分包的单位承担连带赔偿责任。"所以，对因转包工程不符合规定的质量标准造成的损失，转包人与接受转包的单位共同向发包人承担连带赔偿责任。

（三）劳务作业分包与专业工程分包的联系

虽然《房屋分包管理办法》中将房屋建筑和市政基础设施工程施工分包分为专业工程分包和劳务作业分包，但是由于建筑市场的复杂性和分包工程及劳务作业的多样性，所以司法实践中对劳务作业分包还是工程分包往往存在争议。劳务作业分包和专业工程分包虽然从形式上比较容易区分，但是劳务作业分包与专业工程分包之间通常没有明确的界限，往往相互隐含，在实际操作中很难将两种分包截然划分。实践中，有些承包人、发包人为逃避法律规定，故意混淆使用，名为劳务作业分包，实为工程分包或者转包的情形非常普遍。

1. 劳务作业分包和专业工程分包的共同点

（1）所指向的对象都是建设工程中的特定组成部分。

（2）劳务作业承包人和专业分包工程承包人都应是具有相应资质的建筑施工企业。

（3）承包人都必须自行完成承包的工程或者任务。

（4）建设单位不得直接指定劳务作业承包人或者专业分包工程承包人。

2. 劳务作业分包和专业工程分包之间的主要区别

（1）主体不同。劳务作业分包的主体包括劳务作业发包人与劳务作业承包人，其中，劳务作业发包人既可以是施工总承包企业，也可以是专业承包企业；而专业工程分包的发包人可以是施工总承包人和专业分包工程承包人。

（2）资质要求不同。劳务作业承包人必须具有劳务作业企业的资质；专业分包工程的承包人必须具有专业承包企业的资质，每种专业工程具有不同的资质要求。按照《建筑业企业资质标准》的规定，专业承包序列包括地基基础工程、钢结构工程、建筑装修装饰工程、消防设施工程、桥梁工程等36个类别。劳务施工不区分类别和等级，相关企业只要符合资质条件，即可承担各类施工劳务作业，相关的劳务主要包括木工、砌筑、抹灰、油漆等。

（3）合同标的不同。劳务作业分包合同的标的仅是工程施工中的劳务作业部分，并非建设工程本身。劳务作业分包合同的工作内容技术含量低，与工程成果无关。而专业承包合同的标的是建设工程总承包合同中除主体工程之外的专业工程，这些专业工程是建设工程的组成部分。

（4）施工内容不同。劳务作业承包人提供的仅是劳动力，专业分包工程承包人应以自己的材料设备、专业技术等自行组织施工。取得专业承包资质的企业应对所承接的专业工程全部自行组织施工。劳务作业可以分包，但应分包给具有施工劳务资质的企业。所以，专业工程分包中一定包含劳务内容，劳务作业分包在工程施工中只是工程分包内容的一部分。

（5）合同效力的限制条件不同。我国现行法律对劳务作业分包的限制性规定比较少，即法律对劳务作业分包合同并无明确的禁止性规定，只要劳务作业承包人具有劳务作业资质，其与劳务作业发包人之间基于意思自治订立的分包合同就是合法有效的。而《民法典》《建筑法》对专业工程分包的限制条件比较多。专业分包工程除施工总承包合同中有约定的外，必须经建设单位认可，并符合法律规定的其他分包条件，这样专业工程分包合同才是合法有效的。

（6）表现形式不同。建设工程实务领域中，劳务作业分包的主要表现形式是"包工不包料"，而专业工程分包的主要表现形式是"包工包料"。以此判断，如果分包合同约定的承包内容是包工包料，一般是指专业工程分包合同，而分包合同中约定包工不包料的，一般属于劳务作业分包合同。值得注意的是，这里所称的包料主要是指主材，即主要建筑材料。如果分包合同中约定承包人包工包辅材的，多属于劳务作业分包合同。如果劳务作业发包人与劳务作业承包人订立的劳务作业分包合同中约定由劳务作业承包人负责提供主要建筑材料，则属于名为劳务作业分包合同实为专业工程分包合同，除非劳务作业发包人与劳务作业承包人另行订立主要建筑材料委托采购合同。

（7）合同承包人获取的对价不同。劳务作业分包合同中，劳务作业承包人计取的是工程价款中的人工费用以及相应的管理费用；而专业分包工程承包人计取的是工程价款，是建设工程总价款的部分，由直接费、间接费、税金和利润组成。

# 第三节　挂靠

我国对建筑施工企业实行严格的资质管理。《建筑法》第 13 条规定："从事建筑活动的建筑施工企业……经资质审查合格，取得相应等级的资质证书后，方可在其资质等级许可的范围内从事建筑活动。"《建筑法》第 26 条规定："承包建筑工程的单位应当持有依法取得的资质证书，并在其资质等级许可的业务范围内承揽工程。禁止建筑施工企业超越本企业资质等级许可的业务范围或者以任何形式用其他建筑施工企业的名义承揽工程。禁止建筑施工企业以任何形式允许其他单位或者个人使用本企业的资质证书、营业执照，以本企业的名义承揽工程。"建筑领域不仅市场需求巨大、利润回报高，而且具有门槛低、劳动密集型等特点。部分不具备取得法定施工资质条件的单位和个人，在利益驱使下，通过各种方式来选择借用具有法定资质企业的名义对外承揽工程。从行政法的角度而言，挂靠是一种违反行政管理规定，应受行政处罚的行为。从民法的角度而言，挂靠是一种挂靠者与被挂靠者恶意串通，欺诈招标人（发包人）并损害其利益的行为，应属无效的民事行为。发包人、挂靠人、被挂靠人之间法律关系复杂，在一些案件的审理中往往对挂靠施工的性质认定、法律关系的界定、施工合同的效力评价工程价款的支付等问题上存在较大分歧，从而导致对该类案件容易出现处理不一的情况。

## 一、"挂靠"的概念及特征

### （一）"挂靠"的概念

"挂靠"是行业内约定俗成的通行名词，与"挂靠"概念相对应的法律概念是"借用资质"。挂靠是指没有建筑施工资质的企业或个人以其他建筑施工企业的名义，资质等级低的建筑施工企业以资质等级高的建筑施工企业的名义，没有施工总承包资质的建筑施工企业以具有施工总承包资质的建筑施工企业的名义承揽工程的行为，或者有资质的建筑施工企业通过名义上的联营、合作、内部承包等其他违法方式允许他人以本企业的名义承揽工程的行为。2019年1月3日发布的《建筑工程施工发包与承包违法行为认定查处管理办法》第9条规定："本办法所称挂靠，是指单位或个人以其他有资质的施工单位的名义承揽工程的行为。前款所称的承揽工程，包括参与投标、订立合同、办理有关施工手续、从事施工等活动。"笔者认为，对挂靠的理解应从四个方面入手。

1. 单位或个人都可能成为挂靠人

挂靠人可能是单位也可能是个人，是否具有所承揽工程的相应施工资质不影响挂靠人身份。从挂靠人是否具有施工资质角度进行划分，存在以下三种情形：一是不具有施工资质；二是具有施工资质，但不具有与所承揽工程相对应的资质等级；三是具有施工资质，且具有与所承揽工程相对应的资质等级。因此，建筑施工企业无论是否有资质，或拥有的资质与所承揽工程是否对应，只要该建筑施工企业是以其他建筑施工企业的名义承揽工程，均属于挂靠行为。

2. 被挂靠人应当是具有与所承揽工程相对应的资质等级的施工单位

（1）资质等级不同，承揽工程的范围就有所不同，为了确保建设工程质量安全，就必须要求施工单位具有相应的能力和资质。因此，挂靠要想实现，被挂靠人就应当是具有与所承揽工程相对应的资质等级的施工单位。

（2）被挂靠人应当是挂靠人之外的其他单位。如分公司以总公司的名义承揽工程，由于分公司为总公司的分支机构，并不具有独立法人地位，此类行为不属于挂靠行为。

（3）在合法的内部承包情形下，内部承包人为施工单位的正式职工，双方之间存在着劳动隶属关系，因此，当内部承包人以施工单位名义承揽工程时，属于合法的内部承包，而不属于挂靠行为。

3. 挂靠是为了从事承揽工程

承揽工程的行为包括参与投标、订立合同、办理有关施工手续、从事施工等活动。除以上行为之外，还包括其他与"承揽工程"有关的活动，如挂靠人为了最终订立合同而以其他有资质的施工单位的名义进行合同谈判、磋商等也属于承揽工程的行为。

4. 挂靠关系的成立并非以建设工程实际开工为前提

只要是有关单位或个人以其他有资质的施工单位的名义"承揽工程"，即构成挂靠行为，至于有关单位或个人是否实际承接到工程，以及是否实际施工，都不予排除挂靠关系的成立。

（二）"挂靠"的特征

1. 挂靠人不具备相应建设项目的资质

（1）不具备承包工程的主体资格的个人、个体工商户、包工头、施工队等以具备从事建筑活动资质的建筑施工企业名义承包工程。

（2）有关建筑施工企业虽然具有资质，但未在资质许可的范围内从事建筑施工活动，或者超越资质等级承包工程。比如，资质等级低的建筑施工企业以资质等级高的建筑施工企业名义承包工程，或者不具备施工总承包资质的建筑施工企业以具有总承包资质的建筑施工企业名义承包工程。

2. 被挂靠人具有承包相应建设项目的资质

《建筑业企业资质管理规定》第5条规定："建筑业企业资质分为施工总承包资质、专业承包资质、施工劳务资质三个序列。施工总承包资质、专业承包资质按照工程性质和技术特点分别划分为若干资质类别，各资质类别按照规定的条件划分为若干资质等级。施工劳务资质不分类别与等级。"被挂靠人必须具有承包建设项目的资质，无意自己承包施工，应挂靠人要求或者收取管理费目的而出借资质给挂靠人。

3. 挂靠人以被挂靠人的名义订立及履行合同，挂靠人支付一定管理费

挂靠人以被挂靠人名义与发包人订立合同并办理各项手续后，自行组织人员进行施工，以被挂靠人的分支机构、施工队、项目部的名义对外开展活动，经营资金也由挂靠人自行筹集，自主经营、自负盈亏。被挂靠人并不实施管理，也不承担有关技术、质量、经济责任。被挂靠人向挂靠人收取一定数额的管理费，是工程挂靠施工的显著特点。被挂靠人是具备相应建筑资质的企业，在法律规定的范围内从事建筑施工活动。被挂靠人出借资质是为了获取挂靠费用这一非法目的，非法利益不应受到法律的保护，挂靠人与被挂靠人之间形成的挂靠合同关系因违法而无效。同时，由于其并未参与实际施工，也没有为社会创造价值，所以从社会公平正义的角度来看，被挂靠人在挂靠施工过程中不应获取任何利益。另外，从社会效果出发，被挂靠人出借资质的行为是挂靠施工的关键，被挂靠人正是基于挂靠费用的利益诱惑才会出借资质，一旦斩断挂靠施工利益链条中挂靠费用这一关键环节，发包人、被挂靠人和挂靠人之间的利益平衡就会被打破，挂靠施工现象不攻自破。所以，被挂靠人不能依据挂靠合同关系向挂靠人主张挂靠费用，但如果被挂靠人已经参与了施工管理，挂靠人已经交纳的管理费可以不予退还。

4. 被挂靠人与发包人之间没有实质上的工程价款支付关系

被挂靠人与发包人之间的财务关系一般是过账转付关系，即在发包人拨付工程价款后，被挂靠人在扣除管理费及发票税金后再转付给挂靠人。如今还出现了发包人拨付工程价款时，被挂靠人以委托支付、代付等方式要求发包人将工程价款直接支付给挂靠人的情形。

## 二、"挂靠"施工所涉法律关系的认定

在挂靠情形下，一般出现三方主体，分别是发包人、被挂靠人和挂靠人。挂靠行为是无效的民事行为，挂靠行为当事人之间的法律责任错综复杂。正确认定挂靠行为当事人之间的法律关系，明确各方当事人的权利义务，对诉

讼主体的确定、工程价款的给付、工程质量的保障等方面具有重要意义。在挂靠纠纷中，出现挂靠人、被挂靠人、发包人利益冲突时，应正确调整各方合法利益，结合公共利益、主流价值倾向进行价值平衡。

（一）挂靠人与被挂靠人之间的法律关系

挂靠人与被挂靠人之间挂靠行为形成的法律关系实际上属于借名法律关系或者是委托法律关系，即不具备资质的挂靠人借用有资质的被挂靠人名义签订建设工程施工合同或者挂靠人委托被挂靠人以被挂靠人的名义与发包人签订建设工程施工合同。从《建筑法》第26条规定的精神看，凡是借用他人名义承揽工程的行为均在禁止之列。

（二）发包人与挂靠人之间的法律关系

1. 发包人与挂靠人之间的实际施工法律关系

挂靠关系的建设工程施工合同主体是发包人与被挂靠人而发包人与挂靠人之间并不必然形成法律关系，但从实际来看，应当区别对待。第一种情况是在发包人订立合同时明知建设工程施工合同中存在挂靠。发包人与挂靠人均存在在双方之间成立建设工程施工合同的一致意思表示，应认定发包人与被挂靠人之间的建设工程施工合同直接约束发包人与挂靠人。在法律上可以准用《民法典》第925条规定："受托人以自己的名义，在委托人的授权范围内与第三人订立的合同，第三人在订立合同时知道受托人与委托人之间的代理关系的，该合同直接约束委托人和第三人；但是，有确切证据证明该合同只约束受托人和第三人的除外。"挂靠人为委托人，被挂靠人为受托人。作为第三人的发包人，因其在订立合同时明知挂靠人与被挂靠人之间的委托关系，故该建设工程施工合同直接约束挂靠人与发包人，此时挂靠人有权基于建设工程施工合同向发包人主张权利。第二种情况是在发包人订立建设工程施工合同时并不明知挂靠事实的存在。因发包人并不明知，所以只能认定发包人只愿意与被挂靠人订立建设工程施工合同，根据合同主体相对性的原则，合同并不能直接约束挂靠人与发包人。

2. 挂靠人向发包人承担建设工程质量不合格的责任

根据《建工解释（一）》第7条规定："缺乏资质的单位或者个人借用有

资质的建筑施工企业名义签订建设工程施工合同，发包人请求出借方与借用方对建设工程质量不合格等因出借资质造成的损失承担连带赔偿责任的，人民法院应予支持。"故当建设工程出现质量不合格等因出借资质而造成损失的情形时，挂靠人应向发包人承担连带赔偿责任。

（三）发包人与被挂靠人之间的关系

发包人与被挂靠人之间存在建设工程施工合同法律关系。挂靠人以被挂靠人名义与发包人签订总包合同，但合同的签订是被挂靠人出借单位公章、资质证明等给挂靠人所签，合同的履行是由挂靠人实际履行。根据《建工解释（一）》第 1 条的规定，没有资质的实际施工人借用有资质的建筑施工企业名义与他人签订的建设工程施工合同无效。建设工程承包合同是挂靠人和被挂靠人以合法形式掩盖非法目的的结果，根据《民法典》关于合同无效情形的规定，承包合同无效。在排除发包人知晓工程挂靠施工的前提下，该承包合同的签订，也是挂靠人与被挂靠人恶意串通，损害发包人或其他投标人利益的行为，根据《民法典》关于合同无效情形的规定，该承包合同也是无效。虽然该承包合同无效，但在挂靠人未参加诉讼，只有发包人与被挂靠人之间发生建设工程施工合同纠纷时，法院不宜主动审查是否存在挂靠行为，并据此认定合同无效，这样有利于保护善意发包人的利益。

（四）转包与挂靠的法律区别

在司法实践中挂靠行为与转包行为难以有效区分。《建工解释（一）》中规定转包合同无效时，并未否认发包人与承包人之间的建设工程施工合同的效力，转包行为不影响发包人与承包人之间施工合同的效力问题；而挂靠施工行为依照相关司法解释的规定，通常认定发包人与挂靠人之间的建设工程施工合同无效。因此，准确认定挂靠施工行为，将挂靠施工与转包进行区分非常必要。

1. 合同关系不同

转包过程中存在两份建设工程施工合同，一是发包人或承包人与转包人之间的工程施工合同，二是转包人与转承包人之间的工程施工合同。挂靠行为只有一份建设工程施工合同，即挂靠人以被挂靠人名义对外同发包人或总承包人签订的建设工程施工合同。挂靠施工中，因为存在借名行为，所以在对外关系中表现为发包人和被挂靠人之间的关系；而在转包关系中，转承包人一般以自身名义进行活动。

2. 法律关系形成时间不同

转包法律关系形成于发包人与承包人签订的建设工程施工合同之后，即先有建设工程施工合同再签署转包合同；而挂靠法律关系的形成时间是挂靠人与被挂靠人，双方意思表示一致，即构成挂靠。从具体的时间点上，形成于被挂靠人与发包人签订的工程施工合同之前，即先挂靠再签署建设工程施工合同。人民法院在区分挂靠施工与转包行为时，多采用这一标准，以实际施工人参与工程的时间节点来区分转包与挂靠。

3. 所涉及的合同效力不同

转包行为中涉及的两份合同中，转包合同是无效的，但发包人与承包人之间的建设工程施工合同并不因此而无效；而挂靠签订的工程施工合同在合同效力方面存在一定的争议。在司法实践中，目前主流观点还是依据《建工解释（一）》第1条规定，以被挂靠人名义同发包人或承包人之间签订的建设工程施工合同无效。但是，实践中对于挂靠签订的建设工程施工合同的效力逐渐倾向于具体问题具体对待。

4. 对外责任不同

转包人对转承包人施工的工程质量向发包人承担连带赔偿责任，但对于转承包人对外的债务，比如转承包人以自己名义对外签订的材料买卖、周转租赁等合同而产生的债务等，转包人不承担连带责任；而挂靠行为中，因对外商事等行为及合同都是以被挂靠人名义作出的，而挂靠施工经营的最终收益都归挂靠人，所以挂靠人对被挂靠人施工的工程质量及对外债务承担连带责任。当然，被挂靠人承担连带责任后，具有向挂靠人追偿的权利。

5. 涉及的工程范围不同

转包既可以直接将工程进行整体转包，也可以将工程肢解后各自分包；而挂靠是挂靠人直接以被挂靠人的名义承包整体工程。被挂靠人出借资质承接工程后，还可能以自己的名义对工程进行分包等处理；而将工程转包之后，转包人丧失以自己的名义对工程进行再处理的基础。

6. 法律后果不同

《建工解释（一）》第43条第2款规定："实际施工人以发包人为被告主张权利的，人民法院应当追加转包人或者违法分包人为本案第三人，在查明发包人欠付转包人或者违法分包人建设工程价款的数额后，判决发包人在欠付建设工程价款范围内对实际施工人承担责任。"但是应该强调，该司法解释并未规定挂靠施工情形下，实际施工人可以出借资质的建筑施工企业与发包人为被告共同起诉。在挂靠的情况下实际施工人不享有向发包人直接主张工程价款的权利。

（五）挂靠与冒名施工的区别

挂靠施工中的借名行为，与冒名施工存在本质区别。借名是一种双方法律行为，体现双方当事人的合意；由"冒名"的字面含义可知，冒名是未取得对方同意假借他人名义，是一种单方法律行为。在冒名施工情形中，被冒名的施工企业没有出借资质的意思表示；而在挂靠施工行为中，要求被挂靠人和挂靠人在承揽工程时已就使用被挂靠企业的名义达成合意。冒用施工企业资质订立的建设工程施工合同，因不符合合同成立的条件而不能成立。[①]

## 三、挂靠建设工程施工合同的法律效力

（一）"挂靠"的具体情形[②]

根据《建筑工程施工发包与承包违法行为认定查处管理办法》第10条，"挂靠"行为有三种具体情形。

1. 没有资质的单位或个人借用其他施工单位的资质承揽工程的

根据《建筑工程施工发包与承包违法行为认定查处管理办法》第9条的

---

① 唐倩："挂靠施工合同的效力分析"，载最高人民法院民事审判第一庭编：《民事审判指导与参考》（总第79辑），人民法院出版社2020年版，第120页。

② 朱树英主编：《建筑工程施工发包与承包违法行为认定查处管理办法适用指南》，法律出版社2020年版，第191～192页。

规定，"挂靠"是指"单位或个人以其他有资质的施工单位的名义承揽工程的行为"，本项所述情形系"挂靠"定义中所明确包含的挂靠情形。本项所述情形是指无施工资质的单位或个人借用其他施工单位的资质承揽工程，这属于比较典型、比较常见的挂靠行为。行政机关、司法机关发布的规范性文件中基本上均将该种情形规定为"挂靠"行为。

2. 有资质的施工单位相互借用资质承揽工程的，包括资质等级低的借用资质等级高的，资质等级高的借用资质等级低的，相同资质等级相互借用的

本项所述情形也系"挂靠"定义中明确包含的挂靠情形，行政机关、司法机关发布的规范性文件也基本均将该种情形规定为"挂靠"行为。需要注意以下两点。第一，如资质等级低的施工单位不具备所承揽工程的施工资质，其以资质等级高的施工单位的名义承揽工程，构成挂靠行为当无疑义；但如果资质等级低的施工单位具备所承揽工程的施工资质，其以资质等级高的施工单位的名义承揽工程；或者资质等级高的施工单位出于某些因素的考虑，其以资质等级低的施工单位的名义承揽工程，又或者是相同资质等级的施工单位之间相互借用资质承揽工程，是否构成挂靠行为？目前还存在争议。笔者认为《建筑法》第26条和《建设工程质量管理条例》第25条中均明确规定"禁止建筑施工企业以任何形式用其他建筑施工企业的名义承揽工程"，而并不是仅禁止"不具备所承揽工程施工资质的施工单位"以其他建筑施工企业的名义承揽工程，因此，即便存在上述所列三种情况，均应构成挂靠行为。第二，本项所述情形中还应包括"不具有施工总承包资质的建筑施工企业以具有施工总承包资质的建筑施工企业的名义承揽工程"的情形。《建筑业企业资质管理》第5条规定："建筑业企业资质分为施工总承包、专业承包和劳务分包三个序列。施工总承包资质、专业承包资质按照工程性质和技术特点分别划分为若干资质类别，各资质类别按照规定的条件划分为若干资质等级。施工劳务资质不分类别与等级。"因此，严格来说，只有同一资质序列下同一资质类别才存在资质等级高低之分，而对不同资质序列、不同资质类别，则不存在资质等级高低之分。

3. 《建筑工程施工发包与承包违法行为认定查处管理办法》第 8 条第 1 款第 3 项至第 9 项规定的情形，有证据证明属于挂靠的

在司法实践及行政主管部门的具体执法过程中，由于转包行为与挂靠行为的外在表现形式基本相同，往往难以区分。因此，当出现《建筑工程施工发包与承包违法行为认定查处管理办法》第 8 条第 1 款第 3 项至第 9 项规定的情形，在无证据证明是挂靠行为时，主管部门直接可据此认定为转包而进行处罚，但如果有证据（证据包括行政主管部门查处时获得的证据、施工单位所提交的证据、法院或仲裁机构审理案件中形成的生效的法律文书等）证明上述情形属于挂靠的，则应认定为挂靠而进行处罚。

（二）挂靠建设工程施工合同效力的认定

《建筑法》第 26 条规定："承包建筑工程的单位应当持有依法取得的资质证书，并在其资质等级许可的业务范围内承揽工程。禁止建筑施工企业超越本企业资质等级许可的业务范围或者以任何形式用其他建筑施工企业的名义承揽工程。禁止建筑施工企业以任何形式允许其他单位或者个人使用本企业的资质证书、营业执照，以本企业的名义承揽工程。"据此司法实践中普遍认为挂靠建设工程施工合同为无效合同。根据《建筑工程施工发包与承包违法行为认定查处管理办法》将挂靠主要划分为没有相应资质的单位或个人借用其他施工单位的资质承揽工程、有相应资质的施工单位相互借用资质承揽工程两类。但是有学者认为挂靠建设工程施工合同的效力应当进行区分，并不能一概认定无效。

1. 没有相应资质的单位或个人借用资质签订的施工合同无效

根据《建工解释（一）》第 1 条的规定，承包人未取得建筑业企业资质或者超越资质等级的、没有资质的实际施工人借用有资质的建筑施工企业名义签订的建设工程施工合同无效。所以针对没有相应资质的单位或个人借用其他施工单位的资质承揽工程签订的建设工程施工合同属于法定无效，在司法实践中也不存在争议。

2. 有相应资质的施工单位相互借用资质签订施工合同效力认定

有相应资质的施工单位相互借用资质承揽工程签订的建设工程施工合同

的效力认定，在司法实践中存在争议。从《建工解释（一）》第 1 条的规定看，建设工程施工合同无效适用前提是挂靠人没有资质、超越资质两种情况。但《建工解释（一）》均未将高资质等级企业借用低资质等级企业名义或同资质等级企业互相借用对方名义签订建设工程施工合同认定为无效合同。有观点认为，在挂靠人本身具备相应的建筑资质等级，但仍因为其他原因，采取借用资质的方式承揽工程，实际上足以确保工程质量和施工安全，并不损害社会公共利益，不违反建筑企业资质管理制度的规范目的，不应否定此类挂靠施工合同的效力。[①] 笔者认为，有相应资质的施工单位相互借用资质签订施工合同效力应为有效合同。因为建设工程施工合同中借用资质的形式非常复杂，我国对于建筑施工企业资质的管理本质上是为了确保工程质量，如果有相应资质的施工单位相互借用资质，此时即使违反资质管理的规定，但实际上并不会直接影响工程质量。所以，只要不是在招标投标过程中借用资质骗取中标外，将有相应资质的施工单位相互借用资质签订施工合同认定为有效合同，并不违反《建工解释（一）》第 1 条的立法原意。

**四、建设工程施工合同挂靠主体之间的权利义务承担**

《民法典》第 793 条第 1 款规定："建设工程施工合同无效，但是建设工程经验收合格的，可以参照合同关于工程价款的约定折价补偿承包人。"该法条确定了建设工程施工合同中"无效合同参照合同关于工程价款的约定折价补偿承包人"的特殊规则。建设工程验收合格或者修复后验收合格是发包人支付工程价款的前提条件。"借用资质"即挂靠也导致建设工程施工合同无效，所以也遵循这一特殊的规则。因为挂靠关系存在发包人、挂靠人、被挂靠人三方独立的当事人，挂靠施工中诉讼主体及责任承担问题，在司法实务中一直存在较大争议。笔者认为，挂靠施工中存在挂靠人与被挂靠人之间挂靠法律关系、发包人与被挂靠人之间建设工程施工合同关系、发包人与挂靠人之间的实际施工法律关系，这三种法律关系在工程价款结算中应存在不

---

[①]　唐倩："挂靠施工合同的效力分析"，载最高人民法院民事审判第一庭编：《民事审判指导与参考》（总第 79 辑），人民法院出版社 2020 年版，第 125 页。

同的处理规则。

（一）挂靠人能否基于合同关系直接向发包人主张工程价款

挂靠施工性质上属于借名法律关系，即不具备资质的挂靠人借用有资质的被挂靠人名义与发包人签订建设工程施工合同。这种借名法律关系从涉及借名的三方当事人真实意思表示上看，又可划分为具有通谋虚假意思表示和不具有通谋虚假意思表示两种情形，这两种情形产生不同的法律后果。

1. 具有通谋虚假意思表示的挂靠人有权向发包人主张工程价款

《民法典》第146条规定："行为人与相对人以虚假的意思表示实施的民事法律行为无效。以虚假的意思表示隐藏的民事法律行为的效力，依照有关法律规定处理。"该条规定对通谋虚假意思表示产生两点法律后果：一是民事法律行为无效；二是隐藏的民事法律行为的效力，依照有关法律规定处理。具有通谋虚假意思表示的挂靠，建设工程施工合同中发包人与挂靠人隐藏的真实意思表示是由挂靠人与发包人直接建立的建设工程施工合同关系。《民法典》第919条对委托合同定义为："委托合同是委托人和受托人约定，由受托人处理委托人事务的合同。"在委托合同的情形下可以把挂靠三方的关系界定为，挂靠人为委托人，被挂靠人为受托人。在具有通谋虚假意思表示的挂靠的情形下，可适用《民法典》第925条的规定，受托人以自己的名义，在委托人的授权范围内与第三人订立合同，第三人在订立合同时知道受托人与委托人之间的代理关系的，该合同直接约束委托人和第三人；但是，有确切证据证明该合同只约束受托人和第三人的除外。发包人因其在订立合同时即明知挂靠人与被挂靠人之间的委托关系，故该建设工程施工合同直接约束挂靠人与发包人，此时挂靠人有权基于建设工程施工合同向发包人主张权利。具有通谋虚假意思表示的挂靠，挂靠人能够直接向发包人基于建设工程施工合同主张工程价款。

2. 不具有通谋虚假意思表示的挂靠人无权向发包人主张工程价款

在发包人订立合同时，并不明知挂靠事实的情况下，发包人在签订建设工程施工合同时其真实意思表示是愿意与被挂靠人实施法律行为。从发包人的角度来看，建设工程施工合同的主体是发包人与被挂靠人。挂靠人是建设工程施工合同主体之外的第三方，挂靠人不能在建设工程施工合同中享有权利、履行义务。《民法典》第793条第1款规定："建设工程施工合同无效，但是建设工程经验收合格的，可以参照合同关于工程价款的约定折价补偿承包人。"存在挂靠的建设工程施工合同为无效合同，从发包人的角度来看，请求参照合同约定支付工程价款的承包人就是被挂靠人，所以挂靠人无权向发包人主张工程价款。笔者认为，建设工程施工合同无效，承包方获得工程价款的法律基础是合同无效后不当得利的折价补偿原则。发包人基于无效的建设工程施工合同取得财产，折价补偿的对象也应该是建设工程施工合同的承包方即被挂靠人。在发包人并不明知存在挂靠的情况下，直接越过合同当事人被挂靠人，将不当得利返还给挂靠人，有违合同相对性的一般原理。

（二）挂靠人是否可依代位权诉讼向发包人主张权利

《民法典》第535条第1款规定："因债务人怠于行使其债权或者与该债权有关的从权利，影响债权人的到期债权实现的，债权人可以向人民法院请求以自己的名义代位行使债务人对相对人的权利，但是该权利专属于债务人自身的除外。"在实际的案件中挂靠人是否享有代位权，可分为两种情形考虑。

1. 发包人未依约向被挂靠人给付工程价款的情形

挂靠施工中，挂靠人与被挂靠人之间通常并不会约定被挂靠人有直接支付工程价款的义务，一般仅是约定转付义务，即被挂靠人按照建设工程施工合同的约定，在发包人处取得工程预付款或进度款后且在扣除部分费用后，再行转付给挂靠人。在转付的情况下，如发包人未依约向被挂靠人支付工程预付款或进度款，导致被挂靠人无法向挂靠人转付，应认定挂靠人就被挂靠人未依约转付部分的工程价款存在到期债权，在符合其他要件的情况下，挂靠人可以向发包人提起代位权诉讼。

2. 被挂靠人与发包人怠于结算的情形

被挂靠人依约向挂靠人转付工程价款，但被挂靠人怠于向发包人主张工程价款结算，此时挂靠人是否享有向发包人提起代位权诉讼的权利？挂靠法律关系因涉及资质出借而无效。在发包人不明知挂靠的情况下，挂靠人不能基于建设工程施工合同向发包人主张权利，作为挂靠人的投入已经物化至建设工程中，其投入实际上可考虑为合同无效后的损失。针对挂靠人的损失，因被挂靠人与发包人之间的建设工程施工合同未结算，被挂靠人的转付条件未成就，所以该债权并不存在提起代位权诉讼时已经到期的问题。债权的形成和给付责任应当另行通过诉讼或仲裁方式予以确定，不宜在代位权诉讼中一并解决。基于建设工程施工合同及挂靠的行为，被挂靠人负有依约向发包人积极主张工程价款并转付给挂靠人的责任。对于被挂靠人与发包人怠于结算的情形，挂靠人实践中存在债权转让的解决途径。被挂靠人向挂靠人转让工程价款债权的，因法律并未禁止承包人向他人（包括挂靠人）转让工程价款债权，因此，此种方式亦可根据债权转让的规则进行处理。

（三）挂靠人能否向被挂靠人主张工程价款

挂靠人与被挂靠人之间的协议通常会约定挂靠人有转付责任，即收到发包人支付的工程价款后扣除相应的管理费、税金，之后再支付给挂靠人，或者不进行明确约定、较少明确约定直接支付责任，即无论是否收到工程价款均由被挂靠人承担支付工程价款的义务。笔者认为，挂靠人与被挂靠人之间的法律关系应据其内部关系进行处理。如果未做约定，被挂靠人直接向挂靠人支付工程价款的责任，则因挂靠关系中被挂靠人义务一般仅为出借资质、收取管理费，双方交易的对象不是建筑物本身，所以原则上不能推定被挂靠人有直接支付责任。至于明确约定直接支付责任，可由被挂靠人承担工程价款给付责任。

（四）挂靠人与被挂靠人因出借资质造成损失的责任承担

1. 挂靠人与被挂靠人因出借资质承担责任的法律基础

为了保证建设工程质量和施工安全，法律对承包人的资质进行了严格的规定。但部分不具备建设工程承包主体资质的企业或个人为了参与工程活动获取利益，常常规避工程承包人的资质要求，借用建筑企业的资质承揽工程。工程施工由挂靠人实际完成，工程出现质量问题，挂靠人的施工行为是首要原因，由挂靠人就质量问题承担责任并无不当。被挂靠人违反法律规定出借自己的资质给挂靠人，应当由其对质量问题承担连带责任。《建工解释（一）》第

7条规定："缺乏资质的单位或者个人借用有资质的建筑施工企业名义签订建设工程施工合同，发包人请求出借方与借用方对建设工程质量不合格等因出借资质造成的损失承担连带赔偿责任的，人民法院应予支持。"该司法解释规定因出借资质行为造成的损失由挂靠人与被挂靠人承担连带赔偿责任，主要出于以下理据。其一，在借用资质行为中出借资质的单位是名义承包人，借用资质的单位或个人为实际承包人，针对发包人来说，挂靠人与被挂靠人为一个整体，对发包人负责。其二，被挂靠人通过出借资质，以管理费的名义向挂靠人一方收费，挂靠人通过借用资质进行非法的建设工程施工并从而获利。被挂靠人以资产和信誉作为挂靠人从事经营活动的基础，担保挂靠人合同义务的履行，这就是挂靠关系中被挂靠人所承担的风险，不能只享有收取挂靠利益的权利，而不承担挂靠风险的义务，所以挂靠人与被挂靠人都应对借用名义签订合同造成的损失承担责任。其三，从目前建筑市场的实际出发，如果不让出借一方承担连带责任，那么出借资质的违法现象会更加泛滥，不利于规范建筑市场。

2. 挂靠人与被挂靠人的赔偿责任范围

《建工解释（一）》第7条规定了挂靠人与被挂靠人的责任形式为连带赔偿责任，因连带赔偿责任加重了相关人负担，应当严格限制，故将连带赔偿责任限定在仅针对出借资质造成的损失的范围内。该司法解释中规定了责任范围为"对建设工程质量不合格等"，那么因出借资质造成损失的赔偿范围不应仅仅包括工程质量不合格，建筑施工企业出借资质还可能造成工期延误等损失。只要损失由出借资质造成，发包人就有权请求借用资质的单位或者个人与出借资质的建设工程施工企业承担连带责任。如果发包人对因出借资质造成损失的发生也存在过错的，比如发包人同意或者知晓挂靠情形下仍与被挂靠人签订合同，发包人提供的设计存在缺陷，发包人指定的建筑材料、建筑设备不符合工程施工要求等，则发包人也应当承担相应的责任。

（五）挂靠人对外从事民事法律行为的责任主体

在建设工程施工过程中，挂靠人对外从事民事法律行为可能以自己的名义进行，也可能以被挂靠人的名义进行，根据对外表现形态的不同，产生不同的法律后果。挂靠人以自己名义对外从事民事行为时，根据合同相对性原则，由挂靠人自行对外承担民事责任，毋庸置疑。但当挂靠人以被挂靠人项目部的名义对外实施民事行为，包括买卖、租赁、借款、转分包等，在实践操作中责任主体和责任形态就存在较大的争议。笔者认为，从合同关系来看，应按照表见代理的角度对代理权外观、本人可归责性、相对人善意无过失进行审查，从而确定挂靠人的责任。从损害赔偿的层面来看，挂靠关系是违反法律强制性规定的，挂靠人与被挂靠人主观上均为明知存在过错，对外应当承担责任。

1. 交易相对人明知挂靠关系，挂靠人为责任主体，被挂靠人承担补充赔偿责任

民事主体的真实意思表示是民事法律关系的构成要件，真实意思表示不仅仅是意思表示内容真实，还要民事主体对象真实。相对人明知挂靠关系而继续进行交易，就应当知道与其履行合同的真实交易人是挂靠人而非被挂靠人，根据合同相对性原则，合同关系就发生在挂靠人与交易相对人之间，由挂靠人对该合同关系承担责任。但是从损害赔偿的角度分析，如交易相对人与挂靠人的行为在项目部的职能范围内，被挂靠人对交易相对人因该行为的损失主观上是存在过错的，应承担补充赔偿责任，如该交易行为与项目部职能无关，被挂靠人的损失与交易行为无因果关系，则原则上被挂靠人不应承担责任。

2. 交易相对人不知挂靠的事实，挂靠人从事与项目部职能有关的民事行为，挂靠人与被挂靠人对合同承担连带责任

一般情况下，挂靠人以项目部名义实施的与项目部职能有关的民事行为，如购买材料、租赁设备、组织劳务施工，则应视为被挂靠人对挂靠人的概括性授权，可参照代理规则，被挂靠人作为合同的相对方应当承担合同责任。如果挂靠人的行为是在项目部的授权范围内，但事实上该行为与该项目工程无关，如以项目部名义采购的材料用于其他工地，那么挂靠人行为在与被挂靠人的内部权限划分上属于无权行为。至于被挂靠人是否承担合同责任，关键看交易相对人是否存在过错，若交易相对人无过错，则构成表见代理，被挂靠人承担合同责任，否则被挂靠人不承担责任。关于建设工程中挂靠人的

责任问题，《建工解释（一）》第7条明确了挂靠人与被挂靠人之间就工程质量承担连带赔偿责任，但对于挂靠人的其他外部责任没有明确的规定。按照有权代理或表见代理的规则，代理人无须对自己的代理行为承担连带责任，但是挂靠行为与代理行为还是有所区别。代理行为本质上是委托授权，而挂靠行为实际上是一种借名行为，挂靠人与被挂靠人主观上存在误导交易相对人，使对方进行误判的故事，并从而获得利益。因此，虽然目前尚未有实体法对建设工程领域挂靠人是否承担连带责任作出明确规定，但实际上，挂靠交易中，挂靠人不仅享有交易利益，还直接对相对人债权不能实现具有重大过错，符合连带责任的一般法理，因此笔者倾向于挂靠人应承担连带责任。[①]

3. 交易相对人不知挂靠的事实，挂靠人从事的是与项目部职能无关的民事行为，则应由挂靠人承担民事责任

司法实务中有观点认为，挂靠人虽从事与项目部职能无关的民事行为，但该民事行为如果最终使被挂靠人享有了工程利益，那么被挂靠人应当承担补充责任。笔者不认可此种观点。以项目部对外借款为例，对外借款并非项目部的职能，除非挂靠人与被挂靠人之间有明确授权约定，挂靠人无权以项目部名义对外借款，项目部实施的对外借款行为属无权代理行为，项目部不存在对外借款的权利外观，也不构成表见代理。所以，虽然出借资质是违法行为，就挂靠人未经授权对外借款，显然也超越了挂靠关系中被挂靠人的合同预期，并且在不构成表见代理的情况下，即使借款用于工程，在被挂靠人实际享有工程利益的情况下，也应由挂靠人单独对外承担责任。

## 第四节　实际施工人

《民法典》在第17章中专门就建设工程合同作了规定，其中在合同主体上规定了发包人、总承包人、承包人、分包人、转包人、施工人等，但没有出现实际施工人的概念。实际施工人是原《最高人民法院关于审理建设工程

---

① 参见李玉生主编：《建设工程施工合同案件审理指南》，人民法院出版社2019年版，第82页。

施工合同纠纷案件适用法律问题的解释》创设的概念，该司法解释第 1 条、第 4 条、第 25 条、第 26 条 4 个条文规定了实际施工人。《建工解释（一）》也延续使用这一概念，涉及有关建设工程施工合同效力的认定以及实际施工人利益保护等方面。实际施工人是指无效建设工程施工合同情形下，实际承揽工程的转承包人、违法分包合同的承包人、借用资质的借用资质人，是与《民法典》中规定的合法施工人相对应的概念。《民法典》中施工人的外延，包括总承包人、承包人、专业工程分包人、劳务作业的分包人等。施工人是从事建筑施工活动的合法主体，即有效建设工程施工合同的当事人。实际施工人作为一个民事主体，不仅是自然人也可以是法人、非法人企业、个人合伙等民事主体。

## 一、实际施工人的认定

实际施工人均是指无效合同的承包人，包括转承包人、违法分包合同的承包人、没有资质借用有资质的建筑施工企业的名义与他人签订建设工程施工合同的承包人。实际施工人与发包人之间没有合同上的权利义务关系，但与转包人或违法分包人之间存在转包或违法分包的无效合同关系，享有依据无效合同关系直接请求发包人支付工程价款的权利。实际施工人在《建工解释（一）》中主要是涉及解决转包、违法分包、借用资质等有关合同效力认定、向发包人主张权利以及实际施工人利益保护等方面的问题。《河北省建工审理指南》第 29 条规定："实际施工人与名义上的承包人相对，一般是指转包合同、违法分包合同、借用资质（挂靠）签订合同的承包人。具有下列情形可认定为实际施工人：（一）存在实际施工行为，包括在施工过程中购买材料、支付工人工资、支付水电费等行为；（二）参与建设工程承包合同的签订与履行过程；（三）存在投资或收款行为。具有下列情形的，不能认定为实际施工人：（一）属于施工企业的内部职工；（二）与非法转包人、违法分包人无施工合同关系的农民工、建筑工人或者施工队、班组成员。上述人员不能直接向发包人主张权利，只能依据劳动关系或劳务关系向实际施工人（承包人）主张权利。建设工程经数次转包的，实际施工人为最终的承包人。"实际施工人在民事诉讼中具有特殊的诉讼地位，享有施工人没有的权利，应该严格把握认定标准，不宜随意扩大。

（一）实际施工人与施工人的关系

《民法典》第801条规定："因施工人的原因致使建设工程质量不符合约定的，发包人有权请求施工人在合理期限内无偿修理或者返工、改建。经过修理或者返工、改建后，造成逾期交付的，施工人应当承担违约责任。"施工人是签订建设工程施工合同的主体，建设工程施工合同违约，施工人承担的是违约责任。一般认为，《民法典》使用的施工人概念涵盖了从事建设工程施工活动的所有合法主体，包括总承包人、承包人、专业工程分包人、劳务作业的分包人等。这些施工人的共同特征是，他们都是从事建筑施工活动的合法主体，即有效建设工程施工合同的当事人。所以，《民法典》中的施工人是指有效建设工程施工合同的主体。根据《建工解释（一）》第1条规定，承包人转包、违法分包建设工程或者没有资质的实际施工人借用有资质的建筑施工企业名义与他人签订的建设工程施工合同无效。可见实际施工人是无效建设工程施工合同中的承包人，包括转包合同的承包人、违法分包合同的承包人和借用有资质的建筑施工企业名义与他人签订建设工程施工合同的单位或者个人。《建工解释（一）》规定的实际施工人与《民法典》规定的施工人显然不是同一概念，司法实践中其通常是指无效建设工程施工合同情形下的承包人。

（二）实际施工人在《建工解释（一）》各条中的内涵

实际施工人概念是与《民法典》中施工人相对应的概念。在《建工解释（一）》第1条、第15条、第43条、第44条均有出现，但其内涵并不一样。在《建工解释（一）》中实际施工人主要包括转承包人、违法分包人、借用资质的借用资质人三类施工参与主体。《建工解释（一）》第1条第1款第2项规定："建设工程施工合同具有下列情形之一的，应当依据民法典第一百五十三条第一款的规定，认定无效：……（二）没有资质的实际施工人借用有资质的建筑施工企业名义的；……"很明显司法解释中的实际施工人包括借用资质的借用资质人。第15条规定："因建设工程质量发生争议的，发包人可以以总承包人、分包人和实际施工人为共同被告提起诉讼。"需要指出的是，《民法典》中的施工人身份的认可是以施工合同合法有效为前提，相关规定并不适用基于非法转包、违法分包合同关系形成的施工人，本条中的实际施工人与总承包人、分包人是并列的，其指向的对象与狭义的总承包人、分包人概念不同，专指非法转包和违法分包的承包人。[①]《建工解释（一）》第 43 条第 2 款规定："实际施工人以发包人为被告主张权利的，人民法院应当追加转包人或者违法分包人为本案第三人，在查明发包人欠付转包人或者违法分包人建设工程价款的数额后，判决发包人在欠付建设工程价款范围内对实际施工人承担责任。"第 44 条规定："实际施工人依据民法典第五百三十五条规定，以转包人或者违法分包人怠于向发包人行使到期债权或者与该债权有关的从权利，影响其到期债权实现，提起代位权诉讼的，人民法院应予支持。"以上司法解释中出现的实际施工人相对的概念是转包人和违法分包人，并不包括出借资质的被借用资质人，因此该条中的实际施工人应仅指转包和违法分包中的承包人。

（三）实际施工人的特点

建设工程施工活动参与主体众多，特别是存在转包、违法分包、借用资质等违法行为的施工活动更是如此，所以对实际施工人要结合整个施工组织活动进行综合认定。实际施工人的认定需要符合以下几个标准。

1. 实际施工人的认定不受施工范围的限制

实际施工人是实际履行承包人义务的人，既可能是对整个建设工程进行施工的人，也可能是对建设工程部分进行施工的人。

2. 实际施工人与发包人没有直接的合同关系或者名义上的合同关系

实际施工人如果直接与发包人签订建设工程施工合同，则属于承包人、施工人，无须强调"实际"二字。[②]

3. 实际施工人所签订的建设工程施工合同无效

根据《建工解释（一）》第 1 条的规定，承包人转包、违法分包建设工

---

[①] 最高人民法院民事审判第一庭编著：《最高人民法院新建设工程施工合同司法解释（一）理解与适用》，人民法院出版社 2021 版，第 156 页。

[②] 最高人民法院民事审判第一庭编著：《最高人民法院新建设工程施工合同司法解释（一）理解与适用》，人民法院出版社 2021 年版，第 446 页。

程或者没有资质的实际施工人借用有资质的建筑施工企业名义与他人签订的建设工程施工合同无效。因此，实际施工人旨在描述无效合同中实际承揽工程干活低于法定资质的施工企业、非法人单位、农民工个人等，包括：（1）转包合同的承包人；（2）违法分包合同的承包人；（3）缺乏相应资质而借用有资质的建筑施工企业名义与他人签订建设工程施工合同的单位和个人。[①]

4. 实际施工人与承包企业不存在劳动人事关系或劳务关系

根据《建筑工程施工发包与承包违法行为认定查处管理办法》第8条第1款和第10条规定，认定存在借用资质、转包时，应将项目管理机构的主要管理人员（包括项目负责人、技术负责人、质量管理负责人、安全管理负责人等）同施工单位之间是否存在劳动合同、工资、社会保险关系作为判断的条件之一。实际施工人和与其签订的转包合同、违法分包合同的承包人或者出借资质的建筑施工企业之间，不存在劳动人事关系或劳务关系。

5. 实际施工人是违法建设工程施工的实际组织管理者

实际施工人是违法的施工活动中项目、技术、安全、质量的实际组织管理者，是购买建筑材料、租赁机器设备、雇佣人员的款项的实际出资人，也是对发包方给付工程价款的最终收取人。实际施工人不限于具有独立法人资格的建筑施工企业，还包括不具有独立法人资格的社会组织或者自然人，其不具有相应的建筑施工资质，但却实际从事建筑活动。

（四）实际施工人的类型

根据《建工解释（一）》可以归纳出三类实际施工人：一是转包合同的承包人（即转承包人）；二是违法分包合同的承包人；三是借用资质与他人签订建设工程施工合同的单位或者个人（即挂靠人）。具体介绍如下。

1. 转承包人

《建设工程质量管理条例》第78条第3款规定："本条例所称转包，是指承包单位承包建设工程后，不履行合同约定的责任和义务，将其承包的全部建设工程转给他人或者将其承包的全部建设工程肢解以后以分包的名义分

---

① 最高人民法院民事审判第一庭编著：《最高人民法院新建设工程施工合同司法解释（一）理解与适用》，人民法院出版社2021年版，第445页。

别转给其他单位承包的行为。"转包一般存在两种形式：一种是承包人在与发包人签订建设工程施工合同后，不履行合同约定的责任和义务，将其承包的全部建设工程转包给第三人；另一种是承包人在与发包人签订建设工程施工合同后，不履行合同约定的责任和义务，将其承包的全部建设工程肢解以后以分包的名义分别转包给第三人。转包的主要特点是承包人不履行合同的全部义务，由他人履行合同义务。建设工程的转包可能造成转承包人的履约能力的下降，这势必对建设工程质量、工期等造成影响，不仅损害发包人利益，还可能损害社会公共利益。无论哪种形式的转包，均违反了《民法典》的禁止性规定，故转包合同一律无效。

2. 违法分包合同的承包人

《民法典》第791条第2款规定："总承包人或者勘察、设计、施工承包人经发包人同意，可以将自己承包的部分工作交由第三人完成。"法律许可承包人将部分工作分包，分包分为合法分包和违法分包。关于违法分包，《建筑工程施工发包与承包违法行为认定查处管理办法》第11条规定："本办法所称违法分包，是指承包单位承包工程后违反法律法规规定，把单位工程或分部分项工程分包给其他单位或个人施工的行为。"实际施工人包括违法分包合同的承包人。

3. 挂靠人

《建设工程质量管理条例》第25条第2款规定："禁止施工单位超越本单位资质等级许可的业务范围或者以其他施工单位的名义承揽工程。禁止施工单位允许其他单位或者个人以本单位的名义承揽工程。"借用资质签订建设工程施工合同的情况下，挂靠人往往是真实的缔约人，建设工程施工合同实际上由挂靠人与发包人签订，只是因为挂靠人欠缺相应的资质，为规避法律法规才借用有资质的建筑施工企业的名义与发包人签订建设工程施工合同。挂靠人既可以是资质较低的施工企业，也可以是没有资质和企业建制的由包工头带领的建筑工人临时组成的施工队伍，还有可能是不具有资质的其他企业。

（五）建设工程施工中认定实际施工人的特殊情形

从实际施工人认定标准来看，实际施工人是参与建设工程施工合同转包、违法分包或借用资质的签订与履行，最终投入资金、材料和劳动力，并进行工程施工的自然人、法人、非法人企业、个人合伙等民事主体。

1. 多层转包或者分包中实际施工人权利限制

实际施工人是建设工程施工活动的实际管理者和出资人，其与对建设工程项目未进行实际管理的多层转包人和多层违法分包人存在着本质的不同。《建工解释（一）》第43条第2款是赋予实际施工人的特殊权利，多层转包人与多层违法分包人不属于实际施工人，故当然不享有前述第43条第2款赋予实际施工人的权利。在多层转包或者违法分包中，实际施工人是否可以向发包人主张权利，最高人民法院民一庭法官会议讨论认为，可以依据《建工解释（一）》第43条规定突破合同相对性原则，明确请求发包人在欠付工程款范围内承担责任的实际施工人不包括借用资质及多层转包和违法分包关系中的实际施工人。其主要理由在于，本条解释涉及三方当事人、两个法律关系，即发包人与承包人之间的建设工程施工合同关系、承包人与实际施工人之间的转包或者违法分包关系。原则上，当事人应当依据各自的法律关系，请求各自的债务人承担责任。但本条解释目的在于保护农民工等建筑工人的利益，因而一定程度上允许突破合同相对性原则，使得实际施工人可以请求发包人在欠付工程款范围内承担责任。不过，对该条解释的适用应当从严把握。该条解释只规范转包和违法分包两种关系，未规定借用资质的实际施工人以及多层转包和违法分包关系中的实际施工人有权请求发包人在欠付工程款范围内承担责任。因此，请求发包人在欠付工程款范围内承担责任的实际施工人，不应包括借用资质及多层转包和违法分包关系中的实际施工人。也就是说，实际施工人仅能向其转包人和违法分包人主张工程款。此处应注意，实际施工人也不能向其转包人和违法分包人的上一手转包人和违法分包人主张工程款，因为《建工解释（一）》第43条所指的发包人是个狭义概念，仅指建设工程的建设单位。①

---

① 参见最高人民法院民一庭："《建工解释（一）》第四十三条规定的实际施工人不包含借用资质及多层转包和违法分包关系中的实际施工人"，载微信公众号"最高人民法院民一庭"，2022年1月7日。

**2. 劳务作业中包工头或班组长实际施工人的认定**

在劳务作业中的包工头或班组长应当分两种情况。第一种情况是在工程项目中实际投入资金、少量设备材料和劳力的包工头或班组长，一般其本人是违法分包合同的签订主体，同时对工程中投入的不仅仅是本人的劳务，还包括一定的材料款和施工的管理，本人获得的不仅仅是自己的劳务报酬，符合劳务分包的特征，可以认定为实际施工人。第二种情况是在工程施工过程中仅仅对工人进行组织管理，获取的是个人的劳务报酬。这种情况下，包工头或班组长则不能认定为实际施工人。

**3. 建筑工人不属于实际施工人的主体身份，不享有向发包人主张款项的权利**

建筑工人不应属于《建工解释（一）》中规定的"实际施工人"的范畴。从司法解释涉及实际施工人的条文分析，实际施工人主要是指无效建设工程施工合同情形下的工程承包人，而没有涵盖建筑工人。建筑工人是建设工程施工过程中的参与主体，但对建设工程的投入仅仅是个人的劳动力，建筑工人获得的报酬也只是劳动报酬或者劳务费。建筑工人在建设工程施工中享有的权利主要是劳动债权，而非工程价款。建筑工人对劳动报酬或者劳务费的请求对象应当是建设工程的承包人、分包人以及实际施工人，不能直接要求发包人支付劳动报酬。实际施工人从事的工程活动是对建设工程的组织、管理，投入的不仅仅是实际施工人本身的劳动力，还包括资金、技术、设备、管理等，实际施工人获得的是工程价款。实际施工人行使诉权直接向发包人请求支付工程价款的前提是其与发包人之间建立和形成了事实上的建设工程施工合同关系，而建筑工人与发包人之间不存在建设工程施工合同关系，因此，建筑工人直接向发包人主张权利有悖于合同相对性原则。基于以上理由，《建工解释（一）》第43条赋予了实际施工人向发包人主张工程价款的权利。因为农民工不属于实际施工人的主体身份，不能依据《建工解释（一）》第43条向发包人直接主张款项。司法解释中确立实际施工人制度，本质上是保护建筑工人的合法权益，但这是一种间接的保护，意图在于通过保护实际施工人的工程价款债权来达到维护建筑工人合法权益的目的，并非赋予建筑工人直接向发包人追索劳动报酬的诉权。

## 二、实际施工人相关诉讼主体的确定

《建工解释（一）》第43条第2款规定："实际施工人以发包人为被告主张权利的，人民法院应当追加转包人或者违法分包人为本案第三人，在查明发包人欠付转包人或者违法分包人建设工程价款的数额后，判决发包人在欠付建设工程价款范围内对实际施工人承担责任。"该条司法解释的三方当事人是实际施工人、转包人或违法分包人、发包人，实际施工人与发包人之间没有直接的合同关系，但该司法解释赋予了实际施工人直接向发包人主张工程价款的权利，突破了合同相对性原则，也使实际施工人、转包人或违法分包人、发包人具有相应的诉讼地位。

（一）关于建设工程施工合同的相对性原则

传统理论上，合同相对性为债的相对性，债权债务关系发生在特定的享有权利的债权人和承担义务的债务人之间。合同中的权利人只能向合同义务人主张合同权利，不能向合同以外的第三人要求履行合同中的义务。建设工程施工合同在效力上存在有效、无效之分，对于有效的建设工程施工合同，以坚持合同相对性为原则，对于无效的建设工程施工合同，在一定条件下可以突破合同相对性。

1. 合法的建设工程施工合同应严格遵循合同相对性原则

《民法典》第119条规定："依法成立的合同，对当事人具有法律约束力。"当事人应当按照约定履行自己的义务，不得擅自变更或者解除合同。依法成立的合同，受法律保护。《民法典》第788条第1款规定："建设工程合同是承包人进行工程建设，发包人支付价款的合同。"建设工程施工合同的合同主体分别为承包人和发包人，合同义务为承包人进行工程建设，发包人支付价款。承包人和发包人互为合同相对方，只能要求对方行使权利、履行义务。《民法典》第788条中的"建设工程合同"是合法、有效的建设工程合同，即不存在转包、违法分包、借用资质的情形。合同主体相对性是建设工程施工合同的一般原则，也是合法、有效的建设工程施工合同不可突破的原则。

2. 转包、违法分包的建设工程施工合同才能突破合同相对性

《建工解释（一）》第43条规定，明确地表明能够突破合同相对性的诉讼主体为实际施工人，只有实际施工人才能向发包人主张工程价款；可以突破合同相对性的是有实际施工人参与的无效建设工程施工合同。还有一点必须明确，并不是所有的实际施工人都享有突破合同相对性向发包人主张工程价款的权利，该权利只赋予了转包、违法分包情形下的实际施工人，而借用资质的实际施工人不享有《建工解释（一）》第43条中实际施工人的权利。正因如此，该条司法解释在适用时存在很大的争议，其主要争议在于：

（1）该司法解释突破合同相对性原则，缺乏上位法的依据。

（2）《建工解释（一）》第43条的立法目的在于保护建筑工人的合法权益，实践中实际施工人并不是建筑工人本身，也不能完全代表建筑工人的利益，所以通过实际施工人间接保护建筑工人权益的立法目的难以实现。

（3）司法解释的适用范围是转包、违法分包中对实际施工人的保护，但是在合法的分包合同中，合法的分包人不享有该项权利，有悖于法律基本的价值取向。

针对实施中存在的问题，《建工解释（一）》第43条第2款规定："实际施工人以发包人为被告主张权利的，人民法院应当追加转包人或者违法分包人为本案第三人，在查明发包人欠付转包人或者违法分包人建设工程价款的数额后，判决发包人在欠付建设工程价款范围内对实际施工人承担责任。"这对实际施工人突破合同相对性向发包人主张权利予以了限制。该条司法解释具有明显司法政策的考量，出发点是为解决当时社会上出现的严重拖欠建筑工人劳动报酬的问题。但是，从长远来看，都是在以牺牲法律的正义为代价来加强对弱势群体的保护。

（二）实际施工人、转包人或违法分包人、发包人的诉讼地位

1. 实际施工人索要工程价款以起诉转包人或违法分包人为倡导原则

《建工解释（一）》第43条第1款规定："实际施工人以转包人、违法分包人为被告起诉的，人民法院应当依法受理。"该款中的实际施工人是指转承包人和违法分包的承包人。实际施工人与转包人、违法分包人是建设工程

施工合同的承、发包当事人，是建设工程施工合同的相对人。根据《民法典》第157条，合同无效，无论是财产返还、折价补偿还是赔偿损失都发生在无效合同当事人之间，这是基本的法律规则。转包、违法分包合同因违反法律的强制性规定而无效，作为无效合同的当事人，一方向另外一方起诉主张权利的，人民法院应当受理，这是毫无疑问的。《建工解释（一）》第43条第1款是属于倡导性条款，建议实际施工人起诉索要工程价款的，应当首先向转包方、违法分包方主张权利。该条司法解释并非要求实际施工人向发包人主张权利时，必须以向转包人、违法分包人主张权利为前置程序。

2. 实际施工人仅以发包人为被告主张权利的，转包人、违法分包人为本案第三人

（1）人民法院应当追加转包人或者违法分包人的必要性。《建工解释（一）》第43条第2款规定："实际施工人以发包人为被告主张权利的，人民法院应当追加转包人或者违法分包人为本案第三人……"实际施工人只起诉请求发包人承担责任的，由于实际施工人与发包人没有直接的合同关系，如果只有实际施工人和发包人参加诉讼，将难以查清双方当事人之间的权利义务关系。在转包和违法分包的情况下，出现三方主体、两方法律关系：三方主体是发包人、转包或者违法分包人、实际施工人；两方法律关系是转包人或者违法分包人与发包人之间的建设工程施工合同关系，以及实际施工人与转包人或者违法分包人之间的转包和违法分包关系。实际施工人在完成相应的建设工程施工任务后，基于转包和违法分包关系，取得向转包人或者违法分包人的工程价款请求权。转包人、违法分包人或者实际施工人完成建设工程后，转包人或者违法分包人基于其与发包人之间的建设工程施工合同关系，取得向发包人的建设工程价款请求权。出于保护建筑工人利益的目的，该条司法解释直接赋予实际施工人对发包人的工程价款请求权，但实际施工人权利的实现应当以查清案件事实为前提，所以该条司法解释将转包人或者违法分包人列为本案第三人参加诉讼。

（2）转包人或者违法分包人在本案诉讼地位为第三人。《民事诉讼法》将第三人分为有独立请求权的第三人和无独立请求权的第三人。显然建设工程中的转包人、违法分包人不可能成为有独立请求权的第三人。如果实际施

工人只起诉发包人，人民法院追加转包人、违法分包人的理由只能是转包人、违法分包人与本案有法律上的利害关系，不予追加则难以查清事实。转包人、违法分包人如被人民法院追加为被告，则与法律原则相悖。实际施工人作为原告，自然有选择被告的权利，如果实际施工人一并起诉转包人、违法分包人和发包人，将转包人、违法分包人和发包人作为共同被告并无不当。但人民法院追加转包人、违法分包人为被告，则实际侵害了实际施工人作为原告的选择被告的诉权。如果人民法院将转包人、违法分包人追加为被告后，直接判决转包人、违法分包人承担法律责任，则超出了实际施工人的诉讼请求。所以，人民法院追加转包人或者违法分包人为本案第三人为宜。实际施工人向发包人主张权利的范围以发包人欠付各方当事人工程价款的数额为限。发包人向实际施工人承担责任后，各方当事人之间的建设工程价款债权、债务相应部分消灭。

（3）实际施工人主张权利的发包人仅指建设工程业主方。《建工解释（一）》第43条第2款规定赋予了实际施工人享有突破合同主体相对性的权利。笔者认为，该条司法解释对发包人的权利影响较大，发包人应该仅指建设工程的业主，而不应扩大理解为转包人、违法分包人等中间环节的相对发包人。

（三）合法的施工劳务合同的承包人有权直接向发包人主张权利

《建工解释（一）》第43条赋予了实际施工人突破合同相对性直接向发包人主张工程价款的权利。该司法解释施行后，社会产生不同的认识，认为该项权利对于劳务分包仅赋予违法施工劳务合同的承包人，而合法的施工劳务合同的承包人无权直接向发包人主张权利。笔者认为，从立法目的上看，赋予实际施工人直接向发包人主张工程价款的权利，目的是保护建筑工人的合法权益。分包合同可以分为有效或无效，合法的施工劳务合同中的建筑工人的权益依然要保护准。既然在施工劳务合同违法的情况下，对施工劳务合同的承包人的权利要特别保护，在施工劳务合同合法的情况下，对施工劳务合同承包人的权利当然应当予以同等保护。因此，也适用于合法的施工劳务合同的承包。①

（四）转包人或者违法分包人被追加为第三人后有权请求发包人给付建设工程价款

实际施工人以发包人为被告主张权利的，人民法院应当追加转包人或者违法分包人为本案第三人。转包人或者违法分包人被追加为第三人后，可能向发包人提出给付建设工程价款的诉讼请求。实际施工人以发包人为被告主张权利，该权利来源于实际施工人对转包人或者违法分包人享有的建设工程价款给付请求权，也来源于转包人或者违法分包人对发包人享有的建设工程价款给付请求权。因此，实际施工人对发包人提起的诉讼与转包人或者违法分包人对发包人提起的诉讼具有牵连关系。《民事诉讼法》第 143 条规定："原告增加诉讼请求，被告提出反诉，第三人提出与本案有关的诉讼请求，可以合并审理。"依据该规定，人民法院对转包人或者违法分包人被追加为第三人后提出请求发包人给付建设工程价款的诉讼请求，可以合并审理。这不仅有助于减少当事人的诉累，提高诉讼效率，也有利于查清案件事实，结清各方当事人之间的债务。

（五）借用资质的实际施工人不享有直接向发包人主张工程价款的权利

《建工解释（一）》第 43 条中的实际施工人包括转承包人与违法分包合同的承包人，而对于借用有资质的实际施工人的权益保护问题没有涉及。笔者认为，借用资质的实际施工人不享有《建工解释（一）》第 43 条规定的向发包人直接主张工程价款的权利。借用资质的实际施工人是以具有资质的建筑施工企业名义与发包人签订建设工程施工合同的，在建设工程施工合同上加盖的是出借资质的建筑施工企业的公章，因此出借资质的建筑施工企业才是建设工程施工合同的当事人。即使借用资质签订的建设工程施工合同无效，

---

① 最高人民法院民事审判第一庭编著：《最高人民法院建设工程施工合同司法解释（二）理解与适用》，人民法院出版社 2019 年版，第 509 页。
引文是对《最高人民法院关于审理建设工程施工合同司法解释（二）》第 24 条的理解，《最高人民法院关于审理建设工程施工合同司法解释（二）》第 24 条被《建工解释（一）》第 43 条吸收，该引文的观点在司法实践中仍具有指导性。

也不影响发包人和出借资质的施工企业作为合同相对方的法律地位，作为挂靠人的实际施工人原则上是该合同之外的第三人。转包和违法分包在《建工解释（一）》第43条中涉及了两种法律关系，即发包人与承包人之间的建设工程施工合同关系、转承包合同或违法分包合同关系，转承包人与发包人（业主）之间已经全面实际履行承包人与发包人（业主）签订的建设工程施工合同，并形成事实上的权利义务关系时，转承包人事实上已经取代承包人，与发包人形成合同关系。在这种情况下，转承包人和违法分包合同的承包人才有权向发包人主张权利。对于借用资质来说，发包人与承包人之间并没有签订建设工程施工合同的真实意思表示，转包、违法分包导致建设工程施工合同无效的法律依据为《建筑法》《建设工程质量管理条例》，借用资质导致建设工程施工合同无效的法律依据为《民法典》第146条的规定："行为人与相对人以虚假的意思表示实施的民事法律行为无效。"综上所述，借用资质的承包人不能基于《建工解释（一）》第43条的规定向发包人直接主张工程价款。

### 三、实际施工人工程价款结算问题

在建设工程施工实践中，涉及实际施工人的建设工程法律关系复杂，结算问题也相应复杂，不仅有《建工解释（一）》第43条规定的实际施工人以发包人为被告主张工程价款的问题，还有实际施工人与发包人直接结算的效力问题、发包人向实际施工人支付工程价款的效力问题等。

（一）实际施工人的工程价款的请求权以建设工程质量合格为前提

建设工程是涉及公共利益的特殊产品。建设工程质量安全是建设工程施工合同履行过程中最重要的问题，这是最高人民法院在制定《建工解释（一）》时重要的价值考量。人民法院坚决维护招标投标市场秩序，坚决维护建设工程领域各类管理性规定和技术规定权威，坚决否定转包、违法分包、借用资质的建设工程施工合同的效力的目的也在于此。根据《民法典》第793条第1款的规定，只有在建设工程经验收合格的情况下，建设工程施工合同无效，承包人才有权参照合同有关工程价款的约定获得折价补偿。实际施工人制度的设立是保护建筑工人等弱势群体的利益，也是最高人民法院所坚持的价值取向，但对实际施工人的保护仍然要以建设工程质量合格为前提。如果实际施工人完成的建设工程质量不合格且拒绝修复，或者经修复仍不合格的，无论是实际施工人对转包人或者违法分包人的建设工程价款请求权，还是转包人或者违法分包人对发包人的建设工程价款请求权，都将失去合法性和合理性基础。

（二）实际施工人向发包人主张权利的条件

《建工解释（一）》第43条第2款规定确立了实际施工人可以突破合同相对性原则，直接向发包人主张权利。但该司法解释对实际施工人主张该权利时，设定了以下三个条件。

1. 实际施工人对转包人或者违法分包人享有债权

实际施工人在从事建设工程施工后，工程质量合格，对转包人、违法分包人就产生了债权，这是毋庸置疑的。《建工解释（一）》第43条第2款中写明"实际施工人以发包人为被告主张权利的"，但对于该权利的范围，司法解释并没有限制，笔者认为，实际施工人享有的权利范围，如限定在发包人欠付的工程价款内，司法解释应当予以明确。所以实际施工人向发包人主张权利不限于转包、违法分包的工程价款请求权，也可能是因转包合同或者违法分包合同无效引起的赔偿损失请求权。

2. 实际施工人享有的权利范围以转包人、违法分包人的工程价款为限

实际施工人向发包人主张的权利，不超出发包人欠付转包人或者违法分包人建设工程价款。实际施工人向发包人主张权利仅限于承包人或分包人向发包人所主张的工程价款范围。工程价款一般包括直接费、间接费、利润和税金四部分。在工程价款之外，发包人还会拖欠总承包人、转包人、违法分包人的工程价款利息、违约金、工程奖励等款项。实际施工人可以向发包人主张的款项范围应当限定为发包人拖欠转包人、违法分包人的工程价款，不包括违约金、利息、损失赔偿等。

（1）实际施工人向发包人主张权利的范围。《建工解释（一）》突破了合同相对性原则，赋予实际施工人直接起诉发包人的权利，这就涉及实际施工人享有的权利、发包人负担的义务范围问题。《建工解释（一）》第43条

将发包人的义务范围限定为，发包人只在欠付工程价款范围内对实际施工人承担责任。也就是说，发包人的义务范围是拖欠承包人的工程价款范围，超过工程价款范围，如发包人向承包人负担的违约金、损害赔偿金等均不在此种责任范围内。但《建工解释（一）》中并没有明确发包人与承包人在此种情况下民事责任的类型及实际施工人享有权利的范围。所以，在审理此类案件时，在责任形式上应当认定发包人在欠付范围内与承包人承担连带责任为宜。笔者认为，在实际施工人的权利范围上，实际施工人向发包人直接主张债权的数额应当以发包人欠付承包人的工程价款为限。但是在《建工解释（一）》中并未对实际施工人向发包人主张权利的范围作出限制，在施工过程中发生的工程价款、利息以及实际损失，如停工损失、窝工损失等，实际施工人均可向发包人主张。

（2）人民法院应当查明发包人欠付转包人或者违法分包人建设工程价款的数额。在司法实践中，有的人民法院直接在判决主文中判令发包人在欠付转包人或者违法分包人工程价款范围内对实际施工人承担责任，但对于发包人是否欠付转包人或者违法分包人工程价款以及欠付工程价款的数额等事实却并未查清，致使实际施工人与发包人之间的权利义务并不明确。实际施工人申请强制执行后，由于没有明确具体的执行内容，往往导致无法执行，实际施工人的权利不能及时实现。所以，《建工解释（一）》第43条规定："……在查明发包人欠付转包人或者违法分包人建设工程价款的数额后，判决发包人在欠付建设工程价款范围内对实际施工人承担责任。"

3. 实际施工人突破合同主体相对性的债权为工程债权

建设工程施工合同中往往约定由施工单位负责采购建筑材料、建筑构配件和租赁设备，即施工方负责建筑材料和建筑构配件的采购、机械设备的租赁。承包人将建设工程转包或者违法分包后，一般由实际施工人与材料供应商形成买卖合同，与机械设备租赁商形成租赁合同。在实践中，实际施工人拖欠材料供应商的材料价款或机械设备租赁款，债权人是否可以适用《建工解释（一）》第43条规定，由发包人与实际施工人共同向材料供应商承担连带清偿责任？笔者认为，实际施工人拖欠材料价款或机械设备的租赁款，材料供应商和机械设备的出租人不享有直接向发包人主张欠款的权利。《建工解释（一）》第 43 条第 2 款规定明确表达出这种突破合同主体相对性的权利仅仅限定于实际施工人的工程价款债权，该权利是法律对建筑工人这一特定群体给予的特殊保护，不应当随意扩大。建设单位欠付工程价款的，仅对实际施工人承担欠付工程价款范围内的清偿责任，而不能及于材料供应商，即材料供应商无权就实际施工人拖欠的材料价款请求建设单位承担连带清偿责任。

（三）借用资质的实际施工人不享有工程价款排除执行的权利

法律法规明确规定禁止转包、违法分包和挂靠施工，但是建筑行业的特点使借用他人资质进行挂靠规避法律法规的行为屡禁不止。在挂靠施工中，工程价款大多通过被挂靠企业的账户处理。在这种情形下，被挂靠企业因与第三人债务而被法院强制执行，这就产生了实际施工人可否对第三人债权排除执行的问题。

1. 实际施工人不享有工程价款的排除执行的权利

法律没有强制规定建设单位支付给施工企业的工程价款仅能用于特定工程。相反，施工单位对已经取得的工程价款是享有任意处分权利的。货币属于种类物，工程价款是以货币形式表现出的数额，具有不特定性。《民法典》第 224 条规定："动产物权的设立和转让，自交付时发生效力，但是法律另有规定的除外。"货币应当是占有即所有。被挂靠施工企业资金，只要没有被特定化，进入被挂靠施工企业账户的资金即视为该公司资金。即使被挂靠施工企业和挂靠人自身将该款项特定化为某项工程价款，但是该行为对外不产生任何法律效力，更不能对抗执行。可见，挂靠实际施工人是无法主张工程价款的所有权的，从而排除被挂靠人债权人的强制执行。

2. 挂靠的实际施工人对工程价款不享有优先权

《民法典》第 807 条规定："发包人未按照约定支付价款的，承包人可以催告发包人在合理期限内支付价款。发包人逾期不支付的，除根据建设工程的性质不宜折价、拍卖外，承包人可以与发包人协议将该工程折价，也可以请求人民法院将该工程依法拍卖。建设工程的价款就该工程折价或者拍卖的价款优先受偿。"建设工程价款优先受偿权行使的基础是发包人未按约定支付工程价款，该优先受偿权指向的标的物是建设工程本身，而非建设工程价款。对于发包人按照约定汇入被挂靠企业账户的工程价款，挂靠的实际施工人不享有优先权，应当属于被挂靠施工企业所有，法院可以对该款项强制执行。

（四）发包人与总承包人的结算结果作为实际施工人结算依据的效力

转包、违法分包中经常有实际施工人与承包人在合同中约定，以承包人与发包人的合同结算结果作为结算依据。此类约定，不仅确定了实际施工人与承包人之间的价款结算方式，而且确定了付款时间，即结算时间在承包人与发包人结算结果形成之后。笔者认为，此类条款是双方真实意思表示，可在结算时参照适用。因为实际施工人与承包人之间的挂靠、转包、分包的施工合同为无效合同，所以根据《民法典》第793条第1款的规定，建设工程验收合格，可以参照合同关于工程价款的约定折价补偿承包人。参照的范围仅在验收合格的条件下参照工程价款的约定适用，不可进一步扩大。如果实际施工人能够举证证明承包人与发包人之间的结算结果损害其合法权益的，那么可以根据实际施工人的申请，依据承包人与发包人之间的合同及相关签证确定实际施工人应得的工程价款。

（五）发包人和实际施工人直接结算的效力

《河北省建工审理指南》第32条规定："承包人请求发包人支付工程款，发包人以向实际施工人支付工程款抗辩的，应当举证证明支付工程款数额及支付理由，对付款有特殊约定、承包人予以授权、生效裁决予以确定，或者有其他正当理由，人民法院应当予以支持。"该审理指南明确了发包人原则上向与其签订合同的承包人支付工程价款，发包人向实际施工人支付工程价款应当对付款有特殊约定、承包人予以授权、生效裁决予以确定，或者有其他正当理由，并且发包人对付款理由承担举证责任。建设工程经验收合格后，从保护实际施工人的角度出发，在一定条件下赋予其直接与发包人进行结算的权利是符合《建工解释（一）》赋予实际施工人多种程序性和实体性权利，以切实保护其利益的立法精神的。

1. 在借用资质情况下，发包人与实际施工人的结算效力

在借用资质的情况下，如果发包人与实际施工人直接进行结算，该结算

的效力应当区分两种情况进行分析。

（1）在发包人订立合同时明知借用资质的情况。因合同关系直接建立于借用资质人与发包人之间，被借用资质人对于工程价款并无请求权，故无论借用资质人是以自己名义还是以被借用资质人名义与发包人进行结算，在三方之间均具有效力。

（2）发包人在订立合同时并不明知借用资质的情况。发包人与借用资质人之间并无合同关系，建设工程施工合同关系存在于发包人与被借用资质人之间，则发包人与借用资质人之间的结算结果并不必然对被借用资质人具有约束力。如果借用资质人是以被借用资质人名义与发包人进行结算，且经被借用资质人同意或构成表见代理，则其结算一般对于被借用资质人具有约束力。如果未经被借用资质人同意或者不构成表见代理，则其结算对被借用资质人不具有约束力。

2. 在转包情况下，发包人与实际施工人的结算效力

在转包的情况下，存在两个不同的建设工程施工合同关系，承包人与实际施工人转包建设工程，不影响承包人与发包人订立的建设工程施工合同的效力。虽然工程由实际施工人完成，但发包人与实际施工人之间没有直接建立施工合同法律关系。工程转包后，实际施工人仍然以转包人的名义施工，在施工过程中转包人会实施一定程度的管理协调配合工作。所以，工程的转包与合同的转让是不同的，合同转让后，转让人随即退出原合同关系，受让人取代转让人的原合同地位，承继原合同的权利义务，与发包人形成了施工合同法律关系。转包行为是一种违法行为，不能产生转让合同的法律效力。因此，发包人不能突破合同相对性的原则，工程验收合格后发包人不能越过承包人直接与实际施工人结算工程价款，除非构成表见代理或有其他特殊情形。

3. 发包人向实际施工人支付的款项予以抵扣的情形

承包人向发包人主张工程价款时，对发包人请求抵扣已向实际施工人支付的工程价款，在处理这个问题时，应依据双方合同有关付款的约定处理。如果合同明确约定应向承包人账号汇入款项，在无合理依据的情况下，发包人擅自向实际施工人支付款项一般应认定为履行不当，对承包人不具有约束力，但当事人另有约定、生效判决、仲裁裁决予以确认或发包人有证据证明

其有正当理由向实际施工人支付的除外。但在实践中，应注意存在如下特殊情况：在转包或借用资质的情况下，与发包人有合同关系的承包人实际上对工程一般均无实际投入，如果该承包人对外负债累累，并且已经存在向实际施工人不及时支付、无力支付甚至故意逃避付款责任，致使影响建设工程进度或严重损害农民工利益时，发包人为使工程建设顺利推进或者保障农民工利益，直接向实际施工人支付工程价款，应认定为有合理理由，对其抵扣主张应予支持。

## 四、实际施工人代位权诉讼的行使

### （一）实际施工人享有代位权的法律依据

实际施工人基于建设工程施工合同，无论是向发包人还是向转包人、违法分包人主张的权利均为债权，债权属于对人权，具有相对性，原则上不能对抗第三人。法律为了防止债务人的不当行为损害债权人的利益，赋予债权人向特定第三人主张权利或者撤销债务人特定行为的权利，具体体现在《民法典》第535条①的代位权和《民法典》第538条、第539条②的撤销权。《建工解释（一）》第44条规定："实际施工人依据民法典第五百三十五条规定，以转包人或者违法分包人怠于向发包人行使到期债权或者与该债权有关的从权利，影响其到期债权实现，提起代位权诉讼的，人民法院应予支持。"该条司法解释就是实际施工人在建设工程施工合同纠纷中提起《民法典》中代位权诉讼的特别规定。《建工解释（一）》第43条和第44条都是实际施工人向发包人直接主张权利，但《建工解释（一）》第44条中实际施工人行使代

---

① 《民法典》第535条规定："因债务人怠于行使其债权或者与该债权有关的从权利，影响债权人的到期债权实现的，债权人可以向人民法院请求以自己的名义代位行使债务人对相对人的权利，但是该权利专属于债务人自身的除外。代位权的行使范围以债权人的到期债权为限。债权人行使代位权的必要费用，由债务人负担。相对人对债务人的抗辩，可以向债权人主张。"

② 《民法典》第538条规定："债务人以放弃其债权、放弃债权担保、无偿转让财产等方式无偿处分财产权益，或者恶意延长其到期债权的履行期限，影响债权人的债权实现的，债权人可以请求人民法院撤销债务人的行为。"第539条规定："债务人以明显不合理的低价转让财产、以明显不合理的高价受让他人财产或者为他人的债务提供担保，影响债权人的债权实现，债务人的相对人知道或者应当知道该情形的，债权人可以请求人民法院撤销债务人的行为。"

位权并不限于发包人拖欠的建设工程施工合同项下的债权债务关系。但是有一点应当强调，实际施工人对发包人提起的代位权诉讼并不妨碍转包人或者违法分包人起诉请求发包人履行债务，只是在前诉裁判发生法律效力之前，后诉需中止审理。代位权的行使范围以债权人的债权为限。债权人行使代位权的必要费用，由债务人负担。

（二）实际施工人对发包人提起代位权诉讼应由建设工程所在地人民法院管辖

人民法院诉讼管辖的一般原则是被告住所地人民法院管辖。因此，实际施工人对发包人提起的代位权诉讼，原则上应由发包人住所地人民法院管辖。但是，实际施工人对发包人提起的代位权诉讼通常涉及建设工程价款债权，属于建设工程施工合同纠纷。《民事诉讼法解释》第 28 条第 2 款规定，建设工程施工合同纠纷应按照不动产纠纷确定管辖。根据《民事诉讼法》第 34 条关于专属管辖的规定，由不动产所在地人民法院管辖，即由建设工程所在地管辖。《民事诉讼法》和《民事诉讼法解释》关于专属管辖的规定应优先适用于被告住所地管辖的规定。因此，实际施工人对发包人提起的代位权诉讼涉及建设工程价款债权的，应由建设工程所在地人民法院管辖，不涉及建设工程价款债权的，应由发包人住所地人民法院管辖。[①]

（三）转包人或者违法分包人可以作为本案第三人参加诉讼

实际施工人对发包人提起的代位权之诉，是由三方当事人、两个法律关系构成的。三方当事人是指发包人、转包人或者违法分包人、实际施工人；两个法律关系是指发包人与转包人或者违法分包人之间的承包关系，转包人或者违法分包人与实际施工人之间的转包或者违法分包关系。转包人或者违法分包人与实际施工人之间的转包或者违法分包关系的行为无效，发包人与转包人或者违法分包人之间的建设工程施工合同并不必然无效。因此，转包人或者违法分包人与发包人之间的债权债务关系可能是合同之债，也可能不是合同之债。发包人与实际施工人之间没有合同关系，是转包人或者违法分

---

[①] 最高人民法院民事审判第一庭编著：《最高人民法院新建设工程施工合同司法解释（一）理解与适用》，人民法院出版社 2021 年版，第 560 页。

包人作为媒介在实际施工人和发包人之间建立起联系。所以，转包人或者违法分包人在代位权诉讼中对事实认定很重要，为查清三方当事人之间的法律关系，转包人或者违法分包人有必要参加诉讼。对此，债权人以次债务人为被告向人民法院提起代位权诉讼，未将债务人列为第三人的，人民法院可以追加债务人为第三人。人民法院追加转包人或者违法分包人为第三人的，如果转包人或者违法分包人向发包人提起履行债务的诉讼请求，人民法院可依据《民事诉讼法》第 143 条的规定，合并审理。

（四）实际施工人提起代位权的条件

1. 实际施工人对转包人或者违法分包人的债权合法

《建工解释（一）》第 1 条第 2 款规定："承包人因转包、违法分包建设工程与他人签订的建设工程施工合同，应当依据民法典第一百五十三条第一款及第七百九十一条第二款、第三款的规定，认定无效。"所以实际施工人签署的转包或者违法分包的建设工程施工合同，属于无效合同。如果实际施工人承建的建设工程质量合格，依照《民法典》第 793 条第 1 款的规定，转包人或者违法分包人仍应参照合同关于工程价款的约定折价补偿承包人。所以，即使实际施工人签署的建设工程施工合同无效，实际施工人对转包人或者违法分包人享有合法的债权。

2. 转包人或者违法分包人怠于向发包人行使其到期债权，对实际施工人造成损害

根据《民法典》第 535 条、《建工解释（一）》第 44 条的规定，行使代位权应当符合以下条件：其一，转包人或者违法分包人对实际施工人的债务已经到期；其二，转包人或者违法分包人不向实际施工人履行该到期债务；其三，转包人或者违法分包人对发包人享有具有金钱给付内容的债权；其四，转包人或者违法分包人对发包人享有的具有金钱给付内容的债权已经到期；其五，转包人或者违法分包人不以诉讼方式或者仲裁方式向发包人主张已到期的具有金钱给付内容的债权；其六，转包人或者违法分包人怠于向发包人主张已到期的具有金钱给付内容的债权，致使实际施工人的到期债权未能实现。转包人或者违法分包人怠于向发包人行使其到期债权，关键看其是否在

债权履行期届满后行使债权。但发包人有权向实际施工人主张其向转包人或者违法分包人的合理抗辩，对抗实际施工人的代位权。

### 五、实际施工人对建设工程的质量责任

**（一）转承包人、违法分包合同的承包人的质量责任**

《建工解释（一）》第15条规定："因建设工程质量发生争议的，发包人可以以总承包人、分包人和实际施工人为共同被告提起诉讼。"该条司法解释是转承包、违法分包合同的承包人对建设工程质量责任的承担。从诉讼主体的设定上，因建设工程质量纠纷的涉诉案件，发包人可以总承包人、分包人、实际施工人为共同被告。从责任承担来看，《建筑法》第67条规定："承包单位将承包的工程转包的，或者违反本法规定进行分包的，责令改正，没收违法所得，并处罚款，可以责令停业整顿，降低资质等级；情节严重的，吊销资质证书。承包单位有前款规定的违法行为的，对因转包工程或者违法分包的工程不符合规定的质量标准造成的损失，与接受转包或者分包的单位承担连带赔偿责任。"

**（二）借用资质的单位、个人与出借资质单位对建设工程质量承担连带责任**

《建筑法》第66条规定："建筑施工企业转让、出借资质证书或者以其他方式允许他人以本企业的名义承揽工程的……对因该项承揽工程不符合规定的质量标准造成的损失，建筑施工企业与使用本企业名义的单位或者个人承担连带赔偿责任。"借用资质实质上是企业或个人利用其他企业的资质规避国家法律、政策对其业务的限制和监管。《建工解释（一）》第1条明确规定"没有资质的实际施工人借用有资质的建筑施工企业名义"签订的建设工程施工合同无效。因为法律法规明确否定了借用资质行为的合法性，因此在借用资质情形下建设工程质量不合格损害赔偿的处理，应根据《建工解释（一）》第7条规定："缺乏资质的单位或者个人借用有资质的建筑施工企业名义签订建设工程施工合同，发包人请求出借方与借用方对建设工程质量不合格等因出借资质造成的损失承担连带赔偿责任的，人民法院应予支持。"

借用资质人与被借用资质人对质量问题承担连带责任的法理基础如下。首先，关于违约责任。由于借用资质方借用资质签订的建设工程施工合同无效，合同自始无效便不存在违约责任，所以借用资质人和被借用资质人承担连带赔偿责任的法律基础不是违约责任。其次，关于缔约过失责任。因建设工程质量问题所造成的损失并非发生在合同缔结阶段，借用资质的借用资质人不是建设工程施工合同的当事人，合同当事人只有发包人和被借用资质人，所以借用资质的建设工程质量责任并非缔约过失责任，笔者认为，借用资质人与发包人产生的质量纠纷应属于侵权责任的范畴。《民法典》第 1168 条规定："二人以上共同实施侵权行为，造成他人损害的，应当承担连带责任。"在施工合同订立阶段，借用资质人与被借用资质人共谋与发包人订立无效施工合同的行为，显然符合意思联络的主观共同侵权；被借用资质人虽未实际参与工程施工，但收取了管理费，就应该有工程质量管理义务，其在监管方面存在过失。在借用资质的法律关系中，符合侵权行为的构成要件主要包括：①出借人与实际施工人实施了借用资质的违法行为；②出借人与实际施工人对出借资质的违法行为存在主观上明知行为非法的故意；③出借人出借资质的行为对建设工程出现的质量问题负有过错；④建设工程质量问题与出借资质单位的出借资质行为存在法律上的因果关系。所以，借用资质人和被借用资质人承担连带赔偿责任的法理基础是共同侵权。

## 六、建筑施工企业的用工主体责任

在建筑施工领域中，特别是在建设施工项目现场，既有建筑施工企业派驻施工现场的项目负责人、技术负责人、安全负责人、质量负责人等与建筑施工企业形成劳动关系的工作人员，又存在专业承包、劳务施工分包的施工人员，甚至存在转包、违法分包、借用资质等不具备用工主体资格的实际施工人招用的工作人员。施工现场存在大量复杂的用工形式，导致施工参与人的劳动关系确立、劳动者因工受伤的责任承担等问题在实践中认识不一。

（一）建筑施工企业与实际施工人雇佣的建筑工人之间不存在劳动关系

建筑施工企业与派驻施工现场的劳动者之间签订劳动合同，劳动者和建筑施工企业一般不会产生关于劳动关系的纠纷。而现实中因建设工程施工领域中转包、违法分包、借用资质等现象大量存在，不具有用工主体资格的实际施工人就频繁出现。但事实上，建筑施工企业与实际施工人雇佣的建筑工人不存在劳动合同，建筑工人在工作时间、工作安排、工作方式上也不受建筑施工企业的制度约束，建筑工人往往直接受雇于实际施工人，工资一般均由实际施工人按照天数计算发放，不接受建筑施工企业的日常考勤。建筑施工企业与实际施工人雇佣的建筑工人之间不具备建立劳动关系的真实意思表示。所以，建筑施工企业与实际施工人雇佣的建筑工人并不具备劳动关系。2005 年《劳动和社会保障部关于确立劳动关系有关事项的通知》中规定："建筑施工、矿山企业等用人单位将工程（业务）或经营权发包给不具备用工主体资格的组织或自然人，对该组织或自然人招用的劳动者，由具备用工主体资格的发包方承担用工主体责任。"该通知明确了作为具备用工主体资格的建筑施工企业与建筑工人之间的责任为用工主体责任，用工主体责任不等同于"用人单位责任"。2011 年《全国民事审判工作会议纪要》第 59 条规定："建设单位将工程发包给承包人，承包人又非法转包或者违法分包给实际施工人，实际施工人招用的劳动者请求确认与具有用工主体资格的发包人之间存在劳动关系的，不予支持。"2014 年《最高人民法院关于对最高人民法院〈全国民事审判工作会议纪要〉第 59 条作出进一步释明的答复》中认为："实际施工人的前一手具有用工主体资格的承包人、分包人或转包人与劳动者之间既不存在雇佣关系，也不存在劳动关系。"在这种情况下，直接认定农民工与建筑施工企业存在劳动关系，不符合劳动法的规定。

（二）建筑施工企业对实际施工人雇佣的建筑工人的用工主体责任

用工主体责任是建筑施工企业将工程承包给不具备用工主体资格的单位或个人，从而导致建筑施工企业承担工伤赔偿责任的法律制度。用工主体责任解决了实际施工人雇佣的建筑工人因工受伤后，实际施工人赔付能力不足的问题，建筑公司与实际施工人雇佣的建筑工人即使双方不存在劳动关系，该建筑公司亦应当承担工伤保险待遇赔付责任。用工主体责任是不具备用工主体资格的单位或个人转嫁风险的一种替代责任救济措施，从而对劳动者给予特殊的保护。

1. 用工主体责任和建设工程施工合同的效力关系

用工主体责任和建设工程施工合同的效力是完全不同的法律概念，并非所有无效的建设工程施工合同必然导致建筑施工企业承担用工主体责任。建筑施工企业是否承担用工主体责任，关键看实际施工人是否拥有用工主体资格。例如，建筑施工企业违反《招标投标法》的规定对暂估价工程违法分包，即使建设工程施工合同无效，建筑施工企业也不承担用工主体责任。根据 2013 年《人力资源和社会保障部关于执行〈工伤保险条例〉若干问题的意见》第 7 条规定："具备用工主体资格的承包单位违反法律、法规规定，将承包业务转包、分包给不具备用人主体资格的组织或者自然人，该组织或者自然人招用的劳动者从事承包业务时因工伤亡的，由该具有用工主体资格的承包单位承担用人单位依法应承担的工伤保险责任。"如果发包单位将工程发包给具备用工主体资格的承包单位，只要接受发包的承包单位是具备用工主体资格的用人单位，均应由承包单位承担工伤保险责任。如果实际施工人虽然不具备法定的建筑施工资质，但是具备用工主体责任，即使实际施工人与建筑施工企业之间的建设工程施工合同无效，建筑施工企业也不承担用工主体责任。

2. 用工主体责任的责任范围

用工主体责任意味着建筑施工企业对与之不形成劳动关系的劳动者承担工伤赔偿的责任，其与劳动者权益是两个不同的法律概念。区分这两种法律概念应当从用工主体责任和劳动关系进行分析。用工主体责任是建立在建筑施工企业和实际施工人雇佣的人员不存在劳动关系的基础上的，既然不存在劳动关系，那么自然就不存在劳动者权益。2013 年《人力资源和社会保障部关于执行〈工伤保险条例〉若干问题的意见》第 7 条规定和 2014 年《最高人民法院关于审理工伤保险行政案件若干问题的规定》第 3 条第 1 款第 4 项规定①突破了传统的工伤责任，不再以存在劳动关系为前提条件。建筑施工企业将工程非法发包给不具备用工主体资格的组织或者自然人情形下，提供劳动的人员至少是在间接为具备用工主体资格的建筑施工企业提供服务，由承包单位承担用工主体责任是符合工伤的基本逻辑的。但是，以上规定采用的是"工伤保险责任"的概念，说明建筑施工企业仅承担的是工伤赔偿责任，不应当包括社会保险费缴纳、经济补偿金的支付等劳动法上的义务。劳动者享有的用工主体责任的权利范围仅仅限于获得"工伤保险责任"，而不涉及其他劳动者权益。

3. 用工主体责任的法律程序

从工伤赔偿的程序来说，如果用人单位对工伤职工存在劳动关系异议时，将进入劳动关系的仲裁和审判程序。但如果通过劳动争议仲裁或诉讼解决，因建筑工人与建筑施工企业之间不存在劳动关系，将有可能导致建筑工人的工伤赔偿无法救济。为了有效地维护受伤劳动者的权利，应当允许劳动者直接向建筑施工企业主张工伤保险责任，从而免去建筑工人的工伤认定和劳动关系申请程序。

# 第五节　建筑施工企业内部承包

内部承包是企业普遍采用的一种合法的生产组织形式，特别是在建设工程施工领域，内部承包已经被广泛采用。建筑施工企业的内部承包是指建筑施工企业获得建设工程的承包权后，按照一定的经济条件和管理模式，将建设工程的施工任务承包给其分支机构或者生产经营管理部门予以完成的行为。在内部承包施工中，内部承包人在建筑施工企业的监督管理下进行工程的建设施工，建筑施工企业通过内部承包人对工程建设进行管理，确保建设工程

---

① 《最高人民法院关于审理工伤保险行政案件若干问题的规定》第3条第1款第4项："用工单位违反法律、法规规定将承包业务转包给不具备用工主体资格的组织或者自然人，该组织或者自然人聘用的职工从事承包业务时因工伤亡的，用工单位为承担工伤保险责任的单位。"

施工合同能够得到有效履行。企业内部承包明确了项目承包者与企业之间的权利义务关系，有利于实现生产要素的优化配置，对工期、质量、成本、安全等方面实现强有力的管理。

## 一、企业内部承包概述

建设工程施工是将各种社会资源相互协调的一项系统工程，是由人力资源、技术支撑、财力支持、管理调度这四个方面有序搭配和相互组合形成的。在市场经济条件下，自上而下单一的集权管理模式，会导致建筑工程活动和市场的实际需求之间存在断层，极大地限制建筑施工企业的发展活力。为了适应市场经济的发展，建设施工企业内部承包经营，成功地解决了建筑施工企业管理和生产效率的问题。2011年国务院《全民所有制工业企业承包经营责任制暂行条例》第41条规定："承包经营企业应当按照责权利相结合的原则，建立和健全企业内部经济责任制，搞好企业内部承包。"

（一）建筑施工企业内部承包的法律概念

建筑施工企业内部承包是在建筑施工企业的监督管理下，以工程项目为对象，以项目经理负责为前提，以施工图预算为依据，以内部承包合同为纽带，实行从工程项目开工到竣工验收交付使用全过程的施工承包经营管理。其承包主体是建筑施工企业内部具有隶属关系的分支机构、生产经营职能部门或者劳动者个人；承包客体是特定工程项目的经营权，即按照所有权和经营权相分离的经营模式，承包人依约享有特定工程项目的经营权，包括工程项目的谈判、经营人员的组合调配、机械设备的使用等，对于承包人享有的经营权，企业不得无故干预。内部承包人对外仍以企业的名义从事经济活动，对外民事责任由企业承担，对内则由承包人独立核算、自负盈亏，企业收取一定的管理费或者承包费后，盈亏归承包人。为落实承包责任制，保障承包人全面适当履行施工承包合同约定的义务，建筑施工企业一般与承包人订立内部承包合同，明确各自的权利义务。企业内部承包制度涉及三部分关系：企业和具有管理关系的内部生产部门、分支机构、职工的内部管理关系；企业的生产资料所有权关系；对企业生产资料的经营管理权关系。目前对内部承包经营管理权应当从平等主体之间的有偿合同关系和行政隶属关系两个层面上进行理解。

1. 平等有偿的合同关系

内部承包合同是由企业和其内部生产部门、分支机构、职工之间作为平等的主体，经过磋商、谈判、共同约定所签订的内部合同，双方对权利义务的约定基础是互惠共赢的。内部承包合同的承包人是项目经理，项目经理在内部承包合同中也多独立核算，自负盈亏。

2. 行政隶属的管理关系

一般情况下，项目经理是建筑施工企业内部承包合同的承包人。项目经理与建筑施工企业之间存在人事聘任、调动、罢免以及社保关系。项目经理所管理的资产为建筑施工企业所有，建筑施工企业对项目经理部的资产进行统一管理，项目经理需接受建筑施工企业的规章制度和行政管理。

（二）内部承包合同的法律特征

建筑施工企业内部承包合同不直接对外发生法律效力，只约束建筑施工企业内部承包合同当事人。严格来讲，它是建筑施工企业的一种内部经营方式，受《民法典》及企业的内部规章制度的调整。

1. 效力符合民事合同效力的一般标准

《民法典》第153条规定："违反法律、行政法规的强制性规定的民事法律行为无效。但是，该强制性规定不导致该民事法律行为无效的除外。违背公序良俗的民事法律行为无效。"第154条规定："行为人与相对人恶意串通，损害他人合法权益的民事法律行为无效。"企业内部承包合同，只要不存在《民法典》规定的无效合同的构成要件，就认定为合法有效。

2. 符合合同自由原则

《民法典》第5条规定："民事主体从事民事活动，应当遵循自愿原则，按照自己的意思设立、变更、终止民事法律关系。"当事人依法享有自愿订立合同的权利，任何单位和个人不得非法干预。在法律并未禁止的情形下，承包人将其承包工程交由内部分支机构或者职工施工，充分体现了合同自由原则。

3. 以合法的建设工程施工合同为标的

内部承包合同是具有法律效力的内部组织协议。内部承包合同的标的是建筑施工企业与发包人签订的建设工程施工合同，建设工程施工合同是以企业内部承包为内容，施工合同内容合法也是内部承包合法的条件。发包人与承包人签订的建设工程施工合同的效力，除依据《民法典》中判断合同效力的一般规则外，还要遵循《建工解释（一）》的特殊规则，包括：①承包人的资质合法；②建设工程合法；③不存在违法发包、转包、违法分包；④不存在违法招标投标；⑤不存在借用资质的行为。

（三）内部承包的认定

内部承包是建筑施工企业在履行建设工程施工合同过程中，企业内部组织生产经营进行的管理活动。内部承包合同当事人双方存在两种关系，即建筑施工企业与内部承包人基于内部承包合同是地位平等的合同关系，基于身份隶属关系是管理与被管理的关系。在司法实践中出现了很多利用内部承包的形式来掩盖转包、违法分包、挂靠等非法活动，这将直接影响合同效力的认定。关于企业内部承包的认定规则，《河北省建工审理指南》第4条规定："建筑施工企业与其下属分支机构或在册职工签订合同，将其承包的全部或者部分工程分包给其下属分支机构或职工施工，并在资金、技术、设备、人力等方面给予支持的，可以认定为企业内部承包合同。判断是否为企业的在册职工应以书面劳动合同、社保缴纳凭证、工资发放证明等证据综合予以认定。企业内部职工和下属分支机构不得单独主张工程款。建筑施工企业与无施工资质的承包人签订的合同名为企业内部承包实为借用资质，当事人主张合同有效的，人民法院不予支持。"笔者认为，内部承包的构成要件应当从以下四个方面进行认定。

1. 项目经理与建筑施工企业存在劳动关系

内部承包合同的发包人为建筑施工企业，承包人为建筑施工企业下属分支机构、职能部门或者职工，两者之间存在管理与被管理的关系。内部承包主要发生在建筑施工企业和内部职工之间，内部职工一般被建筑施工企业任命为项目经理。这种内部承包的判断标准主要是建筑施工企业与内部承包人之间是否存在劳动关系。劳动关系的确认，一般通过劳动合同、缴纳社会保险、工资发放证明等，如果内部承包人与企业没有签订书面劳动合同，根据《劳动和社会保障部关于确立劳动关系有关事项的通知》中劳动关系的判断标准进行认定。

（1）用人单位招用劳动者未订立书面劳动合同，但同时具备下列情形的，劳动关系成立：①用人单位和劳动者符合法律、法规规定的主体资格；②用人单位依法制定的各项劳动规章制度适用于劳动者，劳动者受用人单位的劳动管理，从事用人单位安排的有报酬的劳动；③劳动者提供的劳动是用人单位业务的组成部分。

（2）用人单位未与劳动者签订劳动合同，认定双方存在劳动关系时可参照下列凭证：①工资支付凭证或记录、缴纳各项社会保险费的记录；②用人单位向劳动者发放的"工作证""服务证"等能够证明身份的证件；③劳动者填写的用人单位招工招聘"登记表""报名表"等招用记录；④考勤记录；⑤其他劳动者的证言等。

2. 施工现场的工程管理人员与建筑施工企业存在劳动关系

施工现场的工程管理人员为建筑施工企业的职工，接受建筑施工企业的任免、调动和聘用，属于建筑施工企业内部员工，与建筑施工企业之间存在劳动关系。

3. 内部承包人的施工财产为建筑施工企业所有

内部承包合同的承包人，如建筑施工企业设立的内设机构、分公司等均为建筑施工企业的分支机构，既不具有独立的法人资格，也不具有独立的财产以及对外独立承担民事责任的能力，仅仅是建筑施工企业内部的生产经营责任单位或者职能部门。根据《公司法》的规定，建筑施工企业设立的具有法人资格的子公司，与建筑施工企业订立的合同不属于内部承包合同。内部承包制度中最核心的是内部承包人对企业生产资料的经营管理权。所以用于建设工程施工的主要资产应当属于建筑施工企业所有，内部承包人是对建筑施工企业的生产资料进行组织管理，建设工程所需的人、财、物，仍来源于建筑施工企业，建筑施工企业对建设工程施工质量和安全进行监督。

4. 建筑施工企业与承包人之间有统一的财务管理体系

承包人在建筑施工企业统一管理和监督下独立核算、自负盈亏。内部承包人需要向建筑施工企业交纳管理费，交纳的管理费与承包事项相对应。

（四）母公司与子公司之间内部承包的认定

建设工程施工中，母公司进行招标投标、签订合同，子公司实际承建的情况并不少见。特别是中国中铁、中国铁建、中国交建、中国建筑、中国电建五大建筑集团，从事建设工程施工普遍采用这种模式。五大建筑集团的组织模式一般分为三级，分别是总公司、二级子公司、三级子公司，总公司从资本运作、战略规划、重要人事任免等方面进行宏观管理；二级子公司主要进行承揽工程，签订总承包合同；三级子公司的主要任务就是承担总承包合同的履约任务。以五大建筑集团为代表的这种母公司与子公司之间的法律关系应当具体认定为内部承包关系，笔者认为应当从以下两个方面理解。

1. 母子公司之间存在签约、履约分工

转包或分包的法律本质是债务移转。这种债务移转实质性改变了债务主体的履行能力。正是基于债务转移会影响债权人的债权实现，所以债务移转须经债权人同意。五大建筑集团的总公司、二级子公司、三级子公司具有不同的分工职责，众多的三级子公司是五大建筑集团母公司施工能力的具体体现。所以说，五大建筑集团的母公司将中标的工程交由子公司施工，债务履行能力并没有发生实质性改变，没有损害债权人的利益，这种总公司、二级子公司、三级子公司的战略分工关系是一种特殊的内部承包关系。

2. 母公司与子公司依据内部管理文件调整签约、履约关系

从法人独立的角度来看，母公司与子公司之间具有独立关系。但是，五大建筑集团母公司基于其控股地位对子公司具有绝对控制力。这就足以保证建设工程施工合同签约后，子公司能够按照母公司的要求，认真组织履行建设工程施工合同，确保工程的履约质量。所以，调整五大建筑集团母子公司内部之间关系，依据公司内部的管理文件就可以直接规范，而不需要签订民事合同，这种母子公司之间的关系更适宜定性为特殊的内部承包关系。

## 二、建筑施工企业内部承包合同主体

内部承包合同的发包人是与建设单位签订建设工程施工合同的建筑施工

企业，即建设工程施工合同的承包人。内部承包人是承包人的下属机构或者内部职工。内部承包实质上是建筑施工企业根据建设工程的特点将承揽的工程交由内部部门或职工，由其组织施工的一种内部管理形式。建筑施工企业内部承包参与主体众多，可能是以内部承包的名义违法参与的主体，也可能是合法参与的主体。建筑施工企业内部承包的违法参与主体，主要是利用内部承包的形式，实质上进行转包、违法分包、借用资质等行为。

（一）建筑施工企业内部承包合同的主体

1. 内部承包合同的发包人

内部承包合同的发包人应当具备相应的资质，并在其资质等级许可的业务范围内承揽工程。拥有建筑资质的企业不分类型和等级均可成为建筑施工企业内部承包合同的发包人。内部承包合同是发包人与承包人所签订的约束内部经营关系的一种合同。发包人虽对承包的建设工程进行了内部承包，但对外依然以发包人的名义展开建设工程，内部承包人从事的施工行为实际上是职务行为，据此而产生的民事权利义务都应由发包人承担，如工程价款的结算、工程材料款的债权债务关系等。

2. 内部承包合同的承包人

内部承包合同的承包人是建筑施工企业下属分支机构、职能部门或者职工，身份上接受发包人的管理。内部承包主要发生在建筑施工企业和具有劳动关系的内部职工之间，职工的身份判定，可以依据是否签订劳动合同、有无缴纳社会保险等予以认定。《建筑施工企业项目经理资质管理办法》第2条规定："本办法所称建筑施工企业项目经理（以下简称项目经理），是指受企业法定代表人委托对工程项目施工过程全面负责的项目管理者，是建筑施工企业法定代表人在工程项目上的代表人。"2017年版《建设工程施工合同（示范文本）》通用合同条款第1.1.2.8目约定："项目经理：是指由承包人任命并派驻施工现场，在承包人授权范围内负责合同履行，且按照法律规定具有相应资格的项目负责人。"2003年，国务院发布的《国务院关于取消第二批行政审批项目和改变一批行政审批项目管理方式的决定》明确规定，取消建筑施工企业项目经理资质核准，由注册建造师代替，并设立过渡期。按照规定，只有注册建造师才可以担任项目经理，注册建造师主要从事工程项目管理，适用于建筑施工企业。由此可见，目前的项目经理只是一个管理岗位，没有国家注册的考试要求。所以项目经理应当是具有注册建造师身份的职工，建设施工企业设立项目经理部对项目进行管理，建设工程项目部一般由项目经理、技术负责人、质量管理负责人、安全管理负责人等人员构成，以上人员应当与施工企业形成劳动关系，否则可能构成转包、违法分包、挂靠等违法行为。

（二）利用企业内部承包形式的非法主体

在建设工程实务中，项目经理本该是建设施工企业合法任命的人员，但却有很多挂靠的项目经理及实际施工人，即项目经理既可能是建筑施工企业任命的"合法的项目经理"，也可能是"非合法的项目经理"。笔者认为，"非法的项目经理"一般为建筑施工企业职工以外的人员，其利用企业内部承包的形式实际承揽工程，具体形式分为"挂靠的项目经理"和转承包、违法分包的实际施工人。

1. 挂靠的项目经理

挂靠是指单位或个人以其他有资质的施工单位的名义承揽工程的行为。挂靠的项目经理在身份上与建筑施工企业没有隶属关系，其所经营的资产也与被挂靠的建筑施工企业没有产权关系。被挂靠的建筑施工企业对挂靠的项目经理承揽的工程在施工组织、资金安排、人员管理方面均不进行监督、管理。

2. 转承包人、违法分包合同的承包人

转承包人、违法分包合同的承包人均为实际施工人。转承包人、违法分包合同的承包人往往以企业内部承包的名义从事转包和违法分包的行为。

3. 挂靠的项目经理、转承包人、违法分包合同的承包人与内部承包的项目经理的区别

（1）建筑施工企业对承包合同相对方身份隶属关系不同。挂靠的项目经理、实际施工人与建筑施工企业签署承包协议，内部承包的项目经理与建筑施工企业签署承包协议，但这两种承包协议的主体存在不同。这两种承包协

议中的一方主体均是建筑施工企业，但另一方签约方却有所不同。内部承包合同要求相对方是在册的职工、内部生产部门或分支机构，而挂靠的项目经理、转承包人、违法分包合同的承包人是与建筑施工企业之间法律地位独立、平等，不存在劳动合同关系。

（2）建筑施工企业对建设工程的管理程度不同。挂靠、转包、违法分包过程中，建筑施工企业不对工程项目进行实质的管理，仅保留名义上的承包人身份，不履行管理义务，不对工程的施工活动进行组织管理；而内部承包过程中，建筑施工企业仍需对工程项目在资金、技术、设备和人力等方面进行实质管理，并在施工现场设立项目管理机构，派驻项目负责人、技术负责人、质量管理负责人、安全管理负责人等主要管理人员，履行管理义务。

### 三、企业内部承包中责任的承担

企业内部承包一般产生两种民事法律关系：一种是企业内部承包人与建筑施工企业之间形成的内部承包法律关系；另一种是履行建设工程施工合同过程中，建筑施工企业或者内部承包人因购买材料、租赁设备、专业分包、劳务分包等产生的外部法律关系。实践中，建设工程施工过程中项目经理产生的外部法律行为，在发生纠纷时建设工程施工企业多倾向于选择以项目经理直接签署的合同未经授权为由拒绝承担责任。笔者对企业合法的内部承包产生的责任进行如下讨论，但对于非法的内部承包构成表见代理的，按照表见代理的规则处理。

#### （一）内部承包法律关系的责任承担

内部承包合同的对内属性是指在内部承包合同履行过程中施工企业与承包人的法律关系，在二者之间发生争议时，双方的法律关系和权利义务界定应以内部承包合同为依据。合同的内容具有对价性，合同的双方均应按照合同的约定严格地履行各自的权利义务。

虽然施工企业与内部承包人之间具有隶属关系，但此种隶属关系并不影响内部承包合同的根本内容。内部承包合同内容体现了《民法典》意义上合同所具有的平等、自愿、等价有偿等原则。施工企业允许内部承包人使用其资质是为了获得管理费，而内部承包人支付管理费是为了获得企业资质的使用许可，进而取得内部承包的收益，管理费与收益构成对价。

（二）履行建设工程施工合同外部法律关系产生的责任承担

建设施工企业内部承包的对外责任主要是发生在内部承包人履行建设施工合同过程中产生的债务关系，包括材料采购、建筑设备租赁以及融资过程中发生的设备材料款、租赁费以及借款等债务。笔者认为，内部承包产生的对外债务原则上由建设工程施工合同的承包人承担，这种具有对外效力的债务产生于以下两种情况。

1. 内部承包人的职务行为

对于企业法人的法定代表人和其他工作人员，以法人名义从事的经营活动，企业法人应当承担民事责任。职务行为是企业赋予个人的岗位职责是法人或者其他组织的工作人员以法人名义从事的与企业的经营活动关联的履行职责的活动，与个人行为相对应。在建设工程施工活动中，判断职务行为时，应当界定施工现场管理人员权限。一般合法的建设工程的内部承包人是项目经理，在判断是否为职务行为时，应当对项目经理的职权进行划分。根据《建筑施工企业项目经理资质管理办法》的规定，项目经理的职责权限包括：企业法定代表人授予的管理权力；工程项目施工过程全面负责的监督与管理职责。所以，项目经理在授权范围内处理建筑工程施工管理活动，如购买原材料、租赁设备时无须建筑施工企业法定代表人额外的单独授权即可行使。因此，原则上建筑施工企业应当对内部承包人（一般是项目经理）的对外购买原材料、租赁设备的债务承担责任。

2. 内部承包人的行为构成表见代理

《民法典》第172条规定："行为人没有代理权、超越代理权或者代理权终止后，仍然实施代理行为，相对人有理由相信行为人有代理权的，代理行为有效。"这就是有关表见代理制度的规定，构成表见代理合同要满足以下条件：①行为人并没有获得本人的授权就与第三人签订了合同；②合同的相对人在主观上必须是善意的、无过失的；③相对人的信赖是由代理人的行为引起的，是代理人的无权代理行为。设立表见代理制度是为保护合同相对人的利益，维护交易安全，依诚实信用原则使怠于履行其注意义务的本人直接承受行为人无权代理行为的合同责任。表见代理内容在第四章中详述，本节不予详细介绍。

## 四、内部承包与转包、违法分包及挂靠的关联

《建筑法》《建工解释（一）》虽明文规定挂靠、转包和违法分包为法律禁止性行为，但在实际操作中挂靠、转包和违法分包行为的隐蔽性越来越强。很多建筑施工企业为规避法律风险，采用与挂靠人、转承包人及违法分包合同的承包人签订劳动合同的方式，建立虚假的劳动关系。然后挂靠人、转承包人及违法分包合同的承包人再以内部职工的名义与建筑施工企业签订内部承包合同。这种假借订立内部承包合同，实为挂靠、转包、违法分包的行为，严重扰乱了建筑施工行业的秩序。

（一）企业内部承包与挂靠

《建筑法》等法律、行政法规明确禁止建设工程的挂靠行为。《建工解释（一）》力求保护合同双方当事人的真实意思表示，对合同的效力及法律责任进行了规定。笔者通过归纳内部承包与挂靠的表现形式，认为企业内部承包与挂靠之间存在以下三点区别。

1. 承包人是否为建筑施工企业的内部成员

内部承包的主体是企业内部部门、分支机构或者职工，内部承包的负责人与企业之间存在劳动关系；而挂靠合同中的承包人则与建筑施工企业没有任何人事关系。对于内部成员身份，可以依据劳动合同、工资条、社会保险缴纳记录等情况综合认定。借用资质的挂靠人主要是不具备承包工程主体资格的企业、个人、个体工商户、包工头、施工队等。挂靠人借用建筑施工企业资质承包工程，挂靠人身份上并非建筑施工企业的职工，挂靠人不存在行政隶属关系、劳动人事关系、工资福利社会保险关系。

2. 建筑施工企业对项目工程技术、资金、质量、安全等方面能否加以实质性管理和监督

内部承包条件下，建筑施工企业能对工程项目加以实质性的管理和监督，

以保证工程的安全、质量等符合国家规定；在财务上，建筑施工企业对内部承包人实行统一管理，对内部承包的建设项目实施监管，提供资金、材料、技术等支持。而在挂靠中，建筑施工企业对工程质量、安全没有任何管理与监督。建筑施工企业不能控制资金的使用，发包人有时会将工程款直接拨付给挂靠人，而不是建筑施工企业的账号，或者拨付建筑施工企业后将扣除管理费、税金以外的余款全部划拨给挂靠人。建筑施工企业不提供技术、资金支持，只是收取管理费。

3. 内部承包人是否承担项目对外法律责任

内部承包人不直接对外承担法律责任，而是由建筑施工企业承担相关责任。挂靠人虽然不具备相应的资质，但是一般情况下，其具备承担法律责任的能力。《建工解释（一）》第 7 条规定："缺乏资质的单位或者个人借用有资质的建筑施工企业名义签订建设工程施工合同，发包人请求出借方与借用方对建设工程质量不合格等因出借资质造成的损失承担连带赔偿责任的，人民法院应予支持。"所以，挂靠人与被挂靠人对建设工程质量不合格等因出借资质造成的损失承担连带责任。

（二）企业内部承包与转包

转包的实质是工程承包人将质量安全、工程管理等责任转移给其他单位或个人承担，对工程不进行实际管理和控制，仅向受转让方收取管理费，所以转包一直是我国法律明令禁止的违法行为。企业内部承包与转包存在以下三点区别。

1. 转承包人、内部承包负责人在建筑施工企业中的身份关系不一致

施工单位内部承包要求承包人为施工单位的职能部门、分支机构或是内部职工；而转包中的转包人与转承包人之间不存在行政管理关系或劳动关系。认定工程是内部承包还是转包，首先看内部承包人是否是本单位的下属职工、内部机构或分支机构。如果工程内部承包负责人从名义上讲不是本单位下属职工、内部机构或分支机构，则认定为转包。如果从名义上讲内部承包负责人符合以上条件，则进一步判断是否符合内部承包的实质条件，即承包人须在建设工程的质量与安全进行管理与监督，如果不符合该实质条件，则认定

为挂靠或转包。实践中，只要承包人在承接工程后，对所承接的工程不派出项目管理班子，不进行质量管理、安全进度管理，不依照合同约定履行承包义务，假借内部承包之名，自主经营、自负盈亏的"内部"项目部或分公司，均将被认为是转包行为式挂靠行为。

2. 转包与内部承包对建设工程施工合同的履行不同

工程转包人在承包工程后，不实际履行与建设单位签订的施工合同约定的义务，往往以收取管理费的方式将全部工程转让给他人，对所承接的工程不承担实质的质量、安全和技术管理责任；而在施工单位内部承包时，施工单位需要对内部承包人进行严格的工程质量控制和管理。

3. 转包人、内部承包负责人对建设工程的责任承担不同

在转包的场合，工程转包后，工程转包人并不退出原合同关系，仍然是法定的合同义务人。工程发包人与实际施工人之间并没有形成独立的合同关系，转包人与转承包人应就建设工程的质量对原合同发包人承担连带责任。而在施工单位内部承包的场合，因为内部承包产生的外部行为系履行职务的行为，所以由施工单位对外承担法律责任。

（三）企业内部承包与分包

一般建设工程施工合同的分包存在如下限制：①必须取得发包人的同意；②只能是一次分包，即分包单位不得再将其承包的工程中的非劳务部分再次分包；③必须是分包给具备相应资质条件的单位；④总承包人可以将承包工程中的部分工程发包给具有相应资质条件的分包单位，但不得将主体工程分包出去，违反以上限制的属于违法分包。相比之下，内部承包与分包存在以下四点区别。

1. 内部承包与分包在法律性质上的区别

分包根据是否违法，可以划分为合法分包与违法分包；而内部承包作为法律允许的经营方式属合法行为。

2. 内部承包与分包在承揽工程内容上的区别

对于合法的分包，禁止总承包单位将工程分包给不具备相应资质条件的单位；禁止总承包人将工程的主体分包；禁止分包单位将其承包的工程再分

包。但是，建筑企业内部承包的范围则不在此限。

3. 内部承包人与分包人在建设工程中身份关系上的区别

施工企业内部承包要求内部承包人必须是承包人的职能部门、分支机构或是内部职工。从事建设施工的项目经理及主要管理人员与承包人存在劳动关系。而建设工程的分包，无论是合法分包还是违法分包，都不要求存在承包人与分包人之间存在行政管理关系或劳动关系。

4. 内部承包与分包法律责任不同

在合法分包的场合，总承包人并不退出承包关系，其与第三人一起就第三人完成的工作成果向发包人承担连带责任。而在施工企业内部承包的场合，由承包人对外承担法律责任，至于内部承包责任人及项目经理的责任由内部承包合同的约定处理。

**（四）内部承包人与转承包人、违法分包合同的承包人**

实际施工人主要解决转包、违法分包、借用资质等建设工程施工合同无效下违法施工人的保护问题。内部承包人与实际施工人是不同的法律概念，内部承包人是合法的施工人，实际施工人是违法的施工人，内部承包合同的承包人不属于实际施工人，只能称为施工人。在建设工程实践中，实际施工人为了规避法律的监管，往往以内部承包为名，行挂靠、转包、违法分包之实。准确区分施工人是内部承包还是挂靠、转包、违法分包，对于建设工程施工合同的效力定性以及施工人是否享有突破合同相对性的诉权等问题起着决定性的作用。笔者对内部承包合同的承包人与实际施工人地位以及诉权等内容进行如下探讨。

1. 内部承包人不能基于实际施工人身份起诉发包人

《建工解释（一）》第 43 条第 2 款规定："实际施工人以发包人为被告主张权利的，人民法院应当追加转包人或者违法分包人为本案第三人，在查明发包人欠付转包人或者违法分包人建设工程价款的数额后，判决发包人在欠付建设工程价款范围内对实际施工人承担责任。"基于《建工解释（一）》第 43 条第 2 款规定向发包人主张权利的主体，仅仅赋予了实际施工人。内部承包人代表承包人行使建筑工程承包合同的相关权利义务，内部承包人的人员、机具和资金均来源于承包人，对建筑施工企业负责。所以，内部承包人并非独立第三方，不具有实际施工人身份，不能以实际施工人身份起诉发包人。

2. 内部承包人可基于内部承包合同起诉建筑施工企业

内部承包人与建筑施工企业之间的内部承包合同受《民法典》的调整，双方均为合法平等的民事主体。如承包人与内部承包人履行内部承包合同发生争议，双方均可以依据《民法典》享有诉权。内部承包合同纠纷的审理是对建设工程施工合同一方权益的内部分配问题进行审理，本质上不会对合同另一方的发包人产生利害关系，内部承包人享有的诉权依据的是《民法典》，因为发包人不是合同相对方，不能将发包人列为当事人。

3. 内部承包人可以基于代位权起诉发包人

内部承包人作为建筑施工企业的债权人在建筑施工企业怠于履行对发包人的债权、影响内部承包人的利益时，内部承包人可以依据《民法典》第535条的规定，行使代位权起诉发包人。内部承包人基于代位权起诉发包人与实际施工人起诉发包人存在着本质的不同，实际施工人起诉发包人的前提是合同无效，实际施工人起诉发包人时，不是必须以转包人、违法分包人存在怠于履行债权的行为为前提的，本质上是基于等价有偿的原则请求发包人履行债务。

## 第四章

# 建设工程施工合同的表见代理

表见代理制度是我国法律体系中比较特殊的法律制度。表见代理的法律依据为《民法典》第172条即"行为人没有代理权、超越代理权或者代理权终止后，仍然实施代理行为，相对人有理由相信行为人有代理权的，代理行为有效"。近几年，涉及表见代理的案件逐年增加，特别是在与建设工程施工合同相关联的领域，如买卖合同、租赁合同、民间借款等案件都涉及表见代理相关问题。表见代理是对无权代理行为赋予有权代理法律后果的一项法律制度，表见代理制度处理相对人和本人利益冲突，权衡动态交易安全和静态财产安全，其目的是保护善意第三人的利益，维护交易安全。但是目前对表见代理缺乏统一的认定标准，司法实践中主观性较大，经常出现认定表见代理过于宽泛的情况，致使不该承担责任的建筑企业承担过重的责任，且常常出现同案不同判的现象。

## 第一节　表见代理的基本理论

由于建筑市场实行严格的资质准入，而城镇化的迅速推进产生了大量的建筑需求，所以各种以项目经理为名进行的挂靠、转包、违法分包行为层出不穷。在建设工程领域项目，如何保护交易相对方的信赖利益，维护交易安全是司法实践中迫切需要解决的问题。在我国法律中，有关表见代理的制度内容表述较为清晰，但在司法实践中围绕表见代理构成要件及认定的问题，共识度却较低，这直接影响到裁判规则的统一。

## 一、代理制度的概述

从学理上讲，对于代理的界定，应该既包括直接代理，也包括间接代理。从《民法典》出发，代理制度是指代理人在代理权范围内，以被代理人的名义独立与第三人实施民事法律行为，由此产生的法律效果归属于被代理人的民事法律制度。从法律关系角度考虑，代理也是一种法律关系。在代理关系中，被代理人又称为本人，代理他人从事相应行为的人称为代理人，与代理人实施民事行为的人称为相对人。代理制度的产生和发展具有经济社会发展的历史必然性。代理制度的发展与近代企业所有者与经营者的分离、财产归属与财产管理的分化具有密切联系。由于现代社会各个领域都进行大规模的分工、合作，所以民事行为都由当事人事必躬亲是不可能的。代理制度可以扩张完全民事行为能力人自由处断社会事项的范围，就法人及其他组织而言，则可以克服其自身的限制。代理制度是私法自治的扩张，除法定代理和指定代理外，委托人有权自主决定受托人，通过对代理人的选任可以利用代理人的能力和专门知识进行民事活动，从而扩张民事主体从事民事活动的范围，更好地实现自己的权利、参与社会经济活动。目前社会分工越来越精细化，代理制度可以延伸人们在某些行业领域中的民事行为能力，利用他人的能力和专业知识进行民事活动，不仅推动了提供专业知识和专业技能服务的代理业的发展，代理制度在推动和促进社会不断发展方面具有重要意义。

## 二、代理制度的适用范围

### （一）民事法律行为适用代理制度

《民法典》第 161 条第 1 款规定："民事主体可以通过代理人实施民事法律行为。"从该法条的内容可以看出代理适用的范围为民事法律行为，即凡是民事主体之间有关民事权利义务设立、变更、消灭的民事法律行为，都可以适用代理制度。也就是说，无论是买卖、租赁、承揽等双方民事法律行为，还是代理他人行使追认权、撤销权等单方民事法律行为，均可以适用代理制度。

**（二）法律行为之外的其他行为也可以代理**

代理制度不仅仅适用于民事法律行为，在此之外还存在着大量可以适用代理制度的情形。除民事法律行为之外的准民事法律行为，因属于法律行为范围内，应当予以适用，如要约邀请、撤回要约及撤回承诺等也可以代理。对于催告、物之瑕疵的通知等准法律行为，可以类推适用之，准法律行为的代理可以直接准用法律行为为代理的后果，比如若为直接代理，则此代理行为对被代理人发生效力。

**（三）非法律行为代理制度不适用于民事代理的规则**

非法律行为适用代理的情形包括：①申请行为，即请求国家有关部门授予某种资格或者特权的行为；②申报行为，即向国家有关部门履行法定义务的行为，如申报纳税行为。以上非法律行为适用代理时，因为不存在法律行为，不能产生于民事代理制度的法律后果，而应依据各自所遵循的法律、法规的规定产生相应的效果，不能简单地适用《民法典》有关代理的规定。

**（四）不适用代理制度的行为**

《民法典》第 161 条第 2 款规定："依照法律规定、当事人约定或者民事法律行为的性质，应当由本人亲自实施的民事法律行为，不得代理。"该条款是代理制度的一般适用原则前提下的例外规定。由此笔者对不适用于代理的情形进行如下归纳。

1. 依照法律规定或当事人约定，应由本人亲自实施的民事法律行为不得代理

法定不能代理是指依据法律规定或民事法律行为的性质，只能由当事人自己亲身为之，而不能让他人代替。这种法律行为往往具有专属性，属于绝对不能代理的情形，若代理该行为则产生法定无效的后果。意思自治是民事活动的基本原则，同样适用于代理行为，但若当事人之间已明确约定不能代理，则只要该约定不违反法律强制性规定，就须排除代理的适用。具体来说，主要包括以下两种类型：

（1）人身专属性的行为。如订立遗嘱、收养子女等行为具有严格的人身

性质，只能由本人亲自作出，他人不得代理。

（2）具有人身性质的债务不得代理。如演出合同等是基于对某人人身专属性中资信、能力、特长等方面的信任，不得代理。

2. 违法行为也不得代理

公民、法人可以通过代理人实施民事法律行为。代理人在代理权限内，以被代理人的名义实施民事法律行为。被代理人对代理人的代理行为，承担民事责任。正当合法的代理行为，由本人承担全部民事责任。《民法典》第167条规定："代理人知道或者应当知道代理事项违法仍然实施代理行为，或者被代理人知道或者应当知道代理人的代理行为违法未作反对表示的，被代理人和代理人应当承担连带责任。"所以，违法行为实施代理的法律后果，已经明确代理人为承担相应的民事责任的主体之一，违法行为或者法律禁止的行为不得代理。

### 三、表见代理

#### （一）表见代理的概念

表见代理谓代理人之代理行为，虽无代理权，而有可使第三人信其有代理权之事由，因而使本人对于相对人负授权人责任之无权代理。[①] 从表见代理和无权代理的关系可以看出，表见代理属于无权代理，虽然行为人没有代理权，但因行为人具有有权代理的权利外观，所以交易相对人有理由相信行为人为有权代理。此时构成表见代理的无权代理，与有权代理产生同样的法律效果。《民法典》第172条规定："行为人没有代理权、超越代理权或者代理权终止后，仍然实施代理行为，相对人有理由相信行为人有代理权的，代理行为有效。"表见代理制度以牺牲被代理人利益为代价，目的是为维护代理制度的诚信基础，维护市场交易安全，维护善意第三人的合法权益提供必要的法律保障。但表见代理制度在体现保护交易安全理念的同时，也应当兼顾民法的公平正义原则，不能以一味牺牲本人利益为代价，追求绝对的交易

---

① 史尚宽：《民法总论》，中国政法大学出版社2000年版，第490页。

安全。在认定表见代理制度时，应当采取严格认定态度，兼顾代理关系中的本人利益。

（二）表见代理的法律意义

表见代理本属于无权代理，但因本人与无权代理人之间的关系，具有授予代理权的外观，致相对人相信无权代理人有权而与其为法律行为，法律使该行为发生与有权代理同样的法律效果。①《民法典》第 172 条对表见代理制度的特殊性规定，主要体现在以下三个方面。

1. 对外观授权的承认与保护

代理制度是私法自治的扩张和补充，应当尊重被代理人的意思，考虑被代理人的利益，认定代理行为的效力，必然依据实际授权。既然被代理人未实际授权，自应不发生有权代理的效力。但在代理关系上应该遵循外观授权规则。所谓外观授权，是指具有授权行为的外表或者假象，而事实上并没有实际授权。外观授权规则的适用，就使表见代理的性质发生了变化，因为外观授权是产生代理权的原因之一。如果本人的言行向相对人表示已授权给某人，而实际上他并没有授权，这就构成了外观授权。表见代理本质上就是无权代理，但通过行为人的权利外观产生表见代理人具有代理权的表象。

2. 对于善意相对人利益的保护

善意保护制度也是近现代民法的一项基本民事规则。在代理人无权代理的情况下，相对人主观上是善意无过失，从代理人的外表授权上不知道或者不应当知道其为无权代理，有理由相信该代理人有权代理，并与代理人进行交易。如果此时认定被代理人对该代理行为不发生效力，则有损于正常的交易预期，损害无过错善意相对人的利益。所以，确认表见代理的意义，也在于保护善意相对人的合法权益，这也是民法善意保护制度的重要体现。

3. 保护财产交易的动态安全

确认构成表见代理的行为发生有权代理的法律后果，涉及本人利益与对相对人利益维护的平衡问题。表见代理制度的设立也是出于对各方利益关系

---

① 梁慧星：《民法总论》，法律出版社 2011 年版，第 237 页。

的平衡，使个人权利的静态安全与社会交易的动态安全得到合理的协调，使有限社会资源得到更加合理的配置，为此在交易上有必要牺牲个人权利的静态安全，来保护财产交易的动态安全，从而在政策导向上促进市场经济的发展，维护安全的市场交易秩序。

（三）表见代理从严认定

1. 表见代理从严认定具有法律理论依据

一般情况下，无权代理行为对被代理人是不发生法律约束力的，而只有在存在表见代理的情形下，被代理人才应承担无权代理行为引发的相关法律责任。如果过宽地把握表见代理的认定标准，不仅会动摇我国代理制度的根基，还会破坏合同相对性的原则。最高人民法院《关于当前形势下审理民商事合同纠纷案件若干问题的指导意见》第 12 条规定："当前在国家重大项目和承包租赁行业等受到全球性金融危机冲击和国内宏观经济形势变化影响比较明显的行业领域，由于合同当事人采用转包、分包、转租方式，出现了大量以单位部门、项目经理乃至个人名义签订或实际履行合同的情形，并因合同主体和效力认定问题引发表见代理纠纷案件。对此，人民法院应当正确适用合同法第四十九条①关于表见代理制度的规定，严格认定表见代理行为。"合同相对性原则是合同制度的基石，尽管表见代理制度并不直接针对合同相对性原则，但是在审判实务中，对于行为人并没有和建筑企业缔约合同，仅仅以标的物为建设工地实际使用为由，即所谓"谁受益谁承担风险"认定构成表见代理的案件大量存在，对合同相对性原则造成很大冲击。

2. 表见代理从严认定是规范建筑市场的需要

涉及建设工程的相关买卖、借款、租赁等合同基本发生于商事主体之间，这与普通的民事主体相比，商事主体更具有对行为人是否有代理权的审查判断能力，对商事主体的表见代理构成应当更加严格。建筑市场中挂靠、转包、违法分包现象频频发生，从事与建筑业有关的建材供货商、设备租赁商对此

---

① 原《合同法》第 49 条被《民法典》第 172 条吸收。《民法典》第 172 条规定："行为人没有代理权、超越代理权或者代理权终止后，仍然实施代理行为，相对人有理由相信行为人有代理权的，代理行为有效。"

理应有相当程度的了解。而审判实务中，建材供应商、设备租赁商多主张其所供应的建筑材料、工程设备直接用于工地，因此建筑企业就应当成为合同相对方。事实上，建筑材料市场的供货商、设备租赁商，应该清楚究竟是实际施工人还是建筑企业与其进行商业交易这一核心因素。所以，对其主张信赖相对人有权代理建筑企业签订合同是否具备合理性，司法审查应当更加严格。如前所述，一些供货商长期与案涉实际施工人进行持续交易，对实际施工人的真实身份完全应当明了且也实际明了。对表见代理标准把握过松，不符合市场经济对商事主体市场风险专业判断的要求。

# 第二节　表见代理的认定

表见代理是一项法律制度，在我国法律条文中没有"表见代理"这一法律用语。最高人民法院《关于当前形势下审理民商事合同纠纷案件若干问题的指导意见》中出现"表见代理"这一用语。表见代理制度在法律条文中规定得比较清晰，但是条文规定得较为原则，缺乏明确的认定标准，所以在司法实践中各级人民法院对表见代理的共识度较低，从而导致裁判规则很难统一，对法律的权威性造成一定的冲击。

## 一、表见代理的构成要件

根据《民法典》《关于当前形势下审理民商事合同纠纷案件若干问题的指导意见》等相关规定，笔者认为表见代理成立的构成要件应当包括以下四个方面：其一，行为人在从事表见代理事项时以被代理人名义为民事行为；其二，行为人的无权代理行为具有有权代理的权利外观；其三，行为人代理行为的权利外观的形成与被代理人存在关联性；其四，相对人善意且无过失地相信行为人有代理权。

（一）行为人在从事表见代理事项时以被代理人名义为民事行为

《民法典》生效前，原《合同法》第49条规定："行为人没有代理权、超越代理权或者代理权终止后以被代理人名义订立合同，相对人有理由相信行为人有代理权的，该代理行为有效。"从原《合同法》第49条规定的表见代理的定义上看，表见代理本身就是无权代理，即代理人没有代理权、超越代理权或者代理权终止后实施的代理行为，是行为人"以被代理人名义"进行法律行为。民事行为表见代理的成立，一般以行为人以被代理人名义为民事行为为前提，对于行为人以自己名义在合同文件上署名的情形，一般不能认定表见代理。表见代理成立还有一个重要的时间节点，当事人以被代理人名义从事民事法律行为时必须发生在缔约阶段，就是相对人在签署合同时通过代理人的权利外观认定该法律行为交易主体对象为被代理人。这样就排除了行为人先以他人名义在订立合同阶段签署合同文件，最后到合同履行阶段或结算阶段以被代理人名义从事民事法律行为构成表见代理的情形。针对建设工程领域的实际情况，以现有的工程管理状况，"以被代理人名义"进行法律行为的认定不能拘泥于"本人名义"这种形式表述。例如，行为人以被代理人"项目部""工区""施工队""班组"名义从事法律行为，如果行为人使用的名称能够明确地表示出该使用的名称属于被代理人的内部机构，则通常可以认定为"以被代理人名义"。但是，在《民法典》第172条关于表见代理的条文中将"以被代理人名义"的内容予以去除，所以该构成要件应当作为一个参考要素，行为人未明确使用被代理人名称或被代理人关联名称也可以适用表见代理的情况。

参照最高人民法院《关于当前形势下审理民商事合同纠纷案件若干问题的指导意见》第14条规定："人民法院在判断合同相对人主观上是否属于善意且无过失时，应当结合合同缔结与履行过程中的各种因素综合判断合同相对人是否尽到合理注意义务，此外还要考虑合同的缔结时间、以谁的名义签字、是否盖有相关印章及印章真伪、标的物的交付方式与地点、购买的材料、租赁的器材、所借款项的用途、建筑单位是否知道项目经理的行为、是否参与合同履行等各种因素，作出综合分析判断。"对表见代理是否成立不能仅仅根据合同签订当事人的署名，而应当结合行为签订、履行合同的实际过程，从实质上判断行为人是否"以被代理人名义"从事法律行为。

（二）行为人的无权代理行为具有有权代理的形式外观

由最高人民法院《关于当前形势下审理民商事合同纠纷案件若干问题的指导意见》第13条分析，最高人民法院将代理人的无权代理行为具有代理权的表象，即权利外观作为构成表见代理的条件，相对人对于构成表见代理的权利外观承担举证责任，权利外观包括无权代理人曾被授予代理权，终止代理关系后未被公众所知，或行为人持有被代理人的授权委托书、空白合同书、公章、印鉴或者根据交易习惯行为人的行为外观表明行为人拥有代理权的授权外观。

1. 行为人的身份对行为权利外观的影响

建设工程施工过程中参与主体众多，笔者主要针对建设单位的发包人代表、监理工程师、项目经理、实际施工人、建筑工地的一般工作人员，分析这几类人员是否构成与建筑企业存在代理权表象的特定身份。

（1）行为人具有发包人代表身份。在建设工程施工合同履行中，建设单位通常委托具有相应工程管理经验的人员或有资质的监理工程师或造价工程师作为履行建设工程施工合同的代表，根据授权代理建设单位对工程施工实施监督管理的具体职责。具体到建设工程施工合同中，该身份为发包人代表。发包人代表实施的是建设单位的内部管理任务，根据发包人的授权对施工现场实施管理，是发包人履行合同负责人，对合同约定的支付工程价款、建设工程竣工验收等主要义务一般由发包人代表直接负责履行。笔者认为，在一般情况下发包人代表是履行建设工程施工合同的发包人的负责人，发包人对发包人代表的授权是一种概括性授权，具有履行建设工程施工合同的权利外观。所以，发包人代表超越代理权或者代理权终止后以建设单位的名义与工程施工的相关单位所订立的补充协议等合同文件可能构成表见代理。

（2）行为人具有监理工程师的身份。监理工程师依据建设工程监理合同对建设工程施工履行监督管理职责，不是建设单位的内部管理人员。建设单位委托的工程监理单位的职权，除专用合同条款的特别授权外，仅限于代表建设单位对施工合同的履行实施监督管理，无权与承包人或者他人订立合同或者变更、解除合同。笔者认为，在一般情况下，承包人委托的监理工程师均不是履行建设工程施工合同的一方，不具有履行建设工程施工合同的权利外观。所以，监理人超越代理权或者代理权终止后以建设单位的名义与工程施工的相关单位所订立的补充协议等合同文件一般不构成表见代理。

（3）行为人具有项目经理的身份。建设工程中项目经理的身份比较复杂，既可能是建筑企业隶属的管理人员，也可能是挂靠、转包或违法分包项目中的实际施工人。根据《建筑施工企业项目经理资质管理办法》第2条和第8条规定，项目经理是指受企业法定代表人委托对工程项目施工过程全面负责的项目管理者，是建筑施工企业法定代表人在工程项目上的代表人。项目经理在承担工程项目施工的管理过程中，应当按照建筑施工企业与建设单位签订的工程承包合同，与本企业法定代表人签订项目承包合同，并在企业法定代表人授权范围内，行使管理权力，如以企业法定代表人的代表身份处理与所承担的工程项目有关的外部关系，受委托签署有关合同。行为人一旦获得了项目经理的身份，法律地位是企业法定代表人在项目上的代表人，职权范围包括代表企业法定代表人处理与所承担的工程项目有关的外部关系，具备了对外签署合同的代理权外观。

无论其真实身份如何，在具有项目经理的权利外观情形下，行为人就取得了代理建筑企业从事特定行为的代理权表象。这种权利外观的证明力最强，其形式包括任命文件、授权委托书、建设工程合同中明确的项目经理职务等。即使实际施工人以项目经理之名，行挂靠、违法分包、转包之实，但当实际施工人取得项目经理的身份，在权利外观上便取得商事代理的概括性授权。这种权利外观不仅表现在任命文件、授权委托书、建设工程合同中，也表现在实际施工人以项目经理身份在工地成立项目部对外办公，在工地工程公示牌上公布项目经理身份信息等。如果相对人不知项目经理实为实际施工人，实际施工人便具备了项目经理身份表见代理的外观形式要件。

（4）行为人是不具有项目经理身份的实际施工人。行为人是实际施工人，但是不具备项目经理身份，那么此时实际施工人从身份上就不具备以被代理人身份从事法律行为的权利外观。不具备项目经理身份的实际施工人构成表见代理应当从具体法律行为的相关外观因素加以考虑，相对人应当举证证明法律行为的权利外观足以使相对人相信实际施工人具有代理权。此时判断实际施工人是否具有被代理人的权利外观，包括是否以被代理人或项目部名义、是否使用被代理人或项目部印章、是否被授权签订施工合同或者行为人是否实际施工、被代理人有无实际履行或接受行为、标的物的用途是否用于相关工程、交易时间、交易习惯等。

（5）行为人是建筑工地的一般工作人员。项目经理管理工地后，一般会委托管理人员从事材料接收、财务管理、保管等工作。此类工作人员签署买卖、租赁、借款合同的情况很少，一般会签署材料签收单、工程量确认单以及结算单。笔者认为，应当区分此类单据的性质，分为证明性和处分性单据。处分性单据对于发包人、承包人意义重大，原则上只有发包人代表、施工现场负责人具有该权限，其他人员没有代理权，也没有代理权形式外观。但是对于证明性单据，如果合同对签署证明性单据的人员有明确约定的，除法定代表人及项目负责人外，他人没有代理签署证明性单据的权利外观。如果合同对签署人没有明确约定的，行为人只要具备了代理的权利外观，签署行为即具有法律效力，除非相对人明知该工作人无相应权限。

2. 项目部印章对代理行为权利外观的影响

印章为当事人意思表示的方式，与当事人签字具有相同的法律效力，为国家法律认可。印章的效力并不以管理机关备案为条件。建设工程项目部可能产生多枚印章，如项目部印章、技术专用章、资料专用章等。在建设工程领域，项目部印章的使用没有法律、法规予以规范。这就导致司法实践中，经常因项目部印章的使用出现争议，特别是关于加盖项目部印章的合同效力问题。施工单位的项目部不是独立法人单位，也并非分支机构。项目部属于企业的内部组织机构，是工程承包企业为履行项目合同而临时组建的项目管理织机构。所以，项目部原则上不能代表企业对外签订合同，但是施工企业项目所在地往往与企业住所地不在同一个地区，出于对组织工程施工中的实际需要，项目部可在施工的范围内进行买卖、租赁借贷等商事行为。项目部印章常常被用于对外签订工程分包合同、劳务分包合同、材料采购合同、设备租赁合同、竣工结算、欠条等。理解项目部印章的权限应当与项目经理的职权结合在一起讨论。项目经理在施工活动中处于中心位置，项目部印章的使用权由项目经理控制，目前没有法律对项目部印章进行单独的调整，所以项目部印章的目的是解决项目经理不在现场的问题，项目部印章的权限范围应当是项目经理对项目部印章的概括性授权，项目经理的权限范围应当和项目部印章的权限范围一致。一般而言，项目部印章的使用范围和法律效力应局限在承包人对项目部的委托权限内，具体而言包括以下四个方面。

（1）在代理权限内，项目部从事的民事行为视为承包人的行为，项目部印章亦等同于承包人的公章，使用项目部印章订立的合同对承包人具有法律约束力。

（2）如果项目部印章的使用超越项目部的代理权限，而承包人予以同意或者追认的，项目部印章也等用于承包人公章，使用项目部印章订立的合同对承包人具有法律约束力。

（3）如果承包人对项目部的授权范围不明确，承包人对使用项目部公章实施的行为也不认可的情况，项目部因为不属于独立的民事主体，项目部印章原则上不能作为单独认定合同成立的证据。因为项目部是工程施工单位为完成某一具体项目的施工而特定成立的临时职能部门，随工程的完工而解散。所以，项目部对外仅能代表施工单位，而不具有独立的民事法律行为能力，在没有明确授权的情况下，不能以自己的名义从事民事法律行为。对项目部印章的效力应根据其授权情况作出认定，建筑企业对项目部印章不予认可的，权利人应举证证明该枚印章由该单位持有并在其他具有公示效力的场合使用过，该枚印章具有缔约或结算效力。原则上项目部印章对外签署合同应当有公司的委托授权，如果项目部印章对外签署了合同，相对人基于对项目部印章具有代理权的形式外观的善意无过失的信任，可以认定该签署合同的行为构成表见代理。项目经理是施工企业派驻项目部的负责人，在建筑施工企业的授权内行使职权。项目经理以项目部的名义对外实施交易行为的，一般应当得到建筑企业的特别授权，项目部印章原则上不能作为单独认定合同效力的证据。项目部印章构成表见代理的认定应该结合各个案件的具体情况，综合各方面因素进行分析判断，应当倾向于建筑市场的规范严格认定表见代理和职务行为。[①]

---

① 马蕾、陈定良："项目负责人出具结算单的行为定性"，载《人民司法》2011年第10期。

（4）如果项目部使用印章从事与履行建设工程施工合同无关的民事行为，且承包人对此不予追认，则使用项目部印章订立的合同对承包人不具有法律约束力。

（三）相对人善意且无过失地相信行为人有代理权

表见代理构成要件中相对人善意无过失，在法律中表述为"相对人有理由相信行为人有代理权的"。这种法律表述属于相对人的主观判断，过于抽象，司法实践中很难操作。最高人民法院《关于当前形势下审理民商事合同纠纷案件若干问题的指导意见》第14条规定："人民法院在判断合同相对人主观上是否属于善意且无过失时，应当结合合同缔结与履行过程中的各种因素综合判断合同相对人是否尽到合理注意义务，此外还要考虑合同的缔结时间、以谁的名义签字、是否盖有相关印章及印章真伪、标的物的交付方式与地点、购买的材料、租赁的器材、所借款项的用途、建筑单位是否知道项目经理的行为、是否参与合同履行等各种因素，作出综合分析判断。"以上内容是对《民法典》第172条中"相对人有理由相信"这一善意无过失的主观判断标准进行了细化。在建设工程领域内，交易主体为市场经营主体，对于表见代理的适用应有更高的注意义务，以更好地平衡各方利益。此外，还应注意，《民法典》第172条中"相对人有理由相信"是一个主观判断，是合同缔结时相对人对代理人是否具有代理权的主观判断。假如相对人在签订合同时对行为人的无权代理行为并不知情，但在民事行为完成后知晓并收集到有关行为人具有代理权外观的证据。在这种情况下，即使相对人在事后知晓其行为是无权代理行为，也不能否认相对人在缔结合同时的"善意无过失"，因此该行为仍可能会被认定为表见代理。

（四）被代理人在主观上存在过失

虽然表见代理不具备代理权，但却具备了代理的权利外观，该外观使得相对人在尽到法律规定的任意义务后，还无法预见到该代理人并不具备代理权或该代理人的权利存在瑕疵。表见代理制度既然规定了相对人在主观上不得存在过失，以保护被代理人的合法权益，那么，为维护利益平衡，就必然要求被代理人对于代理权表象的形成在主观上存在过失。如在建设工程领域，若建筑单位对项目经理的授权委托书授权不明、授权期限已过未尽到注意义务，抑或明知项目经理的无权代理行为，却放任不管，甚至给予配合时，项目经理的无权代理行为就极有可能被认定为表见代理，建筑单位需承担表见代理行为带来的法律后果。

## 二、表见代理中的举证责任

《民事诉讼法》第 67 条第 1 款规定："当事人对自己提出的主张，有责任提供证据。"《民事诉讼法解释》第 90 条规定："当事人对自己提出的诉讼请求所依据的事实或者反驳对方诉讼请求所依据的事实，应当提供证据加以证明，但法律另有规定的除外。在作出判决前，当事人未能提供证据或者证据不足以证明其事实主张的，由负有举证证明责任的当事人承担不利的后果。"现行诉讼活动，除法律、司法解释对举证责任另行分配的以外，一般遵循了"谁主张、谁举证"的举证原则，对待证事实负有举证责任的当事人举证不能，举证义务人对不利后果承担责任和风险。

（一）代理行为属无权代理的举证

表见代理制度属于无权代理的范畴，表见代理的适用应遵循从有权代理到无权代理再到表见代理的判断路径，行为人构成表见代理应排除职务行为或有权代理的可能。相对人或行为人主张行为人的民事法律行为具备表见代理权存疑时，应先行审查是否为有权代理，若认定行为人确为有权代理，则针对该代理问题的举证程序即应终结，无须再去审查相对人主观上是否"善意且无过失"及行为人的代理行为的权利外观。相对人或代理人主张代理人的行为属于表见代理，被代理人应首先对行为人确系无权代理的事实进行举证。例如，行为人超越代理权，代理权终止，行为人不具代理人身份，印章系借用、伪造或盗用等。

（二）被代理人可归责性的举证

表见代理是在合同相对人合理信赖的基础上，以牺牲被代理人之利益为代价，为保护相对人交易安全而设定的制度。表见代理制度使被代理人将受到其意思之外的约束，意味着对被代理人产生了利益损害。为了保护被代理人的利益，表见代理的构成应当考虑被代理人的可归责性。被代理人排除表见代理制度的适用应当举证证明以下内容，其一是行为人的无权代理行为，其二是被代理人具有无可归责的因素。《最高人民法院关于在审理经济纠纷案件中涉及经济犯罪嫌疑若干问题的规定》第5条第1款规定："行为人盗窃、盗用单位的公章、业务介绍信、盖有公章的空白合同书，或者私刻单位的公章签订经济合同，骗取财物归个人占有、使用、处分或者进行其他犯罪活动构成犯罪的，单位对行为人该犯罪行为所造成的经济损失不承担民事责任。"行为人盗用、盗窃单位的公章、业务介绍信、盖有公章的空白合同书或私刻单位公章的情形，对于单位而言，显然没有可归责性，行为人的行为不构成对单位的表见代理。在建设工程纠纷中，合同相对人举证证明其具有合理信赖的情况下，建筑企业应就自己的不可归责性承担如下举证义务：①制定规范的项目部管理制度；②对无权代理行为是否进行了有效制止；③对实际施工人或授权人员的身份是否进行了规范审查和认定。

（三）代理行为具备权利外观的举证

《民法典》第172条规定中的"相对人有理由相信行为人有代理权的"是表见代理构成的法定要件之一，即行为人的代理行为客观上具有相对人信赖的具有代理权的外观。最高人民法院《关于当前形势下审理民商事合同纠纷案件若干问题的指导意见》第13条规定："合同法第四十九条规定的表见代理制度不仅要求代理人的无权代理行为在客观上形成具有代理权的表象，而且要求相对人在主观上善意且无过失地相信行为人有代理权。合同相对人主张构成表见代理的，应当承担举证责任，不仅应当举证证明代理行为存在诸如合同书、公章、印鉴等有权代理的客观表象形式要素，而且应当证明其善意且无过失地相信行为人具有代理权。"最高人民法院对于被代理人行为具有代理权外观的举证责任分配为，在被代理人已举证证明行为人系无权代理且未能证明其不具有可归责性的前提下，由相对人举证证明行为人具有代理权的外观。根据最高人民法院《关于当前形势下审理民商事合同纠纷案件若干问题的指导意见》第13条的规定，表见代理权的权利外观一般具有代理人的身份和印章的使用两个方面，相对人对以上两方面负有举证责任。一方面，代理人的身份。表见代理虽然属于无权代理，但相对人应当是无过失地信赖行为人具有代理权，并与之形成民事法律行为，方能产生表见代理的效果。被代理人为无权代理，但被代理人的身份足以使相对人善意无过失地认定行为人系有权代理，该代理行为便构成了表见代理。另一方面，印章的使用。工程施工中使用的印章一般包括项目部印章、技术专用章或资料专用章。一般来说，项目部印章与项目经理本人具有同等的法律效力，项目部印章具有对外签署合同的表见代理外观。技术专用章、资料专用章一般不具备对外缔约权利外观，除非相对人证明被代理人曾使用过该印章缔结、履行合同，达到相对人有理由相信行为人有代理权的程度，可构成表见代理。

（四）相对人善意无过失的举证

对于合同相对人善意无过失的举证责任，根据最高人民法院《关于当前形势下审理民商事合同纠纷案件若干问题的指导意见》第 13 条规定，合同相对人主张构成表见代理的，应当承担举证责任，不仅应当举证证明代理行为存在诸如合同书、公章、印鉴等有权代理的客观表象形式要素，而且应当证明其善意且无过失地相信行为人具有代理权。实践中，人民法院在判断合同相对人主观上是否属于善意且无过失时，应当结合合同缔结与履行过程中的各种因素综合判断合同相对人是否尽到合理注意义务。至于代理人并非表见代理案件中权利义务的主体，也非诉讼的当事人，所以在证明相对人善意无过失时，不具有举证义务。

# 第三节　建设工程施工合同表见代理类型

建设工程施工合同履行过程中涉及大量表见代理的情况，主要发生在建筑材料的购买、机械设备的租赁、资金的借贷等方面。从表见代理的法律定义中可以看出，代理人（行为人）处于表见代理的中心地位，表见代理行为是围绕着代理人展开的，代理人与相对人从事民事法律行为。在建设工程施工相关活动中，构成表见代理的情形主要是围绕项目经理、公司职员、实际施工人和项目部印章等展开的，这四种情形因形成表见代理权的权利外观不同，构成表见代理的条件也不同。

## 一、项目经理

项目经理由承包人任命并派驻施工现场，在承包人授权范围内履行承包人与发包人签订的施工合同，是施工企业履行与建设方施工合同的代表。他不仅是建设工程施工管理的中心，还是把进入工程项目的人力、资金、物资、机械设备等生产要素物化为合格建筑物的组织管理者。其分为两种类型：一是与建筑单位具有行政隶属关系的项目经理；二是与建设工程施工挂靠、转包、违法分包等关系中的项目经理。本节所称项目经理仅指与建筑单位具有行政隶属关系的项目经理。《河北省建工审理指南》第50条规定："施工企业设立项目部并任命项目部负责人的，项目部负责人受施工企业委托从事民事行为，应视为履行职务行为，施工企业应为合同主体。建设工程承包人设立的项目部负责人在施工企业授权范围外从事的行为，构成表见代理的，施工企业应对外承担责任。施工企业与其设立的项目部负责人签订的有关内部协议，约定免除施工企业对外承担责任的条款，不具有对外效力，不能约束第三人。"

（一）项目经理的权限

《建筑施工企业项目经理资质管理办法》第8条规定："项目经理在承担工程项目施工的管理过程中，应当按照建筑施工企业与建设单位签订的工程承包合同，与本企业法定代表人签订项目承包合同，并在企业法定代表人授权范围内，行使以下管理权力：（一）组织项目管理班子；（二）以企业法定代表人的代表身份处理与所承担的工程项目有关的外部关系，受委托签署有关合同；（三）指挥工程项目建设的生产经营活动，调配并管理进入工程项目的人力、资金、物资、机械设备等生产要素；（四）选择施工作业队伍；（五）进行合理的经济分配；（六）企业法定代表人授予的其他管理权力。"由上述规定可知，项目经理职权的来源主要是职务授权和委托授权。职务授权就是职务行为。所谓职务行为，是指法人或者其他组织的法定代表人、负责人或工作人员在其职权范围内以单位名义实施的行为。职务授权方式一般无须书面授予，它主要表现为企业的任命、内部分工或法律的直接规定。该规定第 8 条中除"以企业法定代表人的代表身份处理与所承担的工程项目有关的外部关系，受委托签署有关合同"外均属于职务授权。而委托授权只能由企业以授权委托书的方式明确表述，委托授权事项并非项目经理的职务行为。在建设工程施工合同履行中，项目经理除按照承包人授权从事工程建设的日常现场管理等行为外，还常以项目经理部的名义采购建筑材料、建筑构配件和设备以及接收发包人支付的工程预付款、进度款或者办理工程价款结算等。项目经理履行职务行为的后果直接由建筑企业承担；委托授权构成表见代理的，对外则由企业承担法律责任，对内则按照内部承包合同的相关约定处理。

（二）项目经理行为构成表见代理的条件

《民法典》第 172 条规定："行为人没有代理权、超越代理权或者代理权终止后，仍然实施代理行为，相对人有理由相信行为人有代理权的，代理行为有效。"原《合同法》第 49 条规定："行为人没有代理权、超越代理权或者代理权终止后以被代理人名义订立合同，相对人有理由相信行为人有代理权的，该代理行为有效。"对比《民法典》第 172 条和原《合同法》第 49 条，可发现颁布在后的《民法典》将原《合同法》表见代理的构成要件中"以被代理人名义订立合同"予以取消，笔者认为这意味着立法者认可在一定条件下项目经理以自己的名义订立合同也可能构成表见代理。

1. 项目经理以承包人名义订立合同时构成的表见代理

法律确立表见代理制度的目的是保护合同善意相对人的合法权益，维护交易安全。项目经理在建设工程施工合同中的法律地位是承包人法定代表人的代表人，有权代表承包人履行建设工程施工合同约定的义务。建设工程施工合同中并不明确项目经理的职责范围或者代理权限，施工合同履行中一切施工任务均交由项目经理来完成。项目经理不是建设工程施工合同中独立的民事主体，其履行合同的行为，如签署工程签证、接收工程价款、办理工程价款结算等行为，是否构成表见代理，不仅对承包人的利益具有重要影响，而且对保护善意第三人的利益及维护交易安全也影响甚巨。项目经理在承包人授权范围不明确、超越代理权或者代理权终止的情况下，所实施的工程建设行为是否构成表见代理，需要依据《民法典》第172条的规定，结合项目经理的法律地位、建设工程施工合同实际履行情况以及建筑行业交易习惯等因素予以认定和处理。

（1）从项目经理的法律地位来看，承包人与发包人订立建设工程施工合同，获得建设工程的承包权后，一般将建设工程施工合同委托给项目经理来履行，并授权项目经理具体负责工程项目的现场管理。项目经理的地位和作用，对发包人或者其他施工人以及建筑材料、设备供应商而言，其就是承包人授权的负责建设工程施工管理和履行施工合同的代表，有权代表承包人从事与工程建设有关的民事行为。[①] 在承包人的授权范围不明确的情形下，项目经理具有代表承包人实际履行施工合同的行为表象，足以使发包人或者其他施工人以及建筑材料、设备供应商等合同相对人，有正当理由相信项目经理在建设工程施工合同履行中具有代理权。因此，在建设工程施工合同履行中，项目经理在无权代理、超越代理权限或者代理权终止的情形下，实施的一些民事法律行为符合《民法典》规定的表见代理的构成要件。

（2）从建设工程施工合同的实际履行来看，合同约定的承包人应负的义务都是通过项目经理实施的具体履行行为来承担的。项目经理的实际履行行为使得其客观上具有代理权的表象特征，而合同相对人往往很难明知项目经理的代理权限或者职责范围。因此，只要项目经理以承包人名义实施的履行行为是建设工程施工合同约定范围内的工程建设行为，如接收发包人支付的工程价款实际用于工程施工购买的建筑材料，也实际用于工程施工等，则可以认定项目经理的行为在表象形式要件上具有代理权。

2. 项目经理以自己名义实施的行为是否构成表见代理

笔者认为，项目经理在合同履行中以自己名义对外实施的行为是否构成表见代理需要具体情况具体分析，如果项目经理有证据证明其实施的是合同履行行为，如接收的工程价款和购买的建筑材料等完全用于工程施工，则不

---

① 王楷："建筑施工企业项目经理职务代理和表见代理问题刍议"，载《山东审判》2017年第5期。

宜否定项目经理的表见代理效力；如果项目经理不能提供证据证明在没有代理权或者超越代理权的情形下实施的行为是施工合同履行行为，则应由项目经理承担行为的法律后果。总之，只要是项目经理在建设工程施工合同约定范围内实施的具体履行行为，或者实施的行为与建设工程施工合同的履行具有密切联系，尽管项目经理具有代理权限不明、超越代理权或者代理权终止的情形，都不宜直接否定项目经理表见代理的效力，否则，不利于维护合同善意相对人的合法权益。但是，如果项目经理实施了与建设工程施工合同毫不相干的行为，或者合同相对人明知项目经理没有代理权、超越代理权或者代理权终止，仍与之订立合同的，则项目经理在没有代理权、超越代理权或者代理权终止的情形下实施的行为，不宜认定为构成表见代理。如项目经理擅自以建设单位名义对外借款等行为，不构成表见代理。①

（三）项目经理表见代理的类型

1. 项目经理签署买卖、租赁等确认处分性合同

项目经理的身份是"企业法定代表人在工程项目上的代表人"，其在处理与所承担的工程项目有关的外部关系时，除与第三人签署有关合同外，属于职务行为，而非代理行为。项目经理与第三人签署合同应当获得企业法定代表人的具体授权，所以项目经理与相对人签订买卖、租赁等确认处分性合同，应当属于委托授权范围，不属于职权范围。虽然承包人一般会对项目经理的委托权限进行限定，然而就相对人而言，在经营过程中能够接触到的最高级别的工地负责人往往就是项目经理，相对人对承包人给予项目经理的委托授权内容往往不知晓。因此，合同相对人只要能够证明其在签订合同之时知晓签约人的项目经理身份，而与其签订材料购买、设备租赁等确认处分性合同，那么项目经理的身份就足以构成表见代理的权利外观。

2. 项目经理签署借款类合同

建设工程施工过程中的资金来源，一般是建设方依照施工合同约定的工程进度进行支付，但在实践中由于种种情况施工单位会事先垫付资金。《建

---

① 谷昔伟："工程项目负责人擅自以公司名义对外借款不构成表见代理"，载《人民司法》2016年第11期。

工解释（一）》也将垫付资金予以认可，所以在建设工程施工过程中可能会发生项目经理向相对人的借款行为。《建筑施工企业项目经理资质管理办法》第8条规定："项目经理在承担工程项目施工的管理过程中……调配并管理进入工程项目的人力、资金、物资、机械设备等生产要素……"所以项目经理的职权范围包括对工程项目的资金进行调配和管理，但项目经理向相对人借款的行为不属于项目经理的职权范围，建筑企业应当对项目经理的借款行为进行委托授权。项目经理对外签订借款协议虽为无权行为，但是否构成表见代理，实践中观点不一。笔者认为，项目经理的主要职责在于对施工项目进行全过程管理，进行项目融资应当不在承包人对项目经理的概括性授权范围之内，其应当通过承包人对外签订借贷合同或取得承包人的特别授权，借款行为本身不是履行建设工程施工合同的内容，不构成项目经理具有向外借款的权利外观。因此项目经理或项目部对外的借款行为，不构成表见代理，原则上不应由承包人承担责任。

## 二、实际施工人

建设工程施工中普遍存在挂靠、转包、违法分包的情况，借用资质人、转承包人、违法分包合同的承包人被界定为实际施工人，实际施工人是建设施工合同的违法参与主体。被挂靠的建筑企业可能会任命挂靠的实际施工人为项目经理，实际施工人以项目经理或项目负责人的名义对外开展民事法律行为，但挂靠的项目经理与被挂靠的建筑企业无合法的人事劳动关系和社会保险关系。在挂靠关系中，实际施工人只是通过一定形式利用被挂靠的建筑企业的资质，双方之间没有劳动隶属关系，所以实际施工人与被挂靠的建筑企业之间不存在职务关系。挂靠的实际施工人在向被挂靠的建筑企业交纳管理费后，剩余的款项由其控制，债权债务由实际施工人负责。《河北省建工审理指南》第49条第1款规定："挂靠人以自己名义与材料设备供应商签订买卖合同，材料设备供应商起诉要求被挂靠单位承担合同责任的，不予支持。挂靠人以被挂靠单位名义签订合同，一般应由被挂靠单位和挂靠人共同承担责任，但材料设备供应商签订合同时明知挂靠的事实，并起诉要求被挂靠人承担合同责任的，人民法院不予支持。"而针对非法转包、违法分包情形，是否构成表见代理，该指南第 49 条第 2 款和第 3 款明确规定："非法转包人、违法分包人未经施工企业授权，以施工企业项目部名义对外签订买卖、租赁等合同，施工企业是否承担民事责任适用《合同法》第四十九条的规定。有证据证实合同标的用于工程或施工合同履行过程中施工企业对项目部的行为进行过认可的，可以认定债权人有理由相信非法转包人、违法分包人有代理权。非法转包人、违法分包人未经施工企业授权，以施工企业项目部名义对外签订借款合同，应按照《最高人民法院关于民间借贷案件适用法律若干问题的规定》严格审查借贷的基础事实，包括借款的数额、利息等，并审查借款的用途。有证据证实借款实际发生且用于工程或施工合同履行过程中施工企业对项目部的行为进行过认可的，可以认定债权人有理由相信非法转包人、违法分包人有代理权。"

（一）实际施工人构成表见代理的权利外观

建筑施工企业可能任命实际施工人为项目经理，出具授权委托书或任命书，在这种情况下，实际施工人就具备了项目经理的权利外观形式。但是，实际施工人与建筑施工企业之间无劳动关系，实际施工人只是利用建筑单位的资质承揽工程。根据《民法典》第 153 条的规定，"违反法律、行政法规的强制性规定的民事法律行为无效，但是，该强制性规定不导致该民事法律行为无效的除外"。挂靠、转包、违法分包行为显然属于无效的民事法律行为，实际施工人基于无效的任命或授权或者在未授权情形下，与相对人签订买卖、租赁、借款合同不仅不会产生职务行为的后果，也不可能产生有权代理。但如果实际施工人形式上被任命为项目经理或项目负责人，客观上形成具有代理权的表象，那么实际施工人以项目经理身份或项目负责人身份实施的行为有可能构成表见代理的权利外观。

1. 根据施工企业的真实授权情况，审查行为人有无代理权

行为人具有相应职权或者接受委托，则构成行使职权或委托授权，直接判令施工企业承担责任。严格按照代理制度甄别有权代理，包括职务代理和委托代理。职务代理的认定，主要通过对行为人身份和授权范围的查证加以完成；委托代理的认定，主要通过委托书、介绍信等授权文件及其所载明授

权事项的查证加以完成。

2. 根据行为人的身份标识和行为外观，审查行为人有无代理权表象

行为人根本不具有代理权的表象，直接以无权代理且不构成表见代理为由，判令其个人承担责任；如果行为人具有代理权的表象，应当结合行为人的身份标识、行为外观的代理权表象进行综合审查。其中，身份标识方面的代理权表象必不可少，如果没有前者只有后者，可以直接认定行为人无代理权；行为外观方面的代理权表象仅为考量因素，如果只有前者没有后者，尚不能直接认定行为人无代理权。

3. 相对人是否知晓挂靠事实对代理权外观的影响

实际施工人以被挂靠企业名义对外从事合同行为时，如果相对人知晓或应当知道存在挂靠事实，仍同意实际施工人以建筑单位名义与之发生交易的，由实际施工人承担责任。因为相对人对挂靠等事实知道或应当知道时，说明其对最终责任由实际施工人承担也是知道或应当知道的，相对人显然也存在过错，不构成表见代理。

（二）实际施工人表见代理的类型

1. 实际施工人签订买卖、租赁等确认处分性合同

实际施工人和企业之间并不存在合法的职务关系和委托代理关系，如果实际施工人不持有项目经理任命或授权委托书且不具备其他表见代理的权利外观，便不具有代理权，其法律后果应当由实际施工人个人承担。如果实际施工人具有项目经理任命或授权委托书等表见代理的权利外观，则实际施工人签订买卖、租赁、确认处分性合同构成表见代理。

2. 实际施工人签订借款类合同

建设工程施工中垫资情形比较普遍，实际施工人往往以项目部的名义对外借款。实际施工人是否构成表见代理，相对人应当具有更强的审查义务。一般情况下实际施工人对外借款的行为不应认定构成表见代理。最高人民法院《关于当前形势下审理民商事合同纠纷案件若干问题的指导意见》第14条将"所借款项的用途"作为确定相对人主观善意无过失的条件。但如果实际施工人具有项目经理任命或授权委托书等表见代理的权利外观，所借款项

进入被代理人对公账户，则构成表见代理。

（三）实际施工人不适用表见代理的情形

建设工程施工中挂靠、转包、违法分包关系下，实际施工人以建筑单位名义对外从事买卖、租赁、借贷等行为，其法律后果应由建筑单位还是由实际施工人承担，主要取决于表见代理制度具体适用的结果。因为表见代理制度以牺牲被代理人利益来保障交易安全，所以在认定尺度上应严格把握。在实践中，对于实际施工人不适用表见代理的情形一般包括以下内容。

1. 相对人明知实际施工人无权代理

相对人明知实际施工人无权代理仍与之从事商事行为，无论从客观上代理权的表象还是从善意无过失要件考察，均不构成表见代理。

2. 合同的订立履行明显损害建筑单位利益

虽然表见代理制度优先保护债权人利益，但对一些损害建筑单位利益十分明显和突出的情形，相对人基于善意无过失的要求显然也应当有所预见和考虑。如果合同本身明显损害建筑单位的利益，那么便不符合表见代理的相对人主观善意且无过失这一要件。

3. 借贷资金不能证明用于本建设工程

大额借贷资金现金交付于实际施工人，且无证据证明资金的交付使用与本项目工程有关。这一情形主要考虑到标的物用途的强化标准的应用，"相对人主张大额借贷资金现金交付"等情形下是否可以直接以现金借贷不具有实际施工人代理权利外观为由排除表见代理的适用，在实践中有很大争议，对此可以参考适用标的物用途的目的标准。相对人不能证明借贷资金用于本建设工程，则不构成表见代理。

4. 实际施工人无构成表见代理的权利外观

实际施工人不属于承包人的内部职工，不具有从事职务行为的权限。如果实际施工人以建筑单位名义订立合同，但未加盖建筑公司印章，也未向合同相对人出示过任命书、授权委托书等足以使他人相信其有代理权的理由和依据。在这种情况下，没有任何证据表明实际施工人具有代理权的权利外观，显然合同相对人未尽合理注意义务，可直接排除表见代理的适用。

### 三、公司职员

建设工程施工现场中，项目经理以下会设立技术负责人、质量管理负责人、安全管理负责人等工作人员。以上工作人员明显不具有签署买卖、租赁、借款合同的权利外观，买卖、租赁、借款合同一般不会由以上工作人员签署。但是以上工作人员的签名，通常出现在材料签收单、工程量确认单以及结算单上，建设工地一般工作人员签署的证明性及处分性单据的性质如何认定，是司法实践中应当探讨的问题。一般来说，只要施工单位工作人员代表所属企业在签证上签字确认，即可以认定为职务行为，属于有权代理，签证文件有效，对当事人具有约束力。但该施工单位有证据证明对方知道签证人员没有代理权或超越代理权范围的，包括签证人员的行为与其身份明显不符或明显超出授权、代理授权文件有较大瑕疵等，该签证对施工单位不发生法律效力。

#### （一）公司职员签订证明性签证

从法律性质上讲，证明性签证是对发生过的行为或事实予以认定，如果该职员长期从事相关文件的签署，或者建设施工企业对该行为或事实的确认不存在明确的授权人员，而该职员的行为曾得到过公司的认可，那么形成表见代理。

#### （二）公司职员签订的处分性签证

在建设工程施工中，处分性签证直接约束合同当事人的权利义务，时常成为工程款应否支付及支付数额的重要依据。笔者认为，对于如此重要的法律文件，原则上只有发包人代表、施工现场负责人可以代表所属企业在签证上签字确认，签证行为有效，而工作人员没有代理权，也没有代理权外观，签证行为不产生表见代理的法律效果。

### 四、项目部印章

《河北省建工审理指南》第 51 条规定："施工企业认可的项目部印章对外订立合同的，该印章具有缔约或结算的效力，施工企业应对加盖该项目部印章的合同承担责任。施工企业对项目部印章不认可的，若权利人举证证明在其他对外经济往来或具有公示效力的场合使用过该印章，则该印章具有缔约或结算的效力。"

（一）伪造、盗用项目部印章

行为人无权代理构成表见代理应当具有有权代理的权利外观，该权利外观的形成与被代理人存在关联性，即权利外观的形成与被代理人具有可归责性。《最高人民法院关于在审理经济纠纷案件中涉及经济犯罪嫌疑若干问题的规定》第5条第1款规定："行为人盗窃、盗用单位的公章、业务介绍信、盖有公章的空白合同书，或者私刻单位的公章签订经济合同，骗取财物归个人占有、使用、处分或者进行其他犯罪活动构成犯罪的，单位对行为人该犯罪行为所造成的经济损失不承担民事责任。"该规定事实上将被代理人的可归责性作为表见代理的构成要件之一。如果在被代理人无可归责的情况下，行为人伪造、盗用项目部印章与相对人签订合同的行为被认定为表见代理，并进而使被代理人对该行为承担法律责任，那么不仅仅是对被代理人非常不公平，也违反法律的一般原则。所以，伪造、盗用项目部印章与相对人签订合同，虽然形式上构成了表见代理的权利外观，但由于被代理人对于形成该权利外观不具有可归责性，故伪造、盗用项目部印章签订合同不构成表见代理。但是回归到建设工程施工合同上而言，挂靠人私刻、伪造印章签订合同的情况，建设企业对于挂靠行为本身具有过错，不产生无可归责的情况。行为人加盖私刻或者伪造的印章或偷盖相关印章对外订立合同或出具债权凭证，且无证据证明所涉标的物的交付、使用与本项工程无关的，则构成表见代理，施工企业承担责任。例如，《河北省建工审理指南》第53条规定："实际施工人与施工企业之间存在挂靠关系，行为人私刻施工企业印章的，施工企业不能证明合同相对人对私刻印章的情形是明知的，施工企业应承担相应的民事责任。"

（二）资料专用章、技术专用章越权使用

工程项目部除项目部印章外，通常还有技术专用章和资料专用章等，主要用于工程建设材料收取、资料审阅和报送等用途。项目经理在签订的买卖合同、租赁合同、劳务合同中加盖技术专用章、资料专用章的情况时有发生，尤其是现在转包、挂靠的工程项目普遍存在。笔者认为，上述这些印章不具有对外签订合同的效力。如果在涉案的合同中仅加盖技术专用章，而非公司印章或经过公司备案的项目部专用章，不应该认为具有权利的表象。因为从一般意义上讲，技术专用章只能用于与建设工程中涉及施工技术的相关方面，对外购买材料、租赁设备以及对外承揽都不符合技术专用章的常规使用范围。对外发生效力的印章具有特定性，相对人依表见代理主张权利的，应当举证证明其依一般交易习惯有理由相信该枚印章有超出其表面记载的实际功能，或结合其他证据证明存在使其相信行为人与企业之间存在某种事实上或者法律上关联的事实和理由。所以，资料专用章、技术专用章不具有与相对人签订合同的权利外观，一般情况下资料专用章、技术专用章越权使用签订合同不构成对施工单位的表见代理。

司法实践中，关于以"资料专用章"签订协议的效力问题，最高人民法院曾有相关案例。在陈某兵与国本建设有限公司、中太建设集团股份有限公司民间借贷纠纷申请再审民事裁定书［（2014）民申字第 1 号］中，最高人民法院认为："诉争'借款协议'是由出借人陈某兵与借款人眭某红、徐某签订，协议落款处借款人栏由眭某红、徐某签字并加盖中太公司项目部资料专用章。中太公司项目部资料专用章具有特定用途，仅用于开工报告、设计图纸会审记录等有关工程项目的资料上。尽管诉争借款用于涉案工程，但借款合同与建设工程施工合同是两个不同的合同关系，实际施工人对外借款不是对涉案项目建设工程施工合同的履行，'借款协议'也不属于工程项目资料，故在'借款协议'上加盖中太公司项目部资料专用章超越了该公章的使用范围，在未经中太公司追认的情况下，不能认定'借款协议'是中太公司的意思表示。"可见，最高人民法院的态度是，资料专用章仅能用于"开工报告、设计图纸会审记录等有关工程项目的资料"，用于对外签订协议则会超越资料专用章的使用范围，属无权代理，在未经被代理人追认的情况下，以资料专用章对外签订协议的对被代理人即施工企业不发生法律效力。但是，越权使用印章不应成为不构成表见代理的决定性因素，还应结合其他外观授权因素或者交易习惯来综合判断表见代理客观要件构成，如有证据证明该技术资料专用章曾用于技术资料之外的交易活动，建筑企业也通过付款、接收材料供应发票等履行合同行为予以认可的，应当认定该印章对外使用已经成为该公司或项目部的交易习惯，加盖该印章可以代表其真实的意思表示。例如，《河北省建工审理指南》第 52 条规定："技术章、材料收讫章、资料专用章一般不具有缔约或结算的效力，相对人主张权利的，应当结合交易习惯、该章的使用情况等举证证明其有理由相信该印章具有超出其表面记载的实际功能，可以认定该章的效力。"

## 第五章

# 建设工程施工合同的价款

《民法典》第799条第1款规定："建设工程竣工后，发包人应当根据施工图纸及说明书、国家颁发的施工验收规范和质量检验标准及时进行验收。验收合格的，发包人应当按照约定支付价款，并接收该建设工程。"建设工程施工合同的价款是指承包人按合同约定完成了全部承包工作后，发包人付给承包人的金额，包括在履行合同过程中按合同约定进行的变更和调整。建设工程施工合同价款条款一般包括计价、价款的调整、价款结算与支付三个部分。建设工程施工合同的计价包括计价方式、方法及价款构成三部分。它是以当事人双方的约定为结算依据的，如果当事人没有约定或约定不明，则按照合同漏洞填补规则处理。关于建设工程施工合同的价格形式，2017年版《建设工程施工合同（示范文本）》中规定了三种确定合同价款的方式：单价合同、总价合同和其他价格形式。关于单价合同和总价合同，当事人双方应在专有合同条款内约定合同价款包含的风险范围和风险费用的计算方法，在约定的风险范围内合同价款不再调整，风险范围以外的合同价款调整方法也应在专有合同条款内约定。建设工程施工合同往往出现合同履行过程中实际情况与施工合同约定事项不一致的情况，进而产生设计变更、质量标准的改变、施工条件变化，从而影响建设工程价款。工程结算，是指建设工程竣工或某项单项工程、单位工程或者分部工程完工后，承发包双方根据有关法律法规、合同约定的计价方式，根据施工过程中的现场实际情况、图纸、设计变更通知书、现场签证等工程资料，就承包人已经完成的工程项目进行的计算、调整和确认。工程价款的支付是发包人按照工程结算内容所确认的金额向承包人进行的各类支付，包括工程预付款、安全文明施工费、工程进度款、竣工结算款、最终结清款及合同解除价款结算等环节。建设工程价款的结算与支付伴随着建设工程施工合同履行的整个过程。

# 第一节　建设工程施工合同的计价

　　建设工程施工合同的计价是指按照法律、法规和标准等规定的程序，根据不同的计价原则、计价规则，对工程造价及构成内容进行预测或确定的行为。在建设工程施工合同签订过程中，涉及价款的法律问题主要为价款的计价方式、方法和价款构成三个问题。其中，计价方式主要分为总价合同、单价合同、成本加酬金合同。计价方法，目前通常使用的有两种，分别是定额计价法和工程量清单计价法，这两种计价方法分别是按照建设工程计价的不同目的而设定的计价模式。定额计价以各省公布的定额消耗量及人工、材料、机械的单价，根据工程的类别来决定施工企业应收取的各项费用，定额计价一般是发包人确定建设工程的预算、概算的依据，招标人据此确定投标控制价。工程量清单计价是招标人根据施工图纸、招标文件的要求，为投标人提供的实物工程量项目和技术措施项目的数量清单，投标人拿到工程量清单后，根据自己的技术管理、市场情况、风险评估在工程量清单上填写综合单价。这种在工程量清单中填上综合单价就是"已标价工程量清单"或者叫"预算书"。投标人中标后，"已标价工程量清单"成为建设工程施工合同的组成部分，具备了法律效力。工程量清单计价是建设工程施工行为为适应市场竞争采用的计价方式，目前为建设工程领域普遍采用。2013年，住房和城乡建设部、财政部印发的《建筑安装工程费用项目组成》，将建筑安装费用的组成按照费用构成要素和造价形成，划分为两种价款构成方式。建筑安装费用的组成，按照费用构成要素分为人工费、材料费、施工机具使用费、企业管理费、利润、规费和税金，按照造价形成分为分部分项工程费、措施项目费、其他项目费、规费和税金。

## 一、工程计价的含义、原理及内容

（一）工程计价含义的理解

1. 建设工程计价贯穿于建设工程的全过程

工程计价贯穿建设工程决策、设计、交易、施工、竣工五个阶段，与以上五个阶段相对应的计价分别被称为投资估算价、设计概算价、施工图预算价、签约合同价、竣工结算价。

2. 建设工程计价参与主体众多

建设工程施工合同虽然发生在发包方与承包方之间，但建设工程施工合同计价的参与主体，不仅包括承包方与发包方，还包括政府、行业协会、造价管理机构、中介机构等。政府主管部门是从国家利益的角度对工程计价进行宏观的管理和指导，行业协会、造价管理机构、中介机构等主要从技术角度进行专业化指导。

3. 工程计价包括预测和确定两类计价活动

工程计价贯穿建设工程全过程，不仅包括建设项目签约前对工程造价进行预测，还包括签约后依据合同对工程进行调整和确认的活动。签约前从立项到发包前的工程计价活动的目的是对建设工程制订投资计划，对工程进行预算和估算，控制招标投标价格。签约后的工程计价活动是对合同价款进行管理，贯穿于工程价款的调整、结算、支付等过程。

（二）工程计价的原理

工程造价计价的基本原理就是将建设工程项目细分为基本的构造单元，找出适当的计量单位及适当的单价，采用自下而上的分部组合计价方法，进行分项分部组合汇总，计算出某工程的工程造价。建设工程设计深度足够时，一般采取的是分部组合计价。分部组合计价是将工程计价分解为三大要素：单位工程基本构造要素、工程计量、工程计价。其关系为：工程造价 ＝ 单位工程基本构造要素工程量 × 工程单价。

1. 单位工程基本构造要素的划分

建设项目一般是多个单位工程的集合体，任何一个单位工程都由几个分部工程组成，任何一个分部工程都可以继续分解。单位工程是具备独立施工条件并能形成独立使用功能的建筑物和构筑物。它由建筑工程和建筑设备安装工程构成。单位工程最多由十个分部组成，其中，建筑工程包括地基与基础、主体结构、建筑装饰装修、建筑屋面、建筑节能五个分部；建筑安装工程包括建筑给水排水及采暖、建筑电气、智能建筑、通风与空调、电梯五个分部。分解成分部工程后，从工程计价的角度来，还需要把分部工程按照不同的施工方法、不同的构造及不同的规格，加以更为细致的分解。这样逐步分解到分项工程后，就可以得到基本构造要素。

2. 工程量计量

工程计量工作包括建设项目的划分和工程量的计算。2017 年版《建设工程施工合同（示范文本）》通合同用条款第 12.3.1 项约定："工程量计量按照合同约定的工程量计算规则、图纸及变更指示等进行计量。工程量计算规则应以相关的国家标准、行业标准等为依据，由合同当事人在专用合同条款中约定。"通合同用条款第 12.3.2 项约定："除专用合同条款另有约定外，工程量的计量按月进行。"通合同用条款第 12.3.3 项约定："除专用合同条款另有约定外，单价合同的计量按照本项约定执行：（1）承包人应于每月 25 日向监理人报送上月 20 日至当月 19 日已完成的工程量报告，并附具进度付款申请单、已完成工程量报表和有关资料。（2）监理人应在收到承包人提交的工程量报告后 7 天内完成对承包人提交的工程量报表的审核并报送发包人，以确定当月实际完成的工程量。监理人对工程量有异议的，有权要求承包人进行共同复核或抽样复测。承包人应协助监理人进行复核或抽样复测，并按监理人要求提供补充计量资料。承包人未按监理人要求参加复核或抽样复测的，监理人复核或修正的工程量视为承包人实际完成的工程量。（3）监理人未在收到承包人提交的工程量报表后的 7 天内完成审核的，承包人报送的工程量报告中的工程量视为承包人实际完成的工程量，据此计算工程价款。"通合同用条款第 12.3.4 项约定："除专用合同条款另有约定外，按月计量支付的总价合同，按照本项约定执行：（1）承包人应于每月 25 日向监理人报送上月 20 日至当月 19 日已完成的工程量报告，并附具进度付款申请单、已完成工程量报表和有关资料。（2）监理人应在收到承包人提交的工程量报告后7天内完成对承包人提交的工程量报表的审核并报送发包人,以确定当月实际完成的工程量。监理人对工程量有异议的,有权要求承包人进行共同复核或抽样复测。承包人应协助监理人进行复核或抽样复测并按监理人要求提供补充计量资料。承包人未按监理人要求参加复核或抽样复测的,监理人审核或修正的工程量视为承包人实际完成的工程量。(3)监理人未在收到承包人提交的工程量报表后的7天内完成复核的,承包人提交的工程量报告中的工程量视为承包人实际完成的工程量。"通合同用条款第12.3.5项约定:"总价合同采用支付分解表计量支付的,可以按照第12.3.4项〔总价合同的计量〕约定进行计量,但合同价款按照支付分解表进行支付。"通合同用条款第12.3.6项约定:"合同当事人可在专用合同条款中约定其他价格形式合同的计量方式和程序。"根据2017年版《建设工程施工合同(示范文本)》通用合同条款对工程量计量的约定,笔者对工程量计量作出如下两方面的理解。

(1)单位工程基本构造单元的确定。编制工程概算预算时,主要是按工程定额进行项目的划分;编制工程量清单时主要是按照工程量清单计量范围规定的清单项目进行划分。

(2)工程量的计算就是按照建设项目的划分和工程量计算规则,就施工图设计文件和施工组织设计对分项工程实物量进行计算。工程实物量是计价的基础,不同的计价依据有不同的计算规则。工程量计算规则包括两大类。其一,各类工程定额规定的计算规则。定额工程量是根据预算定额工程量计算规则计算的工程量,受施工方法、环境、地质等影响,一般包括实体工程中实际用量和损耗量。其二,各专业工程工程量清单计价规范附录中规定的计算规则。清单工程量是根据工程量清单计价规范规定的计量方法计算工程量,不考虑施工方法和加工余量,是指实体工程的净量。

3. 工程计价

工程单价是指完成单位工程基本构造单元的工程量所需要的基本费用。工程单价包括工料单价和综合单价。工料单价也称直接工程费单价,包括人工、材料、施工机具使用费,是各种人工消耗量、各种材料消耗量、各类机械台班消耗量与其相应单价的乘积。综合单价包括人工费、材料费、施工机具使用费，还包括企业管理费、利润和风险因素。

（三）工程计价的内容

根据建设项目造价全过程管理的理论及工程计价目的的不同，工程计价以合同签约为时间点划分为两部分。签约前工程计价的内容是针对拟建项目的工程造价及其构成内容进行预测，签约后工程计价的内容主要是针对项目的合同价款进行调整、结算与支付，确定应支付给承包人的最终合同金额。根据建设工程项目的管理过程，工程计价划分为以下几个阶段。

1. 投资估算阶段

投资估算是以方案设计或可行性研究文件为依据，按照规定的程序、方法和依据，对拟建项目所需总投资及其构成进行的预测和估计，是编制设计文件的重要依据，目的是控制工程总造价。投资估算是项目建设前期从投资决策直至初步设计阶段的重要工作内容，是项目主管部门审批项目建议书的依据之一，并对项目的规划、规模起参考作用。投资估算额作为设计任务书中下达的投资限额，即作为建设项目投资的最高限额，不得随意突破，设计者必须在一定的投资范围内确定设计方案，发包人可根据批准的项目投资估算额，进行资金筹措和向银行申请贷款。

2. 建设工程概算阶段

工程概算是以初步设计文件为依据，在单项工程综合概算的基础上计算建设项目投资概算总额。工程概算书是由设计单位编制的，属于设计文件不可分割的组成部分。建设工程的概算与工程设计密不可分，工程概算的精细程度决定于设计内容的深度，设计所提供的资料和数据是编制概预算的基本依据。设计单位负责编制概算书，初步设计必须有概算。工程设计一般分为初步设计、技术设计、施工图设计，初步设计阶段编制设计概算，技术设计阶段编制修正概算，施工图设计阶段编制施工图预算。一般来说，概算是粗略的计算，修正设计概算稍微详细一些，施工图的内容是比较详细的，因而编制的施工图预算也就较为精细。

3. 施工图预算阶段

施工图预算是指在施工图设计完成后，工程开工前，根据已批准的施工图样、现行的预算定额、费用定额和地区人工、材料、设备与机械台班等价格，在施工方案或施工组织设计已大致确定的前提下，按照规定的计算程序计算人工费、材料费、施工机具使用费、措施项目费，并计取企业管理费、规费、利润等费用，确定工程造价的总额。施工图预算编制的核心及关键是"量""价""费"三要素，即工程量要计算准确，定额及基价确定水平要合理，取费标准要符合实际，这样才能综合反映工程产品价格确定的合理性。施工图预算书是反映工程建设项目所需的人力、物力、财力及全部费用的文件，是施工图设计文件的重要组成部分，是控制施工图设计不突破设计概算的重要措施。施工图预算是投标前重要的工程造价规划，由设计单位编制，以施工图设计文件为依据，按照规定的程序、方法和依据，在工程施工前对建设项目的工程费用进行的预测与计算。施工图预算编制目前普遍采用的是工料单价法，它是先根据施工图样和预算定额计算出工程量，然后再乘以对应的定额基价得出分项工程人、材、机费用，汇总后得出人、材、机费用之和，然后加上企业管理费、规费、利润就是施工图预算造价。

4. 签约合同价的确定阶段

2017 年版《建设工程施工合同（示范文本）》通用合同条款第 1.1.5.1 目约定："签约合同价：是指发包人和承包人在合同协议书中确定的总金额，包括安全文明施工费、暂估价及暂列金额等。"招标投标程序中业主组织评标委员会对合格的投标文件进行评标，确定中标人，中标人的投标价即为中标价，招标单位发出中标通知书后 30 天内，招标人与中标人按照招标文件、投标文件、中标通知书签订书面的建设工程施工合同，建设工程施工合同的价款依据中标价确定并在合同中载明，这样就形成了签约合同价，且招标人和中标人不得再订立背离合同实质性内容的其他协议。签约合同价应当包括文明施工费、暂估价及暂列金额，其中安全文明施工费是指按照国家现行的施工安全、施工现场环境与卫生标准及有关规定，购置和更新施工防护用具及设施、改善安全生产条件和作业环境所需要的费用，发包人不得要求承包人就该笔费用进行让利。根据 2017 年版《建设工程施工合同（示范文本）》通用合同条款对签约合同价的约定，笔者对签约合同价从以下两个方面理解。

（1）建设工程施工招标投标价。建设工程施工的招标投标应当依照法律规定的程序，依次经过招标、投标、评标、定标、中标及签订书面合同等程序。在建设工程中施工招标投标阶段，招标人首先向社会提供招标文件，是招标人发出的要约邀请。招标文件中招标人根据国家或省级建设行政主管部门颁发的有关计价依据和办法，依据拟定的招标文件和招标工程量清单，结合工程具体情况发布的招标工程的最高投标限价，为招标控制价。投标人在满足业主要求的条件下，依据招标文件、工程计价的有关规定及企业定额、市场价格等信息，自主编制投标文件后递交投标文件，这是一个要约的活动。招标人组织评标委员会对合格的投标文件进行评标，确定中标人。投标报价是投标人依据招标文件、招标控制价、工程计价的有关规定及定额、市场价格等信息自主编制完成的。

（2）建设工程施工合同签约合同价。签约合同价是指发承包双方在工程合同中约定的工程造价，即合同总金额，包括了分部分项工程费、措施项目费、其他项目费、规费和税金等。它的形成是建设项目经过招标投标程序确定的。一般来说，施工招标投标程序经过评标、定标过程确定中标人，发出中标通知书。在中标通知书发出 30 天内，招标人与中标人经过协商签订合同约定工程造价，且招标人和中标人不得再订立背离合同实质性内容的其他协议。但是签约合同价有时并非应付给承包商的最终工程款，它可能还会在合同履行过程中对应付价款进行调整和变更。

5. 建设工程施工合同价款的调整阶段

合同价款调整是指在合同价款调整因素出现后，发承包双方根据合同约定，对合同价款提出计算和确认的过程。根据 2013 年版《建设工程工程量清单计价规范》第 9.1.1 项规定可知，引起合同价款调整的因素主要包括以下五类：①法律法规变化类；②工程变更类（工程变更、项目特征不符、工程量清单缺项、工程量偏差、计日工）；③物价变化类（物价变化、暂估价）；④工程索赔类［不可抗力、提前竣工（赶工补偿）、误期赔偿、索赔］；⑤现场签证及其他事项引起的合同价款调整。

6. 合同价款的结算与支付阶段

合同价款的结算也被称为工程结算，是指建设工程竣工或某个单项工程、单位工程或者分部工程完工后，承发包双方根据有关法律法规、合同约定的计价方式，按照施工过程中的现场实际情况、图纸、设计变更通知书、现场签证等工程资料，就承包人已经完成的工程项目进行的计算、调整和确认。工程价款的支付是发包人按照工程结算内容所确认的金额向承包人进行的各类支付，包括工程预付款、安全文明施工费、工程进度款、竣工结算款、最终结清款及合同解除价款结算等。

（1）工程预付款是由发包人按照合同约定，在正式开工前由发包人预先支付给承包人，用于购买工程施工所需的材料与组织施工机械和人员进场的价款。

（2）安全文明施工费是指按照国家现行的建筑施工安全、施工现场环境与卫生标准和有关规定，购置和更新施工防护用具及设施、改善安全生产条件和作业环境所需要的费用。

（3）工程进度款是发包人在合同工程施工过程中，按照合同约定对付款周期内承包人完成的合同内容给予支付的款项，是合同价款期中结算支付。

（4）竣工结算款是指发承包双方依据国家有关法律、法规和标准规定，按照合同约定，包括在履行合同过程中按合同约定进行的合同价款调整，承包人在如约完成全部承包工作后，发包人应付给承包人的合同总金额。合同结算价格是发包人用于支付承包人按照合同约定完成承包范围内全部工作应获得的对价，包括按合同约定发生的价格变化。在竣工结算阶段确认的合同价格为全部合同权利义务的清算价格，不仅指构成工程实体的造价，还包括合同当事人应支付的违约金、赔偿金等。

（5）最终结清款是在合同约定的缺陷责任期满后，承包人已按合同规定完成全部剩余工作且质量合格的，发包人与承包人结清全部剩余款项的合同条款。一般情况下，最终结清款约定的给付款项为缺陷责任期期满后发包人向承包人返还的工程质量保证金。

## 二、建设工程施工合同的计价方式

2004 年《建设工程价款结算暂行办法》第 8 条规定："发、承包人在签订合同时对于工程价款的约定，可选用下列一种约定方式：（一）固定总价。合同工期较短且工程合同总价较低的工程，可以采用固定总价合同方式。

（二）固定单价。双方在合同中约定综合单价包含的风险范围和风险费用的计算方法，在约定的风险范围内综合单价不再调整。风险范围以外的综合单价调整方法，应当在合同中约定。（三）可调价格。可调价格包括可调综合单价和措施费等，双方应在合同中约定综合单价和措施费的调整方法，调整因素包括：1. 法律、行政法规和国家有关政策变化影响合同价款；2. 工程造价管理机构的价格调整；3. 经批准的设计变更；4. 发包人更改经审定批准的施工组织设计（修正错误除外）造成费用增加；5. 双方约定的其他因素。"

2017 年版《建设工程施工合同（示范文本）》通用合同条款第 12.1 款规定："发包人和承包人应在合同协议书中选择下列一种合同价格形式：1. 单价合同。单价合同是指合同当事人约定以工程量清单及其综合单价进行合同价格计算、调整和确认的建设工程施工合同，在约定的范围内合同单价不作调整。合同当事人应在专用合同条款中约定综合单价包含的风险范围和风险费用的计算方法，并约定风险范围以外的合同价格的调整方法，其中因市场价格波动引起的调整按第 11.1 款〔市场价格波动引起的调整〕约定执行。2. 总价合同。总价合同是指合同当事人约定以施工图、已标价工程量清单或预算书及有关条件进行合同价格计算、调整和确认的建设工程施工合同，在约定的范围内合同总价不作调整。合同当事人应在专用合同条款中约定总价包含的风险范围和风险费用的计算方法，并约定风险范围以外的合同价格的调整方法，其中因市场价格波动引起的调整按第 11.1 款〔市场价格波动引起的调整〕、因法律变化引起的调整按第 11.2 款〔法律变化引起的调整〕约定执行。3. 其他价格形式。合同当事人可在专用合同条款中约定其他合同价格形式。"建设工程施工合同采用何种计价方式，是承包人与发包人经过充分的市场竞争达成的，属于承包人与发包人自由协商的范畴。建设工程施工合同具有履行长期性的特点，即使约定建设工程价款为固定总价、固定单价，也很难使工程价款处于不变的状态，固定总价、单价仅仅是在签订建设工程施工合同时价款固定。所以，建设工程施工合同价款调整属于普遍情况，而施工合同价款固定属于例外情形。

（一）固定总价合同

所谓"固定"，是指价款一经约定，除业主增减工程量和设计变更外，一律不调整。所谓"总价"，是指对完成合同约定范围内工程量而实施的全部工作的总价款不作调整，总价有明确的范围限定，包括当事人约定的施工图、已标价工程量清单或预算书及有关条件。在固定总价合同中，承包人经发包人同意，施工范围超越了施工合同中施工范围的约定，此时施工合同虽然为固定总价，但承包人对超出的施工范围依然有权请求工程款，工程价款依然调整。《河北省建工审理指南》第11条规定："合同约定固定价款的，因发包人原因导致工程变更的，承包人能够证明工程变更增加的工程量不属于合同约定包干价范围之内的，有约定的，按约定结算工程价款；没有约定的，可以参照合同约定标准对工程量增减部分予以单独结算，无法参照约定标准结算可以参照施工地建设行政主管部门发布的计价方法或者计价标准结算。主张调整的当事人对合同约定的施工具体范围、实际工程量增减的原因、数量等事实负有举证责任。"一般来说，总价合同的价格在约定的工程范围及风险范围内是固定不变的，但是建设工程施工合同履行的长期性特点，导致风险的不确定性，盲目使用这种计价方式可能会导致严重的法律后果。在实践中，承包人可以考虑采用固定总价的合同情况包括：①工程范围清楚明确；②招标文件和合同中必须明确规定工程范围，工程设计比较详细，图纸完整、详细、清楚，承包人能够依据设计图纸进行具体的工程量计算；③工程量小、工期短，在工程实施过程中环境因素（特别是物价）变化小，工程条件稳定，与招标文件说明无明显差异的项目。固定总价合同一般包括施工图纸总价和清单总价两类合同，两者之间既有区别又有联系。

1. 施工图纸与工程量清单之间的关系

在实行工程量清单计价之前，工程范围的表述形式一般只有图纸。工程量清单实际就是对图纸和技术标准要求所显示工程内容的另外一种表现形式，是对图纸和技术规范的文字翻译。所以，图纸、技术规范与工程量清单之间存在着因果关系，工程量清单是基于图纸、技术规范产生的，这就决定了，无论是单价合同还是总价合同，图纸的法律效力高于工程量清单。2017年版《建设工程施工合同（示范文本）》通用合同条款第1.5款约定："组成合同的各项文件应互相解释，互为说明。除专用合同条款另有约定外，解释合同文件的优先顺序如下：……（6）技术标准和要求；（7）图纸；（8）已标价工程量清单或预算书；……"但是，相对于图纸而言，招标清单更具有可读性，更方便投标人进行报价。

2. 施工图纸总价确定后在施工图范围内价格不作调整

施工图纸总价是以施工图中的施工内容为总价包干对象，工程量清单仅仅作为参考，工程量清单中的错漏项不影响工程总价。施工图纸总价的调整一般仅仅发生在发包人增减工程量、设计变更时，除此之外一律不予调整。

3. 建设工程清单总价合同中，当事人无特殊约定，清单范围外价款予以调整

建设工程施工合同签订过程中采用工程量清单计价的方式成为主流，在清单总价合同模式下，工程量清单错漏责任的问题是司法实践中值得关注的问题。当建设工程施工合同采用总价招标时，工程量清单作为合同的组成部分，本质上属于综合单价固定。除措施费等费用争议外，总价合同双方争议更多地集中于工程量。工程量差主要产生于建设工程的发包人在招标中所提供的工程量清单，没有把建设工程施工图纸完整地翻译成工程量清单，造成工程量清单和设计施工图纸不匹配，产生了工程量清单的偏差和错漏项。《建筑法》第58条第2款规定："建筑施工企业必须按照工程设计图纸和施工技术标准施工，不得偷工减料。工程设计的修改由原设计单位负责，建筑施工企业不得擅自修改工程设计。"按照工程设计图纸、施工技术标准进行建设工程施工是承包人的法定义务，承包人无权突破建设工程施工图纸的范围进行施工活动，工程设计图纸、施工技术标准应当优先于工程量清单。工程量清单一般由发包人进行编制，在建设工程施工合同没有特别约定的情况下，发包人对建设工程工程量清单的准确性和完整性负责，所以在出现工程量清单的偏差和错漏项的情况下，清单总价合同即使未出现施工图纸的增减工程量和设计变更，以及工程量清单和实际发生的工程量不一致的情形，工程款也应当进行调整。如果招标文件约定由投标人负责施工图与清单工程量核对，那么投标人对工程量清单与施工合同的一致性承担合同义务，投标人响应招标文件投标，即承担了对工程量清单的复核义务，此时出现工程量清单的偏差和错漏项的情况由承包人负责，建设工程在此种情况下不调价。

（二）固定单价合同

固定单价是指合同双方在合同中约定综合单价包含的风险范围和风险费用的计算方法，在约定的风险范围内综合单价不再调整，合同单价一次包死，固定不变。风险范围以外的综合单价调整方法，应当在合同中约定。固定单价的计算是以图纸及计价规范为基础的。在这类合同中，承包方承担价的风险，发包方承担量的风险，合同的各分项工程数量是估计值，合同履行中，将根据实际发生的工程数量计算调整，而各分项工程的单价是固定的，除非发生工程内容范围、数量的变更或约定以外的风险，才可以调整工程单价。实践中普遍采用的工程量清单计价，在没有特别约定的情况下属于固定单价合同。如果工程量清单中出现工程量偏差和错漏项，可以按照2013年版《建设工程工程量清单计价规范》的规定或按合同约定处理。单价合同结算价等于单价乘以实际工程量，单价合同强调的是单价固定，总价是不固定的。固定单价合同与固定总价合同既有联系，又有区别。联系表现为，二者同为固定价格合同，即在约定的风险范围内价款不再调整的合同。双方需在专有合同条款内约定合同价款包含的风险范围、风险费用的计算方法以及承包风险范围以外的合同价款调整方法。区别表现为，固定总价合同是针对当时的图纸、招标文件以及技术资料确定的固定总价，当施工过程中发生设计变更，还是要按照规定予以增减造价的。固定单价合同是针对当时的图纸、招标文件以及技术资料确定的固定单价，而工程量是按实结算。在固定单价合同中发包人提出的工程量是一个暂定量，最终结算按照实际发生的工程量据实结算。

（三）可调价格合同

所谓可调价格，是指合同价款可根据双方约定的方法加以调整，对于具体调整的方法和影响调整的因素，双方可在合同专有合同条款中加以明确。可调价格合同与固定价格合同相比，风险相对较小，但需要承发包双方在合同中对可调整的因素和调整方法、幅度作出具体的约定。

1. 可调价格合同中的调整因素

按照《建设工程价款结算暂行办法》第8条规定，可调价格包括可调综合单价和措施费等，双方应在合同中约定综合单价和措施费的调整方法，调整因素包括：①法律、行政法规和国家有关政策变化影响合同价款；②工程造价管理机构的价格调整；③经批准的设计变更；④发包人更改经审定批准的施工组织设计（修正错误除外）造成费用增加；⑤双方约定的其他因素。

2. 可调价格合同中的调整方法

《建设工程施工发包与承包价格管理暂行规定》第16条规定了价差调整办法：

（1）按主材计算价差。发包人在招标文件中列出需要调整价差的主要材料表及其基期价格（一般采用当时当地工程造价管理机构公布的信息价或结算价），工程竣工结算时按竣工时当地工程造价管理机构公布的材料信息价或结算价，与招标文件中列出的基期价比较计算材料差价。

（2）主材按抽料计算价差，其他材料按系数计算价差。主要材料按施工图计算的用量和竣工当月当地工程造价管理机构公布的材料结算价或信息价与基期价对比计算差价。其他材料按当地工程造价管理机构公布的调价系数计算差价。

（3）按工程造价管理机构公布的竣工调价系数及调价计算方法计算差价。具体采用哪种价差调整办法，应按工程造价管理机构的规定在合同中约定。

3. 合同中未明确约定计价方式适用于可调价格

根据《建工解释（一）》第19条可知，按照合同约定的工程价款计价标准或者计价办法结算工程价款是工程价款结算的基本规则，建设工程施工合同履行中发生设计变更、工程量增减或者质量标准调整，合同当事人对工程价款不能协商一致的，可以参照签订建设工程施工合同时当地建设行政主管部门发布的计价方法或者计价标准结算工程价款。其中，建设工程施工合同的计价标准或者计价方法是指建设工程是采用固定总价、固定单价、可调价格还是成本加酬金的计价方式。在工程实践中，建设工程施工合同明确约定了工程价款，但是未约定计价方式，笔者认为此种情况的计价形式应当采用可调价格，工程价款的结算应按照《民法典》第510条、第511条漏洞填补规则和《建工解释（一）》第19条规定的结算规则进行工程价款结算。建设施工合同中未明确约定计价方式时，笔者认为应当从以下两种情况进行分析。

（1）建设工程施工合同价款是当事人在订立合同时依据施工图确定的建设工程预算或者概算价格，建设工程施工合同履行过程中实际完成的工程量不可能与施工图中的预算工程量或者概算工程量完全相符，在施工图超出或者变更的部分应当根据《建工解释（一）》第19条规定另行计价。所以，合同当事人有权依据实际完成的工程量确定建设工程的造价。

（2）在建设工程施工合同计价方式约定不明的情况下，应当按照《民法典》规定的合同漏洞填补规则处理。《民法典》第510条规定："合同生效后，当事人就质量、价款或者报酬、履行地点等内容没有约定或者约定不明确的，可以协议补充；不能达成补充协议的，按照合同相关条款或者交易习惯确定。"根据该规定，交易习惯可以作为合同约定不明的争议解决途径，按照竣工图确定建设工程的造价对合同价格进行调整是建设行业的交易惯例，所以在建设工程施工合同价格形式约定不明的情况下，合同的价格形式应当是可调价格通过竣工后的各种结算文件调整合同价款。

（四）成本加酬金合同

成本加酬金，是指按工程实际发生的成本结算外，发包人另加上商定的一笔酬金（总管理费和利润）并支付给承包人的一种承发包方式。合同价格中工程成本按照实际发生额确定支付，承包人的酬金可以按照合同双方约定的工程管理服务费、利润的固定额计算，或按照工程成本、质量、进度的控制结果挂钩奖惩的浮动比例计算。工程实际发生的成本，主要包括人工费、材料费、施工机械使用费、其他直接费和现场经费以及各项独立费等。采用成本加酬金合同，承包人不承担任何价格变化或工程量变化的风险，风险主要由业主承担。成本加酬金合同通常用于如下情况。

（1）工程特别复杂，工程技术、结构方案不能预先确定或者尽管可以确定工程技术和结构方案，但是不可能进行竞争性的招标活动以总价合同形式确定承包人，如研究开发性质的工程项目。

（2）时间特别紧迫，如抢险、救灾工程，来不及进行详细的计划和商谈。采用成本加酬金的价格形式的建设工程施工合同，在建设工程施工实践中很少采用，本节不作深入介绍。

### 三、建设工程施工合同的计价方法

建设工程施工合同的计价方法是指根据不同的计价原则、计价依据、计价目的确定工程造价的计价方法。目前工程造价计价标准主要有工程定额计价和工程量清单计价两种方法，处于并行阶段，由承发包方选择适用。这两种计价方法的采用，只要不违反法律、行政法规强制性规定的，依据建设工程施工合同约定的计价方法确定工程价款。目前建设工程领域普遍采用的是工程量清单计价方式，即招标人根据施工图纸、招标文件的要求，提出一个工程量清单，投标人拿到工程量清单后，根据自己的技术管理、市场情况、风险评估在工程量清单上填写综合单价，即为"已标价工程量清单"，投标人中标后"已标价工程量清单"就成为建设工程施工合同的组成部分。而定额计价是将建设工程分解成若干项，按照各省市规定各项目下的人员、材料、机械的消耗量，当期各项目下的市场信息价乘以消耗量，并在此基数下以工程的类别和施工企业的资质情况来决定施工企业应收取的各项费用。

#### （一）建设工程施工合同定额计价

建设工程定额是指在正常施工生产条件下，完成一定计量单位产品的人工、材料、机械和资金消费的规定额度。建设工程定额标准是各地建设主管部门根据本地建筑市场房屋建筑成本和房屋设施设备安装成本（简称"建安成本"）的平均值确定的，是完成一定计量单位产品的人工、材料、机械和资金消费的规定额度，属于任意性规定而非强制性规定。定额体现了建设工程造价在编制时，常规建筑物在合理的劳动组织、合理的材料消耗和机械使用量的前提下，分部分项工程的人工、材料、机械的社会平均水平消耗量。定额计价法的特点可以归纳为一个字"套"，即套定额，工程造价从业人员根据工程图纸计算出工程量，然后套定额单价，求得直接费，再以直接费为基数，套用有关定额取费费率，计算各项费用、利润、税金，求得工程造价。造价主管部门定期或不定期发布的造价信息及政策性调价文件使得人工、材料、机械费等成本要素更加贴近市场价。定额价款构成包括了直接工程费、间接费、利润和税金。但是，在定额模式下建筑工程的"量和价"是由政府主管部门指导的，不能体现建筑企业的建设工程的真实成本。随着经济体制由计划经济向市场经济的转变，定额计价灵活性变差，定额的消耗量和行政部门发布的材料预算价格也不利于市场竞争，并进而限制投标方的企业竞争。

1. 定额结算工程款原则上应当由承发包方约定适用

建设行政主管部门公布的定额标准不属于法律、法规的范畴，对建设工程施工合同当事人双方不具有当然的强制性约束力，只有施工合同当事人双方约定适用时才产生约束力。值得注意的是，如果建设工程施工合同中约定的年度定额文件明确具体，该年度定额文件就成为建设工程施工合同的合同内容，即使该计价标准被新的标准所取代，也应按照合同中约定所依据的定额文件作为结算工程价款的依据。但是，如果建设工程施工合同中仅仅约定适用当地建设行政主管部门发布的定额文件，未明确具体年度时，表明未将定额文件的内容转化为合同内容，则可以按照适用合同订立前已经发布的最新定额文件确定建设工程的造价。在目前的市场经济条件下，虽然各地建设行政主管部门仍然定期发布定额计价标准，但该计价标准属于任意性规定而非强制性规定，只具有参照适用的效力，不具有强制适用的效力。我国现不存在建设工程政府定价和政府指导价的强制性规定，定额计价标准不属于《民法典》第511条规定的，价款或者报酬不明确的，依法应当执行政府定价或者政府指导价的，按照规定履行。既然定额计价不属于政府定价或者政府指导价，那么定额计价不能强制性适用。

2. 司法实践中采用定额计价的情形

建设行政主管部门发布的定额文件主要适用于建设工程的概算、预算，对于控制发包人的投资规模和确定投标控制价具有重要作用。在建设工程结算过程中，除建设工程施工合同明确约定适用定额计价标准或者计价方法外，司法实践中适用定额计价标准存在两种情形。

（1）根据《建工解释（一）》第19条第2款的规定，建设工程施工合同履行过程中，因设计变更等原因导致工程量或者质量标准发生变化的，如果当事人就工程量变化后的工程价款不能协商一致，通常情况下也可以采用定额计价标准作为结算工程价款的依据。

（2）建设工程施工合同中约定采用据实结算的方法确定建设工程价款，而又没有明确约定工程价款的计价标准或者计价方式的，通常也采用定额计价标准作为确定工程造价的主要依据。

（二）建设工程工程量清单计价法

为了适应市场经济发展，与国际惯例接轨，2013年版《建设工程工程量清单计价规范》的发布，有利于建设工程在公开、公正、公平的竞争环境中合理确定工程造价，提高投资效益。工程量清单是建设工程的分部分项工程项目、措施项目、其他项目和税金等的明细清单。建设工程发承包及实施阶段的工程造价应由分部分项工程费措施项目费、其他项目费、规费和税金组成。使用工程量清单计价时，将施工过程中的实体性消耗和措施性消耗分开，对于措施性消耗只列出项目名称，由投标人根据招标文件要求和施工现场、施工方案自行确定，以体现以施工方案为基础的造价竞争；对于实体性消耗费用，则列出具体的工程数量，投标人列出每个清单项目的综合单价。工程量清单计价模式是一种与市场经济相适应的，允许承包单位自主报价，通过市场竞争确定价格且与国际惯例接轨的计价模式。

1. 工程量清单计价的使用范围

根据2013年版《建设工程工程量清单计价规范》的规定，国有资金投资的建设工程发承包，必须采用工程量清单计价；非国有资金投资的建设工程，宜采用工程量清单计价方式确定和计算工程造价。所谓国有资金投资的项目，包括全部使用国有资金（含国家融资资金）投资或国有资金投资为主的工程建设项目。工程量清单计价活动涵盖施工招标、合同管理以及竣工交付全过程，主要包括：工程量清单的编制，招标控制价、投标报价的编制，工程合同价款的约定，竣工结算的办理以及施工过程中的工程计量、工程款支付、合同价款调整、工程索赔和工程计价争议处理等活动。招标工程量清单标明的工程量是投标人投标报价的共同基础，由企业根据自身的实力来填写不同的单价，将企业的优势体现到投标报价中，采用工程量清单计价可以为投标人提供一个公平的竞争条件。

2. 工程量清单的法律性质

2013年版《建设工程工程量清单计价规范》中存在部分强制性条款，该类条款是否属于《民法典》中效力性规定，在司法实践中存在争议。有观点认为，《建设工程工程量清单计价规范》属于"国家有关规定"，清单计价规范强制性条款属于国家强制性标准，国家强制性标准必须执行，违反了《建设工程工程量清单计价规范》中强制性条文，就是违反了《建筑法》。《建设工程工程量清单计价规范》从法律效力层面上属于《民法典》中效力性规定，建设工程施工合同当事人必须遵守。但笔者认为，《建设工程工程量清单计价规范》中的强制性规定不符合《民法典》中效力性规定的条件，违反该强制性规定不产生合同效力的问题。虽然《建设工程工程量清单计价规范》中规定了 10 余个条文为强制性条文，但这些强制性条文规定，不是法律、行政法规规定的强制性规定，所以不能因为违反清单计价规范的强制性规定而认定合同无效或部分无效。《建设工程工程量清单计价规范》的法律性质为国家标准，应当适用于《标准化法》。《建设工程工程量清单计价规范》是国家标准，而不是法律法规，没有法律法规的强制力。所以，《建设工程工程量清单计价规范》是在市场经济条件下，供合同当事人双方选择适用，合同价格是承发包双方自主订立的，不应受到清单计价规范强制性条文的约束。《建设工程工程量清单计价规范》主要约定的是计价方法，解决的是建设工程价款的计价，对于建设工程施工合同计价中的有关价格的调价、变更、索赔等内容，应当允许双方依据市场及自身情况自主约定。

## 四、建筑安装工程费用项目的构成

在 2013 年《建筑安装工程费用项目组成》中，建筑安装工程费用可按费用构成要素和造价形成这两种不同的方式来划分。

（一）按费用构成要素划分建筑安装工程费用项目构成

按照费用构成要素划分，建筑安装工程费由人工费、材料费（包含工程设备）、施工机具使用费、企业管理费、利润、规费等组成。

1. 人工费

人工费是指支付给直接从事建筑安装工程施工的生产工人的各项费用，内容包括：

（1）计时工资或计件工资，是指按计时工资标准和工作时间或对已做工作按计件单价支付给个人的劳动报酬。

（2）奖金，是指对超额劳动和增收节支支付给个人的劳动报酬。如节约奖、劳动竞赛奖金等。

（3）津贴补贴，是指为了补偿职工特殊或额外的劳动消耗和因其他特殊原因支付给个人的津贴，以及为了保证职工工资水平不受物价影响支付给个人的物价补贴。如流动施工津贴、特殊地区施工津贴、高温（寒）作业临时津贴、高空津贴等。

（4）加班加点工资，是指按规定支付的在法定节假日工作的加班工资和在法定日工作时间外延时工作的加点工资。

（5）特殊情况下支付的工资，是指根据国家法律、法规和政策规定，因病、工伤、产假、计划生育假、婚丧假、事假、探亲假、定期休假、停工学习、执行国家或社会义务等原因按计时工资标准或计时工资标准的一定比例支付的工资。

2. 材料费

材料费是指工程施工过程中耗费的各种原材料、半成品、构配件、工程设备等的费用，以及周转材料等的摊销、租赁费用，内容包括：

（1）材料原价，是指国内采购材料的出厂价格，国外采购材料抵达买方边境、港口或车站并交纳完各种手续费、税费后形成的价格。

（2）运杂费，是指国内采购材料自来源地、国外采购材料自到岸港运至工地仓库或指定堆放地点发生的费用。

（3）运输损耗费，是指材料在运输装卸过程中不可避免的损耗。

（4）采购及保管费，是指组织材料采购、检验、供应和保管过程中发生的费用。包括采购费、仓储费、工地保管费、仓储损耗。

3. 施工机具使用费

施工机具使用费是指施工作业所发生的施工机械、仪器仪表使用费或其租赁费。

（1）施工机械使用费。它以施工机械台班耗用量乘以施工机械台班单价表示，施工机械台班单价应由下列七项费用组成。①折旧费，是指施工机械在规定的使用年限内，陆续收回其原值的费用。②大修理费，是指施工机械按规定的大修理间隔台班进行必要的大修理，以恢复其正常功能所需的费用。③经常修理费，是指施工机械除大修理以外的各级保养和临时故障排除所需的费用。包括为保障机械正常运转所需替换设备与随机配备工具附具的摊销和维护费用，机械运转中日常保养所需润滑与擦拭的材料费用及机械停滞期间的维护和保养费用等。④安拆费及场外运费。前者是指施工机械（大型机械除外）在现场进行安装与拆卸所需的人工、材料、机械和试运转费用以及机械辅助设施的折旧、搭设、拆除等费用；后者是指施工机械整体或分体自停放地点运至施工现场或由一施工地点运至另一施工地点的运输、装卸、辅助材料及架线等费用。⑤人工费，是指机上驾驶员（司炉）和其他操作人员的人工费。⑥燃料动力费，是指施工机械在运转作业中所消耗的各种燃料及水、电费等。⑦税费，是指施工机械按照国家规定应缴纳的车船使用税、保险费及年检费等。

（2）仪器仪表使用费。它是指工程施工所发生的仪器仪表使用费或租赁费，包括折旧费、维护费、校验费和动力费。该使用费以施工仪器仪表台班耗用量乘以施工仪器仪表台班单价表示，施工仪器仪表台班单价应由下列四项费用组成。①折旧费，是指施工仪器仪表在耐用总台班内，陆续收回其原值的费用。②维护费，是指施工仪器仪表各级维护、临时故障排除所需的费用以及保证仪器仪表正常使用所需备件（备品）的维护费用。③校验费，是指按国家与地方政府规定的标定与检验费用。④动力费，是指施工仪器仪表在使用过程中所耗用的电费。施工仪器仪表台班单价中的费用组成未包括检测软件的相关费用。

4. 企业管理费

企业管理费是指施工单位为组织施工生产和经营管理所发生的费用，内容包括：

（1）管理人员工资，是指按规定支付给管理人员的计时工资、奖金、津贴补贴、加班加点工资及特殊情况下支付的工资等。

（2）办公费，是指企业管理办公用的文具、纸张、账表、印刷、邮电、书报、办公软件、现场监控、会议、水电、烧水和集体取暖降温（包括现场临时宿舍取暖降温）等费用。

（3）差旅交通费，是指职工因公出差、调动工作的差旅费、住勤补助费，市内交通费和误餐补助费，职工探亲路费，劳动力招募费，职工退休退职一次性路费，工伤人员就医路费，工地转移费以及管理部门使用的交通工具的油料、燃料等费用。

（4）固定资产使用费，是指管理和试验部门及附属生产单位使用的属于固定资产的房屋、设备、仪器等的折旧、大修、维修或租赁费。

（5）工具用具使用费，是指企业施工生产和管理使用的不属于固定资产的工具、器具、家具、交通工具和检验、试验、测绘、消防用具等的购置、维修和摊销费。

（6）劳动保险和职工福利费，是指由企业支付的职工退职金、按规定支付给离休干部的经费，集体福利费、夏季防暑降温、冬季取暖补贴、上下班交通补贴等。

（7）劳动保护费，是指企业按规定发放的劳动保护用品的支出。如工作服、手套、防暑降温饮料以及在有碍身体健康的环境中施工的保健费用等。

（8）检验试验费，是指施工企业按照有关标准规定，对建筑以及材料、构件和建筑安装物进行一般鉴定、检查所发生的费用，包括自设试验室进行试验所耗用的材料等费用。不包括新结构、新材料的试验费，对构件做破坏性试验及其他特殊要求检验试验的费用和发包人委托检测机构进行检测的费用，对此类检测发生的费用，由发包人在工程建设其他费用中列支。但对施工企业提供的具有合格证明的材料进行检测不合格的，该检测费用由施工企业支付。

（9）工会经费，是指企业按照《中华人民共和国工会法》规定的全部职工工资总额比例计提的工会经费。

（10）职工教育经费，是指按照职工工资总额的规定比例计提，企业为职工进行专业技术和职业技能培训，专业技术人员继续教育、职工职业技能鉴定、职业资格认定以及根据需要对职工进行各类文化教育所发生的费用。

（11）财产保险费，是指施工管理用财产、车辆等的保险费用。

（12）财务费，是指企业为施工生产筹集资金或提供预付款担保、履约担保、职工工资支付担保等所发生的各种费用。

（13）税金，是指企业按规定缴纳的房产税、车船使用税、土地使用税、印花税等。

（14）其他，包括技术转让费、技术开发费、投标费、业务招待费、绿化费、广告费、公证费、法律顾问费、审计费、咨询费、保险费等。

（15）城市维护建设税、教育费附加和地方教育附加等附加税费。

5. 利润

利润，是指施工单位从事建筑安装工程施工所获得的盈利。

6. 规费

规费是按国家法律、法规规定，由省级政府和省级有关主管部门规定施工单位必须缴纳，应计入建筑安装工程造价的费用，包括：

（1）社会保险费，是指企业按照规定标准为职工缴纳的基本养老保险费、失业保险费、医疗保险费、生育保险费、工伤保险费。

（2）住房公积金，是指企业按照规定标准为职工缴纳的住房公积金。

（3）工程排污费，是指按照规定缴纳的施工现场工程排污费。

（4）其他应列而未列入的规费，按实际发生计取。

（二）按造价形成划分建筑安装工程费用项目构成

按照工程造价形成划分，建筑安装工程费由分部分项工程费、措施项目费、其他项目费、规费等组成。

1. 分部分项工程费

分部分项工程费是指工程量清单计价中，各分部分项工程所需的直接费、企业管理费、利润、风险费、规费的总和。各类专业工程的分部分项工程划分应遵循现行国家或行业计量规范的规定。分部分项工程费通常用分部分项工程量乘以综合单价进行计算。综合单价是指完成一个规定清单项目所需的人工费、材料和工程设备费、施工机具使用费、企业管理费、利润和一定范围内的风险费用。

2. 措施项目费

措施项目费是指为完成建设工程施工，发生于该工程施工前和施工过程中的技术、生活、安全、环境保护等方面的费用。措施项目费分为施工技术措施费和施工组织措施费。根据《建设工程工程量清单计价规范》可知，施工技术措施费应结合建设工程消耗量定额的规定确定，而施工组织措施费需结合工程实际情况确定。措施项目费可以归纳为以下几项：

（1）安全文明施工费，是指工程施工期间按照国家现行的环境保护、建筑施工安全、施工现场环境与卫生标准和有关规定，购置和更新施工安全防护用具及设施、改善安全生产条件和作业环境所需要的费用。通常由环境保护费、文明施工费、安全施工费、临时设施费组成。

（2）夜间施工增加费，是指因夜间施工所发生的夜班补助费、夜间施工降效、夜间施工照明设备摊销及照明用电等费用。

（3）非夜间施工照明费，是指为保证工程施工正常进行，在地下室等特殊施工部位施工时所采用的照明设备的安拆、维护及照明用电等费用。

（4）二次搬运费，是指由于施工场地条件限制而发生的材料、成品、半成品等一次运输不能达到堆放地点，必须进行二次或多次搬运的费用。

（5）冬雨季施工增加费，是指在冬季或雨季施工需增加的临时设施、防滑、排除雨雪，人工及施工机械效率降低等费用。

（6）地上、地下设施、建筑物的临时保护设施费，是指在工程施工过程中，对已建成的地上、地下设施和建筑物进行的遮盖、封闭、隔离等必要保护措施所发生的费用。

（7）已完工程及设备保护费，是指竣工验收前，对已完工程及设备采取的覆盖、包裹、封闭、隔离等必要保护措施所发生的费用。

（8）脚手架工程费，是指施工需要的各种脚手架搭、拆、运输费用以及脚手架购置费的摊销（或租赁）费用。

（9）混凝土模板及支架（撑）费，是指混凝土施工过程中需要的各种钢模板、木模板、支架等的支拆、运输费用及模板、支架的摊销（或租赁）费用。

（10）垂直运输费，是指现场所用材料、机具从地面运至相应高度以及职工人员上下工作面等所发生的运输费用。

（11）超高施工增加费，当单层建筑物檐口高度超过20米，多层建筑物超过6层时，可计算超高施工增加费。

（12）大型机械设备进出场及安拆费，是指机械整体或分体自停放场地运至施工现场或由一个施工地点运至另一个施工地点，所发生的机械进出场运输及转移费用及机械在施工现场进行安装、拆卸所需的人工费、材料费、机械费、试运转费和安装所需的辅助设施的费用。

（13）施工排水、降水费，是指将施工期间有碍施工作业和影响工程质量的水排到施工场地以外，以及防止在地下水位较高的地区开挖深基坑出现基坑浸水，地基承载力下降，在动水压力作用下还可能引起流沙、管涌和边坡失稳等现象而必须采取有效的降水和排水措施费用。

（14）其他。根据项目的专业特点或所在地区不同，可能会出现其他的措施项目，如工程定位复测费和特殊地区施工增加费等。

3. 其他项目费

其他项目费主要包括暂列金额、计日工、总承包服务费、暂估价。这些费用如何计取可以在合同中约定，属于计算方式比较灵活的部分。招标人部分的金额按招标人估算的金额确定，包括预留金和材料购置费部分。投标人部分的金额应根据招标人提出的要求，按所发生的费用确定。零星工作项目费应根据"零星工作项目计价表"的要求，按照规范规定的综合单价的组成填写，包括总承包服务费和零星工作项目费部分。

（1）暂列金额。2017年版《建设工程施工合同（示范文本）》通用合同条款第1.1.5.5目约定："暂列金额：是指发包人在工程量清单或预算书中暂定并包括在合同价格中的一笔款项，用于工程合同签订时尚未确定或者不可预见的所需材料、工程设备、服务的采购，施工中可能发生的工程变更、合同约定调整因素出现时的合同价格调整以及发生的索赔、现场签证确认等的费用。"通用合同条款第10.8款约定："暂列金额应按照发包人的要求使用，发包人的要求应通过监理人发出。合同当事人可以在专用合同条款中协商确定有关事项。"合同履行过程中，该费用是否实际发生存在不确定性，最终承包人以实际发生的数额为准进行结算。在确定暂列金额时应根据施工图样的深度、暂估价设定的水平、合同价款约定调整的因素及工程实际情况合理确定。暂列金额由发包人根据工程特点，按有关计价规定估算，施工过程中由发包人掌握使用、扣除合同价款调整后如有余额，归发包人。

（2）暂估价。2017年版《建设工程施工合同（示范文本）》通用合同条款第1.1.5.4目约定："暂估价：是指发包人在工程量清单或预算书中提供的用于支付必然发生但暂时不能确定价格的材料、工程设备的单价、专业工程以及服务工作的金额。"通用合同条款第10.7款约定："暂估价专业分包工程、服务、材料和工程设备的明细由合同当事人在专用合同条款中约定。"是否采用暂估价项目，以及暂估价材料、工程设备或专业工程和服务的具体范围以及金额，由发包人决定。暂估价中列明的材料、工程设备、专业工程或服务属于必然发生但在招标阶段和签订合同时暂时不确定价格的项目，暂估价是工程量清单或预算书的组成部分。

（3）计日工。2017年版《建设工程施工合同（示范文本）》通用合同条款第1.1.5.6目约定："计日工：是指合同履行过程中，承包人完成发包人提出的零星工作或需要采用计日工计价的变更工作时，按合同中约定的单价计价的一种方式。"通用合同条款第10.9款约定："需要采用计日工方式的，经发包人同意后，由监理人通知承包人以计日工计价方式实施相应的工作，其价款按列入已标价工程量清单或预算书中的计日工计价项目及其单价进行计算；已标价工程量清单或预算书中无相应的计日工单价的，按照合理的成本与利润构成的原则，由合同当事人按照第4.4款〔商定或确定〕确定计日工的单价。采用计日工计价的任何一项工作，承包人应在该项工作实施过程中，每天提交以下报表和有关凭证报送监理人审查：（1）工作名称、内容和数量；（2）投入该工作的所有人员的姓名、专业、工种、级别和耗用工时；（3）投入该工作的材料类别和数量；（4）投入该工作的施工设备型号、台数和耗用台时；（5）其他有关资料和凭证。计日工由承包人汇总后，列入最近一期进度付款申请单，由监理人审查并经发包人批准后列入进度付款。"计日工适用的零星工作一般是指为实现合同目的发生的额外工作，该额外工作系在原工程量清单中或预算书中没列明的工作内容。计日工是按合同中约定的单价计价的一种方式，计日工单价应在已标价工程量清单或预算书中明确；已标价工程量清单或预算书中无相应计日工单价的按照合理的成本与利润构成原则，由合同当事人协商确定。

（4）总承包服务费，是指总承包人为配合、协调发包人进行的专业工程发包，对发包人自行采购的材料、工程设备等进行保管以及施工现场管理、竣工资料汇总整理等服务所需的费用。总承包服务费由发包人在招标控制价中根据总承包服务范围和有关计价规定编制，总承包人投标时自主报价，施工过程中按签约合同价执行。

4. 规费

规费，是指投标人按照政府有关部门规定，必须缴纳的费用。包括工程排污费、工程定额测定费、养老保险费、失业保险费、医疗保险费、住房公积金、危险作业意外伤害保险等。

# 第二节　建设工程施工合同价款的调整

建设工程施工项目周期比较长，长时间的建设周期让工程造价受到很多因素影响。在履行施工合同过程中，难免会出现实际施工情况与施工合同中事先约定事项不一致的情况，比如，设计变更、进度加快、标准提高及施工条件、材料价格等的变化，从而影响工期和造价。关于合同价格形式，在总价合同和单价合同中承包范围内的工程合同价款已经确定，说明合同当事人已经充分预判合同风险，并考虑到了合同履行过程中引起价格变动的种种因素，在工程实施中不再因约定的风险范围内的因素发生变化而调整合同价款。但是对于总价合同和单价合同，所谓工程价格固定也只是个相对概念，固定是相对于签订合同之时固定，随着建设工程施工合同的履行发生了合同约定的风险范围之外的情况或者发包人变更了设计、措施手段的变更均可能调整工程价款。

## 一、建设工程施工合同价款调整的原则

### （一）合同价款调整的基准日期原则

2013 年版《建设工程工程量清单计价规范》第 9.2.1 项规定："招标工

程以投标截止日前28天、非招标工程以合同签订前28天为基准日，其后因国家的法律、法规、规章和政策发生变化引起工程造价增减变化的，发承包双方应按照省级或行业建设主管部门或其授权的工程造价管理机构据此发布的规定调整合同价款。"在基准日期之前，由承包人承担因国家的法律、法规、规章和政策发生变化引起的工程造价增减变化。在基准日期之后，由发包人承担因国家的法律、法规、规章和政策发生变化而引起的工程造价增减变化。2017年版《建设工程施工合同（示范文本）》通用合同条款第1.1.4.6目约定："基准日期：招标发包的工程以投标截止日前28天的日期为基准日期，直接发包的工程以合同签订日前28天的日期为基准日期。"可见，法律、法规以及国家政策等发生改变后，是否能进行合同价款调整的关键就在于基准日期的确定。基准日期是判定某种风险是否属于承包人的分界日期。承包人报价时应考虑截止基准日期前的全部法律规定、技术标准、规范、市场价格、汇率等对合同履行有关方面的影响，且自行承担相应的风险。在基准日期以后，因法律、技术标准、规范变化等不可归责于承包人的原因导致费用增加或者工期延长的，承包人由此产生的费用损失和工期损失由发包人承担。

（二）违约者不受益原则

违约者不受益原则是指在合同履行期间，一方不能因自身的违约行为而获得利益。此原则体现的是权利义务的对等性，即虽然合同当事人双方互为权利义务人，但并不等同于合同一方当事人获益必然导致相对人受损，而是合同当事人均可从合同交易中获益。《民法典》第513条规定："执行政府定价或者政府指导价的，在合同约定的交付期限内政府价格调整时，按照交付时的价格计价。逾期交付标的物的，遇价格上涨时，按照原价格执行；价格下降时，按照新价格执行。逾期提取标的物或者逾期付款的，遇价格上涨时，按照新价格执行；价格下降时，按照原价格执行。"具体到建设工程施工领域，相关法规保护遵守合同一方的权利，同时对于不履行合同的一方，保证不因其违约行为而获益。例如，2017年版《建设工程施工合同（示范文本）》通用合同条款第11.2款约定："……因承包人原因造成工期延误，在工期延误期间出现法律变化的，由此增加的费用和（或）延误的工期由承包人承担。"建设工程施工合同具有长期履行的特点，在履行过程中工期违约和工期顺延是经常发生的问题。违约方不得因违约获利，通常适用于工期延误期间发生的相关事项。在工期延误期间，按不利于违约方的原则调整价格。如果工期风险分担有失公平，那么工期违约方将会从中获得额外利益，若因非承包人原因导致工期延误，则价格"就高不就低"；若因承包人导致工期延误，则价格"就低不就高"，其体现的基本原则是违约方不得因违约获利。对工期延误期间物价波动引起的合同价款进行调整时，如果是因非承包人导致的工期延误，则工期延误期间工程的价格指数采用原约定竣工日期与实际竣工日期两者中较高者；如果是承包人原因导致的工期延误，则价格指数采用原约定竣工日期与实际竣工日期两者中较低者。

（三）物价波动的价差调整原则

在工程量清单计价模式下，工程量的风险由发包人承担，单价的风险由承包人承担，物价波动超过合同约定的风险范围，则属于发包人承担的风险范围。由于综合单价是包含了一定范围内的风险费用的价格，因此，当物价波动在合同约定的范围内时，由承包人承担，而物价波动超过约定的范围时，超过合同约定承包人承担的风险范围外的部分风险由发包人承担，即发包人承担价差的风险。在物价变化时，人工费、材料费、施工机具使用费可以根据价格指数调整法或者造价信息调整法进行调整。尽管企业管理费和利润的计算通常是以人工费、材料费、施工机具使用费或其中某几项费用为计算基础再乘以相应费率，但是这两项费用却不予调整。也就是说，在物价变化时，只调整人工费、材料费、施工机具使用费的价差，而不调整相关企业管理费和利润。

## 二、建设工程施工合同清单计价规则下价款调整的因素

建设工程施工中，发包人提供图纸和说明，承包人在报价时，自己计算工程量，再根据申报的综合单价，得出合同总价。但是，由于建设工程合同系继续性合同，时间跨度较大，合同履行过程中极易发生原材料价格发生重

大变化、设计变更、工程量增加、工程质量标准变化、特殊天气、地质状况变化等订立合同时无法预见的情况，而进一步导致工期和价款的变化。对于价款的调整，《建筑工程施工发包与承包计价管理办法》第 14 条规定："发承包双方应当在合同中约定，发生下列情形时合同价款的调整方法：（一）法律、法规、规章或者国家有关政策变化影响合同价款的；（二）工程造价管理机构发布价格调整信息的；（三）经批准变更设计的；（四）发包方更改经审定批准的施工组织设计造成费用增加的；（五）双方约定的其他因素。"关于调整的幅度，有约定的按照约定处理，没有约定的，应考虑到建筑市场的利润率、合同的约定、招标投标等情形综合确定，不使利益过于失衡。合同价款调整是指在合同价款调整因素出现后，发承包双方根据合同约定，对合同价款进行变动的提出、计算和确认。合同履行过程中，引起合同价款调整的事项有很多。2013 年版《建设工程工程量清单计价规范》第 9.1.1 项规定了 15 项合同价款调整事项，包括：法律法规变化引起的合同价款调整；工程变更引起的合同价款调整；项目特征不符引起的合同价款调整；工程量清单缺项引起的合同价款调整；工程量偏差引起的合同价款调整；计日工引起的合同价款调整；物价变化引起的合同价款调整；暂估价引起的合同价款调整；不可抗力引起的合同价款调整；提前竣工（赶工补偿）引起的合同价款调整；误期赔偿引起的合同价款调整；索赔引起的合同价款调整；现场签证引起的合同价款调整；暂列金额引起的合同价款调整；其他因素引起的合同价款调整。对于上述调整事项，可以归纳出五种分类：法律法规变化类、工程变更类、物价变化类、工程索赔类、现场签证及其他事项。

### 三、法律法规类变化事项引起的合同价款调整

在工程建设过程中，发承包双方都是国家法律、法规、规章及政策的执行者。因此，在发承包双方履行合同的过程中，当国家的法律、法规、规章及政策发生变化时，施工合同价款应予以调整。

（一）法律法规类变化的范围

合同中所称法律法规包括中华人民共和国法律、行政法规、部门规章，

以及工程所在地的地方性法规、自治条例、单行条例和地方政府规章等。其中，中华人民共和国法律是指全国人民代表大会及其常务委员会制定的规范性文件，其法律效力高于其他法规、条例、规章；行政法规是最高国家行政机关即国务院制定的规范性文件，其法律的效力低于中华人民共和国法律；部门规章是由国务院各部、委制定的法律规范性文件，其法律的效力低于中华人民共和国法律、行政法规；工程所在地的地方性法规、自治条例、单行条例和地方政府法规是指省、自治区、直辖市以及省、自治区人民政府所在地的市和经国务院批准的较大的市的人民代表大会及常务委员会，在其法定权限内制定的法律规范性文件，其只在本辖区内有效，其法律效力低于中华人民共和国法律和行政法规。此外，对于地方性规章、其他规范性文件，当事人在合同条款中明确适用的，对合同当事人产生约束力。2017 年版《建设工程施工合同（示范文本）》通用合同条款第 11.2 款仅约定了法律变化引起的调整，法规类引起的价格调整未纳入调整的范围。2013 年版《建设工程工程量清单计价规范》第 9.2.1 项规定："……因国家的法律、法规、规章和政策发生变化引起工程造价增减变化的，发承包双方应按照省级或行业建设主管部门或其授权的工程造价管理机构据此发布的规定调整合同价款。"该条规定将规章、政策作为工程价款调整的依据，是因为国务院、国家发展和改革委员会、财政部、省级人民政府或者省级财政、物价主管部门在授权范围内，通常以政策文件的方式制定或调整行政事业性收费项目和费率，这些行政事业性收费计入工程造价，当然也应该对合同价款进行调整。但是，2013 年版《建设工程工程量清单计价规范》属于国家标准，在合同当事人约定适用时才具有强制力。

（二）基准日期的确定

发承包双方对因法律变化引起价款调整的风险划分是以基准日期为界限，因法律变化导致承包人在合同履行中所需要的工程费用发生除物价变化以外的增减时，在基准日期之后发生法律法规变化，合同价款予以调整，风险由发包人承担。关于基准日期，参照 2013 年版《建设工程工程量清单计价规范》第 9.2.1 项规定，招标工程以投标截止日前 28 天、非招标工程以合同签订前 28 天为基准日。在基准日期之前，由承包人承担因国家的法律、法规、规章和政策发生变化引起的工程造价增减变化。2017 年版《建设工程施工合同（示范文本）》通用合同条款第 11.2 款约定："基准日期后，法律变化导致承包人在合同履行过程中所需要的费用发生除第 11.1 款〔市场价格波动引起的调整〕约定以外的增加时，由发包人承担由此增加的费用；减少时，应从合同价格中予以扣减。基准日期后，因法律变化造成工期延误时，工期应予以顺延。因法律变化引起的合同价格和工期调整，合同当事人无法达成一致的，由总监理工程师按第 4.4 款〔商定或确定〕的约定处理。因承包人原因造成工期延误，在工期延误期间出现法律变化的，由此增加的费用和（或）延误的工期由承包人承担。"

（三）法律、法规改变时合同价款调整的内容

1. 规费的调整

规费是指按国家法律、法规规定，由省级政府和省级有关主管部门规定必须缴纳或计取的费用，包括社会保险费（养老保险费、失业保险费、医疗保险费、生育保险费、工伤保险费）、住房公积金、工程排污费及其他。其他应列而未列入的规费，按实际发生计取。根据 2013 年版《建设工程工程量清单计价规范》第 3.1.6 项的规定，规费必须按国家或省级、行业建设主管部门的规定计算，不得作为竞争性费用。因此规费的确定要根据国家主管部门颁布的法规，当新出台的法规规定对其调整时，承发包双方应按照相关的调整方法来进行合同价款的调整。

2. 税金的调整

根据 2013 年版《建设工程工程量清单计价规范》第 3.1.6 项的规定，税金必须按国家或省级、行业建设主管部门的规定计算，不得作为竞争性费用。各种税的税率是按照国家颁布的法规文件计取的。因此，当新出台的法规规定对税率进行调整时，承发包双方应按照相关的调整方法对合同价款进行调整。

## 四、工程变更类事项引起的合同价款调整

工程变更是承发包双方在合同履约过程中，合同状态发生变化导致合同

价款调整事项发生，为保证工程顺利实施而采取的调整合同价款的一种措施。变更的实质是合同标的物的变更，即发包人与承包人之间权利与义务指向对象的变更。工程变更类事项主要涉及工程变更、项目特征不符、项目清单缺项、工程量偏差、计日工。

（一）工程变更的概念

工程项目的复杂性决定了发包人在招标投标阶段所确定的方案往往存在某方面的不足，随着工程的进展和对工程本身认识的加深，以及其他外部因素的影响，常常在工程施工过程中需要对工程的范围、技术要求等进行修改，形成工程变更。可见，工程变更是为了完成工程而赋予发包人的单方面的权利，其目的是改善工程功能及顺利完成工程，其内容是对工程的外观、标准、功能及其实施方式的改变。工程变更可以分为设计变更和其他变更。其中，设计变更对施工进度有很大影响，容易造成投资失控，所以应严格按照国家的规定和合同约定的程序进行，变更超过原设计标准和建设规模，发包人应经规划管理部门和其他有关部门重新审查批准，并由原设计单位提供相应的变更图样和说明后，方可发出变更通知；其他变更是除设计变更之外能够导致合同内容的变更，如履约中发包人要求变更工程质量标准及发生其他实质性变更。

（二）工程变更的范围

关于工程变更的范围，参照 2013 年版《建设工程工程量清单计价规范》第 2.0.16 项的规定，工程变更的范围包括由发包人提出或由承包人提出经发包人批准的合同工程任何一项工作的增、减、取消或施工工艺、顺序、时间的改变；设计图纸的修改；施工条件的改变；招标工程量清单的错、漏从而引起合同条件的改变或工程量的增减变化。2017 年版《建设工程施工合同（示范文本）》通用合同条款第 10.1 款约定的变更范围包括：①增加或减少合同中任何工作，或追加额外的工作；②取消合同中任何工作，但转由他人实施的工作除外；③改变合同中任何工作的质量标准或其他特性；④改变工程的基线、标高、位置和尺寸；⑤改变工程的时间安排或实施顺序。该"变更"发生的时间应当为合同履行过程中，而非发生在订立合同阶段。此外，该条款中的"变更"与《招标投标法》中"招标人和中标人不得再行订立背离合同实质性内容的其他协议"是不同的。《招标投标法》的规定主要是规范合同订立中的行为，不允许发包人就有关交易行为和交易内容在合同订立过程中进行不符合市场经济的变更。因此，在合同订立阶段，要严格控制变更的范围，尤其是取消工作的变更事项，不得出现由发包人自行实施或交由其他第三人实施的情形，并同时符合法律的其他规定。

（三）工程变更导致工程量计量争议的确认规则

建设工程施工合同纠纷案件中，由于工程量的计算是一个专门性、技术性问题，会直接影响承包人和发包人双方的切身利益，因此，关于工程量计量的争议特别是工程量变更部分，往往成为建设工程施工合同纠纷案件的焦点。工程量变更可能是工程设计变更引起，也可能是承包人超范围在设计图纸之外进行施工造成，抑或因为自己原因需要返工造成工程量增加。但对于承包人超范围施工和返工造成的工程量增加只要发包人不予认可该部分，就不成为工程量争议的问题之列。所以，工程量的计量争议主要集中于工程设计变更。《建工解释（一）》第20条规定："当事人对工程量有争议的，按照施工过程中形成的签证等书面文件确认。承包人能够证明发包人同意其施工，但未能提供签证文件证明工程量发生的，可以按照当事人提供的其他证据确认实际发生的工程量。"该条司法解释确认了工程量发生争议的计量规则，主要涉及三个方面的内容：其一，对于工程量的种类范围和计算方法，如果当事人有明确约定，则按照合同约定进行计算和确认；其二，发生工程设计变更，以双方当事人之间达成的补充协议、会议纪要、工程变更单、工程对账签证等书面文件形式作为载体的证据，都可以用来结算工程量并进而作为当事人结算工程款的依据；其三，工程量存有争议，又没有签证等书面文件，在承包人能够证明发包人同意其施工时，其他证明工程量的证据，在经过举证、质证等程序后足以证明该证据所证明的实际工程量事实的真实性、合法性和关联性的情况下，在一定条件下也可以作为计算工程量的依据。

1. 工程量确认的基本规则

工程量计量按照合同约定的工程量计算规则、图纸及变更指示等进行计量。工程量计算规则应以相关的国家标准、行业标准等为依据，由合同当事人在专用合同条款中约定。在发包人没有变更工程设计、承包人也没有超出设计图纸范围施工的情况下，工程计量程序通常可以参照 2017 年版《建设工程施工合同（示范文本）》通用合同条款中的相关程序。其中，单价合同的计量按照如下程序：①承包人应于每月 25 日向监理人报送上月 20 日至当月 19 日已完成的工程量报告，并附具进度付款申请单、已完成工程量报表和有关资料。②监理人应在收到承包人提交的工程量报告后 7 天内完成对承包人提交的工程量报表的审核并报送发包人，以确定当月实际完成的工程量。监理人对工程量有异议的，有权要求承包人进行共同复核或抽样复测。承包人应协助监理人进行复核或抽样复测，并按监理人要求提供补充计量资料。承包人未按监理人要求参加复核或抽样复测的，监理人复核或修正的工程量视为承包人实际完成的工程量。③监理人未在收到承包人提交的工程量报表后的 7 天内完成审核的，承包人报送的工程量报告中的工程量视为承包人实际完成的工程量，据此计算工程价款。按月计量支付的总价合同按如下程序确认工程量：①承包人应于每月 25 日向监理人报送上月 20 日至当月 19 日已完成的工程量报告，并附具进度付款申请单、已完成工程量报表和有关资料。②监理人应在收到承包人提交的工程量报告后 7 天内完成对承包人提交的工程量报表的审核并报送发包人，以确定当月实际完成的工程量。监理人对工程量有异议的，有权要求承包人进行共同复核或抽样复测。承包人应协助监理人进行复核或抽样复测并按监理人要求提供补充计量资料。承包人未按监理人要求参加复核或抽样复测的，监理人审核或修正的工程量视为承包人实际完成的工程量。③监理人未在收到承包人提交的工程量报表后的 7 天内完成复核的，承包人提交的工程量报告中的工程量视为承包人实际完成的工程量。

2. 工程量计量的书面文件的范围和种类

当事人在履行建设工程施工合同期间，采取手写、打印、复写、印刷的形式，以通知、证明、工程变更单、工程对账签证、补充协议、备忘录、函件以及经过确认的会议纪要、电报、电传等为载体的书面证据，都可以作为当事人确认工程量并进而作为结算工程款的依据。

（1）会议纪要。双方关于工程量方面的会谈纪要，可视为对合同有关内容的一种补充。只有经过双方签字认可的会议纪要才能作为直接证据使用，单方起草没有经过双方签字的会议纪要只有在经过对方认可后，才可以作为证据使用。

（2）工程检验记录。如建筑定位放线验收单、基础验槽记录、钎探记录、轴线检查记录、设备开箱验收记录、水电消防实验、试压记录等，都能在一定程度上反映出工程量的变化。

（3）来往电报、函件等。这些书面文件往往可以证明发生变化的时间、原因等情况。而且，这些文件还可以说明双方就一些问题的交流信息，可以评价双方当事人对事情的观点和看法。

（4）工程洽商记录。工程洽商记录中记载了工程施工中地下障碍的处理、工程局部尺寸材料的改换、增加或者减少某项工程内容的情况。

（5）工程通知资料。发包人提供的场地范围、水、电接通位置、水准点、施工作业时间限定、施工道路指定等，都是通过通知书的方式告诉承包人。①

3. 没有书面文件的工程量的认定

在建设工程施工合同中，工程量清单是施工合同的重要组成部分。在工程量清单中，发包人和承包人都约定了工程涉及的所有工程项目的名称、建筑材料的数量和规格等。其中，经工程量月报中，承、发包双方已经予以确认的工程量，承包人与发包人一般不产生争议。工程量的争议往往出现在工程量清单之外，承包人认为实际施工的工程量超出合同或者合同附件中列明的工程量清单项目的，应当举出基于发包人变更设计导致工程量增加的证据。否则，就属于承包人自身超越设计图纸范围施工或者因工程质量未达到要求

---

① 最高人民法院民事审判第一庭编著：《最高人民法院新建设工程施工合同司法解释（一）理解与适用》，人民法院出版社 2021 年版，第 204 页。

而返工造成的工程量变化，承包人应当承担责任。但是，如果当事人对工程量的多少存在争议，有没有签证等书面文件，承包人能够证明发包人同意其施工时，其他非书面的旨在证明工程量的证据，在经过举证质证程序后足以证明该证据所证明的实际工量事实的真实性、合法性和关联性的情况下，在一定条件下也可以作为计算工程量的依据。①

（四）建设工程设计变更导致计价变化的调整规则

工程变更既包括设计变更、进度计划变更、施工条件变更，也包括发包方提出的"新增工程"，即原招标文件和工程量清单中没有包括的工程项目。工程变更可能会导致建设工程的工程量或者质量标准也随之发生变化。在建设工程因设计变更导致工程量或者质量标准发生变化时，《建工解释（一）》第19条规定设立了处理规则即"当事人对建设工程的计价标准或者计价方法有约定的，按照约定结算工程价款。因设计变更导致建设工程的工程量或者质量标准发生变化，当事人对该部分工程价款不能协商一致的，可以参照签订建设工程施工合同时当地建设行政主管部门发布的计价方法或者计价标准结算工程价款。建设工程施工合同有效，但建设工程经竣工验收不合格的，依照民法典第五百七十七条规定处理。"该条司法解释是关于工程价款的计算标准问题的规定，体现出如下三层内容：①如果当事人对建设工程的计价标准或计价方法事先有约定的，当然应当按照约定结算工程价款；②如果因设计变更导致建设工程的工程量或者质量标准发生变化，当事人对工程价款无法协商一致的，可以考虑参照签订原建设工程施工合同时当地建设行政主管部门发布的计价标准或者计价方法进行工程价款的结算；③建设工程施工合同本身是有效的，但建设工程经竣工验收后的结果是不合格工程，则应当依照《民法典》第577条的规定追究承包方的违约责任。特别强调的是，该条司法解释对于价款的调整规则使用的词句是"可以"而不是"应当"，是"参照"而不是"按照"。参照的时间标准是签订原合同时，而不是发生争议时。《建工解释（一）》第19条规定的价款调整规则仅仅适用于工程设计变

① 最高人民法院民事审判第一庭编著：《最高人民法院新建设工程施工合同司法解释（一）理解与适用》，人民法院出版社2021年版，第204页。

更，不适用于其他的工程变更。

1. 按照当事人约定的计价标准、计价方法结算建设工程价款

建设工程造价计算的精确程度是由建筑设计的深度决定的，依设计深度可分为投资估算、设计概算和施工图预算三种。投资估算是在项目开发前期对建设投资最粗略的估计，以可行性研究作为编制的依据；设计概算是项目在初步设计阶段，根据概算定额编制的、初步确定工程造价的依据；施工图预算则是在施工图设计阶段根据施工图反映的工程量按预算定额编制确定的。《建筑法》第 18 条第 1 款规定："建筑工程造价应当按照国家有关规定，由发包单位与承包单位在合同中约定。公开招标发包的，其造价的约定，须遵守招标投标法律的规定。"建筑工程施工发包与承包价格的确定由市场竞争形成，发包单位与承包单位在承包合同中约定了工程的计价标准或计价方法，属于双方真实意思表示，遵从其约定。建设工程施工合同约定的工程款结算标准与建筑行业主管部门发布的工程定额标准和造价计价办法不一致的，应以合同约定为准。如果当事人在履行合同中对原约定已通过补充协议、会议纪要、工程对账签证、技术联系单等形式予以变更的，以变更后的约定作为结算标准。

2. 承发包双方不能协商一致，设计变更可以参照建设行政主管部门发布的计价标准或者计价方法进行结算

建设工程的设计变更对工程量及质量，具有至关重要的影响。建设工程出现设计变更，如果当事人之间对工程价款不能协商一致时，对工程变更的结算规则是，可以参照签订建设工程施工合同时当地建设行政主管部门发布的计价方法或者计价标准结算工程价款。一般情况下，工程量的增减依据双方在履行合同中达成的签证等书面文件确认。因设计变更引起工程量增减，增减幅度在合同约定范围内，按约定结算工程款。在约定幅度以外，承包方提出增加部分的工程量或者减少后剩余部分的工程量报价经发包方确认的，应作为结算工程款的依据。此外，参照签订建设工程施工合同时当地建设行政主管部门发布的计价方法或者计价标准结算工程价款，应当只发生在因原合同约定的计价方式无法适用或者原增减工程的性质标准不宜适用原合同约定的计价方法和计价标准结算工程款时，才予以适用。如果原建设工程施工

合同组成文件中具有相同或相似的工程项目，计价标准或者计价方法应当适用于原合同。

（五）工程变更的责任承担

工程变更是建设工程施工合同变更中最普遍的类型，而其中最主要的是设计变更和施工组织引起的设计变更。工程变更的风险责任的确认是工程变更引起合同价款调整的前提。

1. 发承包人引起的设计变更的风险责任负担

建设工程施工合同属于特殊的承揽合同。根据《民法典》第770条第1款的规定，承揽合同是承揽人按照定作人的要求完成工作，交付工作成果，定作人给付报酬的合同。所以，一般工程施工合同中发包人具有单方改变设计变更的权利，可以直接下达指令，重新设计施工图，实现设计变更。设计变更会引起工程量的增加、减少，工程质量和进度的变化，实施方案的变化。以上改变，如果是由于政府的规划环保要求、地质条件的变化、不可抗力、原设计错误等导致的，则必须由发包人承担风险和责任。

2. 施工组织引起的设计变更的风险责任负担

在投标文件中，承包人提供的施工组织设计方案，虽然经发包人认可，对合同当事人双方具有约束力，但这并不意味着施工组织设计方案的改变就必然构成工程合同的变更。根据2017年版《建设工程施工合同（示范文本）》通用条款第7.1.1项约定，施工组织设计应包含以下内容：①施工方案；②施工现场平面布置图；③施工进度计划和保证措施；④劳动力及材料供应计划；⑤施工机械设备的选用；⑥质量保证体系及措施；⑦安全生产、文明施工措施；⑧环境保护、成本控制措施；⑨合同当事人约定的其他内容。施工组织设计是由以上九项内容构成的，其中最具有争议的就是施工方案的变更。施工方案的变更是否构成工程变更，具体介绍如下。

（1）下列施工方案的改变不构成工程变更。①在合同签订后的一定时间内，承包人应提交详细的施工计划供发包人代表或监理人审查，如果承包人的施工方案不符合合同要求，不能保证实现合同目标，发包人有权指令承包人修改施工方案，这不构成工程变更。②在招标文件的规范中，发包人对施工方案作了详细的规定，承包人必须按照发包人要求投标，若承包人的施工方案与规范不同，发包人有权指令要求承包人按照规定修改，这不构工程变更。③由于承包人自身原因（如失误或风险）修改施工方案所造成的损失，不构成工程变更，由承包人负责。④投标书中的施工方案被证明是不可行的，发包人不批准或指令承包人改变施工方案，不构成工程变更。⑤承包人为保证工程质量，保证实施方案的安全和稳定所增加的工程量，如扩大工程边界，不构成工程变更。

（2）下列施工方案的改变构成工程变更：①在施工过程中，承包人采用或者修改施工方法，必须经过发包人或者发包人代表批准或者同意。②重大的设计变更导致的施工方案变更。如果设计变更应由发包人承担责任，则相应的施工方案的变更也应由发包人承担责任；反之，则应由承包人承担责任。③不利的地质条件导致的施工方案的变更。发包人负责地质勘察工作并提供地质勘察报告，应该对报告的正确性和完备性承担责任。④施工进度的变更。工程开工后，每月都可能有进度的调整。通常只要发包人代表（或发包人）批准（或同意）承包人的进度计划（或调整后的进度计划），则新进度计划就具有约束力。如果发包人不能按照新进度计划履行应由发包人完成的义务，如及时提供图样、施工场地、水电等，则属发包人的违约行为，有可能会构成施工进度的变更。

（六）工程变更的程序

施工合同履行过程中经常出现多方主体提出变更主张或请求，从而导致合同履行过程中的混乱和权责不清。为确保工程变更有序高效地提出并获得实施，2017 年版《建设工程施工合同（示范文本）》对变更的发起和变更权的权利主体以及行使方式等进行了规范，并对超过原设计标准或建设规模的变更管理，作出了明确指示。

1. 变更权

发包人和监理人均有变更权。变更指示均通过监理人发出，监理人发出变更指示前应征得发包人同意。承包人收到经发包人签认的变更指示后，方可实施变更。未经许可，承包人不得擅自对工程的任何部分进行变更。涉及设计变更的，应由设计人提供变更后的图纸和说明。如变更超过原设计标准或批准的建设规模时，发包人应及时办理规划、设计变更等审批手续。施工合同中变更的发起一般包括四种情形：其一，发包人基于对工程的功能使用、规模标准等方面提出新的调整要求而提出变更；其二，设计人基于对设计文件的修改提出变更，并以设计变更文件的形式提出；其三，监理人认为施工合同履行中有关技术经济事项的处理不合适，提出针对原合同内容的调整；其四，承包人提出合理化建议，该建议获得监理人和发包人的同意后可以变更形式发出。以上四种情形所指向的变更权最终依然集中于发包人，具体方式为发包人通过监理人向承包人发出指示，监理人向承包人发出变更指示前，需征得发包人的同意。根据变更的内容不同，一般可以分为两种：其一为设计变更，该类变更需要经过设计人审查并出具设计变更文件；其二为经过监理人和发包人直接审核并批准的变更，即不需要设计人审查，仅需要监理人和发包人审核批准。此外，变更超过原设计标准或批准的建设规模时，发包人应及时向原设计审批主管部门办理相应的设计变更审批手续，此亦为规划设计部门对重大设计变更的行政批准权，应当引起重视。对于涉及重大的设计变更事项，设计人应当予以释明发包人需要到有关规划设计管理部门进行审批核准。

2. 变更程序

2017年版《建设工程施工合同（示范文本）》通用合同条款第10.3.1项约定："发包人提出变更的，应通过监理人向承包人发出变更指示，变更指示应说明计划变更的工程范围和变更的内容。"通用合同条款第10.3.2项约定："监理人提出变更建议的，需要向发包人以书面形式提出变更计划，说明计划变更工程范围和变更的内容、理由，以及实施该变更对合同价格和工期的影响。发包人同意变更的，由监理人向承包人发出变更指示。发包人不同意变更的，监理人无权擅自发出变更指示。"通用合同条款第10.3.3项约定："承包人收到监理人下达的变更指示后，认为不能执行，应立即提出不能执行该变更指示的理由。承包人认为可以执行变更的，应当书面说明实施该变更指示对合同价格和工期的影响，且合同当事人应当按照第10.4款〔变更估价〕约定确定变更估价。"笔者通过以上约定，下面将分别从发包人提出变更、监理人提出变更建议和承包人实施变更三方面阐释工程变更的程序。

（1）发包人提出变更的，应通过监理人向承包人发出变更指示，所以该变更指示应该指明变更事项的工程范围和变更的内容。承包人在收到变更指示后，认可不能执行的，应当立即提出不能执行的理由，该理由原则上应当附上有关图纸文件和技术标准以及其他依据。承包人认为不能执行变更的理据反馈至监理人和发包人，最终承包人异议得到监理人和发包人认可的，则变更不予执行。

（2）监理人提出变更建议的，因尚需获得发包人的批准，所以该变更建议需要提交书面形式，并列明计划变更的内容和理由以及实施该变更对合同价款和工期的影响。监理人的变更建议应当是具体和可操作的，应具体到图纸、标准、范围、数量、价格等方面，尤其是对工期变化的影响。发包人同意监理人的变更建议后，监理人方可向承包人发出变更指示；发包人不同意变更的，监理人当然无权向承包人发出变更指示。

（3）承包人收到变更指示后，应当即刻安排人员认真分析，并作出是否立即执行的决定。如果变更存在不合理性或错误，承包人应立即提出异议，附加合理化建议或不能执行的技术资料、详细说明等。承包人接到变更指示且准备执行的，应当及时将与变更有关的估算、工期影响、现场安排、技术措施等方面内容提交书面报告至监理人和发包人，监理人和发包人收到变更估算的报告后，应当及时予以审核，并与当期工程款一并支付。

3. 变更估价

变更可能会造成合同价格、工期、项目资源组织等方面的变化，因此变更估价将直接影响变更事项的实施和合同目的的实现。实践中，对变更估价的处理也一直是争议较大的问题。

（1）变更估价原则。2017 年版《建设工程施工合同（示范文本）》通用合同条款第 10.4.1 项约定："除专用合同条款另有约定外，变更估价按照本款约定处理：（1）已标价工程量清单或预算书有相同项目的，按照相同项目单价认定；（2）已标价工程量清单或预算书中无相同项目，但有类似项目的，参照类似项目的单价认定；（3）变更导致实际完成的变更工程量与已标价工程量清单或预算书中列明的该项目工程量的变化幅度超过 15% 的，或已标价工程量清单或预算书中无相同项目及类似项目单价的，按照合理的成本与利润构成的原则，由合同当事人按照第 4.4 款〔商定或确定〕确定变更工作的单价。"

（2）变更估价程序。2017 年版《建设工程施工合同（示范文本）》通用合同条款第 10.4.2 项约定："承包人应在收到变更指示后 14 天内，向监理人提交变更估价申请。监理人应在收到承包人提交的变更估价申请后 7 天内审查完毕并报送发包人，监理人对变更估价申请有异议，通知承包人修改后重新提交。发包人应在承包人提交变更估价申请后 14 天内审批完毕。发包人逾期未完成审批或未提出异议的，视为认可承包人提交的变更估价申请。因变更引起的价格调整应计入最近一期的进度款中支付。"

4. 承包人的合理化建议

2017 年版《建设工程施工合同（示范文本）》通用合同条款第 10.5 款约定："承包人提出合理化建议的，应向监理人提交合理化建议说明，说明建议的内容和理由，以及实施该建议对合同价格和工期的影响。除专用合同条款另有约定外，监理人应在收到承包人提交的合理化建议后 7 天内审查完毕并报送发包人，发现其中存在技术上的缺陷，应通知承包人修改。发包人应在收到监理人报送的合理化建议后 7 天内审批完毕。合理化建议经发包人批准的，监理人应及时发出变更指示，由此引起的合同价格调整按照第 10.4 款〔变更估价〕约定执行。发包人不同意变更的，监理人应书面通知承包人。合理化建议降低了合同价格或者提高了工程经济效益的，发包人可对承包人给予奖励，奖励的方法和金额在专用合同条款中约定。"承包人提交合理化建议的对象为监理人，但最终审批权为发包人。合理化建议的内容应当包括建议的具体内容、技术方案、附图说明和理由，以及实施该建议对合同价格和工期的影响，其说明应该是具体的、可量化的。承包人作为具备专业知识并富有经验的施工企业，出于对设计、现场条件和预期目标的合理化认识，根据工程建设项目的实践经验、项目的具体特点及实际需要，提出改进或完善技术的建议。该建议可以是成本降低、产品设计变更、产品优化、施工图深化、技术措施完善、施工进度加快等方面。其合理的判断依据为是否能够推进施工合同进度，是否能够实现工程建设的经济性指标，是否可以全面实现合同目的。在合理化建议降低了合同价格或者提高了工程经济效益的前提下，2017 年版《建设工程施工合同（示范文本）》通用合同条款第 10.5 款给出了一个奖励机制，即由发包人根据合理化建议的贡献程度给予承包人一定的奖励，确定是否给予奖励、奖励的幅度、奖励的金额以及奖励的方式等，应当由发包人和承包人在专用合同条款中约定。该奖励制度设立的目的是让承包人与发包人共同分享承包人提出的合理化建议所带来的利益，鼓励承包人提高创新能力。

（七）合同外零星项目的价款调整

合同外零星项目，承发包双方一般采用现场签证的形式确定工程量及工程价款。承发包双方对签证人员和签证时间及形式有明确约定的，应根据约定确定签证的有效性。合同约定以外人员的签证，如符合表见代理的，视为有效签证。虽未按合同约定的时间和形式签证，但有证据表明对方事后认可的，亦应认定为有效签证。从建设工程计价的角度，合同外零星工程采用计日工的形式，参照 2013 年版《建设工程工程量清单计价规范》第 9.7 款的规定，对合同价款按照如下程序进行调整。

（1）发包人通知承包人以计日工方式实施的零星工作，承包人应予执行。

（2）采用计日工计价的任何一项变更工作，在该项变更的实施过程中，承包人应按合同约定提交下列报表和有关凭证送发包人复核：①工作名称、内容和数量；②投入该工作所有人员的姓名、工种、级别和耗用工时；③投入该工作的材料名称、类别和数量；④投入该工作的施工设备型号、台数和耗用台时；⑤发包人要求提交的其他资料和凭证。

（3）任一计日工项目持续进行时，承包人应在该项工作实施结束后的 24 小时内向发包人提交有计日工记录汇总的现场签证报告一式 3 份。发包人在收到承包人提交现场签证报告后的 2 天内予以确认并将其中 1 份返还给承包人，作为计日工计价和支付的依据。发包人逾期未确认也未提出修改意见的，应视为承包人提交的现场签证报告已被发包人认可。

（4）任一计日工项目实施结束后，承包人应按照确认的计日工现场签证报告核实该类项目的工程数量，并应根据核实的工程数量和承包人已标价工程量清单中的计日工单价计算，提出应付价款；已标价工程量清单中没有该类计日工单价的，由发承包双方按该规范第9.3款的规定商定计日工单价计算。

（5）每个支付期末，承包人应按照该规范第10.3款的规定向发包人提交本期间所有计日工记录的签证汇总表，并应说明本期间自己认为有权得到的计日工金额，调整合同价款，列入进度款支付。

（八）项目特征不符引起的合同价款调整

1. 项目特征不符的概念

工程量清单项目特征是用来表述分部分项清单项目的实质性内容，目的是用于区分计价规范中同一清单条目下各个具体的清单项目，没有项目特征的准确描述，就无法区分相同或相似的清单项目。所以，工程量清单的特征不仅体现了工程实体的实质内容，还关乎工程的价款。工程量清单项目特征描述的准确与否，直接关系到工程量清单项目综合单价的准确与否，因此对项目特征描述准确是确定一个清单项目综合单价的重要因素。但由于工程量清单编制人员主观因素、施工图的设计深度的问题，极易出现项目特征描述与实际不符的情况，具体如下：

（1）项目特征描述不完整。其主要是指对于清单计价规范中规定必须描述的内容没有展开描述。对其中任何一项必须描述的内容没有进行描述都将影响综合单价的确定。因此，涉及以下内容时，必须描述：①涉及正确计量的内容，如门窗洞口尺寸或框外围尺寸；②涉及结构要求的内容，如混凝土构件的混凝土强度等级；③涉及材质要求的内容，如油漆的品种、管材的材质等；④涉及安装方式的内容，如管道工程中钢管的连接方式。

（2）项目特征描述错误。清单项目特征的描述与设计图样不符，例如某桥涵工程中，招标时某桥墩项目工程量清单项目特征中描述为薄壁式桥墩C40，而实际施工图样中该项目为柱式桥墩C30；清单项目特征的描述与实际施工要求不符，例如在进行实心砖墙的特征描述时，要从砖品种、规格、强度等级，墙体类型，墙体厚度，墙体高度，勾缝要求，砂浆强度等级、配合比六个方面进行描述，其中任何一项描述错误都会造成对实心砖墙项目特征的描述与实际施工要求不符。

2. 项目特征不符引起合同价款的调整

（1）发包人对项目特征描述的准确性、全面性负责。2013 年版《建设工程工程量清单计价规范》第 9.4.1 项规定："发包人在招标工程量清单中对项目特征的描述，应被认为是准确的和全面的，并且与实际施工要求相符合。承包人应按照发包人提供的招标工程量清单，根据项目特征描述的内容及有关要求实施合同工程，直到项目被改变为止。"项目特征描述是构成清单价格的实质性内容，决定了建设工程分部分项工程的单价。招标人必须对清单项目的准确性与完整性负责，招标人在招标工程量清单中对项目特征的描述，应被认为是准确的和全面的，并且与实际施工要求相符合。在投标人编制投标文件时，应按照招标工程量清单中的项目特征描述来确定综合单价。因此项目特征不符的责任应由发包人承担，在施工中若是项目特征描述与设计图样不符时，可以按照设计图进行调整。

（2）项目特征不符导致工程变更，引起工程价款的调整。2013 年版《建设工程工程量清单计价规范》第 9.4.2 项规定："承包人应按照发包人提供的设计图纸实施合同工程，若在合同履行期间出现设计图纸（含设计变更）与招标工程量清单任一项目的特征描述不符，且该变化引起该项目工程造价增减变化的，应按实际施工的项目特征，按本规范第 9.3 节相关条款的规定重新确定相应工程量清单项目的综合单价，并调整合同价款。"承包人应当按照设计图纸进行施工，因为发包人对工程量清单中项目特征描述的准确性、全面性负责，所以，当出现设计图纸与工程量清单中的描述不一致时，承包人依然应当按照设计图纸进行施工。这就产生了承包人按照工程量清单进行报价，但工程量清单与实际施工不一致的情况，从而产生价格调整的问题。参照 2017 年版《建设工程施工合同（示范文本）》的规定，在施工合同的解释顺序中，工程图纸优先于工程量清单，所以，工程量清单项目特征不符时，应当按照工程图纸调整合同价款。但是，并非出现工程量清单特征描述不符时，承包人自然按照工程图纸进行施工。参照 2013 年版《建设工程工程量清单计价规范》第9.4.1项规定，承包人应按照发包人提供的招标工程量清单，根据项目特征描述的内容及有关要求实施合同工程，直到项目被改变为止。所以，尽管项目特征不符由发包人承担相应的责任，但只有当发包人确认该项变更后才能进行相应的合同价款的调整。

（九）工程量清单缺项引起的合同价款调整

1. 工程量清单缺项的概念

工程量清单缺项是指招标文件中的招标工程量清单与招标文件、施工图样不一致，造成工作量的增加，从而引起项目费用增加。工程量清单缺项包括分部分项工程量清单项目缺项和措施项目缺项。工程量清单缺项之所以会产生，原因在于：其一，施工图纸中有相应的项目编码和项目名称在工程量清单中并未反映出来；其二，施工图纸中没有反映出工程的实体部分，应该由工程量清单编制者进行补充，但未予补充。

2. 工程量清单缺项引起合同价款的调整

招标工程量清单缺项引起的工程量清单项目的增减变化，必然带来合同价款的增减变化。参照2013年版《建设工程工程量清单计价规范》对工程量清单缺项引起合同价款调整的规定，进行简要介绍。

（1）2013年版《建设工程工程量清单计价规范》第9.5.1项规定："合同履行期间，由于招标工程量清单中缺项，新增分部分项工程清单项目的，应按照本规范第9.3.1条的规定确定单价，并调整合同价款。"分部分项工程量清单缺项是在招标投标阶段工程量清单编制中缺少一项或者几项分部分项工程量清单项目。新增分部分项工程项目的，属于工程变更的一种，若工程量清单中无对应部分，也属于招标工程量清单缺项。所以，合同履行期间，由于招标工程量清单中缺项、新增分部分项工程清单项目的，按照实体项目工程变更估价规定确定综合单价，调整合同价款。

（2）2013年版《建设工程工程量清单计价规范》第9.5.2项规定："新增分部分项工程清单项目后，引起措施项目发生变化的，应按照本规范第9.3.2条的规定，在承包人提交的实施方案被发包人批准后调整合同价款。"新增分部分项工程清单项目后，引起措施项目发生变化的，应按照措施项目变更的调价原则确定调价，在承包人提交的实施方案被发包人批准后，调整合同价款。承包人提出调整措施项目费，应事先将拟实施的方案提交监理工程师确认，并详细说明与原方案措施项目相比的变化情况，拟实施的方案经监理工程师认可，并报发包人批准后，按照工程变更估价三原则以及措施项目费的调价原则调整合同价款。

（3）2013年版《建设工程工程量清单计价规范》第9.5.3项规定："由于招标工程量清单中措施项目缺项，承包人应将新增措施项目实施方案提交发包人批准后，按照本规范第9.3.1条、第9.3.2条的规定调整合同价款"。由于招标工程量清单中措施项目缺项，承包人应将新增措施项目实施方案提交发包人批准后，由投标人按照措施项目变化的调价原则，自行依据拟建工程的施工组织设计、施工技术方案、施工规范、工程验收规范以及招标文件和设计文件来调整合同措施清单项目的价款。因承包人自身原因导致施工方案改变，进而导致措施项目缺项的情况，不能被招标人认可。但是招标文件以及设计文件等也是编制措施项目的重要依据，应该由招标人提供，如果因发包人原因或招标文件和设计文件的缺陷导致措施项目漏项，则给予调整。

（十）工程量偏差引起的合同价款调整

1. 工程量偏差的概念

工程量偏差是承包人按照合同工程的图纸实施，按照现行国家计量规范规定的工程量计算规则计算得到的完成合同工程项目应予计量的工程量与相应的招标工程量清单项目列出的工程量之间出现的量差。工程量偏差是由施工条件、地质水文、工程变化以及招标工程量清单编制人专业水平的差异导致的。工程施工中应予计算的工程量与招标工程量出现偏差，若偏差过大，会对综合成本分摊造成重大影响。如果增加太多，仍然按照原单价计算，对发包人不公平；如果减少太多，仍然按照原单价计算，对承包人不公平。出于公平的角度，工程量偏差超过一定幅度应当引起价格调整。

2. 工程量偏差引起合同价款的调整

2013年版《建设工程工程量清单计价规范》第9.6.1项规定，合同履行期间，当应予计算的实际工程量与招标工程量清单出现偏差，且符合以下规定时，发承包双方应调整合同价款。

（1）2013年版《建设工程工程量清单计价规范》第9.6.2项规定："对于任一招标工程量清单项目，当因本节规定的工程量偏差和第9.3节规定的工程变更等原因导致工程量偏差超过15%时，可进行调整。当工程量增加15%以上时，增加部分的工程量的综合单价应予调低；当工程量减少15%以上时，减少后剩余部分的工程量的综合单价应予调高。"

（2）2013年版《建设工程工程量清单计价规范》第9.6.3项规定："当工程量出现本规范第9.6.2条的变化，且该变化引起相关措施项目相应发生变化时，按系数或单一总价方式计价的，工程量增加的措施项目费调增，工程量减少的措施项目费调减。"

（十一）删减工作引起的合同价款调整

根据2013年版《建设工程工程量清单计价规范》第9.3.3项规定："当发包人提出的工程变更因非承包人原因删减了合同中的某项原定工作或工程，致使承包人发生的费用或（和）得到的收益不能被包括在其他已支付或应支付的项目中，也未被包含在任何替代的工作或工程中时，承包人有权提出并应得到合理的费用及利润补偿。"

## 五、物价变化类事项引起的合同价款调整

物价变化调价是承发包双方在合同履约过程中，当市场价格波动超出一定幅度导致合同价款状态发生变化时，为保证工程顺利实施而采取的一种对市场价格或费率调整的手段，其目的在于降低双方的风险损失，以平抑风险因素对合同价款状态改变带来的影响。

（一）单价合同下物价变化的风险负担

单价合同是发承包双方约定以工程量清单及其综合单价进行合同价款计算、调整和确认的建设工程施工合同。在单价合同形式下，物价变化的风险可以属于合同约定的发承包双方共担的风险范畴。物价变化风险可在合同中明确具体的风险范围，若物价变化在约定的范围内，由承包人承担此类风险，若物价变化超过约定的范围，则由发包人承担超过部分的风险。

（二）总价合同下物价变化的风险负担

总价合同是发承包双方约定以施工图预算及其他预算和有关条件进行合同价款计算、调整和确认的建设工程施工合同。《建工解释（一）》第 28 条规定："当事人约定按照固定价结算工程价款，一方当事人请求对建设工程造价进行鉴定的，人民法院不予支持。"所以，在总价合同形式下，在约定的施工范围内物价发生变化时，风险一般都是由承包人来承担的。

（三）物价变化引起合同价款调整的原则

1. 合同履行期间物价变化的调整依据

参照 2013 年版《建设工程工程量清单计价规范》第 9.8.2 项的规定："承包人采购材料和工程设备的，应在合同中约定主要材料、工程设备价格变化的范围或幅度；当没有约定，且材料、工程设备单价变化超过 5% 时，超过部分的价格应按照本规范附录 A 的方法计算调整材料、工程设备费。"

2. 合同工期延误期间物价变化的调整

工程延误期间物价变化引起的合同价款调整，调整应有利于无过错的一方。参照 2013 年版《建设工程工程量清单计价规范》第 9.8.3 项的规定，发生合同工程工期延误的，应按照下列规定确定合同履行期的价格调整。

（1）因非承包人原因导致工期延误的，计划进度日期后续工程的价格，应采用计划进度日期与实际进度日期两者的较高者。

（2）因承包人原因导致工期延误的，计划进度日期后续工程的价格，应采用计划进度日期与实际进度日期两者的较低者。

（四）物价变化引起合同价款调整的确定

2013 年版《建设工程工程量清单计价规范》规定了两种价格调整方法，即价格指数调整价格差额和造价信息调整价格差额，其中价格指数调整价格差额在工程实践中很少采用，本节不予介绍。关于用造价信息调整价款差额，根据 2017 年版《建设工程施工合同（示范文本）》通用条款第 11.1 款约定，合同履行期间，因人工、材料、工程设备和机械台班价格波动影响合同价格时，人工、机械使用费按照国家或省、自治区、直辖市建设行政管理部门、行业建设管理部门或其授权的工程造价管理机构发布的人工、机械使用费系数进行调整；需要进行价格调整的材料，其单价和采购数量应由发包人审批，发包人确认需调整的材料单价及数量，作为调整合同价格的依据。笔者认为，采用造价信息调整价款差额是在施工期内，因人工、材料、设备和机械台班价格波动影响合同价格时，人工、机械使用费按照国家或省、自治区、直辖市建设行政管理部门、行业建设管理部门或其授权的工程造价管理机构发布的人工成本信息、机械台班单价或机械使用费系数进行调整。人工、材料、工程设备和机械台班价格波动需要调整的，其单价和采购数应由监理人复核，监理人确认需调整的材料单价及数量，从而确定工程合同价格调整的差额。

1. 人工费的调整

人工单价发生变化且符合省级或行业建设主管部门发布的人工费调整规定，合同当事人应按省级或行业建设主管部门或其授权的工程造价管理机构发布的人工费等文件调整合同价格，但承包人对人工费或人工单价的报价高于发布价格的除外。

2. 材料、工程设备价款调整

材料、工程设备价格变化的价款调整按照发包人提供的基准价格，按以下风险范围规定执行：

（1）当承包人投标报价中，材料单价低于基准单价。承包人在已标价工程量清单或预算书中载明材料单价低于基准价格的：除专用合同条款另有约定外，合同履行期间材料单价涨幅以基准价格为基础超过 5% 时，或材料单价跌幅以在已标价工程量清单或预算书中载明材料单价为基础超过 5% 时，其超过部分据实调整。

（2）当承包人投标报价中，材料单价高于基准单价。承包人在已标价工程量清单或预算书中载明材料单价高于基准价格的：除专用合同条款另有约定外，合同履行期间材料单价跌幅以基准价格为基础超过 5% 时，材料单价涨幅以在已标价工程量清单或预算书中载明材料单价为基础超过 5% 时，其超过部分据实调整。

（3）当承包人投标报价中，材料单价等于基准单价。承包人在已标价工程量清单或预算书中载明材料单价等于基准价格的：除专用合同条款另有约定外，合同履行期间材料单价涨跌幅以基准价格为基础超过 ±5% 时，其超过部分据实调整。

（4）采用实际价格调整差额。承包人应在采购材料前将采购数量和新的材料单价报发包人核对，发包人确认用于工程时，发包人应确认采购材料的数量和单价。发包人在收到承包人报送的确认资料后 5 天内不予答复的视为认可，作为调整合同价格的依据。未经发包人事先核对，承包人自行采购材料的，发包人有权不予调整合同价格。发包人同意的，可以调整合同价格。

3. 施工机械台班费的调整

施工机械台班单价或施工机械使用费发生变化超过省级或行业建设主管部门或其授权的工程造价管理机构规定的范围时，按规定调整合同价格。

## 六、现场签证及其他事项引起的合同价款调整

现场签证及其他事项引起的合同价款调整也属于清单计价规则下价款调整的因素，至于因其他事项引起的合同价款调整内容比较繁杂且涉及内容较广，本节先不予介绍。现场签证引起的合同价款调整在建设工程价款调整中比较常见，争议也较大，本节予以着重介绍。现场签证是发包人现场代表（或其授权的监理人、工程造价咨询人）与承包人现场代表就施工过程中涉及的责任事件所作的签认证明。现场签证主要是为了解决发包人要求的合同外零星工作、非承包人责任事件以及工程内容因场地条件、地质水文等与合同约定不一致或合同未作约定的情况。实际施工过程中发生合同外零星工作、非承包人责任事件等现场签证项目时，应对合同价款进行调整。

（一）现场签证的概念

2013 年版《建设工程工程量清单计价规范》第 9.14.1 项规定："承包人应发包人要求完成合同以外的零星项目、非承包人责任事件等工作的，发包人应及时以书面形式向承包人发出指令，并应提供所需的相关资料；承包人在收到指令后，应及时向发包人提出现场签证要求。"建设工程签证，是指建设工程承发包双方在建设工程合同履行过程中对完成合同以外的零星项目、非承包人责任事件等工作的增减工程量、增减合同价款、支付各种费用、顺延工期、承担违约责任、赔偿损失等事项所达成的意思表示一致的补充协议。

承发包双方相互书面确认的签证，可以作为合同结算时增减合同价款的依据。

（二）签证的法律性质

施工过程中的工程签证，主要是指施工企业就施工图纸、设计变更所确定的工程内容以外，施工图预算或预算定额取费中未含有而施工中又实际发生费用的施工内容所办理的签认证明。签证的法律性质，实质上是一份补充协议、补充合同。有效的签证一般导致工程价款的增加和工期的延长，可以直接作为工程结算的凭证。工程签证的法律性质包括以下几个方面。

（1）工程签证是发包人和承包人双方协商一致的结果，是双方法律行为。工程签证的主体是发包人和承包人，仅有一方当事人的签字，不构成工程签证。

（2）工程签证的内容包括确认工程量、增加合同价款、支付各种费用、顺延工期、承担违约责任、赔偿损失等。工程签证既可以对合同约定允许调整的内容如确认工程量、设计变更等事项进行签字证明；也可以变更合同内容，对合同内容外的事项进行确认。

（3）工程签证一经确定，工程竣工结算时可以直接作为确认工程量并进而结算工程价款的依据。可见，建设工程施工过程中形成的工程签证文件对建设工程价款的结算具有重要的影响和决定作用。

（三）现场签证的种类

现场签证的种类按照内容可以划分为证明性签证和处分性签证。

（1）证明性签证，主要是指对施工过程中某事实、某施工环节、某工序某材质的表态，即就工程计量、进度安排、材料报批等涉及客观事实的纪录、报导等事由出具的签证。其签证内容一般表现为"情况属实""已核实""已收到"等。证明性签证只能证明工程相关情况，而不引起承发包双方权利义务的变动。

（2）处分性签证，是指导致承发包双方权利义务变动的签证。其签证内容表现形式主要为"同意按此付款""同意上述金额""同意上述费用"等。处分性签证主要涉及价格、工期、质量等方面的权利义务变动。如承包人按照新定额标准所报的工程价款结算表，发包人代表签字并加盖发包人公章，即属于处分性签证。

（四）现场签证范围

根据 2013 年版《建设工程工程量清单计价规范》第 9.14.1 项、第 9.14.6 项规定，现场签证的范围包括三方面：一是完成合同以外的零星项目；二是非承包人责任事件；三是合同工程内容因现场条件、地质水文、发包人要求不一致的情况。

1. 完成合同以外的零星项目的现场签证

零星项目一般是合同施工范围以外的项目，一般包括零星用工、修复工程、技改项目及二次装饰工程等。零星项目主要发生在以下情况，如施工现场条件发生变化产生的穿墙打洞、凿除砖墙、修复工程、二次装饰工程施工中，对装饰细节的改变都会发生现场签证。

2. 非承包人责任事件的现场签证

非承包人责任事件，包括停水、停电、停工超过规定时间范围的损失，窝工、机械租赁、材料租赁等的损失，业主资金不到位致使长时间停工的损失。

（1）停水、停电、停工超过规定时间范围的损失，包括停电造成现场的塔式起重机等机械不能正常运转，工人停工、机械停滞、周转材料停滞而增加租赁费、工期拖延等损失。

（2）窝工、机械租赁、材料租赁等的损失，包括施工过程中由于施工图及有关技术资料交付时间延期，导致现场劳动力因无法调剂而造成窝工、机械租赁和材料租赁损失，承包人因以上损失可以向发包人办理签证。

3. 合同工程内容与场地条件、地质水文不一致的

场地条件与合同工程内容不一致，包括开挖基础后，发现有地下管道、电缆、古墓等。这些属于不可预见因素，经发包人与承包人双方签字认可办理签证手续，在专用条款没有约定的情况下，由此增加的费用由发包人负担。地质水文与合同工程内容不一致是指发包人在开工前没有提供地质资料，或虽然提供了，但和实际情况不相符，造成基础土方开挖时的措施费用增加，可就此办理现场签证，在专用条款没有约定的情况下，由此增加的费用由发

包人负担。

（五）签证的程序

参照 2013 年版《建设工程工程量清单计价规范》第 9.14 款的规定，现场签证应当按照如下程序：

（1）承包人应在收到发包人指令后的 7 天内向发包人提交现场签证报告，发包人应在收到现场签证报告后的 48 小时内对报告内容进行核实，予以确认或提出修改意见。发包人在收到承包人现场签报告后的 48 小时内未确认也未提出修改意见的，应视为承包人提交的现场签证报告已被发包人认可。

（2）现场签证的工作如已有相应的计日工单价，现场签证中应列明完成该类项目所需的人工、材料、工程设备和施工机械台班的数量。如现场签证的工作没有相应的计日工单价，应在现场签证报告中列明完成该签证工作所需的人工、材料设备和施工机械台班的数量及单价。

（3）合同工程发生现场签证事项，未经发包人签证确认，承包人便擅自施工的，除非征得发包人书面同意，否则发生的费用应由承包人承担。

（4）现场签证工作完成后的 7 天内，承包人应按照现场签证内容计算价款，报送发包人确认后，作为增加合同价款，与进度款同期支付。

（六）逾期签证的法律后果

2013 年版《建设工程工程量清单计价规范》第 9.14 款规定了签证的程序，但是在施工实践中经常出现承包人未在约定的期限申请签证，发包人也未在约定的期限审核确认签证，这就产生逾期签证的法律责任。

1. 承包人未按照约定期限申请签证，权利不消灭

施工合同约定的工程签证期限不是法律规定的期限，一方当事人申请签证行使的是合同权利，没有在合同约定的期限行使工程签证权利，只是在程序上不能通过工程签证形式向对方请求增加费用或者顺延工期，并不意味着其主张的实际发生的工程量和工程价款实体权利的消灭。《建工解释（一）》第 20 条规定："当事人对工程量有争议的，按照施工过程中形成的签证等书面文件确认。承包人能够证明发包人同意其施工，但未能提供签证文件证明工程量发生的，可以按照当事人提供的其他证据确认实际发生的工程量。"

该条司法解释明确，当事人之间虽然没有签署签证文件加以证明，但承包人能够提供其他证据证明实际工程量发生变化的，法院可以通过证据审查和采信，确认实际发生的工程量及相应的合同价款调整。所以在司法实践中，一般不宜以申请工程签证超过时限为由否定工程签证的法律效力和证明力。除非施工合同明确约定了过期签证视为放弃，但是事后办理的签证文件也可以作为确认工程量和结算工程价款的依据。

2. 发包人与承包人约定"未按照约定期限审核签证，视为认可"，按照合同约定处理

建设工程施工合同中往往约定，发包人未按照约定期限审核承包人提交的签证文件，视为对签证文件的认可。施工实践中发包人不愿意给承包人签证时，如果施工合同采用 2017 年版《建设工程施工合同（示范文本）》，承包人将多利用合同签证条款中"逾期视为认可"的条款保护自己的权利。只要承包人能够证实向发包人发出签证通知或者提供资料，即可利用"逾期视为认可"原则。承包人只要在合同约定的时间内提交签证单，并在法律意义上送达即可。发包人不按合同约定的时间给予承包人书面意见，发包人将承担对其不利的法律后果。

3. 工程签证的补正

工程签证是由发包人、承包人两个法人的委托代理人，就合同价款之外的责任事件所作的签认证明，是法人代表授权行为的具体实施与体现。工程竣工验收后，双方当事人进行补签签证，是发包人和承包人对施工过程中发生工程变更情况的一种追认行为。在补签签证的内容属实的情况下，发包人如在补签以后又以签证程序瑕疵否定签证效力的，则违反公平和诚实信用原则，故只要补签签证的内容属实，应当认定其有效并作为结算依据。如果发包人对补正的签证存有异议，应该根据隐蔽工程竣工资料、竣工图纸或者现场勘查复核签证内容，而不应轻易否认事后签证效力。

（七）没有签证，工程量已发生的举证责任

在建设工程施工中，因发包人的原因导致工程量发生变化，发包人往往不予签证认可。《建工解释（一）》第 20 条规定明确了工程量签证未获成功

时，如何保护承包人权利的问题。其确认了承包人应承担如下两方面的举证责任：一是承包人应当举证证明超出设计图纸施工的实际工程量，虽未获得工程签证，但发包人同意承包人施工的；二是承包人有义务证明超出设计图纸施工的实际发生的工程量。承包人提供的证明工程量发生变化的书面证据主要是施工过程中形成的反映工程量变化的会议纪要、工程检验记录、来往电报函件、工程洽谈记录、工程师指令、工程通知资料、发包方指令、工程施工图纸、经业主批准的施工方案设计、监理证明、影像资料、施工记录等。

## 七、工程索赔类事项引起的合同价款调整

索赔实质上是合同当事人因非己方原因导致投入成本扩大，而向另一方主张损失的合同管理活动，是施工合同履行过程中的普遍现象。索赔发生的原因不同，当事人主张索赔的内容不同。因当事人一方违约产生的索赔，如发包人无正当理由延迟提供建设材料及设备导致施工延期，承包人可以向发包人主张费用索赔、工期索赔、利润索赔。因不可归责合同当事人任何一方的索赔，如施工中遭遇异常恶劣天气导致施工延期，承包人可以向发包人主张费用索赔、工期索赔，但不能主张利润索赔。

（一）索赔的概念

根据 2013 年版《建设工程工程量清单计价规范》第 2.0.23 项的规定，索赔是指"在工程合同履行过程中，合同当事人一方因非己方的原因而遭受损失，按合同约定或法律法规规定承担责任，从而向对方提出补偿的要求"。根据索赔的概念，索赔的内容可以概括为以下三个方面：其一，一方严重违约使另一方蒙受损失，受损方向对方提出补偿损失的要求；其二，发生一方应承担责任的特殊风险或遇到不利自然、物质条件等情况，使另一方蒙受较大损失而提出补偿损失要求；其三，一方本应当获得的正当利益，由于没能及时得到监理人的确认和另一方应给予的支持，而向另一方提出索赔。2013年版《建设工程工程量清单计价规范》第 9.13.1 项规定："当合同一方向另一方提出索赔时，应有正当的索赔理由和有效证据，并应符合合同的相关约定。"通过该条规范可知，工程索赔的构成包括如下三个要素：正当的索赔

理由、有效的索赔证据、合同约定的时间内提出。

（二）索赔的成因及分类

索赔事件的成因比较复杂，既包含因合同当事人违约行为产生的索赔，如发包人未按时供应材料设备致使承包人延误工期、工程质量瑕疵等；也可包含因不可归责于当事人的原因产生的索赔，如不可抗力、异常恶劣天气、国家政策及法规的变化等。施工合同的索赔按照请求主体分类，包括发包人索赔和承包人索赔；按照索赔的处理方式分类，包括工期索赔、费用索赔、利润索赔。

（三）索赔程序

1. 承包人的索赔

（1）承包人索赔文件的提交。2017 年版《建设工程施工合同（示范文本）》通用合同条款第 19.1 款约定："根据合同约定，承包人认为有权得到追加付款和（或）延长工期的，应按以下程序向发包人提出索赔：（1）承包人应在知道或应当知道索赔事件发生后 28 天内，向监理人递交索赔意向通知书，并说明发生索赔事件的事由；承包人未在前述 28 天内发出索赔意向通知书的，丧失要求追加付款和（或）延长工期的权利；（2）承包人应在发出索赔意向通知书后 28 天内，向监理人正式递交索赔报告；索赔报告应详细说明索赔理由以及要求追加的付款金额和（或）延长的工期，并附必要的记录和证明材料；（3）索赔事件具有持续影响的，承包人应按合理时间间隔继续递交延续索赔通知，说明持续影响的实际情况和记录，列出累计的追加付款金额和（或）工期延长天数；（4）在索赔事件影响结束后 28 天内，承包人应向监理人递交最终索赔报告，说明最终要求索赔的追加付款金额和（或）延长的工期，并附必要的记录和证明材料。"合同履行过程中只要承包人认为有权得到追加付款和（或）延长工期的，均可以向发包人提出索赔请求。引起索赔的事件可以是发包人的违约行为，也可以是不可归责于承包人的原因。为了防止合同当事人怠于行使索赔权利，设立了逾期索赔失权制度，对此，承包人应及时递交索赔通知书，避免因逾期而丧失索赔权利。索赔文件区分为索赔意向通知书和索赔报告。索赔意向通知书无须具备准确的数据和完整证明资料，仅说明索赔事件的基本情况、有可能造成的后果及索赔的意思表示即可。而索赔报告除了详细说明索赔事件的发生过程和实际造成的影响外，还应详细列明承包人索赔的具体项目及依据，如索赔事件给承包人造成的损失总额、构成明细、计算依据以及相应的证明资料，必要时还应附具影音资料。

（2）对承包人索赔的处理。2017年版《建设工程施工合同（示范文本）》通用合同条款第19.2款约定："对承包人索赔的处理如下：（1）监理人应在收到索赔报告后14天内完成审查并报送发包人。监理人对索赔报告存在异议的，有权要求承包人提交全部原始记录副本；（2）发包人应在监理人收到索赔报告或有关索赔的进一步证明材料后的28天内，由监理人向承包人出具经发包人签认的索赔处理结果。发包人逾期答复的，则视为认可承包人的索赔要求；（3）承包人接受索赔处理结果的，索赔款项在当期进度款中进行支付；承包人不接受索赔处理结果的，按照第20条〔争议解决〕约定处理。"为了弥补发包人工程专业知识方面的欠缺，确立了监理人的审查制度。监理人对承包人索赔报告中的技术性问题进行审查和分析，向发包人提交具体的审查结论，如索赔是否成立，索赔成立时承包人主张的费用、利润或者工期是否合理，在审查结论中监理人须对以上问题向发包人提出明确的建议。发包人逾期答复承包人索赔内容视为认可承包人索赔要求的约定，强化了发包人自监理人收到索赔报告之日起28天内完成审批，无论是全部同意、部分同意还是明确拒绝，均有将索赔结果以书面形式答复承包人的义务，否则逾期将视为认可承包人的索赔请求。

（3）提出索赔的期限。2017年版《建设工程施工合同（示范文本）》通用合同条款第19.5款约定："（1）承包人按第14.2款〔竣工结算审核〕约定接收竣工付款证书后，应被视为已无权再提出在工程接收证书颁发前所发生的任何索赔。（2）承包人按第14.4款〔最终结清〕提交的最终结清申请单中，只限于提出工程接收证书颁发后发生的索赔。提出索赔的期限自接受最终结清证书时终止。"为了督促承包人及时行使索赔权利，同时也与竣工结算和最终结清的目的保持一致，2017年版《建设工程施工合同（示范文本）》通用合同条款第19.5款约定了申请索赔的最终期限。承包人主张的索赔事件以工程接收证书颁发为界限，可以划分为工程接收证书颁发之前的索赔和工程接收证书颁发之后的索赔。因竣工结算是对合同当事人的责任和义务进行的全面清理，故竣工付款证书为体现结算结果的成果文件。承包人接收竣工付款证书的行为，实质上表明合同当事人已经就结算达成一致，合同当事人均应受此约束。因此，如果允许承包人在接受竣工付款证书后再就工程接收证书颁发之前的索赔事件提出索赔，则实质上推翻了合同当事人就竣工结算达成的一致意见，一般应不予支持。所以，2017 年版《建设工程施工合同（示范文本）》通用合同条款第 19.5 款约定，承包人对接收竣工付款证书之前，就工程接收证书颁发前所发生的任何索赔事件提出索赔；接收竣工付款证书之后，便不得对此前的索赔事件进行索赔。关于工程接收证书颁发之后的索赔，提出索赔的期限自提交最终结算证书时终止。

2. 发包人的索赔

（1）发包人提出索赔的程序。2017 年版《建设工程施工合同（示范文本）》通用合同条款第 19.3 款约定："根据合同约定，发包人认为有权得到赔付金额和（或）延长缺陷责任期的，监理人应向承包人发出通知并附有详细的证明。发包人应在知道或应当知道索赔事件发生后 28 天内通过监理人向承包人提出索赔意向通知书，发包人未在前述 28 天内发出索赔意向通知书的，丧失要求赔付金额和（或）延长缺陷责任期的权利。发包人应在发出索赔意向通知书后 28 天内，通过监理人向承包人正式递交索赔报告。"相较于承包人索赔成因的复杂，发包人索赔的成因相对简单，一般为可归责于承包人的事件，如因承包人原因导致工期的延误、工程质量瑕疵和造成人身损害的赔偿。发包人应当注意索赔期限，及时向承包人发出索赔意向通知书，否则将丧失要求承包人赔付金额和（或）延长缺陷责任期的权利。

（2）对发包人索赔的处理。2017 年版《建设工程施工合同（示范文本）》通用合同条款第 19.4 款约定："对发包人索赔的处理如下：（1）承包人收到发包人提交的索赔报告后，应及时审查索赔报告的内容、查验发包人证明材料；（2）承包人应在收到索赔报告或有关索赔的进一步证明材料后 28 天内，将索赔处理结果答复发包人。如果承包人未在上述期限内作出答复的，则视为对发包人索赔要求的认可；（3）承包人接受索赔处理结果的，发包人可从应支付给承包人的合同价款中扣除赔付的金额或延长缺陷责任期；发包人不接受索赔处理结果的，按第20条〔争议解决〕约定处理。"为了督促承包人及时处理发包人索赔，约定了逾期答复默示推定条款，即承包人需在收到发包人索赔报告后28天内答复发包人，且必须以书面形式作出，如在上述期限内未作出答复的，视为对发包人索赔要求的认可。为了与《建设工程质量保证金管理办法》规定的缺陷责任期保持一致，应当注意承包人同意延长后的缺陷责任期不得超过两年。特别值得强调的是，2017年版《建设工程施工合同（示范文本）》未对发包人的索赔约定最终的截止期限，主要原因在于承包人除需履行合同约定的义务外，还需按照法律规定承担质量担保责任，有义务保证工程质量达到合理使用年限。

（四）2013年版《建设工程工程量清单计价规范》第9.13款规定的索赔费用的构成

1. 承包人索赔费用的构成

（1）承包人索赔费用一般包括：①延长工期；②要求发包人支付实际发生的额外费用；③要求发包人支付合理的预期利润；④要求发包人按合同的约定支付违约金。承包人在要求赔偿时，可以选择上述一项或几项方式获得赔偿。

（2）当承包人的费用索赔与工期索赔要求相关联时，发包人在作出费用索赔的批准决定时，应结合工程延期，综合作出费用赔偿和工程延期的决定。

（3）发承包双方在按合同约定办理了竣工结算后，应被认为承包人已无权再提出竣工结算前所发生的任何索赔。承包人在提交的最终结清申请中，只限于提出竣工结算后的索赔，提出索赔的期限应自发承包双方最终结清时终止。

2. 发包人索赔费用的构成

（1）根据合同约定，发包人认为由于承包人的原因造成发包人的损失，宜按承包人索赔的程序进行索赔。

（2）发包人要求赔偿时，可以选择下列一项或几项方式获得赔偿：①延长质量缺陷修复期限；②要求承包人支付实际发生的额外费用；③要求承包人按合同的约定支付违约金。

（3）承包人应付给发包人的索赔金额可从拟支付给承包人的合同价款中扣除，或由承包人以其他方式支付给发包人。

（五）常见索赔事项引起的合同价款调整

1. 不可抗力引起的合同价款调整

（1）不可抗力的概念。2017 年版《建设工程施工合同（示范文本）》通用合同条款第 17.1 款约定："不可抗力是指合同当事人在签订合同时不可预见，在合同履行过程中不可避免且不能克服的自然灾害和社会性突发事件，如地震、海啸、瘟疫、骚乱、戒严、暴动、战争和专用合同条款中约定的其他情形。……"

（2）参照 2013 年版《建设工程工程量清单计价规范》第 9.10 款规定不可抗力的风险分担原则。第 9.10.1 项规定："因不可抗力事件导致的人员伤亡、财产损失及其费用增加，发承包双方应按下列原则分别承担并调整合同价款和工期：1. 合同工程本身的损害、因工程损害导致第三方人员伤亡和财产损失以及运至施工场地用于施工的材料和待安装的设备的损害，应由发包人承担；2. 发包人、承包人人员伤亡应由其所在单位负责，并应承担相应费用；3. 承包人的施工机械设备损坏及停工损失，应由承包人承担；4. 停工期间，承包人应发包人要求留在施工场地的必要的管理人员及保卫人员的费用应由发包人承担；5. 工程所需清理、修复费用，应由发包人承担。"第 9.10.2 项规定："不可抗力解除后复工的，若不能按期竣工，应合理延长工期。发包人要求赶工的，赶工费用应由发包人承担。"第 9.10.3 项规定："因不可抗力解除合同的，应按本规范第 12.0.2 条的规定办理。"

2. 提前竣工引起的合同价款调整

（1）提前竣工的概念。提前竣工是指因发包人的需求，承发包双方商定对合同工程的进度计划进行压缩，使得合同工程的实际工期在少于原定合同工期（日历天数）内完成。原定合同工期等于可原谅的合理顺延工期加上合同协议书上双方约定的工期之和。提前竣工情形包括：①由于非承包人责任造成工期拖延，发包人希望工程能按时交付，由发包人（工程师）指令承包人采取加速措施；②工程未拖延，由于市场等原因，发包人希望工程提前交付，与承包人协商采取加速措施；③由于发生干扰事件，已经造成工期拖延，发包人直接指令承包人加速施工按原计划工期完工，并且最终确定工期拖延是发包人原因。

（2）提前竣工引起合同价款调整的依据。2013年版《建设工程工程量清单计价规范》第9.11款规定，对于提前竣工（赶工补偿）：①招标人应依据相关工程的工期定额合理计算工期，压缩的工期天数不得超过定额工期的20%，超过者，应在招标文件中明示增加赶工费用；②发包人要求合同工程提前竣工的，应征得承包人同意后与承包人商定采取加快工程进度的措施，并修订合同工程进度计划；③发承包双方应在合同中约定提前竣工每日历天应补偿额度，此项费用作为增加合同价款列入竣工结算文件中，应与结算款一并支付。

（3）提前竣工（赶工补偿）费的构成。①人工费，包括因发包人指令工程加速导致劳动力投入增加、不经济地使用劳动力使生产效率降低，以及节假日加班、夜班补贴。②材料费，包括增加材料的投入、不经济地使用材料、因材料需提前交货给材料供应商的补偿、改变运输方式、材料代用等。③施工机具使用费，包括增加机械使用时间、不经济地使用机械、增加新设备的投入。④管理费，包括增加管理人员的工资、增加人员的其他费用、增加临时设施费、现场日常管理费支出。⑤分包人费用，一般包括人工费、材料费、施工机具使用费等。

3. 误期赔偿引起的合同价款调整

（1）误期赔偿的概念。误期赔偿费是指承包人未按照合同工程的计划进度施工，导致实际工期超过合同工期（包括经发包人批准的延长工期）时，承包人应向发包人赔偿损失的费用。按期完工是承包人的合同义务，若承包人存在不可原谅的工期延误，不能按照合同约定按期完成工程，则承包人应向发包人支付误期赔偿费。

（2）误期赔偿引起合同价款调整的依据。2013年版《建设工程工程量清单计价规范》第9.12.1项规定："承包人未按照合同约定施工，导致实际进度迟于计划进度的，承包人应加快进度，实现合同工期。合同工程发生误期，承包人应赔偿发包人由此造成的损失，并应按照合同约定向发包人支付误期赔偿费。即使承包人支付误期赔偿费，也不能免除承包人按照合同约定应承担的任何责任和应履行的任何义务。"第9.12.2项规定："发承包双方应在合同中约定误期赔偿费，并应明确每日历天应赔额度。误期赔偿费应列入竣工结算文件中，并应在结算款中扣除。"第9.12.3项规定："在工程竣工之前，合同工程内的某单项（位）工程已通过了竣工验收，且该单项（位）工程接收证书中表明的竣工日期并未延误，而是合同工程的其他部分产生了工期延误时，误期赔偿费应按照已颁发工程接收证书的单项（位）工程造价占合同价款的比例幅度予以扣减。"

（3）误期赔偿引起合同价款调整费用的构成。建设工程施工合同中规定的误期赔偿费，通常都是由发包人在招标文件中确定的。发包人在确定误期赔偿费时要考虑以下因素：①由于本工程项目拖期竣工而不能使用，租用其他建筑物时的租赁费；②继续使用原建筑物或租用其他建筑物的维修费用；③由于工程拖期而引起的投资（或贷款）利息；④工程拖期带来的附加监理费；⑤原计划收入款额的落空部分，如过桥费、高速公路收费，发电站的电费所包含的合理利润部分。

## 第三节　建设工程施工合同价款的结算与支付

建设工程施工合同价款的结算与支付贯穿于建设工程施工合同履行的整个过程，它的内容包括预付款、安全文明施工费、进度款、竣工结算、最终结清、合同解除价款结算等环节。建设工程施工合同价款的结算，是指某项单项工程、单位工程或者分部工程完工后，承发包双方根据有关法律法规和合同约定的计价方式，并结合施工过程中的现场实际情况、图纸、设计变更通知书、现场签证等工程资料，就承包人已经完成的工程项目进行的计算、调整和确认，工程结算包括期中结算、终止结算和竣工结算。合同价款的支付是发包人按照工程结算内容所确认的金额向承包人进行的各类支付，包括工程预付款、工程进度款、竣工结算款以及最终结清款。本节介绍的建设工程施工合同价款的结算与支付不仅包括建设工程施工合同正常履行的价款结算与支付，还包括建设工程施工合同解除时价款结算与支付，以及建设工程施工合同价款逾期支付的利息支付等问题。

## 一、建设工程施工合同价款的支付

《招标投标法》的颁布建立了建设工程市场的招标投标法律制度，完整的招标投标程序包括招标、投标、评标、中标、签订书面合同。《建设工程价款结算暂行办法》将建设工程合同价款划分为工程预付款、工程进度款、工程竣工价款等部分，并规定了工程进度款的结算可采取按月结算、分阶段结算及其他的结算支付形式。但是建设工程合同履行中物价波动、施工条件的变化、不可抗力、设计变更等各种因素的变化，导致实际工程价款在签约合同价的基础上随着施工过程中的变化进行相应的价款调整，因此发包人应当给付的进度款、结算款等，也处在一个调整的过程。针对建设工程价款的不同给付阶段，2013 年版《建设工程工程量清单计价规范》将工程结算划分为期中结算、竣工结算、终止结算。期中结算又称中间结算，包括月度、季度、年度结算和形象进度结算。终止结算是合同解除后的结算。竣工结算是指工程竣工验收合格，发承包双方依据合同约定办理的工程竣工结算。建设工程施工合同价款的支付一般包括五个阶段，即施工合同预付款的支付、施工合同安全文明施工费的支付、施工合同进度款的支付、施工合同结算款的支付及施工合同最终结清款的支付。

（一）建设工程预付款

1. 工程预付款的概念

根据 2013 年版《建设工程工程量清单计价规范》第 2.0.48 项的规定，预付款是"在开工前，发包人按照合同约定，预先支付给承包人用于购买合同工程施工所需的材料、工程设备，以及组织施工机械和人员进场等的款项"。工程预付款必须在合同中事先约定，并在工程进度款中进行抵扣。工程预付款在开工前付给承包人，承包人要事先提交预付款保函或保证金，预付款的扣回方式及时间在施工合同中约定。

2. 工程预付款的支付

（1）工程预付款的担保。2017年版《建设工程施工合同（示范文本）》通用合同条款第12.2.2项约定："发包人要求承包人提供预付款担保的，承包人应在发包人支付预付款7天前提供预付款担保，专用合同条款另有约定除外。预付款担保可采用银行保函、担保公司担保等形式，具体由合同当事人在专用合同条款中约定。在预付款完全扣回之前，承包人应保证预付款担保持续有效。发包人在工程款中逐期扣回预付款后，预付款担保额度应相应减少，但剩余的预付款担保金额不得低于未被扣回的预付款金额。"建设工程施工合同应当约定，承包人在收到预付款前是否提供预付款担保、预付款担保的形式、预付款担保的金额、担保金额是否根据预付款扣回的金额相应递减。是否需要提交预付款担保是由发包人自行决策的问题，该担保的价值在于发包人基于担保向承包人提出确保预付款用于拟建工工程项目建设的要求。承包人提交预付款担保的形式可以采用银行保函、担保公司担保等多种形式，具体由合同当事人在专用合同条款中约定。如果采用预付款担保，则需要在工程进度款中抵扣预付款后，相应减少预付款的担保金额，尤其是如果采用保函方式，应当前往保函出具方处完善相关手续。

（2）工程预付款的支付程序。《建设工程价款结算暂行办法》第12条第2项规定："在具备施工条件的前提下，发包人应在双方签订合同后的一个月内或不迟于约定的开工日期前的7天内预付工程款，发包人不按约定预付，承包人应在预付时间到期后10天内向发包人发出要求预付的通知，发包人收到通知后仍不按要求预付，承包人可在发出通知14天后停止施工，发包人应从约定应付之日起向承包人支付应付款的利息（利率按同期银行贷款利率计），并承担违约责任。"在承包人向发包人提交金额等于预付款数额（发包人认可的银行开出的）银行保函后，发包人按规定的金额和规定的时间向承包人支付预付款。在发包人扣回全部预付款之前，该银行保函将一直有效，当预付款被发包人扣回时，银行保函金额相应递减。预付的工程款必须在合同中约定抵扣方式，并在工程进度款中进行抵扣。2017年版《建设工程施工合同（示范文本）》通用合同条款第12.2.1项约定："预付款的支付按照专用合同条款约定执行，但至迟应在开工通知载明的开工日期7天前支付。预付款应当用于材料、工程设备、施工设备的采购及修建临时工程、组织施工队伍进场等。除专用合同条款另有约定外，预付款在进度付款中同比例扣回。在颁发工程接收证书前，提前解除合同的，尚未扣完的预付款应与合同价款一并结算。发包人逾期支付预付款超过 7 天的，承包人有权向发包人发出要求预付的催告通知，发包人收到通知后 7 天内仍未支付的，承包人有权暂停施工，并按第 16.1.1 项〔发包人违约的情形〕执行。"

（3）工程预付款的扣回。工程预付款的扣回方式必须在合同中约定，按合同约定计算。在承包人完成金额累计达到合同总价的一定比例后，由承包人开始向发包人还款，发包人从每次应付给承包人的金额中扣回工程预付款，发包人至少在合同规定的完工期前一定时间内将工程预付款的总计金额按逐次分摊的办法扣回。发包人拨付给承包人的工程预付款属于预支性质，随着工程进度的推进，拨付的工程进度款数额不断增加，工程所需主要材料、构件的储备逐步减少，原已支付的工程预付款应以抵扣的方式从工程价款中予以陆续扣回。关于预付款保函担保金额的处理，2013 年版《建设工程工程量清单计价规范》第 10.1.7 项规定："承包人的预付款保函的担保金额根据预付款扣回的数额相应递减，但在预付款全部扣回之前一直保持有效。发包人应在预付款扣完后的 14 天内将预付款保函退还给承包人。"

（二）安全文明施工费

1. 安全文明施工费的概念

安全文明施工费是指在建设工程施工合同履行过程中，承包人根据国家法律法规及相关规定，为保证安全施工、文明施工，保护现场内外环境和搭拆临时设施等所采用的措施而发生的费用，属于工程直接费中的措施费。

2. 安全文明施工费的负担与支付

2017 年版《建设工程施工合同（示范文本）》通用合同条款第 6.1.6 项约定："安全文明施工费由发包人承担，发包人不得以任何形式扣减该部分费用。因基准日期后合同所适用的法律或政府有关规定发生变化，增加的安全文明施工费由发包人承担。承包人经发包人同意采取合同约定以外的安全措施所产生的费用，由发包人承担。未经发包人同意的，如果该措施避免了发包人的损失，则发包人在避免损失的额度内承担该措施费。如果该措施避免了承包人的损失，由承包人承担该措施费。除专用合同条款另有约定外，发包人应在开工后 28 天内预付安全文明施工费总额的 50%，其余部分与进度款同期支付。发包人逾期支付安全文明施工费超过 7 天的，承包人有权向发包人发出要求预付的催告通知，发包人收到通知后 7 天内仍未支付的，承包人有权暂停施工，并按第 16.1.1 项〔发包人违约的情形〕执行。承包人对安全文明施工费应专款专用，承包人应在财务账目中单独列项备查，不得挪作他用，否则发包人有权责令其限期改正；逾期未改正的，可以责令其暂停施工，由此增加的费用和（或）延误的工期由承包人承担。"

（三）建设工程进度款

1. 建设工程进度款的概念

工程进度款是发包人在工程施工过程中，按照合同约定的时间、程序和方法，按逐月（或形象进度）完成的工程数量计算各项费用，对付款周期内承包人完成的合同价款给予支付的款项，是合同价款期中结算的一种。

2. 进度款的支付不代表发包人对已完成的工程质量、计量的认可

对于单价合同，发包人支付工程进度款之前要先对已完工程进行计量与复核，以确定承包人所完成的工程量，进而确定应支付给承包人的工程进度款；对于总价合同，发承包双方按照支付分解表或者专用条款中的约定对已完工程进行计量并确定工程进度，进而确定应支付的工程进度款。虽然单价合同、总价合同在支付工程进度款时均要对已完成工程量进行计量，但是监理人签发的支付证书只表明发包人同意支付临时款项的数额，并不表示他完全认可了承包人完成的工作质量。进度计量结论也是临时性的，只能作为支付当期进度款的依据，不能作为最终价款支付的依据。从性质上说，发包人支付进度款不代表对已完工程质量、计量上的确认，仅仅是工程施工合同履行过程中发包人对承包人完成的工程量给予的临时付款。为了加强管理，发包方经常会以向承包方发函的方式，督促工期进度，并且在函件中推测工程的形象进度。这种发包方发给承包方的函件，其目的是督促承包方尽快进行

施工建设，是发包人对于工程形象进度的推测，也不能作为确定工程量及工程进度的依据。因为一般情况下，该行为发生于双方当事人履行合同并发生争议阶段，并没有发生在诉讼阶段。如果发包方在参加诉讼后，一直否认工程的形象进度已经达到了发函时的形象进度的事实的，那么对于诉争项目的形象进度应当结合合同约定的工程价款及已支付的工程款数额来综合判断，不能简单地将发包方发函中的推测理解为当事人诉讼中的自认。①

3. 工程进度款的支付

《建设工程价款结算暂行办法》第 13 条规定："……1. 根据确定的工程计量结果，承包人向发包人提出支付工程进度款申请，14 天内，发包人应按不低于工程价款的 60%，不高于工程价款的 90% 向承包人支付工程进度款。按约定时间发包人应扣回的预付款，与工程进度款同期结算抵扣。2. 发包人超过约定的支付时间不支付工程进度款，承包人应及时向发包人发出要求付款的通知，发包人收到承包人通知后仍不能按要求付款，可与承包人协商签订延期付款协议，经承包人同意后可延期支付，协议应明确延期支付的时间和从工程计量结果确认后第 15 天起计算应付款的利息（利率按同期银行贷款利率计）。3. 发包人不按合同约定支付工程进度款，双方又未达成延期付款协议，导致施工无法进行，承包人可停止施工，由发包人承担违约责任。"

（1）付款周期。2017 年版《建设工程施工合同（示范文本）》通用合同条款第 12.4.1 项约定："除专用合同条款另有约定外，付款周期应按照第 12.3.2 项〔计量周期〕的约定与计量周期保持一致。"第 12.3.2 项约定："除专用合同条款另有约定外，工程量的计量按月进行。"

（2）付款申请单的编制。2017 年版《建设工程施工合同（示范文本）》通用合同条款第 12.4.2 项约定："除专用合同条款另有约定外，进度付款申请单应包括下列内容：（1）截至本次付款周期已完成工作对应的金额；（2）根据第 10 条〔变更〕应增加和扣减的变更金额；（3）根据第 12.2 款〔预付款〕约定应支付的预付款和扣减的返还预付款；（4）根据第

① 最高人民法院民事审判第一庭编：《民事审判指导与参考》（总第 28 辑），法律出版社 2017 年版，第 183~209 页。

15.3 款〔质量保证金〕约定应扣减的质量保证金；（5）根据第 19 条〔索赔〕应增加和扣减的索赔金额；（6）对已签发的进度款支付证书中出现错误的修正，应在本次进度付款中支付或扣除的金额；（7）根据合同约定应增加和扣减的其他金额。"

（3）进度付款申请单的提交。2017 年版《建设工程施工合同（示范文本)》通用合同条款第 12.4.3 项约定："（1）单价合同进度付款申请单的提交。单价合同的进度付款申请单，按照第 12.3.3 项〔单价合同的计量〕约定的时间按月向监理人提交，并附上已完成工程量报表和有关资料。单价合同中的总价项目按月进行支付分解，并汇总列入当期进度付款申请单。（2）总价合同进度付款申请单的提交。总价合同按月计量支付的，承包人按照第 12.3.4 项〔总价合同的计量〕约定的时间按月向监理人提交进度付款申请单，并附上已完成工程量报表和有关资料。总价合同按支付分解表支付的，承包人应按照第 12.4.6 项〔支付分解表〕及第 12.4.2 项〔进度付款申请单的编制〕的约定向监理人提交进度付款申请单。（3）其他价格形式合同的进度付款申请单的提交。合同当事人可在专用合同条款中约定其他价格形式合同的进度付款申请单的编制和提交程序。"

（4）进度款审核与支付。2017 年版《建设工程施工合同（示范文本)》通用合同条款第 12.4.4 项约定："（1）除专用合同条款另有约定外，监理人应在收到承包人进度付款申请单以及相关资料后 7 天内完成审查并报送发包人，发包人应在收到后 7 天内完成审批并签发进度款支付证书。发包人逾期未完成审批且未提出异议的，视为已签发进度款支付证书。发包人和监理人对承包人的进度付款申请单有异议的，有权要求承包人修正和提供补充资料，承包人应提交修正后的进度付款申请单。监理人应在收到承包人修正后的进度付款申请单及相关资料后 7 天内完成审查并报送发包人，发包人应在收到监理人报送的进度付款申请单及相关资料后 7 天内，向承包人签发无异议部分的临时进度款支付证书。存在争议的部分，按照第 20 条〔争议解决〕的约定处理。（2）除专用合同条款另有约定外，发包人应在进度款支付证书或临时进度款支付证书签发后 14 天内完成支付，发包人逾期支付进度款的，应按照中国人民银行发布的同期同类贷款基准利率支付违约金。（3）发包人签发进度款支付证书或临时进度款支付证书，不表明发包人已同意、批准或接受了承包人完成的相应部分的工作。"

（5）进度款的修正。2017年版《建设工程施工合同（示范文本）》通用合同条款第12.4.5项约定："在对已签发的进度款支付证书进行阶段汇总和复核中发现错误、遗漏或重复的，发包人和承包人均有权提出修正申请。经发包人和承包人同意的修正，应在下期进度付款中支付或扣除。"

（6）支付分解表。2017年版《建设工程施工合同（示范文本）》通用合同条款第12.4.6项约定："1. 支付分解表的编制要求：（1）支付分解表中所列的每期付款金额，应为第12.4.2项〔进度付款申请单的编制〕第（1）目的估算金额；（2）实际进度与施工进度计划不一致的，合同当事人可按照第4.4款〔商定或确定〕修改支付分解表；（3）不采用支付分解表的，承包人应向发包人和监理人提交按季度编制的支付估算分解表，用于支付参考。2. 总价合同支付分解表的编制与审批。（1）除专用合同条款另有约定外，承包人应根据第7.2款〔施工进度计划〕约定的施工进度计划、签约合同价和工程量等因素对总价合同按月进行分解，编制支付分解表。承包人应当在收到监理人和发包人批准的施工进度计划后7天内，将支付分解表及编制支付分解表的支持性资料报送监理人。（2）监理人应在收到支付分解表后7天内完成审核并报送发包人。发包人应在收到经监理人审核的支付分解表后7天内完成审批，经发包人批准的支付分解表为有约束力的支付分解表。（3）发包人逾期未完成支付分解表审批的，也未及时要求承包人进行修正和提供补充资料的，则承包人提交的支付分解表视为已经获得发包人批准。3. 单价合同的总价项目支付分解表的编制与审批。除专用合同条款另有约定外，单价合同的总价项目，由承包人根据施工进度计划和总价项目的总价构成、费用性质、计划发生时间和相应工程量等因素按月进行分解，形成支付分解表，其编制与审批参照总价合同支付分解表的编制与审批执行。"

（四）建设工程施工合同的结算

1. 竣工结算的概念

竣工结算是指发承包双方根据国家有关法律法规和合同约定，在承包人完成合同约定的全部工作后，对最终工程价款的调整和确定。《建设工程价款结算暂行办法》第 14 条规定："……工程竣工结算分为单位工程竣工结算、单项工程竣工结算和建设项目竣工总结算。……单位工程竣工结算由承包人编制，发包人审查；……单项工程竣工结算或建设项目竣工总结算由总（承）包人编制，发包人可直接进行审查，也可以委托具有相应资质的工程造价咨询机构进行审查。政府投资项目，由同级财政部门审查……"建设工程施工合同的价款应当遵循当事人意思表示一致的民法原则，但承发包双方对该建设工程进行结算后又另行达成了工程价款，只要另行达成的工程价款为双方真实意思表示，人民法院应当认定该工程价款合法有效。

2. 竣工结算的程序

（1）竣工结算的申请。2017 年版《建设工程施工合同（示范文本）》通用合同条款第 14.1 款约定："除专用合同条款另有约定外，承包人应在工程竣工验收合格后 28 天内向发包人和监理人提交竣工结算申请单，并提交完整的结算资料，有关竣工结算申请单的资料清单和份数等要求由合同当事人在专用合同条款中约定。除专用合同条款另有约定外，竣工结算申请单应包括以下内容：（1）竣工结算合同价格。（2）发包人已支付承包人的款项。（3）应扣留的质量保证金。已缴纳履约保证金的或提供其他工程质量担保方式的除外。（4）发包人应支付承包人的合同价款。"

（2）竣工结算审核。2017 年版《建设工程施工合同（示范文本）》通用合同条款第 14.2 款约定："（1）除专用合同条款另有约定外，监理人应在收到竣工结算申请单后 14 天内完成核查并报送发包人。发包人应在收到监理人提交的经审核的竣工结算申请单后 14 天内完成审批，并由监理人向承包人签发经发包人签认的竣工付款证书。监理人或发包人对竣工结算申请单有异议的，有权要求承包人进行修正和提供补充资料，承包人应提交修正后的竣工结算申请单。发包人在收到承包人提交竣工结算申请书后 28 天内未完成审批且未提出异议的，视为发包人认可承包人提交的竣工结算申请单，并自发包人收到承包人提交的竣工结算申请单后第 29 天起视为已签发竣工付款证书。（2）除专用合同条款另有约定外，发包人应在签发竣工付款证书后的 14 天内，完成对承包人的竣工付款。发包人逾期支付的，按照中国人民银行发布的同期同类贷款基准利率支付违约金；逾期支付超过 56 天的，按照中国人民银行发布的同期同类贷款基准利率的两倍支付违约金。（3）承包人对发包人签认的竣工付款证书有异议的，对于有异议部分应在收到发包人签认的竣工付款证书后 7 天内提出异议，并由合同当事人按照专用合同条款约定的方式和程序进行复核，或按照第 20 条〔争议解决〕约定处理。对于无异议部分，发包人应签发临时竣工付款证书，并按本款第（2）项完成付款。承包人逾期未提出异议的，视为认可发包人的审批结果。"

（3）甩项竣工协议。2017 年版《建设工程施工合同（示范文本）》通用合同条款第 14.3 款约定："发包人要求甩项竣工的，合同当事人应签订甩项竣工协议。在甩项竣工协议中应明确，合同当事人按照第 14.1 款〔竣工结算申请〕及 14.2 款〔竣工结算审核〕的约定，对已完合格工程进行结算，并支付相应合同价款。"

3. "以送审价为准"结算原则的理解

建设工程竣工验收合格后，承发包双方应当进行工程结算。承包人将竣工结算报告提交发包人，发包人进行审核。但实践中发包人往往在收到竣工结算报告后迟迟不予答复，以达到拖延支付工程价款的目的。为了制止这种不法行为，《建工解释（一）》第 21 条规定："当事人约定，发包人收到竣工结算文件后，在约定期限内不予答复，视为认可竣工结算文件的，按照约定处理。承包人请求按照竣工结算文件结算工程价款的，人民法院应予支持。"该条司法解释在司法实践中被称为"以送审价为准"结算原则。该原则的设置目的在于防止发包人以消极的方式故意拖延工程价款的结算。该条司法解释应当理解为，当发包人和承包人在建设工程施工合同中约定"以送审价为准"时，发包人在合同约定的期限内对送审价不提异议的，视为以默示方式认可承包人的竣工结算文件或者建设工程报价。最高人民法院于 2006 年发布的《最高人民法院民事审判庭关于发包人收到承包人竣工结算文件后，在约定期限内不予答复，是否视为认可竣工结算文件的复函》中作出了明确的解释："适用该司法解释第二十条①的前提条件是当事人之间约定了发包人收到竣工结算文件后，在约定期限内不予答复，则视为认可竣工结算文件。承包人提交的竣工结算文件可以作为工程款结算的依据。……"所以，"以送审价为准"是以承发包双方明确约定为适用前提的。但是"以送审价为准"的约定不应仅在原建设部制定的建设施工合同格式文书通用合同条款中进行约定。例如，《河北省建工审理指南》第10条规定："当事人在合同中只约定了发包人收到竣工结算文件后，应在约定的期限内予以答复，但未明确约定逾期不答复视为认可竣工结算文件的，不能适用《最高人民法院建设工程案件司法解释》第20条的规定。承包人仅依据建设部制定的建设施工合同格式文书通用合同条款33.3条'发包人收到竣工结算报告及结算资料后28天内无正当理由不支付工程结算价款的，从29天起按承包人同期向银行贷款利率支付拖欠工程价款的利息，并承担违约责任'的约定请求发包人按照竣工结算文件结算工程价款的，人民法院不予支持。"

（1）适用"以送审价为准"的结算原则是以承包人与发包人合同条款中明确约定逾期答复视为认可结算文件的法律后果。逾期答复视为认可即构成法律意义上的默示，根据《民法典》第140条规定，默示只有法律规定、当事人约定或者符合当事人之间的交易习惯时才构成意思表示。因此，《建工解释（一）》第21条规定的"以送审价为准"的结算原则是建立在当事人意思表示一致的基础上的，只有在建设工程施工合同中明确约定"承包人提交竣工结算文件后，发包人在合同约定的答复期限内不予答复，视为默认了承包人的建设工程报价"，承包人提交的竣工结算文件才能作为直接结算工程价款的依据。但若在施工合同中仅约定"发包人应在约定期限内答复"时，因未约定"逾期答复视为认可结算文件"，故不能适用"以送审价为准"结算原则。

（2）适用"以送审价为准"的结算原则以施工合同有效为前提。《建工解释（一）》中并未针对该结算原则明确规定合同的效力对其适用的影响。

---

① 即原《最高人民法院关于审理建设工程施工合同纠纷案件适用法律问题的解释》。该司法解释已废止，其20条对应《建工解释（一）》第21条。

笔者认为，适用"以送审价为准"的结算原则的前提是合同有效，当合同无效时，当事人不得适用该原则请求按照竣工结算文件结算工程价款。在张某成、陕西大华实业集团有限公司建设工程施工合同纠纷再审审查与审判监督民事裁定书［（2017）最高法民申426号］中认为，"适用前引司法解释第二十条规定，应以当事人有效约定为要件。因系争合同无效"，且"逾期默认条款"并非关于工程价款的直接约定，"不具备适用前引司法解释第二条规定的前提条件"，该规定无适用之余地。还有观点认为，对于无效合同的结算问题，《民法典》第793条第1款肯定了无效建设工程施工合同的工程价款可以参照合同约定进行折价补偿承包人的规则。据此，适用"以送审价为准"的结算条款不受合同效力的影响。

（3）承包人必须有证据证明发包人已经收到了其提交的竣工结算文件及结算资料。"以送审价为准"结算工程价款必须是以承包人能够证明其已经将竣工结算文件送交给发包人为前提条件。承包人递交结算报告的行为应当是书面的，仅仅口头告诉发包人结算报告的内容，不产生结算依据的后果。发包人已经接受了竣工结算文件及结算资料的举证责任为承包人。发包人收到结算报告，承包人应当要求发包人出具书面凭证，否则以后发生纠纷时极易导致举证困难。发包人中接受竣工结算文件及结算资料的人员必须是发包人中有签收资格的人，如果发包人是法人或者其他组织的，应当是该法人的法定代表人、其他组织的主要负责人，或者法人或其他组织内部具有收发责任和义务的部门，如办公室、收发室、值班室等负责收件的人签收或者盖章，或者合同中约定的甲方工程师、驻工地代表等签收。如果承包人不能举证证明已经向发包人递交了竣工结算报告，则承包人无权要求按照竣工结算文件结算工程价款。关于承包人竣工结算文件的送达方式，法律和司法解释没有明确规定。但是笔者认为，由于竣工结算文件关系到发包人和承包人的切身利益，故不宜采取留置送达的方式。如采用快递的方式送达应当在签收单上写明递交的是竣工结算文件；如采用当面提交，则由发包人中有签收资格的人当面签署签收文件。

（4）发包人在约定的期限内对结算文件不予作出实质性答复。《建工解释（一）》第21条未明确发包人何种情况属于"逾期不予答复"，并进而导致承包人提交的竣工结算文件产生结算效力。一方面，答复的内容应当是对结算文件的实质性答复。参照《建设工程价款结算暂行办法》第16条第1款规定："发包人收到竣工结算报告及完整的结算资料后，在本办法规定或合同约定期限内，对结算报告及资料没有提出意见，则视同认可。"发包人"答复"应指针对承包人所提交的竣工结算资料中的内容所作出的实质性异议，而非随意或偏离结算实质内容的回复，即发包人的答复应当针对竣工结算文件的实质性具体内容，如结算依据、结算范围、结算标准等。如果发包人的答复与竣工结算文件中的工程价款结算无关，如竣工结算文件格式不规范、资料不完整等，则视为在合同约定的期限内没有答复。所以，此处所称"不予答复"应理解为发包人在收到竣工结算文件后，在约定期限内既没有完成对承包人提交的竣工结算文件的审核，也没有对承包人提供的竣工结算文件提出实质性的异议。如《深圳市中级人民法院关于建设工程合同若干问题的指导意见》第18条规定："……发包人的答复应是针对竣工结算文件的内容，与竣工结算文件内容无关的答复视为没有答复，当事人另行约定的除外。"另一方面，"不予答复"的后果应以发包人的主观过错为条件。如果发包人在约定期限不予答复是由于主观怠于行使权利或管理混乱所致，发包人主观过错明显，应当适用"以送审价为准"的结算原则。如果发包人遇到重大人员变故，原授权有权负责签收的工作人员在签收资料后，无故离开单位或者单位遭遇偷盗或者遇到火灾等特殊原因，导致发包人无法或不能及时在约定期限内答复的，则不能视为发包人逾期不予答复，不能简单适用"以送审价为准"的结算原则。

（5）适用"以送审价为准"的结算原则时应当避免损害发包方的利益。在适用该原则时，对于承包人提交的结算文件，尽管发包人未在约定期限内予以答复，也应视为认可该结算文件。但由于结算文件是承包人单方确认的，故不能简单地按照承包人单方提报的结算文件来确定，应当组织双方审核，共同确定。此外，在适用《建工解释（一）》第21条规定的"视为认可"时，应当注意承包人所报送的结算资料中价款虚高的问题，法院应当依职权进行必要的审核，以保证合同双方当事人的合法权利。如果发现其中有明显虚报的部分，应当主动予以剔除，尽量避免当事人之间利益明显失衡。如果发现承包人报送的结算资料与实际情况存在较大的差距，则应当委托专业鉴定部门进行鉴定。

（6）适用"以送审价为准"的结算原则以承包人提交的结算资料完整为条件。根据《建工解释（一）》第21条可知，工程竣工验收合格后，承包人应当向发包人提交完整的结算报告和结算材料，否则，发包人有权拒绝审计。所谓完整结算资料，是指能够计算出承包人送审价的全部资料。一般包括以下资料：招标投标文件、中标通知书、建设工程施工合同、专业工程分包合同、劳务分包合同、补充合同、租赁合同、主要建筑材料购销合同、建筑购配件购销合同、设备购销合同、图纸会审记录、施工组织设计、隐蔽工程验收记录、加盖竣工图章的工程竣工图纸、现场签证单、技术核定单、工作联系单、加盖设计单位公章的设计变更单、双方确认的钢筋翻样单、备忘录、工程洽谈记录、工程检验记录、双方往来函件、会议纪要、电报、电传以及由建筑商代付的水电费凭证、建筑商采购的建筑材料款凭证等。工程结算书上必须加盖建筑商的公章及预算人员的签章，并附有预算人员的资格证书复印件。承包人必须提交上述完整结算资料才能适用"以送审价为准"的结算原则。但如果发包人故意拖延验收，拒不签收签证，并擅自使用工程，此种情形下，致使承包人无法取得完整的结算资料时，根据《民法典》第158条、第159条规定①，应视为承包人提交了完整的结算资料，应当按照"以送审价为准"结算原则进行结算。当然，如果是因承包人自身原因，导致其不能提交完整的结算资料时，则不能适用"以送审价为准"的结算原则。

4. 结算协议签订后，对于未纳入结算范围的损失的处理

建设工程的结算是建设工程竣工验收合格后，发包方和承包方按照约定的计价方式对已完工程的工程款的全面清理。一般来说，结算协议的范围包括增加或减少的工程、变更的工程等承包人完成的全部工程，结算协议是对目标工程价款的全面清理。但是，对于建设工程价款之外的违约金和损害赔

---

① 《民法典》第158条规定："民事法律行为可以附条件，但是根据其性质不得附条件的除外。附生效条件的民事法律行为，自条件成就时生效。附解除条件的民事法律行为，自条件成就时失效。"第159条规定："附条件的民事法律行为，当事人为自己的利益不正当地阻止条件成就的，视为条件已经成就；不正当地促成条件成就的，视为条件不成就。"

偿，如果结算协议未作约定，承包人是否可以另行主张权利？笔者认为，结算协议未约定违约金和损害赔偿，承包人是否有权另行主张权利，关键看建设工程施工合同的约定。2017 年版《建设工程施工合同（示范文本）》通用合同条款第 19.5 款约定："（1）承包人按第 14.2 款〔竣工结算审核〕约定接收竣工付款证书后，应被视为已无权再提出在工程接收证书颁发前所发生的任何索赔。……"若建设工程采用该版合同示范文本，则对未纳入结算范围的损失，根据合同约定，可以视为放弃。但如果当事人双方未采用 2017 年版《建设工程施工合同（示范文本）》，也未在施工合同条款中对违约金、损害赔偿存在明确放弃的意思表示，则不应视为权利人已经放弃索赔的权利。

5. 发包人不得以承包人未出具发票为由拒付工程款

抗辩权是对抗请求权的权利，与请求权处于对立地位。双务合同履行中的抗辩权，是指在符合法定条件时，当事人一方对抗相对人的履行请求权，暂时拒绝履行其债务的权利。《民法典》第 788 条第 1 款规定："建设工程合同是承包人进行工程建设，发包人支付价款的合同。"根据该法条，建设工程施工合同中承包人的主要合同义务是为发包人进行工程建设，发包人的主要合同义务是按照工程进度支付工程款。若承包人履行完合同约定的主要义务（即交付工程），而发包人拒不履行合同约定的主要义务（即支付工程款）时，显然发包人构成违约。虽然承包人向发包人开具发票属于承包人的法定义务，但开具发票与支付工程款之间不具有对等关系。合同抗辩的范围仅限于对等义务，一方不履行对价义务的，相对方才享有抗辩权。支付工程款与开具发票是两种不同性质的义务，支付工程款是合同的主要义务，出具发票并非合同的主要义务，二者不具有对等关系。在一方违反约定没有开具发票的情况下，另一方不能以此为由拒绝履行合同主要义务即支付工程价款。除非合同当事人明确约定，一方不及时开具发票，另一方有权拒绝支付工程价款。《河北省建工审理指南》第 54 条规定："支付工程款义务和开具发票义务是两种不同性质的义务，不具有对等关系。发包人以承包人违反约定未开具发票为抗辩理由拒付工程款的，人民法院不予支持。但可以明确承包人具有向发包人开具发票的义务。发包人提起反诉请求主张承包人开具发票的，人民法院应予支持。"

（五）建设工程施工合同的最终结清

1. 最终结清的概念

最终结清是指合同约定的缺陷责任期终止后，承包人已按照合同规定完成全部剩余工作且质量合格的，发包人与承包人结清全部剩余款项的活动。缺陷责任期终止后，承包人应按照合同约定向发包人提交最终结清支付申请，发包人应在收到承包人提交的最终结清申请单后14天内完成审批并向承包人颁发最终结清证。

2. 最终结清款的费用构成

（1）发包人原因引起的费用。①若发包人未在规定时间内向承包人支付竣工结算款的，承包人有权获得延期支付的利息。②承包人自竣工结算后认为自己有权获得的索赔款额。承包人在提交的最终结清申请中，只限于提出竣工结算后的索赔，提出索赔的期限自发承包双方最终结清时终止。③因发包人原因造成的缺陷和（或）损坏，发包人应承担修复和查验的费用，并支付承包人合理利润。④任何一项缺陷或损坏修复后，经检查证明其影响了工程或工程设备的使用性能，承包人应重新进行合同约定的试验和试运行，若是发包人原因造成的，则试验和试运行的全部费用应由发包人承担。

（2）承包人原因引起的费用。①承包人原因造成的缺陷和（或）损坏，应由承包人承担修复和查验的费用。②由于承包人原因造成的缺陷和（或）损坏，承包人不能在合理时间内修复缺陷的，发包人可自行修复或委托其他人修复，所需费用和利润应由承包人承担。③任何一项缺陷或损坏修复后，经检查证明其影响了工程或工程设备的使用性能，承包人应重新进行合同约定的试验和试运行，若是承包人原因造成的，则试验和试运行的全部费用应由承包人承担。④最终结清时，如果承包人被扣留的质量保证金不足以抵减发包人工程缺陷修复费用的，承包人应承担不足部分的补偿责任。

3. 最终结清的程序

（1）最终结清申请单。2017年版《建设工程施工合同（示范文本）》通用合同条款第14.4.1项约定："（1）除专用合同条款另有约定外，承包人应在缺陷责任期终止证书颁发后7天内，按专用合同条款约定的份数向发包人提交最终结清申请单，并提供相关证明材料。除专用合同条款另有约定外，最终结清申请单应列明质量保证金、应扣除的质量保证金、缺陷责任期内发生的增减费用。（2）发包人对最终结清申请单内容有异议的，有权要求承包人进行修正和提供补充资料，承包人应向发包人提交修正后的最终结清申请单。"

（2）最终结算证书和支付。2017年版《建设工程施工合同（示范文本）》通用合同条款第14.4.2项约定："（1）除专用合同条款另有约定外，发包人应在收到承包人提交的最终结清申请单后14天内完成审批并向承包人颁发最终结清证书。发包人逾期未完成审批，又未提出修改意见的，视为发包人同意承包人提交的最终结清申请单，且自发包人收到承包人提交的最终结清申请单后15天起视为已颁发最终结清证书。（2）除专用合同条款另有约定外，发包人应在颁发最终结清证书后7天内完成支付。发包人逾期支付的，按照中国人民银行发布的同期同类贷款基准利率支付违约金；逾期支付超过56天的，按照中国人民银行发布的同期同类贷款基准利率的两倍支付违约金。……"

## 二、建设工程施工合同解除的价款支付

### （一）建设工程施工合同解除后的结算条件

1. 建设工程未竣工，但建设工程质量合格，承包人可以主张工程款

《建工解释（一）》第39条规定："未竣工的建设工程质量合格，承包人请求其承建工程的价款就其承建工程部分折价或者拍卖的价款优先受偿的，人民法院应予支持。"该司法解释明确表示，建设工程施工合同解除后，双方应该对已完成的工程质量进行验收，已经完成的工程质量合格的，承包人有权要求发包人结算并支付工程价款。《河北省建工审理指南》第42条规定："未完工程中，承包人主张其已完成部分的工程款的，后续工程已经由第三方施工完毕，并竣工验收合格的，发包人又以承包人施工部分的工程质量不合格主张付款条件不成就或者拒付工程款的，人民法院不予支持。后续工程已经由第三方施工完毕但未进行竣工验收，或者未由第三方继续施工，

但分部分项验收合格的，发包人以承包人施工部分的工程质量不合格主张付款条件不成就或者拒付工程款的，人民法院不予支持。人民法院可在承包人已完工程价款中按合同约定比例暂扣质保金，暂扣质保金的时间最长不超过两年。但确因承包人原因导致建设工程的地基基础工程和主体结构存在质量问题的除外。"

2. 建设工程未竣工验收，但发包人擅自使用，承包人可以主张工程款

《建工解释（一）》第9条规定："当事人对建设工程实际竣工日期有争议的，人民法院应当分别按照以下情形予以认定：（一）建设工程经竣工验收合格的，以竣工验收合格之日为竣工日期；（二）承包人已经提交竣工验收报告，发包人拖延验收的，以承包人提交验收报告之日为竣工日期；（三）建设工程未经竣工验收，发包人擅自使用的，以转移占有建设工程之日为竣工日期。"据此，《建工解释（一）》第9条对于未竣工的建设工程，拟制了一个验收合格的条件，即从发包人擅自使用建设工程之日，就视为未竣工工程验收合格。未竣工工程验收合格，按照《建工解释（一）》第39条的规定，承包人有权向发包人主张工程款。《河北省建工审理指南》第41条规定："建设工程未经竣工验收或未经验收合格，发包人擅自使用后，承包人主张工程款的，发包人又以使用部分质量不合格主张付款条件不成就或者拒付工程款的，人民法院不予支持。但确因承包人原因导致建设工程的地基基础工程和主体结构存在质量问题的除外。"

（二）因承包人原因解除合同的价款结算

1. 因承包人原因解除合同的情形

根据《民法典》第563条和第806条规定，因承包人原因解除合同的情形包括：①在履行期限届满前，明确表示或者以自己的行为表明不履行主要债务；②迟延履行主要债务，经催告后在合理期限内仍未履行；③迟延履行债务或者有其他违约行为致使不能实现合同目的；④承包人将建设工程转包、违法分包的；⑤法律规定的其他情形。

2. 结算程序

参照2013年版《建设工程工程量清单计价规范》第12.0.3项的规定：

"因承包人违约解除合同的，发包人应暂停向承包人支付任何价款。发包人应在合同解除后 28 天内核实合同解除时承包人已完成的全部合同价款以及按施工进度计划已运至现场的材料和工程设备货款，按合同约定核算承包人应支付的违约金以及造成损失的索赔金额，并将结果通知承包人。发承包双方应在 28 天内予以确认或提出意见，并应办理结算合同价款。如果发包人应扣除的金额超过了应支付的金额，承包人应在合同解除后的 56 天内将其差额退还给发包人。发承包双方不能就解除合同后的结算达成一致的，按照合同约定的争议解决方式处理。"

（三）因发包人原因解除合同的价款结算

1. 因发包人原因解除合同的情形

根据《民法典》第 806 条第 2 款规定，在发包人提供的主要建筑材料、建筑构配件和设备不符合强制性标准或者不履行协助义务，致使承包人无法施工，经催告后在合理期限内仍未履行相应义务时，承包人可以解除合同。此外，发包人存在符合《民法典》第 563 条规定的解除合同情形时，承包人也可解除合同。

2. 结算程序

参照 2013 年版《建设工程工程量清单计价规范》第 12.0.4 项规定："因发包人违约解除合同的，发包人除应按照本规范第 12.0.2 条的规定向承包人支付各项价款外，应按合同约定核算发包人应支付的违约金以及给承包人造成损失或损害的索赔金额费用。该笔费用应由承包人提出，发包人核实后应与承包人协商确定后的 7 天内向承包人签发支付证书。协商不能达成一致的，应按照合同约定的争议解决方式处理。"

（四）固定总价合同解除后工程价款的结算

建设工程施工合同中的固定价格计价方式主要分为固定总价和固定单价，发包人可根据建设工程的实际情况进行选择。《建工解释（一）》第 28 条规定："当事人约定按照固定价结算工程价款，一方当事人请求对建设工程造价进行鉴定的，人民法院不予支持。"按照上述规定，只要当事人在建设工程施工合同中约定了固定价格的计价方式的，就应按照合同约定结算工程价款，除发生合同约定风险范围之外的工程量的变化或者情势变更外，合同价款原则上不得调整。大量固定总价合同没有详细的报价清单，无法直接依据清单确定已完工程的工程价款。这就导致了未竣工固定总价合同中已完工程的计价标准和工程计量的确定问题。

1. 固定总价已完工程的计价标准

针对固定总价建设工程施工合同，已完工程的计价标准一般普遍采用"按比例折算法"。其科学合理性表现在，通过引入第三方取费标准作为参考物，计算出在同一取费标准下，已完工程部分价款占全部工程价款的比例系数，再用合同约定的固定价乘以该系数，以最终确定工程价款，既符合依约原则，也具有合理性。《河北省建工审理指南》第 12 条规定："建设工程施工合同约定工程款实行固定价，如建设工程尚未完工，当事人对已完工程造价产生争议的，可将争议部分的工程造价委托鉴定，但应以合同约定的固定价为基础，根据已完工工程占合同约定施工范围的比例计算工程款。即由鉴定机构在同一取费标准下分别计算出已完工程部分的价款和整个合同约定工程的总价款，两者对比计算出相应系数，再用合同约定的固定价乘以该系数，确定工程价款。当事人一方主张以定额标准作为造价鉴定依据的，人民法院不予支持。"

2. 已完工程工程量的确定

建设工程工程量的确定属于事实问题，客观上只能通过举证责任分配予以解决。《河北省建工审理指南》第 13 条规定："未施工完毕的工程项目，当事人就已完工程的工程量存有争议的，应当根据双方在撤场交接时签订的会议纪要、交接记录以及监理材料、后续施工资料等文件予以确定；不能确定的应根据工程撤场时未能办理交接及工程未能完工的原因等因素合理分配举证责任。发包人有恶意驱逐施工方、强制施工方撤场等情形的，发包人不认可承包方主张的工程量的，由发包人承担举证责任。发包人不提供相应证据，应承担举证不能的不利后果。"建设工程施工合同当事人对已完工工程的工程量应当依以下原则处理。

（1）双方在撤场交接时签订了会议纪要、交接记录等文件的，应当依据上述文件确定承包人已完成的工程量。

（2）没有交接文件且工程已经交由其他承包人继续施工的，发包人应当提交其与后续施工方签订的施工合同交接记录、完成工程范围等证据，承包人应当提交施工图纸、施工日志、签证文件等证据予以证明；未交由其他承包人继续施工的，可根据工程现状确定工程量，必要时由鉴定机构进行现场勘测予以确定；法院也可责令监理机构或后续施工方等第三方提供证据。

（3）依上述方法仍不能确定已完工工程量时，对于合同是否履行发生争议的，由负有履行义务的当事人承担举证责任。

## 三、工程欠款利息

建设工程价款的支付贯穿于建设工程履行的全部过程，预付款、工程进度款均可能出现延迟给付，并进而产生利息支付及计算问题。在发包人欠付预付款、工程进度款、竣工结算的尾款时，发包人应当按照同期同类贷款基准利率或者贷款市场报价利率向承包人支付利息。工程款拖欠产生的利息已经成为诉讼标的不可忽视的部分，但是对于利息支付及计算问题在实践中产生了较大的争议。

（一）建设工程欠款利息的性质

1. 支付工程款及利息是发包人的法定义务

《民法典》第 788 条规定："建设工程合同是承包人进行工程建设，发包人支付价款的合同。"第 803 条规定："发包人未按照约定的时间和要求提供原材料、设备、场地、资金、技术资料的，承包人可以顺延工程日期，并有权请求赔偿停工、窝工等损失。"依照上述法律规定，支付工程款是发包人的法定义务，发包人应当按照合同约定支付工程款及利息，发包人不履行义务时，应承担法律规定的相应民事责任。发包人支付工程款，一般包括预付款、安全文明施工费、进度款、竣工结算款、最终结清款等内容。2017 年版《建设工程施工合同（示范文本）》通用合同条款对各部分工程款的支付时间、支付条件都有明确的规定，对于没有依约支付相应工程款的，发包人应当从应付之日起向承包人支付应付款的欠款利息。由此来看，支付工程款及利息均是发包人的法定义务。

2. 发包人支付欠付工程款利息的性质是法定孳息

司法实务中一般认为，发包人应当向承包人支付的欠付工程款利息的性质是法定孳息。发包人欠付的工程款的利息与本金之间具有附随性，一旦双方当事人工程价款结算完毕，发包人仍不支付工程价款的，发包人就应当支付相应利息。欠付工程款利息属于承包人的工程价款在法律上应得的收益。

3. 工程欠款利息与垫资利息的区别

《建工解释（一）》第 25 条规定："当事人对垫资和垫资利息有约定，承包人请求按照约定返还垫资及其利息的，人民法院应予支持，但是约定的利息计算标准高于垫资时的同类贷款利率或者同期贷款市场报价利率的部分除外。当事人对垫资没有约定的，按照工程欠款处理。当事人对垫资利息没有约定，承包人请求支付利息的，人民法院不予支持。"承、发包双方对是否支付垫资利息服从当事人的约定，只要约定在同类贷款利率或者同期贷款市场报价利率的法定幅度范围内，就应认定约定有效。承包人与发包人在垫资合同或者施工合同中未约定垫资利息的，承包人请求返还利息的，人民法院也不予支持。垫资是承包人先代发包人垫付的工程价款，其本质也是工程价款，只不过不是发包人支付的而已。垫资与欠付工程价款的区别在于，垫资是承包人自愿的，而欠付工程价款则是发包人的违约行为。

（二）欠付工程款利息的计付标准

《建工解释（一）》第 26 条规定："当事人对欠付工程价款利息计付标准有约定的，按照约定处理。没有约定的，按照同期同类贷款利率或者同期贷款市场报价利率计息。"该规定明确了欠付工程款利息的计算标准，笔者从以下三个方面予以说明。

1. 欠付工程价款的本金的数额应当是确定的

建设工程施工合同的价款，无论是按照合同约定的计价标准或者计价办法确定，还是当事人通过自愿达成的工程价款结算协议或者通过工程造价鉴定确定，只要合同当事人之间对欠付的工程价款数额明确，发包人都要向承包人支付欠付工程价款的利息。只有在本金数额确定的情况下，才谈得上支付利息问题，本金不确定，利息就无法计算。①

2. 当事人对欠付工程价款利息计付标准有约定的，按照约定处理

承包人与发包人对欠付工程款利息的起算时间、利率等事项有约定的，从其约定。该约定应当符合法律法规的规定，双方约定的计算标准如果过高，违反法律法规规定的，人民法院也难以支持。参考《最高人民法院关于审理民间借贷案件适用法律若干问题的规定》第 25 条规定："出借人请求借款人按照合同约定利率支付利息的，人民法院应予支持，但是双方约定的利率超过合同成立时一年期贷款市场报价利率四倍的除外。前款所称'一年期贷款市场报价利率'，是指中国人民银行授权全国银行间同业拆借中心自 2019 年 8 月 20 日起每月发布的一年期贷款市场报价利率。"建设工程施工合同中，双方当事人约定的欠付工程款的利率未超过合同成立时一年期贷款市场报价利率四倍的，人民法院应当尊重该约定，并支持承包人有关利息请求。双方当事人约定的利率超过合同成立时一年期贷款市场报价利率四倍的，超过部分发包人有权要求予以返还。

3. 当事人对欠付工程价款利息计付标准没有约定的，按照同期同类贷款利率或者同期贷款市场报价利率计算

既然欠付工程价款的利息性质为法定孳息，那么在当事人没有约定利息结算标准时，也应当按照中国人民银行发布的同期同类贷款利率计息，这本质上也是按照法定利率计息。法定利率也叫作基准利率，是由中国人民银行确定的。《中华人民共和国中国人民银行法》第 23 条规定："中国人民银行为执行货币政策，可以运用下列货币政策工具：……（二）确定中央银行基准利率；……"《中华人民共和国商业银行法》第 38 条规定："商业银行应当按照中国人民银行规定的贷款利率的上下限，确定贷款利率。"按照上述法律规定，当事人对偿还欠付工程款利息没有约定时，可以按照同期同类贷款利率或者同期贷款市场报价利率计算。

---

① 最高人民法院民事审判第一庭编著：《最高人民法院新建设工程施工合同司法解释（一）理解与适用》，人民法院出版社 2021 年版，第 227 页。

（三）建设工程欠款利息的起算时间

欠付工程价款的利息属于法定孳息，应当自"应付工程价款之日"起算，但是建设工程施工中往往无法确定准确的付款时间点，故实践中大多约定按照建设工程施工的形象进度支付工程款。如施工资料不完善、施工中存在工期顺延、设计变更等多种原因都可能造成合同约定的付款时间点难以确定，导致在履行中无法按照原合同约定确定实际付款时间。《建工解释（一）》第 27 条规定："利息从应付工程价款之日开始计付。当事人对付款时间没有约定或者约定不明的，下列时间视为应付款时间：（一）建设工程已实际交付的，为交付之日；（二）建设工程没有交付的，为提交竣工结算文件之日；（三）建设工程未交付，工程价款也未结算的，为当事人起诉之日。"该条司法解释明确了发包人向承包人支付欠付工程价款利息的起算时间。应付工程价款的时间，是指发包人应当按照法律规定或者合同约定向承包人支付工程价款的日期。一般情况下，应付款时间的确定规则如下。

1. 当事人约定了应付款时间

如果双方当事人在合同中约定了工程款的支付时间，则应当遵从当事人约定，按照合同约定的应付工程价款之日开始计算利息。欠付工程款利息性质上为工程款的法定孳息，在发包人未付应付工程款时，开始计算利息。

2. 当事人未约定付款时间

从《建工解释（一）》第 27 条规定可以看出，建设工程价款的支付时间首先遵循约定，有约定从约定，当事人未约定付款时间的，该司法解释规定了以下几种付款时间节点。

（1）建设工程已实际交付的，以建设工程交付之日作为应付款时间。承包人将建设工程交付发包人后，表明承包人负有的合同义务已经履行完毕。发包人已经实际占有、使用、控制建设工程，并且已经受益，此时发包人应当向承包人支付工程价款。发包人再继续欠付承包人的工程价款，势必损害施工单位的权益，应当支付工程款利息。

（2）建设工程没有交付的，以提交竣工结算文件之日作为应付款时间。2017 年版《建设工程施工合同（示范文本）》通用合同条款第 14.2 款将发包人拖延验收应付工程款的时间确定为"发包人在收到承包人提交竣工结算申请书后 28 天内未完成审批且未提出异议的，视为发包人认可承包人提交的竣工结算申请单，并自发包人收到承包人提交的竣工结算申请单后第 29 天起视为已签发竣工付款证书"，发包人应在签发竣工付款证书后的 14 天内，完成对承包人的竣工付款，即发包人拖延验收的，在承包人提交竣工验收资料第 43 天，发包人应当支付工程款。但是《建工解释（一）》第 27 条规定没有借鉴 2017 年版《建设工程施工合同（示范文本）》中将发包人拖延验收时应付工程价款的日期确定为发包人审核期限届满的日期，主要是防止发包人故意拖延审核竣工结算文件的时间，这有利于督促发包人尽快审核工程竣工结算报告。

（3）建设工程未交付，工程价款也未结算的，以当事人起诉之日作为应付款时间。建设工程价款未结算，建设工程也未实际交付的，大多为建设工程未完工或者竣工未通过验收的情形。这种情况下，合同正在履行中，尚不具备结算工程价款的条件，无法确定应付工程价款的具体日期，找不到起诉前的应付款时间点，所以《建工解释（一）》拟制起诉之日为应付款时间，并以此时间点作为计息时间。起诉之日是承包人向人民法院主张权利的时间点，经审理最终认定了发包人欠付承包人工程价款的事实，如诉讼期间不计息，因建设工程案件的审理可能是比较漫长的过程，实际上扩大了承包人的损失，这对承包人来讲是不公平的。

（四）欠付工程款利息的主要情形

1. 建设工程施工合同有效，工程款均应给付延迟利息

根据 2017 年版《建设工程施工合同（示范文本）》相关条款的规定，建设工程价款主要包括工程预付款、工程进度款、工程竣工结算款及最终结清款。发包人按照合同约定支付工程价款是发包人基本的合同义务，在合同履行过程中因发包人原因未能按合同约定支付合同价款的，属于发包人违约。发包人延期支付工程款，承包人诉至法院要求发包人支付工程欠款，发包人

因违约不仅应当支付工程款，还应支付相应期间的利息。具体而言，除专用合同条款另有约定外，对于工程进度款，发包人应在进度款支付证书或临时进度款支付证书签发后 14 天内完成支付，发包人逾期支付进度款的，应按照中国人民银行发布的同期同类贷款基准利率支付违约金。而对于竣工结算款和最终结清款，发包人应在签发竣工付款证书后的 14 天内，在颁发最终结清证书后的 7 天内，完成支付。这两种情况下，发包人逾期支付的，按照中国人民银行发布的同期同类贷款基准利率支付违约金；逾期支付超过 56 天的，按照中国人民银行发布的同期同类贷款基准利率的两倍支付违约金。至于预付款，因其交付一般是在正式施工之前，所以当发包人拖欠预付款时，承包人可选择暂停施工，催告发包人交付。若已经施工，尚未交付的预付款也可与工程进度款等其他款项一并结算。

2. 建设工程施工合同无效，欠付工程款利息的问题

根据《民法典》第 793 条第 1 款的规定，建设工程施工合同被认定为无效，但工程经竣工验收合格的，承包人有权参照建设工程施工合同获得折价补偿款。建设工程款利息的法律性质为法定孳息，是因原物（货币）所获得的收益。建设工程施工合同无效，承包人有权主张工程款，工程款的法定收益自然也应当有权主张。《建工解释（一）》第 24 条第 1 款规定："当事人就同一建设工程订立的数份建设工程施工合同均无效，但建设工程质量合格，一方当事人请求参照实际履行的合同关于工程价款的约定折价补偿承包人的，人民法院应予支持。"对于无效合同工程款的结算前提为建设工程质量合格。所以，笔者认为，无论建设工程是否竣工，只要工程质量合格，即使施工合同无效，发包方也应支付工程款，并应从应付工程款之日给付工程款利息。

## 四、建设工程垫资的处理

### （一）建设工程垫资在法律上的演进

垫资是指承包方在合同签订后，不要求发包方先支付工程款或者支付部分工程款，而是利用自有资金先进场进行施工，待工程施工到一定阶段或者

工程全部完成后，由发包方再支付垫付的工程款。1996 年，原国家计划委员会、原建设部和财政部联合发布的原《建设部、国家计委、财政部关于严格禁止在工程建设中带资承包的通知》规定禁止建筑施工企业垫资施工和带资施工。2004 年《最高人民法院关于审理建设工程施工合同纠纷案件适用法律问题的解释》生效之前，人民法院在审理建设工程施工合同纠纷案件中一般认定，建设工程施工合同中的垫资条款或者另行签订的垫资合同性质为企业法人间违规拆借资金行为，因违反国家金融法规规定而无效，一般另行制作民事制裁决定书对垫资及利息予以收缴。但是实践中建设工程施工垫资问题并未因为国家的禁止而消失，反而愈演愈烈了。随着时间的推移，人民法院审理建设工程施工合同纠纷案件时，对垫资效力在观念上有所转变。特别是我国加入 WTO 后，审理案件应当顾及国际惯例，而垫资则是国际建筑市场惯例，并且也符合我国建筑市场实际情况，故近年来我国对垫资认定有所放宽。目前建筑市场正在推行发包人支付工程款和承包人承接工程保证金制度及支付工程款的商业保险制度，将有效缓解拖欠工程款问题。此外，是否垫资和垫资多少，也是建筑施工企业综合实力的体现，通过竞争可以实现建筑施工企业的优化组合。

（二）建设工程垫资的性质

《建工解释（一）》第 25 条规定："当事人对垫资和垫资利息有约定，承包人请求按照约定返还垫资及其利息的，人民法院应予支持，但是约定的利息计算标准高于垫资时的同类贷款利率或者同期贷款市场报价利率的部分除外。当事人对垫资没有约定的，按照工程欠款处理。当事人对垫资利息没有约定，承包人请求支付利息的，人民法院不予支持。"该条司法解释确立了垫资行为和垫资利息取得的合法性，认可了垫资合同的效力，对处理垫资问题进行了突破，从而确立了垫资既不同于拆借资金，又不同于一般工程欠款的处理原则。从法律关系上说，垫资合同不是单纯的借贷合同，虽然承包人为发包人预垫工程款类似于借贷行为，但就合同的目的而言，双方根本之意还是完成某一特定的工程，本质还是建设工程合同，不能简单理解为借贷合同。垫资合同实际上是当事人根据意思自治原则，在建筑工程合同中，就承包人进行工程建设，发包人支付价款的一种约定。只要它充分反映了当事人的真实意思，是双方当事人共同自愿实施的行为，就应当予以充分的尊重，赋予其应有的法律效力。根据《建工解释（一）》第 25 条的规定，垫资合同有效且应当依法保护，当事人对垫资及其利息有约定的，应当按照约定处理，但是当事人对垫资利息计算标准的约定不能超过垫资时的同类贷款利率或者同期贷款市场报价利率，如超出，超出部分不予保护。

## 第六章

# 建设工程施工合同的工期

工期是建设工程施工合同的实质性内容之一。在建设工程施工合同中，工期是指发包人、承包人在协议书中约定，按总日历天数（包括法定节假日）计算的承包天数，是建设工程从施工开始到结束的一个时间段，包括按照合同约定所作的期限变更。在承包人提出工程款支付请求时，发包人往往以工期延误进行抗辩。在审判实践中，工期认定往往与造价争议和工程质量争议交叉影响、相互纠缠，而其中又以工期延误责任认定最为复杂。

## 第一节　工期的认定

在建设工程施工合同中，工期是主要和必备条款。建设工程的工期认定往往涉及迟延履行、工期违约、工程价款支付及利息的起算时间、保修期的计算等诸多问题。一般来说，工期延误主要产生两方面的赔偿责任：一是工期延误导致作为发包方的开发商无法在约定的时间取得商品房，产生开发商与业主之间逾期交房的违约责任，开发商承担赔偿责任后，其向承包方主张工期延误的违约责任；二是工期顺延或者索赔争议，发包方未按照合同约定的期限向承包方提供约定的建筑材料、设备、技术资料以及支付工程款等引起的工程顺延或者索赔争议，也可能在施工过程中因设计变更、不可抗力、特殊地质条件等引起工期变动而产生的争议。

## 一、合同工期

工期，是在合同协议书约定的工期总日历天数基础上，结合合同约定的工期变更，进行相应的天数调整后的工期总日历天数，即经工期变更调整后的工期总日历天数是判断承包人是否如期竣工的依据。而施工合同约定的承包人完成工程所需的期限，是指计划工期总日历天数，即根据计划开工日期和计划竣工日期计算所得的天数，但该工期总日历天数并不能直接作为判断承包人是否如期竣工的依据，需结合合同履行中工期调整方能确定。施工实践中对于工期调整的因素很多，如发包人提供施工现场拖延、发包人逾期提供材料、设计变更、暴发传染病、恶劣天气等都会影响工期。因此，建设工期作为建设工程施工合同的实质性内容，应约定承包人完成工程所需期限，包括按照合同约定所作的工期变更。实际中，建设工期也被称为合同工期，它是开发商或建设单位根据项目开发的实际情况及施工单位的施工能力制定出来的生产周期，合同工期的制定包含了承发包人自身的经济、技术条件、自然条件等多种因素，不具有普遍性。在建设工程施工合同工期的确定中，影响合同工期的因素主要有定额工期和合理工期。

（一）定额工期

定额工期系依据工期定额确定的工程自开工之日至完成全部施工内容并达到国家验收标准之日止的日历天数（包括法定节假日），不包括"三通一平"、试验打桩、地下障碍物处理、基础施工前的降水和基坑支护、竣工文件编制等所需的时间。工期定额依据国家现有标准、设计规范、施工及验收规范、质量评定标准和技术、安全操作规程，按照正常的施工条件、常用施工方法、合理劳动组织及平均施工技术装备程度和管理水平，并结合当前常见结构及规模的建筑安装工程的施工情况进行编制，是国有资金投资工程在可行性研究、初步设计、招标阶段确定工期的依据，也是签订建筑安装工程施工合同的基础，非国有资金投资的工程可参照执行。① 实践中，为了促进

---

① 常设中国建设工程法律论坛第八工作组：《中国建设工程施工合同法律全书：词条释义与实务指引》，法律出版社 2019 年版，第 531 页。

市场竞争，建筑施工企业大量采用新工艺、新设备和新材料，定额工期往往没有考虑不同施工企业的施工技术、管理水平和施工经验的差异，所以不具有普遍意义，只能作为确定合同工期的参考依据。一般情况下，合同工期一般会短于定额工期。定额工期对项目的承发包双方不具有当然的约束力，而合同工期则有法律上的约束力，也是工期奖罚及赶工措施费用计算的依据。

（二）合理工期

工期的确定必须科学合理，尊重客观规律，严格按照施工规范组织，否则盲目抢工期只会导致工程质量标准降低、埋下质量隐患。《建设工程质量管理条例》第 10 条规定的"合理工期"，是指在相同施工条件下，具有相同或近似施工技术、施工经验和管理水平的施工单位，在保证工程质量符合强制性标准的情况下，完成相同工作量时，正常情况下所需要花费的时间。在正常建设条件下，采取科学合理的施工工艺和管理方法，以现行的建设行政主管部门发布的工期定额为基础，结合项目建设的具体情况，来确定使投资方、各参加单位均获得满意的经济效益的工期。所以，一般认为，合理工期的确定要以当地建设行政主管部门指定的定额工期为基础。判断合同工期是否合理，不仅要参照定额工期，更重要应考虑项目的建设规模、质量要求、施工工艺、施工流程等要求。目前建筑市场供大于求，施工人为承揽到工程压缩合理工期，进而产生大量工期延误及工期索赔的争议。《建设工程质量管理条例》第 10 条第 1 款规定："建设工程发包单位，不得迫使承包方以低于成本的价格竞标，不得任意压缩合理工期。"由此来看，不合理工期的存在，既可能是承包人的原因，也可能是发包人要求，还有可能是双方共谋的结果。但建设工程施工合同除了体现意思自治自由外，还具有一定的社会性，受到建筑法律法规的调整。违背合理工期虽然并不一定导致合同无效，但这会造成发包人、承包人利益的严重失衡，损害建筑的质量和安全性能，不仅不利于建筑业市场的健康发展，还会背离建筑法律法规的立法目的。由于工期问题涉及专业性领域，存在争议的情况下，人民法院宜委托具有司法鉴定资质的工程咨询鉴定机构出具司法鉴定结论。对于任意压缩合理工期，合同约定工期严重低于合理工期的，人民法院应当予以调整。

（三）工期和进度

1. 施工组织设计

施工组织设计是对施工活动实行科学管理的重要手段，是指导施工项目全过程各项活动的技术、经济和组织的综合性文件，是施工活动有序、高效、科学合理进行的重要保障。施工组织设计应根据法律法规规定、工程规模、结构特点、技术复杂程度和施工条件进行编制，以满足不同工程的实施需求。施工组织设计应由承包人编制，且应在合同规定的时限内提交施工组织设计，以确保项目的顺利开工、实施，与施工组织设计编制有关的附件，如法律法规、规范、标准等，应一并提交。2017 年版《建设工程施工合同（示范文本)》通用合同条款第 7.1.1 项约定：＂施工组织设计应包含以下内容：（1）施工方案；（2）施工现场平面布置图；（3）施工进度计划和保证措施；（4）劳动力及材料供应计划；（5）施工机械设备的选用；（6）质量保证体系及措施；（7）安全生产、文明施工措施；（8）环境保护、成本控制措施；（9）合同当事人约定的其他内容。＂通用合同条款第 7.1.2 项约定：＂除专用合同条款另有约定外，承包人应在合同签订后 14 天内，但至迟不得晚于第 7.3.2 项〔开工通知〕载明的开工日期前 7 天，向监理人提交详细的施工组织设计，并由监理人报送发包人。除专用合同条款另有约定外，发包人和监理人应在监理人收到施工组织设计后 7 天内确认或提出修改意见。对发包人和监理人提出的合理意见和要求，承包人应自费修改完善。根据工程实际情况需要修改施工组织设计的，承包人应向发包人和监理人提交修改后的施工组织设计。施工进度计划的编制和修改按照第 7.2 款〔施工进度计划〕执行。＂但施工组织设计是否属于建设工程施工合同的组成部分，在司法实践中存在较大争议。笔者认为，在发包人与承包人没有明确约定施工组织设计为施工合同组成部分的情况下，施工组织设计不应列入建设工程施工合同的组成部分，原因在于：在建设工程施工合同订立时，发包人提供的工程资料往往和施工实际情况差异较大，基于发包人提供的工程资料而严格制定的施工组织设计无法正常指导施工，施工组织设计必须根据实际施工状况进行修改。所以，提交、修改施工组织设计是承包人履行施工合同的义务，但是施工组织设计不应列入建设工程施工合同的组成部分。

2. 施工进度计划

2017 年版《建设工程施工合同（示范文本）》通用合同条款第 7.2.1 项约定："承包人应按照第 7.1 款〔施工组织设计〕约定提交详细的施工进度计划，施工进度计划的编制应当符合国家法律规定和一般工程实践惯例，施工进度计划经发包人批准后实施。施工进度计划是控制工程进度的依据，发包人和监理人有权按照施工进度计划检查工程进度情况。"通用合同条款第 7.2.2 项约定："施工进度计划不符合合同要求或与工程的实际进度不一致的，承包人应向监理人提交修订的施工进度计划，并附具有关措施和相关资料，由监理人报送发包人。除专用合同条款另有约定外，发包人和监理人应在收到修订的施工进度计划后 7 天内完成审核和批准或提出修改意见。发包人和监理人对承包人提交的施工进度计划的确认，不能减轻或免除承包人根据法律规定和合同约定应承担的任何责任或义务。"施工进度计划在施工组织设计中处于比较核心的地位，施工进度计划的如期履行是保证工期的前提。但是由于施工行为受各种因素的影响，施工进度计划也在不同的调整过程中。

（1）施工进度计划为实现项目设定的工期目标，对各项施工过程的施工顺序、起止时间和相互衔接关系所作的统筹策划和安排。施工进度计划要保证拟建工程在规定的期限内完成，保证施工的连续性和均衡性，节约施工费用。编制施工进度计划需依据建筑工程施工的客观规律和施工条件，参考工期定额，综合考虑资金、材料、设备、劳动力等资源的投入。招标发包的工程，往往由于投标时施工条件不清晰、施工图纸不翔实、投标期限短和承包人项目计划管理能力欠缺等原因，导致承包人投标时的施工进度计划与合同实际履行时的实际状况出入较大，无法有效指导工程施工，故需要承包人在专用合同条款中约定结合现场作业环境及作业条件，综合考虑工期、劳动力计划、设备使用及进场计划、材料进场计划、资金安排计划等资源准备状况，以及具体的施工方案、施工工艺、工序安排等编制详细的施工进度计划，报请监理人和发包人审批。所以，施工进度计划并未列入建设工程施工合同的组成部分，但发包人批准的施工进度计划，对发包人和承包人具有合同约束力，是控制合同进度和工期的重要依据，如果实际工期进度落后于施工进度计划，应当按照合同约定，确定工期延误责任。

（2）施工进度计划约定了当施工进度计划不符合合同要求或与工程的实际进度不一致时，承包人应提交经修订的施工进度计划，但并非放弃追究承包人的延误责任。承包人提交经修订的施工进度计划应满足合同关于工期的要求，未经发包人同意不得修改合同中关于工期的约定。施工进度计划是承包人编制并指导其施工的依据，属于专业技术文件，发包人和监理人对修改后的施工进度计划的审查和确认是从工期管理的角度出发。所以，发包人同意承包人提出的经修订的施工进度计划，并不减轻或免除承包人应当承担的责任和义务，承包人不能以发包人的同意作为免责的理由，不能以此认为合同当事人对于合同工期进行了变更。

## 二、开工日期

开工是指承包人进场开始施工。2017 年版《建设工程施工合同（示范文本）》通用合同条款第 1.1.4.1 目约定："开工日期包括计划开工日期和实际开工日期。计划开工日期是指合同协议书约定的开工日期；实际开工日期是指监理人按照第 7.3.2 项〔开工通知〕约定发出的符合法律规定的开工通知中载明的开工日期。"开工通知在工期计算中具有重要意义，根据《建工解释（一）》第 8 条第 1 款第 1 项的规定，开工日期为发包人或监理人发出的开工通知载明的开工日期。根据 2017 年版《建设工程施工合同（示范文本）》通用合同条款第 7.3.2 项约定可知，"监理人应在计划开工日期 7 天前向承包人发出开工通知，工期自开工通知中载明的开工日期起算。除专用合同条款另有约定外，因发包人原因造成监理人未能在计划开工日期之日起 90 天内发出开工通知的，承包人有权提出价格调整要求，或者解除合同。发包人应当承担由此增加的费用和（或）延误的工期，并向承包人支付合理利润"。开工日期是建设工期的起始点，包括计划开工日期和实际开工日期，计划开工日期是施工合同约定的开工日期而实际开工日期是监理人经发包人同意发出的符合法律规定的开工通知中载明的开工日期。两者的区别在于：前者是计算合同约定工期总日历天数的起算点，后者是计算实际完成工程所需的总日历天数的起始点；前者日期在签订合同时就已确定，在合同履行过程中不再发生变化，而后者是指监理人发出的符合法律规定的开工通知中载明的开工日期。实际开工日期是承包人在发包人同意且具备开工条件下开始施工之日，是计算工期的起始点，直接影响工期认定，延期开工应承担相应的违约责任，对当事人权利义务影响较大。实践中，约定的计划开工日期与实际开工日期往往不一致，开工时间经常发生争议。

（一）开工日期的认定

建设工程施工案件中经常存在以下情况：开工通知中载明的开工日期与承包人实际进场施工日期不一致、开工通知中载明的开工日期与建设工程施工合同中约定的日期不一致、未发出开工通知的实际开工日期如何认定的问题；开工报告、施工合同、施工许可证、竣工验收报告或者竣工验收备案表等载明的开工日期的证明力等问题。以上问题在司法实践中对于开工日期的认定产生大量纠纷。《建工解释（一）》第8条规定确认了开工时间发生争议时的裁判规则，即实际开工日期存在争议，原则上以发包人或监理人发出的开工通知载明的开工日期为准；开工通知发出时施工现场尚未具备开工条件的，以开工条件成就之日为开工日期；因承包人原因导致不具备开工条件的，则以开工通知上载明的日期为准；发包人同意承包人实际进场施工，则以承包人实际进场施工的时间作为开工日期；发包人或监理人没有发出开工通知，又无法证明实际开工日期的，应当结合是否具备开工的条件，综合考虑开工报告、合同、施工许可证、竣工验收报告或竣工验收备案表等记载的时间确定开工日期。笔者认为关于开工日期产生的争议应当从以下四个方面把握。

1. 以发包人或者监理人发出的开工通知记载的开工日期为原则

开工条件的具备主要包括以下方面：合同或协议已经签订；建筑工程施工许可证已经领取；人员、材料、已经落实；施工组织设计、施工方案已经编制，并经发包方批准；临时设施、工棚、施工道路、施工用水、施工用电等条件已基本完成；工程定位测量已具备条件；施工图纸预算已经编制和审定；材料、成品、半成品和工艺设备等能满足连续施工要求；临时设备能满足施工和生活的需要；施工器械经过检修能保证正常运转；劳动力已调集能满足施工需要；安全消防设备已经备齐等条件。工期自开工通知中载明的开工日期起算。发包人在完善相关的各种行政审批手续之后由监理人向承包人发出开工通知，开工通知是发包人向承包人发出的记录开工事实的文件，开工通知中确定的开工时间更接近实际开工时间，所以开工通知不管从形式上还是从内容上，其证明力都优于其他证据。从成本角度考量，承包人进场会产生设备租赁费、工人工资、设备维护的费用，擅自提前进场施工对于承包人来说，在经济上并不合理。所以，确定开工日期以开工通知记载的开工日期为原则。

2. 实际开工日期在开工通知载明的开工日期之后的工期认定

（1）开工通知发出后，由于发包人的原因尚不具备开工条件的，以开工条件具备的时间为开工日期。由于发包人的原因尚不具备开工条件的，主要是两种原因。其一，根据《建筑法》的规定，一般情况下建筑工程开工前，发包人应当按照国家有关规定向工程所在地县级以上人民政府建设行政主管部门申请领取施工许可证，建设工程出现延期、中止开工的，应当办理延期、核验或者重新申办施工许可证。由于发包人的原因，建设工程不符合《建筑法》第8条规定的条件无法领取施工许可证，承包人有权拒绝施工。其二，发包人未按照约定的时间和要求提供原材料、设备、场地、资金、技术资料，均可导致承包人无法进场施工。这两种情况下，应以开工条件具备的时间作为开工日期。

（2）开工通知发出后，因承包人原因导致开工时间推迟的，以开工通知载明的时间为开工日期。承发包方签订建设工程施工合同约定，承包人有义务组织施工人员、购买原材料、租赁机器设备、垫付资金等，但由于承包人的原因导致施工人员、机械设备、承诺垫资、材料不能按时到位，无法按时开工，此时开工时间应当以开工通知载明的时间为开工日期。

（3）建设工程施工中出现了不可抗力、情势变更等情形，因为具有不可预见因素，如果该情形在开工日期之前已经发生，导致承包人推迟开工日期，应以承包人实际进场施工时间为开工日期。但是，周边群众阻挠导致不能如期开工，因该情形不具有不可预见因素，不属于不可抗力、情势变更，承包人承担符合开工顺延条件的举证责任。

3. 承包人经发包人同意提前进场施工，以实际进场施工时间为开工日期

在施工实践，经常出现承包人在征得发包人同意后，双方当事人为赶工期，在发包人未获得施工许可证的前提下就开始施工的情形，从而导致开工通知记载的开工时间与实际进场施工时间不一致。判断开工日期的标准应当以承发包双方真实意思表示为准，承包人在开工通知载明的开工日期之前经发包人同意实际进场施工，承包人对开工提前有心理预期，这是承发包双方真实意思表示的体现，应该根据实际进场时间确定开工日期。实际进场施工系承包人的机器、设备到场，人员进场施工。在发生争议时，承包人实际进场施工的具体日期可以通过项目工程监理单位的监理记录、当事人间的会议纪要等文件确定。如果承包人虽经发包人同意进场，但现场不具备施工条件，施工队入场仅进行前期施工或者辅助性施工，那么不能将实际进场时间作为开工时间，以开工通知记载的时间作为开工时间更符合承发包双方当事人的真实意思表示。所以，承包人经发包人同意提前进场施工，原则上以承包人实际进场施工的时间为开工日期，如果证据表明开工通知记载的时间系当事人的真实意思表示，那么应当尊重意思自治的原则，以开工通知记载的时间为开工时间。

4. 无开工通知且实际开工时间不明，应当综合考虑多方面事实，认定开工日期

实际施工过程中记载开工日期的文件很多，一般包括开工报告、合同、施工许可证、竣工验收报告、竣工验收备案表，这些文件记载的开工日期可能与开工通知记载的时间不一致，相互间记载的开工时间也可能不一致。开工时间的确定以开工通知载明的开工时间为原则，但实践中可能存在发包人或者监理人未发出开工通知，也无相关证据证明实际开工日期的情况。此时应综合开工报告、合同、施工许可证、竣工验收报告、竣工验收备案表等各类证据，查明开工条件是否具备，来认定实际开工时间。开工报告是由承包人向发包人提出申请，经发包人批准而正式进行工程施工的报告。开工报告记载的时间是承包人按照发包人批准的施工组织计划预定开工的时间。在没有开工通知的情况下，开工报告记载的开工日期，相对于合同、施工许可证、

竣工验收报告、竣工验收备案表等各类证据，应当最接近实际开工的时间。施工合同中当事人约定的开工日期，通常为暂定日期，主要作用是计算工期。施工合同中当事人约定的开工日期一般不能准确地认定实际开工时间，开工报告相对于施工合同更能准确反映当事人履行中的意思表示。施工许可证反映的是行政许可关系，施工许可证记载的开工日期，晚于或者早于实际开工时间的情况均有。相对于开工报告，施工许可证记载的开工时间并不一定是施工合同当事人的真实意思，所以施工许可证只能够作为认定开工日期的一个考量因素，但所占权重不应过大。竣工验收报告是指工程项目竣工之后，经过发包方、承包方、监理方、设计方、勘探方专门成立的专门验收机构，组织专家进行质量评估验收以后形成的书面报告。竣工验收报告也多载明开工日期，但竣工验收备案表、竣工验收报告是对建设工程质量的检验登记，未必能够反映实际开工时间。因此，竣工验收报告载明的开工日期也仅能作为一个考虑因素，最终确定开工时间还应该通过各种相关因素综合判定。另外，判断开工时间还要结合开工条件是否具备的事实。对于开工报告、施工合同、施工许可证、竣工验收报告或者竣工验收备案表等材料确定的开工日期，如果该时间点并不具备开工条件，那么不能据此认定为开工日期。

（二）施工许可证对开工日期的证明力问题

在司法审判中，很多案件对于开工时间的认定，以施工许可证上记载的开工日期作为开工日期。这种判断主要有以下两点理由。一是施工许可证是由行政部门所颁发的具有法律效力的证件，相较施工合同、竣工验收报告等文件，具有较高的证明效力，更能反映实际开工时间。二是施工许可证申领的时间为建筑工程开工前，在施工许可证颁发前进行的施工活动属于对建设工程开工的准备活动。但是，最高人民法院在制定司法解释时，对该观点并未采纳。《建工解释（一）》第8条坚持从实际出发的精神，若施工许可证记载的日期与施工单位实际进场日期不一致，则应当以施工单位实际进场日期为开工日期。无法查清实际开工时间时，施工许可证并非确定开工日期的唯一凭证。建筑工程施工许可证是建设行政主管部门颁发给建设单位的准许其施工的行政许可凭证，表明建设工程已经符合相应的开工条件，国家允许建设工程开工建设。建设工程施工许可与建设工程开工是两个不同的法律关系，取得施工许可证是施工是否获得行政许可的问题，而开工时间是承发包双方履行建设工程施工合同，判断承包人在工期上是否存在合同违约，获取民事赔偿的问题。

从实际施工来看，由于种种原因，承包人可能未按照建筑工程施工许可证上的开工时间入场，所以实际开工日期与施工许可证上记载的开工时间可能不一致。《建筑法》第 64 条规定："违反本法规定，未取得施工许可证或者开工报告未经批准擅自施工的，责令改正，对不符合开工条件的责令停止施工，可以处以罚款。"可见关于《建筑法》第 64 条中对于没有施工许可证的建设工程施工项目，建设行政主管部门并不是一定要求停工，只有不满足开工要求的，才应指令其立即暂停继续施工。建设工程施工许可证与开工日期之间并不必然产生实质性影响，施工许可证与实际开工之间并无直接联系。发包人或者监理人未发出开工通知，也无相关证据证明实际开工日期的，施工许可证仅仅作为确认开工日期的一个考虑因素，不可将其作为确定开工日期的唯一依据。如果建设单位未取得施工许可证被职能部门责令停止施工的，施工单位可以向建设单位主张顺延工期。如果建设单位虽然未取得施工许可证，但该工程项目并未被建设行政主管部门责令停止施工的，则应当将实际进场施工时间认定为开工日期。如果建设单位发包人未取得施工许可证，建设工程不具备开工条件，承包人可以行使抗辩权拒绝进场施工，并要求顺延工期，而不构成违约。但如果承包人仍同意进场施工，无论建设工程是否被建设行政主管部门责令停工，都应当尊重当事人的真实意思表示，因此应以承包人实际进场时间作为开工时间。

## 三、竣工日期

2017 年版《建设工程施工合同（示范文本）》通用合同条款第 1.1.4.2 目约定："竣工日期：包括计划竣工日期和实际竣工日期。计划竣工日期是指合同协议书约定的竣工日期；实际竣工日期按照第 13.2.3 项〔竣工日期〕的约定确定。"通用合同条款第 13.2.3 项约定："工程经竣工验收合格的，以承包人提交竣工验收申请报告之日为实际竣工日期，并在工程接收证书中载明；因发包人原因，未在监理人收到承包人提交的竣工验收申请报告42天内完成竣工验收，或完成竣工验收不予签发工程接收证书的，以提交竣工验收申请报告的日期为实际竣工日期；工程未经竣工验收，发包人擅自使用的，以转移占有工程之日为实际竣工日期。"在实践中，因对竣工日期的认识不一致，产生大量的纠纷。竣工日期包括计划竣工日期和实际竣工日期。计划竣工日期是指合同当事人在合同协议书中约定的竣工日期，根据计划开工日期和计划竣工日期计算出的工期总日历天数为计划的工期，该工期总日历天数是衡量工程是否如期竣工的标准。根据实际开工日期和实际竣工日期计算所得的工期总日历天数为承包人完成工程的实际工期总日历天数，实际工期总日历天数与合同中载明的计划工期总日历天数的差额，即为工期提前或延误的天数。

（一）实际完工日期、竣工验收合格日期和验收备案日期

建设工程施工合同的竣工日期一般在合同中予以写明，通常为暂定日期，主要作用是计算工期，实际竣工日期往往与约定竣工日期不一致。由于实际竣工日期可能会涉及工期违约、给付工程款及利息、违约金的起算时间以及建设工程验收等关键法律问题，因此建设单位与施工单位对实际竣工日期的确定，时常发生争议。工程施工中涉及竣工的概念有三个，分别为工程的实际完工日期、竣工验收合格日期、验收备案日期。这三个概念存在重大区别：

1. 实际完工日期

实际完工日期是指承包人按照建设工程施工合同的约定，完成建设工程承包范围内所有工作内容的日期。但实际完工并不一定代表建设工程质量合格，即建设工程是否按照图纸要求和施工合同约定的质量要求履行全部义务，尚无法确定。实际完工日期不是竣工日期，两种日期的不同之处在于建设工程是否进行了竣工验收。根据《民法典》《建筑法》的明确规定，建设工程经竣工验收合格后，方可交付使用。建设工程实际完工后，没有进行竣工验收，很难确定承包人完工的工程质量是否合格，能否交付使用。因此，除建设工程施工合同有特别约定的外，工程的实际完工日期不能作为竣工日期。

2. 竣工验收合格日期

竣工验收合格日期是指承包人全部完成建设工程施工合同约定的内容后，

向发包人递交工程竣工验收报告，发包人组织监理方、设计方、勘察方、施工方，五方人员在质量监督部门监督下按照施工图纸及施工档案对建设工程验收合格，竣工验收合格日期即为实际竣工之日。2017 年版《建设工程施工合同（示范文本）》中的竣工日期是指实际竣工日期。发包人和监理人在收到承包人提交的竣工验收报告申请后应及时进行审查并予以答复，对于尚不具备竣工验收条件的，应当及时通知承包人予以整改，以利于及时完成工程验收。承包人不同意发包人和监理人的审查意见或答复，可以向发包人或监理人提出异议，异议成立的，发包人和监理人应当修改审查意见或答复，具备验收条件的，应及时组织完成竣工验收；异议不成立的，承包人应当按照审查意见或答复，进行整改。

参加竣工验收的单位，签署意见的日期不一致时，实际竣工日期如何确定？笔者认为，建设单位和施工单位是建设工程施工合同的当事人，是合同权利义务的享有者和承担者，应当以建设单位与施工单位共同认可的日期为竣工验收合格之日。当建设单位与施工单位签署意见的日期不一致时，建设单位是建设工程竣工验收的组织者，也是建设工程的实际权利人，其对建设工程的质量享有最终的决定权，因此应以建设单位签署意见的日期作为竣工验收合格之日，进而将其作为建设工程的竣工日期。

3. 验收备案日期

《建设工程质量管理条例》第 49 条规定："建设单位应当自建设工程竣工验收合格之日起 15 日内，将建设工程竣工验收报告和规划、公安消防、环保等部门出具的认可文件或者准许使用文件报建设行政主管部门或者其他有关部门备案。建设行政主管部门或者其他有关部门发现建设单位在竣工验收过程中有违反国家有关建设工程质量管理规定行为的，责令停止使用，重新组织竣工验收。"验收备案日期晚于竣工验收日期，建设行政主管部门未予备案不代表竣工验收不合格。建设工程竣工验收实行备案制度是强制性规定，也是国家加强建设工程质量的监督和管理的行政性强制措施。建设单位组织建设工程竣工验收后，不按照法律规定到建设行政主管部门备案的，将会受到相应的行政处罚，但不影响建设工程竣工验收结论的效力。因此，建设单位组织建设工程竣工验收合格的日期与建设行政主管部门备案的日期不一致的，仍应以建设单位组织竣工验收并出具竣工验收合格证明的日期为竣工日期。但是，建设行政主管部门或者其他有关部门发现建设单位在竣工验收过程中有违反国家有关建设工程质量管理规定行为的，可以责令建设单位重新组织竣工验收。之所以这样做，是因为建设单位在建设工程竣工验收中存在过错，但这并不意味着施工单位承建的建设工程没有竣工，也就是说，不能将建设单位的过错强加给施工单位。此时，仍应以建设单位原先组织的竣工验收合格的日期作为竣工日期，才比较公平合理，建设单位应付工程价款的日期也应以该日期为准。

（二）建设工程实际竣工日期存在争议时的处理规则

建设工程施工合同对竣工日期的表述一般是采取一个时间段或者明确地写明一个截止日，因此在建设工程合同中约定的竣工日与实际竣工日期往往是不一致的，实际竣工日期的认定在司法实践中往往会引起争议。在实践中，竣工日的确定与工程款的支付、利息的起算、工期违约、违约责任等问题密切相连。交付竣工验收的建设工程，除符合规定的建筑工程质量标准外，还应当具备下列条件：完成建设工程设计和合同约定的各项内容；有完整的技术档案和施工管理资料；有工程使用的主要建筑材料、建筑购配件和设备的进场试验报告；有勘察、设计、施工、工程监理等单位分别签署的质量合格文件；有施工单位签署的工程保修书。同时具备以上条件时，方可进行竣工验收。《建工解释（一）》第9条规定："当事人对建设工程实际竣工日期有争议的，人民法院应当分别按照以下情形予以认定：（一）建设工程经竣工验收合格的，以竣工验收合格之日为竣工日期；（二）承包人已经提交竣工验收报告，发包人拖延验收的，以承包人提交验收报告之日为竣工日期；（三）建设工程未经竣工验收，发包人擅自使用的，以转移占有建设工程之日为竣工日期。"由该规定可知，当事人对建设工程实际竣工日期存在争议时，存在三种具有先后适用顺序的情形。其一，如果建设工程质量经过竣工验收合格的，以竣工验收合格之日作为竣工日期；如果建设工程质量经验收属于不合格工程，则需要承包人在合理期限内按合同约定或有法律规定的标准进行无偿修理或者返工、改建，达到法定或约定标准的，重新验收合格之日作为实际竣工日期。但是对质量不合格的建设工程进行修理或者返工、改建，占用的时间可能会导致逾期竣工交付工程，而逾期交付的原因是由于承包人的工程质量不合格而进行修复占用了时间，此时产生的工期违约由承包人承担违约责任。其二，如果承包人早已提交了竣工验收报告，而发包人拖延验收，应以承包人提交验收报告之日作为工程竣工的日期。其三，如果建设工程未经竣工验收就被发包人擅自使用的，则以转移占有建设工程之日为竣工之日。

1. 发包人未拖延验收，建设工程经竣工验收合格的，以竣工验收合格之日为竣工日期

（1）建设工程竣工验收是以建设工程质量合格为前提的。《民法典》第799条规定："建设工程竣工后，发包人应当根据施工图纸及说明书、国家颁发的施工验收规范和质量检验标准及时进行验收。验收合格的，发包人应当按照约定支付价款，并接收该建设工程。建设工程竣工验收合格后，方可交付使用；未经验收或验收不合格的，不得交付使用。"《建设工程质量管理条例》第16条规定："建设单位收到建设工程竣工报告后，应当组织设计、施工、工程监理等有关单位进行竣工验收。……建设工程经验收合格的，方可交付使用。"发包人按照建设工程施工合同约定支付工程价款的前提条件是工程验收合格，那么以竣工验收合格之日作为竣工日期，符合日常结算的规则。建设工程竣工验收，是履行建设工程施工合同的一个阶段，目的是全面检验工程建设是否符合设计要求和质量要求，因而交付的建设工程必须质量合格。建设工程验收不合格的，承包人有义务在合理期限内无偿修理或者返工、改建。承包人对建设工程进行修复、返工、改建后，经再次验收合格之日为工程竣工日期，承包人进行修复或者返工、改建占用工期，导致不能按照合同约定交付工程，构成工期违约，承包人应当承担违约责任。

（2）竣工日期为验收合格之日。2017年版《建设工程施工合同（示范文本）》通用合同条款第13.2.3项将实际竣工日期约定为"承包人提交竣工验收申请报告之日"，但《建工解释（一）》第9条第1项中对实际竣工日期存在不同的规定。《建工解释（一）》第9条第1项规定，"建设工程经竣工验收合格的，以竣工验收合格之日为竣工日期"。该条司法解释将竣工日期界定为验收合格之日。验收合格之日应当以各方签字认可质量合格的日期为

准，确认的形式可以是验收登记表、会议纪要、往来函件、监理记录以及协议等，即以上时间也是竣工日期。

（3）建设工程竣工备案不具有确定工程竣工的效力。《建设工程质量管理条例》规定建设工程实行备案制度，该制度是强制性规定。建设单位组织建设工程竣工验收后不按照法律规定到建设行政主管部门备案将会受到相应的行政处罚，但不影响建设工程竣工验收结论的效力。在建设单位组织验收合格的日期与建设行政主管部门备案的日期不一致的情况下，仍以建设单位组织竣工验收并出具竣工验收合格证明的日期为竣工日期。[①]

2. 承包人已经提交竣工验收报告，发包人拖延验收的，以承包人提交验收报告之日为竣工日期

根据《建设工程质量管理条例》第 16 条第 1 款规定，可知建设单位在验收中处于主导地位。建设单位负责组织设计、施工、工程监理等有关单位进行竣工验收。建设工程完工后，承包单位应当向建设单位提供完整的竣工资料和竣工验收报告，申请建设单位组织相关部门对建设工程竣工验收。发包人收到承包人提交竣工验收报告后，组织设计单位、施工单位、工程监理单位参加竣工验收，依据施工图纸及施工资料对建设项目是否已按设计要求和合同约定进行检验。工程竣工后的验收，是对承包人履行合同义务的检验，也是承包人请求支付工程款的前提。《民法典》第 159 条规定："附条件的民事法律行为，当事人为自己的利益不正当地阻止条件成就的，视为条件已经成就；不正当地促成条件成就的，视为条件不成就。"如果建设单位为了自己的利益恶意阻止条件成就的，应当视为条件已成就。也就是说，承包人已经提交竣工验收报告，而发包人为了达到拖欠工程款等其他目的，故意拖延验收，那么本应以验收合格之日为实际竣工日期，但为了保护承包人的合法权益，制裁发包人恶意阻止条件成就的行为，应以承包人提交验收报告之日为竣工日期。[②]《建工解释（一）》第 9 条第 2 项规定，"承包人已经提交竣工验收报告，发包人拖延验收的，以承包人提交验收报告之日为竣工

---

① 李玉生主编：《建设工程施工合同案件审理指南》，人民法院出版社 2019 年版，第 163 页。

② 最高人民法院民事审判第一庭编著：《最高人民法院新建设工程施工合同司法解释（一）理解与适用》，人民法院出版社 2021 年版，第 105 页。

日期"。

具体案件中判断发包人主观上是否存在拖延验收的故意，应当结合工程具体类型、工程规模、验收报告提交时间、工程竣工验收时间以及双方函件往来等，并参考部门规章中的相应规定，综合认定。承包人已经提交竣工验收报告但发包人拖延验收的竣工日期的认定标准，与建设工程竣工验收合格而发包人未拖延验收的竣工日期是不同的。承包人已经提交竣工验收报告，发包人拖延验收的竣工日期以承包人提交验收报告之日为竣工日期；建设工程竣工验收合格，发包人未拖延验收的竣工日期以竣工验收合格之日为竣工日期。值得强调的是，承包人已经提交竣工验收报告，发包人拖延验收的竣工日期以承包人提交验收报告之日为竣工日期，不仅适用于发包人拖延验收致使验收未顺利完成，也适用于发包人拖延验收而后验收合格的情况。承包人已经提交了申请竣工验收的报告，而发包人迟迟不予验收的，以承包人提交验收报告之日为竣工日期，而不是以后来验收合格之日为竣工日期。

3. 建设工程未经竣工验收，发包人擅自使用的，以转移占有建设工程之日为竣工日期

（1）"转移占有"的含义。民法理论中的占有，是指对物的事实上的管领力，包括对物事实上的控制与支配。所谓控制，是指物处于占有人的管理或影响之下。所谓支配，是指占有人能够对物加以一定的利用。占有的本质在于权利主体按照自己的意志对物进行现实的支配。建设工程的转移占有，指的是建设工程由承包方的实际控制转变为发包方的实际控制，强调的是事实上的占有状态的改变，而非权属的改变。建设工程的所有权自建设完成之日即归建设单位享有，并不存在通过登记使得权属从承包方转移到发包方的可能。[①] 建设工程的交付不同于一般建筑物的交付，除建筑物本身交付外，承包人还要依据《建筑法》的规定同时交付完整的建设工程技术资料，包括竣工图、材料设备的使用说明和零部件或者配件，并符合国家有关建设工程竣工交付的其他条件。如果承包人仅交付建筑物而未交付相关的工程技术资

---

[①]　王勇：《建设工程施工合同纠纷实务解析》，法律出版社 2019 年版，第 237 页。

料，发包人未使用建筑物的，视为未交付，发包人有权拒绝支付工程价款；如果建设工程未经竣工验收，而发包人擅自使用的，即使承包人未交付相关的工程技术资料，仍应以建设工程转移占有之日为竣工日期。

（2）未经竣工验收，发包人擅自使用，以转移建设工程占有之日为竣工日期。《建筑法》第61条规定："交付竣工验收的建筑工程，必须符合规定的建筑工程质量标准，有完整的工程技术经济资料和经签署的工程保修书，并具备国家规定的其他竣工条件。建筑工程竣工经验收合格后，方可交付使用；未经验收或者验收不合格的，不得交付使用。"实践中，经常出现发包人出于各种原因而在工程未经竣工验收时就擅自使用工程的情况。《建工解释（一）》第9条第3项规定，"建设工程未经竣工验收，发包人擅自使用的，以转移占有建设工程之日为竣工日期"。笔者认为该司法解释是基于以下立法理由：发包人违反了在工程未经竣工验收时不得使用的法律规定，应承担相应的责任；发包人未经验收工程而擅自使用，以自己的行为表明已经实现合同目的；发包人使用工程后可能出现质量责任不清晰的问题。建设单位未经验收就使用工程的，表明建设单位默认工程质量合格已达到可交付使用的状态，以工程转移占有之日为竣工之日，是发包人违法使用工程，应承担的民事责任。当一个项目工程由许多单位工程组成时，当事人一般会在建设工程施工合同中约定每个单位工程的竣工日期，最后一个单位工程的竣工日期作为整个工程的竣工日期。如果当事人约定了每个单位工程的竣工日期，那么业主在工程未经竣工验收的情况下就使用了其中一部分单位工程，根据《建工解释（一）》第9条规定，此单位工程的实际使用日期为该单位工程的竣工日期，而非整个工程的竣工日期。如果只约定了整个工程的竣工日期，而没有约定每个单位工程竣工日期，那么业主在工程未经竣工验收就使用了其中一部分单位工程的情况下，根据《建工解释（一）》第14条规定，"建设工程未经竣工验收，发包人擅自使用后，又以使用部分质量不符合约定为由主张权利的，人民法院不予支持；但是承包人应当在建设工程的合理使用寿命内对地基基础工程和主体结构质量承担民事责任"。从公平原则来考虑，业主擅自使用了部分单位工程，只应承担擅自使用部分的法律后果。所以，无论当事人是否在建设工程施工合同里对每个单位工程作了约定，业主擅自使用整体工程中的部分单位工程，只能把业主擅自使用部分的时间视为该部分单位工程的竣工日期，而不能视为整个项目工程的竣工日期。

（三）甩项建设工程以工程竣工验收合格的日期作为竣工日期

竣工验收中，建设单位要求部分工程或者部位甩项竣工。参照2017年版《建设工程施工合同（示范文本）》通用合同条款第14.3款约定："发包人要求甩项竣工的，合同当事人应签订甩项竣工协议。在甩项竣工协议中应明确，合同当事人按照第14.1款〔竣工结算申请〕及第14.2款〔竣工结算审核〕的约定，对已完合格工程进行结算，并支付相应合同价款。"建设单位在建设工程竣工验收中，要求部分工程甩项竣工的双方当事人应当订立甩项竣工协议，对甩项工程不进行竣工验收。此种情形下，建设工程竣工验收仅是部分工程的竣工验收，由于甩项验收的建设工程多数是建设工程的非主要或者非关键工程部分，所以甩项验收不影响主要和关键部分建设工程的验收，仍应以建设工程竣工验收合格的日期作为竣工日期，而不应以甩项工程的竣工验收合格日期作为竣工日期，除非当事人在甩项竣工协议中有明确的约定。

## 四、提前竣工

工程实践中，在发包人的要求下，承包人提前竣工的情况比较常见，但是提前竣工是在一定范围内予以限制的。2017年版《建设工程施工合同（示范文本）》通用合同条款第7.9.1项约定："发包人要求承包人提前竣工的，发包人应通过监理人向承包人下达提前竣工指示，承包人应向发包人和监理人提交提前竣工建议书，提前竣工建议书应包括实施的方案、缩短的时间、增加的合同价格等内容。发包人接受该提前竣工建议书的，监理人应与发包人和承包人协商采取加快工程进度的措施，并修订施工进度计划，由此增加的费用由发包人承担。承包人认为提前竣工指示无法执行的，应向监理人和发包人提出书面异议，发包人和监理人应在收到异议后7天内予以答复。任何情况下，发包人不得压缩合理工期。"通用合同条款第7.9.2项约定："发包人要求承包人提前竣工，或承包人提出提前竣工的建议能够给发包人带来效益的，合同当事人可以在专用合同条款中约定提前竣工的奖励。"提前竣工的原因一般为两种情形：其一，发包人要求承包人提前竣工；其二，承包人主动提出提前竣工建议。但无论是哪种情形，提前竣工往往要求承包人采取投入更多的人力、材料、机械设备、加强现场的管理、优化施工工序等措施，所以提前竣工通常会增加费用。合同当事人可以在专用合同条款约定提前竣工增加的费用的承担方式，以及是否给予承包人提前竣工奖励和具体的奖励标准。

**（一）发包人要求承包人提前竣工**

发包人要求提前竣工的，应当通过监理人下达提前竣工指示，承包人应当根据实际情况，结合发包人要求，合理评估提前竣工的可能性。如果承包人同意提前竣工，应当提交提前竣工建议书，明确赶工实施方案，并报发包人同意，由此增加的费用应由发包人承担；如果承包人认为发包人提前竣工指示无法执行，应向发包人和监理人提出异议，由发包人和监理人予以答复。合同当事人不得通过提前竣工的约定压缩合理工期。合理工期被任意压缩，将导致工程质量和安全隐患的发生，出现质量和安全事故。

**（二）承包人主动提出提前竣工建议**

承包人主动提出提前竣工建议的，如果发包人同意且给发包人带来利益的，由此增加的费用应由承发包双方合理分担；如果未经发包人同意，承包人提前竣工增加了发包人负担的，应由承包人承担由此增加的费用。承包人建议提前竣工的，也应当提交提前竣工建议书，发包人同意提前竣工方案的，发包人、承包人和监理人三方应共同协商确定费用承担方式、赶工措施、修正施工进度计划。

# 第二节　工期延误

建设工程施工合同中，工期作为实质性条款，对于合同当事人的权利义务关系产生重要的影响。承包人未按照建设工程施工合同约定的工期履行完毕，会产生工期延误的问题。对其而言，工期延误会导致建设工程施工成本压力上升，甚至承担对发包人逾期竣工的违约责任。根据产生的原因，工期延误分为工期违约和工期顺延。工期违约是建设工程施工合同因承包人自身的原因未按照合同约定的期限履行完毕，属于承包人的违约行为，发包人据此可以向承包人提出违约索赔。工期顺延是指在建设工程施工合同履行过程中，发生了不应该由承包人承担责任的工期延误，经承包人提出申请，使得合同工期相应顺延的情形。工期顺延属于不归责于承包人的原因造成的工期延误，承包人可以向发包人提出工期索赔、变更合同价格及损害赔偿。但是在施工过程中，影响工期的因素很多，可能是由于发包人的原因造成的，也可能是由承包人的原因造成的，还可能是第三方的原因造成的。因此，合理认定工期延误原因，对科学分配责任具有重要意义。

## 一、工期延误的原因

工期延误是建设工程施工合同履行过程中常见的现象。工期延误的具体情形，在 2017 年版《建设工程施工合同（示范文本）》通用合同条款第 7.5.1 项、第 7.5.2 项、第 7.6 款以及第 7.7 款等条文中给予了明确、全面的约定，故笔者将结合上述条文内容对工期延误的原因予以说明。

（一）因发包人原因引起的工期延误

2017 年版《建设工程施工合同（示范文本）》通用合同条款第 7.5.1 项约定："在合同履行过程中，因下列情况导致工期延误和（或）费用增加的，由发包人承担由此延误的工期和（或）增加的费用，且发包人应支付承包人合理的利润：（1）发包人未能按合同约定提供图纸或所提供图纸不符合合同约定的；（2）发包人未能按合同约定提供施工现场、施工条件、基础资料、许可、批准等开工条件的；（3）发包人提供的测量基准点、基准线和水准点及其书面资料存在错误或疏漏的；（4）发包人未能在计划开工日期之日起 7 天内同意下达开工通知的；（5）发包人未能按合同约定日期支付工程预付款、进度款或竣工结算款的；（6）监理人未按合同约定发出指示、批准等文件的；（7）专用合同条款中约定的其他情形。因发包人原因未按计划开工日期开工的，发包人应按实际开工日期顺延竣工日期，确保实际工期不低于合同约定的工期总日历天数。因发包人原因导致工期延误需要修订施工进度计划的，按照第7.2.2项〔施工进度计划的修订〕执行。"

（二）因承包人原因引起的工期延误

2017年版《建设工程施工合同（示范文本）》通用合同条款第7.5.2项约定："因承包人原因造成工期延误的，可以在专用合同条款中约定逾期竣工违约金的计算方法和逾期竣工违约金的上限。承包人支付逾期竣工违约金后，不免除承包人继续完成工程及修补缺陷的义务。"

（三）不可归责合同当事人任何一方引起的工期延误

不可归责合同当事人任何一方引起的延误的原因比较复杂，主要包括不可抗力、异常恶劣的气候条件、不利物质条件等因素。2017年版《建设工程施工合同（示范文本）》通用合同条款第7.6款约定："不利物质条件是指有经验的承包人在施工现场遇到的不可预见的自然物质条件、非自然的物质障碍和污染物，包括地表以下物质条件和水文条件以及专用合同条款约定的其他情形，但不包括气候条件。承包人遇到不利物质条件时，应采取克服不利物质条件的合理措施继续施工，并及时通知发包人和监理人。通知应载明不利物质条件的内容以及承包人认为不可预见的理由。监理人经发包人同意后应当及时发出指示，指示构成变更的，按第10条〔变更〕约定执行。承包人因采取合理措施而增加的费用和（或）延误的工期由发包人承担。"通用合同条款第7.7款约定："异常恶劣的气候条件是指在施工过程中遇到的，有经验的承包人在签订合同时不可预见的，对合同履行造成实质性影响的，但尚未构成不可抗力事件的恶劣气候条件。合同当事人可以在专用合同条款中约定异常恶劣的气候条件的具体情形。承包人应采取克服异常恶劣的气候条件的合理措施继续施工，并及时通知发包人和监理人。监理人经发包人同意后应当及时发出指示，指示构成变更的，按第10条〔变更〕约定办理。承包人因采取合理措施而增加的费用和（或）延误的工期由发包人承担。"

## 二、工期顺延的认定

承包人在履行建设工程施工合同过程中，导致工期顺延的原因很多，在

《民法典》《建工解释（一）》中均有规定，承发包双方也可以在建设工程施工合同中对工期顺延的原因予以约定。建设工程施工过程中导致工期顺延主要有以下几种情况。

（一）发包人违约支付工程款

《民法典》第 526 条规定："当事人互负债务，有先后履行顺序，应当先履行债务一方未履行的，后履行一方有权拒绝其履行请求。先履行一方履行债务不符合约定的，后履行一方有权拒绝其相应的履行请求。"该法条是《民法典》中的"后履行抗辩"，即负有先履行债务的一方不履行债务，后履行一方有权拒绝履行。在建设工程施工过程中，工程款的支付一般分为预付款、进度款、结算款、质量保证金等几部分。特别是在进度款的拨付中，进度款是按照形象进度或按付款周期支付的。如果承包人按照约定完成了进度施工，但发包人违约支付进度款，那么承包人根据《民法典》第 526 条的规定，作为后履行义务一方有权拒绝再次施工。承包人拒绝施工的原因是由发包人造成的，由此而产生的违约责任由发包人承担，违约责任应当包括承包人对发包人的工期索赔，即工期顺延。但是，如果发包人迟延支付工程款的原因是由承包人造成的，如质量不合格、所报工程量不属实等，则承包人不能因此顺延工期。因此，发包人欠付工程款，承包人主张工期顺延，应满足以下三个条件。

（1）工程款未予以支付系发包人原因，而非承包人原因。

（2）工程款延迟支付导致承包人履行建设工程施工合同存在阻碍，如不能正常支付工人工资、购买材料、支付机械设备租赁费等。

（3）承包人应当向发包人提出书面的工期补偿要求，包括停工申请、付款申请、索赔报告、签证单、会议纪要、信函等。承包人未在约定的期间内提出工期补偿，除承包人未申请工期补偿有合理理由外，一般工期不予顺延。

（二）发包人未履行协助义务导致承包人无法施工

建设工程施工合同中承发包双方互负权利、义务，发包人协助承包人履行合同义务，对承包人的施工活动有重大的影响。《民法典》第 509 条第 1 款和第 2 款规定："当事人应当按照约定全面履行自己的义务。当事人应当遵循诚信原则，根据合同的性质、目的和交易习惯履行通知、协助、保密等义务。"《民法典》第 509 条中将当事人的协助履行界定为法定义务，发包人不予履行协助义务构成违约。《民法典》第 798 条规定："隐蔽工程在隐蔽以前，承包人应当通知发包人检查。发包人没有及时检查的，承包人可以顺延工程日期，并有权请求赔偿停工、窝工等损失。"《民法典》第 803 条规定："发包人未按照约定的时间和要求提供原材料、设备、场地、资金、技术资料的，承包人可以顺延工程日期，并有权请求赔偿停工、窝工等损失。"以上两条规定明确表明发包人不履行上述义务，可以产生顺延工期的法律后果。

但值得注意的是，《民法典》第 509 条将合同当事人的协助义务作为法定义务，建设工程施工合同中发包人的协助义务不仅仅是《民法典》第 798 条、第 803 条的内容，在此之外，如果发包人不履行协助义务导致建设工程施工合同不能全面履行，承包人依然也可顺延工期。《第八次全国法院民事商事审判工作会议（民事部分）纪要》第 33 条规定："发包人不履行告知变更后的施工方案、施工技术交底、完善施工条件等协作义务，致使承包人停（窝）工，以至难以完成工程项目建设的，承包人催告在合理期限内履行，发包人逾期仍不履行的，人民法院视违约情节，可以依据合同法第二百五十九条、第二百八十三条①规定裁判顺延工期，并有权要求赔偿停（窝）工损失。"第 34 条规定："承包人不履行配合工程档案备案、开具发票等协作义务的，人民法院视违约情节，可以依据合同法第六十条、第一百零七条②规定，判令承包人限期履行、赔偿损失等。"在司法实践中，发包人承担的工

---

① 原《合同法》第 259 条和第 283 条分别被《民法典》第 778 条和第 803 条吸收。《民法典》第 778 条规定："承揽工作需要定作人协助的，定作人有协助的义务。定作人不履行协助义务致使承揽工作不能完成的，承揽人可以催告定作人在合理期限内履行义务，并可以顺延履行期限；定作人逾期不履行的，承揽人可以解除合同。"第 803 条规定："发包人未按照约定的时间和要求提供原材料、设备、场地、资金、技术资料的，承包人可以顺延工程日期，并有权请求赔偿停工、窝工等损失。"

② 原《合同法》第 60 条和第 107 条分别被《民法典》第 509 条和第 577 条吸收。《民法典》第 509 条规定："当事人应当按照约定全面履行自己的义务。当事人应当遵循诚信原则，根据合同的性质、目的和交易习惯履行通知、协助、保密等义务。当事人在履行合同过程中，应当避免浪费资源、污染环境和破坏生态。"第 577 条规定："当事人一方不履行合同义务或者履行合同义务不符合约定的，应当承担继续履行、采取补救措施或者赔偿损失等违约责任。"

期延误的责任，主要是顺延合同约定的工期。发包人是否承担工期延误的责任，关键在于承包人的举证证明，即承包人有证据证明因发包人的原因导致工期延误的，除可以要求顺延工期外，还可以请求发包人赔偿因工期延误造成的实际损失。工程建设过程中，发包人应当按照合同约定履行自己的义务，为承包人建设工作提供必要条件，保证工程建设顺利进行。根据《民法典》第803条的规定，因发包人导致工期顺延，造成停工、窝工等损失，发包人应承担赔偿责任。

特别强调，关于未办理施工许可证的工期顺延的问题。建设工程中办理施工许可证是发包人的法定义务，从承包人的角度而言，办理施工许可证也是承包人的协助义务。发包人未办理建设工程施工许可证，承包人有权拒绝施工，但是承包人一旦进场施工就不能以未办理建设工程施工许可证为由停止施工。此时就会导致两个问题：一是未办理施工许可证的开工日期如何认定；二是因未办理施工许可证，被行政主管部门责令停止施工时，工期如何认定。《河北省建工审理指南》第46条规定："发包人未取得施工许可证，但承包人已实际开工的，应以实际开工之日为开工日期，合同另有约定的除外。因未取得施工许可证而被行政主管部门责令停止施工的，可作为工期顺延的事由。"河北省高级人民法院对此问题确立的裁判规则是：关于开工日期，承包人已实际开工的，以实际开工之日为开工日期；关于被行政主管部门责令停止施工的工期认定，承包人的工期予以顺延。

（三）工程变更

工程施工是一个变动的过程，工程设计可能因施工的实际情况增减工程内容，设计错误、遗漏、改变使用功能、工程地质勘察资料不准确等原因，也可能导致对工程设计本身进行修改、完善、优化，这就是工程变更。工程变更一般会导致施工的实际进行因施工设计变化而增加工程量，使承包人在原有的工期内无法按期竣工，因而这种情况下工程变更导致的工期增加，应予以顺延。实践中，建设工程出现工程变更，应当由设计单位出具书面变更通知单，并由建设单位和设计单位共同签字盖章确认，交由施工单位具体实施。2017年版《建设工程施工合同（示范文本）》通用合同条款第10.6款约定："因变更引起工期变化的，合同当事人均可要求调整合同工期，由合同当事人按照第4.4款〔商定或确定〕并参考工程所在地的工期定额标准确定增减工期天数。"如果发包人与承包人约定，承包人未在约定期限内提出工期顺延申请则视为工期不顺延时，那么当承包人未向发包人或者监理人提出顺延工期的书面申请，也无具体工期签证或者其他证据证明因工程量变更实际增加天数时，就不产生工期顺延的法律后果。但承包人对以上未申请工期顺延有合理解释时，可酌情考虑工程变更对工期的影响。需要注意的是，并非每个变更均会引发工期的变化，只有变更引起工序安排中的关键线路上总时差的变化时，工期才应当产生调整的可能。

（四）工程分包

建设工程中专业承包的现象普遍存在，在施工过程中可能会产生专业承包人与施工人的相互扰动。出现这种情况，承包人经常主张工程延误的原因是发包人平行分包工程导致。《民法典》第509条规定的协助义务也适用于分包。存在分包的情况下，发包人应履行《民法典》第509条规定的协助义务，发包人应于约定的期限内向承包人交付符合施工要求的工作场地。在建设工程施工合同履行过程中，专业承包人是与发包人直接建立合同关系，专业承包人与承包人之间没有直接的权利义务关系。专业承包的施工行为代表着发包人，分包人应考虑承包人的施工顺序，协助承包人保证工程顺利完成，同样承包人也应对分包工程的施工进度予以合理安排和监督，尤其在承包人收取分包配合费的情况下，应该尽到职责。发包人另行分包的工程不能影响承包人施工，应考虑承包人的施工顺序，以保证工程顺利完成。如果因发包人迟延分包、分包迟延进场、分包施工迟延等原因致使工期延误的，由发包人对此工期延误负责。如果系承包人未履行总包职责，未能合理安排配合分包工程，则承包人应当承担责任。承包人应举证证明由于发包人及其他分包单位的原因而延误工期。如果承包人作为施工单位并无充分证据证明是由于发包人和分包人的原因导致工期延误，承包人仍应对工期延误承担相应责任。根据《民法典》中的协助义务，发包人迟延分包、分包迟延进场、分包施工迟延均属于发包人未履行协助义务致使工期延误，承包人有权主张工期顺延。

如果工程延误是承包人未履行职责、未能合理安排配合分包工程造成的，则承包人应当承担工期延误责任。承包人作为施工单位对以上工期顺延、延误承担举证责任。

（五）质量争议

1. 隐蔽工程的检查

关于隐蔽工程的检查，2017 年版《建设工程施工合同（示范文本）》通用合同条款第 5.3.1 项约定："承包人应当对工程隐蔽部位进行自检，并经自检确认是否具备覆盖条件。"通用合同条款第 5.3.2 项约定："除专用合同条款另有约定外，工程隐蔽部位经承包人自检确认具备覆盖条件的，承包人应在共同检查前 48 小时书面通知监理人检查，通知中应载明隐蔽检查的内容、时间和地点，并应附有自检记录和必要的检查资料。监理人应按时到场并对隐蔽工程及其施工工艺、材料和工程设备进行检查。经监理人检查确认质量符合隐蔽要求，并在验收记录上签字后，承包人才能进行覆盖。经监理人检查质量不合格的，承包人应在监理人指示的时间内完成修复，并由监理人重新检查，由此增加的费用和（或）延误的工期由承包人承担。除专用合同条款另有约定外，监理人不能按时进行检查的，应在检查前 24 小时向承包人提交书面延期要求，但延期不能超过 48 小时，由此导致工期延误的，工期应予以顺延。监理人未按时进行检查，也未提出延期要求的，视为隐蔽工程检查合格，承包人可自行完成覆盖工作，并作相应记录报送监理人，监理人应签字确认。监理人事后对检查记录有疑问的，可按第 5.3.3 项〔重新检查〕的约定重新检查。"通用合同条款第 5.3.3 项约定："承包人覆盖工程隐蔽部位后，发包人或监理人对质量有疑问的，可要求承包人对已覆盖的部位进行钻孔探测或揭开重新检查，承包人应遵照执行，并在检查后重新覆盖恢复原状。经检查证明工程质量符合合同要求的，由发包人承担由此增加的费用和（或）延误的工期，并支付承包人合理的利润；经检查证明工程质量不符合合同要求的，由此增加的费用和（或）延误的工期由承包人承担。"通用合同条款第 5.3.4 项约定："承包人私自覆盖：承包人未通知监理人到场检查，私自将工程隐蔽部位覆盖的，监理人有权指示承包人钻孔探测或揭开检查，无论工程隐蔽部位质量是否合格，由此增加的费用和（或）延误的工期均由承包人承担。"按照上述约定，对隐蔽工程的检查应当按照如下程序进行。

（1）检查隐蔽工程时，承包人应先行自检，然后才能通知监理人检查，如果承包人未进行自检，就通知监理人检查，监理人可以拒绝检查，由此延误的工期或增加的费用由承包人承担。

（2）承包人和监理人应严格按照约定的程序进行检查，承包人有通知的义务，监理人有及时回复并参与检查的义务，否则应承担相应的不利后果；双方可以在专用合同条款中对检查的程序和期限进行约定。

（3）监理人和发包人具有重新检查权，但是发包人和监理人不得滥用此项权利，否则造成的损失，承包人有权以发包人或监理人存在过错主张赔偿。

（4）承包人应在施工中避免私自覆盖，如果通知监理人或发包人后，监理人或发包人未及时进行检查，承包人覆盖的，应该保留通知监理人或发包人的证据，避免被认定为私自覆盖。

2. 工程质量鉴定

我国建筑领域的法律、法规、司法解释均以建设工程质量为中心进行制定，勘察、设计、施工等建筑活动的参与主体应当确保工程质量。如勘察、设计、施工的质量必须符合国家安全标准；建设单位不得违法要求降低工程质量；总承包单位与分包单位对分包工程的质量承担连带责任；勘察、设计单位必须对其勘察、设计的质量负责，工程设计的修改由原设计单位负责；建筑施工企业对工程的施工质量负责，必须按照工程设计图纸和施工技术标准施工，不得擅自修改工程设计等。建设工程参与主体众多、技术复杂，因而认定工程质量缺陷及责任人时，具有很强的技术性和专业性，需要委托有资质的鉴定部门进行鉴定。《建工解释（一）》第11条规定："建设工程竣工前，当事人对工程质量发生争议，工程质量经鉴定合格的，鉴定期间为顺延工期期间。"该条司法解释所要解决的问题就是，对工程质量的鉴定期间能否作为顺延工期期间。建设工程竣工前发包人对工程质量缺陷有争议的，当事人一般会委托建设行政主管部门认定的具有相应资质的建设工程质量咨询机构提供咨询意见，由此可能会影响工期。建设工程质量的鉴定可否作为顺延工期的理由，主要以工程质量是否合格作为判断标准。如果工程质量是合格的，应当把工程质量的鉴定期间作为顺延工期期间；如果工程质量经鉴定为不合格的，工期不应顺延，承包人应承担逾期交工的违约责任。在隐蔽工程验收中，当发包人对隐蔽工程提出质量异议要求重新检验时，承包人应按要求进行剥露，并在检验后重新进行覆盖或修复。如果检验合格，发包人应承担由此发生的经济支出，赔偿承包人损失并相应顺延工期；如果检验不合格，则承包人承担所发生的费用，而且工期不能顺延。

（六）不可抗力

1. 建设工程施工中不可抗力的情形

不可抗力是法律规定的免责事由，如果承包人因不可抗力而未能在工期内完成工程，有权顺延工期。《民法典》第180条规定："因不可抗力不能履行民事义务的，不承担民事责任。法律另有规定的，依照其规定。不可抗力是不能预见、不能避免且不能克服的客观情况。"2017年版《建设工程施工合同（示范文本）》通用合同条款第17.1款将不可抗力进行了定义和列举："不可抗力是指合同当事人在签订合同时不可预见，在合同履行过程中不可避免且不能克服的自然灾害和社会性突发事件，如地震、海啸、瘟疫、骚乱、戒严、暴动、战争和专用合同条款中约定的其他情形。"实践中列入不可抗力事件的主要有：自然灾害，包括地震、海啸等；政府行为，如政府因重度雾霾天气发布停止施工命令、征用、征收等；社会异常事件，如战争、骚乱、罢工等；施工现场气候构成不可抗力的情形。在建设工程施工活动中，承包人经常主张因施工现场气候条件异常导致工期顺延，但并非所有的施工现场的气候变化都会影响工期的顺延。在签订建设工程施工合同时，承包人应当将气候条件对工程施工的影响加以考虑，如建设工程计价中措施项目费存在冬雨季施工增加费和赶工措施费两项费用明细，就是对一般的气候条件在报价中予以考虑的体现。施工现场气候构成不可抗力的条件是其足以导致停工，判断停工应当依据相关的安全技术规范，如《建筑施工高处作业安全技术规范》中规定6级以上强风、浓雾等恶劣气候，不得进行露天攀登与悬空高处作业。当事人也可以在合同中约定停工的气候条件，例如对无法露天施工的雨量进行约定。

2. 不可抗力造成停工的法律后果

《民法典》第 590 条第 1 款规定："当事人一方因不可抗力不能履行合同的，根据不可抗力的影响，部分或者全部免除责任，但是法律另有规定的除外。因不可抗力不能履行合同的，应当及时通知对方，以减轻可能给对方造成的损失，并应当在合理期限内提供证明。"2017 年版《建设工程施工合同（示范文本）》通用合同条款第 17.3.2 项约定："……因不可抗力影响承包人履行合同约定的义务，已经引起或将引起工期延误的，应当顺延工期，由此导致承包人停工的费用损失由发包人和承包人合理分担，停工期间必须支付的工人工资由发包人承担；……"建设工程施工合同中，不可抗力导致承包人工期延误的，承包人不构成工期违约，属于法定的工期顺延的理由。但是承包人主张不可抗力或不可归责于己的原因导致停工的，应承担相应的举证责任。实践中，如果因举行重大活动的需要，承包人接到相关部门的停工通知后，实际上并未停止施工的，其不得要求顺延工期。

（七）不利物质条件

2017 年版《建设工程施工合同（示范文本）》通用合同条款第 7.6 款约定："不利物质条件是指有经验的承包人在施工现场遇到的不可预见的自然物质条件、非自然的物质障碍和污染物，包括地表以下物质条件和水文条件以及专用合同条款约定的其他情形，但不包括气候条件。承包人遇到不利物质条件时，应采取克服不利物质条件的合理措施继续施工，并及时通知发包人和监理人。通知应载明不利物质条件的内容以及承包人认为不可预见的理由。监理人经发包人同意后应当及时发出指示，指示构成变更的，按第 10 条〔变更〕约定执行。承包人因采取合理措施而增加的费用和（或）延误的工期由发包人承担。"不利物质条件包括埋藏于地下的未引爆炸弹、地勘过程中未发现的特殊岩层构造、地下管道、有毒的土壤或异常的地下水位，但不包括气候条件。虽然不利物质条件与不可抗力均属于承包人在签订合同时无法预见的情形，但是二者是有本质区别的：不可抗力是无法避免、无法克服的事件；而不利物质条件通常是可以克服的，只是需付出额外的费用和时间。

当不利物质条件出现时，承包人负有采取积极有效措施克服障碍、继续施工的义务，因为不利物质条件属于客观情况，发包人并无过错，所以承包人索赔的事项仅为处理不利物质条件而增加的费用和工期，而无权请求赔偿其为处理不利物质条件而顺延工期期间的利润损失。

（八）异常恶劣的气候条件

2017 年版《建设工程施工合同（示范文本）》通用合同条款第 7.7 款约定："异常恶劣的气候条件是指在施工过程中遇到的，有经验的承包人在签订合同时不可预见的，对合同履行造成实质性影响的，但尚未构成不可抗力事件的恶劣气候条件。合同当事人可以在专用合同条款中约定异常恶劣的气候条件的具体情形。承包人应采取克服异常恶劣的气候条件的合理措施继续施工，并及时通知发包人和监理人。监理人经发包人同意后应当及时发出指示，指示构成变更的，按第 10 条〔变更〕约定办理。承包人因采取合理措施而增加的费用和（或）延误的工期由发包人承担。"异常恶劣的气候条件主观上虽为有经验的承包人在签订合同时无法预见的，但是不同于不可抗力，无须达到无法克服的程度。只要可以克服该气候条件，需要承包人采取的措施超出了其在签订合同时所能合理预见的范围，导致费用增加和（或）工期延误，并对合同的履行造成重大影响的，都有可能被认定为异常恶劣的气候条件。异常恶劣的气候条件属于客观情况，发包人对此情况主观上并无过错，所以承包人索赔的事项为处理异常恶劣的气候条件而增加的费用和工期，发包人无须支付承包人的利润。如果异常恶劣的气候条件发生在因承包人而引起的工期延误之后，承包人无权要求赔偿工期及费用损失。

### 三、工期延误的举证责任

建设工程在施工过程中经常出现工期延误的情况，即工程实际竣工日期晚于约定竣工日期。在建设工期延误中又存在大量非承包人的原因产生的工期延误，承包人因此可以主张工期顺延及费用索赔。在工期延误产生争议的情况下，发包人主张的工期违约和承包人主张工期顺延，在举证内容及举证难度上有很大的差别。建设工程工期违约与工期顺延均属于工期延误，承包人在具有正当的理由下导致的工期延误构成工期顺延，否则便构成了工期违约。对于工期顺延的举证责任，最核心的问题是，承包人用以证明工期顺延的证据体系是否完备，并据此分配举证证明责任。

（一）工期延误的举证责任原则

在《民事诉讼法》《民事诉讼法解释》及《最高人民法院关于民事诉讼证据的若干规定》（以下简称《民事诉讼证据规定》）中未对建设工程工期违约与顺延的举证规则作出特殊的规定，所以建设工程工期纠纷中工期举证遵循一般举证原则。《民事诉讼法》第67条第1款规定："当事人对自己提出的主张，有责任提供证据。"《民事诉讼法解释》第90条规定："当事人对自己提出的诉讼请求所依据的事实或者反驳对方诉讼请求所依据的事实，应当提供证据加以证明，但法律另有规定的除外。在作出判决前，当事人未能提供证据或者证据不足以证明其事实主张的，由负有举证证明责任的当事人承担不利的后果。"《民事诉讼法解释》第91条规定："人民法院应当依照下列原则确定举证证明责任的承担，但法律另有规定的除外：（一）主张法律关系存在的当事人，应当对产生该法律关系的基本事实承担举证证明责任；（二）主张法律关系变更、消灭或者权利受到妨害的当事人，应当对该法律关系变更、消灭或者权利受到妨害的基本事实承担举证证明责任。"对于工期纠纷，一般情形下，按照"谁主张、谁举证"的基本原则处理。但是，司法实践中造成工期延误的原因多样，应当由人民法院合理确定双方的举证责任。工期延误纠纷中，发包人认为，合同约定的工期明确具体，承包人完成工程的时间晚于合同约定的竣工日期，即构成工期违约；承包人认为，合同约定的工期并不明确或虽然明确，但是由于存在不可归责于承包人的事由，导致工期延长，承包人对此工期延误不承担责任。围绕这样的主张，双方的举证责任的分配应当如下。发包人首先应当证明合同约定工期具体明确；其次，发包人应当证明工程开工及实际竣工日期。承包人应证明工期延长的原因在于不可归责于己方的自然因素、人为因素。但是，以下情形需作特别处理。

1. 建设工程施工合同未约定工期或工期约定不明的举证责任

《民法典》第510条规定："合同生效后，当事人就质量、价款或者报酬、履行地点等内容没有约定或者约定不明确的，可以协议补充；不能达成补充协议的，按照合同相关条款或者交易习惯确定。"第511条规定："当事人就有关合同内容约定不明确，依据前条规定仍不能确定的，适用下列规定：（一）质量要求不明确的，按照强制性国家标准履行；没有强制性国家标准的，按照推荐性国家标准履行；没有推荐性国家标准的，按照行业标准履行；没有国家标准、行业标准的，按照通常标准或者符合合同目的的特定标准履行。（二）价款或者报酬不明确的，按照订立合同时履行地的市场价格履行；依法应当执行政府定价或者政府指导价的，依照规定履行。（三）履行地点不明确，给付货币的，在接受货币一方所在地履行；交付不动产的，在不动产所在地履行；其他标的，在履行义务一方所在地履行。（四）履行期限不明确的，债务人可以随时履行，债权人也可以随时请求履行，但是应当给对方必要的准备时间。（五）履行方式不明确的，按照有利于实现合同目的的方式履行。（六）履行费用的负担不明确的，由履行义务一方负担；因债权人原因增加的履行费用，由债权人负担。"发包人与承包人对于工期未约定或约定不明确，应依照上述法律规定处理。此时，发包人应当提请人民法院对合理工期进行鉴定。

2. 工程变更对工期影响的举证责任

在诉讼中，发包人提交合同和竣工验收资料以说明承包人延误工期，承包人则可提交工程变更的相关证据，以证明工期的延长是由于工程变更造成的。这些工程变更对工期是否有影响？如果有影响，其影响的后果是延长工期还是减少工期，延长或减少的数量，需要专业机构的鉴定才能确定。在发包人否认工程变更导致工期延长的情况下，承包人应承担举证责任，证明工程变更导致工期延长。

3. 工期鉴定的提请

在工期纠纷中，承包人往往会举出很多证据，证明导致工期延长的原因在于自然因素或发包人等。但是多数情况下，双方并没有一个明确的工期顺延天数的签证。确定这些因素与工期延长的因果关系及延长的时间，较为合理的做法是由专业机构对这些因素导致工期延长的天数进行司法鉴定，提请工期司法鉴定的责任在于承包人。

（二）发包人主张工期违约的举证责任

建设工程施工合同纠纷中，在认定工期违约上，发包人处于相对优势地位。对于工期违约的认定，首先应当证明存在工期延误的事实。发包人举证承包人工期延误非常简单易行，从发包人的角度只要将实际开工时间和实际竣工时间进行简单的计算便得出实际施工工期，再将实际施工工期与合同工期作比较，即得出工期延误的事实及逾期的天数。如果承包人能够举证证明工期延误不存在或者工期延误构成工期顺延，则此时工期违约的举证责任随即转移至发包人。针对承包人工期顺延的抗辩，发包人应结合工程相关资料证明工期延误系承包人所致、工期延误与发包人的行为无因果关系、工期延误天数计算错误等。

（三）承包人构成工期顺延的举证责任

根据《民事诉讼法》第67条及《民事诉讼法解释》第90条的规定，当事人对自己主张事实应当承担举证责任。在建设工程施工合同纠纷中，发包人举证证明工程实际工期长于合同工期，承包人便构成了工期延误。如果承包人能够举证证明，承包人的工期延误原因非自身的原因造成，存在约定及法定的工期顺延的情形，承包人的工期延误就构成了工期顺延，承包方不承担工期违约责任。

1. 承包人举证证明工期延误非自身的原因造成

若认为工期延误构成顺延，则承包人应当举证证明工期延误的原因是非承包人的原因造成的。工程实践中构成工期顺延的情形主要是由设计变更、拖延支付工程款、肢解发包、迟延提供施工图纸、迟延提供场地原材料或者不可抗力等非承包人的原因造成的。

2. 承包人举证证明具有工期顺延的事实

（1）工期索赔签证是承包人主张工期顺延的证据。2017年版《建设工程施工合同（示范文本）》通用合同条款第19.1款约定："根据合同约定，承包人认为有权得到追加付款和（或）延长工期的，应按以下程序向发包人提出索赔：（1）承包人应在知道或应当知道索赔事件发生后28天内，向监理人递交索赔意向通知书，并说明发生索赔事件的事由；承包人未在前述28天内发出索赔意向通知书的，丧失要求追加付款和（或）延长工期的权利……"通用合同条款第 19.2 款约定："对承包人索赔的处理如下：（1）监理人应在收到索赔报告后 14 天内完成审查并报送发包人。监理人对索赔报告存在异议的，有权要求承包人提交全部原始记录副本；（2）发包人应在监理人收到索赔报告或有关索赔的进一步证明材料后的 28 天内，由监理人向承包人出具经发包人签认的索赔处理结果。发包人逾期答复的，则视为认可承包人的索赔要求……"从上述约定看，工期索赔签证是承包人主张索赔权的主要依据。此处的索赔签证应从广义上理解，凡是从内容上能反映索赔确认的工程联系单、审批报告、会议纪要，都能起到索赔签证的作用。

（2）没有索赔签证时，承包人应举证证明在约定的期间内提出过工期索赔或虽未提出工期索赔但有合理的抗辩。《建工解释（一）》第 10 条规定："当事人约定顺延工期应当经发包人或者监理人签证等方式确认，承包人虽未取得工期顺延的确认，但能够证明在合同约定的期限内向发包人或者监理人申请过工期顺延且顺延事由符合合同约定，承包人以此为由主张工期顺延的，人民法院应予支持。当事人约定承包人未在约定期限内提出工期顺延申请视为工期不顺延的，按照约定处理，但发包人在约定期限后同意工期顺延或者承包人提出合理抗辩的除外。"在尊重事实的基础上，《建工解释（一）》第 10 条规定对 2017 年版《建设工程施工合同（示范文本）》中索赔逾期失权制度有所修改，即承包人虽未取得工程顺延的签证确认，但提供的工程联系单、工期延长报审表等证据能证明其在合同约定的办理期限内向发包人主张过工期延期，或者承包人举证证明在约定的期间内虽未提出索赔但有合理的抗辩时，工期索赔均可成立。

## 第三节 工期延误的索赔

建设工程工期延误对承发包双方权利义务影响巨大。如果工期延误构成工期违约，工程承包人应当承担违约责任，赔偿发包人的损失；如果工期延误构成工期顺延，则承包人不仅可以免除工期逾期的责任，还可以主张工期索赔和损失索赔，甚至可以主张利润索赔。所以建设工程施工合同纠纷案件中，工期延误是否构成工期顺延一直是个重要的问题。索赔是指交易一方因对方不履行或未正确履行契约上规定的义务而受到损失，并向对方提出赔偿的要求。工程索赔是指在建设工程施工过程中，合同当事人非因自身的原因受到经济损失或权利损害时，基于法律规定或合同约定，通过一定程序向对方主张权利的要求。从工期延误索赔的主体上看，索赔既可以由发包人向承包人主张，也可以由承包人向发包人主张。发包人向承包人主张工期延误的索赔为工期违约索赔，承包人向发包人主张工期延误的索赔为工期顺延索赔。在承包人构成工期顺延索赔的情况下，索赔的内容主要为工期索赔、费用索赔、利润索赔三个方面。工期违约索赔主要是发包人依据施工合同约定获取逾期竣工违约金赔偿或者由承包人承担发包人对业主逾期交房的赔偿责任。工期顺延索赔主要是承包人依照施工合同约定和法定情形顺延工期，发包人承担顺延工期内承包人支付的费用损失和顺延工期期间的利润损失。本节主要介绍建设工程施工合同中承包人向发包人主张工期顺延的索赔，而发包人向承包人主张工期违约的索赔，与一般的合同损害赔偿没有特殊之处，故本节不予介绍。

## 一、工期顺延索赔的基本原则

建设工程施工中，工期顺延索赔理由复杂，涉及建设施工中的方方面面。有关工期顺延索赔的规则在符合《民法典》一般规则的前提下，《建工解释（一）》和2017年版《建设工程施工合同（示范文本）》通用合同条款中对工期顺延索赔从规则的制定和索赔程序上都有特殊的规定。准确掌握工期顺延索赔的特定规则和程序，不仅仅是工期顺延索赔成立的前提，也是索赔取得成功的关键。

（一）工期顺延索赔的一般原则

1. 以合同约定为一般原则

《民法典》第119条规定："依法成立的合同，对当事人具有法律约束力。"建设工程施工合同是双方当事人经过平等协商后达成的合意，是承发包双方的真实意思表示，对合同双方均产生法律上的约束力。建设工程施工合同中明确地约定了双方的权利义务关系及合同风险分配的原则，合同约定的内容是索赔合理、合法性的第一判断标准。索赔的提出首先应当以承发包双方之间存在有效的合同条款为依据。承发包双方签订的建设工程施工合同应当严谨、完备，2017年版《建设工程施工合同（示范文本）》通用合同条款对索赔事件和程序都有明确详尽的约定，为索赔事件发生之后当事人成功处理索赔问题提供了有效依据。笔者建议，承发包双方签署建设工程施工合同，应以2017年版《建设工程施工合同（示范文本）》为蓝本，以确保合同权利义务约定，明确文本本身不存在缺陷或遗漏。特别是在专用合同条款的设计上，应与工程的施工情况相适应，注重自身风险的防控与权益的维护。

2. 实际损失与可得利益兼顾的原则

工程索赔民事责任本质上是合同责任，是索赔义务人违反合同约定的违约责任，应当符合《民法典》中违约责任的法律规定。《民法典》第584条规定："当事人一方不履行合同义务或者履行合同义务不符合约定，造成对方损失的，损失赔偿额应当相当于因违约所造成的损失，包括合同履行后可以获得的利益；但是，不得超过违约一方订立合同时预见到或者应当预见到的因违约可能造成的损失。"因此，索赔权利人提出索赔的范围包括实际损失与可得利益损失。所以，索赔的范围包括工期损失、费用损失及预期可得利润。

3. 索赔损失合理分担原则

因建设工程工期长、合同关系复杂、合同参与主体众多，所以极易产生违约的情况。《民法典》第577条规定："当事人一方不履行合同义务或者履行合同义务不符合约定的，应当承担继续履行、采取补救措施或者赔偿损失等违约责任。"在《民法典》中，违约责任在一般情况下并没有考虑合同当事人的主观过错，只要当事人一方不履行合同义务或者履行合同义务不符合约定的就应当承担合同责任，遵循的是一种严格责任原则。但是，建设工程施工合同本身具有特殊性，履行行为互负协助义务，所以建设工程施工合同的违约责任采取的是过错责任。例如，《建工解释（一）》第13条规定："发包人具有下列情形之一，造成建设工程质量缺陷，应当承担过错责任：（一）提供的设计有缺陷；（二）提供或者指定购买的建筑材料、建筑构配件、设备不符合强制性标准；（三）直接指定分包人分包专业工程。承包人有过错的，也应当承担相应的过错责任。"索赔方非因自身的原因造成了损失，基于法律和合同的约定由责任方予以承担，工期索赔是建设工程施工合同当事人在工程建设中的损失的再分配。建设工程的损失应当考虑承发包双方的过错程度，承发包双方均有过错的，索赔损失应适当分担。

（二）工期顺延索赔的特殊规则

工期索赔问题上，《建工解释（一）》在尊重客观事实的基础上确立了工期顺延的索赔规则。《建工解释（一）》第 10 条规定："当事人约定顺延工期应当经发包人或者监理人签证等方式确认，承包人虽未取得工期顺延的确认，但能够证明在合同约定的期限内向发包人或者监理人申请过工期顺延且顺延事由符合合同约定，承包人以此为由主张工期顺延的，人民法院应予支持。当事人约定承包人未在约定期限内提出工期顺延申请视为工期不顺延的，按照约定处理，但发包人在约定期限后同意工期顺延或者承包人提出合理抗辩的除外。"《河北省建工审理指南》第 47 条规定："工期延误的责任应该由造成工期延误的过错一方承担，发包人仅以承包人未在合同约定的期限内提出工期顺延申请而主张工期不能顺延的，人民法院不予支持。"《建工解释（一）》所确立的工期顺延规则，在尊重当事人意思自治的前提下结合建设工程施工中工期索赔的特点，在处理工期顺延索赔的问题上表现出务实的态度。

1. 工期索赔及时主张，逾期失权

无论是发包人向承包人主张的工期违约索赔，还是承包人向发包人主张的工期顺延索赔，都会产生两方主体，即索赔权利人和索赔义务人。既然是索赔权利人向索赔义务人主张权利，索赔权利人就应当将索赔事项告知索赔义务人。建设工程施工合同的履行是一个变动过程，建设工程的索赔事项可能会时过境迁，影响证据的收集和事实的认定，索赔权利人应当及时履行告知义务，否则有可能面临权利丧失，这也就是建设工程施工合同中引入的"逾期索赔失权制度"。逾期索赔失权制度对索赔权利人递交索赔意向通知书的时间和程序提出了更加严格的要求，即索赔事项发生后，索赔权利人应按约定的时间向索赔义务人递交索赔意向通知书，否则索赔权利丧失。2017 年版《建设工程施工合同（示范文本）》采纳了"逾期索赔失权制度"，并规定在索赔权的程序上，要求应当将索赔意向通知书递交给监理并经监理签字确认，必要时由施工负责人、现场负责人、监理一起现场核对。因此，在实践中，"逾期索赔失权制度"饱受诟病，发包人往往利用优势地位对承包人合理的签证申请置之不理，承包人也可能因对索赔的程序不清楚而造成索赔逾期失权。《建工解释（一）》第 10 条通过两方面弥补了 2017 年版《建设工程施工合同（示范文本）》对通用合同条款第 19.1 款规定的不足。

（1）2017 年版《建设工程施工合同（示范文本）》通用合同条款中承包人索赔的规定。

一是承包人索赔的程序。2017 年版《建设工程施工合同（示范文本）》通用合同条款第 19.1 款约定："根据合同约定，承包人认为有权得到追加付款和（或）延长工期的，应按以下程序向发包人提出索赔：（1）承包人应在知道或应当知道索赔事件发生后 28 天内，向监理人递交索赔意向通知书，并说明发生索赔事件的事由；承包人未在前述 28 天内发出索赔意向通知书的，丧失要求追加付款和（或）延长工期的权利；（2）承包人应在发出索赔意向通知书后 28 天内，向监理人正式递交索赔报告；索赔报告应详细说明索赔理由以及要求追加的付款金额和（或）延长的工期，并附必要的记录和证明材料；（3）索赔事件具有持续影响的，承包人应按合理时间间隔继续递交延续索赔通知，说明持续影响的实际情况和记录，列出累计的追加付款金额和（或）工期延长天数；（4）在索赔事件影响结束后 28 天内，承包人应向监理人递交最终索赔报告，说明最终要求索赔的追加付款金额和（或）延长的工期，并附必要的记录和证明材料。"

二是对承包人索赔的处理。2017 年版《建设工程施工合同（示范文本）》通用合同条款第 19.2 款约定："对承包人索赔的处理如下：（1）监理人应在收到索赔报告后 14 天内完成审查并报送发包人。监理人对索赔报告存在异议的，有权要求承包人提交全部原始记录副本；（2）发包人应在监理人收到索赔报告或有关索赔的进一步证明材料后的 28 天内，由监理人向承包人出具经发包人签认的索赔处理结果。发包人逾期答复的，则视为认可承包人的索赔要求；（3）承包人接受索赔处理结果的，索赔款项在当期进度款中进行支付；承包人不接受索赔处理结果的，按照第 20 条〔争议解决〕约定处理。"

（2）"逾期索赔失权制度"是以合同当事人约定为前提的。《建工解释（一）》第 10 条第 2 款规定："当事人约定承包人未在约定期限内提出工期顺延申请视为工期不顺延的，按照约定处理，但发包人在约定期限后同意工期顺延或者承包人提出合理抗辩的除外。"所以，如果当事人在施工合同中约定，承包人未在约定时间内提出工期顺延申请，视为工期不顺延，通常应该按照约定处理；如果当事人仅约定承包人提出工期顺延申请的期限，但是未明确约定未在约定时间内提出申请视为工期不顺延或者视为放弃权利，则不能直接认定承包人未申请顺延工期的后果是放弃主张工期顺延权利。

（3）承包人对工期逾期索赔提出合理抗辩，"逾期索赔失权制度"不适用。笔者认为，《建工解释（一）》第 13 条之所以采用提出合理抗辩作为对"逾期索赔失权制度"的限制，是和该制度的立法目的相一致的。在处理工期顺延争议时，应该明确采取"逾期索赔失权制度"对申请工期顺延的期限进行限制的目的，即主要是为了固定证据，防止纠纷发生时，事实缺乏证据支持。所以即使未在约定期间提出索赔申请，承包人提出合理抗辩证明其行为并不会影响对索赔事件的调查，且其能够证明根据合同和适用法律，其有权获得工期顺延，则法院应该认定工期顺延。承包人提出合理理由，包括工程发生了变更、增加了工程量或者有情势变更、不可抗力事件导致工程停工，并且承包人对其未按照合同约定申请工期顺延予以合理解释，此时也应该予以顺延。建设工程施工的特殊性表现在施工合同常常会发生变更，因而确定当事人的意思表示不仅应该依据施工合同约定，还应该考虑当事人的实际履行行为。承包人未按照约定申请工期顺延，但是如果发包人在相关会议纪要、往来函件、承诺函等文件中表明其同意工期顺延，则应视为发包人与承包人变更了施工合同原来的约定，不再坚持约定的索赔程序。所以，承发包双方的索赔纠纷进入诉讼程序后，承包人只要在约定的期间提出索赔申请或虽未在约定的期间提出索赔申请但能够提出合理抗辩，那么索赔权利依然不失权。

2. 符合工期顺延的情形下，承包人只要提出工期顺延请求，工期顺延即成立

工程签证是指在施工合同履行过程中，承发包双方根据合同的约定，就合同价款之外的费用补偿、工期顺延以及因各种原因造成的损害赔偿等形成的签认证明。发包人或者监理人出具的工程顺延签证，是证明发包人同意顺延工期的直接证据。以签证确认工期顺延的目的是，当事人约定顺延工期应当经发包人或者监理人签证等方式确认，能够使顺延工期事项及时得到处理和确认，避免工程结束后因证据不足产生争议。如果仅以签证作为证明工期顺延的唯一证据，则会使发包人对应否顺延工期问题有最终决定权，导致承包人与发包人之间的利益失衡。建设工程工期是否存在顺延，人民法院以查清的事实为依据，而不是仅仅以工期顺延签证为依据。司法实践中，承包人常以发包人迟延支付工程款、设计变更、工程量增加、天气恶劣、政府政策变化等作为工期顺延的抗辩，但发包人往往处于优势地位，拒不签署工期顺延签证，致使承包人不能提供发包人或者监理人确认的顺延工期签证来证明发包人同意顺延工期。《建工解释（一）》第10条规定："当事人约定顺延工期应当经发包人或者监理人签证等方式确认，承包人虽未取得工期顺延的确认，但能够证明在合同约定的期限内向发包人或者监理人申请过工期顺延且顺延事由符合合同约定，承包人以此为由主张工期顺延的，人民法院应予支持。"如果发包人或者监理人未出具工期顺延签证，承包人诉讼中能够证明在合同约定的办理期限内向发包人申请过工期顺延且顺延事由符合施工合同约定，对其顺延合理工期的主张应予以支持。从工期顺延申请书形式来看，并不一定采取索赔意向通知书、索赔报告等固定形式，也可以采用如会议纪要、洽商记录、签证单或者联系单、进度计划修订说明、现场施工日志等，只要其中包括对事的描述且表明承包人主张权利（如工期延长或者额外付款）的内容，便可以证明承包人向发包人或者监理人提出过工期顺延申请。

3. 施工合同无效，按照过错原则，参照合同约定来处理工期索赔

《民法典》第157条规定："民事法律行为无效、被撤销或者确定不发生效力后，行为人因该行为取得的财产，应当予以返还；不能返还或者没有必

要返还的，应当折价补偿。有过错的一方应当赔偿对方由此所受到的损失；各方都有过错的，应当各自承担相应的责任。法律另有规定的，依照其规定。"合同无效的法律后果为返还财产、折价补偿、过错赔偿。建设工程施工合同被依法确认无效的，其违约金条款自然应属无效，发包人请求承包人承担逾期竣工的违约金，没有合同依据和法律根据。按照《民法典》关于合同无效后的处理原则，发包人只能行使损害赔偿请求权，请求承包人承担因工期延误造成的损失。违约金赔偿与合同价款在性质上是完全不同的，在违约责任问题上，不能简单适用《民法典》第 793 条第 1 款的规定。建设工程施工合同无效，承包人主张逾期竣工的违约责任的工期索赔不能参照合同约定的违约金条款确定。施工合同无效情形下的工期索赔在法律本质上属于无效合同的赔偿损失，应当遵循《民法典》第 157 条的规定。

（1）施工合同无效，合同中明确约定了工期损失赔偿标准时，工期损失的处理。关于施工合同无效情形下的工期索赔，《建工解释（一）》第 6 条规定："建设工程施工合同无效，一方当事人请求对方赔偿损失的，应当就对方过错、损失大小、过错与损失之间的因果关系承担举证责任。损失大小无法确定，一方当事人请求参照合同约定的质量标准、建设工期、工程价款支付时间等内容确定损失大小的，人民法院可以结合双方过错程度、过错与损失之间的因果关系等因素作出裁判。"建设工程施工合同无效，合同中关于工期的约定在确定损失时也作为参照。但是建设工程施工合同无效参照合同约定支付工程价款与参照工期确定损失有所不同，承包人对施工合同无效具有过错的，并不减少承包人获得的工程款，但对于工期损失，人民法院可以结合双方过错程度、过错与损失之间的因果关系等因素作出分配。

（2）施工合同无效，合同中对工期损失赔偿标准没有约定或者约定不明时，工期损失的承担。建设工程施工实践中，从工程施工进度的角度来划分，工期损失应当包括阶段性的工期损失和整体工期损失。阶段性的工期损失是指承包人以"施工进度计划"为依据，工程每一阶段的施工都有严格的工期要求，因承包人原因未按照"施工进度计划"中载明的阶段工期而给发包人造成的损失；整体工期损失是以施工合同为依据，因承包人原因导致总工期超过合同约定的日期而给发包人造成的损失。一般情况下，承发包双方对整体工期延误的损失赔偿责任不存在争议，但承包人对阶段性的工期损失的责任存在争议。笔者认为，在施工合同有效的前提下，承发包双方既约定整体工期延期的违约赔偿责任，又约定阶段性工期延期的违约赔偿责任，由于合同是当事人双方的真实意思表示，此时即便总工期没有延误，但承包人仍然需要承担合同约定的阶段性工期延期的损失。在施工合同无效的前提下，因工期延误而给当事人造成的损失通常是非常大的，如果不确立相关的赔偿制度，则会显失公平。因此，即便在施工合同无效且当事人双方在合同中对工期损失赔偿标准没有约定或者约定不明的前提下，司法机关也应当要求过错方按照相对方的实际损失承担工期损失赔偿责任，但应当由主张实际损失的一方提供相应证据加以证明。但是因为无效施工合同中对工期损失没有约定或者约定不明，所以司法机关应当确立以整体工期的延误为赔偿依据，整体工期没有延误的，只是发生了阶段性的工期延误时，不应适用工期赔偿制度。

（3）建设工程施工合同无效，工期延误过错责任的确认。对于履行无效合同过程中，造成工期延误的过错责任确定，应在认定工期延误的前提下，审查发包人是否存在过错情形，包括：①发包人未按约定提供施工所需图纸、原材料、设备、场地等技术资料和施工条件；②发包人未及时、足额支付工程款，致使施工不能正常进行；③发包人未及时对施工中的隐蔽工程进行检验或者验收以及发包人未尽到合理的减损义务等。对于以上可归结于发包人过错导致的逾期竣工，承包人应负举证责任。同时，在认定承包人承担合同履行期间的逾期竣工过错责任时，还应审查有无不可归结于承发包双方过错的情形存在，包括施工过程中的设计变更和工程量增加，以及由于异常恶劣天气、意外事件等导致应当合理顺延工期的情形等。对于以上情形的出现，也应由承包人负举证责任。

（4）建设工程施工合同无效，工期延误损失的分担。对于损失分担的确定，应在合理确定承发包双方在订立及履行无效合同中的过错责任前提下，分析订立及履行无效合同的过错与工期延误损失之间的因果关系。一般情况下，合同履行过程中的过错往往是导致逾期竣工的直接和主要原因，因此在确定损失分担时，履行过程中的过错所占比重相比合同订立时的过错要大。然而，对于因承包人主要过错导致所订立合同无效，即因无资质、超越资质、借用资质、挂靠、转包或违法分包导致合同无效情形下，其订立合同的过错往往也是导致逾期竣工的重要原因。相比之下，对于因发包人主要过错导致所订立合同无效，即因违反招投标规定导致合同无效情形下，订立合同过错对逾期竣工的影响相对要小。《建工解释（一）》第 6 条第 2 款规定："损失大小无法确定，一方当事人请求参照合同约定的质量标准、建设工期、工程价款支付时间等内容确定损失大小的，人民法院可以结合双方过错程度、过错与损失之间的因果关系等因素作出裁判。"所以，导致无效合同情形下的逾期竣工的因素是多方面的，应综合考量、酌情认定。

## 二、工期索赔的内容

在建设工程施工实践中，造成工期延误的原因非常复杂，既有发包人或者承包人自身的原因，也有自然条件的原因。从司法实践中，引起建设工期争议的成因主要有以下几个方面：①勘察设计单位的原因，如勘察资料与实际施工中的地质情况不相符合，设计文件等资料存在缺陷；②施工单位的原因，如承包人擅自停工、工程质量不符合标准；③建设单位的原因，如发包人未按约定支付款项，提供建筑材料、建筑构配件、设备等施工必备的要件，未按时验收隐蔽工程或者及时组织竣工验收；④自然原因，如遇到恶劣的天气等自然条件；⑤政府和社会原因。造成建设工期延误的原因不同，所承担的责任也不同。如果是由于承包人无正当理由擅自停工引起的工期延误，承包人应当按照建设工程施工合同的约定承担逾期竣工的违约责任，发包人也可以此理由行使合同解除权；如果属于发包人未履行合同主要义务造成的，除顺延工期外，还应赔偿承包人因此造成的停工、窝工、机械设备闲置等实际损失。

（一）发包人向承包人工期违约索赔的范围

一般来说，发包人因承包人工期违约索赔的范围以实际损失为限。对于发包人而言，因工期延误不能及时接收并使用建设工程，不仅造成其工程管理费用、投资成本增加，而且还导致其不能按计划实现投资目的，失去盈利机会，损失交易利润。《河北省建工审理指南》第 15 条规定："建设工程施工合同被确认无效后，发包人主张因承包方工期延误应赔偿其与第二人签订的房屋买卖合同因逾期交房发生的违约损失，承包人对工期延误存在过错，损失已经实际发生，且损失发生与承包人逾期交工行为有因果关系，可以纳入无效合同过错责任赔偿范围。根据承包方订立、履行合同中的过错责任大小及诚实信用原则，依据《合同法》第五十八条①规定判令其承担相应的责任。"实践中承包人逾期竣工给发包人造成的损失，应当基于公平原则和诚实信用原则，对发包人主张的工期延误损失进行补偿，补偿的范围仅包括实际发生的损失，对于尚未确定或发生的损失，发包人可在损失确定或发生后再另行主张。逾期竣工损失的举证责任，原则上应由发包人承担。但同样基于建设施工合同的特殊性，在因逾期竣工导致发包人出现实际损失的情况下，发包人对损失的举证往往较为困难，尤其是在承建经营性用房或生产性厂房等无效施工合同中，因逾期竣工导致发包人延期使用经营或生产性用房，其实际损失已经发生，但对损失的数额却难以界定及举证。承包人的权利可以通过参照合同约定对工程款进行结算的方式得以救济，但发包人在因承包人的过错行为产生损失的情况下，却因对损失举证不能，导致权利丧失，如此处理在实体上显然会导致利益失衡，有违公平原则。而在发包人对损失难以举证的情形下，完全依靠法官的自由裁量权对损失进行确定，则同样容易出现利益分配不均衡、权责匹配不协调的现象，并会影响裁判的统一性和严肃性。《河北省建工审理指南》第48条规定："建设工程施工合同履行中，承包人由于管理不善等原因，导致工期延误等违约行为的，人民法院确定承包人向发包人承担的违约责任时，应准确理解、把握《合同法》第一百一十三条②，综合考虑承包人过错、履行施工合同预期利益，发包人实际损

---

① 原《合同法》第58条被《民法典》第157条吸收。《民法典》第157条规定："民事法律行为无效、被撤销或者确定不发生效力后，行为人因该行为取得的财产，应当予以返还；不能返还或者没有必要返还的，应当折价补偿。有过错的一方应当赔偿对方由此所受到的损失；各方都有过错的，应当各自承担相应的责任。法律另有规定的，依照其规定。"

② 原《合同法》第113条被《民法典》第584条吸收。《民法典》第584条规定："当事人一方不履行合同义务或者履行合同义务不符合约定，造成对方损失的，损失赔偿额应当相当于因违约所造成的损失，包括合同履行后可以获得的利益；但是，不得超过违约一方订立合同时预见到或者应当预见到的因违约可能造成的损失。"

失等情况，综合确定赔偿数额。"施工合同发包人向承包人主张工期延误损失，大致可分为以下三种情形。

1. 因工期延误而导致发包人在工程施工期间产生的直接损失

直接损失包括但不限于：因逾期竣工导致发包人增加的工程管理费用（包括工作人员工资、办公费、差旅费、基建用固定资产折旧费、工器具使用费、印花税及与工程有关的其他管理性质的支出等）、监理费用、设备租赁费用、因材料价格上涨导致增加的材料价款损失、因工期延长导致工程贷款期限延长增加的贷款利息等。对上述施工期间产生的直接损失，因与施工合同的订立、履行存在直接关系，且均属已经实际发生的损失，故将其纳入工期延误的赔偿范围。

2. 发包人与第三方签订、履行合同导致的违约责任损失

这主要包括：发包人履行与第三人签订商品房买卖合同产生的逾期交房违约金；发包人履行与第三人签订房屋租赁合同产生的逾期交房违约金；发包人履行与第三人签订买卖合同或安装合同（如电梯买卖、安装合同，大宗设备买卖、安装合同等）产生的逾期提货、逾期安装违约金或仓储保管费用损失等。

3. 因逾期竣工导致发包人产生的预期可得利益损失，即间接损失

人民法院对施工合同无效情形下，发包人因逾期竣工导致的预期可得利益损失是否纳入赔偿范围，认识并不统一。在合同被确认无效的情况下，信赖利益的损失又分为直接损失和间接损失。直接损失应当全部赔偿，对间接损失，包括合理的可得利益损失一概不予赔偿，也是有失公平的。最高人民法院民一庭在对美兰公司与大华公司建设工程施工合同纠纷一案的评析中也提到：目前学界在反思缔约过失责任的赔偿范围，认为将缔约过失责任赔偿的范围限于直接损失（主要指约而支付的费用）的做法错误。[1] 因逾期竣工导致发包人产生的预期可得利益损失，即间接损失，包括但不限于：发包人销售房款利息；发包人的房屋租赁费损失；所建工程用于发包人自行经营时

---

[1] 最高人民法院民事审判第一庭编：《民事审判与指导》（2013年卷），人民法院出版社2018年版，第118页。

导致的营业损失；所建工程用于发包人作为厂房等生产资料使用时发生的生产经营损失等。

（二）承包人向发包人因工期顺延索赔的范围

1. 实际支出损失

根据《招标投标法》和《建工解释（一）》的规定，因发包人的原因造成建设工程施工合同无效的，主要包括以下情形：依法必须进行招标的建设工程项目，发包人规避招标、虚假招标；发包人违反国家规定的工程建设许可，未取得规划审批手续等。因发包人的过错导致建设工程施工合同被确认无效，应赔偿承包人因办理招标投标手续支出的费用、合同备案支出的费用、订立合同支出的费用、除工程价款之外的因履行合同支出的费用等实际损失。

2. 停工、窝工损失

承包人有权主张停工、窝工损失的情形。依照《民法典》第803条规定，发包人未按照约定的时间和要求提供原材料、设备、场地、资金、技术资料的，承包人可以顺延工程日期，并有权要求赔偿停工、窝工等损失。《第八次全国法院民事商事审判工作会议（民事部分）纪要》第32条规定："因发包人未按照约定提供原材料、设备、场地、资金、技术资料的，隐蔽工程在隐蔽之前，承包人已通知发包人检查，发包人未及时检查等原因致使工程中途停、缓建，发包人应当赔偿因此给承包人造成的停（窝）工损失，包括停（窝）工人员人工费、机械设备窝工费和因窝工造成设备租赁费用等停（窝）工损失。"第33条规定："发包人不履行告知变更后的施工方案、施工技术交底、完善施工条件等协作义务，致使承包人停（窝）工，以至难以完成工程项目建设的，承包人催告在合理期限内履行，发包人逾期仍不履行的，人民法院视违约情节，可以依据合同法第二百五十九条、第二百八十三条①规定裁判顺延工期，并有权要求赔偿停（窝）工损失。"第34条规定："承包人不履行配合工程档案备案、开具发票等协作义务的，人民法院视违

---

① 原《合同法》第259条对应《民法典》第778条，《合同法》第283条对应《民法典》第803条。

约情节，可以依据合同法第六十条、第一百零七条①规定，判令承包人限期履行、赔偿损失等。"

3. 注意采取适当措施，防止停工、窝工损失扩大

《民法典》第591条规定："当事人一方违约后，对方应当采取适当措施防止损失的扩大；没有采取适当措施致使损失扩大的，不得就扩大的损失请求赔偿。当事人因防止损失扩大而支出的合理费用，由违约方负担。"在建设工程施工合同履行过程中，如果因发包人违反合同约定，未提供原材料、设备、场地、资金、技术资料，或隐蔽工程在隐蔽之前未及时检查等原因，致使工程中途停建、缓建，承包人有义务采取适当措施，防止窝工损失扩大。譬如，可以采取适当措施自行做好人员、机械的撤离等工作，以减少自身的损失。实践中还应注意，导致合同无效的原因与导致停工、窝工的原因并无必然联系。如果多种原因造成工程停工、窝工损失，难以证明双方当事人在造成停工、窝工方面责任大小的，可根据双方在合同履行中的过错程度以及各自所受损失的情况确定停工、窝工损失。实践中需要注意，因承包人原因导致施工合同无效，因发包人原因导致工程停工，如何处理责任承担的问题。笔者认为，解决该问题的关键是要正确界定损失与过错之间是否存在因果关系。无因果关系不应判定过错方承担赔偿责任。因此，即使是由于承包人的过错造成施工合同无效，但承包人停工是由于发包人的原因造成的，停工损失与合同效力无关，该责任就应当由造成实际损失的过错方承担。综上所述，因发包人原因导致停工、窝工的，发包人应对承包人的损失承担责任，但承包人也不应该盲目放任停工状态的持续，而应及时采取补救措施减少停工时间，避免损失扩大，否则对于扩大的损失，承包人须自行承担责任。

（三）承包人索赔范围的确定

《民法典》第804条规定："因发包人的原因致使工程中途停建、缓建的，发包人应当采取措施弥补或者减少损失，赔偿承包人因此造成的停工、窝工、倒运、机械设备调迁、材料和构件积压等损失和实际费用。"该法条

---

① 原《合同法》第60条对应《民法典》第509条第1款和第2款，原《合同法》第107条对应《民法典》第577条。

规定了因发包人原因导致工期顺延时，承包人享有的索赔权利，故笔者从以下两方面分析。

1. 对"发包人的原因"的理解

在工程建设过程中，发包人应当按照合同约定履行自己的义务，为承包人的建设工作提供必要的条件，保证工程建设顺利进行。如果因发包人的原因致使工程建设无法按照约定的进度进行，承包人可以停建或者缓建。此处的"发包人的原因"一般指下列情况：①发包人变更工程量；②发包人提供的设计文件等技术资料有错误或者发包人变更设计文件；③发包人未能按照约定及时提供建筑材料、设备或者工程进度款；④发包人未能及时进行中间工程和隐蔽工程条件的验收并办理有关交工手续；⑤发包人不能按照合同的约定保障建设工作所需的工作条件，致使工作无法正常进行等。若出现上述情形致使工程建设无法正常进行的，承包人可以停建、缓建，顺延工期，并及时通知发包人。承包人在停建、缓建期间，应当采取合理措施减少和避免损失，妥善保护好已完成工程和做好已购材料、设备的保护和移交工作，将自有机械和人员撤出施工现场；发包人应当为承包人的撤出提供必要的条件，同时应当采取必要措施，弥补或者减少损失，并排除障碍，使承包人尽快恢复建设工作。若承包人在施工中发现设计有错误和不合理之处，应当通知发包人，发包人在接到通知后，应当及时与设计单位研究确定修改意见或者变更设计，并及时将修订后的设计文件送交承包人。承包人应当将停建、缓建过程中，发生的经济支出和其他实际发生的费用向发包人提出报告。在审理此类案件时，是否支持承包人要求发包人赔偿损失的请求则需要查明工程中有无书面报告、监理单位的意见等，以分清责任。若认定系发包人的原因致使工程停建、缓建的，发包人应当承担违约责任，赔偿承包人在停建、缓建期间的损失，包括停工、窝工、倒运、机械设备调迁、材料和构件积压所造成的损失和实际发生的费用。

2. 承包人停工、窝工损失的赔偿范围

根据《民法典》第803条和《第八次全国法院民事商事审判工作会议（民事部分）纪要》第32条的规定，因发包人的原因造成承包人停（窝）工的，停（窝）工损失应当包括停（窝）工人员人工费、机械设备窝工费和因窝工造成设备租赁费用等停（窝）工损失。笔者认为，承包人的停工、窝工损失至少应当包括以下几方面。

（1）如果工程承包合同中约定由发包人提供原材料、设备，发包人应当按照约定的原材料、设备的种类、规格、数量、单价、质量等级，以及所提供时间、地点的清单，向承包人提供建设所需的原材料、设备及其产品合格证明。承包人与发包人应当一起对原材料、设备进行检验、验收后，由承包人妥善保管，发包人支付相应的保管费用。如果发包人未按照约定时间提供原材料、设备的，承包人可以中止施工并顺延工期，因此造成承包人停（窝）工损失的，由发包人承担损害赔偿责任。

（2）发包人应当按照约定的时间和数额，向承包人支付工程建设所需的资金。在建设工程施工中，由发包人提供的工程款主要包括预付款和工程进度款两种，具体可由当事人在建设工程施工合同中约定。预付款是指在开工前，发包人按照合同约定，预先支付给承包人用于购买合同工程所需的材料、工程设备，以及组织施工机械和人员进场等的款项。发包人未按照合同约定预付工程款的，承包人可以向发包人发出预付工程款通知。发包人在收到通知后仍不能按照要求预付工程款的，承包人可以停止工作并顺延工期，发包人应当从应付之日起向承包人支付应付款的利息，并赔偿因此造成承包人停工、窝工的损失。工程进度款是指在合同工程施工过程中，发包人按照合同约定对付款周期内承包人完成的合同价款给予支付的款项，也是合同价款期中结算支付。实践中，完成约定的工程部分后，由发包人确认工程量，以构成合同价款相应项目的单价和取费标准计算出工程价款，经发包人签字后支付。发包人在计算结果签字后的合理期限内仍未能按照要求支付工程款的，承包人可以向发包人发出支付工程款通知，发包人在收到通知后仍不能按照要求支付工程款的，承包人可以停止工作并顺延工期，发包人应当从应付工程款之日起向承包人支付价款利息，并赔偿因此造成的承包人停工、窝工损失。

（3）发包人提供施工现场、施工条件、基础资料。这是保证承包人进场正常施工的基本前提。施工现场，包括工程施工场地以及为保证施工需要的其他场地。发包人应当按照合同约定向承包人提供承包人施工操作、运输、堆放材料设备的场地，以及建设工程涉及的周围场地（包括一切通道）。施工条件应当根据工程特点及所处的施工环境确定，一般包括：施工用水、电力、通信线路等施工所必需的条件；施工设备和工程设备、材料及车辆等所需要的进入施工现场的交通条件；施工现场周围地下管线和邻近建筑物、构筑物、古树名木的保护；根据工程特点及施工环境所需要提供的其他设施和条件。发包人应当向承包人提供的基础资料，是指施工现场及工程施工所必需的毗邻区域内供水、排水、供电、供气、供热、通信、广播电视等地下管线资料，气象和水文观测资料，地质勘察资料，相邻建筑物、构筑物、地下工程的有关基础资料，并对所提供资料的真实性、准确性、完整性负责。按照法律规定确需在开工后方能提供的基础资料，发包人应尽其努力及时地在相应工程施工前的合理期限内提供，合理期限应以不影响承包人的正常施工为限。承包人必须按照国家规定的质量标准、技术规程和设计图纸、施工图等技术资料进行施工。故发包人应当按照合同约定的时间和份数向承包人提供符合约定要求的技术资料，包括勘察数据、设计文件、施工图纸以及说明书等。因发包人的原因未能按合同约定及时向承包人提供施工现场、施工条件、基础资料的，由发包人承担由此增加的费用和延误的工期。

（4）隐蔽工程，即地基、电气管线、供水供热管线等需要覆盖、掩盖的工程。如果隐蔽工程在隐蔽后发生质量问题，需要重新覆盖和掩盖的，会造成返工等重大损失。隐蔽工程质量往往涉及建筑工程主体结构等关键部位，根据《民法典》第798条的规定："隐蔽工程在隐蔽以前，承包人应当通知发包人检查。发包人没有及时检查的，承包人可以顺延工程日期，并有权要求赔偿停工、窝工等损失。"《建设工程安全生产管理条例》第30条规定："施工单位对因建设工程施工可能造成损害的毗邻建筑物、构筑物和地下管线等，应当采取专项防护措施。施工单位应当遵守有关环境保护法律、法规的规定，在施工现场采取措施，防止或者减少粉尘、废气、废水、固体废物、噪声、振动和施工照明对人和环境的危害和污染。在城市市区内的建设工程，施工单位应当对施工现场实行封闭围挡。"承包人在隐蔽工程隐蔽之前，应当先进行自检，自检合格后，负有通知发包人检查的义务。通知的内容包括自检记录、隐蔽的内容、检查时间和地点。发包人或其派驻工地代表接到通知后，应当在要求的时间内到达隐蔽现场，对隐蔽工程条件进行检查，检查合格的，发包人或其派驻工地代表在检查记录上签字，承包人检查合格后方可进行隐蔽工程。发包人检查发现隐蔽工程条件不合格的，有权要求承包人在一定期限内完善工程条件。承包人覆盖工程隐蔽部位后，发包人或监理人对质量有疑问的，可要求承包人对已覆盖的部分进行钻孔探测或揭开重新检查。承包人应遵照执行，并在检查后重新覆盖恢复原状。经检查证明工程质量符合合同要求的，由发包人承担因此增加的费用和延误工期，并支付承包人合理的利润；经检查证明工程质量不符合合同要求的，由此增加的费用和延误的工期由承包人承担。承包人未通知监理人到场检查，私自将工程隐蔽部位覆盖的，监理人有权指示承包人钻孔探测或揭开检查，无论工程隐蔽部位质量是否合格，由此增加的费用和延误的工期均由承包人承担。发包人在接到通知后，没有按期对隐蔽工程条件进行检查的，承包人应当催告发包人在合理期限内进行检查。因为发包人不进行检查，承包人就无法进行隐蔽施工，发包人未能及时进行检查的，承包人有权暂停施工。承包人可以顺延工期，并要求发包人赔偿因此造成的停工、窝工材料和构件积压等损失。

（四）发包人过错导致停工而未约定停工损失时的计算原则

1. 停工时间及损失的确定

停工时间的确定，不能简单地以停工状态的自然持续时间为准，而是应根据案件事实综合确定合理期间来作为停工时间。司法实践中，在认定停工损失（包括停工时间）的问题上，应遵循两个基本原则：①所发生的费用应是承包人履行合同所必需的和已经实际发生的；②承包人不应由于停工的发生而额外受益或额外受损，即对实际损失进行赔偿。

2. 减损规则的适用

《民法典》第591条规定的目的在于防止损失扩大。当事人一方违约，另一方应当采取积极措施，尽量减少损失。按照2017年版《建设工程施工合同（示范文本）》通用合同条款的约定，发包人不按合同约定支付工程款，停止施工超过56天，发包人仍不支付工程款（进度款），承包人有权解除合同。合同解除后，承包人应妥善做好已完工程和已购材料、设备的保护和移交工作，按发包人要求将自有机械设备和人员撤出施工场地。有过错的一方应当赔偿因合同解除给对方造成的损失。

3. 严格按照合同约定处理

根据民法的一般原理，合同当事人应当严格按照合同约定的权利义务全面实际地履行合同，在因履行合同发生纠纷时，也应严格按照合同约定加以处理，并本着诚实信用原则协商处理纠纷。因此，对于因故导致建设工程长期停工的，停工时间及停工后的处理等事项应当按照承包合同的约定执行。合同中未约定停工时间等事项的，当事人应当本着诚实信用的原则进行协商；当事人之间达不成协议的，发包人对于何时停工、是否撤场应当有明确的意见，并应当给予承包人合理的赔偿；承包人、分包人也不应盲目等待而放任停工损失的扩大，根据《合同法》第119条[1]之规定，其应当及时将有关停工事宜通知发包人，并采取适当措施如自行做好人员、机械的撤离等工作，以减少自身的损失。[2]

4. 符合日常生活经验

关于停工损失，许多承包人主张自停工之日时起至起诉时止，其在建筑工地上一直有留守人员看护机械设备，产生了数额较大的机械闲置费、租赁费、人工窝工费等，发包人对此应当予以赔偿。笔者认为，在调查有关事实的基础上，应当根据有关证据规定进行认定。《民事诉讼证据规定》第85条规定："人民法院应当以证据能够证明的案件事实为根据依法作出裁判。审判人员应当依照法定程序，全面、客观地审核证据，依据法律的规定，遵循法官职业道德，运用逻辑推理和日常生活经验，对证据有无证明力和证明力大小独立进行判断，并公开判断的理由和结果。"第88条规定："审判人员对案件的全部证据，应当从各证据与案件事实的关联程度、各证据之间的联系等方面进行综合审查判断。"在承包人提供有关停工损失的基础上，审判人员应当结合施工现场实际情况，进行全面审核。

---

[1] 原《合同法》第119条对应《民法典》第591条。
[2] 最高人民法院民事审判第一庭编：《民事审判指导与参考》（总第50辑），人民法院出版社2012年版，第184页。

## 第七章

# 建设工程质量

　　建设工程质量是建设工程施工合同中对建设工程的安全、适用、经济、美观等特性的综合要求的约定，但不得低于国家现行的有关法律、法规、技术标准。工程质量是工程建设的核心，是承包人、发包人共同的生命线，它关系到社会的公共安全和人民群众的生命财产安全。《建筑法》规定，建设工程勘察、设计、施工的质量必须符合国家有关建设工程安全标准的要求；建设单位不得以任何理由，要求建设设计单位或者建设施工企业在工程设计或者施工作业中，违反法律、行政法规和建设工程质量、安全标准，降低工程质量；建设设计单位和建设施工企业对建设单位违反上述规定提出的降低工程质量的要求，应当予以拒绝。国家对建设工程质量的管理体现为两个方面：一是工程质量监督制度，即设立建设工程质量监督机构，通过施工许可和竣工验收备案对建设工程进行监督；二是工程质量检测制度，即设立建设工程质量检测机构，通过对建设工程和建设构件、制品以及建设现场所用的有关材料、设备质量进行检测，达到对工程质量进行监督管理的目的。在建设工程施工合同中，承包人的主要义务就是完成合同约定的施工任务，向发包人交付合格的工程，承包人对其所建设的工程存在质量担保义务。《民法典》第801条明确规定："因施工人的原因致使建设工程质量不符合约定的，发包人有权请求施工人在合理期限内无偿修理或者返工、改建。经过修理或者返工、改建后，造成逾期交付的，施工人应当承担违约责任。"建设工程案件应牢牢把握工程质量是否合格这条主线，并以此对当事人之间的权利义务作出认定。

# 第一节　工程质量责任

　　建设工程的发包人、承包人、监理人均具有相应的质量管理责任。2017年版《建设工程施工合同（示范文本）》通用合同条款第5.2.1项约定："发包人应按照法律规定及合同约定完成与工程质量有关的各项工作。"通用合同条款第5.2.2项约定："承包人按照第7.1款〔施工组织设计〕约定向发包人和监理人提交工程质量保证体系及措施文件，建立完善的质量检查制度，并提交相应的工程质量文件。对于发包人和监理人违反法律规定和合同约定的错误指示，承包人有权拒绝实施。承包人应对施工人员进行质量教育和技术培训，定期考核施工人员的劳动技能，严格执行施工规范和操作规程。承包人应按照法律规定和发包人的要求，对材料、工程设备以及工程的所有部位及其施工工艺进行全过程的质量检查和检验，并作详细记录，编制工程质量报表，报送监理人审查。此外，承包人还应按照法律规定和发包人的要求，进行施工现场取样试验、工程复核测量和设备性能检测，提供试验样品、提交试验报告和测量成果以及其他工作。"通用合同条款第5.2.3项约定："监理人按照法律规定和发包人授权对工程的所有部位及其施工工艺、材料和工程设备进行检查和检验。承包人应为监理人的检查和检验提供方便，包括监理人到施工现场，或制造、加工地点，或合同约定的其他地方进行察看和查阅施工原始记录。监理人为此进行的检查和检验，不免除或减轻承包人按照合同约定应当承担的责任。监理人的检查和检验不应影响施工正常进行。监理人的检查和检验影响施工正常进行的，且经检查检验不合格的，影响正常施工的费用由承包人承担，工期不予顺延；经检查检验合格的，由此增加的费用和（或）延误的工期由发包人承担。"发包人在工程质量管理方面的法定义务，分别规定在相应的法律法规中，如选择有资质的设计人、监理人，不得压缩合理工期，不得使用未经审定的图纸等。承包人应该严格履行相应的合同义务，出现违约行为，承包人应当承担相应的违约责任。对于发包人和监理人错误的指示，承包人有拒绝的权利，这种权利也是相关法律法规赋予承包人的法定权利。承包人与监理人之间并没有合同关系，监理人是代表发包人进行工程施工监督。但是监理人监督、检查的权利不得影响承包人的正常施工，否则由发包人承担相关责任。监理人的检查和检验，并不免除或减轻承包人按照合同约定应当承担的质量责任，所以承包人在施工中不能因为有了监理人检查检验就不重视施工质量。建设工程竣工后，发包人应当根据施工图纸及说明书、国家颁发的施工验收规范和质量检验标准及时进行验收。验收合格的，发包人应当按照约定支付价款，并接收该建设工程。交付竣工验收的建设工程，必须符合规定的建设工程质量标准，有完整的工程技术经济资料和经签署的工程保修书，并具备国家规定的其他竣工条件。

## 一、工程质量标准

为确保建设工程公共安全，政府推行建设工程质量强制性国家标准。对此，应当从以下两方面理解。

### （一）工程质量认定的标准

2017年版《建设工程施工合同（示范文本）》通用合同条款第5.1.1项约定："工程质量标准必须符合现行国家有关工程施工质量验收规范和标准的要求。有关工程质量的特殊标准或要求由合同当事人在专用合同条款中约定。"由此，可以认为工程质量标准一般分为国家标准和当事人约定的特殊标准。除此之外，建设工程质量标准还存在行业标准，行业标准的质量应当要求高于国家标准，其不具有强制性，属于推荐性标准。

1. 国家标准和行业标准

工程建设标准，是国家建设主管部门或其他组织机构预先制定的可重复使用的具体规则或数值，旨在调整工程建设活动秩序。国家标准、行业标准是按照制定标准的机关不同划分。国家标准为强制性标准、推荐性标准。《标准化法》第2条第2款和第3款规定："标准包括国家标准、行业标准、地方标准和团体标准、企业标准。国家标准分为强制性标准、推荐性标准，行业标准、地方标准是推荐性标准。强制性标准必须执行。国家鼓励采用推荐性标准。"《标准化法实施条例》第2条规定："对下列需要统一的技术要求，应当制定标准：……（四）建设工程的勘察、设计、施工、验收的技术要求和方法；（五）有关工业生产、工程建设和环境保护的技术术语、符号、代号、制图方法、互换配合要求；……"《实施工程建设强制性标准监督规定》第 3 条规定："本规定所称工程建设强制性标准是指直接涉及工程质量、安全、卫生及环境保护等方面的工程建设标准强制性条文。国家工程建设标准强制性条文由国务院住房城乡建设主管部门会同国务院有关主管部门确定。"建设工程的勘察、设计、施工、验收的技术要求和方法应当符合国家性标准，对于建设工程直接涉及质量、安全、卫生及环境保护等方面必须符合强制性标准。

《民法典》第 799 条规定："建设工程竣工后，发包人应当根据施工图纸及说明书、国家颁发的施工验收规范和质量检验标准及时进行验收。验收合格的，发包人应当按照约定支付价款，并接收该建设工程。建设工程竣工经验收合格后，方可交付使用；未经验收或者验收不合格的，不得交付使用。"在建设工程的验收过程中，工程质量必须符合国家或者行业质量验收规范和标准，该验收规范和标准是国家强制性标准规范。《建筑工程施工质量验收统一标准》（GB 50300－2013）等规范统一了建设工程质量的验收方法、质量标准和程序。根据《建筑法》及《建设工程质量管理条例》的规定，工程质量国家标准分为合格和不合格两个等级，除了国家标准外，各地、各级行业协会还会制定行业标准。在建设工程领域，行业标准高于国家标准，属于推荐性标准。建设工程施工合同约定采取行业标准，在竣工验收时未达到约定的行业标准，但是达到国家标准的，依据《民法典》第 799 条的规定处理，不影响建设工程竣工验收合格，除非建设工程采取行业标准是基于特殊的使用目的，未达到行业标准致使不能实现合同目的。建设工程竣工验收合格，但是未达到行业标准，发包人可以按照《民法典》第 582 条的规定，根据标的的性质以及损失的大小，请求承包人承担修理、重作、减少价款等违约责任。此种民事责任在《建工解释（一）》亦有规定，即"因承包人的原因造成建设工程质量不符合约定，承包人拒绝修理、返工或者改建，发包人请求减少支付工程价款的，人民法院应予支持"。

2. 约定标准

双方当事人可以在合同中约定不低于国家标准的工程质量标准，若约定的工程质量标准低于国家标准，则约定无效，工程仍按照国家标准进行竣工验收。2017年版《建设工程施工合同（示范文本）》通用合同条款第1.4.1项约定："适用于工程的国家标准、行业标准、工程所在地的地方性标准，以及相应的规范、规程等，合同当事人有特别要求的，应在专用合同条款中约定。"通用合同条款第1.4.3项约定："发包人对工程的技术标准、功能要求高于或严于现行国家、行业或地方标准的，应当在专用合同条款中予以明确。除专用合同条款另有约定外，应视为承包人在签订合同前已充分预见前述技术标准和功能要求的复杂程度，签约合同价中已包含由此产生的费用。"通用合同条款第5.1.1项约定："工程质量标准必须符合现行国家有关工程施工质量验收规范和标准的要求。有关工程质量的特殊标准或要求由合同当事人在专用合同条款中约定。"建设工程施工合同中约定的建设工程质量标准不能低于国家标准中的强制性标准，低于该标准的约定无效；合同约定的质量标准高于国家规定的强制性标准的，应当认定该约定有效。对此，应当把握以下三个方面。第一，合同当事人未在专用合同条款中约定有关工程质量的特殊标准或要求，则应当按照国家标准和规范进行验收。第二，合同当事人在专用合同条款中约定的工程质量特殊标准或要求，低于国家标准的，则按照国家标准和规范进行验收；高于国家标准的，则按照当事人合同约定验收。第三，承包人应该在签订合同前，对工程所采用的技术标准和规范有充分的预见，并在报价时考虑满足技术标准和规范所需支出的费用以及对工期的影响，除专用合同条款另有约定外，签约合同价应被视为已经包含了适用更严格的技术标准、功能要求所需的费用。发包人在合同签订后，单方面对工程的技术标准、功能要求提出高于或严于合同约定的技术标准、功能要求的，由此增加的费用和延误的工期应由发包人承担，并应向承包人支付合理的利润。

（1）承包人未达到工程质量约定标准的赔偿责任。当事人约定的标准高于国家标准，即使承包人存在未按图施工、偷工减料等瑕疵，但建设工程符合国家标准，并不影响建设工程的竣工验收。在此情况下，承包人虽存在未按图施工、偷工减料等情形，但其仅是一种违约行为，发包人的合同目的基本能实现。因此，发包人不得主张解除合同，也不宜要求进行维修，但可以要求承包人承担减少价款的违约责任，即按质论价确定工程造价。

（2）施工合同无效，约定工程质量的处理。工程质量是建设工程的核心和生命线，事关社会公共安全和人民群众生命财产安全。承包人对工程质量负责，不仅是合同当事人约定的义务，而且还受到法律法规的强制性调整。建设工程施工合同的效力不影响承包人对工程质量责任的承担及相应保修义务的履行。《建工解释（一）》第6条规定："建设工程施工合同无效，一方当事人请求对方赔偿损失的，应当就对方过错、损失大小、过错与损失之间的因果关系承担举证责任。损失大小无法确定，一方当事人请求参照合同约定的质量标准、建设工期、工程价款支付时间等内容确定损失大小的，人民法院可以结合双方过错程度、过错与损失之间的因果关系等因素作出裁判。"建设工程施工合同无效，建设工程质量达到国家的强制性标准而未达到约定质量标准，且损失大小无法确定时，应当参照约定的质量条款，结合双方过错程度及过错与损害之间的因果关系，确定承包人应当赔偿发包人的损失。

（3）对"建设工程质量不符合约定"的理解。《建工解释（一）》第12条规定："因承包人的原因造成建设工程质量不符合约定，承包人拒绝修理、返工或者改建，发包人请求减少支付工程价款的，人民法院应予支持。"第14条规定："建设工程未经竣工验收，发包人擅自使用后，又以使用部分质量不符合约定为由主张权利的，人民法院不予支持；但是承包人应当在建设工程的合理使用寿命内对地基基础工程和主体结构质量承担民事责任。"以上两条司法解释均涉及"建设工程质量不符合约定"，笔者认为对此应从两方面理解。第一，建设工程质量不符合双方当事人在建设工程施工合同专用合同条款中有关工程质量的特殊标准和约定的要求。第二，"建设工程质量不符合约定"还应包括不符合国家对建设工程质量强制性的规范标准。例如，建设工程施工方不按照工程设计图纸和施工技术规范施工，建设工程施工方未按照工程设计要求、施工技术规范和合同约定，使用不合格的建筑材料、建筑构配件和设备造成的工程质量问题，建筑物在合理使用寿命内地基基础工程和主体结构的质量出现问题。

（二）工程质量认定机构

在建设工程施工中，工程质量的认定机构应在不同的施工阶段由不同的部门负责认定。在基础工程和主体结构施工过程中，由监理人在承包人自检合格的情况下对工程的各分项工程进行检查评定；评定合格的，由监理人代表发包人确认合格后，才允许进行下道工序的施工。在此阶段，如对质量问题存在争议，一般由设计、施工、监理、质监部门联合判定。基础工程和主体结构施工因为涉及建设工程的整体安全，由建设行政主管部门授权的机构对基础工程和主体结构的质量进行认证。但在工程竣工验收投入使用后，发包人对建设工程质量存在异议，如果发包人与承包人对工程质量能够达成一致的，则工程质量由发包人与承包人自行认定。工程竣工验收后，因工程质量纠纷，发包人已经将承包人起诉至人民法院，双方当事人对工程质量不能达成一致时，工程质量责任认定的举证责任分配原则为：发包人主张工程质量问题的，应提供关于工程质量问题的初步证据，如竣工验收记录、照片、现场勘察记录等；承包人予以否认的，应当提供反驳证据证明不存在这些质量问题或者这些质量问题并非承包人的原因所造成。人民法院根据发包人与承包人的举证不能确定工程质量的，应当由人民法院委托司法鉴定机构进行质量鉴定。关于司法鉴定的程序性规定在第九章中详述，本节不予赘述。

## 二、建设工程施工中材料、设备和构配件的质量保证

建设工程施工合同履行过程中，建设工程使用的建筑材料、建筑构配件和设备是建设工程质量合格的前提和保障。《建筑法》第 25 条规定："按照合同约定，建筑材料、建筑构配件和设备由工程承包单位采购的，发包单位不得指定承包单位购入用于工程的建筑材料、建筑构配件和设备或者指定生产厂、供应商。"《建筑法》第 59 条规定："建筑施工企业必须按照工程设计要求、施工技术标准和合同的约定，对建筑材料、建筑构配件和设备进行检验，不合格的不得使用。"《建设工程质量管理条例》第 14 条第 1 款规定："按照合同约定，由建设单位采购建筑材料、建筑构配件和设备的，建设单位应当保证建筑材料、建筑构配件和设备符合设计文件和合同要求。"

### （一）建设工程施工中材料、设备和构配件的提供

建设工程施工中材料、设备和构配件的供应，一般可以分为发包人供应

和承包人采购材料、工程设备两种供应方式。对此，2017 年版《建设工程施工合同（示范文本）》中分别用不同的条款予以规范。

1. 发包人供应

2017 年版《建设工程施工合同（示范文本）》通用合同条款第 8.1 款约定："发包人自行供应材料、工程设备的，应在签订合同时在专用合同条款的附件《发包人供应材料设备一览表》中明确材料、工程设备的品种、规格、型号、数量、单价、质量等级和送达地点。承包人应提前 30 天通过监理人以书面形式通知发包人供应材料与工程设备进场。承包人按照第 7.2.2 项〔施工进度计划的修订〕约定修订施工进度计划时，需同时提交经修订后的发包人供应材料与工程设备的进场计划。"发包人供应材料、设备和构件应当符合专用合同条款中的供应范围，供应前应当履行通知义务。

（1）对于发包人供应材料和工程设备，合同当事人应当在专用合同条款中《发包人供应材料设备一览表》就材料、工程设备的品种、规格、型号、数量、单价、质量等级和送达的地点以及其他合同当事人认为必要的事项作出明确的约定，以及约定发包人逾期供货时应当承担的责任。

（2）在发包人供货之前，承包人应提前通过监理人通知发包人及时供货，如因承包人不及时通知造成费用增加或工期延误，则应由承包人承担责任。反之，则应由发包人承担责任。专用合同条款中可以对承包人提前通知发包人供应材料与工程设备进场的时间作出特别约定。如果对施工进度计划进行修改，应当提供修改后的发包人供应材料和工程设备的进场计划，以便对供应计划作出调整。如果修订进场计划是由承包人的原因引起，则承包人应当承担发包人增加的费用。

2. 承包人采购材料与工程设备

根据 2017 年版《建设工程施工合同（示范文本）》通用合同条款第 8.2 款约定，承包人负责采购的材料、工程设备，承包人应当严格按照设计和有关标准及合同约定采购，并提供产品合格证明及出厂证明，对材料、工程设备质量负责。发包人指定生产厂家或供应商的，承包人有权对此拒绝，由此引发的费用及工期损失均由发包人承担。如承包人未予拒绝并使用发包人指定的材料和工程设备导致工程质量安全事故的，不能免除承包人责任，发包人在过错程度内也应当承担责任。

3. 材料与工程设备的接收与拒收①

2017 年版《建设工程施工合同（示范文本）》通用合同条款第 8.3.1 项约定："发包人应按《发包人供应材料设备一览表》约定的内容提供材料和工程设备，并向承包人提供产品合格证明及出厂证明，对其质量负责。发包人应提前 24 小时以书面形式通知承包人、监理人材料和工程设备到货时间，承包人负责材料和工程设备的清点、检验和接收。发包人提供的材料和工程设备的规格、数量或质量不符合合同约定的，或因发包人原因导致交货日期延误或交货地点变更等情况的，按照第 16.1 款〔发包人违约〕约定办理。"通用合同条款第 8.3.2 项约定："承包人采购的材料和工程设备，应保证产品质量合格，承包人应在材料和工程设备到货前 24 小时通知监理人检验。承包人进行永久设备、材料的制造和生产的，应符合相关质量标准，并向监理人提交材料的样本以及有关资料，并应在使用该材料或工程设备之前获得监理人同意。承包人采购的材料和工程设备不符合设计或有关标准要求时，承包人应在监理人要求的合理期限内将不符合设计或有关标准要求的材料、工程设备运出施工现场，并重新采购符合要求的材料、工程设备，由此增加的费用和（或）延误的工期，由承包人承担。"由上述约定可知，发包人和承包人对各自供应的材料和工程设备承担质量责任。发包人和承包人有权对对方供应的材料和工程设备进行质量检验，对检验不合格或不符合设计要求的材料、工程设备可以拒绝使用。

（1）对于发包人供应的材料和工程设备，发包人应当对质量负责，但承包人也应当依据法律规定和合同约定对材料履行清点、质量检验和接收工作负责。承包人尤其要重视和履行质量检验义务，如果发包人供应的材料、工程设备本身不合格而承包人未尽到合理的检验义务，从而导致发包人提供的不合格的材料和工程设备被用于工程，除发包人应对质量负责外，承包人也应当承担相应的责任。

---

① 《建筑工程施工合同（示范文本）GF - 2017 - 0201》编委会编著：《建设工程施工合同（示范文本）GF - 2017 - 0201 使用指南》，中国建筑工业出版社 2018 年版，第 151 页。

（2）对于发包人的供货行为，如果不符合合同约定，由此造成承包人费用增加或工期延误的，发包人应当承担违约责任。为避免因违约责任的标准产生争议，当事人应当在专用合同条款中就违约责任的标准作出明确的约定。

（3）承包人应对由其采购的材料和工程设备的质量负责，无论该材料和设备是否通过监理人检验，均不免除承包人的质量责任。因此，承包人应当保证采购的材料和工程设备或制造、生产的设备和材料符合设计要求、国家标准及合同约定。

（4）对于监理人，需严格按照设计要求和有关标准以及合同约定的标准对承包人材料和工程设备进行检验，如果监理人未能尽到合理的检验义务，导致承包人供应的不合格材料和设备被用于工程，监理人也应当承担相应责任。

4. 材料与工程设备的保管与使用

2017 年版《建设工程施工合同（示范文本）》通用合同条款第 8.4.1 项约定："发包人供应的材料和工程设备，承包人清点后由承包人妥善保管，保管费用由发包人承担，但已标价工程量清单或预算书已经列支或专用合同条款另有约定除外。因承包人原因发生丢失毁损的，由承包人负责赔偿；监理人未通知承包人清点的，承包人不负责材料和工程设备的保管，由此导致丢失毁损的由发包人负责。发包人供应的材料和工程设备使用前，由承包人负责检验，检验费用由发包人承担，不合格的不得使用。"通用合同条款第 8.4.2 项约定："承包人采购的材料和工程设备由承包人妥善保管，保管费用由承包人承担。法律规定材料和工程设备使用前必须进行检验或试验的，承包人应按监理人的要求进行检验或试验，检验或试验费用由承包人承担，不合格的不得使用。发包人或监理人发现承包人使用不符合设计或有关标准要求的材料和工程设备时，有权要求承包人进行修复、拆除或重新采购，由此增加的费用和（或）延误的工期，由承包人承担。"发包人提供的材料和工程设备，原则上由承包人负责保管，费用由发包人负责，但是发包人将材料和工程设备送至施工场地时应当通知承包人清点，否则承包人不承担保管责任。承包人对发包人提供的材料和工程设备有检验的义务，检验不合格的，不得使用。发包人对承包人提供的材料和工程设备，法律规定必须检验的，承包人应当检验，检验不合格的，不得使用。

5. 禁止使用不合格的材料和工程设备

2017 年版《建设工程施工合同（示范文本）》从发包人、监理人、承包人的角度对不合格材料和工程设备的使用进行了详细约定，旨在杜绝不合格材料和工程设备的使用。2017 年版《建设工程施工合同（示范文本）》通用合同条款第 8.5.1 项约定："监理人有权拒绝承包人提供的不合格材料或工程设备，并要求承包人立即进行更换。监理人应在更换后再次进行检查和检验，由此增加的费用和（或）延误的工期由承包人承担。"通用合同条款第 8.5.2 项约定："监理人发现承包人使用了不合格的材料和工程设备，承包人应按照监理人的指示立即改正，并禁止在工程中继续使用不合格的材料和工程设备。"通用合同条款第 8.5.3 项约定："发包人提供的材料或工程设备不符合合同要求的，承包人有权拒绝，并可要求发包人更换，由此增加的费用和（或）延误的工期由发包人承担，并支付承包人合理的利润。"不合格材料和设备直接影响到工程的质量、安全，禁止将不合格的材料和工程设备用于工程。对于施工单位提供的建设材料的使用，应当由监理工程师确认，未经监理工程师签字，建筑材料、建筑构配件和设备不得在工程上使用或者安装，施工单位不得进行下一道工序的施工。

（1）判断材料或工程设备的质量是否合格，一般应当以国家标准和行业标准、设计要求、合同要求为标准。如果发包人提供的材料或设备质量不合格，则禁止用于工程建设。发包人提供不合格的材料和设备且拒绝改正的，承包人有权就相应的部位停工，因停工增加的费用由发包人承担，工期予以顺延。发包人提供不合格的材料和设备属于违约行为，该违约行为产生的损失由发包人承担，包括增加的费用、延误的工期以及合理的利润。

（2）根据《建设工程监理规范》第 5.2.9 项规定："项目监理机构应审查施工单位报送的用于工程的材料、构配件、设备的质量证明文件，并应按有关规定、建设工程监理合同约定，对用于工程的材料进行见证取样，平行检验。项目监理机构对已进场经检验不合格的工程材料、构配件、设备，应要求施工单位限期将其撤出施工现场。工程材料、构配件或设备报审表应按本规范表 B.0.6 的要求填写。"对于承包人提供的建筑材料、工程设备，监理人有权审查质量证明资料或进行检验、抽检，承包人提供的不合格的建设材料、工程设备，监理人有权禁止在工程中使用。发包人、承包人和监理人，均应当在自身责任范围内做好材料和工程设备的质量监督管理工作，承包人明知发包人提供的材料、设备不合格而仍然使用，承包人应当对其过错承担相应的责任。

6. 样品

为了保证承包人提供的材料和工程设备符合工程设计和合同约定的标准，合同当事人应当在专用合同条款中对于需要承包人报送样品的材料或工程设备的种类、名称、规格、数量等要求予以明确。需要承包人报送样品，则应当参照 2017 年版《建设工程施工合同（示范文本）》通用合同条款第 8.6.1 项约定的程序提供样品。

（1）样品的报送与封存。2017 年版《建设工程施工合同（示范文本）》通用合同条款第 8.6.1 项约定："需要承包人报送样品的材料或工程设备，样品的种类、名称、规格、数量等要求均应在专用合同条款中约定。样品的报送程序如下：（1）承包人应在计划采购前 28 天向监理人报送样品。承包人报送的样品均应来自供应材料的实际生产地，且提供的样品的规格、数量足以表明材料或工程设备的质量、型号、颜色、表面处理、质地、误差和其他要求的特征。（2）承包人每次报送样品时应随附申报单，申报单应载明报送样品的相关数据和资料，并标明每件样品对应的图纸号，预留监理人批复意见栏。监理人应在收到承包人报送的样品后 7 天向承包人回复经发包人签认的样品审批意见。（3）经发包人和监理人审批确认的样品应按约定的方法封样，封存的样品作为检验工程相关部分的标准之一。承包人在施工过程中不得使用与样品不符的材料或工程设备。（4）发包人和监理人对样品的审批确认仅为确认相关材料或工程设备的特征或用途，不得被理解为对合同的修改或改变，也并不减轻或免除承包人任何的责任和义务。如果封存的样品修改或改变了合同约定，合同当事人应当以书面协议予以确认。"

（2）样品的保管。2017 年版《建设工程施工合同（示范文本）》通用合同条款第 8.6.2 项约定："经批准的样品应由监理人负责封存于现场，承包人应在现场为保存样品提供适当和固定的场所并保持适当和良好的存储环境条件。"

（二）试验与检验

工程的试验和检验包括在施工过程中对于材料、设备、构件和分部分项工程性能的检验和试验，也包括工程竣工验收以及工程竣工后的试验。建设工程施工过程中，试验与检验直接影响着工程质量，只有通过合法与科学的试验与检验手段才能为建设工程质量评价提供准确的、科学的依据。在工程监理过程中，试验与检验是一项重要的环节，也是对工程施工质量实施有效控制的重要手段之一。[①]

1. 试验设备与试验人员

2017年版《建设工程施工合同（示范文本）》通用合同条款第9.1.1项约定："承包人根据合同约定或监理人指示进行的现场材料试验，应由承包人提供试验场所、试验人员、试验设备以及其他必要的试验条件。监理人在必要时可以使用承包人提供的试验场所、试验设备以及其他试验条件，进行以工程质量检查为目的的材料复核试验，承包人应予以协助。"通用合同条款第9.1.2项约定："承包人应按专用合同条款的约定提供试验设备、取样装置、试验场所和试验条件，并向监理人提交相应进场计划表。承包人配置的试验设备要符合相应试验规程的要求并经过具有资质的检测单位检测，且在正式使用该试验设备前，需要经过监理人与承包人共同校定。"通用合同条款第9.1.3项约定："承包人应向监理人提交试验人员的名单及其岗位、资格等证明资料，试验人员必须能够熟练进行相应的检测试验，承包人对试验人员的试验程序和试验结果的正确性负责。"承包人按照专用合同条款的约定提供试验场所、试验设备。试验设备经检测符合要求，正式使用前由监理人与承包人共同校定。承包人应当编制并向监理人提交相应进场检验、试验的计划表。承包人应当向监理人提交能够进行检测和试验的机构名单和熟练进行相应检测试验人员的名单及岗位、资格等证明文件。承包人可以选择有资格能力的机构进行试验和检验，也可以自行进行检验和试验，但必须符合法

---

① 《建设工程施工合同（示范文本）GF－2017－0201》编委会编著：《建设工程施工合同（示范文本）GF－2017－0201使用指南》，中国建筑工业出版社2018年版，第161页。

律法规的规定，承包人对试验程序和试验结果的准确性和完整性负责。监理人进行试验的，承包人应当在试验场所、试验设备以及其他试验条件方面提供协助。

2. 取样

在施工过程中，对建设所用的原材料、半成品和成品，如水泥、水泥制品、砖瓦、墙体保温材料、墙体材料、钢筋等进行质量检验时，既要对其出厂合格证等随附资料和产品外观进行检查，也需要对产品本身抽样送检，以确定其质量是否符合国家标准和合同要求。在取样时，取样的方法和数量应当符合要求。《建设工程质量管理条例》第 31 条规定："施工人员对涉及结构安全的试块、试件以及有关材料，应当在建设单位或者工程监理单位监督下现场取样，并送具有相应资质等级的质量检测单位进行检测。"2017 年版《建设工程施工合同（示范文本）》通用合同条款第 9.2 款约定："试验属于自检性质的，承包人可以单独取样。试验属于监理人抽检性质的，可由监理人取样，也可由承包人的试验人员在监理人的监督下取样。"按照 2017 年版《建设工程施工合同（示范文本）》通用合同条款的规定，取样应当遵循以下程序。

（1）试验和检验的取样分为承包人自行取样和监理人抽检取样。承包人自行取样由承包人自行单独取样；监理人抽检取样由监理人自行取样或者在监理人监督下由承包人取样。

（2）参加见证取证的人员应当由建设单位或监理单位具备建设施工试验知识的专业技术人员担任，并由建设单位或者监理单位书面通知施工单位、检测单位、质量监督机构。取样见证人员应当具备相应的资格和能力，并保证取样见证的程序符合规定。

3. 材料、工程设备和工程的试验和检验

在以往的工程试验中，比较强调试验和检验方法的科学性，而忽视试验和检验方法的程序。但是，试验与检验的程序问题对于确保试验与检验结果的客观公正往往起着决定作用。2017 年版《建设工程施工合同（示范文本）》通用合同条款第 9.3.1 项约定："承包人应按合同约定进行材料、工程设备和工程的试验和检验，并为监理人对上述材料、工程设备和工程的质量检查提供必要的试验资料和原始记录。按合同约定应由监理人与承包人共同进行试验和检验的，由承包人负责提供必要的试验资料和原始记录。"通用合同条款第9.3.2项约定："试验属于自检性质的，承包人可以单独进行试验。试验属于监理人抽检性质的，监理人可以单独进行试验，也可由承包人与监理人共同进行。承包人对由监理人单独进行的试验结果有异议的，可以申请重新共同进行试验。约定共同进行试验的，监理人未按照约定参加试验的，承包人可自行试验，并将试验结果报送监理人，监理人应承认该试验结果。"通用合同条款第9.3.3项约定："监理人对承包人的试验和检验结果有异议的，或为查清承包人试验和检验成果的可靠性要求承包人重新试验和检验的，可由监理人与承包人共同进行。重新试验和检验的结果证明该项材料、工程设备或工程的质量不符合合同要求的，由此增加的费用和（或）延误的工期由承包人承担；重新试验和检验结果证明该项材料、工程设备和工程符合合同要求的，由此增加的费用和（或）延误的工期由发包人承担。"按照上述约定，材料、工程设备和工程的试验和检验应当遵循以下程序。

（1）承包人和监理人都有权对材料、工程设备、工程的质量进行试验和检验。对于材料、工程设备和工程的试验和检验的具体范围，应符合法律、法规、规章和工程规范等规定以及合同约定，对于没有规定和约定的，不需要进行材料、工程设备和工程的试验和检验。如果发包人或监理人指示的检验和试验范围超出法律与合同约定的范围，承包人应当实施，但是，由此增加的费用和延误的工期，由发包人承担。

（2）承包人自检的，由承包人单独完成，不需要通知监理人到场参与；监理人抽检的，监理人可以单独试验，也可以与承包人共同实施，承包人对监理人单独实施的试验结果有异议的，可以申请重新共同试验；承包人与监理人共同进行试验，监理人没有参加试验的，承包人可以自行试验，并将试验结果报送监理人，监理人不能以没有参加检验和试验为由拒绝承认试验结果。合同当事人可以在专用合同条款中增加试验通知义务、通知时限、通知内容等，以及相关时间要求。无论是承包人自检、监理人抽检、监理人与承包人检验或试验，主持与参与的单位和人员都应当严格遵守法律法规和部门规章的规定，遵守相应的操作规范，确保检验与试验的过程客观、严谨、有效、公正。

（3）关于监理人与承包人重新试验和检验产生的费用。重新试验和检验证明该项材料、工程设备、工程质量不符合合同要求的，增加的费用和（或）延误的工期由承包人承担；重新试验和检验结果证明该项材料、工程设备和工程符合合同要求的，由此增加的费用和（或）延误的工期由发包人承担。

4. 现场工艺试验

工艺是劳动者利用生产工具对各种原材料、半成品进行增值加工或处理，最终使之成为制成品的方法与过程。现场工艺的目的在于确定施工工艺是否成熟、安全、实用、稳定、可行。2017 年版《建设工程施工合同（示范文本）》通用合同条款第 9.4 款约定："承包人应按合同约定或监理人指示进行现场工艺试验。对大型的现场工艺试验，监理人认为必要时，承包人应根据监理人提出的工艺试验要求，编制工艺试验措施计划，报送监理人审查。"法律规定和合同约定的工艺试验，由承包人实施并承担费用和工期。监理人提出的超出法律和合同约定的工艺试验，承包人也应当实施，但承包人应当对此增加的费用和工期及时提出索赔。

### 三、发包人的工程质量责任

建设工程质量责任是指建设工程的参与者，包括建设单位、施工单位、监理单位等为保证建设工程达到国家规定的质量标准或合同约定的质量标准，在工程的各项工序中应当履行的职责。《民法典》第 803 条规定："发包人未按照约定的时间和要求提供原材料、设备、场地、资金、技术资料的，承包人可以顺延工程日期，并有权请求赔偿停工、窝工等损失。"所以，发包人未按照约定履行合同，也应当承担违约责任。2017 年版《建设工程施工合同（示范文本）》通用合同条款第 5.1.2 项约定："因发包人原因造成工程质量未达到合同约定标准的，由发包人承担由此增加的费用和（或）延误的工期，并支付承包人合理的利润。"因发包人原因造成工程质量未达到合同约定标准的情形主要包括：①发包人提供的设计有缺陷；②发包人提供或者指定购买的建筑材料、建筑构配件、设备不符合国家强制性标准；③发包人直接指定分包专业工程造成质量缺陷；④发包人肢解发包工程造成质量缺陷；⑤发包人将建设工程直接发包给不具有相应资质等级施工企业，造成质量缺陷等。如果承包人对工程质量不符合标准也有过错的，也要承担相应责任。如明知设计有缺陷未提出的；对发包人提供的建筑材料、建筑构配件、设备等使用前未按规定或约定检验的或在检验不合格情况下仍然使用的，承包人须根据过错程度承担相应的责任。

（一）发包人对工程质量承担过错责任

《民法典》第577条规定："当事人一方不履行合同义务或者履行合同义务不符合约定的，应当承担继续履行、采取补救措施或者赔偿损失等违约责任。"但是，这个条文中并没有出现"但当事人能够证明自己没有过错的除外"的字样，所以该条文被普遍认定为违约责任采取了严格责任原则。但《建工解释（一）》第13条规定："发包人具有下列情形之一，造成建设工程质量缺陷，应当承担过错责任：（一）提供的设计有缺陷；（二）提供或者指定购买的建设材料、建设构配件、设备不符合强制性标准；（三）直接指定分包人分包专业工程。承包人有过错的，也应当承担相应的过错责任。"该条司法解释确立了因发包人引起的建设工程质量缺陷责任，发包人承担的是过错责任。司法实践中，应当从以下五个方面确定发包人的过错。

1. 提供的设计有缺陷

建设工程主要分为勘察、设计、施工三个阶段，这三个阶段均有国家规定的安全标准、技术规范，只有这三个阶段依法、依规作业才能保证建设工程的质量。勘察、设计是整个建设工程质量的基础，如果勘察、设计的质量出现问题，建设工程的质量便无从保证。建设工程的设计是以勘察为基础的，发包人向设计人提供设计文件及勘察数据、说明书等资料，若勘察质量出现问题，则必然导致设计上的缺陷。勘察合同是指发包人与承包人就完成地理、地质状况的调查研究工作而达成的协议。设计合同是指发包人与承包人之间就建设项目决策或具体施工的设计工作达成的协议。设计分为两种：一种是初步设计，即在建设项目立项阶段，承包人为项目决策提供可行性资料的设计；另一种是施工设计，是在国家有关部门批准立项之后，承包人与筹建单位之间就具体施工而进行的设计。勘察、设计资料必须符合以下要求：①符合有关法律、行政法规的规定；②符合建设工程质量、安全的标准。建设工程质量、安全标准是指按照《标准化法》及有关行政法规的规定制定的保证建设工程质量和安全的国家标准和行业标准。国家标准和行业标准分为强制性标准和推荐性标准。国家有关建设工程安全的标准，是涉及保障人身、财产安全的标准，属于强制性标准；建设工程勘察、设计中的技术规范，其中属于强制性标准的，必须依照执行。

2. 提供或者指定购买的建筑材料、建筑构配件、设备不符合国家强制性标准

《民法典》第795条规定："施工合同的内容一般包括工程范围、建设工期、中间交工工程的开工和竣工时间、工程质量、工程造价、技术资料交付时间、材料和设备供应责任、拨款和结算、竣工验收、质量保修范围和质量保证期、相互协作等条款。"建筑材料、建筑构配件和设备不合格是造成建设工程质量问题的直接原因之一，控制建筑材料、建筑构配件和设备的质量，在一定程度上可以控制建设工程质量。2017年版《建设工程施工合同（示范文本）》通用合同条款第8.1款约定："发包人自行供应材料、工程设备的，应在签订合同时在专用合同条款的附件《发包人供应材料设备一览表》中明确材料、工程设备的品种、规格、型号、数量、单价、质量等级和送达地点。承包人应提前30天通过监理人以书面形式通知发包人供应材料与工程设备进场。承包人按照第7.2.2项〔施工进度计划的修订〕约定修订施工进度计划时，需同时提交经修订后的发包人供应材料与工程设备的进场计划。"通用合同条款第8.3.1项约定："发包人应按《发包人供应材料设备一览表》约定的内容提供材料和工程设备，并向承包人提供产品合格证明及出厂证明，对其质量负责。……"发包人提供建筑材料、建筑构配件和设备的，应当保证其符合设计文件和合同要求。发包人供应的材料设备使用前，由承包人负责检验或试验，不合格的不得使用，并通知发包人予以退换。

3. 直接指定分包专业工程

一般来说，分包工程是指总承包人拿到建设工程后，再将部分工程分包给其他承包人。所谓建设工程的分包，是指对建设工程实行总承包的单位，

将其总承包的工程项目的某一部分或某几部分，自行发包给其他的承包人，总承包合同的承包人即成为分包合同的发包人。在指定分包模式下，总承包人是否就分包工程质量承担责任，主要是看总承包人有无将指定分包工程纳入总包管理的范围，总承包人是否收取总包管理费，并对分包人的分包工程承担责任。《建筑法》第29条第2款规定："建筑工程总承包单位按照总承包合同的约定对建设单位负责；分包单位按照分包合同的约定对总承包单位负责。总承包单位和分包单位就分包工程对建设单位承担连带责任。"如果总承包人按总承包合同约定将指定分包纳入总包管理范畴，则总承包人应对指定分包质量负责；如果总承包人按总包合同约定只对指定分包承担配合义务，而非管理义务，则总承包人无须对指定分包施工质量承担责任。总承包人配合义务包括总承包人向指定分包提供材料堆场、水电接口、施工区域内道路、脚手架、施工电梯、办理竣工资料等。总承包人只承担配合义务，意味着指定分包质量由业主方直接管理，总包人对分包单位的质量不对业主承担责任。

4. 肢解发包建设工程

《建筑法》第24条第1款规定："提倡对建筑工程实行总承包，禁止将建设工程肢解发包。"《建设工程质量管理条例》第7条第2款规定："建设单位不得将建设工程肢解发包。"所以，发包人肢解分包是法律严格禁止的。在工程建设中，应当由一个承包单位整体承包的工程，肢解分包给几个承包单位，使得整个工程建设在管理和技术上缺乏应有的统筹和协调，严重影响工程建设的质量。虽然，建设工程的发包人是采取总承包方式还是单项工程承包方式，可以由发包人根据实际情况自行确定，但无论采取哪种承包形式都应当遵守禁止肢解发包的规定，即不得将应当由一个承包人完成的建设工程肢解成若干部分，并发包给几个承包人。因此，发包人将应当由一个承包人完成的建设工程肢解成若干部分发包给几个承包人，属于肢解发包。因肢解发包造成建设工程出现质量瑕疵，发包人应当承担建设工程质量瑕疵责任。①

---

① 最高人民法院民事审判第一庭编著：《最高人民法院建设工程施工合同司法解释的理解与适用》，人民法院出版社2015年版，第103页。

5. 发包人过错责任中的承包人过错相抵

《建工解释（一）》第13条中确定了发包人在建设工程质量存在瑕疵时承担过错责任，发包人的过错主要体现在：提供的设计有缺陷；提供或者指定购买的建筑材料、建筑构配件、设备不符合国家强制性标准；肢解发包建设工程，直接指定分包人分包专业工程等方面。建设工程施工的履行是发包人和承包人相互协助的结果，对于建设工程施工违约的损害结果往往是承包人和发包人共同过错的结果。在建设工程施工合同发包人质量瑕疵过错责任的基础上，确立了承包人过错相抵原则，扣减发包人相应的责任。建设施工企业必须按照工程设计要求、施工技术标准和合同的约定，对建筑材料、建筑构配件和设备进行检验，不合格的不得使用。笔者认为，应当从三方面判断承包人是否存在过错：一是承包人明知建设单位提供的工程设计及施工图纸有问题或者在建设施工中发现设计文件和施工图纸有差错，而没有及时提出意见和建议，并继续进行施工的；二是对建设单位提供的建筑材料、建筑构配件、设备和商品混凝土等未按照法规、规章的程序进行检验，或进行检验不合格仍予以使用的；三是对建设单位提出的违反法律、行政法规和建设工程质量、安全标准，降低工程质量要求，承包人不予拒绝，而进行施工的。建设工程承包人只要具有上述情形时就可认定其有过错，承担责任时承发包双方可以适用过错相抵原则。

（二）发包人未经竣工验收擅自使用的责任

《建筑法》第61条第2款规定："建筑工程竣工经验收合格后，方可交付使用；未经验收或者验收不合格的，不得交付使用。"该法条中的竣工验收，是指建设工程全部建成后为检查工程质量而进行的一项工作程序，也是建设过程中最后一个工序，是全面考核基本建设工作，检查是否合乎设计要求和工程质量的重要环节，是建设工程从建设生产转入使用的一个重要的标志，凡是交付使用的建设工程必须经过这一环节。所以，竣工验收合格是建设工程投入使用的前提，建设工程未经验收或者验收不合格的，不得交付使用。但是，在实践中经常存在建设工程未经竣工验收或者验收未通过的情况下，发包人擅自或强行使用，使用后又以工程质量对抗工程价款的现象。此种情况的出现引发了建设工程交付后风险责任转移的问题。为了解决实践中出现的这个问题，《建工解释（一）》第14条规定："建设工程未经竣工验收，发包人擅自使用后，又以使用部分质量不符合约定为由主张权利的，人民法院不予支持；但是承包人应当在建设工程的合理使用寿命内对地基基础工程和主体结构质量承担民事责任。"该条司法解释从规则设计上解决了发包人擅自使用未经竣工验收的建设工程，又以使用部分质量不符合约定抗辩工程款的问题，其中建设工程未经验收还应包括建设工程验收不合格的情况，但建设工程涉及公共安全的地基基础工程和主体结构的质量问题又规定了例外的规则。

在建设工程未经过竣工验收或者验收未通过的情况下，擅自或强行使用，即可视为发包人对建设工程质量是认可的，或者虽然工程质量不合格，但其自愿承担质量责任。发包人使用未经验收的工程，其应当预见工程质量可能会存在质量问题，而且使用验收不合格的建设工程就更直接说明发包人对不合格工程予以认可。随着发包人的提前使用，其工程质量责任风险也由施工单位转移至发包人，而且工程交付的时间，也可认定为发包人提前使用的时间。建设工程的质量责任原则上是由施工方承担的，建设工程出现质量责任，施工单位应当具有法定的返工义务，但是这种义务是建立在建设单位不提前使用该工程的前提下，一旦建设单位提前使用了该建设工程，施工单位对于质量瑕疵的返工责任予以免除。笔者认为，发包人未经验收或验收不合格擅自使用的法律后果，应当从以下几方面进行掌握。

1. 发包人使用未经验收的建设工程，对擅自使用的部分出现质量问题自行承担责任

建设工程的交付使用是以竣工经验收合格为前提的，未经验收或者验收不合格的，不得交付使用。建设工程未经竣工验收包括两种情况：一种是发包人未组织竣工验收；另一种是发包人组织竣工验收，但竣工验收不合格。建设工程验收合格表明建设工程的承包人按照合同约定履行了义务，也可以说没有经过竣工验收的建设工程，是未完成的工程，交付使用的建设工程都必须经过竣工验收这一环节。建设单位在建设工程具备竣工验收条件时应当及时组织验收，没有经过竣工验收或者验收未通过的，发包人不得提前使用。

在建设工程未经过竣工验收或者验收未通过的情况下，发包人应当预见工程质量可能会存在问题，但发包人依旧擅自使用，即可视为发包人对建设工程质量是认可的，即使工程质量实际不合格，但其自愿承担质量责任。随着发包人的提前使用，其工程质量责任风险也由施工单位转移至发包人。此时，发包人擅自使用未经竣工验收的建设工程不得又以使用部分质量不符合约定为由主张权利。此处的"主张权利"既包括积极的解除合同、质量索赔，也包括消极的不支付工程款。

2. 发包人仅对擅自使用的部分自行承担工程质量责任

随着发包人的提前使用，其工程质量责任风险也由施工单位转移至发包人，而且工程交付的时间，也可认定为发包人提前使用的时间。但发包人应当仅限于对擅自使用的部分建设工程自行承担质量责任，对于发包人未使用的建设工程，仍然应当由承包人承担质量责任。工程质量责任是承包人依照法律、行政法规的规定承担的法定责任，基于此对工程质量责任的免除应该严格限制，不应作扩大性的解释。建设工程的项目范围或者规模有大有小，笼统地扩大发包人的质量责任范围有违公平原则。

3. 承包人对地基基础工程和主体结构在合理使用寿命内承担民事责任

（1）承包人对地基基础工程和主体结构的工程质量责任不因工程的竣工验收或发包人擅自使用而免除。所谓建筑物的地基，是指支承由基础传递的上部结构荷载的土体或岩体。建筑物的主体结构是指在建设中，由若干构件连接而成的能承受作用的平面或空间体系。建筑物的地基基础工程和主体结构工程是建设工程的重要组成部分，为保证建设工程的安全和正常使用，建筑物的地基及组成地基的地层都不能因任何因素发生破坏、变形，主体结构要具备足够的强度、刚度、稳定性，来承受建筑物上的各种荷载。建设工程的地基基础工程和主体结构一旦出现质量问题，将无法保证建设工程的质量，建筑物不具有安全使用的性能。所以，建设工程的地基基础工程和主体结构的质量是政府质量监督的重要内容，也是建设单位或监理单位检查的重点。《建筑法》第60条第1款规定："建筑物在合理使用寿命内，必须确保地基基础工程和主体结构的质量。"该法律条文是法律强制性规定，所有建设工程必须确保地基基础工程和主体结构质量在建筑物合理使用寿命内不能出现问题。无论建设工程是否经过验收、发包人是否擅自使用，如果建设工程在合理使用寿命内，地基基础工程和主体结构质量出现问题，则承包人仍然要承担责任。地基基础工程和主体结构的工程质量责任是承包人的法定义务，该义务不是因建设工程是否擅自使用就予以免除，即使建设工程已经验收合格，承包人依然对建设工程的地基基础和主体结构在合理使用寿命内承担质量责任。此外"承包人应当在建设工程的合理使用寿命内对地基基础工程和主体结构质量承担民事责任"会给人造成一种误解，即除了对"地基基础工程和主体结构质量承担民事责任"外，对其他质量问题就可以不负任何民事责任。擅自使用未经验收的工程即视为工程已竣工验收，因此与竣工验收后的法律后果相同，即承包人仍应承担保修期间内的保修责任。[1]

（2）承包人对地基基础工程和主体结构的工程质量责任期限为建筑物的合理使用寿命。《建工解释（一）》第14条规定："……承包人应当在建设工程的合理使用寿命内对地基基础工程和主体结构质量承担民事责任。"该司法解释规定承包人必须确保地基基础工程和主体结构质量在建筑物合理使用寿命内不能出现问题，这是承包人依照法律规定必须履行的工程质量保证义务，如果出现问题，承包人就必须承担民事责任。关于"合理使用寿命"问题，建筑物的合理使用寿命即设计年限，一般是指建筑物的设计单位按设计的建筑物的地基基础和主体结构形式、施工方式和工艺等技术条件所确定的保证该建筑物正常使用的最低年限。地基基础工程和主体结构发生质量缺陷的，应首先确定该建筑物的合理使用寿命。已有确定年限的，以该年限为准；无确定年限的，由原设计单位或有权确认的部门确定，并按此确定的年限为准。关于合理使用寿命，根据2019年《民用建筑设计统一标准》（GB 50532 – 2019）第3.2款的规定，临时性建筑设计使用寿命为5年；易于替换结构构件的建筑设计使用寿命为25年；普通建筑和构筑物设计使用寿命为50年；纪念性建筑和特别重要的建筑设计使用寿命为100年。

4. 发包人擅自使用建设工程，不免除承包人的保修责任

在司法实践中，有观点认为，《建工解释（一）》第14条中规定"建设

---

[1] 李玉生主编：《建设工程施工合同案件审理指南》，人民法院出版社2019年版，第196页。

工程未经竣工验收，发包人擅自使用后，又以使用部分质量不符合约定为由主张权利的，人民法院不予支持"，应当扩展到承包人的质量保证责任——发包人擅自使用未经验收或验收不合格建设工程，除地基基础和主体结构外，免除承包人的保修责任。笔者不认同以上观点，质量保证责任和保修责任是两个不同的法律概念，《建工解释（一）》第 14 条中规定的发包人擅自使用，不得再行主张权利，仅仅适用于承包人质量保证责任的免除，不应当扩大适用到质量保修责任。发包人擅自或强行使用建设工程的，对于发包人来说可视为对建设工程质量的认可，或者虽然工程质量不合格，但其自愿承担质量责任。在法律后果上，发包人对工程质量的认可会导致承发包双方对建设工程结算的进行，发包人不得再以工程质量不合格对抗给付工程款，但不产生质量保证责任的免除。发包人对工程竣工验收负有组织义务，其未组织验收即擅自使用工程，在一定意义上可以视为工程验收合格，发包人擅自使用工程之日即为工程验收合格之日，开始计算保修期，承包人在保修期内承担质量保修责任。[①]

### 四、承包人的工程质量责任

《民法典》第 801 条规定："因施工人的原因致使建设工程质量不符合约定的，发包人有权请求施工人在合理期限内无偿修理或者返工、改建。经过修理或者返工、改建后，造成逾期交付的，施工人应当承担违约责任。"《建工解释（一）》第 12 条规定："因承包人的原因造成建设工程质量不符合约定，承包人拒绝修理、返工或者改建，发包人请求减少支付工程价款的，人民法院应予支持。"《民法典》第 801 条是建设工程承包人工程质量责任的立法基础。《建工解释（一）》第 12 条规定是针对建设工程还未交付使用时出现的质量问题的具体处理方式。需要说明的是，此规定是针对建筑工程还未交付使用（包括在建工程）出现的质量问题应如何处理的规定。如果建设工程已竣工验收交付使用后，出现了质量问题，则应当依照建设工程保修的有

---

[①]　陈旻：《建设工程案件审判实务与案例精析》，中国法制出版社 2014 年版，第 226 页。

关规定进行处理。① 但是建设工程的地基基础工程和主体结构的工程质量责任不限定在工程竣工之前，而是在建设工程合理使用寿命之内施工人均承担工程质量责任。2017 年版《建设工程施工合同（示范文本）》通用合同条款第 5.1.3 项约定："因承包人原因造成工程质量未达到合同约定标准的，发包人有权要求承包人返工直至工程质量达到合同约定的标准为止，并由承包人承担由此增加的费用和（或）延误的工期。"承包人对工程质量负责属于法定责任。因承包人原因造成工程质量未达到合同约定标准的情形有：①承包人偷工减料；②未按照工程设计图纸或者施工技术标准施工；③使用不合格的建筑材料、建筑构配件和设备；④承包人不具备相应施工资质；⑤转包、违法分包、挂靠等不规范经营行为；⑥因资金、技术、管理不到位造成工程质量未能达到约定标准等。

（一）承包人对建设工程质量承担过错责任

《建工解释（一）》第 12 条规定："因承包人的原因造成建设工程质量不符合约定，承包人拒绝修理、返工或者改建，发包人请求减少支付工程价款的，人民法院应予支持。"该条司法解释是关于因承包人的原因造成建设工程质量不符合约定的处理规则，应当从以下四个方面理解：①承包人不按照工程设计图纸和施工技术规范施工，或承包人明知建设单位提供的工程设计有问题或者在建设施工中发现设计文件和图纸有差错，没有及时提出意见和建议，继续进行施工的；②承包人未按照工程设计要求、施工技术标准和合同的约定，对建筑材料、建筑构配件和设备进行检验，使用不合格的建筑材料、建筑构配件和设备；③建筑物地基基础工程和主体结构的质量责任在工程的合理使用寿命之内，屋顶、墙面出现渗漏、开裂等在竣工验收之前为质量责任；④施工方案存在缺陷时，工程质量责任的承担。

1. 对"建设工程质量不符合约定"的理解

建设工程质量不合格，是指单位工程的竣工验收、分部分项工程检验不符合国家规定的强制性规定标准的合格要求。建设工程质量不合格与"建设工程

---

① 最高人民法院民事审判第一庭编著：《最高人民法院新建设工程施工合同司法解释（一）的理解与适用》，人民法院出版社 2021 年版，第 113 页。

质量不符合约定"是两个概念。《民法典》第801条及《建工解释（一）》第12条均是以承包人的原因造成"建设工程质量不符合约定"，承包人应当承担民事责任。此处"建设工程质量不符合约定"应作广义理解，它不仅包括工程质量不符合双方当事人合同约定标准，还应包括不符合国家对建设工程质量强制性的规范标准等情形。① 建设工程质量责任中承包人的质量责任是以"建设工程质量不符合约定"为前提的。当合同约定的质量标准高于行业统一的合格标准时，如果工程质量已经达到质量合格的标准，但没有达到高于合格质量标准的约定质量标准，此时发包人也不可以解除合同。施工单位对建设工程承担的质量责任，仅是对发包人承担违约赔偿责任。建设工程实践中，建设工程质量问题主要表现在以下四方面。

（1）建设工程施工方不按照工程设计图纸和施工技术规范施工造成的工程质量问题。建设工程施工图纸和施工技术规范是保证工程质量的基本前提，也是划分责任的重要依据。比如施工方在工序方面缺少重要环节，甚至擅自修改图纸进行施工。

（2）建设施工方未按照工程设计要求、施工技术规范和合同约定对建筑材料、建筑构配件和设备进行检验，使用不合格的建筑材料、建筑构配件和设备造成的工程质量问题。

（3）建筑物在合理使用寿命内，地基基础工程和主体结构的质量出现问题；建设工程竣工时，屋顶、墙面有渗漏、开裂等问题，均应由承包人承担质量责任。

（4）其他工程质量缺陷。具体应包括：地面、楼面、门窗工程等出现的问题；室内地坪空鼓开裂、起沙，厕所、厨房、盥洗室地面泛水、积水，阳台积水漏水等质量问题；电气管线、上下水管线安装工程的质量问题，电气的线路、开关、电表的安装，电气照明器具的安装，给水管道、排水管道的安装等出现的问题，供热、供冷系统工程质量问题等。

2. 承包人建设工程质量责任过错的认定

在《民法典》中违约人承担违约责任不以违约人主观上是否有过错为前

---

① 最高人民法院民事审判第一庭编著：《最高人民法院新建设工程施工合同司法解释（一）理解与适用》，人民法院出版社2021年版，第130页。

提。《民法典》第 577 条规定："当事人一方不履行合同义务或者履行合同义务不符合约定的，应当承担继续履行、采取补救措施或者赔偿损失等违约责任。"合同一方当事人只要客观上不履行合同义务或者履行合同义务不符合合同约定，对方当事人就有权请求违约方依照合同约定的违约金条款承担违约责任，而并不以违约方的主观过错作为其承担违约金责任的构成要件，学界认为这是采取了严格责任原则。但是，对于建设工程施工合同中承包人违约的归责原则适用过错原则。工程建设涉及主体比较多、工艺流程复杂，施工过程中造成建设工程质量不符合合同约定的原因多种多样，只要是承包人不能举证证明移交的建设工程质量与合同约定不一致就应承担违约责任，除非承包人能够证明造成建设工程质量不符合合同约定的原因不可归责于自己。

3. 承包人承担工程质量责任的主要情形

（1）建设工程承包人不按照工程设计图纸和施工技术规范施工，或承包人明知建设单位提供的工程设计有问题或者在建设施工中发现设计文件和图纸有差错，没有及时提出意见和建议，继续进行施工的。《建筑法》第 58 条规定："建筑施工企业对工程的施工质量负责。建筑施工企业必须按照工程设计图纸和施工技术标准施工，不得偷工减料。工程设计的修改由原设计单位负责，建筑施工企业不得擅自修改工程设计。"建设工程的施工是以工程设计图纸、施工技术规范及施工说明为前提的，严格按照工程设计图纸、施工技术规范及施工说明进行施工是建设工程质量得以保证的重要前提。承包人不按照工程设计图纸和施工技术规范施工是判断承包人主观过错的重要方面。在建设施工实践中，承包人为了谋取非法利益偷工减料、以次充好、不按照规范施工，甚至还存在擅自修改工程设计的行为，严重影响了建设工程的质量和安全，造成事故隐患。承包人不按照工程设计图纸和施工技术规范施工很明显属于承包人未履行合同义务，主观上具有造成工程质量责任的过错。

（2）承包人未按照工程设计要求、施工技术标准和合同的约定，对建筑材料、建筑构配件和设备进行检验，使用不合格的建筑材料、建筑构配件和设备。承包人对发包人提供的建筑材料、建筑构配件、设备以及商品混凝土，承包人未经检验或者检验不合格仍予以使用的，造成工程质量不合格，应当承担工程质量责任。《建设工程质量管理条例》第29条规定："施工单位必须按照工程设计要求、施工技术标准和合同约定，对建筑材料、建筑构配件、设备和商品混凝土进行检验，检验应当有书面记录和专人签字；未经检验或者检验不合格的，不得使用。"建筑材料、建筑构配件和设备不合格是造成建设施工质量问题的直接原因之一，确立建筑材料、建筑构配件和设备质量的复检制度是保证施工质量的有效途径。施工过程中的建筑材料、建筑构配件和设备可能是发包人负责提供，也可能是发包人指定承包人负责采购，或是承包人自行采购，但无论是哪种形式，承包人均负有法定的复检义务。如果承包人不履行复检义务，甚至明知建筑材料、建筑构配件和设备质量不合格，依然使用，导致工程质量责任事故，那么可以认定承包人对工程质量责任存在过错。

（3）建筑物地基基础工程和主体结构的质量责任在工程的合理使用寿命之内，屋顶、墙面出现渗漏、开裂等在竣工验收之前为质量责任。《建筑法》第60条规定："建筑物在合理使用寿命内，必须确保地基基础工程和主体结构的质量。建筑工程竣工时，屋顶、墙面不得留有渗漏、开裂等质量缺陷；对已发现的质量缺陷，建筑施工企业应当修复。"该法条对工程质量责任的范围进行了说明，地基基础工程和主体结构的工程质量责任期限是建筑物的合理使用寿命时限，除此之外的如屋顶、墙面渗漏、开裂等质量缺陷的工程质量责任期限是在竣工验收合格之前，竣工验收后产生的责任为保修责任。建筑物的地基基础工程和主体结构工程是建设工程最重要的部分，不仅可以保证建设工程在设计寿命中的正常使用，而且涉及公共安全，所以建筑物的地基基础工程和主体结构工程质量同建筑物整体结构质量密切相关。在建筑工程的质量问题中，除地基基础工程和主体结构以外的工程质量责任，如房屋屋顶渗漏、墙面开裂等，出现了这类质量问题时，若承包人拒绝维修和返工，则发包人可以选择减少工程价款。但若是地基基础工程和主体结构出现工程质量问题，则承包人只能维修和返工以达到合同约定的工程质量，发包人不可以选择减少工程价款。但工程质量责任是截止于竣工验收，如果工程竣工验收后出现了以上问题，应当属于质量保修责任，不属于工程质量责任的范围。发包人不能以工程质量保修责任为由减少或拒绝支付工程款。

（4）施工方案存在缺陷时，工程质量责任的承担。建设工程的施工方案一般由承包人负责制订，发包人确认，承包人组织实施。如施工方案存在瑕疵导致工程质量责任，责任如何承担往往各执一词。笔者认为，如果发包人未参与施工方案的制订，仅是同意并在施工方案上签字，原则上主要由承包人承担质量责任；如果发包人参与了施工方案的制订，或者与承包人一起共同制订方案，则双方均应承担相应的责任。

（二）承包人工程质量责任的返修义务及法律后果

根据《建筑法》第60条及《建设工程质量管理条例》第32条[①]规定可知，无论是地基基础工程和主体结构的工程质量责任，还是屋顶、墙面渗漏、开裂等的工程质量责任，承包人违反工程质量责任的法律后果都是承担返修的义务。所以，承包人工程质量责任的承担形式为，对已发现的工程质量缺陷无偿修理、返工及改建等，以达到约定的质量要求和标准。若承包人不履行该法律义务，根据《建工解释（一）》第12条的规定，发包人可以请求减少工程价款或者让承包人支付合理修复费用，在建设工程验收合格前，发包人有权拒付工程款。其中，发包人请求减少支付的工程价款或请求承包人支付的修理费用数额，一般就是工程质量修复所实际发生的费用，包括对原不合格工程进行拆除、重新返工、修复的建筑材料、机械设备及人工费用等。承发包双方达不成一致意见时，可采用对质量修复费用进行鉴定的方法予以确定。《河北省建工审理指南》第39条规定："因承包人的过错造成建设工程质量不符合约定，发包人能够证明已经履行了通知义务，承包人拒绝修理、返工或者改建，发包人请求减付工程价款的，可以将发包人因修理、返工或重建而支付的费用在工程款中予以扣减。"

（三）建设工程施工合同主体之间对工程质量问题承担连带责任

建设工程施工合同主体分为合法的主体及非法的主体。合法的主体，如承包人、分包人；非法的主体，如转承包人、违法分包合同的承包人、挂靠人。在建设工程施工总承包中，一般将建设施工专业工程及劳务作业部分予

---

① 《建设工程质量管理条例》第32条规定："施工单位对施工中出现质量问题的建设工程或者竣工验收不合格的建设工程，应当负责返修。"

以分包，这是最常见的合法建设工程施工分包，但是在建设工程施工中转包、违法分包、挂靠等违法行为也屡见不鲜。建设工程中无论施工主体是否合法，均可能因工程质量责任纠纷承担相应的民事责任。

1. 建设工程质量责任纠纷中，施工主体的诉讼地位

《建工解释（一）》第15条规定："因建设工程质量发生争议的，发包人可以以总承包人、分包人和实际施工人为共同被告提起诉讼。"本条中的"实际施工人"与总承包人、分包人是并列的，其指向的对象与狭义的总承包人、分包人概念不同，专指非法转包和违法分包的承包人。① 从最高人民法院的司法解释来看，《建工解释（一）》第15条规定中工程质量责任的诉讼主体不包括挂靠人。《建筑法》第29条第2款规定："……总承包单位和分包单位就分包工程对建设单位承担连带责任。"《建筑法》第66条规定："建筑施工企业转让、出借资质证书或者以其他方式允许他人以本企业的名义承揽工程的，责令改正，没收违法所得，并处罚款，可以责令停业整顿，降低资质等级；情节严重的，吊销资质证书。对因该项承揽工程不符合规定的质量标准造成的损失，建筑施工企业与使用本企业名义的单位或者个人承担连带赔偿责任。"针对挂靠产生的质量责任问题，《建工解释（一）》第7条规定："缺乏资质的单位或者个人借用有资质的建设施工企业名义签订建设工程施工合同，发包人请求出借方与借用方对建设工程质量不合格等因出借资质造成的损失承担连带赔偿责任的，人民法院应予支持。"通过以上法律、司法解释的梳理，建设工程质量责任纠纷中，承包人、分包人、转承包人、违法分包合同的承包人、挂靠人对质量责任损失承担连带责任。关于挂靠人的诉讼地位，《民事诉讼法解释》第54条规定："以挂靠形式从事民事活动，当事人请求由挂靠人和被挂靠人依法承担民事责任的，该挂靠人和被挂靠人为共同诉讼人。"所以，从诉讼程序设计来看，建设工程质量纠纷中，发包人均可以总承包人、分包人、转承包人、违法分包合同的承包人、挂靠人为共同被告进行诉讼活动。

① 最高人民法院民事审判第一庭编著：《最高人民法院新建设工程施工合同司法解释（一）理解与适用》，人民法院出版社2021年版，第179页。

2. 建设工程质量责任纠纷中，承包人与分包人对发包人承担连带责任

《建筑法》第29条第2款规定："建筑工程总承包单位按照总承包合同的约定对建设单位负责；分包单位按照分包合同的约定对总承包单位负责。总承包单位和分包单位就分包工程对建设单位承担连带责任。"第55条规定："建筑工程实行总承包的，工程质量由工程总承包单位负责，总承包单位将建筑工程分包给其他单位的，应当对分包工程的质量与分包单位承担连带责任。分包单位应当接受总承包单位的质量管理。"《建设工程质量管理条例》第27条规定："总承包单位依法将建设工程分包给其他单位的，分包单位应当按照分包合同的约定对其分包工程的质量向总承包单位负责，总承包单位与分包单位对分包工程的质量承担连带责任。"以上法律条文明确地规定了分包人应当就建设工程质量对发包人承担连带责任，这里所说的分包人是合法的分包合同中的承包人。

3. 工程质量责任纠纷中，承包人及其他施工主体对发包人承担连带赔偿责任

（1）一般连带责任与连带赔偿责任的适用。在建设工程的质量责任承担上，建筑工程中的合法分包行为与建设工程转包、违法分包、挂靠行为，因发包人与承包人实质上的法律关系不同，建设工程施工合同主体之间承担的法律责任形式也是不同的。在合法分包中，建设工程承包人与分包人对发包人承担一般连带责任，但是在转包、违法分包、挂靠中，承包人与转承包人、违法分包合同的承包人、挂靠人对发包人承担连带赔偿责任。前一种情况属于履行合法的分包合同，承包人与分包人对发包人之间承担一般连带责任。后一种情况属于无效合同的责任承担，承包人与转承包人、非法分包合同的承包人、挂靠人等实际施工人对发包人的损失承担连带赔偿责任。无效的建设工程施工合同不产生合同的履行问题，其法律后果为返还、折价补偿、赔偿损失。建设工程质量责任本质上是承包人因建设工程未达到法定或约定的质量标准而应当承担的修复义务。笔者认为无效建设工程施工合同中因工程质量产生的损害赔偿责任主要包括维修费、约定的未达到质量标准时产生的赔偿费用、基于不能竣工且不能修复产生的赔偿损失费用等一项或多项内容。

（2）转承包人、违法分包合同的承包人对发包人的连带赔偿责任。《建

筑法》第 67 条规定："承包单位将承包的工程转包的，或者违反本法规定进行分包的，责令改正，没收违法所得，并处罚款，可以责令停业整顿，降低资质等级；情节严重的，吊销资质证书。承包单位有前款规定的违法行为的，对因转包工程或者违法分包的工程不符合规定的质量标准造成的损失，与接受转包或者分包的单位承担连带赔偿责任。"转包和违法分包合同中，总承包人对签订转包和违法分包合同在主观上存在过错，转承包人和违法分包合同的承包人明知违法而与总承包人订立合同，在主观上同样存在过错，故法律规定总承包人与转承包人、违法分包合同的承包人共同对工程质量承担连带赔偿责任。

（3）挂靠人与被挂靠人对工程质量责任承担连带赔偿责任。《建筑法》第 66 条规定："建筑施工企业转让、出借资质证书或者以其他方式允许他人以本企业的名义承揽工程的……对因该项承揽工程不符合规定的质量标准造成的损失，建筑施工企业与使用本企业名义的单位或者个人承担连带赔偿责任。"《建工解释（一）》第 7 条规定："缺乏资质的单位或者个人借用有资质的建设施工企业名义签订建设工程施工合同，发包人请求出借方与借用方对建设工程质量不合格等因出借资质造成的损失承担连带赔偿责任的，人民法院应予支持。"以上规定是挂靠人与被挂靠人对建设工程质量承担连带赔偿责任的法律依据。根据《建筑法》第 66 条的规定，在工程质量争议中，挂靠人和被挂靠人对发包人共同侵权，承担连带赔偿责任，赔偿后就内部责任上可以看作按份责任。因承包合同的权益实际上由挂靠人享有，义务实际上也是由挂靠人承担，而被挂靠人取得的收益只是管理费，故可以考虑被挂靠人在收取管理费的范围内承担按份责任。[①]

（四）承包人承担建设工程质量责任的方式

1. 承担修复责任，支付修复费用

承包人应当按照建设工程施工合同约定的建设工程的质量标准及国家规定的强制性标准，向发包人交付建设工程，这是承包人应当承担的主要合同

---

① 最高人民法院民事审判第一庭编著：《最高人民法院新建设工程施工合同司法解释（一）理解与适用》，人民法院出版社 2021 年版，第 84 页。

义务，也是全面适当履行建设工程施工合同的基本要求。承包人交付的建设工程质量不符合约定的，除因不可抗力或其他正当事由外，承包人应承担相应的责任。因承包人的过错造成建设工程质量不符合当事人约定及国家强制性标准要求的，如果建设工程质量缺陷可以通过补救措施予以修复的，承包人应依法承担无偿修理或者返工、改建的法律责任，并承担修复费用。承包人拒绝修复的，发包人可以选择自行修复或者委托第三人修复，而修复费用则由不履行修复义务的承包人负担。如果发包人已经自行或委托第三人对缺陷工程进行修复，则其可以根据修复方案和费用支出票据确定修复费用。如果承包人拒绝修复，发包人也没有自行或委托第三人修复的，则可以按照以下方式处理。第一，法院委托专业机构对工程质量进行司法鉴定，查明工程质量是否存在缺陷。第二，法院委托鉴定机构对质量缺陷的修复方案提出司法鉴定。第三，法院委托鉴定机构根据修复方案进行工程造价司法鉴定，最终确定修复费用。由法官根据承包人的过错程度裁量负担的修复费用。《河北省建工审理指南》第 39 条规定："因承包人的过错造成建设工程质量不符合约定，发包人能够证明已经履行了通知义务，承包人拒绝修理、返工或者改建，发包人请求减付工程价款的，可以将发包人因修理、返工或重建而支付的费用在工程款中予以扣减。"

2. 承担违约责任和侵权损害赔偿责任

《民法典》第 582 条规定："履行不符合约定的，应当按照当事人的约定承担违约责任。……"如工程质量尽管符合国家规定的工程建设强制性标准，但不符合施工合同约定的标准；工程质量经过修复，修复后造成建设工程逾期交付的，发包人有权要求承包人承担延误工期的违约责任。《民法典》第 802 条规定："因承包人的原因致使建设工程在合理使用期限内造成人身损害和财产损失的，承包人应当承担赔偿责任。"据此，承包人还须在违约责任范围外承担可能产生的侵权损害赔偿责任。

（五）发包人拒绝承包人履行修复义务，承包人的工程质量责任承担

因承包人的过错造成建设工程质量不合格的，发包人拒绝承包人的修复要求，另行委托其他建设施工企业进行修复的情况时有发生。对于发包人不

同意由原承包人修复不合格的建设工程，另行委托其他施工人维修，修复费用的负担问题，司法实践中一般存在如下认识。承包人作为建筑产品的生产者，应当对建设工程的质量缺陷承担修复责任。这既是承包人应该履行的合同义务，也是承包人应当承担的法定义务。所以，建设工程出现质量缺陷时，应当首先由承包人修复，只有在承包人拒绝修复的情况下，才可以委托第三者进行修复。承发包双方已经丧失信任、难以继续合作的，如果发包人有合理之事由拒绝由承包人修复且告知承包人的，发包人有权请求委托第三人进行修复，并由承包人承担合理的修复费用。如果发包人无合理之事由，则先应由承包人对验收不合格的工程进行修复，如果发包人通知了承包人对工程进行整改而承包人不愿继续承担工程的修复义务，发包人自然可以另请他人修复，并要求承包人承担修复费用。如果发包人无合理之事由又未履行告知义务，发包人另行委托他人修复的行为有所不当，对于发生客观存在的修复费用，可以参照由承包人自行修复所需费用进行认定。例如，《北京市高级人民法院关于审理建设工程施工合同纠纷案件若干疑难问题的解答》第 30 条规定："因承包人原因致使工程质量不符合合同约定，承包人拒绝修复、在合理期限内不能修复或者发包人有正当理由拒绝承包人修复，发包人另行委托他人修复后要求承包人承担合理修复费用的，应予支持。发包人未通知承包人或无正当理由拒绝由承包人修复，并另行委托他人修复的，承包人承担的修复费用以由其自行修复所需的合理费用为限。"

### 五、建设工程质量责任诉讼中反诉和抗辩的适用

建设工程领域，最为常见的施工合同工程款诉讼中发包人为减少给付数额，往往提出建设工程存在质量问题的主张，对于此种主张司法实践中存在属于反诉抑或是抗辩的争议。针对这种争议，《建工解释（一）》第 12 条和第 16 条分别确定了裁判规则。《建工解释（一）》第 12 条规定："因承包人的原因造成建设工程质量不符合约定，承包人拒绝修理、返工或者改建，发包人请求减少支付工程价款的，人民法院应予支持。"第 16 条规定："发包人在承包人提起的建设工程施工合同纠纷案件中，以建设工程质量不符合合同约定或者法律规定为由，就承包人支付违约金或者赔偿修理、返工、改建

的合理费用等损失提出反诉的，人民法院可以合并审理。"以上两条司法解释条文明确了发包人采用工程质量纠纷对抗承包人工程款请求时采取反诉和抗辩不同的适用条件。

（一）反诉与抗辩的关系

1. 反诉的定义和条件

反诉是指被告为抵销或者吞并原告的诉讼请求向原告提出的，与本诉源于同一事实和同一法律关系，具有独立的诉讼请求，属于本诉法院管辖的诉讼。反诉是民事诉讼中被告享有的诉讼权利，也是对抗原告诉讼请求，保护自己合法权益的诉讼手段，其性质是一种独立的请求权。反诉还需满足特殊的诉讼要件：①反诉必须能够系属于正在审理本诉的法院；②反诉的诉讼请求要与本诉的诉讼请求或防御方法具有关联性；③反诉与本诉能够进行合并审理，即不存在禁止请求合并的情形。"与本诉具有关联性"这一要件是提起合法反诉的前提条件。

2. 抗辩的定义

抗辩是被告针对原告的请求、事实、理由，提出有利于己方的事实、证据和理由，以否定原告的主张、维护自身合法权益。反诉是一种独立的诉，而抗辩只是被告反驳原告诉讼请求的一种诉讼手段、防御方法。

3. 关于抗辩与反诉的判断标准

抗辩与反诉的判断标准，主要包括两个方面：一方面是被告的主张是否超越原告诉讼请求的范围；另一方面是被告是否具有独立的请求给付内容。如果被告的主张超越了原告诉讼请求范围，且有独立的请求给付内容，则被告的主张不属于抗辩的范畴，应当以反诉的形式提出。如果在诉讼中被告不提起反诉，人民法院应当及时行使释明权告知被告提出反诉，但被告坚持不提反诉的，应在判决中告知被告另行起诉。虽然反诉是以本诉为依托对本诉的原告提出的反请求，但反诉毕竟是独立之诉，本诉和反诉相互独立。反诉的独立性又是相对的，是不完全的，反诉对本诉具有一定的依赖性，反诉必须以本诉的提起为前提。《民事诉讼法解释》第 232 条规定："在案件受理后，法庭辩论结束前，原告增加诉讼请求，被告提出反诉，第三人提出与本案有关的诉讼请求，可以合并审理的，人民法院应当合并审理。"反诉具有了一层强制性的含义，只要当事人提起反诉符合受理条件的，应当与本诉合并审理。因此，《民事诉讼法解释》第232条规定赋予了法院释明义务，如果被告的主张属于反诉内容，则人民法院应当释明被告是否提出反诉。反诉与抗辩还有一个区别，即是否交纳诉讼费。对于反诉，被告必须交纳反诉案件受理费，反诉案件受理费减半交纳。对于抗辩，无论抗辩理由是否成立，被告均不需要交纳诉讼费用。反诉因程序便捷、费用成本低，在诉讼活动中普遍存在。

（二）抗辩、反诉在发包人主张工程质量责任中的适用

1. 发包人的主张属于抗辩的情形

发包人主张工程质量责任适用抗辩的情形主要是拒绝、减少支付工程款，抵扣维修费等应当属于发包人抗辩的范畴。从发包人提出前述主张是否超越原告诉讼请求的范围来看，显然是发包人承认拖欠承包人的工程款，只是出于质量问题而要求拒绝、减少支付工程价款或抵扣维修费，发包人的主张没有超过承包人诉讼请求范围，属同一法律关系。发包人主张拒绝、减少支付工程款或抵扣维修费，是在承包人主张工程欠款基础上的抵销，不具有新的独立的给付内容。所以，从抗辩与反诉的判断标准来看，发包人以工程存在质量问题给其造成损失为由直接拒绝、减少支付工程款或抵扣维修费，属于抗辩而非反诉。如果因工程质量问题不仅要求减少支付工程款，而且要求承包人承担因质量问题造成的损失或者要求承担违约责任，则发包人的主张明显超过了承包人的诉讼请求范围，因其具有独立的给付请求内容，故发包人应按反诉形式提出。如果发包人不提出"减少支付工程款"，而是以工程存在质量问题给其造成损失为由直接拒绝支付剩余工程款，同样是抗辩而非反诉。例如，发包人提出承包人在施工过程中存在偷工减料、未按图施工等情形，要求减少工程价款时，发包人的主张不构成一个独立的诉，也没有独立请求承包人向其支付给付内容，故应作为抗辩审理。发包人要求承包人减少价款的目的是对抗承包人向发包人提出的价款主张，是一种针对本诉请求的防御方法，是为了少付或不付价款，而并非是向承包人提出实体权利主张，

因此，并非是一种诉。

2. 发包人的主张属于反诉的情形

《建工解释（一）》第16条规定："发包人在承包人提起的建设工程施工合同纠纷案件中，以建设工程质量不符合合同约定或者法律规定为由，就承包人支付违约金或者赔偿修理、返工、改建的合理费用等损失提出反诉的人民法院可以合并审理。"《河北省建工审理指南》第38条规定："承包人提起的建设工程施工合同纠纷中，发包人以工程质量不符合合同约定或规定、工期延误等为由，要求承包人支付违约金或者赔偿修理、返工或者改建的合理费用等损失的，告知发包人应提起反诉，与本诉一并审理。承包人提起建设工程施工合同纠纷后，发包人在其他法院另行起诉承包人主张上述权利的，人民法院应告知发包人在前诉中提起反诉。发包人坚持立案的，后立案的法院应主动将案件移送到先立案的法院合并审理。"上述司法解释及审理指南中明确了工程质量责任中发包人要求承包人支付违约金或赔偿损失的属于反诉的情形。《民法典》第801条规定："因施工人的原因致使建设工程质量不符合约定的，发包人有权请求施工人在合理期限内无偿修理或者返工、改建。经过修理或者返工、改建后，造成逾期交付的，施工人应当承担违约责任。"根据《民法典》第801条的规定，发包人主张承包人承担违约责任或赔偿损失的诉求不仅明确具体，而且该主张明显超过了原告的诉讼请求范围，且具有独立的给付请求内容，具备"诉"的全部条件，属于独立的诉，应当作为反诉处理。如果施工合同约定"违约金可以直接从工程款中抵扣"，被告主张减少工程款并抵扣的，应否提起反诉？对于承包人向发包人主张工程欠款，而发包人要求承包人承担违约赔偿责任的，发包人的主张一般应按反诉处理。但是，建设工程施工合同中已明确约定可直接将工程质量违约金或赔偿金从应付工程款中予以扣减，且发包人将该内容作为抗辩意见提出，要求直接在本诉中抵扣程款时，承包人也同意在本诉中根据双方合同的约定直接结算抵扣，笔者认为可以在本诉中一并处理，将该主张视为抗辩，无须再提起反诉。

## 第二节　建设工程的验收与交付

建设工程的竣工验收是指建设单位收到施工单位的工程竣工验收申请后，根据建设工程质量管理法律制度和建设工程竣工验收技术标准，以及建设工程合同的约定，组织设计、施工、监理等有关单位对建设工程查验接收的行为。它是建设过程中一个重要的施工工序，是建设工程由建设转入使用的重要标志，是检验施工质量的关键环节。

### 一、工程竣工与验收

建设工程竣工是指承包人按照合同的约定完成了合同范围内的全部工作。发包人应当根据施工图纸及说明书、国家颁发的施工验收规范和质量检验标准及时进行验收，验收合格的方可交付使用；未经验收或者验收不合格的，不得交付使用。建设工程竣工后，承包人有义务向发包人提供完整竣工验收报告、竣工图及竣工资料。

（一）工程验收的条件

1. 部门规章中对竣工验收条件的规定

《房屋建筑和市政基础设施工程竣工验收规定》第 5 条规定："工程符合下列要求方可进行竣工验收：（一）完成工程设计和合同约定的各项内容。（二）施工单位在工程完工后对工程质量进行了检查，确认工程质量符合有关法律、法规和工程建设强制性标准，符合设计文件及合同要求，并提出工程竣工报告。工程竣工报告应经项目经理和施工单位有关负责人审核签字。（三）对于委托监理的工程项目，监理单位对工程进行了质量评估，具有完整的监理资料，并提出工程质量评估报告。工程质量评估报告应经总监理工程师和监理单位有关负责人审核签字。（四）勘察、设计单位对勘察、设计文件及施工过程中由设计单位签署的设计变更通知书进行了检查，并提出质量检查报告。质量检查报告应经该项目勘察、设计负责人和勘察、设计单位有关负责人审核签字。（五）有完整的技术档案和施工管理资料。（六）有工程使用的主要建筑材料、建筑构配件和设备的进场试验报告，以及工程质量检测和功能性试验资料。（七）建设单位已按合同约定支付工程款。（八）有施工单位签署的工程质量保修书。（九）对于住宅工程，进行分户验收并验收合格，建设单位按户出具《住宅工程质量分户验收表》。（十）建设主管部门及工程质量监督机构责令整改的问题全部整改完毕。（十一）法律、法规规定的其他条件。"

2. 2017 年版《建设工程施工合同（示范文本）》竣工验收条件的要求

2017 年版《建设工程施工合同（示范文本）》通用合同条款第 13.2.1 项约定："工程具备以下条件的，承包人可以申请竣工验收：（1）除发包人同意的甩项工作和缺陷修补工作外，合同范围内的全部工程以及有关工作，包括合同要求的试验、试运行以及检验均已完成，并符合合同要求；（2）已按合同约定编制了甩项工作和缺陷修补工作清单以及相应的施工计划；（3）已按合同约定的内容和份数备齐竣工资料。"

（二）竣工验收的程序

竣工验收是指建设工程项目竣工后由施工单位申请开发建设单位组织设计、施工、设备供应单位等，依照合同约定、施工图纸及国家规范对该项目进行全面检验，是全面考核投资效益、检验设计和施工质量的重要环节。竣工验收由建设单位组织设计、施工、工程监理等有关单位进行，并向建设主管部门备案。本书对竣工验收程序的介绍主要分为两部分：第一部分为 2017 年版《建设工程施工合同（示范文本）》中对竣工验收的程序规定；第二部分为部门规章中对竣工验收程序的规定。

1. 2017 年版《建设工程施工合同（示范文本）》中对竣工验收的程序规定

2017 年版《建设工程施工合同（示范文本）》中将建设工程分部分项的验收也纳入了竣工验收的组成部分，本书对分部分项的验收和全部建设工程的竣工验收在此分别介绍。

（1）分部分项验收。根据 2017 年版《建筑工程施工合同（示范文本）》

通用合同条款第 13.1.1 项和第 13.1.2 项约定可知，工程项目由分项工程、分部工程和单位工程组成，所以项目的施工质量控制是分项工程质量、分部工程质量、单位工程质量的系统控制过程。分部分项工程是质量管理的重要环节，也是整体工程竣工验收合格的前提。工程建设的验收过程应当重视对分部分项工程的质量验收，严格依照法律、规范与合同约定的要求实施。分部分项工程的验收标准应当符合国家有关工程施工验收的规范和标准以及合同约定；分部分项工程的验收程序应遵循承包人先自检，再由监理人进行验收的程序。在施工过程中，承包人应按照施工组织设计的要求完成分部分项的施工，且承包人自检合格后，才能提请监理人验收。分部分项工程的验收是施工过程中的必经程序，分部分项工程未经验收的，不得进入下一道工序施工。在建设工程施工合同当事人没有特别约定的情况下，分部分项工程在承包人自检合格且具备验收条件后，承包人应提前 48 小时通知监理人进行验收。监理人不能按时进行验收的，应当在验收前 24 小时向承包人提出书面延期申请，且延期不能超过 48 小时。但是为了确保工程进度，规范监理人的验收行为，如果监理人未按时进行验收，也未提出延时要求的，承包人有权自行验收，监理人应当认可验收结果。

（2）竣工验收。根据 2017 年版《建设工程施工合同（示范文本）》通用合同条款第 13.2.2 项约定，竣工验收主要包括以下内容。①监理人和发包人，审核竣工验收申请报告。监理人应在收到申请后 14 天内完成审查，认为具备竣工验收条件的，应当报送发包人；认为尚不具备验收条件的，应通知承包人需要完成的工作内容，承包人在完成返工、修复或采取其他补救措施后，再次提交竣工验收申请；发包人在收到监理人审核后的竣工验收申请后 28 天内审批完毕并组织监理人、承包人、设计人等相关单位完成竣工验收。②工程竣工验收合格的，发包人应在验收合格后 14 天内向承包人签发工程接收证书，发包人无正当理由逾期不颁发工程接收证书的，自验收合格后第 15 天起视为已颁发工程接收证书。竣工验收不合格的，监理人应按照验收意见发出指示，要求承包人对不合格工程返工、修复或采取其他补救措施，由此增加的费用和（或）延误的工期由承包人承担。承包人在完成不合格工程的返工、修复或采取其他补救措施后，应重新提交竣工验收申请报告，并按上述程序重新进行验收。

（3）移交、接收全部与部分工程。工程的移交就是建设工程标的物的转移，工程移交和接收意味着工程风险的转移。随着工程移交的完成，工程的照管责任和风险承担也由承包人转移至发包人。根据 2017 年版《建设工程施工合同（示范文本）》通用合同条款第 13.2.5 项约定，建设工程的移交与接受应当遵循以下规则。

①移交工程的期限。除合同当事人在专用合同条款另有约定外，合同当事人应当在颁发工程接收证书后 7 天内完成工程的移交。

②拒绝接收或者拒绝移交工程的违约责任。发包人无正当理由不接收工程，发包人应承担自其应接收工程之日起的工程照管、成品保护、保管等与工程有关的各项费用。如果承包人无正当理由拒不移交建设工程，承包人应当承担工程照管、成品保护、保管等与工程有关的各项费用。

③工程移交虽然标志承包人的主要合同义务已经完成，但并不意味着承包人合同义务的全部完成，承包人还应当承担法律和合同约定的工程质量保证责任，如果工程存在甩项工程，承包人应当继续完成甩项施工义务。

（4）拒绝接受全部或部分工程。2017 年版《建设工程施工合同（示范文本）》通用合同条款第 13.2.4 项约定："对于竣工验收不合格的工程，承包人完成整改后，应当重新进行竣工验收，经重新组织验收仍不合格的且无法采取措施补救的，则发包人可以拒绝接收不合格工程，因不合格工程导致其他工程不能正常使用的，承包人应采取措施确保相关工程的正常使用，由此增加的费用和（或）延误的工期由承包人承担。"建设工程施工合同的目的是发包人取得合格的建设工程，承包人取得工程款。如果承包人交付的建设工程无法通过竣工验收，将导致合同目的落空，承包人应当按照法律规定及合同约定进行整改直至工程竣工验收合格，因承包人采取相应措施增加的费用和（或）延误的工期由承包人承担。承包人整改后，工程重新组织验收仍不合格且无法采取措施补救的，发包人可以拒绝接受全部或者部分工程，并有权拒绝支付工程款。承包人未在发包人和监理人指定的期限内完成整改或整改后未能通过竣工验收的，则发包人有权委托第三方代为修缮，由此增加的费用和（或）延误的工期应由承包人承担。如果合同约定的质量标准较高，但工程验收未能达标的，合同当事人可以协商降低质量标准，并相应扣减合同价款，但降低之后的质量标准不能低于国家规定的强制性标准和要求。

2. 行政法规中对竣工验收程序的规定

《房屋建筑和市政基础设施工程竣工验收规定》第 6 条规定，工程竣工验收应当按以下程序进行：

（1）工程完工后，施工单位向建设单位提交工程竣工报告，申请工程竣工验收。实行监理的工程，工程竣工报告须经总监理工程师签署意见。

（2）建设单位收到工程竣工报告后，对符合竣工验收要求的工程，组织勘察、设计、施工、监理等单位组成验收组，制订验收方案。对于重大工程和技术复杂工程，根据需要可邀请有关专家参加验收组。

（3）建设单位应当在工程竣工验收 7 个工作日前，将验收的时间、地点及验收组名单书面通知负责监督该工程的工程质量监督机构。

（4）建设单位组织工程竣工验收。建设、勘察、设计、施工、监理单位分别汇报工程合同履约情况和在工程建设各个环节执行法律、法规和工程建设强制性标准的情况；审阅建设、勘察、设计、施工、监理单位的工程档案资料；实地查验工程质量；对工程勘察、设计、施工、设备安装质量和各管理环节等方面作出全面评价，形成经验收组人员签署的工程竣工验收意见。参与工程竣工验收的建设、勘察、设计、施工、监理等各方不能形成一致意见时，应当协商提出解决的方法，待意见一致后，重新组织工程竣工验收。

## 二、竣工验收的分类

（一）按照验收工程分类

1. 单位工程（或专业工程）竣工验收

一些较大型的、群体式的、技术较复杂的建设工程的验收以单位工程或某专业工程为对象。单位工程是单项工程的组成部分，有独立的施工图纸、施工条件及使用功能。承包人施工完毕后达到竣工条件时，发包人可对单位工程（专业工程）单独进行竣工验收。

2. 单项工程竣工验收

总体建设项目中，单项工程已按设计图纸规定的工程内容完成，能满足生产要求或具备使用条件，承包人向监理人提交《工程竣工报告》和《工程竣工报验单》。经签认后，监理人应向承包人发出《交付竣工验收通知书》，说明工程完工情况，竣工验收准备情况并具体约定交付竣工验收的有关事宜。

3. 全部工程竣工验收

建设项目按设计要求全部建设完成，并已符合竣工验收标准后，应由发包人组织设计、施工、监理等单位进行全部工程的竣工验收。全部工程的竣工验收，一般是在单位工程、分部工程竣工验收的基础上进行的。对已经交付竣工验收的单位工程（中间交工）或分部工程并已办理了移交手续的，原则上不再重复办理验收手续，但应将单位工程或分部工程竣工验收报告作为全部工程竣工验收的附件加以说明。对一个建设项目的全部工程竣工验收而言，大量的竣工验收基础工作已在单位工程和分部工程竣工验收中进行。全部工程竣工验收的主要任务是：负责审查建设工程的各个环节验收情况；听取各有关单位（设计、施工、监理等）的工作报告；审阅工程竣工档案资料的情况；实地查验工程并对设计、施工、监理等方面工作和工程质量等作综合全面评价。承包人作为建设工程的承包（施工）主体，应全过程参加有关的工程竣工验收。

4. 甩项验收

某个单位工程，为了急于交付使用，把按照施工图要求还没有完成的某些工程细目甩下，而对整个单位工程先行验收。其甩下的工程细目，称甩项工程。通俗地说，甩项是部分通过验收先行交付使用，未通过验收或未进行验收的部分工程甩下，等到符合条件时再进行验收或重新验收。甩项工程竣工，既然是部分竣工通过验收，那么竣工也只是部分工程竣工，而对于整个工程而言，其全部竣工时间，应以甩项工程另行通过办理竣工验收的时间来最终确定。

（二）按照验收主体分类

1. 竣工验收

《建设工程质量管理条例》第16条规定："建设单位收到建设工程竣工报告后，应当组织设计、施工、工程监理等有关单位进行竣工验收。建设工程竣工验收应当具备下列条件：（一）完成建设工程设计和合同约定的各项内容；（二）有完整的技术档案和施工管理资料；（三）有工程使用的主要建筑材料、建筑构配件和设备的进场试验报告；（四）有勘察、设计、施工、工程监理等单位分别签署的质量合格文件；（五）有施工单位签署的工程保修书。建设工程经验收合格的，方可交付使用。"建设工程约定的事项完成后，经施工单位申请，建设单位组织勘察、设计、施工、监理等单位对相关工程进行检验，以确定工程是否符合施工图纸和说明书、国家发布的竣工验收规范和质量检验标准。工程验收合格，通常以竣工验收为标准，竣工验收合格的标准是建设、勘察、设计、施工、监理五单位在《工程竣工验收报告》上签章。如果质监机构及规划建设部门因发现工程竣工验收过程中有违反国家有关建设工程质量管理规定行为，而责令停止使用并重新组织竣工验收的，之前的竣工验收不产生法律效力。

2. 专业验收

房地产开发主管部门应当自收到竣工验收申请之日起 30 日内，对涉及公共安全的内容，组织工程质量监督、规划、消防、人防等行政管理部门，依据法律法规的规定，对建设工程的相关内容进行检验，以确定是否符合报建审批事项及国家强制性标准，房地产经过专业验收后，才可以交付。专业验收可划分为规划验收、公安消防验收和环境保护验收。通常情况下，规划验收、环境保护验收不影响交付。但是专业验收中的公安消防验收是否影响使用，则需要具体分析。根据《中华人民共和国消防法》第 13 条的规定，大型的人员密集场所和其他特殊建设工程，建设单位应当申请消防验收，未经消防验收或者消防验收不合格的，禁止投入使用；其他建设工程，建设单位在验收后应当报住房和城乡建设主管部门备案，住房和城乡建设主管部门应当进行抽查，经依法抽查不合格的，应当停止使用。

3. 综合验收

城市住宅小区要在竣工验收合格的基础上，增加对城市规划设计条件、拆迁安置方案、配套设施和公共设施、物业管理、消防、人防等方面的验收。综合验收范围全面，环境要求严格，后续处理规定完备，更符合房屋买卖合同的目的，更利于满足房屋买受人或使用人的使用需求。住宅小区等群体房地产开发项目完成后，建设行政主管部门组织有关机关对其中涉及公共安全的内容以及市政公共设施配套建设情况进行检验，以确定其是否符合要求和标准。竣工验收由合同当事人进行，侧重于检验工程项目是否已经按照合同约定完成，工程质量是否符合法律规定和合同约定。专业验收由专门行政管理机构进行，侧重于检验建设工程是否符合专门行政管理的要求。综合验收由建设行政部门组织其他行政部门进行，侧重于检查与住宅小区项目相关的配套设施、拆迁安置、物业管理等是否落实。国务院已经取消了《城市房地产开发经营管理条例》中有关住宅小区等房地产开发项目竣工综合验收的行政审批项目，故综合验收不能作为建设工程合格的标准。

### 三、建设工程合格的判断

建设工程竣工验收后，还应报建设行政主管部门进行备案。但正因如此，司法实务中对建设工程合格是以竣工验收为标志，还是以验收备案为标志，存在很多争议。

#### （一）建设工程竣工验收即为工程质量合格

建设单位作为建设工程的所有权人或者使用权人，应对发包的建设工程质量负责，其本身也是建设工程竣工验收的组织者和责任承担者，认定建设工程是否验收合格，自然应当以建设单位出具的竣工验收报告为依据。只要建设单位经过检验并作出竣工验收报告，认定建筑产品质量合格，就意味着其认可了承包人完全履行了合同约定的义务，满足了其订立建设工程施工合同的目的。工程竣工验收系建设单位等平等地位的合同主体基于法律规定及合同约定自主进行的一种行为，是对施工单位是否全面履行合同义务的一种确认，具有民事法律行为的性质。建设工程竣工验收合格意味着建设工程可以交付使用，是建设投资成果转入生产或使用的标志，一般来说建设工程交付使用的条件是竣工验收合格。所以，建设工程应当以建设、设计、勘察、监理和施工单位共同出具的竣工验收报告作为建设工程质量合格的认定依据。

#### （二）验收备案是行政机关的质量管理措施

建设工程竣工验收备案是指建设单位在建设工程竣工验收后，将建设工程竣工验收报告和规划、公安消防、环保等部门出具的认可文件或者准许使用文件报建设行政主管部门审核的行为，是国家实行建设工程质量监督管理制度的一个重要组成部分。2000 年之前建设工程竣工验收采取的是行政许可制度，竣工验收及综合验收均由建设行政主管部门组织进行。《建设工程质量管理条例》施行以后，对建设工程竣工验收制度进行了修改。该条例第 16 条第 1 款规定："建设单位收到建设工程竣工报告后，应当组织设计、施工、工程监理等有关单位进行竣工验收。"第 49 条规定："建设单位应当自建设工程竣工验收合格之日起 15 日内，将建设工程竣工验收报告和规划、公安消防、环保等部门出具的认可文件或者准许使用文件报建设行政主管部门或者其他有关部门备案。建设行政主管部门或者其他有关部门发现建设单位在竣工验收过程中有违反国家有关建设工程质量管理规定行为的，责令停止使用，重新组织竣工验收。"建设单位需在竣工验收合格的基础上，将《工程竣工验收报告》及其他相关资料提交建设行政主管部门审核备案，同时要求出具规划、环保等部门出具的认可文件，以上程序完成后在网上予以公示。经备案合格，建设行政主管部门便核发《工程竣工验收备案表》。

《房屋建筑和市政基础设施工程竣工验收备案管理办法》第 5 条规定："建设单位办理工程竣工验收备案应当提交下列文件：（一）工程竣工验收备案表；（二）工程竣工验收报告。竣工验收报告应当包括工程报建日期，施工许可证号，施工图设计文件审查意见，勘察、设计、施工、工程监理等单位分别签署的质量合格文件及验收人员签署的竣工验收原始文件，市政基础设施的有关质量检测和功能性试验资料以及备案机关认为需要提供的有关资料；（三）法律、行政法规规定应当由规划、环保等部门出具的认可文件或者准许使用文件；（四）法律规定应当由公安消防部门出具的对大型的人员密集场所和其他特殊建设工程验收合格的证明文件；（五）施工单位签署的工程质量保修书；（六）法规、规章规定必须提供的其他文件。住宅工程还应当提交《住宅质量保证书》和《住宅使用说明书》。"工程质量监督机构应当在工程竣工验收之日起 5 日内，向备案部门提交工程质量监督报告。备案部门收到建设单位报送的竣工验收备案文件，验证文件齐全后，应当在工程竣工验收备案表上签署文件收讫。工程竣工验收备案表一式两份，一份由建设单位保存，一份留备案部门存档。竣工验收备案不但要完成项目竣工验收，建设单位还应提交规划验收、环保验收、消防验收等合格资料才能取得备案手续。

建设工程竣工验收报告的备案是政府行政主管部门对建设工程项目加强监管的行政管理措施，备案本身不具有法定的建设工程竣工验收结论的性质，是否备案不影响建设单位出具的建设工程竣工验收结论的效力。备案是质监部门依法在自身职权范围内行使的权力，具有行政法律行为的性质。竣工验收备案并未对建设工程质量作任何实体的认定，仅是对建设单位自主组织的竣工验收行为等进行程序性、形式性的审查，是建设行政主管部门对建设工程质量进行监督管理的制度安排之一。

## 四、建设工程交付

### （一）交付的实质是转移占有

《民法典》第352条规定："建设用地使用权人建造的建筑物、构筑物及其附属设施的所有权属于建设用地使用权人，但是有相反证据证明的除外。"建筑物的交付与建筑物的所有权无关，建筑物的交付只产生占有的改变。故判断交付行为是否成立，应以使用人是否独立控制该建设工程为标准，也就是施工单位对建设工程失去了管控权，建设单位可以自行决定何时使用、如何使用。

### （二）拟制交付

拟制交付在2017年版《建设工程施工合同（示范文本）》通用合同条款第13.2.2项进行了相应的约定。

（1）竣工验收合格的，发包人应在验收合格后14天内向承包人签发工程接收证书。发包人无正当理由逾期不颁发工程接收证书的，自验收合格后第15天起视为已颁发工程接收证书。

（2）工程未经验收或验收不合格，发包人擅自使用的，应在转移占有工程后7天内向承包人颁发工程接收证书；发包人无正当理由逾期不颁发工程接收证书的，自转移占有后第15天起视为已颁发工程接收证书。

（三）故意拖延验收或受领的责任

2017 年版《建设工程施工合同（示范文本）》通用合同条款第 13.2.3 项约定："……因发包人原因，未在监理人收到承包人提交的竣工验收申请报告 42 天内完成竣工验收，或完成竣工验收不予签发工程接收证书的，以提交竣工验收申请报告的日期为实际竣工日期；工程未经竣工验收，发包人擅自使用的，以转移占有工程之日为实际竣工日期。"通用合同条款第 13.2.5 项约定："除专用合同条款另有约定外，合同当事人应当在颁发工程接收证书后 7 天内完成工程的移交。发包人无正当理由不接收工程的，发包人自应当接收工程之日起，承担工程照管、成品保护、保管等与工程有关的各项费用，合同当事人可以在专用合同条款中另行约定发包人逾期接收工程的违约责任。承包人无正当理由不移交工程的，承包人应承担工程照管、成品保护、保管等与工程有关的各项费用，合同当事人可以在专用合同条款中另行约定承包人无正当理由不移交工程的违约责任。"

（四）承包人交付工程后的义务

承包人交付工程后还应履行竣工退场、地表还原两方面义务。

1. 竣工退场

竣工退场是指承包人在完成工程施工并且发包人颁发接收证书后，承包人按照合同要求清理现场留存的临时建筑物、剩余的建筑材料、施工设备、垃圾等，并将现场移交给发包人或发包人指定的第三人的行为。施工合同提前解除情形下的退场，也可以按照此执行。2017 年版《建设工程施工合同（示范文本）》通用合同条款第 13.6.1 项约定："颁发工程接收证书后，承包人应按以下要求对施工现场进行清理：（1）施工现场内残留的垃圾已全部清除出场；（2）临时工程已拆除，场地已进行清理、平整或复原；（3）按合同约定应撤离的人员、承包人施工设备和剩余的材料，包括废弃的施工设备和材料，已按计划撤离施工现场；（4）施工现场周边及其附近道路、河道的施工堆积物，已全部清理；（5）施工现场其他场地清理工作已全部完成。施工现场的竣工退场费用由承包人承担。承包人应在专用合同条款约定的期限内完成竣工退场，逾期未完成的，发包人有权出售或另行处理承包人遗留的物品，由此支出的费用由承包人承担，发包人出售承包人遗留物品所得款项在扣除必要费用后应返还承包人。"发包人应当保留为完成甩项工作和保修工作的必要人员、工程设备和设施，发包人应当为承包人履行这些后续义务，进出和占用现场提供方便和协助。需要注意的是，关于竣工退场的期限，应当由当事人在合同专用条款中约定，在实际清场中，发包人应当通知承包人自行处理有关物品。在承包人逾期退场，发包人处理承包人遗留物品时，原则上应当首先通知承包人自行处理，当承包人在指定期限内不处理时，发包人有权出售或另行处理。

2. 地表还原

根据 2017 年版《建设工程施工合同（示范文本）》通用合同条款第13.6.2 项约定，承包人应按发包人要求恢复临时占地，承包人未按发包人的要求恢复临时占地时，发包人有权委托其他人恢复，所发生的费用由承包人承担。

（五）承包人竣工验收资料的交付

实践中，发包人拖欠工程款时，承包人往往以不交付竣工验收备案资料为手段，促使发包人支付工程款。因而，围绕办理竣工验收及备案手续，经常会产生矛盾冲突。笔者认为，交付竣工验收资料并配合竣工验收及备案是承包人的法定义务及合同义务，承包人应当按约履行。

1. 交付竣工验收资料是承包人的合同义务

虽然发包人是组织竣工验收、办理竣工验收备案的责任主体，但其在办理过程中所需的材料文件大多由承包人掌握。承包人作为施工方，在施工过程中具有按图施工的义务，并且负有检验有关材料、建筑构配件以及对隐蔽工程的质量检查与记录义务，其间保存的与建设工程相关的一系列技术资料非常重要，是竣工验收及备案必不可少的文件。因此，承包人在交付建设工程时，其他的相关资料也应一并交付发包人，这是其必须履行的附随义务，且不因发包人未经验收擅自使用工程或拖欠承包人工程款而免除。例如，技术档案和施工管理资料，工程使用的主要建筑材料、建筑构配件和设备的进场试验报告，施工单位签署的质量合格文件和工程保修书等，承包人都应及时交付发包人。

2. 发包人具有主张承包交付竣工验收资料的请求权

发包人享有承包人交付竣工验收资料的诉权。承包人在依约完成施工任务的同时尚负有交付相关施工资料的附随义务。故在承包人诉请要求发包人支付工程款尾款时，发包人有权反诉或另案起诉要求承包人交付相关技术资料。但发包人通过诉讼主张承包人交付竣工验收资料，客观上存在诉讼请求不明确的问题。虽然发包人可以通过诉讼请求承包人交付施工资料并配合办理竣工验收手续，但是该类诉讼容易造成发包人诉请不明确的问题，对所需交付工程资料的种类、范围、内容未能明确，如承包人不予配合，法院则难以强制性要求承包人提交竣工验收资料，即使判决后进入执行阶段，也将无法有效执行。

# 第三节　建设工程保修责任

建设工程的质量保修制度是指对建设工程在竣工验收交付使用后的一定期限内发现的工程质量缺陷，由施工企业承担修复责任的制度。《建设工程质量管理条例》第 39 条规定："建设工程实行质量保修制度。建设工程承包单位在向建设单位提交工程竣工验收报告时，应当向建设单位出具质量保修书。质量保修书中应当明确建设工程的保修范围、保修期限和保修责任等。"建设工程属于一种将长期使用的耐用消费品，一些质量问题在竣工验收时未必能发现，但在使用过程中的一定期限内会逐渐暴露出来。为使建筑工程产品在缺陷多发期得到及时的维护和保修，使其在合理寿命期限内安全、可靠、正常发挥功能，我国确立了建设工程质量保修期制度。

## 一、工程保修责任

2017 年版《建设工程施工合同（示范文本）》通用合同条款第 15.1 款约定："在工程移交发包人后，因承包人原因产生的质量缺陷，承包人应承担质量缺陷责任和保修义务。缺陷责任期届满，承包人仍应按合同约定的工程各部位保修年限承担保修义务。"在保修期限内，承包人对建设工程的保修义务属于法定义务，不能通过合同约定予以排除，但法律对于保修期的期限未作约定的，合同当事人可以协商确定。保修期限内，在建设工程保修范围发生属于承包人原因造成的质量缺陷的，承包人应当履行保修义务，并对造成的损失承担赔偿责任。工程保修的阶段分为缺陷责任期和保修期。缺陷责任期，是指承包人按照合同约定承担缺陷修补义务，且发包人扣留工程质量保证金的期限。缺陷责任期一般为1年，最长不超过2年，由承发包双方在合同中约定。关于保修的期限，最低为2年，其中防水为5年，主体结构和地基基础工程的最低保修期限为设计的合理使用年限。保修期较缺陷责任期更长，缺陷责任期满返回工程质量保证金，但返还工程质量保证金后，在保修期限内，承包人仍负有保修义务。

（一）承包人的保修责任

承包人对建设工程的保修责任是法律、法规明确规定的义务，在保修期内，承包人应当及时承担工程质量保修责任。建设工程竣工验收后，承包单位应当向建设单位出具质量保修书，质量保修书应当明确写明建设工程的保修范围、保修期和保修责任等。建筑工程实行质量保修制度是《建筑法》确立的一项基本法律制度。《建设工程质量管理条例》在建设工程的保修范围、保修期和保修责任等方面，对该项制度作出了更为具体的规定。一般认为，对于保修期的规定是法律规定承包人必须履行的强制性义务，即使建设工程施工合同无效，承包人依然承担建设工程质量保修责任。在履行保修责任的方式上，如果施工合同不是因为承包人没有相应的资质而被确认无效的，则仍由承包人承担质量瑕疵的维修义务；如果施工合同是由于承包人没有相应的资质而被确认无效的，则不能再由承包人自己来承担质量瑕疵的维修义务，此时可由承包人自行委托具有相应资质的施工人来替代自身承担质量瑕疵的维修义务，也可由发包人自行维修，修复的费用由承包人承担。一般情况下，关于保修期限内修复费用的承担问题，应当按照以下原则处理。

（1）保修期限内，因承包人原因造成工程的缺陷、损坏，承包人应负责修复，并承担修复的费用以及因工程的缺陷、损坏造成的人身伤害和财产损失。

（2）保修期限内，因发包人使用不当造成工程的缺陷、损坏，可以委托承包人修复，但发包人应承担修复的费用，并支付承包人合理利润。

（3）因其他原因造成工程的缺陷、损坏，可以委托承包人修复，发包人应承担修复的费用，并支付承包人合理的利润，因工程的缺陷、损坏造成的人身伤害和财产损失由责任方承担。

（二）建设工程保修范围

《建筑法》第62条规定："建筑工程实行质量保修制度。建筑工程的保修范围应当包括地基基础工程、主体结构工程、屋面防水工程和其他土建工程，以及电气管线、上下水管线的安装工程，供热、供冷系统工程等项目；保修的期限应当按照保证建筑物合理寿命年限内正常使用，维护使用者合法权益的原则确定。具体的保修范围和最低保修期限由国务院规定。"建设工程具体的保修范围，应当由当事人在建设工程施工合同中自行约定。建设工程竣工验收后，承包人出具的《工程质量保修书》是对工程质量保修范围和内容、保修期限、缺陷责任期、质量保修责任、保修费用等作的特别约定。根据《房屋建筑工程质量保修办法》第17条的规定，下列情况不属于承包人工程质量保修范围：①因使用不当或者第三方造成的质量缺陷；②不可抗力造成的质量缺陷。承包人承担建设工程保修义务，应当以建设工程在正常使用为前提，如果因所有权人或者使用人使用不当或者第三方等原因造成质量缺陷的，则承包人无须承担保修责任。保修期限内，因战争、自然灾害等不可抗力原因造成建设工程存在质量缺陷的，此时建设工程的风险应由所有权人或者使用人自行承担，承包人不承担保修责任。

建设工程竣工验收后，承包人对建设工程承担保修责任，但是并非保修期限内建设工程的所有质量责任都在保修范围内。保修期间的质量责任划分原则是：承包人未按国家有关规范、标准和设计要求施工造成的质量缺陷，由承包人负责返修并承担经济责任；属于设计方面的原因造成的质量缺陷，由承包人负责返修，其费用通过建设单位向设计单位索赔；因建筑材料、构配件和设备质量不合格引起的质量缺陷，属于承包人负责采购的，承包人承担经济责任。属于建设单位采购但承包人提出异议而建设单位坚持使用的，由建设单位承担经济责任；因建设单位或建筑物所有人使用不当造成的质量缺陷，由建设单位或建筑物所有人自行负责；因地震、洪水、台风等不可抗力或自然灾害造成的质量事故，承包人、设计单位、监理单位不承担经济责任。建设工程未经验收，发包人擅自使用的，承包人应在法定或者设计文件规定的期限内对工程地基基础工程、主体结构承担责任。对于该工程的其他部位的质量问题，自发包人提前使用之日开始至未超过法定保修期限的，承包人仍应承担相应责任。另外，建设工程在保修期限内，发包人将该工程转让给第三人的，承包人仍应向受让第三人承担工程的保修责任，不能因建设工程合同主体的变更而免除保修责任。

（三）保修期

2017 年版《建设工程施工合同（示范文本）》通用合同条款第 1.1.4.5 目约定："保修期：是指承包人按照合同约定对工程承担保修责任的期限，从工程竣工验收合格之日起计算。"法律对部分建设工程的保修期规定了最低年限，合同当事人也可以作出更为严格的约定，并在专用合同条款中予以明确。

1. 法律法规对保修期限的规定

《建设工程质量管理条例》第 40 条规定："在正常使用条件下，建设工程的最低保修期限为：（一）基础设施工程、房屋建筑的地基基础工程和主体结构工程，为设计文件规定的该工程的合理使用年限；（二）屋面防水工程、有防水要求的卫生间、房间和外墙面的防渗漏，为 5 年；（三）供热与供冷系统，为 2 个采暖期、供冷期；（四）电气管线、给排水管道、设备安装和装修工程，为 2 年。其他项目的保修期限由发包方与承包方约定。建设工程的保修期，自竣工验收合格之日起计算。"《住宅室内装饰装修管理办法》第 32 条规定："在正常使用条件下，住宅室内装饰装修工程的最低保修期限为二年，有防水要求的厨房、卫生间和外墙面的防渗漏为五年。保修期自住宅室内装饰装修从工程竣工验收合格之日起计算。"发包人未经竣工验收擅自使用工程的，保修期自转移占有之日起算。承包人向建设单位出具工程质量保修书的，保修义务和责任可依据质量保修书认定。

2. 约定保修期与法定保修期不一致时的处理

《建设工程质量管理条例》第 40 条对建设工程特定部位的最低保修期限进行了明确规定，该规定属于效力性强制性规定。无论当事人是否在建设工程施工合同中对保修期限作出约定，承包人均应在不低于《建设工程质量管理条例》第 40 条规定的最低保修期限内承担保修义务。当事人在建设工程施工合同中约定正常使用条件下工程的保修期限低于法律、行政法规规定的最低保修期限的，该约定因违反法律法规的强制性规定，应认定无效，此时的保修期限应按照法定最低保修期限予以认定。如果当事人约定的保修期限长于法定保修期限的，因该约定并不违反法律法规的规定，此时应尊重当事人意思自治，该约定对当事人具有约束力，承包人应按照合同约定保修期履行保修义务。

3. 保修期的起算

《房屋建筑工程质量保修办法》第 8 条规定："房屋建筑工程保修期从工程竣工验收合格之日起计算。"所以，在建设工程正常竣工验收的情况下，以建设单位、设计单位、承包人和监理单位共同签署的竣工验收报告中确定的竣工验收合格日期为保修期的起算时间。对于建设单位拖延竣工验收或者擅自提前使用，造成建设工程无法正常验收的，保修期的起算应该按照《建工解释（一）》第 9 条的规定："当事人对建设工程实际竣工日期有争议的，人民法院应当分别按照以下情形予以认定：（一）建设工程经竣工验收合格的，以竣工验收合格之日为竣工日期；（二）承包人已经提交竣工验收报告，发包人拖延验收的，以承包人提交验收报告之日为竣工日期；（三）建设工程未经竣工验收，发包人擅自使用的，以转移占有建设工程之日为竣工日期。"若由承包人的原因导致建设工程无法正常进行竣工验收的，则保修期尚不能开始起算，只能等到原因解决、工程正常通过竣工验收后才能开始起算。对于建设工程竣工验收合格的日期与实际交付日期不一致的，应按照现行法律规定的竣工验收合格之日作为保修期的起算时间。

4. 建设工程质量保修期与商品房质量保修期

商品房的质量保修期是指开发商对其交付给用户的商品房在一定范围内

承担免费维修责任的具体期限。商品房质量保修期与工程质量保修期的区别主要表现在，商品房质量保修期涉及房地产开发商和购房人两方主体，工程质量保修期则涉及承包人和房地产开发商两方主体；商品房质量保修期与工程质量保修期两者的起算日期不同。建设工程的保修期，自竣工验收合格之日起计算，而商品房的保修期从交付使用之日起计算。房地产开发商向购房人交房的日期往往迟于工程竣工验收合格的日期，如果商品房质量保修期从工程竣工验收合格之日起算，就等于保修期在购房人尚未拿到房子时就已经开始了，这对购房人来说是很不公平的。因此，为保护购房人的合法权益，解决两种保修期的起算日期不同产生的问题，《商品房销售管理办法》第33条规定："房地产开发企业应当对所售商品房承担质量保修责任。当事人应当在合同中就保修范围、保修期限、保修责任等内容做出约定。保修期从交付之日起计算。商品住宅的保修期限不得低于建设工程承包单位向建设单位出具的质量保修书约定保修期的存续期；存续期少于《规定》① 中确定的最低保修期限的，保修期不得低于《规定》中确定的最低保修期限。非住宅商品房的保修期限不得低于建设工程承包单位向建设单位出具的质量保修书约定保修期的存续期……"由于商品房住宅工程与一般的工程质量保修期的起算时间不同，保修期相应有所调整，依据原建设部的规定，如果建设工程的保修期的存续期限大于《商品住宅实行住宅质量保证书和住宅使用说明书制度的规定》第5条规定的最低保修期限的，则以该存续期作为商品房住宅工程的保修期，如屋面防水工程从竣工验收合格之日起算不得低于5年，而商品房住宅工程的交付日期晚于建设工程的竣工验收合格之日1年，则业主屋面防水工程的保修期不得低于4年；如果交付房屋时从竣工验收合格之日起存续的工程质量保修期低于《商品住宅实行住宅质量保证书和住宅使用说明书制度的规定》第5条规定最低保修期限，则按照规定的最低保修期限执行，如屋面防水工程自竣工验收合格之日保修期起算已经超过5年，则房地产开发企业应当按照《商品住宅实行住宅质量保证书和住宅使用说明

① 即原建设部于1998年颁发的《商品住宅实行住宅质量保证书和住宅使用说明书制度的规定》（现行有效）。

书制度的规定》第 5 条规定最低保修期限，承担自商品房住宅交付之日起承担保修义务。

（四）保修期内的责任承担问题

实践中，保修期间的质量责任根据以下情形确定责任归属：

（1）未按国家有关工程建设规范标准和设计要求施工，造成质量缺陷的，承包人应当履行保修义务，负担修复费用，并对造成的损失承担赔偿责任。

（2）因工程勘察、设计原因造成质量缺陷。工程勘察、设计单位是由建设单位直接委托，则承包人进行保修产生的费用由建设单位支付，建设单位支付后可向勘察、设计单位追偿。如工程总承包包含工程勘察、设计，总承包单位之后又将勘察、设计交由第三人完成，则总承包单位仍应向建设单位承担质量缺陷保修责任，其在承担责任后，可向勘察、设计单位追偿。

（3）因建筑材料、建筑构配件和设备质量不合格引起质量缺陷，建筑材料、建筑构配件和设备属于承包人负责采购的，由承包人承担民事责任；属于建设单位负责采购的，但承包人提出异议而建设单位坚持使用的，由建设单位承担民事责任；如果承包人没有验收或者验收不合格仍然使用的，由建设单位与承包人共同承担责任。

（4）因建设单位或者建筑物所有权人对建设工程使用不当造成质量缺陷，由建设单位或者建筑物所有权人自行负责。

（5）因建设单位提出违反国家标准的不合理指令造成质量缺陷，如承包人提出异议，建设单位仍坚持不合理指令的，承包人未予拒绝进行施工的，建设单位和承包人均需承担责任。

（6）因战争、自然灾害等不可抗力造成建设工程质量缺陷，此时并无可归责方，此风险责任应由建设工程的所有权人或者使用权人承担。但如果建设工程设计文件中对预防不可抗力有明确的技术标准，如对抗震等级有明确要求，而承包人的施工质量未达到设计文件中的设计标准，则承包人不得以不可抗力为由拒绝承担责任。

（五）保修人未及时履行保修义务的责任承担

2017 年版《建设工程施工合同（示范文本）》通用合同条款第 15.4.4 项

约定："因承包人原因造成工程的缺陷或损坏，承包人拒绝维修或未能在合理期限内修复缺陷或损坏，且经发包人书面催告后仍未修复的，发包人有权自行修复或委托第三方修复，所需费用由承包人承担。但修复范围超出缺陷或损坏范围的，超出范围部分的修复费用由发包人承担。"建筑工程质量保修制度对于促进承包人加强质量管理，保护消费者的合法权益起着相当重要的作用。从当前的实际情况来看，有些房屋建筑质量存在隐患，在竣工验收时合格，而在实际使用后质量问题才逐渐显露出来，如果施工企业拖延履行义务，就可能导致建筑物毁损或造成人身及财产损害。《民法典》第 802 条规定："因承包人的原因致使建设工程在合理使用期限内造成人身损害和财产损失的，承包人应当承担赔偿责任。"《房屋建筑工程质量保修办法》第 14 条规定："在保修期内，因房屋建筑工程质量缺陷造成房屋所有人、使用人或者第三方人身、财产损害的，房屋所有人、使用人或者第三方可以向建设单位提出赔偿要求。建设单位向造成房屋建筑工程质量缺陷的责任方追偿。"第 15 条还规定："因保修不及时造成新的人身、财产损害，由造成拖延的责任方承担赔偿责任。"

根据上述规定的精神，《建工解释（一）》第 18 条第 1 款规定："因保修人未及时履行保修义务，导致建筑物毁损或者造成人身损害、财产损失的，保修人应当承担赔偿责任。"保修人与建筑物所有人或者发包人对建筑物毁损均有过错的，各自承担相应的责任。该条司法解释旨在解决两方面的问题：其一，保修人未及时履行保修义务导致建筑物毁损或者人身损害、财产损失的，保修人的损害赔偿责任；其二，在保修人与建筑物所有人或者发包人对建筑物毁损存在混合过错的情况下，应当按照各自的过错程度承担相应的责任。

（1）保修义务人应当及时履行保修责任。当建设工程出现质量问题时，负有直接保修义务的人应当在第一时间履行其保修义务，绝不能故意拖延、怠于履行其应尽的职责。《房屋建筑工程质量保修办法》第 9 条规定："……施工单位接到保修通知后，应当到现场核查情况，在保修书约定的时间内予以保修。发生涉及结构安全或者严重影响使用功能的紧急抢修事故，施工单位接到保修通知后，应当立即到达现场抢修。"第 10 条规定："发生涉及结构安全的质量缺陷，建设单位或者房屋建筑所有人应当立即向当地建设行政主管部门报告，采取安全防范措施；由原设计单位或者具有相应资质等级的设计单位提出保修方案，施工单位实施保修，原工程质量监督机构负责监督。"

（2）保修义务人未及时履行保修责任的损害赔偿。因保修人拖延履行保修义务，导致建筑物毁损或者造成人身损害、财产损失的，保修人应当承担赔偿责任。当保修义务人是建设工程的承包人时，由于其未及时履行保修义务，导致建筑物毁损或者人身、财产损害的，对发包人而言，承包人既应当因违反合同约定的保证工程质量的义务而承担违约责任，还应当承担因此造成的侵权责任。此时出现侵权责任和违约责任的竞合，发包人可以选择要求承包人承担违约责任或者损害赔偿责任。但是，对第三人造成的损失，因第三人与承包人并无合同关系，所以第三人只能以侵权责任请求予以赔偿。保修人未及时履行保修义务，导致建筑物致第三人人身损害或财产损失的，第三人可以基于两种理由提出赔偿请求：一是承包人建设工程质量不合格的侵权责任，但应注意，此时受害人应当承担建设工程质量不合格的举证责任，若举证不能则不利于维护自己的权益；二是建筑物的特殊侵权责任。《民法典》第1253条规定："建筑物、构筑物或者其他设施及其搁置物、悬挂物发生脱落、坠落造成他人损害，所有人、管理人或者使用人不能证明自己没有过错的，应当承担侵权责任。所有人、管理人或者使用人赔偿后，有其他责任人的，有权向其他责任人追偿。"此时受害人只需举证证明自己有损害的事实即可。对此，建筑物存在施工质量缺陷不能作为所有人或者管理人的免责条件，所有人或者管理人应当先承担赔偿责任，然后再向有过错的承包人追偿。

（3）保修人与建筑物所有人或者发包人均存在过错的责任承担。建筑物的所有人或发包人对损害的发生及扩大有过错的，也应承担相应的赔偿责任，比如建筑物的所有人或发包人使用不当或擅自改动结构、设备位置或不当装修等，而《建设工程质量管理条例》中针对这种情况有明文规定："房屋建筑使用者在装修过程中，不得擅自变动房屋建筑主体和承重结构。"如果建筑物的所有人或发包人有类似的过错行为，其对造成建筑物毁损也应根据实际情况承担相应的过错责任。如果建筑物的所有人或发包人在发现质量缺陷以后没有及时采取必要的措施减轻损失，则其应当对扩大的损失承担相应责任。当然，要求建筑物的所有人或发包人采取的措施必须是合理的，不能要求其做出力所不及的不合理、不可能的事情。

（六）质量保修制度中的其他规定

1. 建设单位的通知义务

2017 年版《建设工程施工合同（示范文本）》通用合同条款第 15.4.3 项约定："在保修期内，发包人在使用过程中，发现已接收的工程存在缺陷或损坏的，应书面通知承包人予以修复，但情况紧急必须立即修复缺陷或损坏的，发包人可以口头通知承包人并在口头通知后 48 小时内书面确认，承包人应在专用合同条款约定的合理期限内到达工程现场并修复缺陷或损坏。"《房屋建筑工程质量保修办法》第 9 条规定："房屋建筑工程在保修期限内出现质量缺陷，建设单位或者房屋建筑所有人应当向施工单位发出保修通知。……"根据上述条文，承包人承担保修责任，发包人应当先履行通知程序，根据保修条款的约定向承包人主张瑕疵担保责任，未履行通知义务，发包人不能直接主张修复费用。在承包人拒绝修复或修复不能的情况下，应允许发包人要求承包人承担修复费用的损害赔偿责任，而非必须继续由承包人整改。

2. 承包人的出入权

2017 年版《建设工程施工合同（示范文本）》通用合同条款第 15.4.5 项约定："在保修期内，为了修复缺陷或损坏，承包人有权出入工程现场，除情况紧急必须立即修复缺陷或损坏外，承包人应提前 24 小时通知发包人进场修复的时间。承包人进入工程现场前应获得发包人同意，且不应影响发包人正常的生产经营，并应遵守发包人有关保安和保密等规定。"由于工程移交发包人投入使用后，发包人已经开始正常的生产经营并控制了现场，此时承包人因履行质量保修义务需进入现场时，应征得发包人同意，且不得影响发包人的正常经营。

## 二、质量保修责任的承担形式

《建设工程质量管理条例》第 41 条规定："建设工程在保修范围和保修期限内发生质量问题的，施工单位应当履行保修义务，并对造成的损失承担赔偿责任。"承包人在保修责任的承担形式上，主要表现为自行维修或赔偿建设单位的修复费用。

（一）承包人自行维修

建设工程在保修期限内出现质量缺陷的，承包人应对其自身过错造成的质量问题进行免费维修。但判断质量缺陷是否应当由承包人维修，除了确定是否属于承包人的保修范围外，还必须注意到发包人此种请求是否存在履行上的障碍。《民法典》第580条规定："当事人一方不履行非金钱债务或者履行非金钱债务不符合约定的，对方可以请求履行，但是有下列情形之一的除外：（一）法律上或者事实上不能履行；（二）债务的标的不适于强制履行或者履行费用过高；（三）债权人在合理期限内未请求履行。有前款规定的除外情形之一，致使不能实现合同目的的，人民法院或者仲裁机构可以根据当事人的请求终止合同权利义务关系，但是不影响违约责任的承担。"笔者认为，在以下几种情形下不应由承包人自行对质量缺陷进行修复。

1. 承包人不具备相应施工资质

法律法规虽然对建设工程的施工有明确的施工资质要求，禁止发包单位将工程发包给不具有相应资质条件的承包单位，但无资质施工、超越资质等级施工或借资质施工的现象普遍存在、屡禁不止。因此，在工程竣工验收后的保修问题上，因承包人本身不具有相应施工资质，履行保修责任在法律上存在障碍时，在此种情况下不应由承包人直接履行维修义务。

2. 承包人自身缺乏修复能力

承包人之前已多次维修但始终未能修复，履行保修义务已存在事实上的不可能，则不应由承包人继续履行维修义务。

3. 承包人明确拒绝自行维修

维修义务的履行一般均需要工程承发包双方的配合来进行，承包人如果明确拒绝自行维修，愿意以承担修复费用的形式履行保修义务，则以支付赔偿修复费用的方式为妥。

（二）赔偿修复费用

关于修复费用的确定问题，一般需要先确定修复方案，再依据该修复方案评估修复费用。承包人承担费用的前提是该质量缺陷是属于承包人的保修范围，如因质量缺陷已被修复导致无法查清造成该质量缺陷的原因，从而无法判断是否属于保修范围的，则需审查承包人对导致该无法查清是否存在过错，如存在过错则仍需承担责任，如无过错则无须承担责任。发包人已通知承包人对质量缺陷进行修复，承包人拒绝修复、在合理期限内不能修复或者发包人有正当理由拒绝承包人修复的，发包人另行委托他人修复后要求承包人承担合理修复费用的，应予支持。但是，如果发包人未通知承包人修复或无正当理由拒绝承包人修复，发包人另行委托他人修复的，承包人承担的修复费用以由其自行修复所需的合理费用为限。通过鉴定得出的修复费用是市场价，其价格构成中除了修复成本外，还包括利润、税金等部分，如由承包人进行保修，则不会产生利润和税金的问题，且在人工、机械、材料等成本上可能会比市场价低。因此，在承包人具备资质及修复能力，也主动表示愿意对属于保修范围内的质量问题进行维修的情况下，法院还是不宜直接判由承包人赔偿修复费用。

## 三、缺陷责任期

缺陷责任期是指承包人按照合同约定承担缺陷修补义务，且发包人扣留工程质量保证金的期限。缺陷责任期内，由承包人原因造成的缺陷，承包人应负责维修，并承担鉴定及维修费用。2017 年版《建设工程施工合同（示范文本）》通用合同条款第 1.1.4.4 目约定："缺陷责任期：是指承包人按照合同约定承担缺陷修复义务，且发包人预留质量保证金（已缴纳履约保证金的除外）的期限，自工程实际竣工日期起计算。"如承包人未履行缺陷维修义务，则发包人可以按照合同约定扣除工程质量保证金，并由承包人承担相应的违约责任。非承包人原因造成的缺陷，发包人负责维修并承担费用，经承包人同意的，也可以由承包人负责维修，但应支付相应费用。

### （一）缺陷责任期的内容

缺陷责任期自实际竣工日期起计算。单位工程先于全部工程进行验收，经验收合格并交付使用的，该单位工程缺陷责任期自单位工程验收合格之日起算。因发包人原因导致工程无法按合同约定期限进行竣工验收的，缺陷责任期自承包人提交竣工验收申请报告之日起开始计算；发包人未经竣工验收擅自使用工程的，缺陷责任期自工程转移占有之日起开始计算。由于承包人原因导致工程无法按规定期限进行竣工验收的，缺陷责任期从实际通过竣工验收之日起计。

《建设工程质量保证金管理办法》第 2 条第 3 款规定："缺陷责任期一般为 1 年，最长不超过 2 年，由发、承包双方在合同中约定。"2017 年版《建设工程施工合同（示范文本）》对缺陷责任期作出进一步规定，通用合同条款第 15.2.1 项约定："缺陷责任期从工程通过竣工验收之日起计算，合同当事人应在专用合同条款约定缺陷责任期的具体期限，但该期限最长不超过 24 个月。单位工程先于全部工程进行验收，经验收合格并交付使用的，该单位工程缺陷责任期自单位工程验收合格之日起算。因承包人原因导致工程无法按合同约定期限进行竣工验收的，缺陷责任期从实际通过竣工验收之日起计算。因发包人原因导致工程无法按合同约定期限进行竣工验收的，在承包人提交竣工验收报告 90 天后，工程自动进入缺陷责任期；发包人未经竣工验收擅自使用工程的，缺陷责任期自工程转移占有之日起开始计算。"通用合同条款第 15.2.2 项约定："缺陷责任期内，由承包人原因造成的缺陷，承包人应负责维修，并承担鉴定及维修费用。如承包人不维修也不承担费用，发包人可按合同约定从保证金或银行保函中扣除，费用超出保证金额的，发包人可按合同约定向承包人进行索赔。承包人维修并承担相应费用后，不免除对工程的损失赔偿责任。发包人有权要求承包人延长缺陷责任期，并应在原缺陷责任期届满前发出延长通知。但缺陷责任期（含延长部分）最长不能超过 24 个月。由他人原因造成的缺陷，发包人负责组织维修，承包人不承担费用，且发包人不得从保证金中扣除费用。"通用合同条款第 15.2.3 项约定："任何一项缺陷或损坏修复后，经检查证明其影响了工程或工程设备的使用性能，承包人应重新进行合同约定的试验和试运行，试验和试运行的全部费用应由责任方承担。"通用合同条款第 15.2.4 项约定："除专用合同条款另有约定外，承包人应于缺陷责任期届满后 7 天内向发包人发出缺陷责任期届满通知，发包人应在收到缺陷责任期满通知后 14 天内核实承包人是否履行缺陷修复义务，承包人未能履行缺陷修复义务的，发包人有权扣除相应金额的维修费用。发包人应在收到缺陷责任期届满通知后 14 天内，向承包人颁发缺陷责任期终止证书。"

1. 承包人应当承担责任的范围

缺陷责任期内发生了由承包人原因造成的缺陷时，承包人有负责维修的义务。在承包人不履行维修义务时，发包人可以委托第三方维修，维修费用由承包人负担，在工程质量保证金中扣留。承包人承担的费用包括鉴定费和维修费用，缺陷鉴定一般由发包人发起，当确定缺陷是由承包人的原因引起的，鉴定费用由承包人负担。

2. 缺陷责任期延长的规定

发包人不享有随意延长缺陷责任期的权利。当承包人的原因引起的缺陷责任特别严重，致使工程或某项主要设备不能按照原定目的使用，可以延长缺陷责任期，但缺陷责任期（含延长部分）最长不能超过 24 个月。

（二）质量缺陷举证责任规则

质量保修责任诉讼中，对质量缺陷以及造成质量缺陷的原因，承发包双方存在很大的争议。而质量缺陷的判断，尤其是造成质量缺陷的原因，属于专业性较强的问题，因此，一般都必须通过工程质量鉴定机构予以鉴定来认定。

1. 发包人承担建设工程存在质量缺陷的举证责任

发包人主张承包人承担保修责任的前提必须是工程存在质量缺陷，因此在双方对工程是否存在质量缺陷存在争议时，当然应由发包人举证证明工程确实存在质量缺陷。如此时需通过鉴定确定质量缺陷问题，可就该质量缺陷的成因，要求鉴定机构一并予以鉴定分析，以便于案件的进一步审查认定。

2. 在工程正常进行竣工验收的情形下，承包人承担对质量缺陷举证不能的不利后果

建设工程出现质量缺陷，无法确定具体的原因和责任的，如果承包人不能举证证明造成建设工程质量缺陷的原因和责任，则推定是由于承包人的施工不当导致的，应当由承包人负责修复，并承担赔偿责任。因为承包人作为专业施工企业，在勘察现场后更容易了解质量缺陷形成的原因并取得相应

证据。

3. 发包人未经竣工验收即擅自使用的情形下，发包人负举证责任

因发包人的擅自使用行为已违反了法律的强制性规定，发包人属于有错在先，在承包人抗辩相应质量缺陷系发包人擅自使用所致的情形下，除根据日常生活经验逻辑可明显判断出该缺陷与擅自使用无关外，应由发包人进一步举证造成该质量问题是承包人的行为所致，如无法举证，则应承担不利后果。这种举证责任分配也与法律法规严禁未经竣工验收擅自使用的理念相吻合。

## 四、工程质量保证金

工程质量保证金是承包人向发包人缴纳的用于保证建设工程达到约定质量标准的保证金，如果工程经竣工验收达到约定标准，则承包人有权要求发包人返还，如未达到约定的标准，则承包人无权要求发包人返还。工程质量保证金也被称为工程质量保修金，它是用以保证承包人在缺陷责任期内对建设工程出现的缺陷进行维修的资金。缺陷是指建设工程质量不符合工程建设强制性标准、设计文件，以及承包合同的约定。在工程项目竣工前，已经缴纳履约保证金的，发包人不得同时预留工程质量保证金。保修责任是承包人应尽的法定责任，发包人与承包人应当明确约定工程质量保证金预留比例、保证金返还方式、缺陷责任期的期限、争议的处理程序等。

（一）关于建筑领域保证金的清理和规范

《国务院办公厅关于清理规范工程建设领域保证金的通知》指出，清理规范工程建设领域保证金，有利于减轻企业负担、激发市场活力，有利于发展信用经济、建设统一市场、促进公平竞争。该通知的主要内容为：

（1）要全面清理各类保证金。对建筑业企业在工程建设中需缴纳的保证金，除依法依规设立的投标保证金、履约保证金、工程质量保证金、农民工工资保证金外，其他保证金一律取消。

（2）转变保证金缴纳方式。对保留的投标保证金、履约保证金、工程质量保证金、农民工工资保证金，推行银行保函制度，建筑业企业可以银行保函方式缴纳。

（3）按时返还保证金。对取消的保证金，各地要抓紧制定具体可行的办法，于2016年底前退还相关企业；对保留的保证金，要严格执行相关规定，确保按时返还。未按规定或合同约定返还保证金的，保证金收取方应向建筑业企业支付逾期返还违约金。

（4）严格工程质量保证金管理。工程质量保证金的预留比例上限不得高于工程价款结算总额的5%。在工程项目竣工前，已经缴纳履约保证金的，建设单位不得同时预留工程质量保证金。

（5）实行农民工工资保证金差异化缴存办法。对一定时期内未发生工资拖欠的企业，实行减免措施；对发生工资拖欠的企业，适当提高缴存比例。

（6）规范保证金管理制度。对保留的保证金，要抓紧修订相关法律法规，完善保证金管理制度和具体办法。对取消的保证金，要抓紧修订或废止与清理规范工作要求不一致的制度规定。在清理规范保证金的同时，要通过纳入信用体系等方式，逐步建立监督约束建筑业企业的新机制。

（7）严禁新设保证金项目。未经国务院批准，各地区、各部门一律不得以任何形式在工程建设领域新设保证金项目。要全面推进工程建设领域保证金信息公开，建立举报查处机制，定期公布查处结果，曝光违规收取保证金的典型案例。

（二）质量保修制度与工程质量保证金制度

工程质量保证金制度设置的初衷在于保证工程质量，但在《建筑法》中并未规定工程质量保证金制度，而是规定了质量保修制度。《建筑法》第62条第1款规定："建筑工程实行质量保修制度。"《建设工程质量管理条例》第41条规定："建设工程在保修范围和保修期限内发生质量问题的，施工单位应当履行保修义务，并对造成的损失承担赔偿责任。"《房屋建筑工程质量保修办法》第3条规定："本办法所称房屋建筑工程质量保修，是指对房屋建筑工程竣工验收后在保修期限内出现的质量缺陷，予以修复。本办法所称质量缺陷，是指房屋建筑工程的质量不符合工程建设强制性标准以及合同的约定。"原《建设工程质量保证金管理暂行办法》是国家机关就建设工程质量保证金制定的管理性规定，首次规定了建设工程质量保证金（保修金）概念含义、期限，引入了缺陷责任期概念，将建设工程质量保证（保修金）与缺陷责任期相对应，并对建设工程质量保证金（保修金）预留、返还等问题进行了具体规定。但该规章将建设工程质量保证金与保修金并列使用，造成了两个概念之间的混淆。《建设工程质量保证金管理办法》删除了建设工程质量保修金的概念，将缺陷责任期直接与建设工程质量保证金相对应。

1. 工程质量保证金的法律性质

根据《建设工程质量保证金管理办法》第 2 条的规定，工程质量保证金是用以保证承包人在缺陷责任期内对建设工程缺陷进行维修的资金，功能上是资金担保方式。关于工程质量保证金的性质，应当从以下几个方面理解。

（1）工程质量保证金属于金钱担保。金钱担保是指债务人通过交付或从自身应受偿债权预留一定数额的金钱，给予债务人丧失金钱的压力，从而督促债务人适当履行债务的一种担保措施。

（2）工程质量保证金属于约定担保，为非典型性担保形式。工程质量保证金虽然有相关部委规章加以规范，但规章仅是对工程质量保证金涉及的行为进行引导、管理，对于工程质量保证金的担保对象，均需由当事人在合同中进行约定。

（3）工程质量保证金一般采取从工程款中预留的方式交付，这使其与其他类型保证金单独预先交纳的特点有所不同。其他合同中的质量保证金更多地尊重当事人之间的意思自治，在担保范围、担保期限、返还期限上均可以自行约定，但工程质量保证金由行政管理部门进行规制，当事人在约定工程质量保证金时需受到相关管理规定的约束，缺乏任意性。

2. 工程质量保证金的提供方式和扣留

2017 年版《建设工程施工合同（示范文本）》通用合同条款第 15.3 款约定："经合同当事人协商一致扣留工程质量保证金的，应在专用合同条款中予以明确。在工程项目竣工前，承包人已经提供履约担保的，发包人不得同时预留工程质量保证金。"

（1）承包人提供工程质量保证金的方式。2017 年版《建设工程施工合同（示范文本）》通用合同条款第 15.3.1 项约定，承包人提供质量保证金有以下三种方式：①质量保证金保函；②相应比例的工程款；③双方约定的其他方式。除专用合同条款另有约定外，质量保证金原则上采用上述第①种方式。2017年版《建设工程施工合同（示范文本）》通用合同条款中对于保证金的提供方式在没有特殊约定的情况下，采取了默认推定质量保证金保函的方式，采用此种方式可以极大地减轻建设工程施工企业的负担。

（2）工程质量保证金的扣留。2017年版《建设工程施工合同（示范文本）》通用条款第15.3.2项约定，质量保证金的扣留有以下三种方式：①在支付工程进度款时逐次扣留，在此情形下，质量保证金的计算基数不包括预付款的支付、扣回以及价格调整的金额；②工程竣工结算时一次性扣留质量保证金；③双方约定的其他扣留方式。质量保证金是否扣留是合同当事人双方协商的结果，并且质量保证金关系合同双方当事人的重大利益，有必要在专用合同条款中明确。所以，当事人未在专用合同条框中约定明确扣留质量保证金，发包人不得自行扣留。除专用合同条款另有约定外，质量保证金的扣留原则上采用上述第①种方式。发包人累计扣留的工程质量保证金不得超过工程价款结算总额的3%。如承包人在发包人签发竣工付款证书后28天内提交工程质量保证金保函，发包人应同时退还扣留的作为工程质量保证金的工程价款；保函金额不得超过工程价款结算总额的3%。发包人在退还工程质量保证金的同时按照中国人民银行发布的同期同类贷款基准利率支付利息。

3. 缺陷责任期和保修期的区别

工程保修阶段包括缺陷责任期与保修期两个阶段。缺陷责任期是扣留工程质量保证金的期限。在缺陷责任期内，承包人承担的是质量缺陷修复义务，在保修期内承包人承担的是保修义务。法律对部分工程的保修期最低期限作了规定，当事人约定的保修期不得低于法律规定的期限。缺陷责任期内，由承包人原因造成的缺陷，承包人负责维修，并承担鉴定及维修费用；承包人未履行缺陷修复义务，则发包人可以按照合同约定扣除工程质量保证金，并由承包人承担相应的违约责任。缺陷责任期届满，发包人应当返还工程质量保证金，发包人不能以保修期未届满为由拒绝向承包人返还工程质量保证金。发包人返还工程质量保证金后，承包人仍应履行约定及法定的保修责任。保修期是法律赋予承包人的法定义务，不能通过合同约定予以免除。《建设工程质量管理条例》对最低保修期按照建设工程的不同部位进行了详细的规定。工程质量保证金的返还与保修期没有必然联系。2017 年版《建设工程施工合同（示范文本）》通用合同条款第 15.1 款约定："在工程移交发包人后，因承包人原因产生的质量缺陷，承包人应承担质量缺陷责任和保修义务。缺陷责任期届满，承包人仍应按合同约定的工程各部位保修年限承担保修义务。"关于缺陷责任期和保修期的区别，主要体现在以下两个方面。

（1）两者期限不同。对于缺陷责任期，《建设工程质量保证金管理办法》第 2 条第 3 款规定："缺陷责任期一般为 1 年，最长不超过 2 年，由发、承包双方在合同中约定。"保修期根据合同当事人的约定确定，但不得低于法定最低保修期。缺陷责任期的期限由承发包双方约定，并且可以约定期限延长，但最终的期限不得超过两年；最低保修期限由《建设工程质量管理条例》规定，不得任意约定缩短。

（2）期限届满的意义不同。缺陷责任期的设定，与工程质量保证金紧密相连，预留工程质量保证金的期限与缺陷责任期一致，缺陷责任期届满，如果没出现由承包人原因造成的缺陷，发包人应及时将工程质量保证金退还给承包人；最低保修期限与工程质量保证金预留期限并无对应关系，缺陷责任期的设定隔离了最低保修期限与工程质量保证金预留期限的关系，发包人不得仅以保修期未届满寻求对工程质量保证金的控制。承包人在保修期内对建设工程的质量负有保修义务，保修期满后承包人无须承担保修责任。缺陷责任期届满，发包人应向承包人颁发缺陷责任期终止证书，并返还相应的工程质量保证金，但承包人依然应在约定的保修期内承担质量保证责任。

（三）工程质量保证金的返还

《建设工程质量保证金管理办法》第 10 条规定："缺陷责任期内，承包人认真履行合同约定的责任，到期后，承包人向发包人申请返还保证金。"第 11 条规定："发包人在接到承包人返还保证金申请后，应于 14 天内会同承包人按照合同约定的内容进行核实。如无异议，发包人应当按照约定将保证金返还给承包人。对返还期限没有约定或者约定不明确的，发包人应当在核实后 14 天内将保证金返还承包人，逾期未返还的，依法承担违约责任。发包人在接到承包人返还保证金申请后 14 天内不予答复，经催告后 14 天内仍不予答复，视同认可承包人的返还保证金申请。"《建工解释（一）》对保证金的返还确立了如下规则，《建工解释（一）》第 17 条规定："有下列情形之一，承包人请求发包人返还工程质量保证金的，人民法院应予支持：（一）当事人约定的工程质量保证金返还期限届满；（二）当事人未约定工程质量保证金返还期限的，自建设工程通过竣工验收之日起满二年；（三）因发包人原因建设工程未按约定期限进行竣工验收的，自承包人提交工程竣工验收报告九十日后当事人约定的工程质量保证金返还期限届满；当事人未约定工程质量保证金返还期限的，自承包人提交工程竣工验收报告九十日后起满二年。发包人返还工程质量保证金后，不影响承包人根据合同约定或者法律规定履行工程保修义务。"

1. 当事人对工程质量保证金返还期限有约定的处理

当事人对返还工程质量保证金有约定，是指当事人在签订建设工程施工合同时对返还工程质量保证金有专门约定，包括在建设工程施工合同的通用合同条款、专用合同条款或者签订的其他协议中关于返还工程质量保证金的约定。2017 年版《建设工程施工合同（示范文本）》通用合同条款第 15.3.3 项约定："缺陷责任期内，承包人认真履行合同约定的责任，到期后，承包人可向发包人申请返还保证金。发包人在接到承包人返还保证金申请后，应于 14 天内会同承包人按照合同约定的内容进行核实。如无异议，发包人应当按照约定将保证金返还给承包人。对返还期限没有约定或者约定不明确的，发包人应当在核实后 14 天内将保证金返还承包人，逾期未返还的，依法承担违约责任。发包人在接到承包人返还保证金申请后 14 天内不予答复，经催告后 14 天内仍不予答复，视同认可承包人的返还保证金申请。……"根据合同严守原则，关于工程质量保证金的返还，在双方有明确约定的情形下即按照约定处理。此外，需要注意是否存在其他阻却返还质量保证金的事由，即虽然返还质量保证金已届期限，但发包人认为在保修期内出现质量问题，承包人怠于履行保修义务，发包人提出质量抗辩，此时承包人未履行质量保证责任就不享有请求返还质量保证金的权利。应当自建设工程通过竣工验收之日起满二年的缺陷责任期满，开始计算质量保证金的返还时间。

2. 当事人对工程质量保证金返还期限没有约定的处理

《建设工程质量保证金管理办法》第 2 条第 3 款规定："缺陷责任期一般为 1 年，最长不超过 2 年，由发、承包双方在合同中约定。"第 8 条规定："缺陷责任期从工程通过竣工验收之日起计。……"第 10 条规定："缺陷责任期内，承包人认真履行合同约定的责任，到期后，承包人向发包人申请返还保证金。"通过以上规定可以梳理出以下规则：当事人应当在缺陷责任期届满后返还工程质量保证金，缺陷责任期最长为 2 年，所以当事人对工程质量保证金返还时间没有约定的情况下，应当自建设工程通过竣工验收之日起满二年开始计算质量保证金的返还时间。关于对工程"通过竣工验收之日"的理解，应当按照《建工解释（一）》第 9 条中对竣工日期作同一理解，即"当事人对建设工程实际竣工日期有争议的，人民法院应当分别按照以下情形予以认定：（一）建设工程经竣工验收合格的，以竣工验收合格之日为竣工日期；（二）承包人已经提交竣工验收报告，发包人拖延验收的，以承包人提交验收报告之日为竣工日期；（三）建设工程未经竣工验收，发包人擅自使用的，以转移占有建设工程之日为竣工日期"。当事人未约定工程质量保证金返还期限的，《建工解释（一）》第 17 条规定确立的规则为"自建设工程通过竣工验收之日起满二年"，工程质量保证金返还。

3. 发包人原因导致工程未能竣工验收，工程质量保证金的返还

《建设工程质量保证金管理办法》第 8 条规定："缺陷责任期从工程通过竣工验收之日起计。由于承包人原因导致工程无法按规定期限进行竣工验收的，缺陷责任期从实际通过竣工验收之日起计。由于发包人原因导致工程无法按规定期限进行竣工验收的，在承包人提交竣工验收报告 90 天后，工程自动进入缺陷责任期。"《建工解释（一）》第 17 条比《建设工程质量保证金管理办法》第 8 条的规定更为详尽。《建工解释（一）》第 17 条第 1 款第 3 项规定："因发包人原因建设工程未按约定期限进行竣工验收的，自承包人提交工程竣工验收报告九十日后当事人约定的工程质量保证金返还期限届满；当事人未约定工程质量保证金返还期限的，自承包人提交工程竣工验收报告九十日后起满二年。"该条司法解释确立了发包人原因导致工程未能竣工验收，工程质量保证金返还的裁判规则。笔者认为应当从以下两个方面进行理解。

（1）关于对发包人原因的理解。《建工解释（一）》第 17 条解决的是承包人提交竣工验收报告后，因发包人原因导致建设工程未按约定期限进行竣工验收时工程质量保证金的返还，即建设工程具备竣工验收条件，因发包人原因未组织竣工验收而产生的工程质量保证金返还的问题。所以对"发包人原因"的理解应当限定在发包人无故拖延、不予配合等导致建设工程未按约定时间进行竣工验收。工程进行重大的设计变更或相关规划、施工手续存在缺陷或不完备而导致工期顺延、工期拖延无法按约定期限进行竣工验收，均属于工期延误的范畴。出现以上情形，只要承包人提交竣工验收报告后，发包人在约定期限内及时组织了竣工验收，工程质量保证金返还期限的规则，有约定按照约定返还，没有约定的，发包人应自建设工程通过竣工验收之日满 2 年后返还工程质量保证金。

（2）关于 90 天期限的确定。2017 年版《建设工程施工合同（示范文本）》通用合同条款第 13.2.2 项约定："除专用合同条款另有约定外，承包人申请竣工验收的，应当按照以下程序进行：（1）承包人向监理人报送竣工验收申请报告，监理人应在收到竣工验收申请报告后 14 天内完成审查并报送发包人。监理人审查后认为尚不具备验收条件的，应通知承包人在竣工验收前承包人还需完成的工作内容，承包人应在完成监理人通知的全部工作内容后，再次提交竣工验收申请报告。（2）监理人审查后认为已具备竣工验收条件的，应将竣工验收申请报告提交发包人，发包人应在收到经监理人审核的竣工验收申请报告后 28 天内审批完毕并组织监理人、承包人、设计人等相关单位完成竣工验收。……"从 2017 年版《建设工程施工合同（示范文本）》规定的竣工验收程序来看，工程符合验收条件的，承包人将竣工验收申请报告提交给监理人后 14 天内，监理人应完成审查并报送发包人，发包人应在收到监理人审核的竣工验收申请报告后 28 天审批完毕并组织完成竣工验收，所以，对于符合条件的竣工验收过程，发包人应当在 42 天内完成。考虑到各种情况，《建设工程质量保证金管理办法》将 42 天延长至 90 天，也充分地保护了发包人权利。《建工解释（一）》第 17 条采用了《建设工程质量保证金管理办法》第 8 条规定的 90 天的期限，即因发包人原因建设工程未按约定期限进行竣工验收的，自承包人提交竣工验收报告 90 天后，自动进入缺陷责任期。需要注意的是，工程自动进入缺陷责任期后，工程质量保证金的返还义务仍然需要坚持有约定从约定原则，即发包人未按照约定竣工验收，承包人提交竣工验收报告 90 日后，工程自动进入缺陷责任期。此时，发包人返还工程质量保证金的日期为从工程自动进入缺陷责任期开始至约定的返还质量保证金期限届满为止；对于缺陷责任期未约定，自承包人提交工程竣工验收报告 90 天后起算满 2 年，发包人即有返还工程质量保证金的义务。

4. 缺陷责任期满工程质量保证金退还，不应当计算利息

《建工解释（一）》第 26 条规定："当事人对欠付工程价款利息计付标准有约定的，按照约定处理。没有约定的，按照同期同类贷款利率或者同期贷款市场报价利率计息。"在拖欠工程款纠纷中，无论是否约定利息，发包人一般都应当向承包人支付计息。对于工程质量保证金，虽然其属于工程款的一部分，但又具有担保的功能。在缺陷责任期满后，承包人才有权要求返还保证金，此时发包人退还的工程质量保证金不应当计算利息，应自保修期满之后开始计算利息。

（四）建设工程施工合同无效，质量保修责任的承担

无效建设工程施工合同普遍存在，司法实践中处理此类合同工程质量保证金的问题一般采取以下方式。工程竣工验收合格并交付使用时，根据最高人民法院司法解释确立的"工程质量与价款挂钩"的处理原则，承包人在参照合同约定结算工程价款的前提下，也应承担相应的建设工程质量保修义务和责任，发包人可以按照法律规定或者合同约定预留部分工程价款作为工程质量保证金。即使建设工程整体未竣工，但是承包人施工的分部分项工程业已经过竣工验收合格，根据《建筑法》等法律、行政法规的立法精神，该部分竣工验收的工程应预留部分工程价款作为保证金，由承包人承担质量保修责任。一般来说，建设工程施工合同无效，工程质量保证金条款也应当无效，但是建设工程的质量保证责任是承包人的法定义务，扣留工程质量保证金也是建设工程施工中的行业惯例，根据有约定从约定，无约定从交易习惯、行业惯例，所以建设工程施工合同无效，发包人也应当扣留工程质量保证金。

关于预留工程质量保证金的比例，应当参照《建设工程质量保证金管理办法》第7条规定："发包人应按照合同约定方式预留保证金，保证金总预留比例不得高于工程价款结算总额的3%。合同约定由承包人以银行保函替代预留保证金的，保函金额不得高于工程价款结算总额的3%。"如《北京市高级人民法院关于审理建设工程施工合同纠纷案件若干疑难问题的解答》第31条第3款规定："建设工程施工合同无效，但工程经竣工验收合格并交付发包人使用的，承包人应依据法律、行政法规的规定承担质量保修责任。发包人要求参照合同约定扣留一定比例的工程款作为工程质量保修金的，应予支持。"建设工程施工合同解除时，也参照合同无效的情况处理。依据《建设工程质量保证金管理办法》第8条规定，合同解除、工程未完工情形下，则无法竣工验收，缺陷责任期应从已完工程验收合格、确定质量合格或者交付使用后起算。在合同解除、工程未完工情形下，不存在整个工程的价款结算总额，即使扣除工程质量保证金，也应以已完工部分对应的工程价款为计算基数。[1]

---

[1] 参见于蒙："建设工程施工合同解除后，工程质量保证金条款能否适用——中国新兴建设开发总公司与国泰纸业（唐山曹妃甸）有限公司建设工程施工合同纠纷案"，载最高人民法院民事审判第一庭编：《民事审判指导与参考》（总第74辑），人民法院出版社2018年版，第308页。

## 第八章

# 建设工程施工合同的履行障碍

正常情况下，因债权债务关系履行完毕，从而使合同关系归于消灭。履行障碍是指合同的履行不能正常展开，在履行过程中遇到障碍。合同的履行障碍涉及的范围非常广泛，其中最核心的问题是合同债务不能正常履行。本章只涉及建设工程施工合同履行中的不可抗力、情势变更、履行抗辩权、违约责任等内容。建设工程施工合同具有履行期限长、标的大、履行内容相对复杂的特点，所以容易出现违约、不可抗力、情势变更等履行障碍的情形。

## 第一节 情势变更与不可抗力

建设工程施工合同是一个长期履行的继续性合同，合同履行过程中可能遇到不可预知的情况，如继续按照原合同履行将导致施工合同当事人之间严重的利益不平衡。《民法典》第 533 条规定："合同成立后，合同的基础条件发生了当事人在订立合同时无法预见的、不属于商业风险的重大变化，继续履行合同对于当事人一方明显不公平的，受不利影响的当事人可以与对方重新协商；在合理期限内协商不成的，当事人可以请求人民法院或者仲裁机构变更或者解除合同。人民法院或者仲裁机构应当结合案件的实际情况，根据公平原则变更或者解除合同。"情势变更制度的立法目的是在合同订立后因客观情势发生了重大变化、导致当事人之间权利义务严重失衡的情形下，意在通过变更或者解除合同以实现公平原则，目的在于消除合同因情势变更或者解除合同产生的不公平后果，以实现公平。[①]《民法典》第533条就是民法中的情势变更原则，合同当事人主张适用情势变更原则对建设工程施工合同进行调整，是司法实践中经常遇到的问题。

## 一、情势变更概说

### （一）情势变更的概念

情势变更，是指合同有效成立后，因不可归责于双方当事人的原因发生了当事人不可预见的客观事实，致使合同的基础动摇或丧失，若继续履行合同会显失公平，因此允许当事人可以诉求法院变更合同或者解除合同。所谓情势，是指合同订立时所依据的政治、经济、法律及商业上的一切的客观基础事实，《民法典》第533条表述为"合同的基础条件"。情势必须是客观的、具体的事实，当事人主观认识错误不属于客观情势变更。所谓变更，是指"合同的基础条件"发生了在当事人订立合同时无法预见的、不属于商业风险的重大变化。关于是否属于情势变更的"重大变化"，判断标准有两个：第一，继续履行合同是否对当事人明显不公；第二，是否属于商业风险，如果能够纳入商业风险范畴，则不属于情势变更。[②] 情势变更是诚实信用原则的具体运用，目的是在发生不可归责于双方当事人的不可预见的事情时，消除合同产生的不公平后果。情势变更的价值是实现契约自由与契约正义的平衡，是合同严格责任的一种补充，有利于稳定社会经济秩序。情势变更中不能预见的、不可归责于当事人的客观情况发生变化主要包括：①物价飞涨达到一定的严重程度；②订立合同时的预期目的无法达到；③订立合同基础已不复存在；④汇率大幅度变化超出商业风险的范畴；⑤国家经济贸易政策变化达到一定程度。

---

[①] 梁慧星：《中国民法经济法诸问题》，中国法制出版社1999年版，第179页。
[②] 最高人民法院民法典贯彻实施工作领导小组主编：《中华人民共和国民法典合同编理解与适用（一）》，人民法院出版社2020年版，第480页。

（二）情势变更原则的法律演进

1. 情势变更原则在《民法典》中首次以法律的形式得以确认

情势变更原则首次以法律制度的形式确立出现在《民法典》，在《民法典》颁布前，情势变更原则出现在原《最高人民法院关于适用〈中华人民共和国合同法〉若干问题的解释（二)》（以下简称原《合同法解释（二)》）中。原《合同法解释（二)》第26条规定："合同成立以后客观情况发生了当事人在订立合同时无法预见的、非不可抗力造成的不属于商业风险的重大变化，继续履行合同对于一方当事人明显不公平或者不能实现合同目的，当事人请求人民法院变更或者解除合同的，人民法院应当根据公平原则，并结合案件的实际情况确定是否变更或者解除。"该条司法解释明确了情势变更的适用是以公平原则为基础的。所以，情势变更原则的适用，是在客观情况发生重大变化，可能导致一方当事人遭受重大的损害，造成双方当事人显失公平时，在遵循公平原则的前提下对各方的权利和义务进行合理的调整，使之处于相对平衡的状态。

2. 《民法典》第533条是对原《合同法解释（二)》第26条的发展

《民法典》第533条吸收了原《合同法解释（二)》第26条的主要内容，但进行了一定程度的改进。原《合同法解释（二)》第26条中适用情势变更的基础是"合同成立以后客观情况发生了当事人在订立合同时无法预见的、非不可抗力造成的不属于商业风险的重大变化"，将不可抗力排除在情势变更的适用范围之外，《民法典》第533中适用情势变更的基础是"合同成立后，合同的基础条件发生了当事人在订立合同时无法预见的、不属于商业风险的重大变化"，其中并没有排除不可抗力的适用，所以发生不可抗力，也存在适用情势变更原则的情形。《民法典》第533条规定："……继续履行合同对于当事人一方明显不公平的，受不利影响的当事人可以与对方重新协商；在合理期限内协商不成的，当事人可以请求人民法院或者仲裁机构变更或者解除合同。"《民法典》第533条较原《合同法解释（二)》第26条在法律层面上增加了"再交涉义务"，仲裁机构也作为适用情势变更的裁决机关。

3. 情势变更原则应当严格适用

因情势变更原则是对合同严守原则的突破，所以应该审慎、严格地适用情势变更原则。为了确保情势变更原则的正确实施，2009 年 4 月 27 日发布的《最高人民法院关于正确适用〈中华人民共和国合同法〉若干问题的解释（二）服务党和国家的工作大局的通知》第 2 条规定："严格适用《中华人民共和国合同法》若干问题的解释（二）第二十六条。为了因应经济形势的发展变化，使审判工作达到法律效果与社会效果的统一，根据民法通则、合同法规定的原则和精神，解释第二十六条规定：合同成立以后客观情况发生了当事人在订立合同时无法预见的、非不可抗力造成的不属于商业风险的重大变化，继续履行合同对于一方当事人明显不公平或者不能实现合同目的，当事人请求人民法院变更或者解除合同的，人民法院应当根据公平原则，并结合案件的实际情况确定是否变更或者解除。对于上述解释条文，各级人民法院务必正确理解、慎重适用。如果根据案件的特殊情况，确需在个案中适用的，应当由高级人民法院审核。必要时应报请最高人民法院审核。"最高人民法院发布此通知，是对合同严守原则的具体落实，避免对交易安全和市场秩序的冲击，防止以情势变更为由损害对方当事人的合法权益。

2009 年 7 月 7 日，最高人民法院《关于当前形势下审理民商事合同纠纷案件若干问题的指导意见》第一部分针对情势变更的适用确定了"慎重适用情势变更原则，合理调整双方利益关系"的原则。该指导意见对于情势变更的适用作出了如下要求。第一，人民法院应当对情势变更原则的适用严格审查。第二，人民法院在适用情势变更原则时，严格审查当事人提出的"无法预见"的主张，对于涉及石油、焦炭、有色金属等市场属性活泼、长期以来价格波动较大的大宗商品标的物以及股票、期货等风险投资型金融产品标的物的合同，更要慎重适用情势变更原则。第三，人民法院要合理区分情势变更与商业风险。商业风险属于从事商业活动的固有风险，情势变更是当事人在缔约时无法预见的非市场系统固有的风险。第四，在调整尺度的价值取向把握上，人民法院仍应遵循侧重于保护守约方的原则，公平合理地调整双方利益关系。人民法院决定适用情势变更原则作出判决的，应当按照《最高人民法院关于正确适用〈中华人民共和国合同法〉若干问题的解释（二）服务党和国家的工作大局的通知》的要求，严格履行适用情势变更的相关审核程序。2012 年 2 月 12 日发布的《最高人民法院关于当前形势下加强民事审判切实保障民生若干问题的通知》第 1 条规定："……要严格适用情事变更原则，正确认定变更的情事与正常的市场风险、交易风险之间的界限，提高市场行为的可预见性和合同利益的确定性与可信赖性，促进房地产市场健康发展。要注意通过民事审判引导当事人树立正确的市场风险意识，维护诚信的市场交易秩序。要在平衡当事人利益、着力化解矛盾上下功夫，确保案件处理取得良好的法律效果和社会效果。"

（三）情势变更原则是合同严守原则的例外情形

《民法典》第 119 条规定："依法成立的合同，对当事人具有法律约束力。"当事人应当按照约定履行自己的义务，不得擅自变更或者解除合同；依法成立的合同，受法律保护。该法条是合同严守原则在法律上的具体体现。世界上任何发达的合同法律体系，无不是遵守和建构在合同严守原则这一原理之上的。在肯定"合同严守"这一法律原则的基础上，当事人均是以缔结合同之时存在的政治、经济、法律及商业上的客观事实为通常的交易条件。如果这些交易条件发生了不可归责于双方当事人及不可预见的显著的变化，为维护双方当事人权利义务平衡，需要通过"情势变更原则"来解决。《民法典》第 533 条以成文法的形式确立了情势变更原则，但《最高人民法院关于正确适用〈中华人民共和国合同法〉若干问题的解释（二）服务党和国家的工作大局的通知》中对情势变更原则的适用进行了严格的限制，即"如果根据案件的特殊情况，确需在个案中适用的，应当由高级人民法院审核。必要时应报请最高人民法院审核"。所以，究其实质，情势变更原则为诚实信用原则的具体运用，是为了维护双方当事人权利义务平衡。情势变更原则相对于合同严守原则而言，只是具有例外性及补充性。

## 二、情势变更原则的适用

（一）情势变更原则的适用条件

适用情势变更原则的前提是发生了当事人不可预见的事情，致使合同的基础动摇或丧失，若继续维持合同的效力将使当事人之间的权利义务严重失衡，故有恢复平衡的必要。关于情势变更原则的适用条件，主要包括以下五点。

1. 须有导致情势变更的客观事实发生

情势变更即缔结合同时的基础或环境在客观上的异常变动。这种异常变动主要包括两个方面。

（1）等价关系的破坏。这是我国情势变更原则调整的主要对象，一般是因通货膨胀、国家价格政策调整造成的给付之间的不均衡，通过变更合同调整对价关系达到新的平衡来解决问题。

（2）合同目的不能实现。既然合同目的不能实现，当然没有必要保留合同关系，一般通过解除合同解决问题。例如，《民法典》第857条规定："作为技术开发合同标的的技术已经由他人公开，致使技术开发合同的履行没有意义的，当事人可以解除合同。"

2. 情势变更的客观事实应当发生在合同成立后、履行完毕之前

情势变更原则作为合同严守原则的补充，如果情势变更在订立合同之前或在订立当时就已发生，而当事人并不知道，一般情况下应当遵循合同严守原则不予变更。如果合同履行对一方显失公平，可适用重大误解的规则来处理，请求人民法院或者仲裁机构变更或者撤销合同。如果当事人在订立合同时已经知道该客观事实的发生，仍然订立合同，属自甘冒险，法律没有特别保护的必要。如果合同已经履行完毕，当事人的权利义务关系已经终结，法律应该维持这种事实关系，也无须适用情势变更原则。

3. 导致情势变更的客观事实须不可归责于当事人

导致情势变更的客观事实须不可归责于当事人，主要是指导致情势变更的客观事实不为合同当事人任何一方，特别是不利影响一方所能控制。如国家对房地产、建筑、金融行业的经济政策的调整等。如果情势变更可以由当事人任何一方，特别是不利影响一方控制，就可以表明对因情势变更导致的损失，该当事人具有过错，即主观上具有归责性，没有特殊保护的必要，损失自负，不发生适用情势变更原则的问题。若迟延履行或者受领迟延期间发

生情势变更，违约方能证明即使不产生迟延行为，仍会发生情势变更并致履行不能，仍然可以免责。

4. 缔约时情势变更具有不可预见性

当事人订立合同时，在尽到了必要注意义务的前提下，导致情势变更的客观事实应当属于不可预见到的。这种不可预见性应从三方面理解：预见的主体为因情势变更而遭受利益损失的一方当事人；预见的内容为情势变更发生的可能性，当事人订立合同时未能预见情势变更事实，未将其作为订立合同的基础；预见的时间为缔约之时，如果缔约当事人在缔约时预见了情势变更，表明其本身愿意承担该风险，或者已经在合同权利义务安排中考虑了情势变更的因素，不再适用情势变更的规则。

5. 情势变更导致继续履行原合同对当事人一方明显不公

情势变更原则是对合同严守原则的补充，当合同严守的法律后果在效果上显失公平或者有悖于诚实信用，导致权利、义务严重失衡，使履行合同的一方当事人遭受非常不利的结果，而另一方当事人获取巨额利益，有悖公平，此时才可以适用情势变更原则。继续履行原合同对当事人一方明显不公是适用情势变更制度的核心要件，此时如不调整则违背公平原则，情势变更原则追求的是合同实质上的公平。比如，建筑材料价格出现了剧烈的涨价，超过了正常的商业风险，建设工程施工合同为固定总价合同，若按照约定结算，施工企业将面临巨大亏损，这种情况应当允许适用情势变更原则。关于"明显不公"的判断应当从以下四点理解。

（1）"明显不公"的判断标准应当是合同订立时所依据的客观事实发生重大变化，导致合同订立的基础已经不复存在，继续履行原合同明显违反等价有偿原则，对当事人一方造成明显不公、难以承受的后果。是否构成"明显不公"，应当根据个案情况，结合所涉交易、当时社会环境综合进行判断。

（2）明显不公的结果必须由法律行为当事人承担，如果情势变更引起的后果由第三人承担，则不适用于情势变更制度。

（3）判断是否明显不公应以债务人履行债务的时间为准。

（4）情势变更与明显不公结果的发生须有相当的因果关系。

（二）适用情势变更原则的相应程序

情势变更原则适用的根本目的，是在发生了缔约时不能预见的客观情况，导致合同当事人双方权利义务失衡时对合同进行调整，以维护公平。这种调整分为两个层面：一是维持原合同关系，只变更合同的某些内容；二是采取消灭原合同关系的方法以恢复公平。最高人民法院《关于当前形势下审理民商事合同纠纷案件若干问题的指导意见》第4条规定："……在诉讼过程中，人民法院要积极引导当事人重新协商，改订合同；重新协商不成的，争取调解解决。为防止情势变更原则被滥用而影响市场正常的交易秩序，人民法院决定适用情势变更原则作出判决的，应当按照最高人民法院《关于正确适用〈中华人民共和国合同法〉若干问题的解释（二）服务党和国家工作大局的通知》的要求，严格履行适用情势变更的相关审核程序。"所以在诉讼中适用情势变更原则应当经过以下程序。

（1）人民法院在诉讼中积极引导当事人重新协商，对导致权利义务失衡的合同内容进行修改。

（2）如果双方当事人无法协商一致，人民法院认为可以通过适用情势变更原则对合同进行调整，则按照《最高人民法院关于正确适用〈中华人民共和国合同法〉若干问题的解释（二）服务党和国家的工作大局的通知》第2条的规定："……如果根据案件的特殊情况，确需在个案中适用的，应当由高级人民法院审核。必要时应报请最高人民法院审核。"

（三）情势变更的法律后果

根据《民法典》第533条的规定，发生情势变更的情形存在两个法律后果：一是再交涉义务；二是当事人进行再交涉后不能就变更或者解除合同达成一致意见时，有权请求人民法院或者仲裁机构变更或者解除合同。

1. 情势变更时的再交涉义务

再交涉义务是指情势变更导致当事人之间权益失衡显失公平时，当事人双方负有对合同的变更和解除进行协商、交涉以达成合意的义务。再交涉义务在《民法典》第533条规定为"受不利影响的当事人可以与对方重新协商"。

最高人民法院《关于当前形势下审理民商事合同纠纷案件若干问题的指导意见》第 4 条也规定，在诉讼过程中，人民法院要积极引导当事人重新协商，改订合同；重新协商不成的，争取调解解决。但是，再交涉义务不应要求当事人一定要达成新的合同或者达到某一特定的结果，应当理解为一种行为义务，只要当事人诚实信用地履行再交涉义务即可。

（1）再交涉义务的主体。其一般是受不利影响的当事人一方主动提出协商，对方当事人有义务进行协助。

（2）再交涉义务过程中债务人可中止履行。再交涉义务制度的设立目的是调整当事人之间失衡的权利义务关系，使义务方免受不公平的法律后果。基于再交涉义务制度的设立目的，在履行再交涉义务期间，债务人享有中止履行的权利，否则从制度设计层面上看，立法目的将无法实现。

2. 人民法院或者仲裁机构裁决变更或者解除合同

情势变更的裁决机关是人民法院或者仲裁机构，缔约当事人在合理期限内协商不成时，可以请求人民法院或仲裁机构变更或者解除合同。但是关于裁决机构在变更和解除合同上也存在顺位问题。基于促进交易和增加社会财富，最大限度地维持当事人之间的合同关系的考虑，如果存在变更的可能，应优先裁决变更合同。只有在通过变更的方式无法消除当事人之间显失公平的法律后果时，才应裁决解除合同。

（1）合同的变更。当发生情势变更时，合同当事人应当依诚信原则进行协商履行再交涉义务，当缔约双方协商不成时，可以请求法院通过判决或仲裁机构裁决的方式变更或解除合同。情势变更原则的主要法律效果是赋予因情势变更受到损失的一方当事人变更或消灭合同的权利。受到损失的一方当事人请求法院或仲裁机构变更合同的权利，的确是一种特殊的权利，但是该权利要经过法院或仲裁机构的审理后再根据诚信原则及公平原则，并结合案件的实际情况加以确定。关于变更的内容，可以根据案件的具体情况采取变更合同履行期限、履行方式或者价款数额的方式。合同变更后，当事人一方请求对方承担违约责任的，不予支持。

（2）合同解除。当发生导致合同目的不能实现或者合同继续履行丧失意义的情势变更情形时，因情势变更造成损失的一方，在交涉无果且无法变更合同的情况下，可以请求裁决机关解除合同。因情势变更解除属于裁决解除，并非法定解除或者约定解除，故其实质上是法院运用司法权裁决解除合同，法院的判决为形成判决而非确认判决。虽然情势变更制度旨在平衡双方当事人利益以消除显失公平的结果，但一方当事人因合同解除消除了不利后果的同时，也不能使对方当事人遭受不合理的损害。所以，对于应合同解除给对方造成的损失，要考虑分担的问题。①

（四）建设工程施工合同中情势变更制度应严格适用

情势变更原则实际上就是借助裁决机关来变更或者解除合同，以此来平衡因社会的异常变动所引起的当事人双方的利益失衡，这实质上就是在法律的框架下，由双方当事人来分担由于异常损害所造成的风险。既然情势变更原则是借助裁决机关来变更合同的内容或者解除合同，那么该合同原则上应当是合法有效的。建设工程施工合同订立后，客观情况发生重大变化的，适用情势变更原则有其充分的必要性和合理性，但它毕竟是"契约严守"的例外，所以不应轻易适用。司法实践中建设工程施工合同纠纷适用情势变更原则具体应符合以下几个条件。

1. 必须发生了足以影响合同履行的情势变更的事由

所谓"情势"，是指建设工程施工合同订立时，当事人据以订立合同关系的环境或基础的一切客观情况，这种客观情况应当以持续、一般的状态存在，不仅为建设工程施工合同当事人而且为一切普通个人所能共同认知且以为当然。它不仅包括经济事实，而且也包括非经济事实，但不包括仅为涉及具体合同关系、具体合同当事人的特定交易条件。如合同订立时钢材和水泥等主要建材的价格、劳务市场的工资水平、国家政策和法律等客观情况，均为"情势"。所谓"变更"，是指建设工程施工合同订立时的环境或基础发生了非当事人所能预见到的异常变化。这种变化是重大的，有可能导致合同当事人预期的权利义务严重不对等，从而使合同失去本来的平衡公平。所谓"事由"，是指引起合同环境或基础变化的原因，主要有四种：①国家法律、

---

① 最高人民法院民法典贯彻工作实施领导小组主编：《中华人民共和国民法典合同编理解与适用（一）》，人民法院出版社 2020 年版，第 488 页。

政策的重大改变；②外国货币的大幅贬值或升值；③物价的大幅涨落；④国际市场发生了重大变化。

2. 导致情势变更的事由是成立合同时主观上不可预见的

《民法典》第533条规定适用情势变更的事由是合同订立时不可预见的。所谓不可预见，是指合同当事人没有预见且不可能预见。如果当事人在已预见到情势会有变更的情况下仍订立合同且未附加条件，则表明他自愿承担情势变更的风险，不可适用本原则。[1] 当事人在签约时能够预见到该事件的发生，而没有预见到。比如，工程建设过程中，对于正常雨雪天气，施工方应当预见但没有预见而导致施工工期的延误，该事件的发生，施工方存在过错，过错方应自己承担风险，而不得请求适用情势变更原则。

3. 情势变更事由必须是发生在合同有效成立后至合同终止履行前

（1）情势变更事由必须是发生在合同有效成立后。情势变更事由在合同成立时即已发生，应认为当事人已经认识到发生的事实，合同的成立是以已经变更的事实为基础的，当事人自然要受其意思表示的约束，不能事后就自己意志决定的行为引发的不利后果再主张情势变更。所以，当事人主张适用情势变更，事由必须发生在建设工程施工合同成立以后。如果情势在建设工程施工合同成立前已经发生，而双方当事人均不知情，不应适用情势变更原则，而应当按照意思表示错误或者重大误解来处理。[2] 但如果受损一方不知道，但对方却明知的，就应该按照显失公平来处理。

（2）情势变更事由必须是发生在合同终止履行前。适用情势变更的事由要求发生在合同履行完毕前。因为当事人之间的权利义务关系因合同的履行完毕而消灭，建设工程施工合同对当事人不再具有法律效力，也就无拘束力，其后发生情势变更与合同无关。情势变更的事由发生在合同订立后、履行完毕前，但当事人因为主观原因不知道或者应当知道而没有知道，继续履行合同，就应当视为对权利的放弃，不再适用情势变更原则。如果因为在不可克服的客观情况下导致其不知道，那么还是应该给予当事人事后在一定时间内

---

① 王利明：《合同法研究》（第3版第2卷），中国人民大学出版社2015年版，第380页。

② 崔建远主编：《合同法》（第6版），法律出版社2016年版，第112页。

主张情势变更的权利。

（3）合同迟延履行后，情势变更原则的适用。《民法典》第513条规定："执行政府定价或者政府指导价的，在合同约定的交付期限内政府价格调整时，按照交付时的价格计价。逾期交付标的物的，遇价格上涨时，按照原价格执行；价格下降时，按照新价格执行。逾期提取标的物或者逾期付款的，遇价格上涨时，按照新价格执行；价格下降时，按照原价格执行。"该法条体现出迟延期间风险由违约方承担的司法原则。在迟延履行的情况下，债务人仍负有继续履行合同的责任，不得主张情势变更。因为如果允许债务人对在迟延履行期间发生的情势主张适用情势变更原则，必然会在很大程度上鼓励债务人违约。依据"任何人不能从自己的过错行为中受益"的法谚，不应当赋予过错方援引适用情势变更的权利。但是，在建设工程施工合同中，若承包人迟延履行债务并不是由于承包人的原因，而是发包人的原因，比如，发包人没有按时支付工程款导致工程延期，事后发生了情势变更的，那么不利一方应享有申请适用情势变更原则的权利。

（五）司法实务中常见的情势变更情形

情势变更的构成应以是否导致合同基础丧失、是否致使合同目的落空、是否造成对价关系障碍为判断标准。[①]情势变更主要表现为自然灾害、政府行为、社会事件等。

1. 疫情及其防控措施

2020年2月10日，全国人大常委会法工委发言人、研究室主任臧铁伟在新冠肺炎疫情防控有关问题答记者问时指出："当前我国发生了新型冠状病毒感染肺炎疫情这一突发公共卫生事件。为了保护公众健康，政府也采取了相应疫情防控措施。对于因此不能履行合同的当事人来说，属于不能预见、

---

① 梁慧星：《中国民法经济法诸问题》，中国法制出版社1991年版，第226页。
　情势变更制度在《最高人民法院关于适用〈中华人民共和国合同法〉若干问题的解释（二）》中以司法解释的形式出现前，在学术界一直有所讨论。

不能避免并不能克服的不可抗力。"① 因此，对疫情及相应的防控措施，如停工、停产、交通出行管制等，立法机构明确为不可抗力。但是，最高人民法院将疫情及防控措施作为情势变更事由进行规定，其发布的《关于依法妥善审理涉新冠肺炎疫情民事案件若干问题的指导意见（一）》规定："疫情或者疫情防控措施仅导致合同履行困难的，当事人可以重新协商；能够继续履行的，人民法院应当切实加强调解工作，积极引导当事人继续履行。当事人以合同履行困难为由请求解除合同的，人民法院不予支持。继续履行合同对于一方当事人明显不公平，其请求变更合同履行期限、履行方式、价款数额等的，人民法院应当结合案件实际情况决定是否予以支持。合同依法变更后，当事人仍然主张部分或者全部免除责任的，人民法院不予支持。因疫情或者疫情防控措施导致合同目的不能实现，当事人请求解除合同的，人民法院应予支持。"《关于依法妥善审理涉新冠肺炎疫情民事案件若干问题的指导意见（二）》规定："买卖合同能够继续履行，但疫情或者疫情防控措施导致人工、原材料、物流等履约成本显著增加，或者导致产品大幅降价，继续履行合同对一方当事人明显不公平，受不利影响的当事人请求调整价款的，人民法院应当结合案件的实际情况，根据公平原则调整价款。疫情或者疫情防控措施导致出卖人不能按照约定的期限交货，或者导致买受人不能按照约定的期限付款，当事人请求变更履行期限的，人民法院应当结合案件的实际情况，根据公平原则变更履行期限。已经通过调整价款、变更履行期限等方式变更合同，当事人请求对方承担违约责任的，人民法院不予支持。"

2. 价格异常涨落

依据《民法典》第533条的规定，适用情势变更的基础为，合同的基础条件发生了当事人在订立合同时无法预见的、不属于商业风险的重大变化，继续履行合同对于当事人一方明显不公平。如果价格异常涨落超出了订立合同时可以预见的范畴，继续履行合同对于当事人一方明显不公平，则适用情

---

① 参见《企业因疫情不能正常履行合同怎么办？全国人大常委会法工委发言人臧铁伟说法律有相应规定》，载中国人大网，http: //www.npc.gov.cn/npc/c30834/2020002/b9a56ce780f44c3b9f6da28a 4373d6c3.shtml，访问时间为2021年10月21日。

势变更。

### 3. 政策变化或法律规范变化

近年来因限购、限贷等政策变化，导致当事人解除买卖合同纠纷的情况并不少见，究其法律性质，房屋限购、限贷等政策、法律变化属于情势变更事由。

### 4. 政府行为

政府规划调整、变化，导致履行行为对一方明显不公平的，该政府行为也为情势变更。除以上情形之外，情势变更包括以下几类：一是货币贬值，在以货币作为履行标的的长期双务合同中，货币贬值是影响合同当事人权益平衡的常见情形；二是行政行为，此种情形当事人不可能预见，主要包括税收和征收，往往构成情势变更；三是灾难，大多数天灾人祸是不能预见、不能避免、不能克服的，是否构成情势变更具体看与合同的关联性；四是其他经济因素的变化，包括成本增加和技术发展。

## 三、不可抗力的概述

《民法典》第 180 条规定："因不可抗力不能履行民事义务的，不承担民事责任。法律另有规定的，依照其规定。不可抗力是指不能预见、不能避免且不能克服的客观情况。"所谓不可抗力是指独立于行为人之外，并且不受当事人的意志支配的，不可预见、不能避免又不能克服的客观情况。不可抗力可以是自然原因，如地震、台风、海啸，也可以是社会原因，如战争、动乱等。不可抗力的法律意义是针对承担民事责任的请求而提出的免责事由，不可抗力作为免责事由的法理依据是，让人承担与其行为无关而又无法控制的事故后果，不仅对责任承担者来说是不公平的，也不能起到教育和约束人们行为的积极后果。依据这样的价值观念，将不可抗力作为免责事由，必须是构成损失结果发生的原因。只有在损害完全是由不可抗力引起的情况下，才表明被告的行为与损害之间毫无因果关系，同时表明被告没有过错，因此应被免除责任。①

（一）不可抗力的概念

不可抗力是指不能预见、不能避免且不能克服的客观情况。不可抗力是一种免除民事责任的法定事由。不可抗力最初起源于罗马法，当初是债务人承担无过失责任场合的免责事由。不可抗力属于法律事实中的事件，是指因不可归责于债务人的事由而发生损害，即指通常不能预见或虽能预见也无法抗拒的外部事实，债务人对不可抗力通常以不负责为原则。2017 年版《建设工程施工合同（示范文本）》通用合同条款第 17.1 款约定："不可抗力是指合同当事人在签订合同时不可预见，在合同履行过程中不可避免且不能克服的自然灾害和社会性突发事件，如地震、海啸、瘟疫、骚乱、戒严、暴动、战争和专用合同条款中约定的其他情形。不可抗力发生后，发包人和承包人应收集证明不可抗力发生及不可抗力造成损失的证据，并及时认真统计所造成的损失。合同当事人对是否属于不可抗力或其损失的意见不一致的，由监理人按第 4.4 款〔商定或确定〕的约定处理。发生争议时，按第 20 条〔争议解决〕的约定处理。"2017 年版《建设工程施工合同（示范文本）》中对不可抗力的表述与《民法典》中的表述一致。但值得注意的是，关于"不能预见"，因涉及当事人的主观判断，要如何认定？对于建设工程施工合同来说，"不能预见"要以一个有经验的建设工程施工项目承包人在签订建设工程施工合同时这一时间点上进行判断，而不是限定在以"一个普通人"的标准作为判断的依据。

（二）不可抗力的构成

根据《民法典》第 180 条的定义，不可抗力的构成要件可以分为四个方面：客观情况、不能预见、不能避免和不能克服。值得注意的是，对于不可抗力四个构成要件必须严格遵循是并存的而不是择一的，只有四个构成要件全部具备才构成不可抗力。

---

① 最高人民法院民法典贯彻实施工作领导小组主编：《中华人民共和国民法典总则编理解与适用（下）》，人民法院出版社 2020 年版，第 906 页。

1. 不可抗力是一种"客观情况"

所谓"客观情况",是指它必须独立存在于人的行为之外,也不受当事人意志左右。这种产生"客观情况"的根源应在债务人的控制领域之外,是任何一方都无法控制的。

2. 不可抗力属于"不能预见"的客观情况

"不能预见",是指债务人在订立合同时不能够合理地预见到该客观情况的发生。"不能预见"是根据现有的技术水平,对某件事物的发生没有预见能力。人们对事物的预见能力取决于当时的科技水平,如天气预报的准确性致使人们规避狂风暴雨的能力大大提高。人们对事物的预见能力还因人而异,有人能预见到,也有人不能预见到,法律上的不可预见是以一般人的预知能力为标准的。具体到建设工程施工合同上,债务人应当具有特别的预见能力,因为有经验的建设工程承包商,在从事建设施工活动时应当具有一定的行业知识及经验,这也就要求其具有比一般人较高的预知水平。

3. 不可抗力属于"不能避免""不能克服"的客观情况

所谓"不能避免",是指该客观情况的发生具有必然性,当事人已经尽了最大的努力,但仍然不能避免事件的发生,是无法回避的。所谓"不能克服",是指债务人在履行其债务时,因该客观情况的出现,已经尽到最大努力,但仍无法正常地履行债务及克服事件造成的后果。不能避免、不能克服应是指当事人已经尽到了最大努力和采取一切可能的措施,但仍不能避免某种事件的发生或者克服事件造成的损害结果,这表示某种事件的发生和事件所造成的损害后果之间具有必然性。

(三) 一般情形下不可抗力的范围

一般来说,不可抗力是指合同签订以后与任何一方当事人意志无关的意外事故,是无法预见、无法避免、无法控制的,但在《民法典》中对不可抗力的范围没有具体列举。笔者认为,不可抗力的范围须与具体的事故类型结合,某一事故在此情形下可能是不可抗力,在其他情形下不一定构成不可抗力。所以,不可抗力的范围只能是大致的,通常情况下,不可抗力包括以下几种类型。

1. 自然灾害

通常洪灾、地震、台风、火山爆发、泥石流等自然灾害可视为不可抗力，但是即使出现以上自然灾害，也应具备构成不可抗力的三个要件，即不能预见、不能克服、不能避免。如今科学技术已经相对发达，依据现代科技可以对部分自然灾害作出相对准确的预测。如果有关部门已作出预报，但行为人未能注意到预报并采取相应的对策措施，从而造成损失，行为人是否可以以不可抗力为由免责，是值得探讨的问题。从不能预见的角度来说，当事人的预见应以缔约时为基准，因为合同的对价关系是以此时当事人对于相关风险的合理预期为基础的。有关部门的预报如在此之前作出，则可以推定为当事人应当预见到该灾害的发生；如果有关部门是在当事人缔约时或缔约后作出的预报，除非依诚信原则可以认定当事人事后知道与当时知道没有实质差别外，并不能当然地推定当事人可以预见。最后，即使根据灾害预报推定当事人可以预见有关灾害的发生，如果实际发生的灾害比预报的程度更严重，当事人可以此为由推翻对可预见性的推定。① 从"不能避免"及"不能克服"来说，事件的发生和事件造成的损失应当具有法律上的因果关系。如果当事人能够依据正常的能力避免事件的发生，或者能够有效地克服事件发生所造成的影响，那么就不构成履行合同的不可克服的障碍。

2. 社会异常事件

社会异常事件一般是指阻碍合同履行的偶发社会事件，包括战争、武装冲突、骚乱、恐怖行为、抢劫。在我国的法律体系中，罢工一般不宜认定为不可抗力事件，因为罢工通常是债务人内部的事情，即使具有不可预见性，也不应认定为不可抗力。但有学者认为，如果罢工的原因是因为政府的某个决定，而纠纷的解决取决于政府而非企业，则此情形下的罢工应当属于不可抗力。

3. 国家行为

当事人在订立合同以后，政府或主管部门颁布新的法律和行政措施而导致合同不能履行，因为债务的不能履行及损害的扩大是由于国家行使立法行

① 韩世远：《合同法总论》，法律出版社 2018 年版，第 484 页。

政、司法等职能而致，所以此类国家行为也属于不可抗力的范围。

（四）2017 年版《建设工程施工合同（示范文本）》中不可抗力的规定

1. 不可抗力的确认

2017 年版《建设工程施工合同（示范文本）》通用合同条款第 17.1 款约定："不可抗力发生后，发包人和承包人应收集证明不可抗力发生及不可抗力造成损失的证据，并及时认真统计所造成的损失。合同当事人对是否属于不可抗力或其损失的意见不一致的，由监理人按第 4.4 款〔商定或确定〕的约定处理。发生争议时，按第 20 条〔争议解决〕的约定处理。"

2. 不可抗力的通知

2017 年版《建设工程施工合同（示范文本）》通用合同条款第 17.2 款约定："合同一方当事人遇到不可抗力事件，使其履行合同义务受到阻碍时，应立即通知合同另一方当事人和监理人，书面说明不可抗力和受阻碍的详细情况，并提供必要的证明。不可抗力持续发生的，合同一方当事人应及时向合同另一方当事人和监理人提交中间报告，说明不可抗力和履行合同受阻的情况，并于不可抗力事件结束后 28 天内提交最终报告及有关资料。"《民法典》第 590 条规定："当事人一方因不可抗力不能履行合同的，根据不可抗力的影响，部分或者全部免除责任，但是法律另有规定的除外。因不可抗力不能履行合同的，应当及时通知对方，以减轻可能给对方造成的损失，并应当在合理期限内提供证明。当事人迟延履行后发生不可抗力的，不免除其违约责任。"当不可抗力发生后，当事人一方有通知对方的义务，并在合理时间内提供必要的证明文件，以减轻可能给对方造成的损失。不可抗力事件的通知，既是一项合同义务，又是一项法定义务。合同当事人收到不可抗力的通知及证明文件后，应当及时对对方所称的不可抗力事件以及该事实与损害后果之间的联系进行核实、取证，无论同意与否，均应及时回复。

3. 不可抗力后果的承担

2017 年版《建设工程施工合同（示范文本）》通用合同条款第 17.3.1 项约定："不可抗力引起的后果及造成的损失由合同当事人按照法律规定及合

同约定各自承担。不可抗力发生前已完成的工程应当按照合同约定进行计量支付。"通用合同条款第 17.3.2 项约定："不可抗力导致的人员伤亡、财产损失、费用增加和（或）工期延误等后果，由合同当事人按以下原则承担：（1）永久工程、已运至施工现场的材料和工程设备的损坏，以及因工程损坏造成的第三人人员伤亡和财产损失由发包人承担；（2）承包人施工设备的损坏由承包人承担；（3）发包人和承包人承担各自人员伤亡和财产的损失；（4）因不可抗力影响承包人履行合同约定的义务，已经引起或将引起工期延误的，应当顺延工期，由此导致承包人停工的费用损失由发包人和承包人合理分担，停工期间必须支付的工人工资由发包人承担；（5）因不可抗力引起或将引起工期延误，发包人要求赶工的，由此增加的赶工费用由发包人承担；（6）承包人在停工期间按照发包人要求照管、清理和修复工程的费用由发包人承担。不可抗力发生后，合同当事人均应采取措施尽量避免和减少损失的扩大，任何一方当事人没有采取有效措施导致损失扩大的，应对扩大的损失承担责任。因合同一方迟延履行合同义务，在迟延履行期间遭遇不可抗力的，不免除其违约责任。"

4. 因不可抗力解除合同

2017 年版《建设工程施工合同（示范文本）》通用合同条款第 17.4 款约定："因不可抗力导致合同无法履行连续超过 84 天或累计超过 140 天的，发包人和承包人均有权解除合同。合同解除后，由双方当事人按照第 4.4 款〔商定或确定〕商定或确定发包人应支付的款项，该款项包括：（1）合同解除前承包人已完成工作的价款；（2）承包人为工程订购的并已交付给承包人，或承包人有责任接受交付的材料、工程设备和其他物品的价款；（3）发包人要求承包人退货或解除订货合同而产生的费用，或因不能退货或解除合同而产生的损失；（4）承包人撤离施工现场以及遣散承包人人员的费用；（5）按照合同约定在合同解除前应支付给承包人的其他款项；（6）扣减承包人按照合同约定应向发包人支付的款项；（7）双方商定或确定的其他款项。除专用合同条款另有约定外，合同解除后，发包人应在商定或确定上述款项后 28 天内完成上述款项的支付。"如果不可抗力造成合同当事人无法继续履行合同，或者继续履行将造成更大的损失，合同当事人均有权解除合同。合同解除后，合同当事人应当对债权债务进行清理，主要是发包人向承包人支付工程款。

## 四、不可抗力的适用规则

### （一）不可抗力的适用

不可抗力是一种法定免除责任的规则，是指因不可预见、不能避免、不能克服的客观情况免除当事人责任的一种制度。对于不可抗力的适用具有明确的法律依据。不可抗力作为合同不能正常履行的一种障碍，造成"不能履行合同"。这种"不能履行"包括三种形态：合同全部不能履行；合同部分不能履行；合同迟延履行。《民法典》第590条对不可抗力免责设定了行使条件："因不可抗力不能履行合同的，应当及时通知对方，以减轻可能给对方造成的损失，并应当在合理期限内提供证明。"此处的"证明"，不是对不可抗力事故的有关情况的通报，而是提供证明不可抗力发生的证据。提供证据，属于附随义务，其根据为诚实信用原则。一般应由公证机构证明，企业上级主管机关的证明不应算数，因为它们与企业有利害关系，不具有公信力。[①] 具体到建设工程施工合同，2017年版《建设工程施工合同（示范文本）》通用合同条款第17.3.2项约定："……不可抗力发生后，合同当事人均应采取措施尽量避免和减少损失的扩大，任何一方当事人没有采取有效措施导致损失扩大的，应对扩大的损失承担责任。"所以，承包人未尽及时通知的义务时，应当就其行为导致的损失承担赔偿责任。《民法典》第590条规定了因不可抗力不能履行合同时，应当及时通知对方，即在法律上对不可抗力免责规定了通知义务。如果当事人不履行通知义务是否就无权享有不可抗力的免责，笔者认为，不可抗力免责作为民事主体一项固有的权利，即使承包人未履行通知义务及提供相应证据，但除当事人特别约定外，当事人并不必然导致其法定权利的丧失。遭遇不可抗力的民事主体未及时通知义务产生的法律后果是赔偿对方因未通知造成的损失。但是对于《民法典》第590条规定的不可抗力主张部分或者全部免除合同的责任不适用于以金钱债务为

---

① 韩世远：《合同法总论》，法律出版社2018年版，第486页。

标的的合同履行。对于金钱债务而言，货币是一种纯粹的可替代物，具有高度的流通性。这就决定了金钱债务的标的，即货币不可能发生不可替代的灭失，也不存在履行上不经济、不合理的情况。债务人可能暂时遇到经济困难不能交付，这也只会导致履行迟延，不会导致履行不能，从而不能援引不可抗力免除责任。①

（二）不可抗力风险负担的规则

不可抗力属于风险范畴，风险是指标的物因不可归责于双方当事人的事由而导致灭失，这就产生不可抗力发生后的风险负担规则。

1. 不可抗力风险负担的一般规则

（1）不可抗力与合同履行之间存在因果关系。《民法典》第 590 条第 1 款规定："当事人一方因不可抗力不能履行合同的，根据不可抗力的影响，部分或者全部免除责任，但是法律另有规定的除外……"不可抗力是正常履行合同的障碍，判断不可抗力导致合同履行障碍，引起部分或者全部免除责任法律效果的核心是不可抗力与履行障碍之间存在因果关系。不可抗力必须是债务履行受阻的最近、唯一和关键因素，不存在阻断因果关系的其他事由，否则就不能引起不可抗力规则预定的法律效果。②不可抗力作为免责事由，无论是部分免责还是全部免责，只有在不可抗力影响范围内，才能免除相应的责任。如果不可抗力与债务人的原因共同作用发生了损害结果，则应按照"原因与责任相比例"确定相应的责任，这就是部分免责。

（2）债务人应当履行通知义务及提供证据。《民法典》第 590 条第 1 款规定："……因不可抗力不能履行合同的，应当及时通知对方，以减轻可能给对方造成的损失，并应当在合理期限内提供证明。"不可抗力发生后，债务人应及时履行通知义务并提供证据予以说明，这也是债务人根据诚实信用原则产生的附随义务。债务人在合理期间内未提供证明或者提供的证明不充分，可能导致债务人部分免责或者不可抗力规则不被适用。对于不可抗力证

---

① 最高人民法院民法典贯彻实施工作领导小组主编：《中华人民共和国民法典合同编理解与适用（二）》，人民法院出版社 2020 年版，第 820 页。

② 叶林："论不可抗力制度"，载《北方法学》2007 年第 5 期。

据证明力充分与否的认定标准，应当综合考虑当事人举证的客观可能性、举证难度、举证及时性和全面性，结合优势证据规则进行判断。

（3）迟延履行后发生不可抗力，不能免责。《民法典》第590条第2款规定："当事人迟延履行后发生不可抗力的，不免除其违约责任。"这是基于归责于债务人的给付延迟，债务人在其风险范围内对债务履行的延迟后果应当承担责任的考量。

（4）法律规定不能免责的情况。因不可抗力造成合同不能履行，债务人部分或者全部免责是不可抗力法律责任的一般原则，但法律另有规定的除外。

2. 建设工程施工合同中不可抗力规则的具体适用

《民法典》第604条规定："标的物毁损、灭失的风险，在标的物交付之前由出卖人承担，交付之后由买受人承担，但是法律另有规定或者当事人另有约定的除外。"所以，买卖合同中风险转移的时间点为标的物交付之日。建设工程施工合同履行过程中因不可抗力而造成在建工程、现场的机械设备、材料的毁损灭失的责任承担，法律没有明确的规定。实践中可参照2017年版《建设工程施工合同（示范文本）》通用合同条款第17.3.2项①的约定。

值得注意的是，2017年版《建设工程施工合同（示范文本）》中认为材料和工程设备运至施工现场便构成了风险的转移，但从传统的观点来看，施工材料和工程设备虽运至现场，却尚未与在建工程结合在一起，还没有成为永久工程的一部分，根据《民法典》的规定，发包人对这些材料和工程设备还没有所有权，故不应当认为其风险已转移给发包人。这点和传统上的风险

---

① 2017年版《建设工程施工合同（示范文本）》第17.3.2项约定："不可抗力导致的人员伤亡、财产损失、费用增加和（或）工期延误等后果，由合同当事人按以下原则承担：（1）永久工程、已运至施工现场的材料和工程设备的损坏，以及因工程损坏造成的第三人人员伤亡和财产损失由发包人承担；（2）承包人施工设备的损坏由承包人承担；（3）发包人和承包人承担各自人员伤亡和财产的损失；（4）因不可抗力影响承包人履行合同约定的义务，已经引起或将引起工期延误的，应当顺延工期，由此导致承包人停工的费用损失由发包人和承包人合理分担，停工期间必须支付的工人工资由发包人承担；（5）因不可抗力引起或将引起工期延误，发包人要求赶工的，由此增加的赶工费用由发包人承担；（6）承包人在停工期间按照发包人要求照管、清理和修复工程的费用由发包人承担。不可抗力发生后，合同当事人均应采取措施尽量避免和减少损失的扩大，任何一方当事人没有采取有效措施导致损失扩大的，应对扩大的损失承担责任。因合同一方迟延履行合同义务，在迟延履行期间遭遇不可抗力的，不免除其违约责任。"

转移理论有所区别。

（三）不可抗力的法律后果

因不可抗力导致合同不能履行时，其法律后果主要体现为以下两点。

1. 合同的解除

根据《民法典》第 563 条的规定，因不可抗力致使不能实现合同目的，当事人可以解除合同。因不可抗力致使不能实现合同目的，当事人无法按照原定方案履行合同，必须作出某些调整。如果债务人的债务属于永久不能履行，且为不可抗力所致，则该债务人的债务便应当免除。因此，合同不能继续履行，承包人免除继续履行的义务和相应的违约责任。例如，由于地震造成在建工程毁损严重以致无法修复的，或因城市建设重新规划致原有的建设工程规划发生重大变化，原有的建设工程施工合同无法继续履行的，合同只能解除。

2. 合同的变更

当不可抗力对于合同的影响尚未达到"不能实现合同目的"的程度时，经双方当事人协商一致，合同关系应当继续存在。只是依据不可抗力的影响对合同的内容进行调整，没有必要一定解除合同。例如，建设工程施工合同履行过程中出现台风并未造成合同不能全部履行，只是暂时阻碍合同的履行，应当对工期进行顺延，承包人不承担工期延误的违约责任。

## 五、建设工程施工合同中情势变更、不可抗力与商业风险的联系

（一）合同纠纷中情势变更与商业风险的区分

商业风险是指在商业活动过程中，由于不确定因素存在而给交易主体带来的遭受损失的可能性。商业风险和情势变更均由客观情势发生变化导致，但二者具有本质的不同。情势变更原则毕竟是合同严守原则的例外，合同严守原则是一项普通性的原则，而情势变更原则是一项特殊的法律制度，即因不可归责任何一方的客观原因导致合同双方当事人权利义务关系出现显失公平时，进行法律上的救济。情势变更与商业风险之间的区分可以从以下几个

方面把握。

**1. 变化是否影响合同成立的基础**

情势变更是导致合同成立基础的环境发生了异常变动，达到了异常程度，如果继续履行合同，将导致显失公平的结果。而商业风险属于从事商业活动所固有的风险，交易双方应当承担由于市场变化所带来的合理的、正常的可能损失，作为合同基础的客观情况的变化未达到异常的程度。

**2. 能否预见**

关于情势变更，当事人对客观情势发生变更未预见到，也不可能预见，情势变更造成的损失不可归责于当事人。而对于商业风险，是从事商业活动固有的风险，作为合同基础的客观情况的变化未达到异常程度，并非当事人不可预见、不能承受，法律推定当事人对于商业风险有所预见、能预见。如果当事人从事的商业活动本身具有高风险性，价格的波动正是当事人研究的对象和利润来源，那么也属于商业风险，具有可预见性和承受性。商业风险带给当事人的损失，从法律的观点分析可归责于当事人。

**3. 风险是否属于社会一般观念上的事先无法预见**

合同履行过程中，设备和材料价格出现非理性上涨，且幅度巨大，可归于社会一般观念上的事先无法预见的情形，风险程度远远超出正常人的合理预期，超出者即为情势变更，否则为商业风险。

**4. 情势变更与商业风险的判断，需要结合具体个案进行综合考察**

在有的情况下，涨价幅度很大，但对于施工单位仍是商业风险，而在有的情况下，价格在一般人看来不是非常剧烈的波动，但对于合同当事人来说却可能构成致命的一击，这时则不妨认定为情势变更。例如，面对同样的钢材价格上涨情况，对于钢材需求量少的工程项目受到的影响并不大，这种情况下就应认定是商业风险；而对于钢材需求量大的工程，如架桥、修路、建高楼而言，同样的涨幅可能会导致其遭受致命打击，所以该情形在某种程度上，可被视为属于情势变更的事由。对于情势变更还是商业风险的判断，尽管理论上能够说清楚，但在实践操作中却有时难以区分。

**5. 情势变更与商业风险的法律后果**

情势变更导致当事人权益失衡，根据公平原则，法律规定了当事人的再协商义务以及请求变更、解除合同的权利。商业风险与市场交易行为相伴而生，市场交易主体应当具有相应的风险识别、防控和承受义务，其在享有收益的同时也应当承担相应风险。因商业风险是市场交易的固有风险，在当事人缔结合同时，应当预见到该风险是设定权利义务时的基础，故发生商业风险时，由当事人承担该风险责任并不会产生不公平的后果。

（二）合同纠纷中情势变更与不可抗力的联系与区别

情势变更与不可抗力并非相互排斥的概念，二者具有不同的作用，功能相互补充，二者都是规范当事人在订立合同时不能预见、不能承受的其支配领域外的客观风险。二者虽然相互独立但存在交叉，不可抗力可以作为情势变更事由。如果不可抗力的发生，没有导致合同不能履行，但作为合同成立的环境或者基础发生了变化，继续履行合同显失公平，基于情势变更可以变更乃至解除合同。不可抗力具备"三不"要件，即不能预见、不能避免且不能克服，情势变更则具备"二不"要件，即不能预见、不能承受。从构成的条件来看，不可抗力的构成条件要严于情势变更的构成条件，不可抗力可以作为情势变更的事由，但情势变更不能或不会直接导致不可抗力，不可抗力为因，情势变更为果。情势变更的事由范围广于不可抗力，发生情势变更的客观事由，可能是不可抗力，也可能不是不可抗力。

1. 情势变更与不可抗力的联系

（1）情势变更与不可抗力两者的事实构成，均具有客观性、外在性、不可归责性和不可预见性的特征。[①] 事件均为发生在建设工程施工合同当事人的外部，非人力所能控制的客观情况，是由于不可归责于建设工程施工合同当事人的原因而发生的，是无法防止和无法避免的。

（2）情势变更与不可抗力对建设工程施工合同的履行均构成障碍。如果造成履行障碍的原因是不可抗力，当事人可以适用不可抗力规则；如果同时构成情势变更，则当事人也可以主张适用情势变更。

（3）情势变更与不可抗力均适用于建设工程施工合同关系存续期间。即

---

① 梁慧星主编：《民商法论丛》（第20卷），金桥文化出版（香港）有限公司2001年版，第87页。

都发生于建设工程施工合同关系成立以后、消灭之前。如果情势变更在建设工程施工合同成立之前就发生变更，则这种法律行为是以已变更的情势作为基础环境，不产生情势变更的适用问题。

2. 情势变更与不可抗力的区别

（1）情势变更与不可抗力的适用范围不同。情势变更制度适用于合同案件，从合同效力角度出发，解决合同是否继续履行或者变更的问题。而不可抗力既可适用于合同案件，又可适用于侵权案件，主要是解决是否承担责任的问题。情势变更制度下，受不利影响的当事人请求变更合同，应当从实际情况出发，以消除明显或者过度的不公平为目的，考量变更请求及变更幅度。相较之下，不可抗力制度重在考量是否承担全部或部分责任，甚至是免除责任。

（2）情势变更与不可抗力主张权利的法律程序不同。情势变更根据《民法典》第533条的规定，须经双方当事人履行完"在合理期限内协商不成"的前置程序之后再行诉讼。如果当事人未履行协商这一前置程序，直接向对方发起诉讼或者仲裁，如果导致对方损失，对方可以请求当事人承担赔偿损失的责任。而不可抗力直接诉诸法院即可，但要求当事人事先履行通知义务并提供证据证明。法院可以依职权在建设工程施工合同案件中主动适用不可抗力制度，而适用情势变更原则一般要以当事人主张为前提，法院不能依职权主动适用。

（3）事件的表现不同。情势变更主要表现为影响建设工程施工合同履行的关于社会经济形势的剧变事件，具有慢发性与延续性，会延续较久，影响也会较长时间持续，如建筑材料价格暴涨、严重通货膨胀、货币贬值、金融危机、国家经济政策的变化、国家法律法规的变更等。不可抗力事件一般表现为影响建设工程施工合同履行的灾难性事件，具有突发性和暂时性的特点。主要有两种情况：一种是自然力量所致的灾害，如海啸、地震、洪水、火灾等；另一种为社会的异常变动所致，如战争、罢工、社会动乱、军事封锁等。

（4）事件对建设工程施工合同履行的阻碍程度不同。情势变更所指的客观情况的变化不必达到履行不能的程度，只是履行困难，继续履行在结果上对义务人明显不公平。在情势变更的情况下，建设工程施工合同仍可以履行，只是合同履行造成合同双方利益的严重失衡，不能实现履约时的合同目的。而不可抗力所指的客观情况对建设工程施工合同履行的影响已经达到了不能克服和不能规避的障碍，即合同尚未履行的部分无法继续全部或者部分履行。履行的不能，包括事实上履行不能和法律上的履行不能两方面。"尽管可能是永久不能，也可能只是暂时不能，但按照合同原来的规定履行是不可能的。"① 如果强行履行，则一方将受到损害，而另一方也不能实现建设工程施工合同目的。不可抗力强调克服或者规避履行障碍的难度高，情势变更更强调继续履行成本高。不可抗力与情势变更有可能发生转化的情况。因不可抗力导致建设工程施工合同履行特别困难，但尚未达到不能的程度时，可能通过支付较大的成本加以克服，使合同继续履行，而继续按原约定履行将会显失公平，此种情况应当适用情势变更原则。

（5）当事人享有的权利性质不同。情势变更情形下，建设工程施工合同当事人所享有的权利为请求权，须经司法判决来进行合同变更或解除，当事人不能自行变更或解除建设工程施工合同。而不可抗力情形下，建设工程施工合同当事人所享有的权利为形成权，即只需于不可抗力事件发生后，通知对方当事人即可，无须进行协商，可直接决定延期履行、部分履行或解除建设工程施工合同，是法定免责事由。

（6）立法目的侧重点不同。情势变更原则强调在情势发生后，通过利益调整尽量促使建设工程施工合同得以继续履行，立法目的主要是维护交易安全，尽最大可能促进交易。② 而不可抗力强调在不可抗力发生后，免除建设工程施工合同当事人的履行义务和违约责任。

（7）法律后果不同。情势变更不是法定的免责事由，即情势变更原则只是赋予了处于不利地位的当事人依法请求变更或解除建设工程施工合同关系的权利，而最终是否变更或解除建设工程施工合同，取决于人民法院或仲裁机构的裁量，如果没有得到认可，不利一方当事人必须继续履行建设工程施工合同。即使适用情势变更解除合同时，受损失一方也可以根据《民法典》

---

① 梁慧星主编：《民商法论丛》（第20卷），金桥文化出版（香港）有限公司2001年版，第88页。
② 崔建远主编：《新合同法原理与案例评释》（上），吉林大学出版社1999年版，第273～274页。

第 566 条第 1 款规定："合同解除后，尚未履行的，终止履行；已经履行的，根据履行情况和合同性质，当事人可以请求恢复原状或者采取其他补救措施，并有权请求赔偿损失。"即对于对方因此遭受的无端损失，仍应承担相应的补偿或赔偿责任。因不可抗力致使不能实现建设工程施工合同的则是"当然免责"，即不可抗力事件导致建设工程施工合同不能履行的，当事人只要举证证明因不可抗力导致合同履行不能，通知对方当事人解除建设工程施工合同，合同自通知到达对方时解除，无须法院进行裁判，并可免予承担履行义务及获得全部或者部分免责。

# 第二节  建设工程施工合同的履行抗辩权

双务合同当事人双方基于债务之间的牵连关系存在履行中的抗辩权，通过履行中的抗辩权可以防范风险、保障债权。合同履行抗辩权是指在符合法定条件时，当事人一方为对抗对方当事人的履行请求权，享有的暂时拒绝履行自己债务的权利。《民法典》第 525 条至第 528 条规定了合同履行中抗辩权的实质内容，包括同时履行抗辩权、后履行抗辩权和不安抗辩权。抗辩权是双务合同履行延期的抗辩，只是一时地拒绝对方的履行请求，中止履行，不产生消灭对方请求权的效力。如果抗辩权的事由消失，债务人仍应履行其债务。抗辩权对于平衡当事人之间的权利义务、保障交易安全、维护交易秩序、增进交易双方互信等具有重要作用。

## 一、履行抗辩权的一般法律理论

### （一）同时履行抗辩权

同时履行抗辩权，是指双务合同的一方当事人，在对方当事人未对待给付以前，可拒绝履行自己债务的权利。同时履行抗辩权存在的基础是双务合同的牵连性，即给付与对待给付具有不可分离关系。这种牵连关系主要表现在一个合同产生互为对价、互为条件的债务，一方的给付义务不发生时，相对方的对待给付义务也不发生，一方给付义务因不可归责于双方的当事人的事由不能履行时，债务人免除给付义务，债权人也免除对待给付义务。同时履行抗辩权正是这种牵连性功能的反映。同时履行抗辩权的法律依据为《民法典》第 525 条的规定："当事人互负债务，没有先后履行顺序的，应当同时履行。一方在对方履行之前有权拒绝其履行请求。一方在对方履行债务不符合约定时，有权拒绝其相应的履行请求。"同时履行抗辩权一般具备三个构成要件。

1. 须因同一双务合同互负债务

同时履行抗辩权是双务合同履行机能上的牵连性在公平原则上的运用，因此仅仅适用于双务合同，而不适用于单务合同。《民法典》第 525 条规定的同时履行抗辩权的基础是"当事人互负债务"，这种双方互负的债务是根据一个合同产生的，双方所负的债务之间具有对价和牵连关系。既然是基于双务合同而发生，就要求双方债务之间具有对价性，但是这种对价并非客观上的对价，不要求对方所负债务完全对等，当事人取得的财产权与其履行的财产义务大致相等即可。特别应当强调，双务合同适用同时履行抗辩权应限于双方的主给付义务，一方不履行主给付义务，另一方有权行使同时履行抗辩权拒绝履行自己的义务，但是一方单纯违反附随义务，已经履行了主给付义务，另一方不得援用同时履行抗辩权，除非附随义务的履行与合同目的的实现具有密切关系。同时当事人具体明确地将某种附随义务约定为主给付义务时，无疑应当尊重当事人的意思而将其认定为主给付义务。[①]

2. 承发包双方互负债务没有先后履行顺序且已到期

当事人互负的债务没有约定先后履行顺序时，当事人应当同时履行，一方请求对方先行履行时，对方享有同时履行抗辩权。同时履行抗辩权的目的在于使合同双方债务同时履行、双方享有的债权同时实现。同时履行抗辩权的发生原则上要求双方的债务均已到期，如一方的债务尚未到期，则该方可以此为由拒绝履行，无须行使同时履行抗辩权。所谓"到期"，即指到了履

---

① 最高人民法院民法典贯彻实施工作领导小组主编：《中华人民共和国民法典合同编理解与适用（一）》，人民法院出版社 2020 年版，第 429 页。

行期，履行期与履行期限不完全一样。履行期限是一期间，所谓"到期"通常可以理解为该履行期间届满的时间点。履行期为一个时间点，债务"到期"指的是到了约定的时间点。履行期限利益原则上利于债务人，债务人可根据自己的便利决定何时履行。履行期间的约定不应理解为只是为了拖到期限的最后一刻再履行，如果只是为了拖到最后一刻履行，当事人根本没有必要约定一个期间，完全可以直接约定一个时间点。债务人可以根据自己的需要，在履行期间届满之前的某个时间点履行。

3. 对方未履行债务或履行债务不符合约定

合同的债务人依约履行了债务，其债务归于消灭，自然不再发生同时履行抗辩权的问题。当事人一方向相对方请求履行债务时，请求方对自己所负有对价关系的债务未履行，相对方可以据此主张同时履行抗辩权而拒绝履行债务。《民法典》第525条规定："……一方在对方履行债务不符合约定时，有权拒绝其相应的履行请求。"履行债务不符合约定一般包括瑕疵履行、部分履行等违约行为，同时履行抗辩权行使的范围应与请求方履行债务不符合约定的部分相对应。

（1）部分履行。《民法典》第531条规定："债权人可以拒绝债务人部分履行债务，但是部分履行不损害债权人利益的除外。债务人部分履行债务给债权人增加的费用，由债务人负担。"在法律上债务人履行部分债务不损害债权人利益的，债权人有义务接受履行。但是债权人受领了债务人所作的部分履行，则应作出相应部分的对待给付。债权人享有的同时履行抗辩权，原则上仅涉及未履行的部分。

（2）权利瑕疵。《民法典》第612条规定："出卖人就交付的标的物，负有保证第三人对该标的物不享有任何权利的义务，但是法律另有规定的除外。"出卖人向买受人交付标的物，出卖人负有保证第三人不得向买受人主张任何权利的义务，即标的物不存在权利瑕疵。买受人在付清价金前，有确切证据证明第三人可能就标的物享有权利的，可依《民法典》第614条的规定："中止支付相应的价款，但是出卖人提供适当担保的除外。"

（3）质量不符合约定。《民法典》第488条规定："承诺的内容应当与要约的内容一致。受要约人对要约的内容作出实质性变更的，为新要约。有关合同标的、数量、质量、价款或者报酬、履行期限、履行地点和方式、违约责任和解决争议方法等的变更，是对要约内容的实质性变更。"所以，合同交付标的物的质量为合同的实质性条款，如交付的标的物质量不符合约定，属于主给付义务的不完全履行。出卖人未完成合同约定的主给付义务，即交付符合约定质量的标的物，买受人可拒绝支付价款。至于是拒绝支付全部价款还是部分价款，根据《民法典》第525条的规定"有权拒绝其相应的履行请求"，所谓"相应的履行请求"，须结合买受人的合同目的具体分析。

（二）后履行抗辩权

后履行抗辩权是指在双务合同中，约定有先后履行顺序的，负有先履行债务的一方当事人未依照合同约定履行债务，后履行债务的一方当事人为保护自己的预期利益或为保证自己履行合同的条件而拒绝对方当事人请求履行的权利。后履行抗辩权的法律依据为《民法典》第526条，即"当事人互负债务，有先后履行顺序，应当先履行债务一方未履行的，后履行一方有权拒绝其履行请求。先履行一方履行债务不符合约定的，后履行一方有权拒绝其相应的履行请求。"

1. 后履行抗辩权的构成要件

（1）当事人因同一双务合同互负债务。后履行抗辩权为双务合同中后履行一方的法定权利，后履行抗辩权只存在于双务合同中，单务合同不发生后履行抗辩权的问题。双务合同中存在对待给付，其中一方的履行，是与另一方的履行为条件的。所以，在先履行一方不履行自己的债务时，后履行一方为了保护自己的利益，可拒绝对方的履行请求。

（2）当事人的合同履行义务有先后履行顺序。在双务合同中，履行顺序可分为同时履行和异时履行。同时履行没有合同履行顺序的问题，异时履行中当事人的合同履行是有履行顺序差异的。这种履行顺序差异可以由当事人约定，也可以依据法律或交易习惯确定。

（3）债务均已届清偿期，先履行义务一方未履行债务或者未适当履行。债务先履行一方的债务已到清偿期应当先履行债务，但该债务人应当履行而未履行或履行不符合约定，此时先履行义务一方已经构成违约。先履行义务一方在构成履行违约的情况下，即使后履行的债务已届履行期，后履行义务一方也可以拒绝先履行义务一方的履行请求，或者在先履行义务一方不适当履行范围内拒绝其相应的履行请求。

2. 后履行抗辩权的法律效力

后履行抗辩权的行使在本质上是对违约的抗辩，发生后履行一方暂时中止履行自己债务的效力，对抗先履行一方的履行请求，且对自己的逾期履行不承担责任，并不导致对方当事人的债务的消灭。但是对于先履行一方履行不当时，后履行的一方可拒绝履行的部分应当与此相当，且不得超出必要的限度。后履行抗辩权的行使并不影响追究先履行一方的违约责任，即使先履行一方在后履行一方抗辩后履行了合同义务或补正了履行不当，后履行一方在履行自己义务的同时，也可以追究先履行一方的违约责任。后履行抗辩权是基于先履行义务一方的违约行为，若先履行一方纠正了违约行为，满足或者基本满足另一方的履行利益，后履行抗辩权消灭，此时行使后履行抗辩权一方应当及时恢复履行，否则构成违约。后履行义务一方行使后履行抗辩权，先履行义务一方并未纠正违约行为，行使后履行抗辩权一方可以根据法律规定的条件通知对方解除合同，合同解除后，履行抗辩权消灭。

（三）不安抗辩权

在市场经济条件下，合同当事人双方履行义务的期限多不一致，交易顺序以标的物先于价款给付居多。如果合同成立后，发现后履行一方当事人财产状况明显恶化，可能危及先履行一方当事人债权实现时，迫使先履行义务一方当事人先行给付，则可能出现先履行的一方当事人履行了债务，自己的债权却无法实现的情形。为了保护当事人的合法权益，维护社会经济秩序，防范合同欺诈，在此情况下产生了不安抗辩权制度。不安抗辩权，又称为先履行抗辩权，是指双务合同成立后，根据合同约定应当先履行合同义务的当事人在有证据证明对方不能履行合同义务，或者有不能履行合同义务之虞时，在对方没有对待履行或提供担保之前，暂时中止履行合同义务的权利。《民法典》第 527 条规定："应当先履行债务的当事人，有确切证据证明对方有下列情形之一的，可以中止履行：（一）经营状况严重恶化；（二）转移财产、抽逃资金，以逃避债务；（三）丧失商业信誉；（四）有丧失或者可能丧失履行债务能力的其他情形。当事人没有确切证据中止履行的，应当承担违约责任。"该法条是不安抗辩权的法律依据。不安抗辩权在性质上属于抗辩权或者延迟抗辩权。不安抗辩权的设立目的在于公平合理地保护先履行方的合法权益，并通过赋予先履行方中止履行的自我救济手段，促进另一方当事人的履行。[①]

1. 不安抗辩权的构成要件

（1）双方当事人因同一双务合同而互负债务。不安抗辩权解决的是保障债权的问题，须因双务合同互负债务而发生。表现形式上，不仅体现在金钱债务场合丧失给付能力的情形，还包括其他丧失或者可能丧失履行债务能力的情形。比如，建筑公司设备损坏而无力购买新设备，发包人主张不安抗辩权拒付预付款。

（2）合同当事人履行义务有顺序，后履行方有丧失或者可能丧失履行债务能力的情形。《民法典》第527条规定了可以适用不安抗辩权的四种法定事由，即经营状况严重恶化；转移财产、抽逃资金，以逃避债务；丧失商业信誉；有丧失或者可能丧失履行债务能力的其他情形。后履行义务一方出现以上事由，先履行义务的一方虽已届履行期，但后履行义务一方已经存在难以对待履行的现实危险，故先履行一方有中止履行的必要。笔者认为，债务人一般应当在缔结合同后才发现适用不安抗辩权的事由，否则债务人不可主张适用不安抗辩权。值得注意的是，如果缔结合同时不安抗辩权的事由已经存在，但债务人不知且不知非属故意或者有重大过失时，仍可以发生不安抗辩权。

（3）不安事由危及对方债权的实现。不安抗辩权的行使必须出现了不安的事由使债权的实现受到威胁，始能发生不安抗辩权，但如果对方债权已附有担保，则其实现有相当的保障，并不能够发生不安抗辩权。《民法典》对于不安抗辩权行使并没有作量化分析和适用，不安事由危及对方债权的实现，既可以是危及全部债权的实现，也可以是危及部分债权的实现。即使不安事

---

[①]　尹忠显主编：《新合同法审判实务研究》，人民法院出版社2006年版，第163页。

由仅仅危及对方部分债权的实现，仍不妨认为有中止全部债务履行的权利。合同有效成立后，后履行义务的当事人的财产状况恶化，且此种财产状况的恶化在双方当事人订立合同时不能为双方所获知，致使后履行当事人履行能力丧失或者其他情况以致不能保证合同的履行，则先履行义务的当事人有权行使不安抗辩权。如果后履行一方不能对待给付的危险发生于合同订立前且为对方所知，则属于自担风险的情形，先履行一方不享有不安抗辩权；如果前述风险发生于合同订立之前，但因一方隐瞒导致对方不知情，则构成《民法典》第 148 条所规定的可撤销民事法律行为之情形，应通过请求人民法院或仲裁机构予以撤销进行救济，而不能行使不安抗辩权。①

2. 行使不安抗辩权的情形

（1）经营状况严重恶化。经营状况严重恶化是指经营不善，造成经营状况严重恶化的后果。经营状况严重恶化使当事人极有可能丧失清偿能力，据此先履行的当事人可以行使不安抗辩权。经营状况严重恶化的典型情况为已经申请破产、进入破产程序、涉及重大诉讼且面临重大败诉风险、从事该行业或业务必需的资质被吊销等。

（2）转移财产、抽逃资金，以逃避债务。合同当事人在履行债务前转移财产、抽逃资金，先履行债务当事人如果仍按照合同的约定先履行给付义务，则有可能使自己的债权不能实现，因此先履行债务的当事人可以行使不安抗辩权。

（3）丧失商业信誉。商业信誉是合同履约方履约能力的具体体现，丧失商业信誉意味着履约能力受到影响，构成先期履约危险。因此，先履行债务的当事人可以行使不安抗辩权。

（4）有丧失或者可能丧失履行能力的其他情形。只要后履行债务的一方当事人表现出丧失或者可能丧失债务履行能力的情形，先履行债务的当事人就可以行使不安抗辩权。但是并非只要出现了《民法典》527 条规定的四种情形就构成了不安抗辩权的行使条件，应当审查所出现的情形是否达到了足

---

① 最高人民法院民法典贯彻实施工作领导小组主编：《中华人民共和国民法典合同编理解与适用（一）》，人民法院出版社 2020 年版，第 440 页。

以使后履行一方丧失履行债务的能力。如后履行一方虽涉及诉讼，但败诉对其履行能力并不构成根本性否定，此时先履行一方不能行使不安抗辩权。

3. 不安抗辩权的法律效力

（1）不安抗辩权属于延期抗辩权，只导致先履行义务人暂时中止履行合同债务，而并非导致中止合同债务或者消灭合同债务。出现了不安抗辩权的法定事由，如果应当后履行债务的当事人提供了适当担保或者作出了对待履行，不安抗辩权即行消灭，应当先履行债务的一方应当恢复履行。中止履行的内容，包括履行的提供、履行的准备，所以开始中止履行的时点，也应包括此前准备履行过程中的任何一个时点。先履行义务一方结束其不安抗辩权的时点，以后履行义务一方提供担保或者恢复履行能力为时点，且以此等事由通知到达先履行义务一方时为准。当先履行义务一方有确切证据证明对方有不安事由时，无须以诉讼方式主张不安抗辩权，权利人可自行中止自己的履行。不安抗辩权的行使也无须经对方同意，对方当事人如请求履行，则不安抗辩权人自可拒绝其请求。《民法典》第 528 条规定："当事人依据前条规定中止履行的，应当及时通知对方。……"所以，先履行义务一方行使不安抗辩权时负有通知义务，以避免对方因此遭受不必要的损害。

（2）先履行义务一方中止履行，不承担违约责任。不安抗辩权是先履行义务一方对其不按期履行债务的合法救济，故不安抗辩权成立时，逾期履行债务不应当认定为违约行为。但是，因多种原因导致先履行义务一方不能如期履行其债务，仅有部分因素构成不安抗辩且该抗辩权的成立仅影响先履行义务一方部分履行的，则其只能与此相应的部分中止履行并免除其该部分违约责任，未受影响部分按约履行；虽然仅有部分因素构成不安抗辩但该抗辩权的成立影响先履行义务一方履行全部债务的，其可就全部债务中止履行并应当免除其全部违约责任。[①]

4. 不安抗辩权的行使

合同履行过程中构成不安抗辩权的情形下，先履行义务一方的救济措施

---

① 最高人民法院民法典贯彻实施工作领导小组主编：《中华人民共和国民法典合同编理解与适用（一）》，人民法院出版社 2020 年版，第 443 页。

只能是主张暂时中止合同的履行。如果合同中止履行后，后履行义务一方在合理期限内未恢复债务履行能力以及未提供充分的担保，未消除合同履行的障碍，那么先履行义务一方在暂时中止履行后就有权解除合同并主张违约责任。《民法典》第528条规定："当事人依据前条规定中止履行的，应当及时通知对方。对方提供适当担保的，应当恢复履行。中止履行后，对方在合理期限内未恢复履行能力且未提供适当担保的，视为以自己的行为表明不履行主要债务，中止履行的一方可以解除合同并可以请求对方承担违约责任。"《民法典》第528条为不安抗辩权的行使的法律依据。

（1）行使不安抗辩权的通知义务。不安抗辩权是一种单方权利，无须对方的同意或认可。为了防止该权利被滥用，平衡当事人之间的利益，《民法典》第528条规定了当事人行使不安抗辩权主张中止履行合同时，应当及时通知对方。通知可以采取口头方式，也可以采取书面方式，但必须有效送达对方。关于通知的内容，应当包含主张不安抗辩权的事实与理由以及中止履行的意思。如果仅仅表达了中止履行的意思，不能认定为是行使不安抗辩权。

（2）不安抗辩权的消灭。当发生以下两种情形时，不安抗辩权可消灭。第一，后履行义务一方提供适当担保。不安抗辩权是先履行义务一方的单方权利，后履行义务一方是否存在不安抗辩权的法定情形，受制于先履行义务一方的主观判断。《民法典》第528条规定："……对方提供适当担保的，应当恢复履行。……"所以，法律赋予了后履行义务一方可以提供担保的方式对抗先履行义务一方主张不安抗辩权，但是对于后履行义务一方并非只要提供担保，先履行一方就必须恢复履行。后履行义务一方要求先履行义务一方恢复履行，提供的担保应当是"适当的"。笔者认为，判断担保是否适当，应当充分考虑三个方面：一是后履行义务一方丧失履行能力的程度；二是后履行义务一方恢复履行能力的可能；三是先履行义务一方已经履行的债务，即后履行义务一方提供的担保的数额应当大于先履行义务一方已经履行的债务。第二，后履行义务一方恢复履行能力。丧失履行能力是一种状态，但这种状态可以随着事件的推移和空间的转移而发生变化。所以，随着时空转移，后履行义务一方的履行能力可以得到恢复，并可以达到对待给付时，先履行义务一方的不安抗辩权也随之消灭。

（3）合同解除。《民法典》第528条规定："……中止履行后，对方在合理期限内未恢复履行能力且未提供适当担保的，视为以自己的行为表明不履行主要债务，中止履行的一方可以解除合同并可以请求对方承担违约责任。"该法条是关于不安抗辩权中合同解除的法律依据。其立法来源于《民法典》第563条第1款第2项规定："有下列情形之一的，当事人可以解除合同：……（二）在履行期限届满前，当事人一方明确表示或者以自己的行为表明不履行主要债务；……"故当符合该项规定情形时即构成默示预期违约，直接赋予了先履行抗辩人解除合同并主张违约责任的权利。先履行义务一方解除合同的前提是后履行义务一方在合理期限内未恢复履行能力且未提供适当担保。对于以多长时间为合理期限，笔者认为，有约定从约定；没有约定的，应当综合考虑担保数额、阻碍履行能力恢复的具体因素以及合同对于双方债务履行时间的紧迫性的要求来确定。

5. 不安抗辩权人的附随义务

不安抗辩权的设定，虽然保障先给付一方免受损害，但对合同严守原则产生了阻碍。为了保护合同当事人双方的权利义务，或尽快恢复合同权利义务的平衡，对主张不安抗辩权的当事人赋予两项附随义务。一是通知义务。如前所述，为保障合同相对方的权利，避免因中止履行而遭受不必要的损害，不安抗辩权人具有通知中止履行的附随义务。二是举证义务。法律为了保障合同严守原则，防止不安抗辩权的滥用，《民法典》第527条第2款规定："当事人没有确切证据中止履行的，应当承担违约责任。"所以，先履行义务一方主张不安抗辩权时，应当对中止履行承担举证责任。

## 二、承包人抗辩权的行使

建设工程施工合同为双务合同，《民法典》第788条第1款规定："建设工程合同是承包人进行工程建设，发包人支付价款的合同。"在建设工程施工合同的履行过程中，承包人的主要义务为进行工程建设、交付建设工程；发包人的主要义务为支付工程价款。建设工程施工合同的履行过程中，发包人不履行支付工程价款等合同义务，承包人抗辩权的行使方式主要有工程停工、拒交工程、拒交工程资料以及拒绝配合竣工验收等。承包人在行使抗辩权时，必须符合抗辩权的法定条件，并严格按照行使程序维护自己的合法权益。

（一）工程停工

在建设工程施工合同履行过程中，导致工程停工的原因很多，可能是发包人的原因，也可能是承包人的原因，甚至是不可归责于施工合同任何一方的原因。在建设工程施工中，停工主要存在如下情形：①发包人违反合同约定提供原材料、设备、场地，导致工程停工；②发包人违反合同约定支付工程预付款、进度款，导致工程停工；③发包人违反合同约定提供图纸、技术资料，导致工程停工；④发包人拖延对隐蔽工程、阶段工程的验收，工程无法继续施工，导致工程停工；⑤发现地下障碍物、水流或文物造成工程停工。建设工程停工并非均为承包人行使抗辩权，承包人行使抗辩权必须符合抗辩权的法定构成要件。在建设工程施工合同履行过程中，承包人行使停工抗辩的理由主要是发包人不按合同约定支付工程款及履行协助义务，主要包括以下几个方面。

1. 发包人不按合同约定支付工程预付款

2017 年版《建设工程施工合同（示范文本）》通用合同条款第 12.2.1 项约定："……发包人逾期支付预付款超过 7 天的，承包人有权向发包人发出要求预付的催告通知，发包人收到通知后 7 天内仍未支付的，承包人有权暂停停工，并按第 16.1.1 项〔发包人违约的情形〕执行。"可见，承包人在此情形下有权行使不安抗辩权，进行停工抗辩，但值得注意的是，事先应履行通知义务。

2. 发包人不按合同约定支付工程进度款

根据 2017 年版《建设工程施工合同（示范文本）》通用合同条款第 16.1.1 项的约定，因发包人原因未能按合同约定支付合同价款的，承包人可向发包人发出通知，要求发包人采取有效措施纠正违约行为；发包人收到承包人通知后 28 天内仍不纠正违约行为的，承包人有权暂停相应部位工程施工，并通知监理人。但承包人也应当积极采取措施，如做好人员调整和机械设备的撤离等安排，不能放任停工损失的扩大。此外，根据《民法典》第

803 条的规定，发包人按照建设工程施工合同的约定先履行提供合格的建筑材料、建筑构配件和设备的义务，是保障承包人履行工程施工义务的必要条件，发包人未履行或者未适当履行合同约定的该义务的，承包人有权行使后履行抗辩权工程停止施工，并有权要求发包人赔偿停工、窝工等损失。

（二）拒交工程

发包人拖欠工程款往往是在工程后期，特别是在工程竣工之后。此时，有的承包人为维护自己的权益会拒绝向发包人移交工程。根据《民法典》第 788 条第 1 款规定，承包人按照合同约定完成工程建设并交付工作成果是其应尽的义务。发包人在交付工程之前拖欠承包人工程款，承包人拒交工程的价值与发包人的工程欠款金额应具有对等性，或者在建设工程施工合同中已明确约定了发包人欠付工程款时，承包人享有拒交工程的权利，即此时承包人才享有抗辩权，否则随意拒交工程应承担发包人的损失。司法实践中对承包人拒交工程抗辩权的限制，是由《民法典》第 807 条赋予承包人的优先受偿权决定的。合同履行抗辩权仅是一种防御措施，最终实现工程款债权仍需将工程依法拍卖并就拍卖的价款优先受偿。从法律原则上来看，承包人应当选择法律赋予的最终救济权利，除非施工合同中明确约定承包人在发包人支付工程款前有权拒交工程。但从建筑行业的交易惯例来看，普遍使用的各版《建设工程施工合同（示范文本）》中均没有约定承包人先履行合同义务后，如果发包人不按照合同约定支付工程价款，承包人享有拒绝交付或者暂时留置建设工程的权利，而是仅规定了在后履行合同义务的发包人拒绝支付工程竣工结算价款的情况下，承包人可以依据《民法典》第 807 条的规定，行使建设工程价款优先受偿权来实现和保障自己的利益。

2017 年版《建设工程施工合同（示范文本）》通用合同条款约定，工程竣工验收合格的，发包人应在验收合格后 14 天内向承包人签发工程接收证书；除专用合同条款另有约定外，合同当事人应在颁发工程接收证书后 7 天内完成工程的移交；承包人无正当理由不移交工程的，承包人应承担工程照管、成品保护、保管等与工程有关的各项费用，合同当事人可以在专用合同条款中另行约定承包人无正当理由不移交工程的违约责任。除非建设工程施工合同明确约定外，工程款的结算及支付与工程移交不具关联性，承包人应在发包人签发工程接收证书后 7 天内向发包人移交工程，不能以发包人尚未支付全部工程结算款为由拒绝交付工程。《北京市高级人民法院关于审理建设工程施工合同纠纷案件若干疑难问题的解答》第 38 条规定："工程竣工验收合格后，承包人以发包人拖延结算或欠付工程款为由拒绝交付工程的，一般不予支持，但施工合同另有明确约定的除外。承包人依据合同约定拒绝交付工程，但其拒绝交付工程的价值明显超出发包人欠付的工程款，或者欠付工程款的数额不大，而部分工程不交付会严重影响整个工程使用的，对发包人因此所受的实际损失，应由当事人根据过错程度予以分担。"

（三）拒交工程资料

承包人向发包人提交的工程资料有两类：一类为工程竣工验收资料，另一类为工程档案资料。工程竣工验收资料为承包人在工程竣工验收之前向发包人提交的资料，根据《房屋建筑和市政基础设施工程竣工验收规定》第 5 条的规定，有完整的技术档案和施工管理资料是工程可进行竣工验收的条件之一。而工程档案资料是指工程竣工验收合格后，施工单位应当向建设单位移交的施工资料。《建筑工程资料管理规程》（JGJ/T185－2009）第 4.1.4 项规定："施工资料可分为施工管理资料、施工技术资料、施工进度及造价资料、施工物资资料、施工记录、施工试验记录及检测报告、施工质量验收记录、竣工验收资料 8 类。"

实践中承包人有时会以工程竣工验收资料的提交或工程档案资料的移交作为催讨工程款的筹码。根据后履行抗辩权的规定，如果发包人未依约支付工程款，承包人可以拒交工程资料的方式进行抗辩。当工程已经竣工验收合格或发包人已实际使用工程，或者未提交的竣工验收资料不影响办理竣工验收时，发包人不能因承包人未履行交付工程材料这一附随义务而拒绝履行支付工程款的合同主义务，但可以在工程欠款纠纷中反诉要求承包人提交完整的工程竣工验收资料，并要求承担迟延提交工程竣工验收资料的违约责任。《北京市高级人民法院关于审理建设工程施工合同纠纷案件若干疑难问题的解答》第 23 条规定："建设工程施工合同约定工程竣工验收合格后再支付工程款，发包人收到承包人提交的工程竣工验收资料后，无正当理由在合同约定期限或合理期限内未组织竣工验收，其又以工程未验收为由拒绝支付工程款的，不予支持。发包人以承包人未移交工程竣工验收资料为由拒绝支付工程款的，不予支持，但合同另有约定的除外。"

（四）拒绝配合竣工验收

根据《房屋建筑和市政基础设施工程竣工验收规定》第5条的规定，建设单位已按合同约定支付工程款，方可进行竣工验收。笔者认为，"已按合同约定支付工程款"可以从以下两方面理解。其一，它是指截止工程竣工验收前，建设单位已按合同约定足额支付了相应的工程款。工程款是一个总量的概念，并非要求之前各个预付款、进度款的支付时间、数额必须完全符合合同约定。其二，"已按合同约定支付工程款"也并非支付了全部工程价款，而是按照合同约定足额支付即可。工程价款的支付已经作为工程竣工验收的条件，承包人有权基于发包人未按约支付工程款而提出拒绝配合竣工验收的抗辩。

## 三、发包人抗辩权的行使

建设工程施工合同履行过程中，针对承包人主张工程款的请求，发包人常以工程质量瑕疵、承包人未交工程资料以及工程逾期为由对承包人行使抗辩权。

（一）工程质量瑕疵

发包人在工程竣工验收合格后，针对承包人工程款的请求，最常见的抗辩手段是主张工程质量存在瑕疵。笔者认为，工程竣工验收合格后出现质量瑕疵的，承包人应当按照合同约定和法律规定承担质量保证责任。发包人以拒付工程结算款的方式对工程质量瑕疵行使抗辩权是没有法律依据的。承包人在拒绝履行质量保证义务的情况下，发包人才可以让第三人代为履行，从承包人预留的质量保证金中扣减维修的款项。承包人不得以质量瑕疵为由抗辩支付工程结算款，其主要理由如下。

1. 工程竣工验收合格是承包人取得工程款的充分条件

《民法典》第799条第1款规定："建设工程竣工后，发包人应当根据施工图纸及说明书、国家颁发的施工验收规范和质量检验标准及时进行验收。验收合格的，发包人应当按照约定支付价款，并接收该建设工程。"可见，竣工验收合格就意味着发包人认可承包人的工程质量符合法律规定及合同约定，发包人就应当向承包人按照合同约定支付价款。除当事人另有约定外，工程质量验收合格是发包人支付工程款的充分条件，发包人不能以工程存在瑕疵为由拒绝支付工程款。

2. 承包人原因造成建设工程地基基础工程、主体结构不合格，发包人可拒付工程款

建设工程验收合格后又出现工程质量瑕疵时，虽然建设工程已经发包人签字确认验收合格，但有证据证明是承包人原因导致地基基础工程、工程主体结构质量不合格的，可按工程不合格处理。此时，承包人产生对不合格建设工程进行修复的义务，承包人拒绝修复或修复后仍不合格的，发包人可以拒绝支付全部工程价款，已经支付的部分可以要求返还。

（二）承包人未移交工程资料

承包人提交工程资料的义务属于从给付义务。发包人支付工程价款属于发包人的主给付义务。具有对价关系的合同义务才产生抗辩权。一般情况下不能以主给付义务的不履行来行使对从给付义务的抗辩。承包人向发包人提交的工程资料有工程竣工验收资料和工程档案资料两类，工程竣工验收资料和工程档案资料在实现建设工程施工合同目的时具有不同的法律地位，笔者对此予以分别说明。

1. 工程竣工验收资料

虽然交付竣工验收资料属于承包人的从给付义务，但是从实现合同目的的角度来看，若从给付义务的不履行致使合同目的不能实现，则应认为其与发包人的主给付义务之间具有对价关系。工程竣工验收必须提交工程竣工验收资料，承包人拒绝提供该资料就意味着发包人不能组织竣工验收，无法实现合同目的。因而，交付工程竣工资料和发包人给付工程款之间存在对价关系，承包人拒不交付竣工资料，发包人可以不支付工程款为抗辩。因此，当合同约定工程竣工验收后支付工程款的，若承包人不提交工程竣工验收资料，

发包人则可以行使后履行抗辩权而不支付工程款。但若工程未经竣工验收，发包人已经使用的，根据《建工解释（一）》第9条第3项的规定，"建设工程未经竣工验收，发包人擅自使用的，以转移占有建设工程之日为竣工日期"。此时发包人不能以承包人未提供工程竣工验收资料为由行使后履行抗辩权。笔者认为，由于承包人移交工程资料的义务属于从给付义务，如果该移交行为不影响合同目的的实现，除非合同有明确约定外，发包人不能基于此而拒绝向承包人支付工程款。

2. 工程档案资料

工程档案资料包括工程准备阶段文件、监理资料、工程竣工文件、竣工图等。《建设工程质量管理条例》第17条规定："建设单位应当严格按照国家有关档案管理的规定，及时收集、整理建设项目各环节的文件资料，建立、健全建设项目档案，并在建设工程竣工验收后，及时向建设行政主管部门或者其他有关部门移交建设项目档案。"建设单位在汇总施工资料、监理资料和自己整理的工程准备文件和竣工文件资料后，向档案管理部门移交工程档案资料。其中，施工资料是否移交对工程验收没有太大影响。此外，工程竣工验收备案一般需要提交《建设工程档案预验收意见书》，该预验收意见书是工程竣工验收的条件，其与工程竣工验收后的工程档案移交书不同。施工承包人未向建设单位移交施工资料并不影响房屋所有权的初始登记，因此发包人不得直接以未提交工程档案资料为由，对承包人工程款的主张提出抗辩。

（三）承包人工程逾期

承包人工程逾期是指承包人未按照合同约定的工期完成建设工程。工程逾期主要包括两种情形：一种是建设工程施工过程中，承包人未按照合同约定节点完成工程或承包人未按照施工组织计划完成相应的工程；另一种是指建设工程未按合同约定的工期竣工验收。承包人工程逾期，无论是未按照合同约定节点完成工程还是工程延误造成推迟竣工，发包人对支付进度款和结算款都享有抗辩权，但在承包人完成工程节点或竣工验收后，该抗辩权消失。承包人的主要义务已经完成，但延迟履行已经成为既定事实，已经不发生履行抗辩的问题。此时，发包人应当追究承包人工程逾期的违约责任，承包人或支付违约金，或赔偿发包人的损失。

# 第三节　建设工程施工合同的违约责任

违约责任，又称"违反合同的民事责任"，是指合同当事人不履行合同义务或者履行合同义务不符合约定时，依法产生的法律责任。违约责任以存在有效的合同债权债务关系为前提，如果合同无效，也无从发生违约责任。从本质上说，违约责任是一种特殊的债权债务关系，债务人不履行债务时就产生强制其履行、赔偿损失的民事责任问题。违约责任具有民事责任的一般属性，包括财产性、补偿性和惩罚性。《民法典》中的违约责任的承担方式主要有强制履行、采取补救措施、赔偿损失、支付违约金等。违约责任作为合同之债的特殊形态，违约责任方式均可引起债务人财产上的变化，所以违约责任表现为一种财产责任。违约责任的补偿性，是指违约责任所具有的填补违约相对方损失的法律性质，在违约相对方的损失为财产损失时，违约责任的补偿性通过支付违约金、赔偿金和其他方式而实现，以实际损失作为确定赔偿范围的标准，违约方的相对方不能因违约行为获利。

## 一、违约行为的形态

违约是指一方当事人不合理拒绝或者不履行合法和强制性的合同义务，即完全不履行或不完全履行根据合同应负有的义务，通常表现为拒绝履行、不能履行、迟延履行或不完全履行等违约形态。

（一）拒绝履行

债务人拒绝履行合同，既可以通过明示方式，也可以通过默示方式。拒绝履行构成违约责任的要件有：一是存在有效的合同；二是有拒绝履行的意思表示；三是有履行合同的能力；四是违反了合同约定的义务。债务人如果享有同时履行抗辩权、后履行抗辩权、不安抗辩权、时效完成抗辩权，以及条件不成就、履行期限尚未届至等，则有权拒绝履行。有学者认为，违法的拒绝履行是违约责任的构成要件，行使权利的拒绝履行不引起违约责任。①

（二）不能履行

不能履行，又称给付不能，是指债务人在客观上已经没有履行能力。不能履行包括事实上的不能履行、法律上的履行不能，还区分为自始不能履行与事后不能履行、全部不能履行与部分不能履行、永久不能履行与一时不能履行。不能履行违约责任的承担，应根据不能履行的具体情形，采用不同的责任方式。例如，当一时不能履行因债务人在不能履行的暂时障碍消除后仍不履行时，可以构成迟延履行，为违约责任的构成要件。②

（三）迟延履行

迟延履行，又称债务人迟延，是指债务人能够履行合同，但在履行期限届满前却未及时履行。迟延履行构成要件有：一是存在有效债务；二是能够履行；三是债务已届履行期限；四是债务人未履行。对于迟延履行而言，履行期限具有重要意义，在合同明确规定有履行期限时，债务人在履行期限届满时未履行，即构成迟延履行。一般情况下，在合同未约定明确履行期限时，债权人应先催告债务人履行，债务人未在指定的期限内履行的，才构成迟延履行。③

（四）不完全履行

不完全履行，又称不完全给付或不适当履行。与不能履行、迟延履行、拒绝履行相比，不完全履行虽然履行不完全，但尚有可以履行的行为，而不能履行、拒绝履行等则属于无履行的消极状态。关于不完全履行的种类，学说争议较大，一般认为有以下五种情形：履行数量不完全；标的物的品种、规格、型号等不符合合同规定，或者标的物存在瑕疵；加害给付，即履行对债权有积极的侵害，也就是超过履行利益或履行利益以外发生的其他损害的

---

① 崔建远：《合同法学》，法律出版社 2015 年版，第 254 页。
② 最高人民法院民法典贯彻实施工作领导小组主编：《中华人民共和国民法典合同编理解与适用（二）》，人民法院出版社 2020 年版，第 717 页。
③ 同上。

违约形态；履行的方法不完全，如《民法典》第813条规定"……承运人未按照约定路线或者通常路线运输增加票款或者运输费用的，旅客、托运人或者收货人可以拒绝支付增加部分的票款或者运输费用"；违反附随义务的不完全履行，如《民法典》第776条规定"承揽人发现定作人提供的图纸或者技术要求不合理的，应当及时通知定作人。因定作人怠于答复等原因造成承揽人损失的，应当赔偿损失"。[①]

（五）预期违约

预期违约是指合同履行期到来前，一方当事人明确表明将不履行合同，或者通过其行为表明在合同履行期限到来前不履行合同。《民法典》第578条规定："当事人一方明确表示或者以自己的行为表明不履行合同义务的，对方可以在履行期限届满前请求其承担违约责任。"该法条中"以自己的行为表明不履行合同义务"在具体个案认定时，应当结合当事人的行为目的、性质、履行能力等综合因素判断。预期违约包括明示违约和默示违约两种。所谓明示违约，是指合同履行期限届满前，一方当事人无正当理由明确向对方当事人表示其将不履行合同。所谓默示违约，是指合同履行期限届满前，一方当事人有确凿的证据证明对方当事人在履行期限届满前，将违约或不能履行合同，而对方又不愿提供必要的履行担保的。笔者认为，构成默示违约的判断标准是债务人丧失将来履行债务的能力，而且无法提供担保；如果债务人及时恢复了债务履行能力，能够保障债务的履行，则不应构成预期违约。

## 二、违约责任的承担方式

（一）强制履行

1. 强制履行的概念

强制履行是违约方不履行合同或者履行合同不符合约定时，由法院强制违约方继续履行合同债务的一种承担违约责任的方式，又称为"继续履行"。强制履行中的强制性是指债务人不自动履行其债务时，债权人原则上在不能

---

① 最高人民法院民法典贯彻实施工作领导小组主编：《中华人民共和国民法典合同编理解与适用（二）》，人民法院出版社2020年版，第717页。

够以自力救济的方式维护自己的权利时，应当通过国家的裁判机关强制债权内容的实现。也就是说，债权人借助国家公权力获得胜诉判决后，就意味着获得了公权力的肯定和支持，可以随时发动强制力。强制履行与原合同债务的履行存在以下两点不同：其一，强制履行的时间晚于履行原合同债务履行的时间；其二，强制履行是法定的违约责任方式，不是单纯的合同债务的履行，具有法律和道德的否定性评价。

2. 强制履行的方法

（1）直接强制。它是指债权人借助国家公权力，直接实现债权内容的强制方法。直接强制一般限定于金钱债务或者交付财产的债务。《民事诉讼法》第21章"执行措施"中，第249条规定："被执行人未按执行通知履行法律文书确定的义务……人民法院有权根据不同情形扣押、冻结、划拨、变价被执行人的财产。……"第250条第1款规定："被执行人未按执行通知履行法律文书确定的义务，人民法院有权扣留、提取被执行人应当履行义务部分的收入。但应当保留被执行人及其所扶养家属的生活必需费用。"第251条第1款规定："被执行人未按执行通知履行法律文书确定的义务，人民法院有权查封、扣押、冻结、拍卖、变卖被执行人应当履行义务部分的财产。但应当保留被执行人及其所扶养家属的生活必需品。"第255条第1款规定："被执行人不履行法律文书确定的义务，并隐匿财产的，人民法院有权发出搜查令，对被执行人及其住所或者财产隐匿地进行搜查。"第256条第1款规定："法律文书指定交付的财物或者票证，由执行员传唤双方当事人当面交付，或者由执行员转交，并由被交付人签收。"第257条第1款规定："强制迁出房屋或者强制退出土地，由院长签发公告，责令被执行人在指定期间履行。被执行人逾期不履行的，由执行员强制执行。"

（2）替代履行。它是指债务人未按照判决、裁定和其他法律文书指定的行为履行义务，人民法院可以委托有关单位或者其他人完成，费用由被执行人承担。是否可以替代履行，区分的标准是行为的性质。如果行为在性质上专属于义务人，则为不可替代履行的行为义务；否则，为可替代履行的行为义务。区分行为是否可以替代，主要是为了适用不同的执行方法。可替代行为一般采用替代履行方法，不可替代行为的执行一般采用间接执行方法。可替代履行的义务必须是他人代为履行与被执行人自行履行在事实及法律上的效果并无不同。当事人一方不履行债务或履行债务不符合约定，存在第三人替代履行的可能性，所产生的替代履行费用属于守约方因对方违约造成的损失范围，由违约方承担，这不仅符合民法的公平原则，也有利于促使当事人积极主动履行合同义务。《民事诉讼法》第 259 条规定："对判决、裁定和其他法律文书指定的行为，被执行人未按执行通知履行的，人民法院可以强制执行或者委托有关单位或者其他人完成，费用由被执行人承担。"《民法典》第 581 条规定："当事人一方不履行债务或者履行债务不符合约定，根据债务的性质不得强制履行的，对方可以请求其负担由第三人替代履行的费用。"《民法典》第 1234 条规定："违反国家规定造成生态环境损害，生态环境能够修复的，国家规定的机关或者法律规定的组织有权请求侵权人在合理期限内承担修复责任。侵权人在期限内未修复的，国家规定的机关或者法律规定的组织可以自行或者委托他人进行修复，所需费用由侵权人负担。"一般情形下，替代履行有两个行使条件：一是债务人不履行行为义务；二是该行为义务可由他人完成。

（3）间接强制履行。间接强制是人民法院采取对债务人施加心理压力及增加迟延履行成本，以促使债务人履行债务的强制方法。《民事诉讼法》第 260 条规定："被执行人未按判决、裁定和其他法律文书指定的期间履行给付金钱义务的，应当加倍支付迟延履行期间的债务利息。被执行人未按判决、裁定和其他法律文书指定的期间履行其他义务的，应当支付迟延履行金。"第 262 条规定："被执行人不履行法律文书确定的义务的，人民法院可以对其采取或者通知有关单位协助采取限制出境，在征信系统记录、通过媒体公布不履行义务信息以及法律规定的其他措施。"此外，《民事诉讼法》第 114 条还规定："诉讼参与人或者其他人有下列行为之一的，人民法院可以根据情节轻重予以罚款、拘留；构成犯罪的，依法追究刑事责任：……（六）拒不履行人民法院已经发生法律效力的判决、裁定的。……"由上述法条可知，间接强制措施不仅包括加倍支付迟延期间的利息、支付迟延履行金、限制出境、在征信系统记录、通过媒体公布不履行义务信息，而且还包括罚款、拘留及追究刑事责任等强制措施，可以起到间接强制债务人履行债务的作用。

3. 强制履行的具体形态

《民法典》第 577 条规定："当事人一方不履行合同义务或者履行合同义务不符合约定的，应当承担继续履行、采取补救措施或者赔偿损失等违约责任。"据此，关于强制履行的具体形态可以分为继续履行和采取补救措施两种形态。

（1）继续履行。建设工程施工合同中，合同继续履行主要存在如下情形：①承包人擅自停工，发包人可以要求承包人继续履行施工的合同义务；②在保修期内，建设工程发生质保责任范围内的质量问题，发包人有权要求承包人进行保修；③发包人未支付工程价款，承包人有权要求发包人支付；④合同约定发包人提供施工场地、施工所需的设计图纸及其他资料，发包人未提供或提供不符合约定的，承包人有权要求发包人提供。但是，如果以上情形中承包人的义务不适宜继续履行的，当事人可以通过其他形式追究违约方的违约责任，如采取补救措施、支付违约金或赔偿损失等。发包人未按照约定支付价款的，承包人可以催告发包人在合理期限内支付价款。

（2）采取补救措施。它是指债务人交付的标的物或提供的工作成果不符合约定的标准，而债权人仍然需要的，债权人根据标的的性质以及损失的大小，可以合理选择请求债务人承担修理、重作、更换等救济方式。采取补救措施是非金钱债务不完全履行，针对质量不符合约定的情形，双方当事人可采取如下补救措施。一是修理、重作、更换。其中，修理是指交付的合同标的物存在缺陷，并有修理可能，债务人消除标的物的缺陷的补救措施。存在严重质量瑕疵，以致不能通过修理达到约定或者法定的质量标准情形下，受损害方可以选择更换或者重作的补救方式。重作是指在承揽、建设工程等合同中，债务人交付的工作成果不合格，不能修理或修理所需要的费用过高，债务人应债权人请求而重新制作的补救措施。更换是指交付的合同标的物存在缺陷，无修理可能、修理所需要的费用过高或修理所需要的时间过长，债务人应债权人的请求而另行交付同种类同数量的标的物的补救措施。更换和重作又叫另行给付，修理又称消除缺陷。二是减少价款。根据《民法典》第 582 条之规定，合同当事人有权请求对方承担"减少价款"的违约责任，此时减价请求实际上是变更合同内容的请求权。如果不能与对方达成减价的合意，只能请求法院或仲裁机构予以调整，或者诉诸违约赔偿损失予以救济。

4. 不适用强制履行的情形

《民法典》第580条规定："当事人一方不履行非金钱债务或者履行非金钱债务不符合约定的，对方可以请求履行，但是有下列情形之一的除外：（一）法律上或者事实上不能履行；（二）债务的标的不适于强制履行或者履行费用过高；（三）债权人在合理期限内未请求履行。有前款规定的除外情形之一，致使不能实现合同目的的，人民法院或者仲裁机构可以根据当事人的请求终止合同权利义务关系，但是不影响违约责任的承担。"由该条规定可知，不适用强制履行的情形通常属于非金钱债务，具体介绍如下。

（1）法律或者事实上不能履行。法律上不能履行，是指由于法律规定发生变化，继续履行则会违法，如出卖禁止流通物。事实上不能履行，是指基于自然规则而发生的不能履行，如作为合同标的物的特定物灭失。建设工程领域，建设工程的保修义务为承包人的义务，但是如果承包人缺乏相应的资质，直接的法律后果是其不能履行建设工程的保修义务，只能产生代替履行的问题。所以，在这种情况下不适用强制履行。

（2）债务的标的不适于强制履行或者履行费用过高。债务的标的不适于强制履行，是指债务的性质不宜直接强制履行，这类债务虽然不宜直接强制执行，却有采取替代履行或者间接强制的余地，而替代履行也应以债务的性质可由他人替代履行为前提。履行费用过高，即指合同虽然可以继续履行，但是债务人履约的成本远远大于其获得的履行利益，或者强制实际履行需要花费很长时间，实际履行不利于社会资源的有效配置，失去了经济上的合理性。履行费用范围一般应仅限于债务人为克服障碍而需额外支出的不可预期的费用，不包括为履行合同义务而本应承受的负担，因为负担是债务人订约时能够预见的支出，且经由对待给付获得了利益平衡。具体来说，履行费用主要包括运输费用、包装费用、人工费等，在一些特殊的瑕疵履行的案件中包括变更履行方式的支出、拆除已履行设施的费用等，除金钱成本之外，还包括时间消耗、劳务支出等。[①]《民法典》第 801 条规定："因施工人的原因致使建设工程质量不符合约定的，发包人有权请求施工人在合理期限内无偿修理或者返工、改建。……"如果承发包双方对建设工程质量约定高于国家强制性标准，建设工程的质量虽然不符合承发包双方的合同约定，但符合国家的强制性标准时，若采用《民法典》第 801 条规定的无偿修理、返工、改建可能会导致施工成本严重增高，又或者地基基础的隐蔽工程根本不可能返工、修理，只能采取赔偿损失的违约方式时，就不适用强制履行。

（3）债权人在合理期限内未要求履行。该规定的立法目的是督促债权人及时主张权利，行使履行请求权。如果债权人并不积极行使其履行请求权，待一段很长的时间后始主张强制履行，则对于债务人未免不公。从利益衡量的立场出发，对债权人主张强制履行的权利应作适当限制，以尽早结束债务人责任承担方式不确定的状态。从这种立场出发，该规定具有其合理性。由于此处规定了"合理期限"，就使履行请求权并非合同有效存在即当然存在的事物，而是仅在一定期限内存在的权利。所谓"合理期限"，乃是一个不确定概念，既非诉讼时效，也非除斥期间，而属失权期间，不存在中止、中断的问题。究竟何谓"合理期限"，需要结合这一规则的规范目的，由法官在个案中具体判断，有的案件中可能短些，而在有的案件中则可能长些。换言之，合理期限作为不确定概念，应由法官根据合同种类性质、目的及交易习惯判断。[②]

（二）支付违约金

1. 违约金责任的概念及分类

《民法典》第 585 条第 1 款规定："当事人可以约定一方违约时应当根据违约情况向对方支付一定数额的违约金，也可以约定因违约产生的损失赔偿额的计算方法。"违约金是指当事人约定或法律规定的在一方当事人不履行或不完全履行合同时向另一方当事人支付的金钱或其他给付。违约金责任是

① 最高人民法院民法典贯彻实施工作领导小组主编：《中华人民共和国民法典合同编理解与适用（二）》，人民法院出版社 2020 年版，第 744 页。
② 韩世远：《合同法总论》，法律出版社 2018 年版，第 771 页。

一种从债务，成立的前提是存在有效的合同关系，如果主债务不成立、无效、不被追认或被撤销，违约金债务也就不成立或无效。《民法典》第567条规定："合同的权利义务关系终止，不影响合同中结算和清理条款的效力。"合同因非违约方行使法定解除权时，合同中的违约金条款，属于"合同中结算和清理条款"，该条款的效力不因合同的解除而受到影响。在建设工程施工合同中，承包人逾期竣工、质量不合格的，可能产生工期违约金和质量违约金。例如，2017年版《建设工程施工合同（示范文本）》规定发包人逾期支付工程价款的，除应支付工程款外，还应当支付逾期付款违约金。

（1）依据违约金发生的原因不同，可以分为约定违约金和法定违约金。约定违约金是由当事人在合同中约定的，而法定违约金是由法律法规直接规定固定比率或数额的违约金，如《中华人民共和国电信条例》第34条第1款规定："……电信用户逾期不交纳电信费用的，电信业务经营者有权要求补交电信费用，并可以按照所欠费用每日加收3‰的违约金。"

（2）依据违约金的性质不同，又可以分为惩罚性违约金与赔偿性违约金。惩罚性违约金是依当事人的约定或依法律法规的规定，对于违约所确定的一种制裁。此种违约金于违约时，债务人除须支付违约金外，其他因债之关系所应负的一切责任，均不因之而受影响，债权人除可以请求违约金外，还可以请求债务履行或不履行所产生的赔偿损失，目前我国对惩罚性违约金没有法律的明确规定。当事人约定惩罚性违约金，只要不违反法律的强制性规定，应属有效。关于赔偿性违约金，笔者认为应该作出如下理解。由于债权人于对方违约而请求赔偿损失时，须证明损害及因果关系，当事人为避免上述困难，预先约定赔偿损失额或其计算方法。此种赔偿损失额的预定，也是一种违约金，《民法典》第585条规定的违约金，即属于赔偿性违约金。赔偿性违约金原则上推定为对于赔偿损失总额的预定，但《民法典》第585条第2款和第3款规定："约定的违约金低于造成的损失的，人民法院或者仲裁机构可以根据当事人的请求予以增加；约定的违约金过分高于造成的损失的，人民法院或者仲裁机构可以根据当事人的请求予以适当减少。"当事人就迟延履行约定违约金的，违约方支付违约金后，还应当履行债务。对于约定的违约金与造成的损失不符的情形，允许当事人请求人民法院或者仲裁机构予以调整，其背后的法理逻辑，即在于此。

2. 违约金数额的调整

调整违约金的方式一般是通过诉讼、仲裁，对于金额的具体调整，则可能增加或适当减少。

（1）违约金的增加。《民法典》第585条规定的违约金属于赔偿性违约金，作为违约方赔偿损失的预定，理应是在充分估计因违约所会造成的损失的基础上作出的。根据《民法典》第585条第2款规定可以看出，违约金过分高于损失时，违约金予以减少，但违约金低于损失增加时，只是低于而没有"过分低于"的限定。从字面上可知只要违约金比违约造成的损失低，法院或仲裁机构就应予增加。赔偿性违约金，性质上为赔偿损失总额的预定，虽然与赔偿损失不能并用，但人民法院和仲裁机构予以调整后不应高于守约方的损失的总和。

（2）违约金的适当减少。根据《民法典》第585条第2款规定，约定的违约金过分高于造成的损失的，当事人可以请求人民法院或者仲裁机构予以适当减少。但是从举证责任分配的角度，债务人请求减少违约金时，应当对因违约所造成的实际损失承担举证责任。法院或仲裁机构对减少违约金进行裁量时，采纳了"综合衡量"的立场，以守约方的实际损失为基础，兼顾合同的履行情况、当事人的过错程度以及预期利益等因素综合衡量，对是否减少作出一个恰当的判断。

（三）赔偿损失

1. 赔偿损失的概念

赔偿损失是指当事人一方不履行合同义务或者履行合同义务不符合约定时，赔偿债权人所受损失的责任。法律对于赔偿损失的方法采取金钱赔偿主义。赔偿损失分为一般法定赔偿损失、特别法定赔偿损失和约定赔偿损失。一般法定赔偿损失是指依法律的一般规定确立的赔偿损失，它对于因违约造成的赔偿损失具有普遍适用性，如《民法典》第577条、第584条规定的赔偿损失。特别法定赔偿损失是指法律基于特殊的立法政策而特别规定的赔偿损失。例如，《中华人民共和国消费者权益保护法》第55条第2款规定：

"经营者明知商品或者服务存在缺陷，仍然向消费者提供，造成消费者或者其他受害人死亡或者健康严重损害的，受害人有权要求经营者依照本法第四十九条、第五十一条等法律规定赔偿损失，并有权要求所受损失二倍以下的惩罚性赔偿。"而约定赔偿损失是由双方当事人经过协商达成合意的选择，具有自主性，只要符合法律规定，应优先适用约定赔偿损失。

2. 赔偿损失的责任范围

赔偿损失包括违约赔偿损失、侵权赔偿损失和其他赔偿损失，本节探讨的赔偿损失仅指违约赔偿损失。赔偿损失是指一方当事人违反合同约定，给另一方当事人造成财产等损失的赔偿。如果违约行为未给守约方造成损失，则不必赔偿损失。《民法典》第 584 条规定："当事人一方不履行合同义务或者履行合同义务不符合约定，造成对方损失的，损失赔偿额应当相当于因违约所造成的损失，包括合同履行后可以获得的利益；但是，不得超过违约一方订立合同时预见到或者应当预见到的因违约可能造成的损失。"赔偿损失的范围可由法律直接规定或由当事人双方约定，在法律没有特殊规定和当事人没有另行约定的情况下，应按完全赔偿原则赔偿全部损失，包括直接损失和间接损失。直接损失是指财产上的直接减少，而间接损失又称所失利益，是指失去的可以预期取得的利益。

（1）返还财产。其主要有两种类型：一种是《民法典》第 157 条规定的合同无效、被撤销或确定不发生效力后的财产返还；另一种是《民法典》第 566 条规定的合同解除后的财产返还。《民法典》第 157 条规定："民事法律行为无效、被撤销或者确定不发生效力后，行为人因该行为取得的财产，应当予以返还；不能返还或者没有必要返还的，应当折价补偿。……"该法条对返还利益的救济，系非违约救济手段。原物仍然存在且没有被第三人合法取得的情形下，当事人应当承担原物返还责任；如果原物不存在，则承担折价补偿责任。《民法典》第 566 条第 1 款规定："合同解除后，尚未履行的，终止履行；已经履行的，根据履行情况和合同性质，当事人可以请求恢复原状或者采取其他补救措施，并有权请求赔偿损失。"该法条中的恢复原状一般是指返还利益，属于违约救济手段的组成部分。

（2）信赖利益。民事法律中涉及两种信赖利益。第一种信赖利益是《民法典》第 500 条规定的，当事人在订立合同过程中存在假借订立合同，恶意进行磋商，故意隐瞒与订立合同有关的重要事实或者提供虚假情况以及有其他违背诚信原则的行为，造成对方损失的，应当承担赔偿责任。该信赖利益与合同成立或生效有关，对信赖利益损失进行赔偿的结果是使当事人恢复至合同未订立时状态。信赖利益损失的赔偿范围通常包括：缔约费用，如邮寄、差旅等合理支出的费用；准备履行所支出的费用，包括为运送标的物或受领对方给付所支出的合理费用；受害人支出上述费用所失去的利益。第二种信赖利益是《民法典》第 584 条规定的损失赔偿额应当相当于因违约所造成的损失中，排除合同履行后可以获得的利益相对应的损失。

（3）固有利益。其是指债权人享有的不受债务人和其他人侵害的现有财产和人身利益。《民法典》第 186 条规定："因当事人一方的违约行为，损害对方人身权益、财产权益的，受损害方有权选择请求其承担违约责任或者侵权责任。"其中"人身权益、财产权益"，即指当事人的固有利益。与固有利益相对应的违约行为形态是加害给付，与加害给付相近似的违约行为形态是瑕疵给付。瑕疵给付侵害的是债权人的履行利益，致使该给付本身的价值或效用减少乃至丧失，而加害给付所侵害的是债权人的固有利益。

（4）履行利益。其是基于债务人的履行行为，债权人直接获得的利益。《民法典》第 577 条规定当事人一方不履行合同义务或者履行合同义务不符合约定的，应当承担继续履行等违约责任，目的就是补救债权人所遭受的履行利益损失。《民法典》第 584 条规定："当事人一方不履行合同义务或者履行合同义务不符合约定，造成对方损失的，损失赔偿额应当相当于因违约所造成的损失，包括合同履行后可以获得的利益……"这里"合同履行后可以获得的利益"，即属于履行利益范畴。履行利益损失，是在合同有效成立的前提下，因债务人不履行或不完全履行所发生的损失。履行利益赔偿的结果是让债权人处于如同债务被履行的状态，因而继续履行最能保护当事人的履行利益。在不履行的情况下，债权人应该得到的履行利益是债务人应移转的全部价值或应提供的全部服务；在不完全履行的情况下，债权人应该得到的履行利益是债务人应移转的价值或者应提供的服务和其实际移转价值或提供服务之间的差额。

（5）可得利益。合同履行后可以获得的利益，排除履行利益，就是可得利益。可得利益仅限于未来可以得到的利益，不包括履行本身获得的利益，而主要是指获取利润所对应的利益。由于一方违约，受害人不能取得合同规定应交付的财产，造成其生产经营活动中断或从事该活动的基础和条件丧失，从而导致利润损失，这就是一种可得利益损失。可得利益的赔偿应当遵循可预见性规则。《民法典》第584条规定："……不得超过违约一方订立合同时预见到或者应当预见到的因违约可能造成的损失。"即损失赔偿的可预见性标准，以此限制违约赔偿损失范围。从举证责任上来说，违约方是否预见到或者是否应当预见到，须由受害方承担举证责任。

3. 赔偿损失的限定规则

赔偿损失一般分为三类：约定赔偿；一般法定赔偿范围；特殊法定赔偿范围。此处主要讨论的是《民法典》第578条、第584条规定的一般法定赔偿范围及赔偿原则问题。法律上对如何确定违约赔偿损失范围，根据是否具有普遍适用性划分为基本的限定规则和其他的限定规则。其中，基本的限定规则，对于违约赔偿损失案件具有普遍适用性，包括完全赔偿原则和可预见规则；其他的限定规则，仅在个别的违约赔偿损失案件中具有适用性，包括过错相抵规则、减轻损害规则、损益相抵规则。

（1）完全赔偿原则。《民法典》第584条规定的"造成对方损失的，损失赔偿额应当相当于因违约所造成的损失，包括合同履行后可以获得的利益"，是违约赔偿损失责任基本限定规则中完全赔偿原则的法律依据。该原则确定的赔偿范围是与违约行为具有因果关系的一切损害都应赔偿，这是保护非违约方利益的必然要求。

（2）可预见规则。《民法典》第584条中规定的"不得超过违约一方订立合同时预见到或者应当预见到的因违约可能造成的损失"，是违约赔偿损失责任基本的限定规则中可预见规则在法律上的体现。由法条可知，可预见性规则应当遵循以下四个方面：其一，可预见的主体是违约方；其二，预见的时间是"订立合同时"，而不是违约时；其三，预见的内容应该是只需要预见到或应当预见到损害的类型，不需要预见到或应当预见到损害的程度及具体损害的数额；其四，预见的判断标准应依据相对客观的标准进行判断，就是以社会一般人的预见标准进行判断。但是，在具体案件中也需要基于当事人的身份、职业，考虑违约方的预见能力。如果违约方的预见能力高于一般人的预见能力，就应当按照其实际的预见能力来确定赔偿损失的范围。受害方不能举证证明违约方具备高于一般人的预见能力时，则应以社会一般人的预见能力为准。

（3）过错相抵规则。它是指赔偿权利人就损害的发生有过失时，可以减轻债务人赔偿金额或者免除赔偿责任。《民法典》采取的严格责任原则为一般原则，过错相抵原则是例外规则。《民法典》第 592 条规定："当事人都违反合同的，应当各自承担相应的责任。当事人一方违约造成对方损失，对方对损失的发生有过错的，可以减少相应的损失赔偿额。"由此可得出，适用过错相抵原则必须具备两个条件。其一是双方违约。双方违约是指在同一双务合同中，双方都违反了各自的义务，有两个违约行为，并相互造成了损害，双方应各自承担违约责任。双方当事人的违约行为均无正当理由，不存在免责事由。其二是过失相抵。过失相抵是指合同中作为受损失方的一方对损害的发生也有过错时，应违约方的请求，应当扣减相应损失赔偿额。过失相抵的构成要件主要有：受损失方因对方违约受损害、双方均有过错、双方过错与损害之间有因果关系。损害的发生是由于违约方的违约行为引起的，但受损失方的过错行为对损害的发生也起到一定的作用。受损失方的行为可以是积极行为，也可以是消极行为，正是由于双方行为的结合才导致最终损害后果的发生。

4. 继续履行、采取补救措施与赔偿损失在适用上的联系

继续履行又称强制履行，是违约方不履行合同义务或履行合同义务不符合约定时，守约方有权请求其继续履行合同义务。继续履行合同是违约方承担违约责任的优先选项，强调对未履行的合同义务的继续履行。根据《民法典》第 579 条规定，金钱债务必须实际履行，除非债权人明确同意采取替代履行方式，否则不能以实物或劳务替代金钱债务的履行。

（1）继续履行与赔偿损失的适用。继续履行是应当优先适用的履行方式。因为继续履行能够使守约方获得原合同约定的利益，并能防止违约方通过违约从事投机行为，获取不正当利益。实践中，一些损失是难以确定的，

守约方在举证方面存在客观上的难度，此时主张继续履行的方式可以避免承担对违约损失的举证责任。继续履行后，对守约方的实际损失，应按照全面赔偿原则予以赔偿，从而实现合同订立时的预期利益。

（2）采取补救措施与赔偿损失的适用。根据《民法典》第582条的规定，当事人履行合同义务存在瑕疵时，受损害方可以合理选择请求对方承担修理、重作、更换、退货、减少价款或者报酬等补救措施的违约责任。但是，根据合同完全赔偿原则，在受损害方还有其他损失时，其还有权请求违约方承担赔偿损失责任。[1]

5. 违约方解除合同

在审判实践中，对于违约方能否主张解除合同存在较大争议。如果违约方已经履行不能的情况下，其可以根据《民法典》第580条来对抗守约方的继续履行主张，但却无法要求终止合同。守约方可以解除合同，但拒绝行使解除权，这样就容易陷入合同僵局。所以，赋予违约方解除合同的权利，有其合理性，可以破解合同僵局，实现实质正义，促进市场经济发展。2019年《全国法院民商事审判工作会议纪要》第48条规定："违约方不享有单方解除合同的权利。但是，在一些长期性合同如房屋租赁合同履行过程中，双方形成合同僵局，一概不允许违约方通过起诉的方式解除合同，有时对双方都不利。在此前提下，符合下列条件，违约方起诉请求解除合同的，人民法院依法予以支持：（1）违约方不存在恶意违约的情形；（2）违约方继续履行合同，对其显失公平；（3）守约方拒绝解除合同，违反诚实信用原则。人民法院判决解除合同的，违约方本应当承担的违约责任不能因解除合同而减少或者免除。"由此可知，违约方起诉解除合同需要同时具备三个条件。一是违约方起诉请求解除合同主观上必须是非恶意的。如果违约方在履行困难或履行对其经济上不合理时就选择故意违约，违反了任何人不能从其不法行为中获利的原则，若任由违约方解除合同，则将严重危害交易秩序和交易安全。二是违约方继续履行合同对其显失公平。在形成合同僵局的情形下，守约方

---

[1] 最高人民法院民法典贯彻实施工作领导小组主编：《中华人民共和国民法典合同编理解与适用（二）》，人民法院出版社2020年版，第761页。

拒绝解除合同，导致双方当事人利益关系显失公平，为了平衡当事人之间的利益关系，实现实质正义，法律上允许违约方提起诉讼解除合同，目的是在于纠正利益失衡。三是守约方拒绝解除合同违反了诚信原则。出现合同僵局时，享有合同解除权的一方当事人为了向对方索要高价拒绝行使解除权，这就违反了诚信和公平原则，法律上有必要予以纠正。此外，违约方起诉请求解除合同，并不影响其应承担的违约责任，对守约方的损失仍应给予赔偿。关于损失赔偿范围，应当按照《民法典》第584条的规定，支持守约方向违约方主张可得利益，但也应遵循损失赔偿的可预见性规则、减损规则、违约方过错程度等因素进行综合判断。

## 三、建设工程施工合同中的违约责任及诉讼时效

（一）发包人违约

根据 2017 年版《建设工程施工合同（示范文本）》通用合同条款第 16.1.1 项约定，在合同履行过程中，发包人违约主要存在以下 8 种情形：①因发包人原因未能在计划开工日期前 7 天内下达开工通知的；②因发包人原因未能按合同约定支付合同价款的；③发包人违反"取消合同中任何工作，但转由他人实施工作除外"的约定，自行实施被取消的工作或转由他人实施的；④发包人提供的材料、工程设备的规格、数量或质量不符合合同约定，或因发包人原因导致交货日期延误或交货地点变更等情况的；⑤因发包人违反合同约定造成暂停施工的；⑥发包人无正当理由没有在约定期限内发出复工指示，导致承包人无法复工的；⑦发包人明确表示或者以其行为表明不履行合同主要义务的；⑧发包人未能按照合同约定履行其他义务的。发包人发生除本项第 7 目以外的违约情况时，承包人可向发包人发出通知，要求发包人采取有效措施纠正违约行为。发包人收到承包人通知后 28 天内仍不纠正违约行为的，承包人有权行使停工权，暂停相应部位工程施工，并通知监理人，但该停工权的行使受发包人违约行为的性质、范围和严重程度的制约。

关于发包人的违约责任，根据 2017 年版《建设工程施工合同（示范文

本)》通用合同条款第16.1.2项约定："发包人应承担因其违约给承包人增加的费用和（或）延误的工期，并支付承包人合理的利润。此外，合同当事人可在专用合同条款中另行约定发包人违约责任的承担方式和计算方法。"由此可知，发包人应承担其违约给承包人增加的费用，并支付承包人合理的利润，此外，造成工期延误的，工期应当顺延。另外，合同当事人可以在专用合同条款中约定具体违约事项的违约责任，如延期付款的违约金等。

（二）承包人违约

根据2017年版《建设工程施工合同（示范文本）》通用合同条款第16.2.1项约定，在合同履行过程中，承包人违约主要存在以下8种情形：①承包人违反合同约定进行转包或违法分包的；②承包人违反合同约定采购和使用不合格的材料和工程设备的；③因承包人原因导致工程质量不符合合同要求的；④承包人违反约定，未经批准，私自将已按照合同约定进入施工现场的材料或设备撤离施工现场的；⑤承包人未能按施工进度计划及时完成合同约定的工作，造成工期延误的；⑥承包人在缺陷责任期及保修期内，未能在合理期限对工程缺陷进行修复，或拒绝按发包人要求进行修复的；⑦承包人明确表示或者以其行为表明不履行合同主要义务的；⑧承包人未能按照合同约定履行其他义务的。承包人发生除本项第7目约定以外的其他违约情况时，监理人可向承包人发出整改通知，要求其在指定的期限内改正。

关于承包人违约的责任，根据2017年版《建设工程施工合同（示范文本）》通用合同条款16.2.2项约定可知，承包人应承担因其违约行为而增加的费用和（或）延误的工期。此外，合同当事人可在专用合同条款中另行约定承包人违约责任的承担方式和计算方法。

（三）根据过错确认违约责任

严格责任是违约责任的一般归责原则，严格责任的确认不考虑合同当事人的主观过错。但是在司法实践中，建设工程施工合同纠纷领域还是要考虑当事人的主观过错，以确定违约方承担违约责任。建设工程施工合同本质上属于以完成工作成果为标的的合同，履行周期长，在履行过程中发包人和承包人相互负有协助义务，故现实中双方相互违约的情形非常普遍，造成违约的原因也比较复杂。在此背景下，若只要一方当事人发生违约行为，就要求违约方承担严格责任，显然既不符合建设工程施工合同的性质和特点，也不符合当前建筑行业的现状。因而，《民法典》中针对建设工程施工合同规定了过错责任。建设工程施工合同纠纷案件，对于合同履行中发生的违约行为，一般要认真分析违约方是否具有过错，即违约是否由违约方自己的原因造成。如果违约方的违约行为不是由于自身的原因造成的，表明其不具有过失，则法院一般不会判令其承担违约责任。有些违约行为虽然是由承包人造成的，但也可能与发包人先行违约具有密切联系。《民法典》第801条规定："因施工人的原因致使建设工程质量不符合约定的，发包人有权请求施工人在合理期限内无偿修理或者返工、改建。经过修理或者返工、改建后，造成逾期交付的，施工人应当承担违约责任。"建设工程质量纠纷，承包人合理期限内无偿修理或者返工、改建，经过修理或者返工、改建后，造成逾期交付的，承包人应当承担违约责任。但是建设工程质量纠纷既可能是由于发包人未履行合同约定的提供建筑材料、建筑构配件、设备和资金等义务或者提供的设计文件错误等原因造成的，也可能是由于承包人履约能力不足等自身原因造成的。如果承包人能够提供证据证明不是其过错造成的，则承包人无须承担违约责任。《民法典》第592条第1款规定："当事人都违反合同的，应当各自承担相应的责任。"所谓当事人都违约，是指在同一合同中，负有对待给付的双方当事人在均不具有法定或者约定免责事由的情形下，违反了合同约定，不履行各自应负的合同义务或者各自履行合同义务不符合约定。双方违约表明双方之间存在混合过错，应按照过错程度的大小，确定各自的违约责任。司法实践中，对于双方违约的，即使违约给对方造成的损失存有差异，也应判令各自承担违约责任，而且这普遍被当事人双方所接受。

（四）建设工程施工合同违约情形下诉讼时效的适用

建设工程施工合同履行过程中，发包人和承包人违反合同约定，构成违约的情形在实践中非常普遍。违约责任请求权属于债权请求权的范畴，应当适用诉讼时效制度。

1. 迟延支付工程款、延误工期，从违约发生之日起计算诉讼时效

发包人迟延支付工程价款的违约状态和承包人延误工期的违约状态结束的时间往往很难确定，如果以诉讼程序结束违约方的违约状态而开始起算诉讼时效，显然损害了守约方的正当合同权利。相比之下，违约行为发生之日则相对容易确定。所以，发包人迟延支付工程价款以及承包人延误工期构成的违约，自违约行为发生之日起计算诉讼时效，比较合理。

2. 承包人工程质量责任，诉讼时效自工程质量不合格之日开始起算

建设工程竣工验收时，才能对工程建设质量标准是否符合合同约定，以及该质量责任是否由承包人的过错造成进行判断，从而确认承包人是否构成违约。这种违约状态下，一般很难确定违约行为发生的具体时间，即使确定了，也难以确定违约行为是由承包人造成。所以，因承包人的过错造成建设工程质量不符合合同约定而构成的违约责任请求权，诉讼时效应当自建设工程竣工验收确定工程质量不合格之日开始起算。

3. 付款期限约定不明，工程款诉讼时效的计算

（1）工程款数额已经确定，工程款诉讼时效的计算。发包人和承包人对工程款达成结算只是确定了工程款债权数额，但未约定履行期限。诉讼时效期间的启动是以权利被侵害的事实发生为前提的，债务存在的事实虽确定无疑，但并不能由此确认承包人的权利受到侵害。根据《民法典》第510条、第511条的规定，对于当事人就价款或者报酬等内容没有约定或者约定不明的，可以协议补充，不能达成补充协议的，按照合同有关条款或者交易习惯确定。当事人就有关合同履行期限不明确的，债务人可以随时履行，债权人也可以随时要求履行。因此，发包人和承包人就工程款已经达成结算，但未约定付款时间和约定不明的，如承包人在催讨工程款时未给发包人宽限期的，从承包人第一次催讨欠款的次日起开始计算诉讼时效；如承包人给发包人宽限期的，从宽限期届满的次日起开始计算诉讼时效；如发包人在承包人主张权利时明确拒绝履行的，应从其拒绝履行的次日起开始计算诉讼时效；如承包人未主张过权利，发包人也未拒绝履行债务，诉讼时效则应不存在起算的问题，但要受20年最长保护期间的限制。

（2）工程款数额未确定，工程款诉讼时效的计算。《建工解释（一）》第27条规定："利息从应付工程价款之日开始计付。当事人对付款时间没有约定或者约定不明的，下列时间视为应付款时间：（一）建设工程已实际交付的，为交付之日；（二）建设工程没有交付的，为提交竣工结算文件之日；（三）建设工程未交付，工程价款也未结算的，为当事人起诉之日。"关于付款时间约定不明时，有人主张根据《建工解释（一）》第27条规定确定的工程款应付款时间，计算诉讼时效的起算点。但是，《建工解释（一）》第27条规定的立法目的是解决发包人支付工程款利息的起算点问题，发包人应当支付利息之日并不能等同于承包人权利受侵害之日，所以不能以《建工解释（一）》第27条规定的时间点作为工程款诉讼时效的计算起点。施工合同中对付款期限约定不明，双方又未就工程款达成一致，工程款数额尚未确定的，诉讼时效期间的计算应自工程款确定之日开始计算。

# 第四节　建设工程施工合同的解除

合同解除是合同有效成立后，依当事人一方或双方的意思表示，使合同权利义务关系终结，合同终结后的法律后果为未履行的部分不必继续履行，已履行的部分依具体情形进行清算的制度。根据《民法典》第562条、第563条的规定，合同解除的类型可依据解除权发生的原因分为法定解除、约定解除与合意解除。合同解除必须以有效成立并继续存在的合同为解除的标的，合同无效自始不发生法律效力，无所谓解除。合同严守原则确定了合同应当以严格履行为主流，合同解除制度仅为例外情形，因此，合同解除应有一定的要件为限定，以免因滥用合同解除而影响社会经济流转秩序。

## 一、合同解除权概述

合同解除是合同履行过程中的一种合同权利义务关系终止的情形。合同解除制度的目的是解决有效成立的合同提前终止的问题。合同解除与合同无效、撤销制度共同构成了合同消灭的体系。合同解除与违约责任有着密切的关系，但是合同的解除并非违约责任的形式。《民法典》第 179 条规定的承担民事责任方式，不包括合同解除。

（一）合同解除权的发生

1. 约定解除权的发生

约定解除是指当事人以合同条款的形式，在合同成立后未履行或未完全履行之前，由一方当事人在约定解除合同的事由发生时享有解除权，并据此通过解除权，使合同关系归于消灭。《民法典》第 562 条第 2 款规定："当事人可以约定一方解除合同的事由。解除合同的事由发生时，解除权人可以解除合同。"合同中约定解除事由的条款，称为解约条款。解约条款中的合同解除权既可以保留给当事人一方，也可以保留给当事人双方，合同解除权既可以在合同中约定，也可以另行订立补充合同条款。但应注意，约定解除不得侵害第三人利益，否则，约定无效。约定解除权的行使方式可以分为明示或默示的方式，单纯的沉默不得认为解除权的行使。约定解除权作为民事权利，当事人可以放弃行使。

约定解除权的行使欲发生解除合同的效果，须经法定程序，具体而言：当事人以通知方式解除合同的，于合同相对方了解通知或通知到达相对方时发生效力。而且，通知表示的意思不得撤销，若非如此，则合同法律关系易陷于反复不安的状态，势必令合同对方当事人无所适从，不利于相对方当事人利益的保护。当事人以提起诉讼的方式主张解除合同的，人民法院对该主张经审理予以确认，合同溯及自起诉状副本送达对方时解除。[①] 值得强调的是，当解除权事由出现时并不必然产生合同解除的法律后果。当事人在合同中约定解除权行使事由，原则上应当尊重当事人的意思自治，严格限制人民法院自由裁量权的行使。在司法实践中虽然尊重当事人的意思自治，但是并非放任不管，对合同约定解除权的行使也应当进行限制。只有当违约行为导致合同目的落空时，解除权人才能行使合同解除权，否则放任当事人以"意思自治"为由任意解除合同也与"促进交易"这一合同立法的核心价值观相

---

① 最高人民法院民法典贯彻实施工作领导小组主编：《中华人民共和国民法典合同编理解与适用（一）》，人民法院出版社 2020 年版，第 634 页。

违背。2019 年《全国法院民商事审判工作会议纪要》第 47 条规定："【约定解除条件】合同约定的解除条件成就时，守约方以此为由请求解除合同的，人民法院应当审查违约方的违约程度是否显著轻微，是否影响守约方合同目的实现，根据诚实信用原则，确定合同应否解除。违约方的违约程度显著轻微，不影响守约方合同目的实现，守约方请求解除合同的，人民法院不予支持；反之，则依法予以支持。"笔者认为，对于违约方违约程度显著轻微的情形，即使形式上符合当事人事先所约定的行使合同解除权的事由，仍有必要对守约方加以限制，由此才能更好地平衡当事人之间的利益关系，维护交易安全。

2. 合意解除权的发生

合意解除是指当事人双方通过协商同意将合同解除的行为。《民法典》第 562 条第 1 款规定："当事人协商一致，可以解除合同。"该法条为合意解除的立法依据。合意解除取决于当事人双方的意思表示一致而不是基于当事人一方的意思表示，并且也不需要有解除权，完全是在原合同当事人之间成立一个新的合同，该新合同的目的在于解除当事人原先订立的合同关系，使基于原合同发生的债权债务关系归于消灭。但若当事人双方在合意解除合同时未对违约责任、财产返还问题进行约定，该如何处理，笔者认为，赔偿损失请求权属于当事人的实体权利，该权利的放弃只能以明示的方式，解除合同协议中未对赔偿损失问题进行约定，不能视为当事人放弃赔偿损失的权利。因此，合同解除后，各方当事人还可能履行必要的返还财产的义务，在返还和受领过程中若再次出现财产损失的情况，即使达成的解除协议没有对此类问题进行约定，也不能据此认定当事人放弃了由此产生的赔偿损失请求权。

3. 法定解除权的发生

法定解除是指合同生效后未履行或者未履行完毕前，当事人在法律规定的解除事由出现时，通过行使解除权而使合同关系归于消灭。合同的法定解除与约定解除的不同之处，从形式上看，主要在于法定解除的事由由法律直接规定，只要发生法律规定的具体情形，当事人即可主张解除合同，而无须征得对方当事人的同意。法定解除权的发生分为一般的法定解除权和特殊的法定解除权。一般的法定解除权的法律依据为《民法典》第563条，并可以区分为因客观原因的解除（因不可抗力发生的解除权）与因违约行为的解除，法定解除权不以当事人的过错为要件。《民法典》第563条第1款规定："有下列情形之一的，当事人可以解除合同：（一）因不可抗力致使不能实现合同目的；（二）在履行期限届满前，当事人一方明确表示或者以自己的行为表明不履行主要债务；（三）当事人一方迟延履行主要债务，经催告后在合理期限内仍未履行；（四）当事人一方迟延履行债务或者有其他违约行为致使不能实现合同目的；（五）法律规定的其他情形。"特殊的法定解除权是《民法典》第610条、第716条、第729条、第772条、第778条、第787条针对买卖合同、租赁合同、承揽合同等作出的特殊规定。本节主要讨论一般法定解除权。

（1）因不可抗力而发生的解除权。不可抗力是不能预见、不能避免且不能克服的客观情况。不可抗力仅仅是合同解除的必要条件而非充分条件，不可抗力的发生尚不足以发生解除权。不可抗力对合同的履行影响有大小之分，如果不可抗力导致合同完全不能履行，合同目的根本不能达到，则可发生合同解除的法律后果。一方面，因不可抗力导致的合同解除必须是以不能够实现合同目的为标准。《民法典》第563条中"不能实现合同目的"的判断标准为是否实际剥夺了债权人的履行利益，使得当事人订立合同所追求的履行利益不能实现。不可抗力或暂时阻碍合同履行，或影响合同部分内容的履行，但只有在因不可抗力达到不能实现合同目的程度时，当事人才能解除合同。另一方面，不可抗力与合同履行障碍之间存在因果关系。不可抗力应当是合同履行障碍的直接或者根本原因，即若未发生不可抗力，就不至于出现履约障碍。如果当事人订立合同时能够预见或者应当预见可能发生不能避免、不能克服的客观情势的，就出现了不可抗力与履约障碍之间的阻断事由，该种情形不构成合同履行的不可抗力。

（2）因预期违约而发生的解除权。预期违约是指在履行期限届满前，当事人一方明确表示或者以自己的行为表明不履行主要债务，相对人便可以解除合同。它是对合同主要债务合理期待的违反，所以在履行期限届满前赋予债权人预期违约解除权的法律基础是合同当事人对履行合同忠实义务的信赖。

但是，预期违约中拒绝履行合同的行为原则上只有拒绝履行主给付义务才能引发解除权的产生，如果一方当事人只是拒绝履行从给付义务或者附随义务，且该行为并未实质性影响另一方当事人合同目的的实现，则不应认定构成预期违约。当事人预期违约包括两类情形：一是明示违约，即当事人明确表示不履行主要债务；二是默示违约，即以自己的行为表明不履行主要债务。判断明示违约的标准是当事人拒绝履行的意思应当明确、直接、无疑义，且其拒绝履行合同的行为不存在法定或约定的免责事由。默示违约的判断标准则需要根据当事人在其拒绝履行合同义务的主观意愿支配下，所实施的行为外化表现来进行综合判断，如当事人在履行期限届满前有意实施的各种可能有害于合同履行、危及交易安全的行为。合同解除权人因相对方预期违约行使解除权，应当具有以下特征：①合同能够履行且债务人有履行能力，债务人拒绝履行；②债务人拒绝履行合同没有法律依据，如拒绝履行属于行使履行抗辩权，则不符合解除合同的条件；③债务人拒绝履行合同不以债务人主观是否有过错为前提；④相对方拒绝履行合同，解除权人不经催告即产生解除权。

（3）因迟延履行而发生的解除权。根据《民法典》第563条规定，当事人一方迟延履行主要债务，经催告后在合理期限内仍未履行；当事人一方迟延履行债务致使不能实现合同目的，当事人可以解除合同。由此可知，迟延履行解除合同分为两种情况：迟延履行须经过催告解除合同和迟延履行无须催告解除合同。迟延履行须经过催告解除合同是指"当事人一方迟延履行主要债务，经催告后在合理期限内仍未履行"。该解除权的要件为：①债务人迟延履行为"主要债务"，即双务合同中构成对价关系主要的给付义务；②不以债务人的过错为必要，但债务人履行迟延缺乏合法依据；③经债权人催告后在合理期限内仍未履行。催告期间的经过，只是使解除权发生，若债权人实际解除合同之前，债务人履行债务，则解除权消灭。此种迟延履行经催告方可解除的合同，一般是履行期限对合同目的之实现不具有根本影响，债务人迟延履行合同义务，不至于使其合同目的落空。此时债务人迟延履行合同主要债务，应向债务人发出履行债务的催告，债务人在宽限期届满时仍未履行的，债权人便有权解除合同。催告一般在履行期限届满后发出，催告的主要目的在于，尽快确定宽限期，明确解除权行使的条件。宽限期应根据合同类型、交易习惯、案件实际情况等因素来认定，由当事人达成合意，或由债务人主动提出。迟延履行无须催告解除合同是指"当事人一方迟延履行债务或者有其他违约行为致使不能实现合同目的"。该解除权的特点为：以发生迟延履行导致不能实现合同目的为解除权行使的必要条件。如迟延履行合同不能够达到合同的目的，解除权人不经催告即解除合同。此种合同债权人的利益与履行的时效性密切关联，履行期限对合同目的之实现至关重要，债务人如不在约定的日期或者期限作出履行，债权人的合同目的将难以实现。债务人只要履行迟延，即可认为构成根本违约，非违约方不必再发出催告，可立即解除合同。无须催告的即时解除，债权人应举证证明债务人迟延履行以后，合同继续履行不仅没有任何利益，只会使其蒙受更大损失。

（4）其他违约行为导致不能实现合同目的引起的合同解除。它是指债务人不履行非合同主要债务的行为，只要满足能够认定违约方的行为构成根本违约之条件，严重影响债权人订立合同所期望的经济利益，均可导致合同的解除。其他违约行为还包括各种因违反法定、约定或诚信原则产生的义务，而使合同目的不能实现的情形。

（5）不安抗辩场合的催告解除权。中止履行的不安抗辩权当事人应当及时通知对方中止履行的事实，这属于不安抗辩权人催告的附随义务，相对人在合理期限内未恢复履行能力并且未提供适当担保的，即发生解除权。

（6）债权人迟延与解除权。《民法典》规定的一般法定解除权，原则上不适用于以债权人迟延为由解除合同，但是在特别法定解除条件中债权人拒不履行协助义务的情况下，债务人可解除合同。如《民法典》第806条第2款规定："发包人提供的主要建筑材料、建筑构配件和设备不符合强制性标准或者不履行协助义务，致使承包人无法施工，经催告后在合理期限内仍未履行相应义务的，承包人可以解除合同。"

4. 合同解除权行使期限

合同解除权系形成权，依法定或约定享有合同解除权的一方当事人，经其单方面意思表示即可使合同效力归于消灭。合同解除权因能够消灭合同双方的权利义务关系，对合同当事人影响巨大，所以为了避免这种不稳定的状态长期存在，合同解除权与其他形成权一样，应受到除斥期间的限制。故当事人经过除斥期间不行使法定解除权或约定解除权，则应认定解除权归于消灭。《民法典》第564条规定："法律规定或者当事人约定解除权行使期限，期限届满当事人不行使的，该权利消灭。法律没有规定或者当事人没有约定解除权行使期限，自解除权人知道或者应当知道解除事由之日起一年内不行使，或者经对方催告后在合理期限内不行使的，该权利消灭。"合同解除权的行使期限既可由法律规定，也可由当事人约定。法律没有规定或当事人没有约定的，则解除权人应该在相对人催告后的合理期限内行使，在这种情况下，根据《民法典》第564条规定，合同解除权行使期限是自解除权人知道或者应当知道解除事由之日起1年内不行使，或者经对方催告后在合理期限内不行使的，解除权归于消灭。《民法典》第564条规定的1年期限为除斥期间，不适用中止、中断或延长的规定。该解除权除斥期间的起算点，从解除权人知道或者应当知道解除事由之日起算。对于催告后合理期限的把握，目前没有统一的适用标准，仅在某些有名合同中的司法解释中有零散规定，如《最高人民法院关于审理商品房买卖合同纠纷案件适用法律若干问题的解释》第11条规定："根据民法典第五百六十三条的规定，出卖人迟延交付房屋或者买受人迟延支付购房款，经催告后在三个月的合理期限内仍未履行，解除权人请求解除合同的，应予支持，但当事人另有约定的除外。法律没有规定或者当事人没有约定，经对方当事人催告后，解除权行使的合理期限为三个月。对方当事人没有催告的，解除权人自知道或者应当知道解除事由之日起一年内行使。逾期不行使的，解除权消灭。"针对解除权的行使期限，法官可以根据纠纷所涉合同的履行情况、交易习惯、合同标的、合同类型以及诚信原则等进行综合判断，具有一定的自由裁量权。

（二）合同单方解除权的行使

《民法典》第565条规定："当事人一方依法主张解除合同的，应当通知对方。合同自通知到达对方时解除；通知载明债务人在一定期限内不履行债务则合同自动解除，债务人在该期限内未履行债务的，合同自通知载明的期限届满时解除。对方对解除合同有异议的，任何一方当事人均可以请求人民法院或者仲裁机构确认解除行为的效力。当事人一方未通知对方，直接以提起诉讼或者申请仲裁的方式依法主张解除合同，人民法院或者仲裁机构确认该主张的，合同自起诉状副本或者仲裁申请书副本送达对方时解除。"该条规定相对于原《合同法》第96条发生了如下变化：一是合同解除情形中增加了附期限解除合同的情形，通知载明债务人在一定期限内不履行债务则合同自动解除，债务人在该期限内未履行债务的，合同自通知载明的期限届满时解除；二是请求人民法院或仲裁机构确认解除行为效力的主体范围扩大到了任何一方当事人；三是明确规定了直接起诉或申请仲裁的解除合同的方式，并明确了以该方式解除合同时如何确定合同解除时间。

1. 单方行使解除权的方式

合同解除可以分为合意解除及单方行使解除权解除两种类型。合意解除，即双方当事人意思表示一致解除合同，其不以解除权的存在为必要。而单方行使解除权系形成权，依一方意思表示即可使合同解除，故以该方当事人具有解除权为必要。无论是法定解除权还是约定解除权，都必须使对方知悉其解除合同的意思，解除合同应当向对方表达。让对方知悉解除合同方式主要有两种：一是通知对方当事人，对于通知的方式，法律没有明确的规定，可以选择以口头通知、纸质信件、电子邮件、微信或手机短信等方式作出，但从举证的角度，解除权人应保留相应的证据；二是直接向法院提起诉讼或向仲裁机构申请仲裁，由法院或仲裁机构将起诉状副本或者仲裁申请书副本送达对方。

2. 解除权的性质及解除时间的确定

解除权是一种形成权，因一方行为人即可成立，是单方法律行为。在当事人具有解除权的情况下，解除合同的意思表示到达对方即可发生解除合同的效力，只需要对方知悉，不需要对方表示同意。合同解除时间的确定采用通知到达主义，即对方知晓解除权人解除合同的意思表示的时间即为合同解除的时间。以通知方式行使解除权的，合同自通知到达对方时解除；以提起诉讼或申请仲裁的方式行使解除权的，合同自起诉状副本或者仲裁申请书副本送达对方时解除。当然，上述解除时间的确定是以当事人在表达解除合同的意思表示时享有解除权，即约定或法定的解除条件已经成就为前提。倘若当事人通知对方解除合同时，解除条件并未成就，对方当事人表示异议后，一方提起诉讼或申请仲裁，在起诉状副本或者仲裁申请书副本送达对方时，合同解除的条件已经成就，则合同自起诉状副本或者仲裁申请书副本送达对方时解除。解除合同的通知因意思表示生效而产生解除效果，且基于对相对人合理信赖的保护，一般具有不可撤销性。解除条件已经成就，解除权人将解除通知送达对方，对方收悉后未予答复。后解除权人又重新发出一份更改后的解除通知，而对方主张合同已被前一份通知解除的，应认定合同自第一次通知到达对方时解除。①

3. 确认合同解除之诉

关于确认合同解除之诉，《民法典》第 565 条第 1 款明确了可提起确认合同解除行为效力之诉的当事人不以非解除方为限，也即发出解除合同通知的一方在对方针对解除合同通知提出异议后，亦可向法院提起诉讼或向仲裁机构申请仲裁，请求确认解除行为发生解除合同的效力。由此，不仅可以防止解除权人滥用解除权，而且可以防止相对方对解除合同提出异议却又怠于提起确认解除行为效力之诉，从而损害解除权人的利益。

（三）合同解除的法律后果

结合《民法典》第 566 条的规定，合同解除的法律后果应当作出如下理解。

1. 合同解除未履行的债务，终止履行

《民法典》第 566 条第 1 款规定："合同解除后，尚未履行的，终止履行……""终止履行"应理解为债务免除，但并非相对人取得抗辩权。解除权人行使解除权的主要目的是终结合同关系，使解除权人尚未履行的债务随合同法律关系消亡而归于终结。同样地，解除权人的相对人所负的债务尚未履行的，因解除也归于终结。

---

① 最高人民法院民法典贯彻实施工作领导小组主编：《中华人民共和国民法典合同编理解与适用（一）》，人民法院出版社 2020 年版，第 654 页。

2. 债务已履行的，根据履行情况和合同性质，恢复原状或采取其他补救措施

《民法典》第 566 条第 1 款中规定，合同解除后，"已经履行的，根据履行情况和合同性质，当事人可以请求恢复原状或者采取其他补救措施"。可见合同解除在一般情况下是具有溯及力的，即合同解除后有溯及既往的效果。所谓"根据履行情况和合同的性质"，即指根据合同的履行情况及合同的性质是否有恢复原状的可能性，可发生恢复原状的义务；无恢复原状的可能性，不产生恢复原状义务。合同解除中"恢复原状"应当理解为恢复到当事人之间原来的法律关系状态，其义务的内容应当是"全面返还"因合同而取得的物、权利或利益。如果原物存在，当事人的财产状态应当恢复到合同订立之前的状态，即恢复原状。原物不存在的，可以采取其他补救措施，如果原物是种类物，可以用同种、同类、同量的物返还。恢复原状作为合同解除后的一般原则，包括：返还财产所产生的孳息；支付一方在财产占用期间为维护该财产所花费的必要费用；因受领并保管标的物所支出的必要费用；因返还此前受领的标的物所支出的必要费用。

3. 赔偿损失

由《民法典》第 566 条第 1 款规定可知合同解除与赔偿损失责任是可以并存的，合同解除不影响当事人要求赔偿损失的权利。合同解除中主张赔偿损失的"当事人"，并不仅是解除权人，也包括相对人。合同解除时，只是使合同债务向将来消灭，使双方当事人从将来的债务中解放出来。合同解除的损害赔偿，依然是违约损害赔偿，包括履行利益、可得利益、信赖利益、固有利益等内容。

（1）债务不履行的损害赔偿，包括可得利益和信赖利益。在建设工程施工合同履行过程中，承包人应当按照合同的约定按时按质按量完成工程建设；发包人应当及时进行检查验收并支付工程价款。双方只要在合同实施过程中不履行合同规定的义务，即构成违约行为。因发包人违约，承包人解除合同要求发包人承担赔偿损失的责任，该赔偿损失的范围原则上既包括直接损失，也包括间接损失，即发包人应当承担承包人的间接可得利益损失。《民法典》第 584 条规定："当事人一方不履行合同义务或者履行合同义务不符合约定，

造成对方损失的，损失赔偿额应当相当于因违约所造成的损失，包括合同履行后可以获得的利益；但是，不得超过违约一方订立合同时预见到或者应当预见到的因违约可能造成的损失。"最高人民法院《关于当前形势下审理民商事合同纠纷案件若干问题的指导意见》第9条规定："在当前市场主体违约情形比较突出的情况下，违约行为通常导致可得利益损失。根据交易的性质、合同的目的等因素，可得利益损失主要分为生产利润损失、经营利润损失和转售利润损失等类型。生产设备和原材料等买卖合同违约中，因出卖人违约而造成买受人的可得利益损失通常属于生产利润损失。承包经营、租赁经营合同以及提供服务或劳务的合同中，因一方违约造成的可得利益损失通常属于经营利润损失。先后系列买卖合同中，因原合同出卖方违约而造成其后的转售合同出售方的可得利益损失通常属于转售利润损失。"《河北省建工审理指南》第48条规定："建设工程施工合同履行中，承包人由于管理不善等原因，导致工期延误等违约行为的，人民法院确定承包人向发包人承担的违约责任时，应准确理解、把握《合同法》第一百一十三条①规定，综合考虑承包人过错、履行施工合同预期利益，发包人实际损失等情况，综合确定赔偿数额。"作为建筑企业的承包人，其主要的可得利益损失为经营性利润损失，对于具体数额可以由专门的机构进行司法鉴定，人民法院可以依据鉴定结论，对可得利益部分作出合理的判断。

（2）因合同解除而产生的损害赔偿。根据《民法典》第584条、第585条②规定可知，因合同解除而产生的损害赔偿包括：①债权人订立合同所支出的必要费用；②债权人因相信合同能够履行而作准备所支出的必要费用；③债权人因失去他人订立合同的机会所造成的损失；④债权人已经履行合同义务时，债务人因拒不履行返还给付物的义务给债权人造成的损失；⑤债权人已经受领债务人的给付物时，因返还该物而支出的必要费用。

---

① 原《合同法》第113条被《民法典》第584条修改。

② 《民法典》第585条规定："当事人可以约定一方违约时应当根据违约情况向对方支付一定数额的违约金，也可以约定因违约产生的损失赔偿额的计算方法。约定的违约金低于造成的损失的，人民法院或者仲裁机构可以根据当事人的请求予以增加；约定的违约金过分高于造成的损失的，人民法院或者仲裁机构可以根据当事人的请求予以适当减少。当事人就迟延履行约定违约金的，违约方支付违约金后，还应当履行债务。"

4. 合同因违约解除，除当事人另有约定外，违约方承担违约责任

合同因违约解除的，无论是一方因对方违约行使约定解除权或法定解除权解除合同，还是双方因一方违约或双方违约合意解除合同，除当事人另有约定外，合同中关于违约责任的约定并不因合同解除而失效。守约方可以根据《民法典》第577条的规定，要求违约方承担违约责任。当事人因对方违约解除合同，不影响其根据合同约定的违约金条款要求对方承担违约责任。

5. 除另有约定外，担保合同不随主合同解除而解除

担保合同是为保障债权人的债权得以实现，而在债权人和债务人之间，或在债权人、债务人和第三人之间协商形成的，当债务人不履行或无法履行债务时，以一定方式保证债权人债权得以实现的协议。担保合同是主合同的从合同，具有从属性。通常来讲，除当事人另有约定外，主合同无效，担保合同也无效，但主合同解除不同于主合同无效。主合同无论是法定解除还是约定解除，均不影响担保合同的效力。担保合同不一定随主合同解除，担保人仍需承担担保责任，除非担保合同另有约定。需要注意的是，这里的"另有约定"是指担保合同中关于主合同解除时担保人免责或担保人仍承担担保责任范围的约定，不包括担保合同中关于履行期限的约定。合同解除后，担保人主张担保合同约定的履行期限未届至，应按原主合同约定的履行期限来承担担保责任的，不予支持。①

## 二、建设工程施工合同发包人的解除权

建设工程施工合同中，发包人在发包工程时处于优势地位，但是承包人进场施工后，发包人的优势地位也随之减弱。无论是对发包人还是对承包人，施工合同解除的损失都很大，一般情况下，双方都不希望解除合同。《民法典》563条对合同法定解除权规定得比较原则化，《民法典》第806条第1款对发包人合同解除权进一步规定："承包人将建设工程转包、违法分包的，发包人可以解除合同。"结合《民法典》中合同解除的相关规定，关于建设

---

① 最高人民法院民法典贯彻实施工作领导小组主编：《中华人民共和国民法典合同编理解与适用（一）》，人民法院出版社2020年版，第665页。

工程施工合同发包人的解除权应当从以下四个方面理解。

（一）承包人明确表示或者以行为明确表示不履行合同主要义务的，发包人可以行使合同解除权

《民法典》第563条第1款第2项规定："有下列情形之一的，当事人可以解除合同：……（二）在履行期限届满之前，当事人一方明确表示或者以自己的行为表明不履行主要债务；……"在建设工程施工合同中，承包人的主要债务是完成建设工程，如果承包人明示或者以自己的行为表示不履行合同的主要债务，那么发包人就享有了合同解除权。在建设施工中，承包人明确表示或者以自己的行为表明不履行主要债务的形式，主要是擅自停工。承包人停工并非均构成解除合同，还要视停工的原因及其他履行合同的状况来具体区分。如果是因为发包人没有依约支付工程进度款，合同对不支付工程款可以行使停工权的内容有明确约定的，属于承包人行使抗辩权；如果停工是承包人单方擅自为之的原因造成的，在发包人没有违约的情况下，发包人享有合同解除权。

1. 承包人未按期完工的一般理解

建设工程施工合同承包人的主要义务是在约定的工期内竣工，承包人在约定的工期内没有竣工，即没有履行合同约定的主要义务。发包人据此履行了催告义务，在合理期限后即享有了建设工程施工合同解除权。但是，在判定是否应当解除合同的场合，对"完工"的含义应该作宽松解释，只要承包人完成了工程的主体部分，发包人可以依照合同目的使用，其就不能行使法定解除权，而应给予承包人一定的合理期间，将剩下的工程尽快完成。承包人作为施工方，由于已经在工程上投入相应的财力、物力和人力，比较熟悉工程的施工情况，由其继续完成剩余工程，有利于提高效率和降低成本。至于何为"合理期限"，则应当考虑工程完成的情况和发包人的利益，确定一个合理的期间，使双方都能够接受。在人民法院审理建设工程施工合同解除纠纷案件中，在适用《民法典》第563条规定判定当事人解除权行使是否正确时，要持谨慎的态度，结合案件从严把握。

2. 承包人擅自停工导致施工合同解除的认定

司法实践中，承包人明确表示不履行合同的情况并不多见，判断承包人

以行为表示不再履行合同的情况主要表现为"擅自停工"，区分停工的原因及其他履行合同的状况来判断承包人是否享有解除权。如果是因为发包人没有依约支付工程进度款，合同对不支付工程款可以停工有明确约定的，发包人不享有解除施工合同的权利，该种情形下停工是承包人行使自己的抗辩权的结果。承包人以发包人拖欠工程款为由停工，既不同意中途结算，又不同意复工，并撤离了大部分人员及机械设备，表明了不再履行合同的意愿，结果是发包人并不存在拖欠工程款的情况，承包人"擅自停工"，理应承担违约责任。

（二）已经完成的建设工程质量不合格，承包人又拒绝修复的，发包人可以行使合同解除权

根据《民法典》第563条第1款第4项的规定，"当事人一方迟延履行债务或者有其他违约行为致使不能实现合同目的"，发包人有权请求解除合同。建设工程法律体系是以确保建设工程质量为中心的，承包人对建设工程具有修复义务，质量不合格的工程不能竣工验收并投入使用，建设工程质量不合格必然导致合同的根本目的不能实现，如工程质量不合格，承包人拒绝修复，承包人的行为构成根本违约，发包人应依法享有合同的解除权。工程质量不合格是针对已完工程，包括部分完工和全部完工的工程。如果工程质量不合格，承包人同意并实施修复，但仍不能使工程达到合格的标准，笔者认为，该种情形也应属于合同目的不能实现，发包人可以以根本违约为由主张解除合同。

（三）承包人将工程转包、违法分包的，发包人可以解除合同

在《民法典》中，建设工程的转包和违法分包为法律所禁止，根据《建工解释（一）》第1条规定，转包合同和违法分包合同应认定为无效。建设工程承包人应当以自己的技术和劳动能力完成建设工程施工合同约定的工作，转包、违法分包行为的实质就是承包人违法地将主要工作交由第三人完成，这可能使发包人对承包人的劳动质量的期望落空，致使合同的目的不能实现。所以，《民法典》第806条第1款规定："承包人将建设工程转包、违法分包的，发包人可以解除合同。"在承包人转包施工合同的情形中，承包人将其

中的全部施工义务转让于受让人，并且通常会收取一定的"管理费"和"转让费"。由于履行义务的主体发生变化，发生债的概括承受，转包人将履行建设工程施工合同的全部义务，也包括建设工程主体结构。根据《民法典》第791条的规定，建设工程主体结构的施工必须由承包人自行完成。承包人将主体工程分包给第三人，有可能使工程质量不合格，不仅损害发包人的利益，而且损害社会公共利益，因而法律对此予以禁止。

未经发包人同意，承包人将非主体工程分包给第三人时，分包合同并不当然无效。承包人将非主体工程分包给第三人，发包人可以根据施工合同追究承包人的违约责任，这对发包人的保护已经足够，没有必要使分包合同无效。况且，第三人与承包人要对发包人就分包的工程承担连带责任，对发包人并不会造成过多的损害。如果承认分包非主体结构的合同的效力，可以赋予承包人更大的权利，施工更加灵活，有利于工程的迅速完成。

### 三、建设工程施工合同中承包人的解除权

建设工程施工合同的发包人具有合同解除权，承包人同样依据《民法典》第563条的规定享有法定解除权。建设工程施工合同中，发包人的主要债务即支付工程价款，发包人迟延支付工程价款，并经承包人催告，在合理的期限内仍未履行相应的义务，承包人便享有了《民法典》第563条第1款第3项规定的法定解除权。违约方迟延履行合同主要债务的标准是"承包人因发包人的迟延付款行为而无法继续施工"。承包人主张因发包人迟延支付工程款而解除合同的，需对"迟延付款导致无法继续施工"承担举证责任。承包人要证明发包人迟延支付价款导致无法继续施工往往并不容易，因为"无法继续施工"属于主观判断，难以有具体的量化标准。结合司法实践，《民法典》第806条第2款规定："发包人提供的主要建筑材料、建筑构配件和设备不符合强制性标准或者不履行协助义务，致使承包人无法施工，经催告后在合理期限内仍未履行相应义务的，承包人可以解除合同。"该款规定对承包人解除合同作了实质的限制，即必须达到承包人无法施工时，经催告后在合理期限内仍未履行相应义务的，承包人才可以行使法定解除权。建设工程施工合同中承包人的解除权应当从五个方面进行理解。

（一）发包人未按约定支付工程价款，致使工程无法施工，经催告无效的，承包人可以行使合同解除权

《民法典》第 788 条第 1 款规定："建设工程合同是承包人进行工程建设，发包人支付价款的合同。"建设工程发包人的主要义务是支付工程价款，发包人不支付工程款或者未按约支付工程款，就可以认为是发包人违反了合同约定的主要义务。发包人未按约定支付工程价款，致使工程无法施工，经催告无效的情况应当构成《民法典》第 563 条第 1 款第 3 项"当事人一方迟延履行主要债务，经催告后在合理期限内仍未履行"的情形。

（二）发包人提供的主要建筑材料、建筑构配件和设备不符合强制性标准的，致使承包人无法继续施工，在催告后合理期间内仍未履行义务，承包人享有合同的解除权

建筑工程质量问题的一个重要原因是建筑材料、建筑构配件和设备不合格，因此，应当严格控制建筑材料、建筑构配件和设备的质量。建设工程施工合同约定，发包人提供建筑材料、建筑构配件和设备的，发包人应当保证提供的建筑材料、建筑构配件和设备符合设计文件和合同要求。为保障发包人提供的建筑材料、建筑构配件和设备的质量，承包人有权依据建筑工程设计要求、施工技术标准和合同的约定对其进行检验，不符合合同约定要求的，不得使用。《建设工程质量管理条例》第 29 条规定："施工单位必须按照工程设计要求、施工技术标准和合同约定，对建筑材料、建筑构配件、设备和商品混凝土进行检验，检验应当有书面记录和专人签字；未经检验或者检验不合格的，不得使用。"该条例将检验对象扩及了商品混凝土、建筑材料、建筑构配件、设备，并规定了检验应当有书面记录和专人签字。建筑材料的国家强制性标准是关于质量要求的最低标准，建设工程施工合同双方当事人可以约定建筑材料的质量标准，但其不得低于国家的强制性标准。所以《民法典》第 806 条第 2 款规定："发包人提供的主要建筑材料、建筑构配件和设备不符合强制性标准或者不履行协助义务，致使承包人无法施工，经催告后在合理期限内仍未履行相应义务的，承包人可以解除合同。"

（三）发包人不履行合同约定的协助义务的，致使承包人无法继续施工，经催告后无效的，承包人可以请求解除合同

发包人的协助义务可分为三种类型，即法律上之协力、契约上之协力及事实上之协力，具体情形包括发包人未提供符合施工条件的工地，未及时提供指示，未及时取得规划许可证和施工许可证等。《民法典》第795条规定："施工合同的内容一般包括工程范围、建设工期、中间交工工程的开工和竣工时间、工程质量、工程造价、技术资料交付时间、材料和设备供应责任、拨款和结算、竣工验收、质量保修范围和质量保证期、相互协作等条款。"建设工程施工合同是双务合同，承包人履行合同需要发包人协助的，发包人应当负有协助的义务。根据《民法典》第808条的规定，建设工程施工合同没有规定的，适用承揽合同的有关规定。《民法典》第778条规定："承揽工作需要定作人协助的，定作人有协助的义务。定作人不履行协助义务致使承揽工作不能完成的，承揽人可以催告定作人在合理期限内履行义务，并可以顺延履行期限；定作人逾期不履行的，承揽人可以解除合同。"建设工程施工合同的发包人的协助义务的发生，取决于合同的约定及施工工程本身的需要，如提供施工场地、办理施工所需的相关手续、提供施工图纸等。如果发包人不履行以上协助义务，导致承包人无法施工或者继续施工，经催告后发包人依然不履行协助义务，则承包人享有合同解除权。发包人不履行协助义务影响合同目的实现的，承包人享有解除权。建设工程施工合同作为一种长期合同，发包人应当积极履行自己的协助义务，如果其不履行自己的协助义务，将导致债务人的利益无法实现，发包人应当承担债务不履行的责任，赔偿债务人的损失，包括可得利益的损失。发包人对承包人的协助义务属于法定义务，如果不履行协助义务导致承包人无法施工的，就可认为发包人没有履行合同的主要义务，经承包人催告仍不履行的，承包人具有解除权。

（四）发包人未取得建设工程施工许可证，承包人有权行使合同解除权

《城乡规划法》第40条规定："在城市、镇规划区内进行建筑物、构筑

物、道路、管线和其他工程建设的，建设单位或者个人应当向城市、县人民政府城乡规划主管部门或者省、自治区、直辖市人民政府确定的镇人民政府申请办理建设工程规划许可证。申请办理建设工程规划许可证，应当提交使用土地的有关证明文件、建设工程设计方案等材料。需要建设单位编制修建性详细规划的建设项目，还应当提交修建性详细规划。对符合控制性详细规划和规划条件的，由城市、县人民政府城乡规划主管部门或者省、自治区、直辖市人民政府确定的镇人民政府核发建设工程规划许可证。城市、县人民政府城乡规划主管部门或者省、自治区、直辖市人民政府确定的镇人民政府应当依法将经审定的修建性详细规划、建设工程设计方案的总平面图予以公布。"《建筑法》第7条规定："建筑工程开工前，建设单位应当按照国家有关规定向工程所在地县级以上人民政府建设行政主管部门申请领取施工许可证；但是，国务院建设行政主管部门确定的限额以下的小型工程除外。按照国务院规定的权限和程序批准开工报告的建筑工程，不再领取施工许可证。"《建筑法》第64条规定："违反本法规定，未取得施工许可证或者开工报告未经批准擅自施工的，责令改正，对不符合开工条件的责令停止施工，可以处以罚款。"建筑工程开工前，建设单位应当按照规定申请并取得建设工程规划许可证、建设工程施工许可证，这是建设单位的法定义务，也是建设工程合法开工的前提条件。在未取得施工许可证或者开工报告的情形下，擅自开工即属于违法施工，行政主管部门可以依法责令停工。所以，因建设单位未依法取得建设工程施工许可证，承包人面临较大经营风险的，承包人可以依据《民法典》第563条第1款第4项的规定行使合同解除权。但是，发包人未取得建设工程规划许可证而修建的建设工程属于非法工程，所订立的建设工程施工合同无效，承包单位可以据此行使请求赔偿损失的权利，但不得行使建设工程施工合同解除权。

（五）建设工程施工合同发包人不享有任意解除权

《民法典》第787条规定："定作人在承揽人完成工作前可以随时解除合同，造成承揽人损失的，应当赔偿损失。"在承揽合同履行过程中，可能因为各种原因，定作人不再需要承揽人加工的工作成果，即法律赋予了定作人对承揽合同的任意解除权，但是定作物是依定作人的要求完成的，因此定作人应赔偿给承揽人造成的损失。《民法典》之所以赋予定作人享有承揽合同的任意解除权，是因为承揽合同是建立在定作人对承揽人高度信任的基础上的。《民法典》第 18 章"建设工程合同"专章中第 808 条规定："本章没有规定的，适用承揽合同的有关规定。"所以，司法实践中建设工程施工合同的发包人是否享有任意解除权，一直是争议的问题。从《民法典》将承揽合同与建设工程合同分别作为不同章节进行规定可以看出，建设工程合同源于承揽合同，却又与传统承揽合同有着明显的区别。建设工程施工合同虽然性质上属于特殊的承揽合同，但工程建设本身的复杂性、专业性、技术性、标的物的使用价值以及对经济社会发展的影响，是承揽加工行为所无法比拟的。建设工程施工合同中，发包人与承揽合同中定作人选择合同相对方及确定合同内容，具有明显的不同。承揽合同的定作人依法享有选择合同相对人的自由；而通过招标投标程序订立的建设工程施工合同中，发包人不完全享有选择合同相对人的自由，一旦通过招标投标程序确定了建设工程的承包人，除合同履行中出现法律规定的解除合同的事由外，发包人不得随意通过解除合同的方式更换承包人。承揽合同的定作人依法享有决定合同内容的自由，即合同内容完全由定作人和承揽人自由协商确定；而建设工程施工合同的内容除当事人之间合意确定外，有些内容必须根据法律规定确定，这也是承揽合同所不具有的。如赋予发包人享有随时解除建设工程施工合同的权利，将会严重扰乱建筑市场秩序，损害国家利益、社会公共利益和承包人的合法权益危及法律的权威性和严肃性。因此，从建设工程施工合同的特殊性和防止社会财富浪费的角度来讲，应当尽量维持建设工程施工合同的稳定性，限制发包人随意行使合同解除权。[①]

---

① 冯小光："回顾与展望写在《最高人民法院关于审理建设工程施工合同纠纷案件适用法律问题的解释》颁布实施三周年之际"，载最高人民法院民事审判第一庭编：《民事审判指导与参考》（总第 33 辑），人民法院出版社 2008 年版，第 90 页。

## 四、2017 年版《建设工程施工合同（示范文本）》通用合同条款中合同解除权的行使

（一）发包人因承包人违约的解除权

在承包人违法或严重违约导致合同目的无法实现时，应赋予发包人解除合同的权利，以减少合同当事人的损失，并有利于后续工程建设任务的完成。2017 年版《建设工程施工合同（示范文本）》通用合同条款第 16.2.3 项约定："除专用合同条款另有约定外，出现第 16.2.1 项〔承包人违约的情形〕第（7）目约定的违约情况时，或监理人发出整改通知后，承包人在指定的合理期限内仍不纠正违约行为并致使合同目的不能实现的，发包人有权解除合同。合同解除后，因继续完成工程的需要，发包人有权使用承包人在施工现场的材料、设备、临时工程、承包人文件和由承包人或以其名义编制的其他文件，合同当事人应在专用合同条款约定相应费用的承担方式。发包人继续使用的行为不免除或减轻承包人应承担的违约责任。"通用合同条款第16.2.4 项约定："因承包人原因导致合同解除的，则合同当事人应在合同解除后 28 天内完成估价、付款和清算，并按以下约定执行：（1）合同解除后，按第 4.4 款〔商定或确定〕商定或确定承包人实际完成工作对应的合同价款，以及承包人已提供的材料、工程设备、施工设备和临时工程等的价值；（2）合同解除后，承包人应支付的违约金；（3）合同解除后，因解除合同给发包人造成的损失；（4）合同解除后，承包人应按照发包人要求和监理人的指示完成现场的清理和撤离；（5）发包人和承包人应在合同解除后进行清算，出具最终结清付款证书，结清全部款项。因承包人违约解除合同的，发包人有权暂停对承包人的付款，查清各项付款和已扣款项。发包人和承包人未能就合同解除后的清算和款项支付达成一致的，按照第 20 条〔争议解决〕的约定处理。"按照上述条款中发包人对承包人行使合同解除权的约定，发包人应当依照以下程序行使权利。

1. 发包人不经通知解除合同的情形

当承包人明确表示或者以其行为表明不履行合同主要义务时，由于合同目的无法实现，显然构成了《民法典》第 563 条第 1 款第 2 项规定的法定解

除权。发包人有权不经通知随时解除合同，承包人应承担由此增加的费用及违约责任，并支付发包人合理的利润。

2. 承包人经通知后拒不改正解除合同的情形

在承包人出现其他违约行为，且经监理人发出整改通知后，承包人在指定期限内仍不纠正违约行为并致使合同目的不能实现的，发包人有权解除合同。合同解除后，因继续完成工程的需要，发包人有权使用承包人在施工现场的材料、设备、临时工程、承包人文件和由承包人或以其名义编制的其他文件，以便于工程继续建设，减少发包人的损失。发包人继续使用的行为不减轻或免除承包人按照合同应当承担的违约责任。无论发包人是否采取以上措施，承包人均需承担相应的违约责任，不能以发包人采取以上措施为由免除或减轻承包人的责任，当然发包人同意免除或减轻的除外。

3. 合同解除后的处理

发包人解除合同的通知应当以书面形式送达，自到达承包人时生效，不送达承包人的，不产生解除合同的效力。解除合同后，合同当事人应及时核对已完成工程量以及各项应付款项，并收集整理相应的文件资料。对于核对无误的款项，合同当事人应当及时结清；对于存在争议的款项，可以在总监理工程师组织下协商确定，也可以按照争议解决处理。合同解除后，发包人还应退还质量保证金保函、履约保证金。当然，提前竣工验收合格的单位工程的质量保证金，可以按照法律或质量保修书约定扣留。

（二）承包人因发包人违约的解除权

在发包人严重违约导致合同目的无法实现时，应赋予承包人解除合同的权利，施工合同解除后，发包人应及时结算已完合格工程的价款，承包人应及时退场以防止双方矛盾的积累以及损失的扩大。2017 年版《建设工程施工合同（示范文本）》通用合同条款第 16.1.3 项约定："除专用合同条款另有约定外，承包人按第 16.1.1 项〔发包人违约的情形〕约定暂停施工满 28 天后，发包人仍不纠正其违约行为并致使合同目的不能实现的，或出现第 16.1.1 项〔发包人违约的情形〕第（7）目约定的违约情况，承包人有权解除合同，发包人应承担由此增加的费用，并支付承包人合理的利润。"通用合同条款第 16.1.4 项约定："承包人按照本款约定解除合同的，发包人应在解除合同后 28 天内支付下列款项，并解除履约担保：（1）合同解除前所完成工作的价款；（2）承包人为工程施工订购并已付款的材料、工程设备和其他物品的价款；（3）承包人撤离施工现场以及遣散承包人人员的款项；（4）按照合同约定在合同解除前应支付的违约金；（5）按照合同约定应当支付给承包人的其他款项；（6）按照合同约定应退还的质量保证金；（7）因解除合同给承包人造成的损失。合同当事人未能就解除合同后的结清达成一致的，按照第 20 条〔争议解决〕的约定处理。承包人应妥善做好已完工程和与工程有关的已购材料、工程设备的保护和移交工作，并将施工设备和人员撤出施工现场，发包人应为承包人撤出提供必要条件。"按照上述条款中承包人对发包人行使合同解除权的约定，承包人应当依照以下程序行使权利。

1. 承包人不经通知解除合同的情形

当发包人明确表示或者以其行为表明不履行合同主要义务时，由于合同目的无法实现，显然构成了《民法典》第 563 条第 1 款第 2 项规定的法定解除权。承包人有权不经通知随时解除合同，发包人应承担由此增加的费用，并支付承包人合理的利润。

2. 承包人暂停施工后，发包人拒不改正，解除合同的情形

在发包人出现其他违约行为，且经承包人暂停施工满 28 天后，发包人仍不纠正其违约行为，并致使合同目的不能实现的，承包人有权解除合同，发包人应承担由此增加的费用，并支付承包人合理的利润。

3. 承包人应对合同目的不能实现承担举证责任

承包人应对发包人违约是否足以致使合同目的不能实现承担举证责任，如果承包人无法提供有效证明资料予以佐证，则需要承担违约解除合同的不利后果。

4. 承包人解除合同后的处理

承包人解除合同的通知应当以书面的方式送达发包人，自到达发包人时生效，不送达发包人的，不产生解除合同的法律效果。合同解除后，承发包

双方就工程有关的材料、设备以及工程本身的移交和照管进行妥善处理。合同当事人及时核对已经完成的工程量以及应付款项，尤其是承包人应当及时统计各项费用及损失，并准备相应的证明资料。对于核对无误的款项，发包人应及时予以支付，对于有争议的款项，可以在总监理工程师组织下协商确定，也可按照争议解决处理，以避免合同当事人之间就此产生纠纷，也便于工程后续建设的顺利衔接。

### 五、建设工程施工合同解除后的处理原则

建设工程的工程质量优先于合同效力，无论合同是否有效或者是否被解除，只要工程质量合格，发包人就应支付工程价款；工程质量不合格原则上由承包人承担民事责任，但发包人有过错的，也应承担相应的民事责任，如合同解除后守约方有权请求违约方赔偿因违约造成的经济损失。对于建设工程施工合同解除后的处理，应当从以下四方面理解。

（一）合同解除后，已经完成的建设工程质量合格的，发包人按照约定支付工程款

《民法典》第566条规定，合同解除后，"已经履行的，根据履行情况和合同性质，当事人可以请求恢复原状或者采取其他补救措施，并有权请求赔偿损失"。合同解除后，对于履行的部分应当根据履行情况和合同性质合理地确定合同解除后处理的方式。建设工程施工合同解除后，如工程质量合格，根据履行情况和合同性质，不存在《民法典》第566条所说的恢复原状的问题，当事人一方主张恢复原状是不能得到支持的。发包人没有支付已履行部分工程价款时，承包人有权要求发包人继续支付工程价款，这实质上采取的是《民法典》第566条规定的合同解除后采取补救措施的处理方式，仍然是向后解除的情况，即未履行的部分还是不再履行。所以，《民法典》第806条将工程施工合同解除的责任设定为建设工程施工"合同解除后，已经完成的建设工程质量合格的，发包人应当按照约定支付相应的工程价款"。

（二）已经完成的建设工程质量不合格的，参照建设工程合同无效时，工程质量验收不合格的处理原则

合同无效、工程质量验收不合格时，根据《民法典》第793条第2款和第3款规定，修复后的建设工程经验收合格的，发包人可以请求承包人承担修复费用；修复后的建设工程经验收不合格的，承包人无权请求参照合同关于工程价款的约定折价补偿。发包人对因建设工程不合格造成的损失有过错的，应当承担相应的责任。建设工程经竣工验收不合格，包括两种情况：一种是建设工程质量虽然不合格，但经过修复，可以使缺陷得到弥补，并通过工程竣工验收；另一种情况是，建设工程的质量缺陷无法通过修复予以弥补，不能通过竣工验收，建设工程丧失利用价值，承包人没有请求支付工程款的权利。建设工程始终以质量为中心，在建设工程施工合同中，无论合同解除还是合同无效，建设工程质量虽然不合格但经承包人修复或承担修复费用的，承包人仍有权主张已施工部分的工程款。

（三）承包人违约导致施工合同解除，承包人在施工现场的机械设备、临时设施的使用

因承包人违约而解除合同的，发包人无权扣留承包人在施工现场的机械设备等财产，除非合同另有特别约定。例如，2017年版《建设工程施工合同（示范文本）》通用合同条款第16.2.3项约定："……合同解除后，因继续完成工程的需要，发包人有权使用承包人在施工现场的材料、设备、临时工程、承包人文件和由承包人或以其名义编制的其他文件，合同当事人应在专用合同条款约定相应费用的承担方式。发包人继续使用的行为不免除或减轻承包人应承担的违约责任。"如果没有对承包人在施工现场的机械设备、临时设施使用的特别约定，发包人则不能随意使用承包人在施工现场的机械设备、临时设施等，否则应承担相应的责任。

（四）建设工程施工合同解除后违约责任的承担

对于建设工程施工合同中发包人和承包人的解除权以及合同解除后的处理，适用《民法典》第563条、第806条关于合同解除权的规定。

1. 合同解除后违约条款依然适用

《民法典》第 567 条规定："合同的权利义务关系终止，不影响合同中结算和清理条款的效力。"该法条引申出一个问题，即合同解除后违约金条款是否还可以适用，对此在司法实践中一般观点认为，合同解除后，合同中约定的违约金条款可以适用。根据《民法典》第 566 条规定的"合同因违约解除的，解除权人可以请求违约方承担违约责任，但是当事人另有约定的除外"，合同解除后当事人可以主张违约责任。最高人民法院《关于当前形势下审理民商事合同纠纷案件若干问题的指导意见》第 8 条规定："……合同解除后，当事人主张违约金条款继续有效的，人民法院可以根据合同法第九十八条①的规定进行处理。"最高人民法院民二庭负责人就"合同解除与违约金条款适用的问题"，倾向于认为，违约金是当事人预先确定的一种独立于合同债务履行之外的给付，依原《合同法》第 98 条关于"合同的权利义务终止，不影响合同中结算和清理条款的效力"的规定，违约金条款属于合同中的结算和清理条款。因此，即使合同解除，当事人也可以主张违约金。②

2. 合同解除后违约方负有赔偿经济损失的义务

因一方违约导致合同解除的，违约方应当赔偿因此而给对方造成的经济损失。建设工程施工合同中的违约方可能是工程的发包人，也可能是工程的承包人，所以合同解除后负有赔偿责任的可能是发包人，也可能是承包人。根据《民法典》第 566 条的规定，合同解除后，已经履行的，根据履行情况和合同性质，当事人可以请求赔偿损失。合同解除是建立在合同有效的基础上的，因违约致合同解除的，违约方应当承担合同约定的违约责任。违约金不足以补偿守约方的经济损失时，违约方还应赔偿损失与违约金之间的差额部分。

---

① 原《合同法》第 98 条对应《民法典》第 567 条。

② 李国慧："聚焦合同法适用问题，推动民商事司法发展——就《合同法》司法实务相关问题访最高人民法院民二庭庭长宋晓明"，载《法律适用》2009 年第 11 期。

## 第九章

# 建设工程施工合同的司法鉴定

司法鉴定是指在诉讼过程中，为查明案件事实，人民法院依职权或者应当事人及诉讼参与人的申请，指派或者委托具有专门知识的人对专业性问题进行检验、鉴别和评定的活动。《全国人民代表大会常务委员会关于司法鉴定管理问题的决定》（以下简称《司法鉴定管理问题的决定》）第 1 条规定："司法鉴定是指在诉讼活动中鉴定人运用科学技术或者专门知识对诉讼涉及的专门性问题进行鉴别和判断并提供鉴定意见的活动。"必须强调，在民事诉讼活动中，鉴定意见这种证据类型，必须是指人民法院委托的鉴定人所出具的，当事人自行委托或者其他机关委托的，不在此列。鉴定人接受人民法院的委托，通过科学方法对委托的专门性问题所出具的鉴定意见才是《民事诉讼法》第 66 条所确定的八类证据中的"鉴定意见"。关于当事人自行向相关鉴定机构委托所得的鉴定意见，其性质仅是一份书面证据材料，并非民事诉讼证据所指的鉴定意见。在该类证据的认定上，一般可以采用对私文书证的审查认定规则。[1]

建设工程司法鉴定，即鉴定人运用建设工程相关理论、专业知识、技术标准、技术方法和执业经验，对人民法院委托的建设工程相关专业问题进行检验、检测、试验和分析判断后，得出鉴定意见的活动。建设工程施工合同案件的事实认定往往涉及专业性、技术性问题，仅凭审判人员的生活常识和

---

[1] 最高人民法院民事审判第一庭编著：《最高人民法院新民事诉讼证据规定理解与适用》（上册），人民法院出版社 2020 年版，第 313～314 页。

审判经验并不能准确判断。建设工程施工合同案件中往往需要借助司法鉴定对工程造价、工期、质量、修复费用等专门性问题予以确定。司法鉴定可以延伸审判人员的认知能力，有助于当事人、审判人员等查明案件事实，作出正确判决。因此，司法鉴定在建设工程案件审理过程中的地位十分重要，甚至直接左右案件的裁判结果。在建设工程施工合同纠纷中，法官审理案件、代理人代理案件通常会围绕司法鉴定展开，但决定着建设工程纠纷案件裁判结果的司法鉴定却存在众多疑难问题，进而影响人民法院裁判的权威性。故在人民法院审理此类案件时，对诉讼中的问题总的把握原则是能不通过鉴定的，则不作鉴定；必须通过鉴定才能认定事实的，尽可能减少鉴定次数和缩小鉴定范围。

# 第一节　司法鉴定与举证责任

在民事诉讼中，鉴定意见属于《民事诉讼法》第 66 条规定的八类民事诉讼证据之一。鉴定意见是鉴定人运用专门的知识、经验和技能，对民事案件某些专门性的问题进行分析、鉴别后所作出的结论性意见，比如产品质量鉴定、工程鉴定。证据是查明案件事实、解决双方争议的基础，可以认为证据是整个诉讼活动的基础和核心，也是诉讼实务中最实际的问题。证据制度中最为关键的是举证责任制度，其中难点在于司法鉴定中的举证。

## 一、《民事诉讼法》修改中司法鉴定的发展

根据《司法鉴定管理问题的决定》中对从事司法鉴定业务的鉴定人和鉴定机构实行登记管理制度的规定，司法鉴定大体上分为四类：法医类鉴定；物证类鉴定；声像资料鉴定；根据诉讼需要由国务院司法行政部门商最高人民法院、最高人民检察院确定的其他应当对鉴定人和鉴定机构实行登记管理的鉴定事项。根据《民事诉讼法》第 66 条的规定，鉴定意见作为法定证据之一，决定了鉴定意见具有证据的特征。证据应当在法庭上出示，并由当事人互相质证，且必须查证属实后，才能作为认定事实的根据。所以，鉴定意

见尚需经过当事人举证质证、审判人员结合案件审查判断认证等法定程序，鉴定意见并非必须采信、不可推翻。2012 年版《民事诉讼法》从多个方面完善了司法鉴定制度。2017 年版《民事诉讼法》再次进行修改，但是对 2012 年版《民事诉讼法》中涉及司法鉴定的内容未作修改。如今的 2021 年版《民事诉讼法》也是沿用了之前的规定，未作修改。

（一）证据类型中的"鉴定结论"改为"鉴定意见"

鉴定意见是鉴定人接受人民法院的委托，运用自己的专门知识，对与案件有关的专门性问题作出判断性意见。在 2007 年版《民事诉讼法》及之前版本将"鉴定意见"称为"鉴定结论"，由于鉴定结论的名称容易被误解为不可置疑或不可推翻的结论性意见，因此为了表述更为科学、准确，2012 年版《民事诉讼法》作出相应的修改，将"鉴定结论"修改为"鉴定意见"。

（二）赋予了当事人申请鉴定的权利

2007 年版《民事诉讼法》第 72 条第 1 款规定："人民法院对专门性问题认为需要鉴定的，应当交由法定鉴定部门鉴定；没有法定鉴定部门的，由人民法院指定的鉴定部门鉴定。"2007 年版《民事诉讼法》在鉴定程序的启动方面，人民法院享有完全的支配权，当事人对此只能处于消极被动的地位。2012 年版《民事诉讼法》第 76 条规定："当事人可以就查明事实的专门性问题向人民法院申请鉴定。当事人申请鉴定的，由双方当事人协商确定具备资格的鉴定人；协商不成的，由人民法院指定。当事人未申请鉴定，人民法院对专门性问题认为需要鉴定的，应当委托具备资格的鉴定人进行鉴定。"2012 年版《民事诉讼法》对 2001 年版《民事诉讼证据规定》第 25 条进行吸收并进一步完善，从法律层面赋予了当事人申请鉴定的权利。

（三）强化了鉴定人出庭作证的义务

近年来，鉴定意见在民事诉讼案件中日益增多，特别是建设工程施工案件中，鉴定意见甚至起到决定的作用。2007 年版《民事诉讼法》虽然规定了鉴定制度，但是并没有规定鉴定人出庭作证的义务。2007 年版《民事诉讼法》第 72 条第 2 款规定："鉴定部门及其指定的鉴定人有权了解进行鉴定所需要的案件材料，必要时可以询问当事人、证人。"该版《民事诉讼法》仅仅规定了鉴定人的权利，但是当事人对于鉴定意见存在异议时，鉴定人的释明义务在该版法条中没有规定。《民事诉讼证据规定》第 80 条规定："鉴定人应当就鉴定事项如实答复当事人的异议和审判人员的询问。当庭答复确有困难的，经人民法院准许，可以在庭审结束后书面答复。人民法院应当及时将书面答复送交当事人，并听取当事人的意见。必要时，可以再次组织质证。"第 82 条规定："经法庭许可，当事人可以询问鉴定人、勘验人。询问鉴定人、勘验人不得使用威胁、侮辱等不适当的言语和方式。"2012 年版《民事诉讼法》第 78 条规定："当事人对鉴定意见有异议或者人民法院认为鉴定人有必要出庭的，鉴定人应当出庭作证。经人民法院通知，鉴定人拒不出庭作证的，鉴定意见不得作为认定事实的根据；支付鉴定费用的当事人可以要求返还鉴定费用。"2017 年版和 2021 年版《民事诉讼法》及《民事诉讼证据规定》强化了鉴定人出庭作证的义务，不仅强调了鉴定人拒不出庭作证时，鉴定意见不得采信，而且规定了支付的鉴定费用应予以退还。

## 二、司法鉴定主体的权利义务及法律地位

（一）鉴定主体

1. 关于鉴定主体的范围

鉴定人是接受法院委托对案件事实中的专门性问题进行科学合理判断的人员。《民事诉讼证据规定》第 32 条规定："人民法院准许鉴定申请的，应当组织双方当事人协商确定具备相应资格的鉴定人。当事人协商不成的，由人民法院指定。人民法院依职权委托鉴定的，可以在询问当事人的意见后，指定具备相应资格的鉴定人。人民法院在确定鉴定人后应当出具委托书，委托书中应当载明鉴定事项、鉴定范围、鉴定目的和鉴定期限。"《民事诉讼法》第 80 条第 2 款规定："鉴定人应当提出书面鉴定意见，在鉴定书上签名或者盖章。"关于鉴定主体的范围，笔者认为，鉴定人既可以是自然人，也可以是鉴定机构。鉴定人虽然可以是自然人，但不是任何自然人都能成为鉴定人。只有对纠纷所涉及的专门性问题具有专门知识或特种技能，能够对案件中的某种专门性问题作出科学的分析与评价的人才能成为鉴定人。法院委

托的鉴定人，可以是鉴定机构这样的法人组织，也可以是自然人。但鉴定意见，最终都将由作为自然人的个体来落实和完成。鉴定人与鉴定机构具有隶属关系，鉴定机构能够为鉴定人完成鉴定活动提供必要的物质技术设备和场所，保证鉴定在程序上的合法性。因此，鉴定机构接受委托鉴定的，在出具鉴定意见时，既要有鉴定机构的盖章，还必须有相关鉴定人员的签字确认。《民事诉讼证据规定》第 32 条及《民事诉讼法》第 80 条在 1991 年版《民事诉讼法》的基础上拓宽了鉴定主体的范围，自然人和机构都可以成为独立的鉴定主体。在目前社会科学技术专业程度越来越精细的背景下，拓宽鉴定主体范围是司法鉴定发展的必然趋势。

2. 关于鉴定人资质的要求

建设工程施工合同纠纷中，工程造价鉴定意见的鉴定主体应当合法。工程造价咨询企业，是指接受委托，对建设项目投资、工程造价的确定与控制提供专业咨询服务的企业。工程造价咨询企业应当依法取得工程造价咨询企业资质，并在其资质等级许可的范围内从事工程造价咨询活动。工程造价咨询企业资质等级分为甲级和乙级。由于鉴定人是对一些专业性问题发表意见，为确保鉴定意见的权威性，从事鉴定工作的人员通常需要具有专门学识、技能和经验，这就涉及资格认定问题。鉴定人资格确认标准需要由主管机关或者行业协会以颁发资格证书、公布专家名单的方式确认。《司法鉴定管理问题的决定》第 4 条规定："具备下列条件之一的人员，可以申请登记从事司法鉴定业务：（一）具有与所申请从事的司法鉴定业务相关的高级专业技术职称；（二）具有与所申请从事的司法鉴定业务相关的专业执业资格或者高等院校相关专业本科以上学历，从事相关工作五年以上；（三）具有与所申请从事的司法鉴定业务相关工作十年以上经历，具有较强的专业技能。因故意犯罪或者职务过失犯罪受过刑事处罚的，受过开除公职处分的，以及被撤销鉴定人登记的人员，不得从事司法鉴定业务。"第 5 条规定："法人或者其他组织申请从事司法鉴定业务的，应当具备下列条件：（一）有明确的业务范围；（二）有在业务范围内进行司法鉴定所必需的仪器、设备；（三）有在业务范围内进行司法鉴定所必需的依法通过计量认证或者实验室认可的检测实验室；（四）每项司法鉴定业务有三名以上鉴定人。"建设单位和施工单位共同商定的工程造价咨询机构不具有国家规定的工程造价鉴定资质，对于其所出具的审价结论的认定，在实践中存在争议。在工程价款结算诉讼中，法院委托工程价款鉴定机构确定工程造价，委托的工程造价鉴定机构必须具有法定工程造价鉴定资质的机构。如果承发包双方约定的工程造价咨询机构不具有国家规定的法定资质，则合同约定违反了工程造价咨询机构行政许可和执业资格的强制性规定，应认定该约定条款无效。但合同约定的工程造价咨询机构超越资质所作出的审价结论，对建设单位和施工单位均具有约束力。参见江苏南通六建建设集团有限公司与山西嘉和泰房地产开发有限公司建设工程施工合同纠纷二审民事判决书［（2014）民一终字第72号］，最高人民法院认为，《工程造价咨询企业管理办法》第19条、第38条虽然规定超越资质等级出具的工程造价结果文件无效，但该规定是原建设部的部颁规章，属于管理性规定，不能作为评判鉴定结论效力的依据。①

3. 关于鉴定人名册制度

人民法院鉴定人名册制度是指人民法院经事前审查、批准、公示程序，将自愿接受人民法院委托的鉴定人列入本级法院的鉴定人名册。《司法鉴定管理问题的决定》第3条规定："国务院司法行政部门主管全国鉴定人和鉴定机构的登记管理工作。省级人民政府司法行政部门依照本决定的规定，负责对鉴定人和鉴定机构的登记、名册编制和公告。"《人民法院对外委托司法鉴定管理规定》第3条规定："人民法院司法鉴定机构建立社会鉴定机构和鉴定人（以下简称鉴定人）名册，根据鉴定对象对专业技术的要求，随机选择和委托鉴定人进行司法鉴定。"确立鉴定人名册制度，可以使法院或当事人直接从具有相应职称、资格、知识水平、有经验的专家中挑选鉴定人，不仅在确定鉴定人时尊重当事人在名册中随机选定，还有利于对鉴定程序的协调、监督。《司法鉴定管理问题的决定》第2条规定："国家对从事下列司法鉴定业务的鉴定人和鉴定机构实行登记管理制度：（一）法医类鉴

---

① 王毓莹："违反招投标法规定签订的建设工程施工合同应当认定无效——江苏南通六建建设集团有限公司与山西嘉和泰开发有限公司建设工程施工合同纠纷案"，载最高人民法院民事审判第一庭编：《民事审判指导与参考》（总第61辑），人民法院出版社2015年版，第231页。

定；（二）物证类鉴定；（三）声像资料鉴定；（四）根据诉讼需要由国务院司法行政部门商最高人民法院、最高人民检察院确定的其他应当对鉴定人和鉴定机构实行登记管理的鉴定事项。法律对前款规定事项的鉴定人和鉴定机构的管理另有规定的，从其规定。"实行司法鉴定登记管理制度的只限于法医类鉴定、物证类鉴定和声像资料鉴定，而其他鉴定事项则没有法律法规等规范性文件对此予以规制。工程造价鉴定不属于法医类鉴定、物证类鉴定和声像资料鉴定，应属于其他鉴定事项，对于工程造价鉴定的鉴定机构并非只能从《国家司法鉴定人和司法鉴定机构名册》中选择。此外，《最高人民法院关于如何认定工程造价从业人员是否同时在两个单位执业问题的答复》第1条规定："根据全国人大常委会《关于司法鉴定管理问题的决定》第二条的规定，工程造价咨询单位不属于实行司法鉴定登记管理制度的范围。"可见，工程造价鉴定并没有强制实行登记管理制度，人民法院可以从司法行政机关编制的《国家司法鉴定人和司法鉴定机构名册》以外选择拥有符合法律规定鉴定资质的鉴定机构。

（二）鉴定人的权利和义务

1. 鉴定人的权利

为保证鉴定人顺利完成鉴定工作，确保鉴定的客观公正性，鉴定人享有如下权利：了解进行鉴定所需要的案件材料，必要时可以询问当事人、证人；实施鉴定的自主权；拒绝鉴定的权利；获得必要费用和经济补偿的权利；合法权益不受侵犯的权利。《民事诉讼证据规定》第98条规定："对证人、鉴定人、勘验人的合法权益依法予以保护。当事人或者其他诉讼参与人伪造、毁灭证据，提供虚假证据，阻止证人作证，指使、贿买、胁迫他人作伪证，或者对证人、鉴定人、勘验人打击报复的，依照民事诉讼法第一百一十条、第一百一十一条①的规定进行处罚。"

2. 鉴定人的义务

《民事诉讼证据规定》第33条规定："鉴定开始之前，人民法院应当要

---

① 现为《民事诉讼法》（2021年修正）第113条、第114条相关内容。

求鉴定人签署承诺书。承诺书中应当载明鉴定人保证客观、公正、诚实地进行鉴定，保证出庭作证，如作虚假鉴定应当承担法律责任等内容。鉴定人故意作虚假鉴定的，人民法院应当责令其退还鉴定费用，并根据情节，依照民事诉讼法第一百一十一条的规定进行处罚"。《民事诉讼法》第114条规定："诉讼参与人或者其他人有下列行为之一的，人民法院可以根据情节轻重予以罚款、拘留；构成犯罪的，依法追究刑事责任：（一）伪造、毁灭重要证据，妨碍人民法院审理案件的；（二）以暴力、威胁、贿买方法阻止证人作证或者指使、贿买、胁迫他人作伪证的；（三）隐藏、转移、变卖、毁损已被查封、扣押的财产，或者已被清点并责令其保管的财产，转移已被冻结的财产的；（四）对司法工作人员、诉讼参加人、证人、翻译人员、鉴定人、勘验人、协助执行的人，进行侮辱、诽谤、诬陷、殴打或者打击报复的；（五）以暴力、威胁或者其他方法阻碍司法工作人员执行职务的；（六）拒不履行人民法院已经发生法律效力的判决、裁定的。人民法院对有前款规定的行为之一的单位，可以对其主要负责人或者直接责任人员予以罚款、拘留；构成犯罪的，依法追究刑事责任。"除此之外，鉴定人的义务主要还包括：对于案件事实中涉及的专门性问题，依法运用科学原理和技术经验出具鉴定意见；遵守法律、法规，遵守职业道德和职业纪律，尊重科学，遵守技术操作规范；出庭作证并接受法官及当事人询问的义务；在鉴定书上签名或盖章的义务。

（三）鉴定人的法律地位

国家建立鉴定人名册制度，由专门机构通过特定的考评和登记程序，将全国具有相应鉴定资格的专家进行登记造册，供人民法院根据案件的需要从名册中选用。这样有利于提高鉴定意见的公正性和权威性，增强案件当事人及社会公众对裁判结果的信赖程度。鉴定人在诉讼活动中存在如下法律特征。

1. 鉴定人是具有特定专业知识的人员

鉴定解决的是专门性问题。所谓专门性问题，是指需要借助科学实证手段以及专门的逻辑推理才能得出认识结果的问题。对专门性问题的认识判断需要借助鉴定人的特殊能力和技术手段。因此，鉴定人必须具有特定的专业知识，其所作的鉴定意见是对某个专门性问题所作的分析和评价。

2. 鉴定人是《民事诉讼法》规定的诉讼参与人

鉴定人是《民事诉讼法》规定的诉讼参与人，享有《民事诉讼法》赋予的权利，也履行《民事诉讼法》规定的义务。例如，《民事诉讼法》为了保障鉴定意见的公正性，当鉴定人与案件有利害关系时，鉴定人有法定的回避义务；为保证鉴定意见的科学性，鉴定人有权了解进行鉴定所需要的案件材料，询问当事人及证人等权利。

（四）鉴定主体的法律责任

《司法鉴定管理问题的决定》第 8 条规定："各鉴定机构之间没有隶属关系；鉴定机构接受委托从事司法鉴定业务，不受地域范围的限制。鉴定人应当在一个鉴定机构中从事司法鉴定业务。"第 10 条规定："司法鉴定实行鉴定人负责制度。鉴定人应当独立进行鉴定，对鉴定意见负责并在鉴定书上签名或者盖章。多人参加的鉴定，对鉴定意见有不同意见的，应当注明。"《民事诉讼法》第 80 条第 2 款规定："鉴定人应当提出书面鉴定意见，在鉴定书上签名或者盖章。"鉴定人在鉴定书上签名或盖章，从形式上保证鉴定意见的严谨性，更能督促鉴定人严格规范鉴定行为，从而保障鉴定意见的权威性。如果鉴定人不在鉴定书上签名，无异于剥夺了当事人要求鉴定人出庭质证的诉讼权利，所以，鉴定人在鉴定书上签名不仅是鉴定人负责制的体现，更能使当事人的诉讼权利得以落实。

（五）关于鉴定人回避的问题

由于鉴定事项对于案件处理结果会产生重要影响，所以鉴定人的中立地位是鉴定意见客观、权威的首要因素。确保鉴定人的中立地位，应当落实关于回避制度的规定。为使当事人充分行使申请回避的权利，应当赋予当事人对鉴定人的基本信息享有知情权。人民法院应当将鉴定人的基本情况（姓名、工作单位、职务、职称等信息）告知当事人，并告知其享有要求鉴定人依法回避的权利。《民事诉讼法》第 47 条规定："审判人员有下列情形之一的，应当自行回避，当事人有权用口头或者书面方式申请他们回避：（一）是本案当事人或者当事人、诉讼代理人近亲属的；（二）与本案有利害关系的；

（三）与本案当事人、诉讼代理人有其他关系，可能影响对案件公正审理的。审判人员接受当事人、诉讼代理人请客送礼，或者违反规定会见当事人、诉讼代理人的，当事人有权要求他们回避。审判人员有前款规定的行为的，应当依法追究法律责任。前三款规定，适用于书记员、翻译人员、鉴定人、勘验人。"

### 三、民事诉讼中司法鉴定的举证责任

民事诉讼中的举证责任是指由当事人对其主张的事实提供证据并予以证明，若诉讼终结时根据全案证据仍不能证明当事人主张的事实真伪，则由该负有举证责任的当事人承担不利的诉讼后果。从法学理论来看，举证责任分为行为意义的举证责任和结果意义的举证责任。行为意义的举证责任是指当事人在具体的民事诉讼中，为避免败诉的风险而向法院提出证据证明其主张的一种行为责任。结果意义的举证责任是指待证事实的存在与否不能确定、真伪不明时，由哪一方当事人对不利后果负担责任。结果意义的举证责任建立在法官不能因事实不清而拒绝裁判的理念之上，它所解决的是待证事实真伪不明时法官如何裁判的问题，实质上是对事实真伪不明的一种法定的风险分配形式。民事诉讼中，如果当事人通过完成行为意义上的举证责任，已经使案件事实得到证明，则结果意义的举证责任便无用武之地。

（一）举证责任的承担原则

证据是民事诉讼活动的中心环节，"打官司"又可以称为"打证据"，向法庭提供证据既是当事人的权利，也是当事人的义务。《民事诉讼法》第67条第1款规定："当事人对自己提出的主张，有责任提供证据。"该法条确立了"谁主张、谁举证"的民事诉讼举证责任的一般分配规则。从内容上看，这一规定只体现了当事人对其事实主张的证明义务；从特征上看，属于行为意义的举证责任。但是，《民事诉讼法》第67条规定对当事人未履行举证义务的法律责任没有明确。《民事诉讼法解释》第90条规定："当事人对自己提出的诉讼请求所依据的事实或者反驳对方诉讼请求所依据的事实，应当提供证据加以证明，但法律另有规定的除外。在作出判决前，当事人未能提供

证据或者证据不足以证明其事实主张的，由负有举证证明责任的当事人承担不利的后果。"该条司法解释兼具了行为意义的举证责任和结果意义的举证责任的内容。当事人围绕自己的诉讼请求的事实或抗辩对方提出的主张时，有提出证据予以证明的责任和义务，在当事人主张待证事实真伪不明时，由负有举证证明责任的当事人承担不利的后果，这在司法解释的层面上强化了民事诉讼的当事人主义，强化了当事人的举证责任。

（二）当事人申请鉴定的举证责任

在司法实践中，一般的举证规则是"谁主张、谁举证"，即当事人对自己的诉讼主张应当提供证据予以证明。建设工程施工合同中关于工程量、工程造价的鉴定，根据民事诉讼"谁主张、谁举证"的举证原则，对于需要由依据鉴定意见主张自己权利的当事人，具有申请人民法院进行司法鉴定的义务。当事人申请鉴定的举证责任与提供鉴定材料的举证责任并不一致，但无论是当事人不提出鉴定，还是提供鉴定材料检材不具备鉴定条件，只有导致无法作出鉴定意见，使得待证事实仍处于真伪不明的状态时，产生的法律后果就是一致的，即负有举证责任的一方当事人应当承担相应的不利后果，只不过无法作出鉴定意见的责任人根据举证责任的划分有所不同。《民事诉讼证据规定》第31条规定："当事人申请鉴定应当在人民法院指定期间内提出，并预交鉴定费用。逾期不提出申请或者不预交鉴定费用的，视为放弃申请。对需要鉴定的待证事实负有举证责任的当事人，在人民法院指定期间内无正当理由不提出鉴定申请或者不预交鉴定费用，或者拒不提供相关材料，致使待证事实无法查明的，应当承担举证不能的法律后果。"所以，对需要鉴定的待证事实负有举证责任的当事人，存在如下情况致使待证事实无法查清时，应当承担举证不能的法律后果。

1. 对待证事实具有举证责任的当事人未在指定期限内提出鉴定申请

当事人申请鉴定，都是在其对待证事实具有举证责任的前提下主动提出的。一方面，要保护当事人合法的诉求和权益，确保其顺利履行启动鉴定程序的义务；另一方面，从维护双方当事人正当诉讼利益的角度，也不能任由当事人没有限制地行使权利。所以，《民事诉讼证据规定》第 30 条[1]规定了对待证事实，人民法院具有释明的责任，并指定提出鉴定申请的期限。实务中，特别是建设工程领域纠纷中涉及一些专业性较强领域，法院往往还会就鉴定问题向当事人专门询问并告知其相关权利。在人民法院履行释明责任，且当事人应当已经清楚地知道其权利和义务后，有权作出选择，或者在指定期间内提出申请，积极启动鉴定程序，或者在指定期间内不提出申请。如果当事人未在指定期限内提出鉴定申请，应当认定为系对启动鉴定程序权利作出处分或者说是对所应负的相应证明义务的拒绝履行。

2. 拒绝缴纳鉴定费

《民事诉讼法》规定了鉴定程序启动的模式为当事人主义为主、法院职权主义为辅，因当事人申请而启动鉴定程序的，鉴定费由当事人预交；对那种因法院依职权启动鉴定程序的鉴定费，如果当事人拒不同意预交鉴定费时，应当由法院先行垫付鉴定费，后期再就费用的承担问题作出裁判。在民事诉讼中，申请鉴定的当事人，多系对待证事实负有证明义务的一方，由申请人预交鉴定费，符合当事人的诉求利益。对待证事实具有举证责任的当事人不预交鉴定费的法律后果：一方面，视为其放弃申请，导致当事人申请启动鉴定程序权利的丧失；另一方面，根据举证责任分配规则，负有证明责任的当事人，如果因为鉴定问题无法进行，导致待证事实无法查明时，应承担举证不能而败诉的不利后果。

3. 因未鉴定导致待证事实无法查明

客观导致鉴定程序无法启动或者说鉴定不能，主要包含三种情形。其一，无正当理由未在人民法院指定期间内提出鉴定申请，需要鉴定的待证事实与其他普通案件事实一样，同属于当事人举证责任范畴。负有举证责任的当事人，必须证明该事实，如果不及时申请鉴定，在待证事实无法查清时，其将承担举证不能的不利后果。其二，应当交纳鉴定费用而未交纳鉴定费。其三，

---

[1] 《民事诉讼证据规定》第 30 条规定："人民法院在审理案件过程中认为待证事实需要通过鉴定意见证明的，应当向当事人释明，并指定提出鉴定申请的期间。符合《最高人民法院关于适用〈中华人民共和国民事诉讼法〉的解释》第九十六条第一款规定情形的，人民法院应当依职权委托鉴定。"

当事人拒不提供相关材料。其中第一、二种情形因在其他内容中已经阐明，不予赘述。笔者在此主要针对第三种情形予以阐述。司法鉴定人从事司法鉴定活动享有查阅与鉴定有关案卷材料、询问与鉴定事项有关的当事人、证人的权利。委托人提供虚假情况，或拒不提供鉴定所需材料的，或者认为鉴定材料不足，要求补充材料而不补充，无法作出结论时，鉴定人有权拒绝鉴定。用于鉴定的材料属于案件的证据范畴，但在鉴定材料的提供问题上，不能严格按照申请鉴定的举证责任的分配规则，由负有举证责任的一方当事人提供，因为显然有时候有些材料不被其掌握，或者在对方当事人手中，或者在第三人处。这种情况下，应当要求持有鉴定所用材料的当事人积极履行举证义务，全面收集和完整提供鉴定所需材料。因此，负有举证责任且掌握、持有鉴定所需要的相关材料的申请人，虽然提出了鉴定申请，但拒不向鉴定机构提供鉴定所需的与本案相关的材料，致使法院对案件争议的事实无法通过鉴定意见予以认定。[①] 在这种情况下，申请人即使提交了鉴定申请且交纳了鉴定费，仍应当承担鉴定未成的法律后果。

（三）建设工程案件二审程序中享有鉴定举证的权利

《建工解释（一）》第 32 条第 2 款规定："一审诉讼中负有举证责任的当事人未申请鉴定，虽申请鉴定但未支付鉴定费用或者拒不提供相关材料，二审诉讼中申请鉴定，人民法院认为确有必要的，应当依照民事诉讼法第一百七十条第一款第三项[②]的规定处理。"该条司法解释应当从以下三个方面理解。

1. 当事人未在法院指定的期间申请鉴定，人民法院根据具体情况处理

2012 年版《民事诉讼法》改变了 2001 年版《民事诉讼证据规定》中确定的证据逾期举证失权的态度。2012 年版《民事诉讼法》第 65 条第 2 款规定："人民法院根据当事人的主张和案件审理情况，确定当事人应当提供的证据及其期限。当事人在该期限内提供证据确有困难的，可以向人民法院申

---

① 最高人民法院民事审判第一庭编著：《最高人民法院新民事诉讼证据规定理解与适用》（上册），人民法院出版社 2020 年版，第 325 页。

② 现为《民事诉讼法》（2021 年修正）第 177 条第 1 款第 3 项相关内容。

请延长期限，人民法院根据当事人的申请适当延长。当事人逾期提供证据的，人民法院应当责令其说明理由；拒不说明理由或者理由不成立的，人民法院根据不同情形可以不予采纳该证据，或者采纳该证据但予以训诫、罚款。"所以，对于逾期提供的证据，并非一概不予采纳，而是根据具体情况分别处理。参照该条法律，一审诉讼中当事人明确表示不申请鉴定，或者通过不支付鉴定费用、拒不提供相关材料的方式，致使无法通过鉴定查明相关事实，二审程序中其又提出鉴定申请的，鉴于建设工程的特殊性及工程鉴定的重要性，人民法院应当对是否确有必要进行鉴定予以审查，而不能以其一审时未鉴定为由一概不予准许。

2. 二审鉴定举证必须确有必要

二审人民法院许可鉴定举证必须是鉴定确有必要，该"确有必要"应当从三个方面予以确认。

（1）鉴定对于查清案件相关事实确有必要，不采取鉴定的程序无法查清案件事实。

（2）鉴定对于案件处理确有必要。如果当事人在一审时虽然没有申请鉴定，但是已不影响二审处理结果的，则不属于确有必要。

（3）当事人不仅申请鉴定，而且表示愿意交纳鉴定费用、提供相关材料。

3. 当事人二审鉴定举证，人民法院一般可发还重审

《民事诉讼法》第177条第1款第3项规定："第二审人民法院对上诉案件，经过审理，按照下列情形，分别处理：……（三）原判决认定基本事实不清的，裁定撤销原判决，发回原审人民法院重审，或者查清事实后改判；……"《河北省建工审理指南》第28条规定："人民法院经审理认为就建设工程价款等专门性问题需要进行鉴定的，应当向负有举证责任的当事人进行充分释明、明确告知其不申请鉴定可能承担的不利后果。当事人经释明后未申请鉴定的，可参照民事诉讼法逾期举证的规定，由其承担相应的法律后果。一审诉讼中负有举证责任的当事人未对工程价款申请鉴定，二审诉讼中申请鉴定的，人民法院可予准许。人民法院准许后，可以将案件发回一审法院委托鉴定，但不得违反民事诉讼法的相关规定。对经一审法院释明未

申请鉴定的当事人，可参照民事诉讼法对逾期举证的规定，对当事人进行训诫、罚款。"二审法院或直接委托鉴定，或发回一审法院重审，都应当听取当事人的意见。但是，二审如果自行委托鉴定并依据鉴定意见作出裁判，会涉及当事人的审级利益，相当于对于鉴定意见的质证未经过两审程序，故只有在双方当事人都愿意放弃审级利益并同意二审法院直接委托鉴定的情形下，二审法院才可直接委托鉴定。

## 四、建设工程施工合同司法鉴定举证的释明

《建工解释（一）》第 32 条规定："当事人对工程造价、质量、修复费用等专门性问题有争议，人民法院认为需要鉴定的，应当向负有举证责任的当事人释明。当事人经释明未申请鉴定，虽申请鉴定但未支付鉴定费用或者拒不提供相关材料的，应当承担举证不能的法律后果。一审诉讼中负有举证责任的当事人未申请鉴定，虽申请鉴定但未支付鉴定费用或者拒不提供相关材料，二审诉讼中申请鉴定，人民法院认为确有必要的，应当依照民事诉讼法第一百七十条第一款第三项的规定处理。"该条司法解释将释明权界定为人民法院的职责。在建设工程案件中对工程造价、质量、修复费用等专门性问题有争议，必须通过鉴定解决，人民法院应当对负有举证责任的当事人释明进行鉴定举证，否则应当承担举证不能的责任。人民法院行使释明权应当从以下几个方面进行理解。

（一）当事人对专门性问题有争议

司法鉴定的对象是诉讼涉及的专门性问题。从建设工程施工合同纠纷案件来说，专门性问题主要是指工程造价、工程质量、工期、修复方案、修复费用等。

（1）工程造价是指进行某项工程建设所花费的费用，即从筹建到竣工验收交付使用的全部建设费用，它的组成包括建筑安装工程费，设备、器具购置费，工程建设其他费，预备费以及税金。

（2）建设工程质量是指反映建设工程满足相关标准规定或合同约定的要求，包括在安全、使用功能及其在耐久性能、环境保护、建筑节能等方面所

有明显和隐含能力的特性综合。建设工程质量问题及责任是一个非常复杂的问题，勘察、设计、监理、施工均可能造成质量问题，责任可能是发包人造成的，也可能是承包人造成的，还有可能是混合过错造成的，所以工程质量及原因很可能通过鉴定的方式予以确定。

（3）工期是指建设工程施工合同中约定的工程完工并交付验收的时间。建设工程施工周期长、施工工序繁杂、涉及主体众多，往往借助工期鉴定确定工期延误的原因及天数，在此基础上确定责任主体及损失。

（4）修复方案和修复费用。因承包人的过错造成建设工程质量不符合约定的，承包人应当负责返修。当其拒绝修理、返工或者改建时，发包人可以请求减少工程价款或请求承包人承担修复费用。一般来说，减少工程价款的数额及应承担的合理修复费用就是工程质量修复所实际发生的费用，其包括对原不合格的工程进行拆除、返工、修复的材料费、设备费和人工费等。在双方对应减少的工程价款数额及应承担的修复费用达不成一致意见时，可采取鉴定的方法予以确定。[①]

（二）人民法院认为需要鉴定，当事人未提出申请

从《民事诉讼法》的精神来说，鉴定意见属于证据的一种，原则上是当事人举证的范畴。但是考虑到司法鉴定对当事人影响大，所以人民法院对启动司法鉴定一直采取慎重的态度。《民事诉讼法》《民事诉讼法解释》将启动鉴定的决定权赋予人民法院，因而并非只要当事人申请鉴定，就一概许可。《民事诉讼法解释》第 121 条规定："当事人申请鉴定，可以在举证期限届满前提出……人民法院准许当事人鉴定申请的，应当组织双方当事人协商确定具备相应资格的鉴定人。当事人协商不成的，由人民法院指定。"该条司法解释明确了人民法院对鉴定申请享有批准权，人民法院应结合申请鉴定的事项与待证事项有无关联、鉴定的事项对证明待证事实有无意义进行审查。但鉴于建设工程施工合同案件对鉴定的依赖性较大，特别是鉴定事项、鉴定范围、鉴定材料的确定具有相当的专业性，以当事人甚至委托人的能力很难单

---

[①]　最高人民法院民事审判第一庭编著：《最高人民法院新建设工程施工合同司法解释（一）理解与适用》，人民法院出版社 2021 年版，第 326 页。

独完成，所以《建工解释（一）》第32条规定："……人民法院认为需要鉴定的，应当向负有举证责任的当事人释明。……"所以，即使当事人没有提出鉴定申请，为了查明事实需要进行鉴定的，人民法院也应当进行释明。但是从鉴定的范围来看，建设工程施工合同纠纷案件并非对其中所有争议都需要鉴定，人民法院对鉴定采取慎用的态度，除非不鉴定不能查明相关事实，否则不能轻易启动鉴定；对部分事实进行鉴定即可查明事实的，不应对全部事实进行鉴定；如果申请鉴定的事项与待证事实无关联，或者对证明待证事实无意义的，人民法院也不予准许启动鉴定程序。

（三）人民法院向负有举证责任的当事人进行释明

人民法院行使释明权的对象为对该专门性问题负有举证责任的一方当事人，到底是承包人还是发包人负有举证责任，应当结合具体案件进行判断。释明权属于人民法院的职责，人民法院应当告知当事人鉴定的必要性以及不鉴定的法律后果，并询问其是否申请鉴定。如果负有举证责任一方的当事人未主动申请司法鉴定，人民法院也未向负有举证责任的一方当事人行使释明权，人民法院则不应当直接依据《民事诉讼法解释》第90条第2款的规定，即"在作出判决前，当事人未能提供证据或者证据不足以证明其事实主张的，由负有举证证明责任的当事人承担不利的后果"，认定负有举证责任一方的当事人承担举证不能的责任。

（四）人民法院释明后，当事人鉴定举证未完成时，不利后果的承担

人民法院释明后，当事人未完成鉴定举证，一般包括以下情形：当事人未申请鉴定、申请鉴定未支付鉴定费用、拒不提供鉴定材料，都属于未完成鉴定举证的范畴。由于建设工程案件的鉴定事项具有更强的复杂性和独特性，所以实践中因鉴定费而放弃鉴定申请的案例不在少数。一旦放弃鉴定，负有举证责任的一方当事人不得不承担举证不能的法律后果。工程鉴定中提供相关材料应为双方当事人的义务，因施工材料有的在承包人处，有的在发包人处，所以无论是哪一方申请鉴定，另一方都有配合的义务，若不配合鉴定、拒不提供自己掌握的相关材料，致使对某一争议事实无法通过鉴定的，则拒不提供材料一方应承担不利后果。司法鉴定中，承包人和发包人提供用于鉴

定的材料主要包括：建设工程施工合同，当事人约定计价方法及造价依据、补充协议、签证、施工图等材料，发包人、承包人认可的其他有效文件。《河北省建工审理指南》第 27 条规定："鉴定过程中，各方当事人均有提交鉴定资料的义务。当事人在鉴定过程中未按法院指定的期限提交鉴定资料，经过催告仍不提交，且不能做出合理解释的，视为拖延提交鉴定资料，应承担举证不能的法律后果。"

# 第二节　司法鉴定的启动

随着经济社会的不断发展、理论认识的不断深入和审判方式改革的推进，鉴定程序的启动模式也逐步得到完善。《民事诉讼证据规定》第 32 条规定："人民法院准许鉴定申请的，应当组织双方当事人协商确定具备相应资格的鉴定人。当事人协商不成的，由人民法院指定。人民法院依职权委托鉴定的，可以在询问当事人的意见后，指定具备相应资格的鉴定人。人民法院在确定鉴定人后应当出具委托书，委托书中应当载明鉴定事项、鉴定范围、鉴定目的和鉴定期限。"鉴定程序的启动，须以人民法院同意为要件，体现了当事人主义为主、以法院职权主义为辅的鉴定程序启动模式。通过这一模式，既尊重了当事人的程序性权利，也赋予了人民法院一定的程序监督控制权，可以有效节约当事人诉讼成本，提高司法效率和权威，对于维护程序公正和实现实体公正具有积极意义。

## 一、司法鉴定程序启动的条件

鉴定意见的本质是有关专家对于某些专门性的事实问题所作出的分析、判断意见，它既有科学性的内容，又有法律性的要求，体现了法律性与科学性的统一。就其科学性而言，具体的鉴定活动是由掌握专门科学知识和技能的鉴定人运用科学知识、方法、手段，借助科学技术设备进行科学鉴别判断活动；鉴定的结果直接涉及的是从科学角度推理、概括的结论，而非法律性的评价。就其法律性而言，鉴定主体必须具有法定的资格；鉴定人的鉴定活动不能脱离法律程序；鉴定的结果必须依照法律规定的方式提出并终将被运用到法律性质的活动即诉讼中。①依照《民事诉讼法》第79条②的规定，启动鉴定程序必须满足以下三个方面的要求。

（一）司法鉴定的目的是认定案件事实

司法鉴定属于民事诉讼的证据形式之一，民事诉讼的证据是为证明案件事实服务的，司法鉴定程序的启动必须是针对存在着争议的案件事实中的问题。案件事实是适用法律的前提，是裁判的基础。至于法律理解与适用问题不可能成为鉴定的标的。例如，针对建设工程施工合同案件中有关工程质量的争议问题，司法鉴定解决的是工程质量是否符合国家强制性标准或双方的约定这一客观事实，至于建设工程施工合同是否有效、工程质量不合格产生的责任问题，不是司法鉴定处理的范围。

（二）司法鉴定的对象必须是专门性问题

司法鉴定针对的对象是诉讼过程中必须由专业人员解答的专业性的问题，如工程价款、工程质量、工期等。事实认定属于法院行使审判权方面的重要职责范畴，一般应当由法官根据举证责任的有关要求，通过法庭调查等程序来予以认定，不可由鉴定程序越俎代庖。

（三）司法鉴定必须具有必要性

司法鉴定所要解决的问题应当是通过其他方式不能解决，只有通过鉴定才能解决的。根据日常生活经验等可以作出认定的事实，或者对于小部分工程量，双方可以协商一致或者可以根据以往工程实际情况认定的，则应当避免进行鉴定。

## 二、司法鉴定程序启动的方式

根据《民事诉讼法》第79条的规定，目前鉴定程序启动的方式主要有

---

① 卞建林、郭志媛："规范司法鉴定程序之立法势在必行"，载《中国司法鉴定》2005年第4期。
② 《民事诉讼法》第79条规定："当事人可以就查明事实的专门性问题向人民法院申请鉴定。当事人申请鉴定的，由双方当事人协商确定具备资格的鉴定人；协商不成的，由人民法院指定。当事人未申请鉴定，人民法院对专门性问题认为需要鉴定的，应当委托具备资格的鉴定人进行鉴定。"

两种：其一是当事人申请鉴定经法院同意后，由双方当事人共同协商确定的鉴定人；其二是双方当事人协商不成，由人民法院指定的鉴定人。《民事诉讼证据规定》在《民事诉讼法》第 79 条规定的基础上进一步明晰。《民事诉讼证据规定》第 30 条规定："人民法院在审理案件过程中认为待证事实需要通过鉴定意见证明的，应当向当事人释明，并指定提出鉴定申请的期间。符合《最高人民法院关于适用〈中华人民共和国民事诉讼法〉的解释》第九十六条第一款规定情形的，人民法院应当依职权委托鉴定。"鉴定意见属于法定证据形式，申请鉴定是当事人履行其举证责任的内容。所以，司法鉴定的启动体现了当事人主义为主、以法院职权主义为辅的原则。但是，鉴定程序的启动须以人民法院同意为要件，鉴定启动申请只是引发鉴定启动的基本前提条件，不当然产生鉴定启动的法律后果。

（一）当事人申请司法鉴定

根据民事诉讼"谁主张，谁举证"的举证原则，提出鉴定申请的通常是负有举证责任的一方当事人。对于需要通过工程量、工程造价鉴定，并依据鉴定意见主张自己权利的当事人，应当依法主动向人民法院申请司法鉴定。在当事人都不提出鉴定申请且双方当事人诉争的事实不经过鉴定又无法认定时，有关举证责任分配的规则，应当由人民法院向负有举证责任的一方当事人行使申请鉴定的释明权。当事人申请对工程进行司法鉴定时，应当注意以下五个方面。

1. 当事人申请启动司法鉴定程序必须由人民法院同意

在司法实践中存在着不少当事人提出申请鉴定，仅仅是为了拖延诉讼的情况，有关申请鉴定的问题并非一定要通过鉴定解决。当事人认为需要启动鉴定的，应当向法院提出申请并说明其理由，法院应当对此进行必要的审查。人民法院对是否必须进行鉴定进行审查时，不但要考虑有关鉴定的必要性问题，还要考虑有关案件的金额和重要性、争议事项的复杂度、快捷审理的要求、各方当事人的财力等。通过《民事诉讼证据规定》第 32 条明确了当事人申请鉴定必须经人民法院同意，如果人民法院认为不符合启动司法鉴定的条件，不同意当事人的鉴定申请，当事人就无法启动司法鉴定程序。当事人依法享有鉴定启动的申请权，申请鉴定是承担举证责任这一法定义务的体现。但应注意的是，当事人申请鉴定并不必然启动鉴定，仍需经法官根据其对相关事实的认定需要来进行决定。因此，人民法院具有实质意义上的鉴定启动权。

2. 鉴定材料的举证责任

当事人申请鉴定的举证责任和当事人提供检验材料的举证责任并不相同。鉴定材料是形成鉴定意见的基础，鉴定意见是有关专家在鉴定材料上对于某些专门性的事实问题所作出的分析、判断并出具的结论性意见。鉴定意见和鉴定材料都是证据，同样适用证据的举证判断规则。申请司法鉴定的一方通常是负有举证责任的一方，但在鉴定材料提供上的举证责任分配上不能由申请鉴定一方的当事人全部负责。因为申请鉴定的一方并不具备持有所有与鉴定有关材料的条件。对于这种情形，应当要求持有鉴定材料的一方当事人积极履行举证义务，全面收集和完整提供鉴定所需要的相关材料。《民事诉讼证据规定》第 95 条规定："一方当事人控制证据无正当理由拒不提交，对待证事实负有举证责任的当事人主张该证据的内容不利于控制人的，人民法院可以认定该主张成立。"比如，承包人负责提供建筑材料的工程中，因建设工程质量出现纠纷，承包人持有建筑材料的采购及入场检验资料，但在鉴定过程中承包人拒不提供，如果发包人主张该证据的内容不利于鉴定材料持有人，在人民法院依法行使释明权后，其仍拒不提供鉴定材料时，人民法院就可以根据案情依法酌定相关案件事实。

3. 当事人申请鉴定的时限

根据举证规则，对需要鉴定的事项负有举证责任的当事人，在人民法院指定的期限内无正当理由不提出鉴定申请或者不预交鉴定费用或者拒不提供相关材料，致使对案件争议的事实无法通过鉴定结论予以认定的，应当对该事实承担举证不能的法律后果。《民事诉讼证据规定》第 31 条对申请鉴定的期限作出如下规定："当事人申请鉴定，应当在人民法院指定期间内提出，并预交鉴定费用。逾期不提出申请或者不预交鉴定费用的，视为放弃申请。对需要鉴定的待证事实负有举证责任的当事人，在人民法院指定期间内无正当理由不提出鉴定申请或者不预交鉴定费用，或者拒不提供相关材料，致使待证事实无法查明的，应当承担举证不能的法律后果。"在审判实践中，许多鉴定申请是针对另一方当事人在庭审中出示的证据而提出的，但在未组织证据交换的情况下，当事人并不知道对方当事人在庭审中将出示哪些证据。如果当事人对另一方出示的证据的真实性存有异议，只能在质证过程中提出鉴定申请。如果硬性要求申请人在庭审前的举证时限内提出上述鉴定申请，显然有些脱离诉讼正常进行的客观实际。在司法实务中，超过举证期限进行鉴定的事例也多有发生，如果一味否定该鉴定意见的证据效力，可能会导致一方当事人因此败诉，但难以服判息诉、案结事了。①《民事诉讼证据规定》第 30 条第 1 款规定："人民法院在审理案件过程中认为待证事实需要通过鉴定见证明的，应当向当事人释明，并指定提出鉴定申请的期间。"这进一步强化了人民法院对于涉及专门性问题鉴定申请的释明权，明确了人民法院指定鉴定申请的职权，所以对于鉴定申请时限应当不受举证期限的约束。

4. 申请鉴定的专门性问题与案件处理结果之间具有关联性

《民事诉讼证据规定》第 88 条规定："审判人员对案件的全部证据，应当从各证据与案件事实的关联程度、各证据之间的联系等方面进行综合审查判断。"鉴定意见是法定证据形式的一种，如果鉴定所要解决的问题与人民法院认定案件事实、依法作出判决并无关联，则此鉴定程序对于案件处理并无实际意义，这时鉴定程序就不宜启动。《民事诉讼法解释》第 121 条第 1 款规定："当事人申请鉴定，可以在举证期限届满前提出。申请鉴定的事项与待证事实无关联，或者对证明待证事实无意义的，人民法院不予准许。"该条司法解释更加明确了与待证事实无关联性或无实际意义的司法鉴定，人民法院不予启动。

5. 司法鉴定中人民法院的释明权

工程诉讼中有些专业性问题必须通过鉴定解决，如认定工程量、工程造价或工程质量的专业性问题。对于当事人双方均拒不申请鉴定的工程专业性

---

① 最高人民法院民事诉讼法修改研究小组编著：《中华人民共和国民事诉讼法修改条文理解与适用》人民法院出版社 2012 年版，第 165～166 页。

问题，又必须经鉴定才能确定的，人民法院应当予以释明，经释明后对工程造价负有举证责任的当事人在人民法院指定的期限内无正当理由仍不申请鉴定，致使工程造价无法认定的，应当对工程造价承担举证不能的不利后果。如果在鉴定过程中，因一方当事人拒不配合，导致鉴定无法进行的，在释明不利后果的情况下，由拒不配合的一方承担举证不能的不利后果。笔者认为，人民法院对司法鉴定的释明权，不仅包括对待证事实的释明权，还包括对其举证责任分配的释明权，并且就当事人提出鉴定申请的期间也应在释明时一并作出指定。

（1）待证事实的释明权。审判员应当在涉及专门问题时与法院内设的鉴定管理机构进行沟通，确定对相关专门性问题能否通过鉴定方式进行查明。对于需要鉴定的待证事实，根据现有的鉴定技术条件可予证明的，向当事人释明并将相关鉴定人名录一并提供给当事人参考。

（2）待证事实的举证责任分配的释明权。人民法院应当就该待证事实的举证责任分配予以明确，由此可以确定应当由哪一方当事人来向人民法院提出鉴定申请。

（二）法院依职权启动司法鉴定

《民事诉讼法》第79条第2款规定："当事人未申请鉴定，人民法院对专门性问题认为需要鉴定的，应当委托具备资格的鉴定人进行鉴定。"《民事诉讼法解释》第121条第3款规定："符合依职权调查收集证据条件的，人民法院应当依职权委托鉴定，在询问当事人的意见后，指定具备相应资格的鉴定人。"《民事诉讼证据规定》第30条第2款规定："符合《最高人民法院关于适用〈中华人民共和国民事诉讼法〉的解释》第九十六条第一款规定情形的，人民法院应当依职权委托鉴定。"从《民事诉讼法》《民事诉讼法解释》及《民事诉讼证据规定》来看，对专门性问题，认为需要鉴定且符合依职权调查取证的条件，人民法院应当依职权委托鉴定。所以，人民法院依职权委托鉴定的，性质上属于人民法院依职权调查收集证据的行为，应当遵守依职权调查收集证据的条件。人民法院依职权启动的司法鉴定一般包括以下几项。

（1）《民事诉讼法》第 58 条规定的，对污染环境、侵害众多消费者合法权益等损害社会公共利益的行为提起的诉讼；人民检察院在履行职责中针对破坏生态环境和资源保护、食品药品安全领域侵害众多消费者合法权益等损害社会公共利益的行为提起的诉讼。

（2）当事人有恶意串通，损害他人合法权益可能的。

### 三、司法鉴定的事项和范围

建设工程施工合同纠纷案件中，如果法院决定对工程造价委托鉴定的，则必须让当事人明确鉴定范围或者由法院依据案件确定鉴定范围。建设工程纠纷双方当事人争议的项目可能仅仅局限于工程的某一部分，如再对整个工程进行鉴定，无疑增加了不必要的时间和费用。人民法院审理建设工程施工合同纠纷案件时，应排除无争议和通过已有证据可以确定的部分，能不通过鉴定即可结算工程价款的，则不作鉴定，尽可能缩小鉴定范围。人民法院准许鉴定后，应当根据当事人申请及查明案件事实的需要，确定委托鉴定的事项、范围、鉴定期限等，无论是当事人申请，还是人民法院依职权启动的，委托人均为人民法院。

（一）委托鉴定的事项和范围的确定

司法鉴定的对象是案件中所要解决的特定的专门性问题，即民事诉讼中与案件事实相关联的超出普通人理解和认识范围的问题。如工程造价的确定、精神状况的检验、痕迹笔迹的检验等，均属于专门性问题的范围。司法鉴定的启动，是基于人民法院与鉴定机构之间的委托关系，人民法院出具的委托书应当载明鉴定事项、鉴定范围、鉴定目的和鉴定期限。法律问题属于法官和诉讼代理人认知范围，不属于诉讼中的专门性问题。事实认定属于人民法院审判权的范畴，对于一般性的事实认定问题应当由法官根据举证责任的要求，通过对当事人提供的证据的审核认定来完成，也没有启动鉴定程序的必要。

1. 司法鉴定事项和范围的确定

建设工程鉴定中首先应当确认的是鉴定事项，即确定是否对工程造价抑或工程质量进行鉴定。在确定鉴定事项后，人民法院还应确定鉴定范围。《建工解释（一）》第31条规定："当事人对部分案件事实有争议的，仅对有争议的事实进行鉴定，但争议事实范围不能确定，或者双方当事人请求对全部事实鉴定的除外。"该条司法解释明确了以"有争议的事实"作为司法鉴定范围。工程鉴定中是全面鉴定还是部分鉴定，如果是部分鉴定，应对哪一部分进行鉴定，都属于对"有争议的事实"进行确认。《建工解释（一）》第33条规定："人民法院准许当事人的鉴定申请后，应当根据当事人申请及查明案件事实的需要，确定委托鉴定的事项、范围、鉴定期限等，并组织当事人对争议的鉴定材料进行质证。"建设工程委托鉴定的事项、范围、鉴定期限等，应当由人民法院根据当事人申请及查明案件事实的需要确定。人民法院认为当事人申请的鉴定事项不符合合同约定或者相关法律、法规规定，或者与待证事实不具备关联性的，应当指导当事人选择正确的鉴定事项，并向当事人说明理由以及拒不变更鉴定事项的后果。经人民法院向当事人说明拒不变更鉴定事项的后果后，当事人仍拒不变更的，对当事人的鉴定申请应当不予准许，并根据举证规则由其承担相应的不利后果。建设工程造价鉴定过程中，当事人、鉴定人对鉴定事项有异议的，应当向人民法院提交书面意见，并说明理由。人民法院应当对当事人提出的异议进行审查，异议成立的，应当向当事人释明变更鉴定事项；异议不成立的，书面告知当事人、鉴定人。所以，有争议的事实如何确定，属于司法审判权的内容，应由人民法院行使。

2. 鉴定委托书中应当明确鉴定范围

司法鉴定的委托人为人民法院，人民法院应在鉴定委托书中明确鉴定范围。鉴定机构应当按照鉴定委托书中列明的鉴定范围进行鉴定，对鉴定范围有疑问的，应及时与人民法院联系，鉴定机构不得变更鉴定范围，不可擅自扩大或缩小鉴定范围。根据《建工解释（一）》第31条规定，司法鉴定的鉴定委托范围原则上为有争议的部分。工程鉴定的内容包括工程质量争议和工程价款争议。工程质量争议包括工程质量竣工验收是否合格、施工过程中已完工程是否存在质量缺陷、是否存在将不合格的建设工程作为合格工程验收、已经验收合格的建设工程是否存在工程质量缺陷等。工程价款争议包括发包人是否欠付承包人工程价款、欠付的数额等。《建工解释（一）》第31条规定的重心在于"仅对有争议的事实进行鉴定",不倡导对全部案件事实进行鉴定,目的是减少鉴定次数,缩小鉴定的范围,能不鉴定的尽量不鉴定,能少鉴定的尽量少鉴定。除非不对全部事实进行鉴定,争议就无法确定,或当事人同意对全部事实鉴定,才需要对全案进行鉴定。

3. 鉴定委托事项与待证事实、本案诉请存在关联性

根据《建工解释(一)》第33条规定,人民法院应结合当事人申请及查明案件事实的需要,确定委托鉴定的事项、范围、鉴定期限等。如果当事人的鉴定申请与本案的诉请或"有争议的事实"无关联的,人民法院不予准许。

(二)人民法院应确定鉴定期限

目前,司法鉴定活动还存在鉴定周期过长的现象,特别是一些建设工程施工合同纠纷,一旦涉及对工程造价、工程质量问题进行鉴定,其结果往往需要很长时间才能得出,既浪费审判资源,又极大地损害了当事人的合法权益。《民事诉讼证据规定》第35条规定:"鉴定人应当在人民法院确定的期限内完成鉴定,并提交鉴定书。鉴定人无正当理由未按期提交鉴定书的,当事人可以申请人民法院另行委托鉴定人进行鉴定。人民法院准许的,原鉴定人已经收取的鉴定费用应当退还;拒不退还的,依照本规定第八十一条第二款的规定处理。"人民法院确定鉴定期限应当考虑以下几个方面。

1. 鉴定期限应当根据鉴定事项难度和鉴定材料的取得等方面综合确定

人民法院在委托鉴定时应当根据鉴定事项的难度、鉴定材料的准备等情况,由相关案件的主审法官、法院管理鉴定委托事务工作的职能部门在征询受托的鉴定人意见之后,确定合理的鉴定期限。防止因鉴定期限设定不科学,导致鉴定人无法在预定的鉴定期限内完成鉴定事项。

2. 鉴定期限的扣减和延长

对于鉴定费用的催交、鉴定材料的补充以及新的鉴定项目的增补等影响鉴定周期的行为,应当纳入案件的审判流程管理之中。人民法院应当指定相应的期间由义务人完成相应的责任,相应义务人如不在指定期间完成相应的行为,人民法院相应的职能部门应当将相应的时间在鉴定期限扣减。鉴定过

程中发现鉴定事项涉及复杂、疑难、特殊技术问题或者鉴定过程需要较长时间的，因可能导致鉴定人无法在原定期限内完成鉴定任务，故鉴定人应当及时通知委托其鉴定的人民法院，由法院询问当事人意见后，确定是否对鉴定期限作出调整。

3. 延迟提交鉴定书的理由是否成立

鉴定人未按期提交鉴定书的，委托的人民法院应当审查鉴定人是否存在正当理由。如无正当理由且当事人申请另行委托鉴定人进行鉴定的，人民法院一般应当予以准许。但由于另行委托将浪费大量的时间，应当慎重，必要时可以听取未申请另行委托当事人一方的意见以及鉴定人的申辩之后再行决定。①

（三）建设工程造价鉴定依据的确定

一般的司法鉴定，如笔迹鉴定、法医学鉴定等，由鉴定机构或者鉴定人员依据专门知识单独完成鉴定事项，无须法院就鉴定事项的范围和依据作出判定。然而，建设工程造价司法鉴定的范围、依据等事项，属于法院行使审判权在委托司法鉴定时确定。在当事人对司法鉴定的范围、依据等事项产生争议时，根据《河北省建工审理指南》第 26 条规定："人民法院在委托鉴定时可要求鉴定机构根据当事人所主张的不同结算依据分别作出鉴定结论，或者要求鉴定机构对存疑部分的工程量及价款鉴定后单独列项，供审判时审核认定使用，也可由人民法院就争议问题先做出明确结论后再启动鉴定程序。"工程造价的计价标准包括：定额计价标准、工程量清单计价标准和市场价。定额计价标准是依据政府统一发布的预算定额确定人工、材料、机械的消耗，再以当地造价部门发布的市场信息确定人工、材料、机械的单价，然后按统一发布的收费标准计算各种费用，最后形成工程造价。这种计价模式计算出的价格不能真实反映施工单位的实际消耗量、单价和费用发生的真实情况。工程量清单计价采用的是市场计价模式，由企业自主定价，实行市场调节的"量价分离"的计价模式，由投标企业根据自身的特点及综合实力自主填报单价。采用的价格完全由市场决定，能够结合施工企业的实际情况，与市场

---

① 最高人民法院民事审判第一庭编著：《最高人民法院新民事诉讼证据规定理解与适用》（上册），人民法院出版社 2020 年版，第 358～359 页。

经济相适应。市场价是经销商出货的合理价格，一般是企业购买产品的最直接、最真实的价格。工程造价司法鉴定采用不同的鉴定依据或者计价标准，鉴定意见确定的工程价款数额往往差异较大。《建工解释（一）》第19条规定："当事人对建设工程的计价标准或者计价方法有约定的，按照约定结算工程价款。因设计变更导致建设工程的工程量或者质量标准发生变化，当事人对该部分工程价款不能协商一致的，可以参照签订建设工程施工合同时当地建设行政主管部门发布的计价方法或者计价标准结算工程价款。建设工程施工合同有效，但建设工程经竣工验收不合格的，依照民法典第五百七十七条规定处理。"笔者认为，《建工解释（一）》第19条为建设工程造价司法鉴定的计价依据，对于这条司法解释，应当从以下几方面理解。

1. 建设工程施工合同约定的计价标准或者计价方法是确定计价依据的一般原则

建设工程施工合同对工程价款的计价标准和方法约定明确的，依照约定确定工程价款数额。建设工程施工合同中的约定，不仅是指合同书中的约定，也包括合同文件的组成部分，即招标文件、投标文件、补充协议、施工图纸、现场工程签证、洽谈变更记录、工程联系单、技术核定单、会议纪要等合同文件中的约定。法律规定强制招标的建设工程，出现"黑白合同"的，应以中标合同约定计算工程价款数额。

2. 设计变更或计价约定不明，参照合同订立时当地建设行政主管部门发布的计价标准或者计价办法

因设计变更导致工程量或者工程质量标准发生变化的，或者施工合同对工程价款计价标准和办法约定不明的，可以参照订立建设工程施工合同时，当地建设行政主管部门发布的计价标准或者计价办法。人民法院委托工程造价司法鉴定时，都应当明确鉴定应采用的计价标准或者计价办法。在合同对建设工程造价的计价标准或者计价办法没有明确约定的情况下，当事人可以通过协商一致的办法确定建设工程的造价。协商仍不能确定的，应根据《民法典》第511条的规定："当事人就有关合同内容约定不明确，依据前条规定仍不能确定的，适用下列规定：（一）质量要求不明确的，按照强制性国家标准履行；没有强制性国家标准的，按照推荐性国家标准履行；没有推荐

性国家标准的，按照行业标准履行；没有国家标准、行业标准的，按照通常标准或者符合合同目的的特定标准履行。（二）价款或者报酬不明确的，按照订立合同时履行地的市场价格履行；依法应当执行政府定价或者政府指导价的，依照规定履行。（三）履行地点不明确，给付货币的，在接受货币一方所在地履行；交付不动产的，在不动产所在地履行；其他标的，在履行义务一方所在地履行。（四）履行期限不明确的，债务人可以随时履行，债权人也可以随时请求履行，但是应当给对方必要的准备时间。（五）履行方式不明确的，按照有利于实现合同目的的方式履行。（六）履行费用的负担不明确的，由履行义务一方负担；因债权人原因增加的履行费用，由债权人负担。"建设工程施工合同对价款约定不明或者明确约定采用当地建设行政主管部门发布的工程造价计价标准或者计价办法作为价格条件时，参照订立合同时建设工程所在地的建设行政主管部门发布的计价标准或者计价办法作为鉴定依据计算工程价款的数额。司法实践中，经常遇到建设工程造价鉴定机构分别适用定额计价标准和建筑市场信息价作出工程价款的鉴定意见。在此种情形下，一般应以建筑市场信息价作为结算工程价款的依据。①

## 四、鉴定材料的审查

建设工程司法鉴定中，所谓的鉴定材料，是指工程量、工程价款、工程质量等司法鉴定所依据的计算建设工程的工程量、确定建设工程人工、材料和机械价格及确定建设工程质量的材料。

### （一）鉴定材料的范围

委托人委托鉴定的，应当向司法鉴定机构提供真实、完整、充分的鉴定材料，诉讼当事人对鉴定材料有异议的，应当向委托人提出。建设工程施工合同纠纷案件中的鉴定资料，主要包括以下部分：建设工程招标投标和施工合同履行过程中形成的鉴定资料，如招标文件、投标文件、工程量清单、中标通知书、施工合同、补充协议、会议纪要、施工图纸、竣工图纸以及竣工

---

① 参见齐河环盾钢结构有限公司与济南永君物资有限责任公司建设工程施工合同纠纷案，载《中华人民共和国最高人民法院公报》2012 年第 9 期。

验收资料等。鉴定事项符合被委托鉴定机构的司法鉴定业务范围，鉴定用途合法，提供的鉴定材料能够满足鉴定需要的，应当受理。对于鉴定材料不完整、不充分的，司法鉴定机构可以要求委托人补充鉴定材料，经补充后依然不能够满足鉴定需要的，应当不予受理。鉴定材料一般由法院向鉴定机构提供，鉴定材料提交给造价鉴定机构之前，必须组织双方进行证据交换。

（二）鉴定材料质证

鉴定材料对计算工程量、工程价款及确定工程质量产生重要作用，关乎案件当事人切身利益，也影响法院对案件的裁判结果。鉴定材料是鉴定意见的基础和依据，在委托工程造价鉴定机构进行鉴定之前，法院应当要求双方当事人对鉴定材料真实性、合法性、关联性进行举证、质证。为了保证鉴定的中立性，每一方当事人提交的鉴定材料，都应当许可对方当事人知悉并发表意见。《建工解释（一）》第33条规定："人民法院准许当事人的鉴定申请后，应当根据当事人申请及查明案件事实的需要，确定委托鉴定的事项、范围、鉴定期限等，并组织当事人对争议的鉴定材料进行质证。"质证必须在法院委托鉴定机构实施鉴定之前进行，在质证的过程中，审判人员对当事人的质证意见记录在卷，通过质证确定双方当事人争议的主要问题。

1. 鉴定材料的质证程序应由人民法院组织进行

《民事诉讼法》第71条规定："证据应当在法庭上出示，并由当事人互相质证。对涉及国家秘密、商业秘密和个人隐私的证据应当保密，需要在法庭出示的，不得在公开开庭时出示。"所以，组织双方当事人对鉴定材料进行质证，是人民法院的职权。建设工程鉴定的技术性强、复杂性大，有些法官可能不能独立完成质证，对于建设工程鉴定中的专业技术资料，比如施工图纸、签证单、预算书等，由人民法院直接组织进行质证，可邀请鉴定机构派人参加，引导当事人围绕证据的真实性、合法性、关联性和证明力的有无、证明力的大小发表质证意见。人民法院应当全面接收材料，除非能够确认材料与鉴定无关，否则不得拒收鉴定材料。

2. 人民法院在确认鉴定材料真实性、合法性后，向鉴定机构全面提交

（1）鉴定材料的质证。鉴定材料虽需经过质证，但并不代表材料的真实

性、合法性。真实性、合法性需经过对方当事人确认，如果人民法院经过审查后，认为真实性、合法性可以确认的，可依法确认。《民事诉讼证据规定》第34条规定："人民法院应当组织当事人对鉴定材料进行质证。未经质证的材料，不得作为鉴定的根据。经人民法院准许，鉴定人可以调取证据、勘验物证和现场、询问当事人或者证人。"民事诉讼中司法鉴定的启动，均需要由审理的人民法院审查许可后方可进行，委托司法鉴定的委托人只能由审理相关案件的人民法院担任。作为委托人的人民法院，必须对移送司法鉴定的相关材料进行审核，确保鉴定人所接收的鉴定材料已经过真实性、完整性的确认。为了确保鉴定材料的真实性、完整性，主审法官应当组织双方当事人对相关的鉴定材料进行质证。鉴定材料本质上属于民事诉讼证据的范畴，只是这些与案件有关涉及专业性信息的材料，必须通过司法鉴定的手段予以确认。根据《民事诉讼法》第71条规定，可进一步明确人民法院对证据材料真实性、完整性的判断必须经过案件双方当事人质证，方可作出。

（2）鉴定材料的移送和接收。《司法鉴定程序通则》第12条第1款规定："委托人委托鉴定的，应当向司法鉴定机构提供真实、完整、充分的鉴定材料，并对鉴定材料的真实性、合法性负责。……"鉴定人从事鉴定活动进行分析、判断的基础是人民法院向其移送的相关鉴定材料。鉴定人接受的鉴定材料原则上由委托机关在当事人对鉴定材料质证后，由委托人向鉴定人移交。为全面搜集鉴定所需的证据，法律也授权在委托人民法院准许的条件下，鉴定人员可以直接通过调查证据、询问当事人等方式获取所需要的案件信息。这种获取证据的途径同样应当遵守人民法院调查认定证据的基本规则，由当事人充分参与组织辩论和质证。

## 五、建设工程申请鉴定不予准许的情形

（一）《民事诉讼法》中不准许鉴定的一般规定

当事人基于主观认识错误或恶意拖延诉讼原因，在诉讼中会对一些与案件处理没有关联或没有意义的事项申请鉴定，人民法院对此种鉴定申请一般不予准许。《民事诉讼法》中不准许鉴定的一般规则包括以下内容。

1. 防止利用鉴定滥用诉讼权利，恶意诉讼

《民事诉讼法解释》第 121 条第 1 款规定："当事人申请鉴定，可以在举证期限届满前提出。申请鉴定的事项与待证事实无关联，或者对证明待证事实无意义的，人民法院不予准许。"与待证事实无关或对证明待证事实无意的事项，一般不予鉴定。

2. 审查再审申请期间不予鉴定

《民事诉讼法解释》第 397 条规定："审查再审申请期间，再审申请人申请人民法院委托鉴定、勘验的，人民法院不予准许。"《民事诉讼法》第 205 条规定："各级人民法院院长对本院已经发生法律效力的判决、裁定、调解书，发现确有错误，认为需要再审的，应当提交审判委员会讨论决定。最高人民法院对地方各级人民法院已经发生法律效力的判决、裁定、调解书，上级人民法院对下级人民法院已经发生法律效力的判决、裁定、调解书，发现确有错误的，有权提审或者指令下级人民法院再审。"《民事诉讼法》第 206 条规定："当事人对已经发生法律效力的判决、裁定，认为有错误的，可以向上一级人民法院申请再审；当事人一方人数众多或者当事人双方为公民的案件，也可以向原审人民法院申请再审。当事人申请再审的，不停止判决、裁定的执行。"提起审判监督程序的条件是已经发生法律效力的判决、裁定有错误，当事人在一审、二审期间均未申请鉴定，即使裁判结果与事实不相符，也是当事人未完成举证责任造成的，不属于已经发生法律效力的判决、裁定有错误，所以在再审审查期间又提出鉴定申请的，人民法院应不予准许。

**（二）诉讼前已经达成工程价款结算协议，诉讼中申请造价鉴定，人民法院不予准许**

从司法实践情况来看，当事人在诉讼前已经对建设工程价款结算达成协议后，诉讼中一方当事人不承认双方已经确认的结算协议，试图以通过建设工程造价鉴定等方式推翻结算协议情形并不少见。为了解决这一问题，《建工解释（一）》第 29 条规定："当事人在诉讼前已经对建设工程价款结算达成协议，诉讼中一方当事人申请对工程造价进行鉴定的，人民法院不予准许。"该条司法解释强化了建设工程价款结算的效力，对利用工程造价鉴定

推翻已经达成的结算协议的不诚信的行为予以否定。

1. 当事人在诉讼前对建设工程价款结算达成的协议，独立于建设工程施工合同

当事人双方对工程价款结算"达成协议"并非建设工程施工合同中关于工程价款结算相关事项的约定，是履行施工合同过程中当事人双方就工程价款结算作出的新合同。关于工程价款结算，发包人与承包人一般都会在合同条款中对涉及将来的工程价款结算事项进行事先的约定。建设工程施工合同履行期限长，受市场变化、规划调整、承包人自身条件等诸多主客观条件影响，很难完全按施工合同既定约定条款执行。所以，在出现重大变化时应当允许对事先达成的工程款结算条件进行相应调整。一般工程结算协议内容并非单纯结算工程价款，而是对违约责任、损失赔偿等所达成的最终一揽子解决协议。此处所指的协议，一般都是发包人与承包人之间就了结双方之间就建设工程施工合同产生的权利义务责任，而达成的工程价款结算协议，与建设工程施工合同中事先约定的结算条款完全不同。工程价款结算协议并非建设工程施工合同的组成部分，与建设工程施工合同是相对独立的协议。建设工程施工合同无效不影响当事人签订的建设工程价款结算协议的效力。当事人签订的建设工程价款结算协议只要具备《民法典》第 143 条规定的一般民事法律行为的生效要件，就应认定其有效，而不受建设工程施工合同效力的影响。

（1）建设工程价款结算协议的主体范围，不限于发包人与承包人。建设工程价款结算可以发生在发包人与实际施工人之间、专业分包工程发包人与专业分包工程承包人之间、承包人与转包人之间，《建工解释（一）》第 29 条中"当事人"的适用范围应当包括以上结算主体。《建工解释（一）》第 43 条第 2 款规定："实际施工人以发包人为被告主张权利的，人民法院应当追加转包人或者违法分包人为本案第三人，在查明发包人欠付转包人或者违法分包人建设工程价款的数额后，判决发包人在欠付建设工程价款范围内对实际施工人承担责任。"实际施工人也应当作为结算工程款的主体，但是由于实际施工人有权直接向发包人在欠付工程价款范围内主张权利，因涉及发包人、转包人或违法分包人利益的情况，所以在实际施工人参与的结算协议

中的当事人应当包括发包人、承包人以及实际施工人（即转承包人或违法分包合同的承包人）在内的三方当事人。

（2）《建工解释（一）》第29条规定："当事人在诉讼前已经对建设工程价款结算达成协议，诉讼中一方当事人申请对工程造价进行鉴定的，人民法院不予准许。"这条司法解释确定的不予准许鉴定的规则，不仅适用于"诉讼前达成的协议"，还适用于"诉讼中达成的协议"。诉讼中当事人就建设工程价款达成结算协议与诉讼前达成结算协议，两者只有时间先后区别，只要内容是当事人真实意思表示，应予以尊重和保护。《建工解释（一）》第29条中采用"诉讼前……达成协议"的表述，只是对最常见情形作了规定，但这并不表示当当事人在诉讼中达成建设工程价款结算协议、当事人一方又申请工程造价鉴定时，人民法院应对该鉴定申请予以准许。

（3）建设工程价款结算协议不适用鉴定，但可适用于工程结算的各种情形。从司法实践情况来看，发包人和承包人就建设工程达成结算协议，可能发生在预付款结算、工程进度款结算、工程竣工价款结算的任何阶段。《建工解释（一）》第29条确定的一方当事人对已经达成结算协议的工程重新进行造价鉴定的，人民法院不予准许的规则，不仅适用于建设工程竣工后，还适用于建设工程施工未竣工时的合同解除、承包人中途退场等情形中。

2. 工程价款结算协议的效力不以建设工程竣工或质量合格为前提

建设工程施工合同中，承包人的主要义务是提供竣工验收合格的建设工程。一般情况下，发包人可以建设工程质量抗辩承包人的工程款给付请求。但现实中，建设工程施工合同尚未履行完毕，发包人因资金链断裂、设计施工图纸缺陷，承包人因资质欠缺、政府规划调整等各种原因，导致建设工程施工合同无效或被解除的情形下，建设工程虽不能竣工验收合格，但已施工工程部分质量合格的，承包人就可以主张相应工程价款。但是，当事人双方达成建设工程价款结算协议，一方当事人又以建设工程未经竣工验收或验收不合格为由申请鉴定，试图否认已达成的建设工程结算协议。这种情况下，一旦发包人同意与承包人签订工程价款结算协议，即使建设工程质量可能存在不合格的情况，也可以推定发包人已经认可建设工程现状并愿意支付相应工程价款以结束与承包人之间的建设工程施工合同关系，这是发包人对自身权利的处分，应予尊重。故即便建设工程未竣工或者可能存在质量不合格，只要发包人签订了建设工程价款结算协议，就可以从诉讼诚信角度，对当事人申请建设工程造价鉴定不予准许。

3. 建设工程价款结算协议无效或被撤销后，申请工程造价鉴定应依情形而定

《民法典》第793条第1款规定："建设工程施工合同无效，但是建设工程经验收合格的，可以参照合同关于工程价款的约定折价补偿承包人。"该法条的本意是合同约定是当事人真实意思表示，应予尊重。如果舍弃当事人真实意思表示，转而通过工程造价鉴定来确定工程价款，将鼓励承包人采用确认建设工程施工合同无效的方式获取利益，不符合《民法典》提倡的交易安全及诚实信用的立法精神。司法实务中，当事人为了摆脱建设工程价款结算协议的约束，会在诉讼中主张该协议无效或撤销该协议，进而申请工程造价鉴定。所以，建设工程中是否参照合同确认工程款的前提是，该协议是否为当事人真实意思表示而非合同的效力，建设工程价款结算协议也应参照该原则。民事行为的撤销，有两个重要条件：一是撤销权行使的前提是民事行为违背真实意思表示；二是撤销权必须在法定期间内行使。具体到结算协议被撤销情形，结算协议之所以被撤销，就是因为结算协议不是当事人真实意思表示，故不存在类推适用《民法典》第793条第1款参照协议结算的基础。

（三）固定价结算工程价款，一方请求工程造价鉴定的处理

建设工程种类繁多，承发包双方在建设工程施工合同中结算条款的约定也多种多样。建设工程施工合同中可以约定为固定总价，固定总价结算工程款一般是指按施工图预算包干，即以审查后的施工图总概算或者综合预算为依据确定工程价款的固定总价合同，分为固定总价格包干或者以平方米包干的方式。在固定总价合同中，如果没有发生合同修改或者变更等情况导致工程量发生变化，合同约定的包干总价格就是结算工程款。依照合同严守原则，如果一方当事人提出对工程造价进行鉴定的申请，按照工程造价进行结算的，不应予以支持。《建工解释（一）》第28条规定："当事人约定按照固定价结算工程价款，一方当事人请求对建设工程造价进行鉴定的，人民法院不予支

持。"对该条司法解释，不能机械地理解为固定总价合同所有的情况均不能够鉴定。如果因设计变更等原因导致工程款数额发生增减变化的，在区分合同约定部分和设计变更部分的情况下，只是对增减部分按合同约定的结算方法和结算标准计算工程价款，而不应导致对整个工程造价进行鉴定。

1. 固定总价的确定

建设工程造价是指进行某项工程建设所花费的费用，即从筹建到竣工验收交付使用的全部建设费用。它由建筑安装工程费，设备、工器具购置费，工程建设其他费用和预备费以及税金组成。固定价格是确定工程价款的一种方式，固定价格合同是承包人与发包人双方在专用合同条款内约定合同价款包含的风险范围和风险费用的计算方法，在约定的风险范围内合同价款不再调整。风险范围以外的合同价款调整方法，应当在专用合同条款内约定。承包人与发包人在合同中约定采用固定价结算，工程价款可以通过当事人双方举证、质证、认证等过程计算出来，不需要专门委托中介机构鉴定确定，在约定的风险范围和风险费用内合同价款不再调整。

2. 固定总价的风险分配

承包人与发包人在建设工程施工合同中约定的固定价格条款，如果是双方真实意思表示，则属于建设工程施工合同条款的一部分，根据合同严守原则对承包人与发包人均具有约束力。固定总价合同实际上起着分配风险的作用，由此决定着由谁承担风险。如果不承认这类合同条款的法律效力，对于当事人双方来说，利益和风险分配的结果是一样的，这样不仅违反诚实信用原则，也不利于建立和发展健康的建筑市场秩序。

3. 固定总价合同一方提出造价鉴定不予支持

承包人或者发包人认为合同约定的固定价格结算不公平，提出鉴定、评估、审计等其他方式另行确定工程款的，只要是当事人不同意按照合同约定的固定价结算工程价款的，都属于应当予以排除的情形。当然，对于因发包人方面提出设计变更等原因导致工程款数额发生增减变化的，需要对该增加的超出原合同约定的部分工程款进行确定，也是必要的，这与整个合同约定的按固定价结算工程款的原则并不矛盾。需要强调的是，并非对整个工程造价进行鉴定、评估、审计，而只是对增减部分按合同约定的结算方法和结算标准计算工程款。

## 六、建设工程造价咨询意见与建设工程司法鉴定的启动

### （一）当事人自行委托咨询意见后司法鉴定的启动

当事人自行委托咨询意见在司法实践中多有发生。在人民法院受理案件日益纷繁复杂的背景下，当事人自行委托咨询意见具有客观上的合理性和必要性，对于充分发挥当事人的主动性、促进诉讼顺畅进行、提高诉讼效率具有积极意义。《民事诉讼法》中的司法鉴定，是由人民法院对外委托启动的鉴定，当事人自行委托咨询意见不属于司法鉴定的范畴。虽然，对于当事人自行委托咨询意见的行为，法律、司法解释没有明确的规定，但是当事人自行委托咨询意见的相关书面意见的来源也是专业机构或者专业人员通过一定的鉴定方法，根据现有的证据和材料对专门问题所作出的结论性意见，有着一定的证据基础和专业特征。在司法鉴定领域外，我国承认当事人具有自行委托咨询意见的权利，只不过行使该权利进行的咨询意见不是司法鉴定。所以，对于当事人自行委托的所谓咨询意见所形成的书面意见，虽然不能作为《民事诉讼法》所规定的八种法定证据类型中的鉴定意见来看待，但可以准用私文书证的质证规则来处理。①

1. 当事人自行委托咨询意见与司法鉴定的区别

当事人单方自行委托专业机构形成的书面意见与鉴定意见相比，存在很大差别。

（1）启动程序不同。司法鉴定的启动必须经过人民法院的同意方能进行，人民法院对待证明的专门性问题的认定是否需要通过司法鉴定的方式予以查明具有决定权，司法鉴定的委托人是人民法院。当事人自行委托的咨询意见则不经人民法院的审核和启动程序。

（2）鉴定人选任不同。如果系人民法院委托司法鉴定，则一旦决定启动

---

① 最高人民法院民事审判第一庭编著：《最高人民法院新民事诉讼证据规定理解与适用》（上册），人民法院出版社 2020 年版，第 404 页。

鉴定，首先需要召集双方当事人就相关鉴定项目进行协商，并在鉴定人目录中选定鉴定人，协商不成的，通过既定的程序，一般是通过摇号随机确定鉴定人。从事司法鉴定的鉴定人的资质审查与管理均受司法行政部门、行业协会和人民法院司法鉴定活动的管理。

（3）鉴定的基础证据是否质证不同。当事人自行提交鉴定的相关咨询意见基础材料，未经人民法院组织双方当事人质证，材料不具真实性、完整性。因此，当事人自行委托咨询意见科学性、权威性、客观性和关联性常常备受质疑。而司法鉴定则因由人民法院组织进行，而具有极强的效力，受到法律认可。

2. 当事人自行委托咨询意见另行鉴定的提起

根据《民事诉讼证据规定》第 41 条规定："对于一方当事人就专门性问题自行委托有关机构或者人员出具的意见，另一方当事人有证据或者理由足以反驳并申请鉴定的，人民法院应予准许。"一方当事人对另一方当事人自行委托咨询意见的反驳，必须提供证据。反驳的证据应当围绕资格、程序，以及依据的真实性、合法性、科学性、公正性来进行证明，只要能证明咨询意见的结论在上述某一方面存在疑点，不宜采信，并申请重新鉴定的，人民法院应当予以重新鉴定。司法实践中，当事人会在交易之初就对相关专门性问题约定解决争议的方式。当发生相关争议时，当事人根据约定，将相关争议问题移交第三方机构予以审核评定，第三方机构根据约定进行审核评定后得出结论性意见。之后若在诉讼中对相关结论性意见提出鉴定申请的，人民法院不予准许，除非当事人有相反证据足以推翻该结论性意见的除外。根据《民事诉讼证据规定》第 41 条的规定，当事人一方申请重新鉴定的理由是另一方当事人有证据或者理由足以反驳并申请鉴定。但是《建工解释（一）》第 30 条规定："当事人在诉讼前共同委托有关机构、人员对建设工程造价出具咨询意见，诉讼中一方当事人不认可该咨询意见申请鉴定的，人民法院应予准许，但双方当事人明确表示受该咨询意见约束的除外。"可见在建设工程施工合同中，只要双方当事人未明确表示受该咨询意见约束，另一方当事人不认可咨询意见的，可以提出鉴定申请。

（二）当事人不认可诉讼前共同委托的咨询意见时，司法鉴定的启动

工程造价咨询意见是工程造价咨询机构接受当事人委托，对建设工程造价提供专业咨询服务所出具的咨询意见，本质上是咨询机构按约定向当事人交付的工作成果，既可能发生在诉讼前，也可能发生在诉讼过程中。当事人共同委托有关机构、人员对建设工程造价出具咨询意见，只要不是通过诉讼中人民法院委托鉴定机构的方式进行，不属于《民事诉讼法》规定的鉴定意见，一般不具备鉴定意见这种证据的证明力。当事人委托有关机构、人员对建设工程造价出具的咨询意见，笔者认为应当属于书证的范畴。所谓书证，是指用文字、符号、图案等所记载和表达的思想内容来证明案件事实的证据。咨询意见既然属于书证的范畴，那么咨询意见产生的基础材料都是双方当事人自己提供，可能造成咨询意见不能客观、完全地体现争议事实的真实面貌。出具咨询意见的机构、人员的选择，工程计价的程序和方法也没有接受人民法院的监督，所以，咨询意见不具有权威性，不宜直接采信。除非双方已明确表示接受咨询意见约束，否则人民法院应从尊重当事人意思自治出发，对当事人一方事后申请鉴定的行为，给予准许。《建工解释（一）》第30条规定："当事人在诉讼前共同委托有关机构、人员对建设工程造价出具咨询意见，诉讼中一方当事人不认可该咨询意见申请鉴定的，人民法院应予准许，但双方当事人明确表示受该咨询意见约束的除外。"当事人不认可咨询意见申请鉴定是否需要举证证明该咨询意见存在瑕疵，从《建工解释（一）》第30条的表述文义来看，只需当事人表示不接受该咨询意见即可，不需要当事人另行举证证明该咨询意见存在瑕疵。

# 第三节　鉴定的实施

民事诉讼过程中，委托司法鉴定的主体只能是人民法院，人民法院对当事人申请司法鉴定或决定依职权委托司法鉴定，有最终的决定权。从司法鉴定的委托程序、鉴定程序，到鉴定主体的选择、鉴定方式方法的确定、鉴定

材料的质证、鉴定程序的终止以及瑕疵鉴定意见的处理，都必须遵守《民事诉讼法》《民事诉讼证据规定》《司法鉴定程序通则》《司法鉴定机构登记管理办法》《人民法院司法鉴定人名册制度实施办法》等规范性文件的要求。选定鉴定人应当由当事人协商选择和法院指定相结合，这体现了对诉讼权利的尊重，可以避免当事人对鉴定人中立性的质疑。

## 一、鉴定人的确定

《民事诉讼证据规定》第 32 条规定："人民法院准许鉴定申请的，应当组织双方当事人协商确定具备相应资格的鉴定人。当事人协商不成的，由人民法院指定。人民法院依职权委托鉴定的，可以在询问当事人的意见后，指定具备相应资格的鉴定人。人民法院在确定鉴定人后应当出具委托书，委托书中应当载明鉴定事项、鉴定范围、鉴定目的和鉴定期限。"鉴定人的确定有协商和指定两种方式，如果是当事人申请鉴定的，首先尊重当事人的意思，争取以当事人协商后经法院认可解决确定具备资格的鉴定人；协商不成的，由人民法院指定。如果人民法院依职权委托鉴定的，可以在询问当事人的意见后，指定具备相应资格的鉴定人。《民事诉讼法》及其司法解释规定，启动司法鉴定时原则上由当事人协商确定鉴定人，没有涉及司法鉴定机构和鉴定人的意愿问题。不过，这并不意味着否定鉴定人的选择权。在未形成委托关系之前，无论是采取当事人协商确定方式，还是通过法院指定方式确定，对鉴定人一方并无约束力，鉴定人可以接受委托，也可以拒绝委托。

（一）协商选择

1. 协商选择司法鉴定机构、鉴定人员程序的规定

（1）专门人员告知当事人在选择程序中的权利、义务。

（2）专门人员向当事人介绍司法鉴定人名册中相关专业的所有专业机构或专家的情况。

（3）当事人协商一致选择司法鉴定人名册以外的专业机构或专家的，司法辅助工作部门应对选择的专业机构进行资质、诚信、能力的程序性审查，并告知双方应承担的委托风险。

（4）审查中发现专业机构或专家没有资质，或有违法违规行为的，应当要求双方当事人重新选择。

（5）发现双方当事人选择有可能损害国家利益、集体利益或第三方利益的，应当终止协商选择程序，采用随机选择方式。

（6）当事人都要求随机选择的、当事人协商不一致的，采用随机选择方式确定司法鉴定机构、鉴定人，随机选择程序主要有计算机随机法和抽签法。

2. 协商选择应当遵循的原则

（1）当事人协商选择优先原则，鉴定人原则上从本院鉴定人名册中产生。

（2）当事人协商一致选定的鉴定人未纳入鉴定人名册时，鉴定督办人应当对该鉴定人进行审查，发现重大问题的，应当主持当事人重新选定鉴定人。

（3）当事人协商不一致或放弃协商的，由管理部门从本院司法鉴定机构名册内采用摇号、抽签、轮候等随机方式选定，无合适的，再从上级人民法院司法鉴定机构名册内选定，必要时也可从省内其他司法鉴定机构名册内选定。本省司法鉴定机构名册内均无相关司法鉴定机构的，可从社会相关司法鉴定机构中选定。

（4）当事人协商选定的司法鉴定机构为非本院司法鉴定机构名册内的，应当由建立该司法鉴定机构名册的人民法院出具《选定司法鉴定机构推荐书》；当事人协商不一致或放弃协商，需在非本院司法鉴定机构名册内选定的，应当由建立该司法鉴定机构名册的人民法院按规定程序选定，并出具《选定司法鉴定机构推荐书》。

（二）法院指定

人民法院指定司法鉴定机构鉴定人员，一般发生在人民法院依职权主动启动鉴定的情况下。由于双方当事人都没有意愿进行鉴定，所以可以由法院直接指定鉴定人。另外需要注意的是，虽然当事人可以协商选择鉴定人，但是委托鉴定属于人民法院的职权，即使双方当事人协商意见一致的，也只在经人民法院审查同意后出具委托鉴定函。

## 二、鉴定的流程

《司法鉴定程序通则》中对司法鉴定的委托和受理、司法鉴定的实施、司法鉴定意见书的出具等提出了具体的要求。建设工程中相关的司法鉴定工作，也应受到《司法鉴定程序通则》有关规定的规范。根据《司法鉴定程序通则》的规定以及建设工程司法鉴定的特点，该类司法鉴定一般可能会经历审查受理、实施鉴定、出具司法鉴定意见书等八个环节。

### （一）司法鉴定的审查受理

1. 司法鉴定受理程序

司法鉴定机构确定后，人民法院将《司法鉴定委托书》及相关材料交司法鉴定机构，司法鉴定机构收到相关材料后，应当对委托鉴定事项、鉴定材料等进行审查。司法鉴定机构在决定是否受理时，应当就委托事项是否属于本司法鉴定机构业务范围、鉴定用途是否合法和鉴定资料是否完整进行审查。司法鉴定机构依据审查的结果，对于属于本机构司法鉴定业务范围，鉴定用途合法，提供的鉴定材料满足鉴定要求的，应当自收到委托之日起7个工作日内予以受理。对于复杂疑难或者特殊鉴定事项的委托，司法鉴定机构可以与委托人协商决定受理的时间。司法鉴定机构决定受理鉴定委托的，应当与人民法院签订司法鉴定委托书。司法鉴定委托书应当载明委托人名称、司法鉴定机构名称、委托鉴定事项、鉴定用途、基本案情、鉴定风险、鉴定时限、鉴定费用等事项。如果，司法鉴定机构决定不予受理鉴定委托的，应当向委托人说明理由，退还鉴定材料。

2. 司法鉴定机构不得接受鉴定委托的情形

司法鉴定机构不得接受鉴定委托的情形主要包括：委托鉴定事项超出本机构司法鉴定业务范围的；发现鉴定材料不真实、不完整、不充分或者取得方式不合法的；鉴定用途不合法或者违背社会公德的；鉴定要求不符合司法鉴定执业规则或者相关鉴定技术规范的；鉴定要求超出本机构技术条件或者鉴定能力的；委托人就同一鉴定事项同时委托其他司法鉴定机构进行鉴定的；委托人提供虚假情况或者不合理的鉴定要求；委托人提供的鉴定资料未达到鉴定工作的最低要求，请求补充鉴定资料未能实现；本司法鉴定机构不具备解决特定问题的条件；司法鉴定机构和司法鉴定人属于法律规定的回避范围；鉴定活动受到非法的干扰，足以影响鉴定工作的正常进行及鉴定意见的科学性，经过请求仍未能予以排除。

（二）鉴定的实施

鉴定的实施的具体要求如下：

（1）司法鉴定机构受理鉴定委托后，可以由司法鉴定机构指定或者当事人协商选择，由司法鉴定机构中具有该鉴定事项执业资格的司法鉴定人进行鉴定。司法鉴定机构和司法鉴定人独立行使鉴定权，不受委托人或其他第三方的影响。司法鉴定机构对同一鉴定事项，应当根据鉴定的复杂、疑难或者特殊鉴定事项，指定或者选择两名或者多名司法鉴定人进行鉴定。

（2）司法鉴定机构在认真研究鉴定资料、熟悉案情的基础上，根据受鉴项目投标文件、施工合同、专业分包合同及其补充协议、计价方式和计价方法、签证等相关资料，提出鉴定方案。

（3）司法鉴定机构对于鉴定材料进行制度化管理，严格监控鉴定材料的接收、保管、使用和退还，鉴定过程中应当严格依照技术规范保管和使用鉴定材料。

（4）司法鉴定人进行鉴定，应当遵守和采用该专业领域的技术标准、技术规范和技术方法及国家标准。司法鉴定机构作出的工程造价鉴定、工程质量鉴定意见、鉴定意见书应当对鉴定使用的方法和标准作出说明。国家没有发布强制性标准的，应当审核是否符合建筑行业惯例。

（5）人民法院必要时可组织鉴定听证会，鉴定人应当充分听取当事人的意见。司法鉴定人有权了解进行鉴定所需要的案件材料，可以查阅、复制相关资料，必要时可以询问诉讼当事人、证人。

（6）司法鉴定机构根据鉴定需要，可勘验现场、取样检验，并由管理部门通知相关人员到场。现场提取鉴定材料时，应当有委托人指派或者委托的人员在场见证并在提取记录上签名。现场提取鉴定材料应当由不少于两名司法鉴定机构的工作人员进行，其中至少一名应为该鉴定事项的司法鉴定人。

（7）司法鉴定人应当对鉴定过程进行实时记录并签名，记录的方式可以是采取笔记、录音、录像、拍照等方式，记录的内容应当真实、客观、准确、完整、清晰，鉴定记录存入鉴定档案。

（8）鉴定意见应当自司法鉴定委托书出具之日起 30 个工作日内完成鉴定，涉及复杂、疑难、特殊技术问题时，可以延长鉴定时限，延长的时限一般不得超过 30 个工作日。但是，司法鉴定机构与法院对鉴定时限另有约定的，从其约定。

（9）鉴定过程中，当事人违反协助义务致使鉴定无法正常进行的，人民法院可以根据举证责任的规定进行处理。

（10）鉴定过程中，涉及复杂、疑难、特殊技术问题的，可以向本机构以外的相关专业领域的专家进行咨询，但最终的鉴定意见应当由本机构的司法鉴定人出具，专家提供咨询意见应当签名，并存入鉴定档案。

（三）鉴定的终止

根据《司法鉴定程序通则》第 29 条规定："司法鉴定机构在鉴定过程中，有下列情形之一的，可以终止鉴定：（一）发现有本通则第十五条第二项至第七项规定情形的；（二）鉴定材料发生耗损，委托人不能补充提供的；（三）委托人拒不履行司法鉴定委托书规定的义务、被鉴定人拒不配合或者鉴定活动受到严重干扰，致使鉴定无法继续进行的；（四）委托人主动撤销鉴定委托，或者委托人、诉讼当事人拒绝支付鉴定费用的；（五）因不可抗力致使鉴定无法继续进行的；（六）其他需要终止鉴定的情形。终止鉴定的，司法鉴定机构应当书面通知委托人，说明理由并退还鉴定材料。"

（四）补充鉴定

补充鉴定是指在不放弃鉴定意见的条件下，在鉴定的基础上对其中的个别问题予以复查、修正、充实或进一步加以论证，使鉴定意见更加完备。补充鉴定是对司法鉴定中缺陷、瑕疵的处理方式。对鉴定意见的瑕疵，可以通过补正、补充鉴定或者补充质证、重新质证等方法解决的，人民法院不予准许重新鉴定的申请。重新鉴定的，原鉴定意见不得作为认定案件事实的根据。对有缺陷的鉴定结论，可以通过补充鉴定、重新质证或者补充质证等方法解决的，不予重新鉴定。为防止拖延诉讼、浪费司法资源，人民法院应当谨慎采取重新鉴定的情形，除非不启动重新鉴定程序会导致双方利益严重失衡，人民法院认为确有必要外，不宜再行重新鉴定。鉴定意见虽存在缺陷、瑕疵，但不涉及鉴定资质和鉴定依据，鉴定意见本身不存在明显依据不足的情况，并且对于这些缺陷、瑕疵是可以通过重新质证或者补充质证等方法解决，则采取消除缺陷、瑕疵的办法。《司法鉴定程序通则》第 30 条规定："有下列情形之一的，司法鉴定机构可以根据委托人的要求进行补充鉴定：（一）原委托鉴定事项有遗漏的；（二）委托人就原委托鉴定事项提供新的鉴定材料的；（三）其他需要补充鉴定的情形。补充鉴定是原委托鉴定的组成部分，应当由原司法鉴定人进行。"

在实践中，当人民法院对已作出的鉴定意见经审查，如发现下列情形时，可以要求或依照当事人的申请进行补充鉴定：原鉴定意见并未全部、彻底解决所有与待证事实有关的专门性问题；法院在先前委托鉴定时本应提出需要解决的有关专门事项，但限于某种原因和疏忽大意而没有提出；原鉴定意见不够明确、具体等情形。

（五）重新鉴定

在审判实践中，为维护鉴定意见对专门知识和技能的判定所拥有的科学性和权威性，防止当事人利用鉴定程序拖延诉讼，避免鉴定冲突给审判工作带来不必要的困扰，审判人员对当事人申请重新鉴定的请求会进行严格审查，在没有正当理由的情况下，一般不会准许当事人申请重新鉴定的请求。《民事诉讼证据规定》第 40 条规定："当事人申请重新鉴定，存在下列情形之一的，人民法院应当准许：（一）鉴定人不具备相应资格的；（二）鉴定程序严重违法的；（三）鉴定意见明显依据不足的；（四）鉴定意见不能作为证据使用的其他情形。存在前款第一项至第三项情形的，鉴定人已经收取的鉴定费用应当退还。拒不退还的，依照本规定第八十一条第二款的规定处理。对鉴定意见的瑕疵，可以通过补正、补充鉴定或者补充质证、重新质证等方法解决的，人民法院不予准许重新鉴定的申请。重新鉴定的，原鉴定意见不得作为认定案件事实的根据。"笔者认为，对启动重新鉴定的实体条件应当遵循从严审查、从严控制的原则。对于有缺陷的鉴定意见应尽量通过补充鉴定、重新质证或者补充质证等方法解决，严格把握重新鉴定的条件，慎重启动重新鉴定程序。除非既有的鉴定结论明显依据不足，或者鉴定效力与证明效力无法认定，否则不应当启动重新鉴定程序。所谓明显依据不足，是指有证据证明鉴定的方法不当、所适用的法律依据错误、计算结果明显错误、对象错误抑或表述或者推理存在错误。一旦重新鉴定，鉴定人已经收取的鉴定费用，应当退还给预交的当事人。

1. 人民法院委托的鉴定意见重新鉴定

《司法鉴定程序通则》第 31 条规定："有下列情形之一的，司法鉴定机构可以接受办案机关委托进行重新鉴定：（一）原司法鉴定人不具有从事委托鉴定事项执业资格的；（二）原司法鉴定机构超出登记的业务范围组织鉴定的；（三）原司法鉴定人应当回避没有回避的；（四）办案机关认为需要重新鉴定的；（五）法律规定的其他情形。"《司法鉴定程序通则》第 32 条规定："重新鉴定应当委托原司法鉴定机构以外的其他司法鉴定机构进行；因特殊原因，委托人也可以委托原司法鉴定机构进行，但原司法鉴定机构应当指定原司法鉴定人以外的其他符合条件的司法鉴定人进行。接受重新鉴定委托的司法鉴定机构的资质条件应当不低于原司法鉴定机构，进行重新鉴定的司法鉴定人中应当至少有一名具有相关专业高级专业技术职称。"为防止诉讼拖延和对司法资源的浪费，启动重新鉴定程序一定要审慎考虑该鉴定对象对全案事实认定的影响、案件处理的法律效果和社会效果。当事人对人民法院委托的鉴定部门作出的鉴定意见有异议申请重新鉴定，必须具备最高法院《民事诉讼证据规定》第 40 条及《司法鉴定程序通则》第 31 条、第 32 条规定的条件，若不具备以上条件，仅有重新鉴定申请，也不能进入重新鉴定程序，法官不能行使鉴定决定权。笔者归纳当事人申请重新鉴定，应当符合鉴定人不具备相应资格、鉴定程序严重违法、鉴定意见明显依据不足等条件。

（1）鉴定人是不具相应鉴定资质的司法鉴定机构和鉴定人员。由于司法鉴定是科学的实证活动，鉴定人员与司法鉴定机构的素质、能力、水平对鉴定意见的质量和可靠性有着决定的作用，因此，我国对鉴定人资格采取准入制，由省级人民政府司法行政部门负责对申请从事司法鉴定业务的个人、法人或者其他组织进行审核，对符合技术、技能等方面条件的予以注册登记，并颁发执业资格证书。目前司法鉴定的种类分为法医类鉴定、物证类鉴定、音像资料类鉴定三类鉴定，除此之外，还包括因诉讼需要由国务院司法行政机构确定的其他鉴定项目。

（2）鉴定意见作出的程序严重违法。一种是违反关于鉴定人回避的规定。根据《民事诉讼法》第47条规定，鉴定人履行鉴定职务时，应适用回避制度的规定。鉴定人应当严格遵循回避的有关规定，当法院委托鉴定时，鉴定单位应当将鉴定人员身份通过法院告知当事人，对于鉴定人应当回避而没有回避的，因鉴定程序严重违法，对该鉴定结论不予采信。回避情形主要包括：①是本案当事人或者当事人、诉讼代理人近亲属的；②与本案有利害关系的；③与本案当事人、诉讼代理人有其他关系，可能影响对案件公正审理的。鉴定人接受当事人、诉讼代理人请客送礼，或者违反规定会见当事人，诉讼代理人的，有权要求回避。另一种是鉴定材料未严格依照法定程序经过当事人质证和法院认证。《民事诉讼法》第71条规定："证据应当在法庭上出示，并由当事人互相质证。对涉及国家秘密、商业秘密和个人隐私的证据应当保密，需要在法庭出示的，不得在公开开庭时出示。"《司法鉴定程序通则》第12条规定："委托人委托鉴定的，应当向司法鉴定机构提供真实、完整、充分的鉴定材料，并对鉴定材料的真实性、合法性负责。……"鉴定材料未经质证，通过补充质证弥补错误，如果无法弥补的，则需要考虑是否属于严重违法情形，需要重新鉴定。

（3）鉴定意见明显依据不足。鉴定意见的主要结论明显违反客观规律或与当事人提供的证据明显不一致，当事人可以提出异议，异议的理由成立且可以直接纠正鉴定结论的错误，则人民法院不予采信该鉴定意见。鉴定意见作出后，当事人虽然提出异议，但是依据当事人异议的理由，鉴定单位有科学的根据证明其异议不能成立的，鉴定意见也应当作为定案的根据。人民法院在审核鉴定结论时发现其存在瑕疵和缺陷，可以采取补充鉴定、重新质证或者补充质证的方法查明案件争议的事实，无须重新鉴定。可以补正、补充鉴定或者补充质证、重新质证等方法解决的，人民法院则应当排除重新鉴定的启动。

（4）重新鉴定的，原鉴定意见不得作为认定案件事实的根据。重新鉴定设定的目的是解决鉴定意见不被人民法院采信后，当事人对相关鉴定项目再次向人民法院委托鉴定。但是重新鉴定制度在司法实践中导致多次鉴定、多头鉴定的现象时有发生。许多鉴定案件被人为复杂化，完全无视重新鉴定的前提是原鉴定意见存在无法弥补的缺陷，严重影响了司法鉴定的权威性与科学性。重新鉴定启动的原因只能是原鉴定意见程序违法或者意见内容不符合鉴定的科学性要求。因此，一旦启动重新鉴定，即意味着原鉴定意见不具备证明力，当然就不能作为认定案件的根据。

2. 二审、再审期间重新鉴定的提起

（1）当事人对一审法院委托鉴定人所作的鉴定意见不服，提起上诉并申请重新鉴定的，二审法院是否支持重新鉴定的请求。笔者认为，对此首先应当审查上诉人在一审时有无对该鉴定提出异议，一审法院有无对该异议进行审理。如果上述审理步骤并未完成，二审应当予以审查，通过审查确认该异议是否成立。如果可以通过补正、补充鉴定、补充质证、重新质证等方法解决上诉人对鉴定意见的异议，二审法院应当展开审理活动，从实质上解决当事人的矛盾。如果经审查，上诉人对鉴定意见所提异议的理由成立，足以排除该鉴定意见的采信，待证事实应当通过重新鉴定查明。

（2）关于当事人在二审或者再审中申请鉴定的问题。在案件进入二审或者再审程序的情况下，对于是否应当启动鉴定方式查明相关事实，法官除了审查该鉴定申请是否与查明案件基本事实有关以及该相关问题是否必须鉴定才能作出判断等条件外，还需要增加审查一个重要事项，即原审法院是否就相关待查明事实需要鉴定的问题向当事人作过释明。如果原审法院就相关专门性问题的查明予以了充分关注，并对负有申请责任的举证责任一方当事人作过释明，但该当事人经过释明后仍明确放弃司法鉴定或者未按照要求预交鉴定费用，此时就需要对当事人放弃鉴定是否有正当理由作专门的询问和审查。如果当事人无正当理由未在原审法院指定的期间内申请鉴定，或者申请后未按照要求预交鉴定费用，则可以推定该当事人对相关待证事实的举证权利作了处分，一般可以不再对当事人在二审或者再审中提出的鉴定申请予以准许。但若当事人在二审或者再审中提交新的证据，且该证据足以引起与案件基本事实有关的专门性问题的认定发生变化的,则此时需要通过鉴定方式来重新审查认定,如果符合鉴定启动条件的,应当予以准许。在建设工程施工合同纠纷二审审理期间,《建工解释(一)》赋予了案件当事人特殊的救济权利。《建工解释(一)》第 32 条规定:"当事人对工程造价、质量、修复费用等专门性问题有争议,人民法院认为需要鉴定的,应当向负有举证责任的当事人释明。当事人经释明未申请鉴定,虽申请鉴定但未支付鉴定费用或者拒不提供相关材料的,应当承担举证不能的法律后果。一审诉讼中负有举证责任的当事人未申请鉴定,虽申请鉴定但未支付鉴定费用或者拒不提供相关材料,二审诉讼中申请鉴定,人民法院认为确有必要的,应当依照民事诉讼法第一百七十条第一款第三项①的规定处理。"

3. 补充鉴定和重新鉴定的关系

在司法实践中,重新鉴定与补充鉴定一直是困扰人民法院的难题,其不仅增加了当事人诉讼成本,还延长了诉讼周期。但是,补充鉴定和重新鉴定必须符合法律规定的正当程序。必要的补充鉴定和重新鉴定不仅有利于维护当事人的合法权益,还对保障鉴定的客观性具有积极作用。补充鉴定是在原鉴定的基础上对其中出现的个别问题予以复查、修正、充实或进一步加以论证,使原鉴定意见更具完备。《民事诉讼证据规定》第 40 条第 3 款规定:"对鉴定意见的瑕疵,可以通过补正、补充鉴定或者补充质证、重新质证等方法解决的,人民法院不予准许重新鉴定的申请。"该条司法解释对重新鉴定进行了严格的限制,即对有缺陷的鉴定,能通过补充鉴定和补救措施,可以解决时,则不予重新鉴定。

(六)司法鉴定意见书的出具

司法鉴定意见书是司法鉴定机构和司法鉴定人对委托人提供的鉴定材料进行检验、鉴别后出具的记录司法鉴定人专业判断意见的文书,一般包括标题、编号、基本情况、检案摘要、检验过程、分析说明、鉴定意见、落款附件及附注等内容。《民事诉讼证据规定》第 36 条规定:"人民法院对鉴定人出具

---

① 现为《民事诉讼法》(2021 年修正)第 177 条第 1 款第 3 项相关内容。

的鉴定书，应当审查是否具有下列内容：（一）委托法院的名称；（二）委托鉴定的内容、要求；（三）鉴定材料；（四）鉴定所依据的原理、方法；（五）对鉴定过程的说明；（六）鉴定意见；（七）承诺书。鉴定书应当由鉴定人签名或者盖章，并附鉴定人的相应资格证明。委托机构鉴定的，鉴定书应当由司法鉴定机构盖章，并由从事鉴定的人员签名。"司法鉴定机构完成受鉴项目鉴定造价初稿后，应通过委托人向各方当事人提交征求意见稿。各方当事人在规定的时间内对征求意见稿提出的异议进行核对和答复。当事人对征求意见稿的异议具有相应证据或者依据的，鉴定人应对征求意见稿进行调整并出具鉴定意见。司法鉴定意见书应当由司法鉴定人签名，多人参加的鉴定，对鉴定意见有不同意见的，应当注明。司法鉴定意见书应当加盖司法鉴定机构的司法鉴定专用章。司法鉴定意见书应当一式4份，3份交委托人收执，1份由司法鉴定机构存档。2017年3月1日起执行的《司法部关于印发司法鉴定文书格式的通知》对司法鉴定文书格式提出了如下规范化要求。

1. 鉴定意见必须符合法定的形式要求

鉴定意见书应当按照统一格式制作，由2名以上司法鉴定人签名（打印文本和亲笔签名）、加注《司法鉴定人执业证》证号、加盖司法鉴定专用章、意见书制作时间等。上述法定的文本格式要求，缺一不可，否则将导致鉴定意见因形式上的缺陷而遭致证据能力的缺失。

2. 鉴定意见必须符合文理表达的要求

鉴定意见书在内容上主要包括：委托鉴定的内容、要求；鉴定所依据的相关材料；鉴定所依据的原理、方法；对鉴定过程作出的具体说明。当然，这不仅仅是内容的要求，同时也是正常科学论证的展开，符合司法的逻辑定位，即要证明什么内容、有哪些根据作为可供证明的材料、相关的科学原理或者试验方法、鉴定的步骤和过程，并根据上述的要素最终得出符合程序规范和科学判断的结论性意见。

3. 鉴定意见出具必须保证客观、公正

鉴定意见必须保证客观、公正、诚实地进行鉴定，保证鉴定人员出庭作证，如签署作虚假鉴定应当承担法律责任等内容的承诺书。①

（七）鉴定意见的撤销

司法实践中，未经人民法院同意撤销鉴定意见的情况时有发生，甚至有些鉴定人在人民法院根据鉴定意见作出的判决生效后仍撤销鉴定意见，这严重影响诉讼秩序和司法权威。对于鉴定人是否有权自行撤销已经作出且送交委托的人民法院的鉴定意见，目前并无任何法律规定。鉴定意见的撤销包括鉴定人自行撤销和鉴定意见被有关主管部门或者组织撤销两种情形。鉴定人自行撤销鉴定意见的成因比较复杂，主动撤销鉴定意见主要是迫于非正常压力的无奈之举。鉴定意见被有关主管部门或者组织撤销的情形，一般是基于鉴定人有比较严重的过错。本节主要介绍鉴定人自行撤销鉴定意见的情形。针对鉴定人自行撤销鉴定的情形，《民事诉讼证据规定》第42条规定："鉴定意见被采信后，鉴定人无正当理由撤销鉴定意见的，人民法院应当责令其退还鉴定费用，并可以根据情节，依照民事诉讼法第一百一十一条②的规定对鉴定人进行处罚。当事人主张鉴定人负担由此增加的合理费用的，人民法院应予支持。人民法院采信鉴定意见后准许鉴定人撤销的，应当责令其退还鉴定费用。"所以，鉴定意见被采信后，鉴定人无正当理由撤销鉴定意见的，人民法院应当责令其退还鉴定费用，并可以根据情节，依照2021年版《民事诉讼法》第114条的规定对鉴定人进行处罚。当事人主张鉴定人负担由此增加的合理费用的，人民法院应予支持。对于"人民法院采信鉴定意见后准许鉴定人撤销的，应当责令其退还鉴定费用"，应当作出如下理解。

1. 司法鉴定机构自行撤销鉴定意见，原鉴定意见不得作为证据使用

鉴定意见系掌握专门知识的专家通过科学方法和相关仪器对鉴定材料进行分析、加工形成的具有专家意见的证据属性，有着鉴定人员的主观判断因素。鉴定人作为独立的诉讼参与主体参与到诉讼之中，法律地位独立。鉴定人一旦自行撤销鉴定意见，不管是出于何种目的，该行为一经作出，依据该

① 最高人民法院民事审判第一庭编著：《最高人民法院新民事诉讼证据规定理解与适用》（上册），人民法院出版社2020年版，第363页。
② 现为《民事诉讼法》（2021年修正）第114条相关内容。

鉴定意见作出的判决的公信力显然会遭到严重破坏，该鉴定意见也不能再作为证据在诉讼中使用。因鉴定意见不再作为证据使用，故产生的费用及造成的损失，由鉴定人予以退回及赔偿。

2. 鉴定人无正当理由撤销鉴定意见，应当作为故意虚假鉴定处理

根据《民事诉讼证据规定》第 42 条规定，对鉴定人撤销已经作出的鉴定意见的行为应当进行严格审查，对于鉴定人无正当理由撤销鉴定意见的，应当作为故意作虚假鉴定的行为进行严肃处理。[①] 对于这一严厉的处罚措施，司法解释设置了两个必须同时成立的实质性审查判断标准。其一，在鉴定意见已经被人民法院采信。对于尚在审理中的案件，只要人民法院未明确采信相关鉴定意见，则仍可以通过补充鉴定或者重新鉴定的方式对相关专门性问题进行查明。其二，鉴定人撤销已经作出的鉴定意见并无正当理由。对于"正当理由"的理解，笔者认为，首先应当对鉴定人撤销决定进行形式上的审查，如果撤销决定未列明撤销理由的，一般应当视为无正当理由，其次人民法院对鉴定人撤销鉴定意见"正当理由"的审查标准，可以参照《民事诉讼证据规定》第 40 条规定的启动重新鉴定的相关条件，如果不符合相关条件，如鉴定人因当事人或当事人指使的其他人闹鉴而被迫撤销鉴定意见的，一般不应当认定为有正当理由。

3. 司法鉴定机构自行撤销鉴定，原生效裁判应通过审判监督程序解决

根据鉴定意见作出的生效法律裁判，因鉴定意见是该发生法律效力的裁判所确认的案件事实认定的根据与基础，原鉴定意见被撤销后直接影响了生效法律裁判的基础。因此，鉴定意见的撤销对生效裁判据以作出的事实基础产生消极影响，通常而言需要通过审判监督程序解决。[②]

（八）鉴定费用的负担

《诉讼费用交纳办法》第 12 条第 1 款规定："诉讼过程中因鉴定、公告、

---

① 最高人民法院民事审判第一庭编著：《最高人民法院新民事诉讼证据规定理解与适用》（上册），人民法院出版社 2020 年版，第 414 页。

② 最高人民法院民事审判第一庭编著：《最高人民法院新民事诉讼证据规定理解与适用》（上册），人民法院出版社 2020 年版，第 416 页。

勘验、翻译、评估、拍卖、变卖、仓储、保管、运输、船舶监管等发生的依
法应当由当事人负担的费用，人民法院根据谁主张、谁负担的原则，决定由
当事人直接支付给有关机构或者单位，人民法院不得代收代付。"从中可以
看出，虽然鉴定费用由当事人向鉴定单位直接支付，但仍属于《诉讼费用交
纳办法》规定的向鉴定单位交纳的诉讼费用。既然鉴定费用属于诉讼费用，
根据《诉讼费用交纳办法》第 43 条规定："当事人不得单独对人民法院关于
诉讼费用的决定提起上诉。当事人单独对人民法院关于诉讼费用的决定有异
议的，可以向作出决定的人民法院院长申请复核。复核决定应当自收到当事
人申请之日起 15 日内作出。当事人对人民法院决定诉讼费用的计算有异议
的，可以向作出决定的人民法院请求复核。计算确有错误的，作出决定的人
民法院应当予以更正。"司法鉴定不管系人民法院依职权启动，还是人民法
院对当事人的鉴定申请审查同意后委托，鉴定费用均会产生。但是，必须明
确的是，即便是人民法院依当事人申请而同意启动鉴定并委托鉴定人所产生
的鉴定费用，该提出鉴定申请的当事人与司法鉴定机构也并不形成私法上的
权利义务关系，双方不存在直接的委托与被委托关系，委托鉴定的关系只能
发生在委托鉴定的人民法院和接受该委托的鉴定人之间。所涉及的鉴定费用
在性质上应当视为当事人因诉讼需要所预交的保障诉讼进行的必要费用，具
有公法意义上的义务性质。所以，鉴定费用的分担，通常由法院依职权决定，
具体的分担标准由法院根据案件的情况综合决定。当事人不得单独对法院关
于诉讼费用的决定提起上诉。当事人单独对人民法院关于诉讼费用决定有异
议的，可以向作出决定的法院院长申请复核，但不得单独对鉴定费用分担的
决定提起上诉。

## 第四节　鉴定意见的审查

作为《民事诉讼法》规定的证据形式之一，鉴定意见通过人民法院的审
查后方可作为认定案件的依据。从司法实践来看，存在过度依赖"鉴定意
见"的现象，但鉴定意见不是最后的结论，必须对其加以审查。对鉴定意见

的审查主要围绕以下五点：①审查鉴定人与案件当事人有无利害关系；②审查鉴定主体是否具有鉴定资格；③审查鉴定材料是否充分可靠；④审查鉴定方法是否科学，设备和条件是否完善；⑤审查判断鉴定意见是否符合逻辑和法律规定。人民法院对鉴定意见的审查，不仅要遵循对证据审查的举证、质证的一般规则，还要遵循鉴定人员出庭及专家辅助人制度的特殊规则。

## 一、鉴定意见的质证

民事诉讼活动是围绕证据展开的，对民事证据的审查是民事诉讼一项重要工作。《民事诉讼法》规定，证据应当在法庭上出示，并由当事人互相质证，未经质证的证据不得作为认定案件的依据。鉴定意见属于证据形式的一种，是一种特殊的证据。对形成鉴定意见的鉴定材料应当组织质证，未经质证，鉴定材料不能作为鉴定依据，或虽根据该材料作出鉴定意见，但该鉴定意见也不得作为认定案件事实的依据。

（一）鉴定意见作为民事诉讼证据，人民法院应当组织质证

庭审应以质证为核心，当事人提交的证据都应当由人民法院组织各方当事人进行质证。《建工解释（一）》第34条规定："人民法院应当组织当事人对鉴定意见进行质证。鉴定人将当事人有争议且未经质证的材料作为鉴定依据的，人民法院应当组织当事人就该部分材料进行质证。经质证认为不能作为鉴定依据的，根据该材料作出的鉴定意见不得作为认定案件事实的依据。"鉴定意见是一种特殊的证据形式，涉及专业知识，如果当事人及其代理人缺乏有关专门性问题的相关知识，则很难在质证程序发生前对鉴定过程与鉴定方法深入有效地了解，在质证程序中也就很难对已经作出的鉴定意见提出有效的质疑，人民法院也很难经过法庭调查与辩论对鉴定意见进行认证。为了解决上述问题，《民事诉讼法》规定了专家辅助人制度和鉴定人出庭制度。《民事诉讼法》第81条规定："当事人对鉴定意见有异议或者人民法院认为鉴定人有必要出庭的，鉴定人应当出庭作证。经人民法院通知，鉴定人拒不出庭作证的，鉴定意见不得作为认定事实的根据；支付鉴定费用的当事人可以要求返还鉴定费用。"第82条规定："当事人可以申请人民法院通知有专

门知识的人出庭，就鉴定人作出的鉴定意见或者专业问题提出意见。"法庭质证是维护当事人合法权益和实现公正审判的重要保障，鉴定材料、鉴定意见应当进行质证。鉴定材料应当由审判人员组织双方当事人进行质证。鉴定意见的证据资格以及对待证事实的证明力大小，必须接受当事人的质证，必须经过裁判人员的审核与认定。不能因为鉴定意见具有科学性的内涵，而当然赋予至高无上的证明效力。

（二）未经质证的材料不能作为司法鉴定的依据

审查鉴定意见是否采信的主要依据为：鉴定原理、鉴定方法是否科学，鉴定分类是否正确，用于鉴定的材料是否真实可靠，鉴定中采用的特征数量是否充分，质量是否符合标准等。鉴定材料是鉴定人据以鉴定的物质基础，鉴定材料是否真实客观，直接影响到鉴定意见的正确性。根据《建工解释（一）》第34条的规定，人民法院应当组织当事人对有争议的鉴定材料进行质证，质证后再提交给鉴定机构，这从法律程序上保证了鉴定材料的真实性。案件审理中，当事人直接将鉴定材料提交给鉴定人的，鉴定人应当告知当事人将鉴定材料提交给人民法院或者将鉴定材料转交给人民法院。未经人民法院组织质证，鉴定人直接根据当事人提交的鉴定材料作出鉴定意见的，人民法院应当对该鉴定意见不予采信或者对相关鉴定材料质证后由鉴定人重新出具鉴定意见。司法实践中出现鉴定人将当事人有争议且未经质证的材料作为鉴定依据并作出鉴定意见的情况，这属于缺陷、瑕疵鉴定意见的补正问题，根据《建工解释（一）》第34条的规定："……鉴定人将当事人有争议且未经质证的材料作为鉴定依据的，人民法院应当组织当事人就该部分材料进行质证。经质证认为不能作为鉴定依据的，根据该材料作出的鉴定意见不得作为认定案件事实的依据。"当事人在诉讼中未提出送检材料未质证的异议，人民法院发现后，无论该问题发现在一审还是二审，人民法院都应当行使释明权，询问当事人对此问题是否提出异议，如果当事人就此提出异议的，应当按照《建工解释（一）》第34条的规定处理。

## 二、鉴定人出庭

在民事诉讼活动中，司法鉴定意见的使用越来越普遍，对民事诉讼的影响也越来越大。鉴定意见作为《民事诉讼法》规定的一项证据种类，必须遵循《民事诉讼法》规定的法定程序，从诉讼程序上保障当事人双方充分行使诉讼权利，发表对鉴定意见的质证意见。《民事诉讼法》第 81 条规定的鉴定人出庭制度，从程序上约束了鉴定机构及鉴定人，保证了鉴定意见的公正性、权威性。

（一）鉴定人出庭作证的必要性

鉴定人出庭制度的设立是由鉴定意见自身特点决定的。鉴定意见作为鉴定人依据其专业知识对某一专门性问题所作的陈述，具有专业性和科学性的特点。鉴定意见是否能够客观地反映鉴定对象的真实状态是由多种因素决定的，鉴定意见采用的鉴定方法是否科学、鉴定意见是否具有科学理论依据、鉴定人对涉及鉴定的科学方法及理论的认识程度、鉴定意见与待证事实的关联度等事项，往往仅凭书面审查难以做到准确判断。鉴定意见并不等同于人民法院对案件事实认定，对案件事实的认定属于人民法院行使审判权的重要组成部分。鉴定人应当出庭接受法官及当事人对以上影响鉴定意见效力的情况进行说明，促进诉讼参与人对鉴定意见和待证事实的理解。

（二）鉴定人出庭作证程序的启动

根据《民事诉讼法》第 81 条的规定，启动鉴定人出庭作证程序必须以当事人对鉴定意见有异议或者人民法院认为鉴定人有必要出庭为条件。在具备鉴定人员出庭的法定条件时，结合《民事诉讼法》第 81 条后半句"经人民法院通知，鉴定人拒不出庭作证的，鉴定意见不得作为认定事实的根据"的表述，鉴定人员出庭必须以人民法院通知为条件。《民事诉讼证据规定》第 37 条规定："人民法院收到鉴定书后，应当及时将副本送交当事人。当事人对鉴定书的内容有异议的，应当在人民法院指定期间内以书面方式提出。对于当事人的异议，人民法院应当要求鉴定人作出解释、说明或者补充。人民法院认为有必要的，可以要求鉴定人对当事人未提出异议的内容进行解释、说明或者补充。"第 38 条规定："当事人在收到鉴定人的书面答复后仍有异议的，人民法院应当根据《诉讼费用交纳办法》第十一条的规定，通知有异议的当事人预交鉴定人出庭费用，并通知鉴定人出庭。有异议的当事人不预交鉴定人出庭费用的，视为放弃异议。双方当事人对鉴定意见均有异议的，分摊预交鉴定人出庭费用。"《民事诉讼证据规定》对《民事诉讼法》中对鉴定人出庭的条件进行了细化，鉴定人出庭的前提条件是当事人对鉴定意见有异议，但当事人对鉴定书提出异议的，不应直接启动鉴定人出庭的程序。人民法院应当审查异议的具体内容是否针对鉴定书的内容，是否针对鉴定材料、鉴定程序或者鉴定机构、鉴定人员的资质。对于非针对鉴定书内容的异议，应当进行法律审查，因为鉴定人出庭主要解决的就是鉴定意见所涉内容的科学性问题。当人民法院将鉴定人针对当事人异议的书面解释、说明或者补充意见转交当事人后，当事人仍有异议的，人民法院应当询问异议是否存在变化以及相关异议的具体理由和相关依据，必要时可以要求提交相应的资料或者证据，为下一步鉴定人出庭做好充分的准备。当事人申请鉴定人出庭，审判人员应当告知其会产生鉴定人出庭费用。鉴于专家辅助人可以协助当事人就专门性问题发表质证意见并进行相关问题的辩论活动，鉴定人出庭时，如果当事人缺乏专家辅助人的协助，就难以保证质证活动的高质量，因此审判人员还应当一并提示异议人可以聘请专家辅助人出庭参与询问鉴定人并参加相关专门性问题的质证活动。

（三）鉴定人拒不出庭作证的法律责任

鉴定人拒不出庭作证，应当承担的法律责任，主要分为民事责任和行政责任两部分。

1. 民事责任

由《民事诉讼法》第81条规定可知，经人民法院通知，鉴定人拒不出庭作证的民事责任主要是两种：其一，鉴定意见无效，不得作为认定事实的根据；其二，当事人支付的鉴定费用，应予以返还。

2. 行政责任

根据《司法鉴定管理问题的决定》第13条的规定，鉴定人或者鉴定机构经人民法院依法通知，拒绝出庭作证的，由省级人民政府司法行政部门予以警告、责令改正，给予停止从事司法鉴定业务3个月以上1年以下的处罚；情节严重的，撤销登记。

（四）鉴定人出庭费用的负担

《民事诉讼证据规定》第 39 条规定："鉴定人出庭费用按照证人出庭作证费用的标准计算，由败诉的当事人负担。因鉴定意见不明确或者有瑕疵需要鉴定人出庭的，出庭费用由其自行负担。人民法院委托鉴定时已经确定鉴定人出庭费用包含在鉴定费用中的，不再通知当事人预交。"该条司法解释确定了鉴定人出庭费用负担的三个原则：一是因鉴定人自身原因导致鉴定人须出庭的，由其自担费用；二是法院在委托鉴定时已明确鉴定费用包括出庭费用的，不再交纳；三是鉴定人出庭费用按照证人出庭费用标准计算，由败诉方承担。

1. 鉴定人出庭费用的标准按照证人出庭费用的标准计取

《诉讼费用交纳办法》第 6 条将诉讼费用规定为以下三类：案件受理费；申请费；证人、鉴定人、翻译人员、理算人员在人民法院指定日期出庭发生的交通费、住宿费、生活费和误工补贴。鉴定人出庭费用与证人出庭费用属于其他诉讼费用的一种，所以鉴定人出庭费用的补偿标准与证人出庭费用的补偿标准应当一致。但从《诉讼费用交纳办法》第 6 条的规定可知，我国鉴定人出庭费用的组成较为狭窄，即"指定日期出庭发生的交通费、住宿费、生活费和误工补贴"，再无其他费用。

2. 鉴定人出庭费用由败诉方负担

由于鉴定的启动基础在于法院的确认或委托，因此鉴定费用具有公法性质，基于同一诉讼行为发生的预交鉴定费用和鉴定人出庭费用都是为了诉讼活动顺利进行支出的费用，同属于诉讼费用的概念。因此该费用的负担均要结合裁判结果进行确定，一般参照诉讼费的负担规则由败诉方承担。对此，《民事诉讼证据规定》第 39 条第 1 款已作出相关规定。此外，《诉讼费用交纳办法》第 29 条规定："诉讼费用由败诉方负担，胜诉方自愿承担的除外。部分胜诉、部分败诉的，人民法院根据案件的具体情况决定当事人各自负担的诉讼费用数额。共同诉讼当事人败诉的，人民法院根据其对诉讼标的的利害关系，决定当事人各自负担的诉讼费用数额。"

3. 鉴定意见不明确或者有瑕疵，鉴定人出庭费用自担

实践中，如何判断"因鉴定意见不明确或者有瑕疵需要鉴定人出庭"这

一条件，人民法院应当结合当事人的异议对鉴定意见书进行审查，如果鉴定意见书的瑕疵或者缺陷达到就算当事人不申请鉴定人出庭，人民法院也要依职权传唤鉴定人员出庭接受询问的严重程度，即便当事人提出申请，鉴定人出庭费用也应当由鉴定人自行承担。对于这个问题的判断，应当在通知鉴定人出庭前予以明确，并告知鉴定人。

### 三、专家辅助人制度

在诉讼活动中，鉴定意见或专业性问题出现的越来越普遍。当事人和诉讼代理人并非专门性问题的专家，通常情况下对于鉴定意见和专业性问题的理解存在困难。为充分保护当事人的诉讼权利，《民事诉讼证据规定》第84条规定："审判人员可以对有专门知识的人进行询问。经法庭准许，当事人可以对有专门知识的人进行询问，当事人各自申请的有专门知识的人可以就案件中的有关问题进行对质。有专门知识的人不得参与对鉴定意见质证或者就专业问题发表意见之外的法庭审理活动。"《民事诉讼法》第82条规定："当事人可以申请人民法院通知有专门知识的人出庭，就鉴定人作出的鉴定意见或者专业问题提出意见。"《民事诉讼法》以法律的形式正式确立了专家辅助人制度，构建了民事诉讼法中鉴定人与专家辅助人并存的"双层"专家证据制度。

#### （一）专家辅助人的法律特征

《民事诉讼法》第82条和《民事诉讼证据规定》第84条中规定的"有专门知识的人"，在诉讼中的功能是协助当事人就有关专门性问题提出意见、对鉴定意见进行质证、回答审判人员和当事人的询问、与对方当事人申请的"有专门知识的人"对质等，是围绕着鉴定意见或者专业问题的意见来辅助当事人进行诉讼。"有专门知识的人"是法庭审理过程中的"附加人员"，在法庭上的活动范围也仅限于法庭审理中与专门性问题有关的活动，因此其不能在法庭审理之外从事有关的诉讼行为。对于这种"有专门知识的人"出席法庭审理，协助当事人就专门性问题发表意见或进行质证，需要当事人的申请和法庭的许可。专家辅助人具有如下法律特征。

1. 专家辅助人诉讼地位类似于当事人及其诉讼代理人

从《民事诉讼证据规定》第 84 条规定的精神来看，专家辅助人是由申请人聘请，由申请人支付费用的诉讼参与人，其诉讼地位与当事人和诉讼代理人的诉讼地位一致，法律地位是辅助聘请人一方从事诉讼活动。专家辅助人在诉讼中的职能就是协助当事人就有关的专门性问题发表意见或者对鉴定意见进行质证，不具有独立的诉讼地位。虽然专家辅助人可以为其委托的一方当事人利益服务，但必须以客观陈述、尊重科学为前提，中立、客观地履行职责，不应当偏袒一方而故意出具歪曲事实的意见。

2. 专家辅助人报酬由申请人负担

专家辅助人是基于当事人的聘请进入民事诉讼之中，并由当事人承担其相关费用或支付报酬。诉讼辅助人出庭费用并不列为诉讼费用，由当事人分担。专家辅助人出庭的费用不是"误工费"，法律和司法解释也未禁止专家辅助人通过诉讼活动获利，并且专家辅助人在法庭上的诉讼地位与当事人及其诉讼代理人一致，所以专家辅助人完全可以从其协助当事人诉讼的行为中获利。

3. 专家辅助人在法庭上仅限于对鉴定意见书及专门性问题发表意见

专家辅助人在法庭上"就鉴定人作出的鉴定意见或者专业问题提出意见"，这意味着其在法庭上的活动限于与鉴定意见书及专门性问题相关的范围。在此范围内专家辅助人经人民法院许可对鉴定人进行询问，双方当事人均申请了专家辅助人时，可以组织专家辅助人对质，在案件没有委托鉴定时，就专门性问题发表意见等。专家辅助人能否在法庭上协助当事人质证，取决于人民法院的决定。如果人民法院认为当事人申请专家辅助人出庭没有必要，可以驳回申请；人民法院准许当事人申请的，应当通知专家辅助人出庭，通知书应当载明出庭时间、地点及专家辅助人的权利义务等。

（二）专家辅助人的资格认定

建设工程司法鉴定意见出具后，往往出现一方当事人甚至双方当事人均有异议的情形，因为工程司法鉴定涉及专业性问题，往往超越了当事人和诉讼代理人的专业知识，因此，为弥补当事人和代理人的专业缺陷，根据《民事诉讼法》的规定，当事人有权申请"有专门知识的人"出庭，就鉴定人作出的鉴定意见或者专业问题提出意见。人民法院如何判断当事人所提出的专家辅助人能否作为符合《民事诉讼法》规定的"有专门知识的人"，是亟需解决的问题。法律和司法解释并没有规定专家辅助人具有相应职业资格的限制。一般来说，人民法院在确定专家资格时，应当考虑两个重要的因素：一是对争议所涉及的专业知识的掌握；二是凭借在该领域中的训练或经验而获得的运用专业知识的能力。这种专家辅助人的资格通常参照其职业资格或者知识和经验来确定。

（三）专家辅助人出庭程序

《民事诉讼法解释》第 122 条规定："当事人可以依照民事诉讼法第八十二条的规定，在举证期限届满前申请一至二名具有专门知识的人出庭，代表当事人对鉴定意见进行质证，或者对案件事实所涉及的专业问题提出意见。具有专门知识的人在法庭上就专业问题提出的意见，视为当事人的陈述。人民法院准许当事人申请的，相关费用由提出申请的当事人负担。"第 123 条规定："人民法院可以对出庭的具有专门知识的人进行询问。经法庭准许，当事人可以对出庭的具有专门知识的人进行询问，当事人各自申请的具有专门知识的人可以就案件中的有关问题进行对质。具有专门知识的人不得参与专业问题之外的法庭审理活动。"《民事诉讼法解释》对专家辅助人出庭的程序进行了进一步规定，专家辅助人的名额一般为一至二名，法庭上诉讼活动的内容仅限于对鉴定意见进行质证，或者对案件事实所涉及的专业问题提出意见，不得参与专业问题之外的法庭审理活动。

## 第十章

# 建设工程价款优先受偿权

建设工程施工中，发包人拖欠工程款的现象普遍存在。建筑行业从业人员人数众多，建筑工程款中有很大一部分是属于建筑工人的劳动报酬，因此拖欠建设工程价款的问题不只是简单的债权债务纠纷，还可能引发一系列社会问题，影响社会局面的和谐稳定。《民法典》第807条规定："发包人未按照约定支付价款的，承包人可以催告发包人在合理期限内支付价款。发包人逾期不支付的，除根据建设工程的性质不宜折价、拍卖外，承包人可以与发包人协议将该工程折价，也可以请求人民法院将该工程依法拍卖。建设工程的价款就该工程折价或者拍卖的价款优先受偿。"建设工程价款优先受偿权制度的设定，从法律层面上保证了承包人获得工程款及建筑业工人获得劳动报酬的权利。《建工解释（一）》发布前，原《最高人民法院关于建设工程价款优先受偿权问题的批复》及原《最高人民法院关于审理建设工程施工合同纠纷案件适用法律问题的解释（二）》对建设工程施工人的此项权利进行了较为系统的规定。《建工解释（一）》在以上规范性文件的基础上进一步进行了整理，从建设工程价款优先受偿权的立法本意出发，全面构建了建设工程价款优先受偿权的适用规则，平衡了各方主体的利益。

## 第一节　建设工程价款优先受偿权的权利属性

建设工程价款优先受偿权的立法过程经历了三个发展阶段。第一阶段是规则确立期。1999 年 10 月 1 日起，原《合同法》施行，其中第 286 条首次设立了建设工程价款优先受偿权制度，使承包人的工程款获得了立法上的有力保护。第二阶段是规则细化期。最高人民法院于 2002 年针对上海市高级人民法院的请示，专门下发原《最高人民法院关于建设工程价款优先受偿权问题的批复》。在该批复中对建设工程价款优先受偿权在司法实践中遇到的迫切需要解决的问题作了解答，规范了优先受偿权的行使。第三阶段是规则构建期。原《最高人民法院关于审理建设工程施工合同纠纷案件适用法律问题的解释（二）》出台，全面建构了建设工程价款优先受偿权的行使规则，合理平衡了各方主体之间的利益。建设工程价款优先受偿权系法律上的技术创造，将有力地保证承包人建设工程价款的实现，解决建筑市场长期存在的建筑工人劳动报酬支付的问题。《建工解释（一）》是在《民法典》出台后对以上三部规范性文件的总结适用，对解决建设工程施工合同纠纷及优先受偿权的适用发挥着指导意义。

## 一、建设工程价款优先受偿权的权利属性

1999 年 3 月 15 日，第九届全国人民代表大会第二次会议通过并发布的原《合同法》是一部具有法治里程碑意义的法律。原《合同法》第 286 条规定了建设工程的承包人就工程价款对建设工程折价或者拍卖所得价款享有优先受偿的权利。但原《合同法》未对建设工程价款优先受偿权的权利属性作出规定，目前对建设工程价款优先受偿权的权利属性主要有以下三种观点。

（一）留置权说

建设工程施工合同是一种特殊的承揽合同，《民法典》第 3 编第 18 章建设工程合同专章中，第 808 条规定："本章没有规定的，适用承揽合同的有关规定。"《民法典》第 770 条第 1 款规定："承揽合同是承揽人按照定作人的要求完成工作，交付工作成果，定作人支付报酬的合同。"《民法典》第 783条规定："定作人未向承揽人支付报酬或者材料费等价款的，承揽人对完成的工作成果享有留置权或者有权拒绝交付，但是当事人另有约定的除外。"建设工程施工合同是承包人进行工程建设，发包人支付价款的合同。在建设

工程施工中，承包人在未收到发包人依合同应支付的工程款时，对其所承建的建筑物或其他建设工程具有控制权。例如，不申报工程竣工验收，不向发包人交付竣工图纸，不交付建设工程钥匙，甚至派人占据、占用建筑物。有观点认为，承包人的这种控制行为实际上是在对建筑物这一不动产行使特殊的留置权。但是，笔者基于以下两点理由认为建设工程价款优先受偿权不属于留置权。

1. 建设工程不属于留置权行使的客体

《民法典》第447条规定："债务人不履行到期债务，债权人可以留置已经合法占有的债务人的动产，并有权就该动产优先受偿。前款规定的债权人为留置权人，占有的动产为留置财产。"《民法典》第116条规定："物权的种类和内容，由法律规定。"可见，留置权仅适用于动产，而建设工程属于不动产，不属于留置权的客体。

2. 建设工程价款优先受偿权不以建设工程的持续占有为存续

留置权的产生是以留置权人合法占有留置物为前提的。而《民法典》第807条规定："发包人未按照约定支付价款的，承包人可以催告发包人在合理期限内支付价款。发包人逾期不支付的，除根据建设工程的性质不宜折价、拍卖外，承包人可以与发包人协议将该工程折价，也可以请求人民法院将该工程依法拍卖。……"建设工程承包人的优先受偿权不以承包人持续占有建设工程为要件，在承包人将建设工程移交给发包人后，其仍不丧失优先受偿权。显然，留置权与建设工程优先受偿权是不同的。

（二）法定抵押权

法定抵押权是指当事人依据法律的规定而直接取得的抵押权。有学者认为，我国原《合同法》所规定的法定抵押权实际上包含承揽人的法定抵押权，这主要是因为在建筑工程竣工以后，发包人未按照约定支付价款，承揽人对建筑工程可享有法定抵押权，即其工程价款可以通过折价、拍卖等方式获得的价款优先受偿。法定抵押权说符合该条规定的法定抵押权利的基本特征，如成立直接根据法律规定；无须当事人之间订立抵押合同及办理抵押权登记；该权利优先于约定抵押权的行使；可对抗其他债权。笔者认为，建设工程优先受偿权不属于法定抵押权，理由主要有以下三点：

1. 法定抵押权不是法定概念

《民法典》第116条规定："物权的种类和内容，由法律规定。"现行法律中的抵押权作出明确规定的仅仅是约定抵押权，没有对法定抵押权作出规定。在《民法典》规定的物权种类以外设定法定抵押权，违反了物权法定这一基本法律原则。

2. 建设工程价款优先受偿权无须登记公示，违反抵押权生效要件

建设工程价款优先受偿权是承包人依据《民法典》享有的一项法定权利，此项权利不需要登记公示即产生法律效力。第402条规定："以……正在建造的建筑物抵押的，应当办理抵押登记。抵押权自登记时设立。"建设工程价款优先受偿权设定为法定取得，与抵押权登记取得不一致，所以将建设工程价款优先受偿权设定为抵押权，违反了抵押权自登记时设立的法律规定。

3. 建设工程价款优先受偿权与抵押权设立不一致

根据《民法典》第400条第1款[①]和第402条规定可知，建设工程抵押权成立的程序为，首先签订抵押合同，而后进行抵押权登记，抵押权自登记时生效。建设工程价款优先受偿权成立不同于抵押权设立的程序，建设工程价款优先受偿权于建设工程价款成立之时设立。所以，建设工程价款优先受偿权与抵押权设立的形式要件不同。

（三）优先权说

所谓优先权，是指当不同性质民事权利发生冲突时，某种权利依据法律规定，优先于其他民事权利实现的民事权利。我国虽没有建立独立的优先权制度，但也有部分法律涉及优先权的规定，如在《中华人民共和国海商法》和《中华人民共和国民用航空法》中分别规定了船舶优先权和民用航空器优先权。可见，在特别法上对优先权已采取肯定态度。法定优先权是指特定债权人直接基于法律的规定而享有的就债务人的总财产或特定动产、特定不动产的价值优先受偿的权利。优先权与担保物权相比较，优先权是出于立法政

---

① 《民法典》第400条第1款规定："设立抵押权，当事人应当采用书面形式订立抵押合同。"

策上的考虑而规定的，它的用意是对个别特殊种类的债权加以特别保护。当前在承包人与发包人的地位严重失衡的情况下，发包人拖欠承包人工程款的现象比较严重，致使许多承包人资金存在困难，甚至发生破产，由此而影响社会安定。法律赋予承包人优先于普通债权人或担保物权人的优先受偿权，可以弥补承包人在追讨欠款上的能力不足，有利于承包人回收欠款，保障劳动者及时得到劳动报酬，进而维护社会稳定。建设工程价款优先受偿权符合法定优先权特征：由法律直接规定，不以对标的物的占有为要件，也不需要登记；标的物是承包人承建的建设工程；优先权人享有就建设工程的价款优先受偿其债权的权利，是一种变价权。故将《民法典》第 807 条所规定的建设工程价款优先受偿权归为法定优先权是更为合理和妥当的。总之，建设工程价款优先受偿权应属于法定优先权，这也符合民法公平原则的要求，该种优先权是法定的，无须登记公示。

## 二、建设工程价款优先受偿权的特点

《民法典》第 807 条设立了建设工程价款优先受偿权的规则，该权利不是合同赋予而是法定权利，其成立也不以登记或协商一致为条件。只要符合法律规定的条件，则该权利便可以行使。

### （一）建设工程价款优先受偿权成立的条件

1. 承包人必须按照建设工程施工合同约定产生债权

承包人行使建设工程价款优先受偿权的前提是承包人对发包人享有建设工程施工债权，如果承发包双方对工程价款债权的数额存在争议，承包人是否享有建设工程价款优先受偿权？笔者认为，法律和司法解释规定，只要承包人对发包人享有工程价款债权且工程价款债权已届履行期，承包人就有权行使建设工程价款优先受偿权，而并未限定建设工程价款优先受偿权必须以工程价款债权确定为前提。从司法审判的角度来看，多数承包人都是在工程价款结算争议中，请求行使工程价款优先受偿权。如果建设工程价款优先受偿权必须以工程价款的数额确定为前提，无疑会限制承包人权利的行使，不符合《民法典》第 807 条的立法精神。

2. 建设工程价款优先受偿权不以建设工程竣工为必要

工程价款优先受偿权是以发包人欠付工程款为前提的，法律没有要求承包人享有建设工程价款优先受偿权是以工程完工并经竣工验收为先决条件。即使建设工程施工合同解除时工程未竣工，只要发包人有欠付工程款的事实，承包人就可以依照法律规定的程序主张建设工程价款优先受偿权。这种做法既使承包人的建设工程价款优先受偿权获得保障，又有利于维护建筑工人的权利。所以，建设工程价款优先受偿权中的"建设工程"可以是竣工的工程，也可以是未竣工的工程，抑或某一阶段的工程。所以，《建工解释（一）》第39条规定："未竣工的建设工程质量合格，承包人请求其承建工程的价款就其承建工程部分折价或者拍卖的价款优先受偿的，人民法院应予支持。"对于建设工程价款优先受偿权的起算点，《建工解释（一）》第41条规定："承包人应当在合理期限内行使建设工程价款优先受偿权，但最长不得超过十八个月，自发包人应当给付建设工程价款之日起算。"也就是说，不管工程是属于已完工程还是未完工程，只要承包人享有建设工程价款优先受偿权的，其起算点均应统一起算，即统一自发包人应当给付工程价款之日起算。如果承包人就未完工程主张优先受偿权必须是在合同解除或者终止之日起算18个月，则此时发包人尚欠工程款数额还不清楚，此时要求承包人及时主张工程款，显然对承包人要求过于苛刻。而如果承包人与发包人在合同解除18个月后才通过结算确定工程欠款数额和付款日期，则承包人就无法享有建设工程价款优先受偿权，这明显对承包人保护不利。所以，《建工解释（一）》第41条才统一规定为自发包人应当给付建设工程价款之日起算。承包人对未完工程享有优先受偿的请求权存在以下两种例外情况：一是所建工程为违法建筑的，由于违法建筑不可能被折价或者拍卖，只能依法予以拆除，故不存在行使优先权的基础；二是工程质量存在重大瑕疵且难以修复的情形。但是，如果只是存在一般的质量问题，承包人可以进行修复的，则不会影响其优先权的行使。

3. 承包人承建的建设工程质量合格

《建筑法》及相应的法规、司法解释确定了建设工程价款与质量相统一的原则，承包人向发包人交付使用的建筑工程质量应当符合合同约定的要求，这也是承包人请求发包人支付工程价款的条件。如果建设工程的质量经竣工验收不合格，经采取补救措施仍无法满足合同约定的质量要求，视为承包人要求发包人履行工程价款债务的条件不成就，发包人可以拒绝按照合同约定支付工程价款。此种情形下，承包人无权行使建设工程价款优先受偿权。《建工解释（一）》第38条规定："建设工程质量合格，承包人请求其承建工程的价款就工程折价或者拍卖的价款优先受偿的，人民法院应予支持。"承包人享有建设工程价款优先受偿权是以承建的建设工程质量合格为前提的，建设工程质量不合格，承包人对承建的工程不享有建设工程价款优先受偿权。建设工程的质量标准分为法定质量标准和约定质量标准，承包人与发包人签订建设工程施工合同时可能会将约定的质量标准定得高于国家的法定标准。建设工程竣工验收达到了国家法定的质量标准，但未达到约定的质量标准，承包人是否享有建设工程价款优先受偿权？笔者认为，从建设工程价款优先受偿权的立法目的而言，它是为了解决工程款拖欠问题，维护建筑工人的生存权，体现了生存至上的精神。建设工程符合国家的法定标准，建设工程质量合格，建设工程即可交付使用。建设工程达到国家标准，但未达到约定标准，建设工程能够正常使用，承包人就有权享有建设工程价款。所以，应当以建设工程质量合格的法定标准为依据，来判断承包人是否享有建设工程价款优先受偿权，而不能以当事人约定的工程质量标准进行判断。

4. 承包人应当履行催告义务

《民法典》第807条规定："发包人未按照约定支付价款的，承包人可以催告发包人在合理期限内支付价款。发包人逾期不支付的，除根据建设工程的性质不宜折价、拍卖外，承包人可以与发包人协议将该工程折价，也可以请求人民法院将该工程依法拍卖。建设工程的价款就该工程折价或者拍卖的价款优先受偿。"所以，发包人未按照约定给付工程款，发包人应先行催告，催告期限届满后，承包人可以行使优先权。但是，如果承包人通过诉讼或者申请仲裁的形式主张工程价款优先受偿权，不宜受上述规定约束。毕竟承包人与发包人本属合作关系，因发包人不及时支付价款而诉至法院实属不得已，诉前通常应存在催要过程。承包人履行催告义务应当从以下两个层面理解。

（1）催告是承包人行使建设工程价款优先受偿权的必要程序。《民法典》第807条规定的催告程序应当为承包人行使建设工程价款优先受偿权必经的前置程序。根据《民法典》第563条第1款第3项规定，"当事人一方迟延履行主要债务，经催告后在合理期限内仍未履行"时，当事人可以解除合同。由此得出，若发包人迟延支付工程价款，承包人应当催告要求其在合理期限内支付。若承包人没有履行催告程序，则不得行使建设工程价款优先受偿权。建设工程价款优先受偿权制度创设的目的在于敦促发包人在履行期限内及时支付工程价款，保障承包人工程价款债权的实现。但如果对承包人行使建设工程价款优先受偿权不加合理限制，允许承包人随时对建设工程折价或者拍卖处置，则会导致当事人之间订立建设工程施工合同的目的无法实现，危及交易安全，不利于保护发包人的利益。

（2）建设工程价款优先受偿权催告"合理期限"的确定。《民法典》第807条规定："发包人未按照约定支付价款的，承包人可以催告发包人在合理期限内支付价款。……"承包人行使优先受偿权对发包人履行支付工程价款义务的催告期为"合理期限"，但《民法典》和相关司法解释均未对催告期的"合理期限"进行明确的规定。如果发包人和承包人采用1999年版《建设工程施工合同（示范文本）》订立合同，根据1999年版《建设工程施工合同（示范文本）》通用合同条款第33.4款约定，发包人收到竣工结算报告及结算资料后28天不支付工程竣工结算价款，承包人可以催告发包人支付结算价款。发包人在收到竣工结算及结算资料后56天仍不支付的，承包人可以与发包人协议将该工程折价，也可以由承包人申请人民法院将该工程依法拍卖，承包人就该工程折价或者拍卖的价款优先受偿。承包人行使建设工程价款优先受偿权催告期的"合理期限"应当按56天确定。但是由于该期限在《民法典》和相关司法解释没有相应的规定，所以笔者认为，司法实践中可以参照适用《民法典》第453条规定："留置权人与债务人应当约定留置财产后的债务履行期限；没有约定或者约定不明确的，留置权人应当给债务人六十日以上履行债务的期限，但是鲜活易腐等不易保管的动产除外。……"即将承包人行使建设工程价款优先受偿权催告期的"合理期限"确定为60日，较为合理。

（二）建设工程价款优先受偿权是对承包人的债权给予特殊的保护

优先权是法律为维护社会公平与正义，保护弱者生存权利和社会秩序而赋予特殊债权人的一项民事权利，其功能是对特殊种类的债权加以特殊保护。根据各国法律的规定，优先权主要有公益费用优先权、劳动报酬优先权、劳动者意外死伤补偿费用优先权、丧葬费用优先权、最后医疗费用优先权、债务人及其家属生活费用优先权、建设工程价款优先受偿权等。《民法典》第807条设立建设工程价款优先受偿权的目的就是通过对建设工程承包人获得工程价款的保护，间接地保障建筑工人获得报酬的权利，并最终维护建筑工人这一弱势群体的利益。建设工程价款优先受偿权对承包人工程价款的保护是以建筑物折价实现权利，或在拍卖建筑物所得价款中优先于其他权利受清偿的顺序。

（三）建设工程价款优先受偿权为法律直接规定，权利的取得无须公示

优先权不能由当事人直接约定，只能由法律规定，它不同于当事人约定的抵押权、质权。建设工程的承包人取得建设工程价款优先受偿权是直接依据《民法典》第807条享有的法定权利，该权利的产生不是基于承发包人的约定，也不是因持续地占有建筑物。担保物权的设定，原则上以公示为生效要件，如抵押权以登记为公示方法、质权以交付为公示。否则，担保物权不能成立或者不能产生对抗第三人的效力。登记的作用主要在于凸显公示效力，保障物权效力。但建设工程价款优先受偿权不以登记为享有权利的要件，因为对建筑物所占土地享有抵押权的债权人及已经交付全部购房款或者大部分购房款并占有房屋的购房人，建设工程价款优先受偿权的权利人并不构成损害。如果以登记为工程价款优先受偿权的设定条件，在没有登记的情况下，工程施工人显然失去了权利保障，这显然不符合该制度保护建筑工人生存权的初衷，其制度价值显然就无法凸显。

（四）合同的效力原则上不影响承包人的优先受偿权

《建筑法》及相关的立法体系始终贯彻建设工程质量与工程价款相统一的原则，只要建设工程经竣工验收合格的，无效合同的承包人原则上可以参

照合同约定结算工程款。人民法院在处理建设工程施工合同纠纷时，面临多重价值取向，其中首要价值取向是保障建设工程质量安全，其次是在贯彻平等保护的基础上着重保护建筑工人等弱势群体的权益，实现实质公平。因此，在建设工程质量合格的情况下，保护建筑工人的利益就属于优先考虑的价值取向。这也符合建设工程价款优先受偿权的立法目的，即使建设工程施工合同无效，建筑工人的劳动报酬依然应当优先保护，所以，原则上合同效力不影响承包人对所承建工程享有的优先受偿权。

《建工解释（一）》第 35 条规定："与发包人订立建设工程施工合同的承包人，依据民法典第八百零七条的规定请求其承建工程的价款就工程折价或者拍卖的价款优先受偿的，人民法院应予支持。"第 38 条规定："建设工程质量合格，承包人请求其承建工程的价款就工程折价或者拍卖的价款优先受偿的，人民法院应予支持。"上述第 35 条明确了优先受偿权的权利主体为与发包人订立建设工程施工合同的承包人，但并未规定建设工程价款优先受偿权与建设工程施工合同的效力有关。第 38 条没有将建设工程施工合同效力作为优先受偿权行使的条件，承包人优先权行使应围绕建设工程的质量进行判断。所以，不应以建设工程施工合同是否有效作为判断承包人是否享有优先受偿权的标准。在建设工程施工合同无效的情形下，仍然要保护承包人工程价款优先受偿权。《河北省建工审理指南》第 33 条规定："建设工程施工合同无效、但建设工程质量合格，承包人主张建设工程价款就该工程折价或拍卖的价款优先受偿的，人民法院应予以支持……"最高人民法院在汕头市建安（集团）公司与北京秦浪屿工艺品有限公司建设工程施工合同纠纷上诉案中也认为，即使施工合同无效，施工人请求支付工程价款的，该工程价款的性质也不会改变成补偿款，该工程价款仍然属于原《合同法》第 286 条[①]规定的建设工程价款。实际上，在建设工程施工合同纠纷案件审理中，由于建筑市场违法违规行为普遍存在，建设工程施工合同被认定为无效的情况占有很大比例。如果认定合同无效后，承包人均不享有工程款的优先受偿权，就很难平衡双方当事人的利益关系，使承包人处于极其不利的地位，工程款债

---

① 原《合同法》第 286 条对应《民法典》第 807 条。

权很难实现。在这种情况下，建筑施工企业施工人员工资亦难以受到保护。[①]

但是必须强调，建设工程施工合同的效力并非绝对不影响承包人的建设工程价款优先受偿权。建设工程施工合同无效的情形，一般包括：承包人未取得建筑施工企业资质或者超越资质登记、没有资质的实际施工人借用有资质的建筑施工企业名义的、建设工程必须进行招标而未招标或者中标无效的、建设施工工程没有建设工程规划许可证的、违法分包及转包等情况。《建工解释（一）》第40条规定："承包人建设工程价款优先受偿的范围依照国务院有关行政主管部门关于建设工程价款范围的规定确定。承包人就逾期支付建设工程价款的利息、违约金、损害赔偿金等主张优先受偿的，人民法院不予支持。"该条明确地规定建设工程价款优先受偿权仅限于发包人拖欠建设工程价款，对于发包人拖欠的逾期支付建设工程价款的利息、违约金、损害赔偿金等，承包人主张优先受偿的，人民法院不予支持。《建工解释（一）》第3条第1款规定："当事人以发包人未取得建设工程规划许可证等规划审批手续为由，请求确认建设工程施工合同无效的，人民法院应予支持，但发包人在起诉前取得建设工程规划许可证等规划审批手续的除外。"建设工程未取得建设工程规划许可证的，属于违法建筑，违法建筑如果不能消除违法状态，则就只能拆除或者没收。在此情况下，违法建筑不具有可使用性，既不能返还财产也不能折价补偿，只能采取损害赔偿的解决途径。未取得规划许可证的建设工程，即使建设工程质量合格，因无法实现工程价款的折价、拍卖等程序的完成，承包人实际享有的为要求发包人对其投入损失赔偿性质，并不享有要求发包人给付建设工程价款的权利，更不享有工程价款优先受偿的权利。[②]

---

[①] 关丽："就同一建设工程分别签订的多份施工合同均被认定为无效后，应当参照双方当事人达成合意并实际履行的合同结算工程价款——汕头市建安（集团）公司与北京秦浪屿工艺品有限公司建设工程施工合同纠纷上诉案"，载最高人民法院民事审判第一庭编：《民事审判指导与参考》（总第55辑），人民法院出版社2014年版，第135页。

[②] 最高人民法院民事审判第一庭编著：《最高人民法院新建设工程施工合同司法解释（一）理解与适用》，人民法院出版社2021年版，第399页。

### 三、建设工程价款优先受偿权和其他权利的行使顺位

建设工程价款优先受偿权最初在原《合同法》第 286 条中以法律的形式确立，即建设工程的承包人就建设工程折价或拍卖的价款享有建设工程价款优先受偿权。该项权利在原《最高人民法院关于建设工程价款优先受偿权问题的批复》中进一步明确，但是该批复于 2021 年 1 月 1 日废止。关于同一建筑物中建设工程价款优先受偿权与其他物权、债权权利顺位问题，《建工解释（一）》第 36 条规定，承包人享有的建设工程价款优先受偿权优于抵押权和其他债权。《建工解释（一）》中分别列举了三种权利：一般债权、抵押权、建设工程价款优先受偿权。笔者对以上三种权利行使顺序进行如下分析。

（一）建设工程价款优先受偿权与一般债权

建设工程价款优先受偿权是为了维护社会公平与正义，维护弱者生存权利和社会秩序而赋予承包人的一项民事权利，其功能是对特殊种类的债权加以特殊保护。因此，根据《建工解释（一）》第 36 条的规定，建设工程价款优先受偿权优先于一般债权。如果建设工程价款优先受偿权不能优先于一般债权，也就失去了该权利存在的意义。对此，《最高人民法院关于首先查封法院与优先债权执行法院处分查封财产有关问题的批复》第 1 条规定："执行过程中，应当由首先查封、扣押、冻结（以下简称查封）法院负责处分查封财产。但已进入其他法院执行程序的债权对查封财产有顺位在先的担保物权、优先权（该债权以下简称优先债权），自首先查封之日起已超过 60 日，且首先查封法院就该查封财产尚未发布拍卖公告或者进入变卖程序的，优先债权执行法院可以要求将该查封财产移送执行。"该批复同样体现了优先权优先于一般债权的观点。

（二）建设工程价款优先受偿权与抵押权

优先受偿权是法律直接规定的权利，而抵押权是当事人之间约定设立的，如果优先受偿权不先于抵押权受偿，则会导致法律规定的优先受偿权因标的物上还设立有抵押权而不能实现的矛盾情况。在建设工程价款优先受偿权与抵押权并存时，无论抵押权发生在前还是在后，建设工程价款优先受偿权均

应优先于抵押权。这种规则的设定主要有以下两方面理由。

1. 建设工程价款中的劳动报酬涉及建筑工人的生存权，应当优先保护

建设工程价款中有相当部分是对建筑工人的劳动报酬，而建筑工人的劳动报酬属于建筑工人的基本生存权范畴。对建筑工人基本生存权的保护应当优先于对物权的保护，所以对建设工程价款优先受偿权优先于抵押权的保护符合设立建设工程价款优先受偿权的立法初衷。设定建设工程价款优先受偿权的理据主要在于，建筑工程施工合同中包含建筑工人的劳务活动，发包人拖欠承包人的工程价款中，有一部分是承包人应当支付给建筑工人的劳动报酬和其他劳务费用，根据倾斜保障弱者利益的民事法律价值取向，法律应当优先保护建筑工人的劳动报酬和其他劳务费用。如果一般抵押权优先，承包人应当得到的工程价款则难以保障，那么建筑工人的工资和其他劳务费用就更加得不到保证，势必会损害建筑工人的生存权。

2. 建设工程价款优先受偿权维护了公平、诚实信用的市场交易秩序

建筑物是承包人劳动成果的物化表现形式，具有使用价值和交换价值时，才可能设定抵押权，而抵押权虽以追求建筑物的交换价值为目的，但其对特定建筑物价值的形成没有直接联系。在法理上，一种优先权优于另一种优先权是由"对债务人的责任财产的扩大、所作出的贡献大小决定的"，显然建设工程的承包人对形成建筑物的价值贡献大于抵押权人。赋予建设工程价款优先受偿权优先顺位，是对承包人对形成建筑物价值贡献的肯定。建设工程是靠承包人付出劳动和垫付资金建筑的，如果允许抵押权优先行使，相当于以承包人的资金清偿发包人的债务，等于发包人将自己的欠债转嫁给承包人，会严重影响市场交易安全。但值得特别注意的是，实务中出现了发包人与承包人利用建设工程价款优先受偿权来恶意串通对抗银行的抵押债权的行为。对此，银行应当认真审查发包人与承包人协商确定的工程欠款数额及优先受偿范围，认为存在虚假工程价款事实，可能损害其利益的，应该依据《民法典》第538条规定向人民法院提起撤销权之诉。但实际上，银行作为建设工程施工合同履行之外的第三方很难发现发包人与承包人恶意串通虚构工程价款的事实，并且在承包人怠于行使优先权的情况下，银行行使抵押权往往困难重重。

（三）建设工程价款优先受偿权与企业破产中的各项权利

1. 房地产开发企业破产中的权利

房地产开发企业破产债权清偿顺序的规定主要分布于《中华人民共和国企业破产法》（以下简称《企业破产法》）第109条和第113条、《民法典》第807条等法律及司法解释中。按照现行规定，房地产开发企业破产债权主要包括以下内容：破产费用及共益债务；支付全部或大部分购房款的消费购房人请求权；建设工程价款请求权；物权担保债权；工资等劳动债权；所欠税款；普通债权。

2. 房地产开发企业破产中权利顺序

房地产开发企业破产案件中，承包人建设工程价款优先受偿权与上述破产权利的顺位在司法实践中也存在争议。《企业破产法》第109条规定："对破产人的特定财产享有担保权的权利人，对该特定财产享有优先受偿的权利。"这里所说的"担保权的权利人"应当包括《民法典》第807条规定的享有建设工程价款优先受偿权的承包人。《企业破产法》第110条进一步规定："享有本法第一百零九条规定权利的债权人行使优先受偿权利未能完全受偿的，其未受偿的债权作为普通债权；放弃优先受偿权利的，其债权作为普通债权。"据此规定，承包人的建设工程价款优先受偿权在破产程序中有别于其他普通债权。

（1）建设工程价款优先受偿权不属于破产财产，优先于其他破产债权清偿。《最高人民法院关于审理企业破产案件若干问题的规定》第71条第4项规定，依照法律规定存在优先权的财产（但权利人放弃优先受偿权或者优先偿付特定债权剩余的部分除外）不属于破产财产。根据前述有关建设工程价款优先受偿权有关权利属性的分析，该条规定也内含了《民法典》第807条应适用破产法别除权的相关规定。在破产案件中，消费者权利、建设工程价款优先受偿权、抵押权都可以行使别除权，即在破产程序开始以后，直接向破产管理人请求就该特定财产行使优先受偿权，并在无担保的破产债权人按照破产财产分配方案受偿之前随时进行清偿。

（2）破产财产的清偿顺序。《企业破产法》第113条规定："破产财产在优先清偿破产费用和共益债务后，依照下列顺序清偿：（一）破产人所欠职工的工资和医疗、伤残补助、抚恤费用，所欠的应当划入职工个人账户的基本养老保险、基本医疗保险费用，以及法律、行政法规规定应当支付给职工的补偿金；（二）破产人欠缴的除前项规定以外的社会保险费用和破产人所欠税款；（三）普通破产债权。破产财产不足以清偿同一顺序的清偿要求的，按照比例分配。破产企业的董事、监事和高级管理人员的工资按照该企业职工的平均工资计算。"

3. 具有优先受偿权的建设工程价款优先于破产企业的工资债权的理据

对于建设工程价款优先受偿权优先于普通破产债权，实践中并无异议。但工资是工人维持自身和家庭成员生存的需要，事关工人及社会公众普遍的生存权，所以，破产企业的工资债权同建设工程价款优先受偿权的顺位问题，极易引发争议。

（1）建设工程价款优先受偿权的价值之一是保护建设工人的工资债权，保障其基本的生存需求，而破产企业的职工工资也具有同等的功能。所以从破产程序所保护的工人工资债权和工程价款所保护的价值序列来看，这二者所保护的价值属于同一序列，并无价值上的孰优孰劣之分。

（2）建设工程即使被拍卖，拍卖的增值部分也是基于建筑工人的劳动和工程施工单位的施工活动产生的，这部分的增值部分本身就应该属于施工人所有，由建设工程价款优先受偿权人优先受偿，对于破产企业的工人并没有任何权利上的侵害。反而，若是将建设工程价款优先受偿权的优先次序置于原有的工资债权优先权之后，无异于以承揽人之资金清偿定作人之债务，牺牲承揽人之利益以保护原抵押权人。这并不公平，与立法意旨未尽相符。

（3）《企业破产法》第132条规定："本法施行后，破产人在本法公布之日前所欠职工的工资和医疗、伤残补助、抚恤费用，所欠的应当划入职工个人账户的基本养老保险、基本医疗保险费用，以及法律、行政法规规定应当支付给职工的补偿金，依照本法第一百一十三条的规定清偿后不足以清偿的部分，以本法第一百零九条规定的特定财产优先于对该特定财产享有担保权的权利人受偿。"根据该条规定，抵押权对于《企业破产法》发布之后的工资债权具有优先清偿效力。而根据《建工解释（一）》第36条的规定，建设工程价款优先受偿权优先于抵押权。因此，建设工程价款优先受偿权在顺位上更应优于工资债权。对于破产的建设单位，管理人应优先将建设工程项目的优先受偿权给予承包人，破产后变现偿还承包人的工程款后，再将余额用来清偿企业职工工资及其他费用。

（四）同一建筑物上多个建设工程价款优先受偿权的效力认定

根据《建工解释（一）》第35条的规定，建设工程价款优先受偿权的权利主体是与发包人订立建设工程施工合同的承包人。《建筑法》第27条第1款规定："大型建筑工程或者结构复杂的建筑工程，可以由两个以上的承包单位联合共同承包。共同承包的各方对承包合同的履行承担连带责任。"建设工程的发包人也可以将建设工程的部分专业工程在总承包人之外直接发包。所以，一个建设工程发包人可能与多个承包人之间签订数份建设工程施工合同，承包人之间就存在多个优先权冲突的权利顺位问题。对于这类优先权冲突的问题，法律、行政法规、司法解释并没有明确的规定。笔者认为，建设工程价款优先受偿权的法律属性为优先权，该权利的取得为法定并且无登记之要求。建设工程价款优先受偿权的本质是对建筑工人的劳动报酬给予排他性的保护，以实现对社会弱势群体进行倾斜救济。由于建设工程价款优先受偿权涉及施工工人的劳动报酬，属于施工工人的生存权范畴，各优先权人职工的生存权应当平等，故多个施工人的建设工程价款优先受偿权应平等、公平、公正受偿。存在多个优先权的，应认真审查，以防止发包人与承包人因特殊关系虚构优先权或虚报优先权数额，损害其他优先权人的利益。根据《建工解释（一）》第35条的规定，承包人仅就其施工的范围享有建设工程价款优先受偿权，所以在立法本意上，同一建筑物上多个建设工程价款优先受偿权不应该存在权利顺位冲突问题，数个债权地位平等，法院判决确认各承包人对其施工的工程部分债权享有优先权，至于各优先权按比例受偿的最终实现，则要在执行程序中加以解决。

（五）建设工程价款优先受偿权与保证的实现顺位

建设工程施工合同中发包人向承包人提供保证人担保建设工程价款的履行。当发包人不能清偿工程款时，承包人享有建设工程价款优先受偿权和对担保人的债权两种权利，这就产生了两种权利的顺位问题。笔者认为，承包人应当优先行使建设工程价款优先受偿权，这是因为建设工程价款优先受偿权是一种法定优先权。对于承包人而言，发包人相当于以建设工程本身作为工程价款履行的担保物。在发包人拖欠工程款时，承包人应当优先行使建设工程价款优先受偿权，保证人只在建设工程价款优先受偿权不能受偿的范围内承担责任。

（六）税收与建设工程价款优先受偿权的实现顺位

司法实务中，承包人即使主张了建设工程价款优先受偿权，并得到法院判决认定，承包人也可能无法完全实现诉求。人民法院在强制拍卖建设工程成交后办理过户手续时，由于存在税收问题，造成拍卖标的物不能及时过户，从而导致承包人的建设工程价款仍不能优先受偿。《中华人民共和国税收征收管理法》第 45 条第 1 款规定："税务机关征收税款，税收优先于无担保债权，法律另有规定的除外；纳税人欠缴的税款发生在纳税人以其财产设定抵押、质押或者纳税人的财产被留置之前的，税收应当先于抵押权、质权、留置权执行。"《国家税务总局关于人民法院强制执行被执行人财产有关税收问题的复函》中指出："一、人民法院的强制执行活动属司法活动，不具有经营性质，不属于应税行为，税务部门不能向人民法院的强制执行活动征税。二、无论拍卖、变卖财产的行为是纳税人的自主行为，还是人民法院实施的强制执行活动，对拍卖、变卖财产的全部收入，纳税人均应依法申报缴纳税款。三、税收具有优先权。"从优先性上来看，承包人的建设工程价款优先受偿权应该具有比税款征收权更优先的效力。但是，根据《国家税务总局关于进一步加强房地产税收管理的通知》的规定，房地产过户必须"先税后证"，即办理房地产过户前必须先缴清所有应征得税款，否则无法办理过户。对此笔者认为，"先税后证"这一部门规章规定的制度不能阻碍建设工程价款优先受偿权。税款征收法律关系是一种公权力引起的债权债务关系，与公民的基本生存权发生冲突时，国家为使房地产交易过程中所产生的税收不因房屋过户办理后流失，特别规定对该部分税款予以先行征收，但在全国人民代表大会及其常务委员会制定的税收法律中，并没有规定应征税款可以先于该税发生之前予以征缴，而建设工程价款优先受偿权是由《民法典》予以规定的，法律效力应当是高于税收征收的法律效力。从整个法律体系看，建设工程价款优先受偿权的性质与《企业破产法》中职工工资和医疗、伤残补助、抚恤费用的性质有相似之处，《企业破产法》中已经明确规定，破产人欠缴的税款应于职工工资和医疗、伤残补助、抚恤费用支付后予以受偿。所以，建设工程价款优先受偿权应当优先于税收顺位。

## 四、建设工程价款优先受偿权的物权追及效力

物权的追及效力是指物权设立后，其标的物不论辗转流入何人之手，物权人都有权追及物之所在，而直接支配该物的效力。物权的追及效力会因善意取得、时效取得、征收等制度适用于个案而被阻断。[①] 建设工程价款优先受偿权在建设工程转让给第三人时，优先受偿权人对第三人的追及效力，法律中并没有明确规定。但根据有关法律、司法解释的规定，可以窥见建设工程价款优先受权人与其他受让取得建设工程所有权的第三人之间关系之端倪。《民法典》第406条第1款规定："抵押期间，抵押人可以转让抵押财产。当事人另有约定的，按照其约定。抵押财产转让的，抵押权不受影响。"该法条规定了抵押权具有物权追及效力。显然，建设工程价款优先受偿权优先于抵押权，其也应当具有物权追及效力。建设工程施工合同当事人之外的第三人取得了建设工程的所有权，不影响承包人就其承建的建设工程行使优先受偿权，即建设工程价款优先受偿权人针对的是争议标的建筑物，该建筑物即使通过以物抵债的方式辗转于他人之手，建设工程价款优先受偿权人也可行使优先权。其理由详述如下。

（一）工程价款优先受偿权享有物权追及效力

1. 建设工程价款优先受偿权的物权追及效力

《建工解释（一）》第36条规定："承包人根据民法典第八百零七条规定享有的建设工程价款优先受偿权优于抵押权和其他债权。"该司法解释是为

---

① 崔建远：《物权法》（第三版），中国人民大学出版社2014年版，第40页。

了实现《民法典》第807条规定的承包人的建设工程价款优先受偿权的立法目的，明确了该优先权优于抵押权。如果抵押权人对作为抵押物的建设工程行使抵押权，那么该建设工程很容易在承包人不知道的情况下过户到抵押权人名下。假设建设工程价款优先受偿权只存在于发包人所有的建设工程上，那么在建设工程转让后，承包人的建设工程价款优先受偿权即被阻断或不复存在，承包人的优先权将无法及于该建设工程，这就造成了承包人的建设工程价款优先受偿权劣后于抵押权的结果。所以，将建设工程价款优先受偿权的客体限于发包人所有的建设工程明显违反了工程价款优先受偿权的立法目的，建设工程价款优先受偿权应当赋予物权的追及效力。

2. 建设工程价款优先受偿权的法定性决定其具有物权追及效力

建设工程价款优先受偿权作为一种法定优先权，不以占有或登记为权利公示要件。由于法律已明确赋予了承包人就其承建的工程享有建设工程价款优先受偿的权利，从一定意义上讲，这就是一种公示，对建设工程发包人享有债权的第三人应当据此推断某建设工程上可能负担着建设工程价款优先受偿权。此时，第三人可以要求发包人向其出具经承包人签章确认的发包人已支付全部工程款的证明，以明确某建设工程上是否负担着建设工程价款优先受偿权。如发包人不能出具经承包人签章的已支付全部工程款的证明，则该第三人应推测其建设工程上可能负担着建设工程价款优先受偿权，其受让该建设工程就不能适用善意取得规则来对抗工程承包人的优先权。

（二）建设工程价款优先受偿权对以物抵债物权的追及效力

建设工程价款优先受偿权优先于抵押权的效力，承包人对于通过以物抵债方式变更登记到第三人名下的建设工程应当至少具有与抵押权人相似的事后救济权利，即承包人的建设工程价款优先受偿权的客体可以及于第三人通过以物抵债方式取得的建设工程上。所以，通过以物抵债方式取得建设工程所有权的第三人不能对抗承包人的建设工程价款优先受偿权，承包人对已过户到该第三人名下且由承包人承建的房屋行使优先受偿权的，不应受到限制。

（三）委托代建工程为建设工程价款优先受偿权的客体

建设工程委托代建模式逐步推行，建设工程的所有权人与发包人不一致的情况在建设工程领域中普遍存在。虽然建设工程非为发包人所有，但它属于建设工程合同的标的物，与工程价款具有牵连关系。无论发包人是否为建设工程的所有权人，只要符合《民法典》第807条规定的要件，承包人均可就施工的工程行使优先受偿权。委托代建的工程建设模式与建设单位直接发包的工程建设模式虽有所不同，但都是承包人将建筑材料与劳动力相结合而创造的建设工程，如果不允许承包人对委托代建的建设工程行使建设工程价款优先受偿权，《民法典》第807条规定的保障建筑工人物化到建设工程中的劳务费用的立法目的就难以实现。委托代建是目前积极倡导的工程建设模式，在这种模式中，发包人一般都不是建设工程的所有权人，如果不允许承包人对非发包人所有的建设工程行使建设工程价款优先受偿权，则与建筑行业的发展趋势不符。

（四）建设工程转让时建设工程价款优先受偿权的追及力

关于建设工程之上负担有工程价款债权的，在工程款债权受偿之前，该工程能否转让的问题，笔者认为，该工程可以转让。虽然建设工程上存在建设工程价款优先受偿权，但工程所有权仍然属于发包人，发包人有权对工程予以转让。关于转让的程序，可以参照《民法典》第406条规定："抵押期间，抵押人可以转让抵押财产。当事人另有约定的，按照其约定。抵押财产转让的，抵押权不受影响。抵押人转让抵押财产的，应当及时通知抵押权人。抵押权人能够证明抵押财产转让可能损害抵押权的，可以请求抵押人将转让所得的价款向抵押权人提前清偿债务或者提存。转让的价款超过债权数额的部分归抵押人所有，不足部分由债务人清偿。"因此，存在建设工程价款优先受偿权的工程可以转让，该"转让合同"不因未经过优先权人同意而无效。建设工程价款优先受偿权的追及力是指在承包人的工程价款债权未得到清偿之前，建设工程无论辗转流通到何人、何地，承包人均可以向占有该工程之人追索主张权利。建设工程价款优先受偿权是法定优先权，即法定优先权具有一定担保物权的特征，该权利依附于担保的建设工程而存在，即使被担保的建设工程发生转让，只要受让人对受让该工程存在一定过错，即不构成善意取得，承包人在其工程价款范围内对该工程享有优先受偿权。①

---

① 最高人民法院民事审判第一庭编：《民事审判指导与参考》（总第42辑），法律出版社2011年版，第158页。

## 第二节　建设工程价款优先受偿权的主客体

《民法典》第807条从法律层面上赋予了建设工程承包人享有建设工程价款优先受偿权。从《民法典》的篇章结构上看，《民法典》第807条是设定在第18章"建设工程合同"之中，《民法典》将建设工程合同的范围划分为工程勘察、设计、施工合同三部分。建设工程合同的承包主体包括建设工程勘察人、设计人、总承包人、分包人、实际施工人等不同主体。只有依法合理界定享有建设工程价款优先受偿权的主体、客体范围，才能真正实现建设工程价款优先受偿权制度，平衡建设工程施工合同关系各方的权利义务关系，保障劳动者获得劳动报酬的立法目的。长期以来建设工程价款优先受偿权在房地产开发领域被大量适用，但是在具体适用中往往产生疑问和争议，无法切实保护承包人的利益。

### 一、建设工程价款优先受偿权的主体

建设工程合同参与主体众多，不仅包括勘察人、设计人、监理人，还包括建设工程的承包人。建设工程的承包人还可以划分为总承包人、分包人、转包人、实际施工人等，但并不是所有建设合同的参与者均是建设工程价款优先受偿权的权利主体。《建工解释（一）》第35条规定："与发包人订立建设工程施工合同的承包人，依据民法典第八百零七条的规定请求其承建工程的价款就工程折价或者拍卖的价款优先受偿的，人民法院应予支持。"从司法解释的层面上，限定了建设工程价款优先受偿权的权利主体，即与发包人订立建设工程施工合同的承包人。笔者认为，根据该司法解释规定，主张建设工程价款优先受偿权的主体具体包括：与发包人签订建设工程施工合同的总承包人；发包人直接分包的专业工程承包人，包括发包人直接发包的消防工程、玻璃幕墙工程；装饰装修工程的承包人；改扩建工程的承包人。如果是发包人、总承包人、分包人三方共同签订合同，那么总承包人、分包人连带享有优先权。但值得注意的是，实务中，存在发包人指定分包的情形。发

包人与承包人签订的施工合同中如果约定由发包人指定特定项目由第三人作分包人，而且在履行过程中，指定分包人完全代替承包人就特定工程项目履行了合同义务，承包人仅承担配合盖章手续的义务，则指定分包人与发包人之间形成了事实的合同关系。此种情况下，被指定的分包人仍不享有建设工程价款优先受偿权。① 此外，对于建设工程勘察合同和设计合同的承包人依据《民法典》第 807 条行使建设工程价款优先受偿权的，一般不予支持。根据以上内容，建设工程施工合同价款优先受偿权的主体，排除了建设工程合同中的勘察人、设计人、监理人，也排除了建设工程合同中的实际施工人、分包人。对此，笔者对建设工程价款优先受偿权中的排除主体予以着重分析。

（一）勘察、设计、监理、平整场地合同关系的债权人不享有优先受偿权

1. 勘察、设计单位

《民法典》第 788 条第 1 款规定："建设工程合同是承包人进行工程建设，发包人支付价款的合同。建设工程合同包括工程勘察、设计、施工合同。"对于享有建设工程价款优先受偿权的权利主体，《建工解释（一）》第 35 条规定为"与发包人订立建设工程施工合同的承包人"。所以《民法典》第 807 条规定的建设工程价款优先受偿权仅应限定在建设工程施工合同中产生的工程价款，不应包括勘察、设计合同。《民法典》第 807 条规定的建设工程价款优先受偿权的立法目的，主要是优先保护作为社会弱势群体的建筑工人的劳动报酬，而不是要优先保护勘察人员、设计人员这样的高收入群体的报酬。勘察人与设计人应得的是勘察费与设计费，而不是工程价款，尽管勘察、设计费用也有拖欠问题，但远不如拖欠工程价款严重。勘察单位、设计单位与建设工程承包人比较，处于有利的地位，如果发包人拖欠费用，勘察、设计单位可以不交勘察报告、设计文件等，所以不应当从建设工程的折价款或者拍卖款中给予特殊的保护。

① 最高人民法院民事审判第一庭编著：《最高人民法院新建设工程施工合同司法解释（一）理解与适用》，人民法院出版社 2021 年版，第 365 页。

2. 监理单位

《民法典》第796条规定："建设工程实行监理的，发包人应当与监理人采用书面形式订立委托监理合同。发包人与监理人的权利和义务以及法律责任，应当依照本编委托合同以及其他有关法律、行政法规的规定。"建设工程的监理人是发包人的委托人，代表了发包人的利益，发包人聘请监理人代其对工程项目进行监督。监理合同不属于建设工程合同，而是归属于委托合同。所以，监理人不享有《民法典》第807条规定的建设工程价款优先受偿权。

3. 场地平整施工人

场地平整施工人不享有建设工程价款优先受偿权。根据《建设工程质量管理条例》规定，建设工程是指土木工程、建筑工程、线路管道和设备安装工程及装修工程，具体包括土木建筑工程和建筑物范围内的线路、管道、设备安装工程的新建、扩建、改建及大型的建筑装修装饰活动，主要包括房屋、铁路、公路、机场、港口、桥梁、矿井、水库、电站、通信线路等。场地平整不属于具体的建设工程施工合同客体，不属于建筑工程本身，不能作为建设工程价款优先受偿的标的物。建设工程价款优先受偿权指向的标的物是建设工程，承包人的资金和劳动成果物化到建设工程之中，使建设工程的价值直接大幅增加，故应赋予使建设工程价值直接增加的承包人以优先受偿的权利，这是该制度设立的价值基础，也是判断一方主体是否应享有优先受偿权的判断标准。而前期进行场地平整工程的施工人并没有使建设工程价值直接增加，所以不应享有建设工程价款优先受偿权。

（二）实际施工人原则上不享有建设工程价款优先受偿权

1. 实际施工人不是与发包人签订建设工程施工合同的承包人

《建工解释（一）》赋予了实际施工人特殊的诉讼主体地位。实际施工人制度在解决转包、违法分包中存在的工程价款纠纷，在保护建筑工人权益方面，发挥了重要的作用。实际施工人是具体实施工程施工的单位和个人，一般指转承包人、违法分包的承包人、借用资质的挂靠人。早在2011年《全国民事审判工作会议纪要》中就明确了实际施工人不应当享有建设工程价款优先受偿权。该会议纪要明确规定，因违法分包、转包等导致建设工程合同无效，实际施工人请求依据原《合同法》第286条规定对建设工程行使优先受偿权的不予支持。会议纪要是最高人民法院的审判指导意见，属于司法政策范围。《建工解释（一）》在该会议纪要的基础上进一步以排除法的方式明确了实际施工人不享有建设工程价款优先受偿权。该司法解释第35条规定："与发包人订立建设工程施工合同的承包人，依据民法典第八百零七条的规定请求其承建工程的价款就工程折价或者拍卖的价款优先受偿的，人民法院应予支持。"由该法条可知，只有与发包人签订施工合同的承包人才有权享有工程价款优先受偿权。实际施工人的范围一般指转承包人、违法分包的承包人、挂靠人，均不是与发包人直接签订建设工程施工合同的承包人。

2. 实际施工人不享有建设工程价款优先受偿权的理据

《建工解释（一）》第43条虽然规定实际施工人有条件地向发包人主张工程价款，但《建工解释（一）》并未赋予实际施工人直接向发包人主张工程价款优先受偿权，其主要基于如下理由。

（1）实际施工人制度和建设工程价款优先受偿权制度分别是建设工程施工合同中的特殊规则，从法律、法规、司法解释的层面上看，这两种制度并没有必然的联系。建设工程价款优先受偿权是各国民法中普遍赋予建设工程承包人享有保障其建设工程价款的制度，但实际施工人制度是我国在司法实践中为解决与发包人没有合同关系的转承包人、违法分包合同的承包人工程价款拖欠问题而确立的制度，具有明显的中国特色，在其他国家工程法律领域中鲜有规定。

（2）若对实际施工人赋予建设工程价款优先受偿权，从实际操作层面也很难行使。无论是转包还是违法分包，在建设工程施工中都可能存在大量的实际施工人，每个实际施工人的施工范围有限，所得工程价款同样有限。在实际施工人只享有部分工程价款或者所占整个工程价款比例很低的情况下，要求发包人同意折价或者由实际施工人申请拍卖，在实际操作层面无法落实。

（3）借用资质的实际施工人虽然可能承包全部工程，但与发包人之间并无直接的合同关系，只能以出借人或者被挂靠人的名义订立合同并履行合同。如果允许实际施工人向发包人主张工程价款优先受偿权，实属变相鼓励挂靠或者出借资质行为，不利于建设主管部门对建筑企业的资质的管理。

（三）建设工程价款转让，受让人不享有建设工程价款优先受偿权

从建设工程价款优先受偿权的立法目的来看，该优先权是基于对特定的建筑从业人员的保护。建设工程价款优先受偿权专属于建设工程的承包人，承包人将其建设工程价款债权转让的，受让人无权行使建设工程价款优先受偿权。《民法典》第545条第1款规定："债权人可以将债权的全部或者部分转让给第三人，但是有下列情形之一的除外：（一）根据债权性质不得转让；（二）按照当事人约定不得转让；（三）依照法律规定不得转让。"《民法典》第547条第1款规定："债权人转让债权的，受让人取得与债权有关的从权利，但是该从权利专属于债权人自身的除外。"法律、法规并不禁止建设工程施工合同项下的债权转让，只要建设工程施工合同的当事人没有约定合同项下的债权不得转让，债权人向第三人转让债权并通知债务人的，债权转让便合法有效。但从《民法典》第807条规定的精神来看，法律之所以直接赋予建设工程的承包人享有建设工程价款优先受偿权，主要在于保障工程价款中建筑工人的劳动报酬，就承包人而言，劳动报酬债权应当具有专属性。那么，建设工程价款优先受偿权也应当具有专属性，因此，工程价款债权的受让人无权享有建设工程价款优先受偿权。河北省高级人民法院也持此观点，认为建设工程价款优先受偿权具有人身依附性，工程款债权转让后，优先受偿权消灭。《河北省建工审理指南》第37条规定："建设工程价款优先受偿权与建设工程价款请求权具有人身依附性，承包人将建设工程价款债权转让，建设工程价款的优先受偿权消灭。"

（四）承包人的过错不影响享有建设工程价款优先受偿权

建设工程施工合同的履行周期长，承发包双方各自履行权利义务，承发包双方具有相互履行的协助义务。建设工程履行过程中违约的情况较为复杂，可能是发包人的原因造成，也可能是承包人的原因造成，即使是承包人过错导致建设工程未竣工，承包人依然享有工程价款优先受偿权。笔者主要基于以下两点理由。

1. 承包人的过错不影响建设工程价款优先受偿权的享有

建设工程价款优先受偿权是一种法定权利，根据《民法典》第807条的

规定，建设工程价款优先受偿权成立需满足四个条件：必须是基于建设工程合同产生债权；承包人必须按照合同的约定适当履行义务，但不以建设工程竣工为必要；承包人承建的建设工程质量合格；发包人未按照约定给付工程价款，发包人应先行催告，催告期限届满后，承包人可以行使优先权。只要具备了以上四个条件，承包人就享有建设工程价款优先受偿权。承包人主观上对建设工程未竣工是否存在过错，对承包人享有建设工程价款优先受偿权不产生影响。

2. 承包人的过错与实现建设工程价款优先受偿权立法目的无关

从建设工程价款优先受偿权的立法目的看，优先权是法律为维护社会公平与正义，保护弱势群体生存权利和社会秩序而赋予特种债权人的一项民事权利，其功能是对特殊种类的债权加以特殊保护。《民法典》第807条设立建设工程价款优先受偿权的目的就是通过对建设工程承包人获得工程价款的保护，来间接地保障建筑工人获得劳动报酬的权利，并最终维护这一弱势群体的利益。如因承包人的过错否定其享有的建设工程价款优先受偿权，从而影响到对建筑工人这一弱势群体的利益保护，则与建设工程价款优先受偿权的立法目的相悖。

## 二、建设工程价款优先受偿权的客体

《民法典》第807条明确规定建设工程价款优先受偿权指向的客体是承包人所承建的建设工程，但是对建设工程价款优先受偿权的客体进行了限制，即按照建设工程的性质不宜折价、拍卖的，不可行使建设工程价款优先受偿权。本部分针对建设工程价款优先受偿权的客体作出如下分析。

（一）建设工程占用的土地使用权不是建设工程价款优先受偿权的客体

从建设工程价款优先受偿权的立法目的看，建设工程价款优先受偿权是通过对承包人在建设工程中投入的材料、机械、资金、劳动力的保护，间接地对建筑工人获得劳动报酬给予特殊的保护。《民法典》第807条规定："承包人可以与发包人协议将该工程折价，也可以请求人民法院将该工程依法拍卖。……"从法条的内容来看，建设工程价款优先受偿权的行使范围仅仅是承包人承建的建设工程，并不包括建设用地使用权，只包括基于承包人的劳动和投入的材料而形成的建筑部分。建设工程承包人只能在其承建工程拍卖价款的范围内行使优先受偿权，所以建设工程所占用的建设用地土地使用权不是建设工程价款优先受偿权的客体。《河北省建工审理指南》第 34 条第 3 款规定："土地使用权不属于优先受偿权的客体，承包人请求对建设工程占用范围内的土地使用权的价值享有优先受偿权的，不予支持。"笔者认为，建设工程占用的土地使用权不是建设工程价款优先受偿权的客体，主要有以下几个方面的理由。

1. 建设工程价款优先受偿权本质上是对建筑物增值产生的权利

建设工程价款对建设工程的优先受偿权起源于承揽人对承揽物的添附和因劳动产生的增值，主要目的在于保护因垫资、工人工资等而附加在建设工程的部分，而垫资、工人工资等对于建设用地使用权部分并无增值贡献。所以，从建设工程价款优先受偿权的法律起源的角度上，看建设用地使用权价值部分不能成为权利的客体。[①]

2. 土地、建筑物一同拍卖实现建设工程价款优先受偿权

建设工程价款优先受偿权的客体并不及于建设用地使用权部分，但这并不表示在实现建设工程价款优先受偿权时，仅仅拍卖、折价其工程，而不拍卖、折价其建设用地使用权部分。在实现建设工程价款优先受偿权时，仍然要贯彻"房地一体"原则，只不过在建设工程价值变现时要区别其建筑物的价值和土地使用权部分的价值。如果建筑物部分的变现价值无法满足工程价款债权的，则未受清偿的工程价款债权作为普通债权，同债务人的其他债权对于土地使用权价值部分有平等的清偿效力。最高人民法院审理的中国长城资产管理公司济南办事处与山东省济南医药采购供应站、山东省医药集团有限公司、山东省医药公司借款担保合同纠纷案中已经认可了建筑物价值和建设用地使用权价值分离进行抵押并清偿的观点，这实质上也认可了建筑物价

---

[①] 最高人民法院民事审判第一庭编：《民事审判指导与参考》（总第 62 辑），人民法院出版社 2015 年版，第 294 页。

值可以和建设用地使用权价值分离的概念。

（二）未办理建设工程规划许可证的建设工程不是建设工程价款优先受偿权的客体

根据《城乡规划法》第 64 条的规定，未取得建设工程规划许可证或者未按照建设工程规划许可证的规定进行建设的，建设工程施工合同因违反法律的强制性规定而无效。承包人行使建设工程价款优先受偿权需要通过折价、拍卖、变卖建设工程得以实现，权利的行使客体应为可以折价、拍卖、变卖的有价值的物。而未取得建设工程规划许可证或者未按照建设工程规划许可证的规定进行建设的建设项目属于违法建筑，根据法律法规，对其应处以停止建设、限期改正或者限期拆除等处罚措施。违法建筑由于其具有违法性，是没有价值的，应予拆除或者没收，因此也就不存在拍卖、变卖后优先受偿的问题。所以，未办理建设工程规划许可证的建设工程，承包人不享有建设工程价款优先受偿权。

（三）建设工程质量合格是建设工程价款优先受偿权行使的前提

从《民法典》到《建工解释（一）》确立了处理建设工程施工合同纠纷须坚持工程质量不受合同效力约束的规则，不论合同效力或解除与否，只要工程质量合格就应支付工程价款。建设工程质量合格是结算工程价款的条件，承包人有权结算工程价款才享有建设工程价款优先受偿权。所以，建设工程质量合格是建设工程价款优先受偿权行使的前提。建筑活动应当确保建筑施工质量和安全，符合国家的建筑工程安全标准，并明确建筑工程施工的质量等必须符合国家有关建筑工程安全标准的要求。对于未竣工的建设工程，《建工解释（一）》第 39 条规定："未竣工的建设工程质量合格，承包人请求其承建工程的价款就其承建工程部分折价或者拍卖的价款优先受偿的，人民法院应予支持。"承包人行使未竣工建设工程价款优先受偿权的前提是建设工程质量合格。未竣工工程是指工程未能通过国家标准或约定标准的验收，主要包括以下两种情形：一是工程已完工，但未能通过验收的工程；二是工程未完工，导致未能通过验收的工程。

1. 已完工工程，未竣工验收质量认定

未竣工验收的已完工工程是指承包人已经完成建设工程施工合同约定的

工程范围，但工程未能通过国家标准或约定标准的验收。未竣工验收的已完工程质量认定合格可分为两种情况：一是经司法鉴定合格；二是司法推定质量合格。

（1）未竣工验收的已完工程，经司法鉴定认定质量合格。竣工是工程完工后由建设单位组织施工单位、设计单位、监理单位、勘验单位，根据国家标准或约定标准对建设工程进行验收，并出具竣工验收报告。如果承包人已完成施工工作，工程的状态已确定，但因种种原因未能竣工，承发包双方对工程质量不能达成一致，可通过采取建设工程质量司法鉴定的方式予以处理。工程质量认定合格，则未完工程的承包人享有建设工程价款优先受偿权。

（2）已完工程未竣工验收，发包人擅自使用，推定质量合格。《建工解释（一）》第14条规定："建设工程未经竣工验收，发包人擅自使用后，又以使用部分质量不符合约定为由主张权利的，人民法院不予支持；但是承包人应当在建设工程的合理使用寿命内对地基基础工程和主体结构质量承担民事责任。"因为在工程虽已完工但未竣工验收的情况下，发包人违反法律规定，擅自进行使用，应视为发包人对未竣工验收之已完工工程质量的认可。在这种情形下，可以推定建设工程质量合格，承包人享有建设工程价款优先受偿权。值得强调的是，对建设工程质量问题进行推论是有所限定的，仅限定在发包人擅自使用的部分，对于发包人未擅自使用的部分和地基基础工程、主体结构不适用以推定的方式认定质量合格。

2. 未完工工程，未竣工验收质量认定

（1）未完工工程未由第三人续建，则对未完工工程的认定可结合当事人提供的证据、工程的状态综合认定。如在发包人未提质量抗辩时，人民法院应当进行必要的释明，在发包人明确无质量异议的情况下，可视为发包人对承包人已完部分工程质量的认可。如发包人对承包人已完部分工程质量提出异议，根据举证责任的分配规则，应由承包人举证证明已完部分工程质量合格。比如承包人提供了已完工程的分部分项的验收手续，则可认定质量合格，除非发包人有证据推翻该验收手续。在承包人不能举证证明其施工的已完部分工程质量合格的情况下，针对已完部分工程的质量问题，人民法院可以行使释明权，告知当事人就已完部分工程的质量事实之问题申请进行鉴定。

（2）未完工工程由第三人进行续建的情况下，对已完部分工程质量的认定。在工程由第三人完成续建，并最终实现竣工验收的话，那么承包人已完部分工程的质量可视为合格。而如果工程由第三人续建，但工程并未竣工验收，如何判断承包人已完部分工程的质量？发包人在将工程交由第三人续建前，应首先对续建前承包人施工的工程情况进行确认。否则，导致的质量责任如无法确定的话，则可推定续建前承包人施工的工程质量合格。①

（四）装饰装修工程价款优先受偿权的行使

根据住房和城乡建设部《建筑装饰装修工程质量验收标准》规定，装饰装修是指为保护建筑物的主体结构、完善建筑物的使用功能和美化建筑物，采用装饰装修材料或饰物，对建筑物的内外表面及空间进行的各种处理过程。建筑装饰工程属于建设工程施工的范围。装饰装修工程的发包人，可以是建筑物的所有权人，也可以是建筑物的使用权人。装饰装修工程的承包人，只能是取得相应资质的施工企业，而不包括自然人。《建工解释（一）》第37条规定："装饰装修工程具备折价或者拍卖条件，装饰装修工程的承包人请求工程价款就该装饰装修工程折价或者拍卖的价款优先受偿的，人民法院应予支持。"该司法解释明确了装饰装修工程的承包人享有建设工程价款优先受偿权，承包人只能在装饰装修工程折价或者拍卖的价款范围内享有优先受偿权。装饰装修工程的承包人享有建设工程价款优先受偿权的前提是工程质量合格，装修工程质量不合格，不但不享有建设工程价款优先受偿权，而且不能请求发包人支付工程价款，甚至可能承担损害赔偿责任。装饰装修工程价款的优先受偿权仅限于因装饰装修而使该建筑物增加的价值的范围之内。那么如何理解"该装饰装修工程折价或者拍卖的价款"？笔者认为，其范围是因装饰装修而使该建筑物增加的价值的范围。一般来说，装饰装修对整个建筑物价值的增加，并不是将装饰装修工程价款简单相加，而是往往要高于装饰装修工程价款的数额。因装饰装修而使该建筑物增加的价值，如果当事人有约定，依约定处理；没有约定，可以通过技术鉴定确定。

---

① 最高人民法院民事审判第一庭编著：《最高人民法院新建设工程施工合同司法解释（一）理解与适用》，人民法院出版社 2021 年版，第 405 页。

### 三、建设工程价款优先受偿的范围

《建工解释（一）》第40条规定："承包人建设工程价款优先受偿的范围依照国务院有关行政主管部门关于建设工程价款范围的规定确定。承包人就逾期支付建设工程价款的利息、违约金、损害赔偿金等主张优先受偿的，人民法院不予支持。"以上司法解释明确了建设工程价款优先受偿权的权利范围，笔者对此归纳为四点：其一，承包人仅就承建的建设工程部分可以行使优先受偿权；其二，承包人享有的建设工程优先受偿权的权利范围是发包人拖欠的工程价款；其三，工程价款的范围依照国务院有关行政主管部门关于建设工程价款范围的规定确定；其四，承包人基于建设工程享有的工程价款利息、违约金、损害赔偿金等不具有优先受偿权。

（一）承包人仅就承建的建设工程部分可以行使优先受偿权

建设工程价款优先受偿权保护的是建设工程的承包人因对建设工程的投入，如人员、材料、机械等费用，而获得工程价款的权利。这决定了承包人获得建设工程价款优先受偿权的对象仅限于承包人承建的建设工程的部分。但如果发包人与承包人对工程量产生争议，可按照《建工解释（一）》第20条规定："当事人对工程量有争议的，按照施工过程中形成的签证等书面文件确认。承包人能够证明发包人同意其施工，但未能提供签证文件证明工程量发生的，可以按照当事人提供的其他证据确认实际发生的工程量。"建设工程承包人对享有优先权的建设工程的施工范围或者承建的工程量存在争议时，也应当按照工程量发生争议时一般规则处理。

（二）建设工程价款优先受偿权的权利范围是发包人拖欠的全部工程价款

《民法典》第807条规定："……建设工程的价款就该工程折价或者拍卖的价款优先受偿。"建设工程价款优先受偿权的权利范围限定为工程价款，对于建设工程的价款的构成，《建工解释（一）》第40条第1款规定："承包人建设工程价款优先受偿的范围依照国务院有关行政主管部门关于建设工程价款范围的规定确定。"这样享有建设工程价款优先受偿权的工程价款的范围明确、具体，可操作。

1. 现行建设工程价款的组成部分

目前关于建设工程价款组成部分的法律文件有两个。其一是住房和城乡建设部、财政部印发的《建筑安装工程费用项目组成》，该规范性文件规定："建筑安装工程费用项目按费用构成要素组成划分为人工费、材料费、施工机具使用费、企业管理费、利润、规费和税金。"其二是原建设部《建设工程施工发包与承包价格管理暂行规定》，该规范性文件规定："工程价格由成本（直接成本、间接成本）、利润（酬金）和税金构成。"二者虽然表述不同，但内涵基本一致。目前较为普遍使用的计价文件是《建筑安装工程费用项目组成》，所以《建工解释（一）》第40条规定的建设工程价款优先受偿的范围包括人工费、材料费、施工机具使用费、企业管理费、利润、规费和税金。需要注意的是，本条并未直接罗列建设工程价款所包含的各个组成部分，而是指定依照国务院有关行政主管部门关于建设工程价款范围的规定确定。因此，如果以后国务院有关行政主管部门关于建设工程价款范围的规定发生了变化，则建设工程价款优先受偿的范围也相应变化。建设工程施工合同中经常出现的质量优良、提前完工的奖励费用，虽然未出现在《建筑安装工程费用项目组成》中，但质量优良、提前完工是以承包人在施工活动中选材、用工上增加支出为前提的，包括材料的严格选择、安排更多机械、使用更多人力、加班加点，这些费用的增加事实上体现在《建筑安装工程费用项目组成》的项目中。所以，质量优良、提前完工的奖励费用应当属于优先受偿权的范围。

2. 工程质量保证金具有建设工程价款优先受偿权

工程价款一般由工程预付款、工程进度款、结算款、质量保证金等共同构成。质量保证金是法律明确规定的，从应付的建设工程价款中预留用以维修建筑工程在保修期限和保修范围内出现的质量缺陷的资金，在合同约定或者法律规定的缺陷责任期届满后，发包人再向承包人返还该笔建设工程质量保证金，本质上仍属于建设工程价款的一部分。返还建设工程价款中预扣的工程质量保证金可视为附期限的工程价款支付义务，该期限即为合同约定或者法律规定的缺陷责任期。根据《建设工程质量保证金管理办法》第2条的规定，质量保证金是从应付工程价款中预留，来源于工程价款，是工程价款的一部分。因此，质量保证金应属于《民法典》第 807 条规定的工程价款的一部分，对应的价值已经物化到建设工程中。所以，质量保证金既然属于工程价款的范畴，就应当属于优先受偿的范围。履约保证金与质量保证金不同，履约保证金是发包人利用优势地位要求承包人交纳一定数目的金钱作为承包人履行合同的担保，不属于工程价款的范畴。承包人虽对履约保证金享有返还请求权，但履约保证金不具有建设工程价款优先受偿的性质。

（三）承包人行使建设工程价款优先受偿权，签订的以物抵债合同，承包人对抵债房产具有优先性

由《民法典》第 807 条规定可知承包人实现建设工程价款优先受偿权的途径为两条：其一是承包人可以与发包人协议将该工程折价；其二是请求人民法院将该工程依法拍卖。承包人针对发包人拖欠的工程价款，双方达成的以物抵债合同，实质上是实现建设工程价款优先受偿权的一种方式，即发包人与承包人协议将该工程折价给承包人，以物抵债协议是承包人行使建设工程优先受偿权的结果。承包人对抵债房产在建设工程价款优先受偿权序列内优先于发包人的其他债权。只要发包人与承包人订立以物抵债合同依法有效，承包人就可以要求发包人履行合同约定的义务，保障工程价款债权。发包人通过履行该合同，从而实现其保障工程价款债权的目的。所以，承包人行使优先受偿权与发包人签订以物抵债合同，承包人对抵债房产具有优先性。笔者认为，《民法典》第 807 条规定"承包人可以与发包人协议将该工程折价"应当理解为只要签订了承建工程以物抵债协议，无论建设工程是否过户或交付承包人，承包人均对以物抵债的建设工程享有优先受偿权，该优先受偿权针对的是建设工程本身而不是建设工程的拍卖款。关于以物抵债的建设工程交付和依约办理过户登记的问题属于以物抵债合同的履行问题，与承包人行使建设工程价款优先受偿权无关。

（四）建设工程利息、违约金、损害赔偿金等不具有优先受偿权

《建工解释（一）》第 40 条第 2 款规定："承包人就逾期支付建设工程价款的利息、违约金、损害赔偿金等主张优先受偿的，人民法院不予支持。"笔者认为，该法条中规定的建设工程价款的利息、违约金、损害赔偿金等不

享有优先受偿权的理据如下。

1. 建设工程价款的利息不具有建设工程价款优先受偿权

（1）建设工程的价款利息不属于建设工程价款的组成部分。依照国务院有关行政主管部门关于建设工程价款组成的文件有两个。其一，住房和城乡建设部、财政部印发的《建筑安装工程费用项目组成》中规定，建筑安装工程费用项目按费用构成要素组成划分为人工费、材料费、施工机具使用费、企业管理费、利润、规费和税金。其二，原建设部《建设工程施工发包与承包价格管理暂行办法》中规定，工程价格由成本（直接成本、间接成本）、利润（酬金）和税金构成。以上两个文件均规定了建设工程造价组成。按照《建工解释（一）》第40条第1款的规定，这两个文件就是建设工程价款优先受偿权的范围，建设工程价款优先受偿权的范围未将工程款的利息列入，所以利息不是工程价款组成部分。

（2）利息不属于承包人为建设工程实际支出的费用。建设工程价款优先受偿权的本质是承包人享有对建设工程的投入具有优先于其他债权人返还的权利。但是建设工程的利息并未实际投入施工生产作业，也未物化于工程本身，并不影响工程价值，所以利息不属于建设工程实际支出的费用。

2. 违约金、损害赔偿金不具有建设工程价款优先受偿权

《民法典》第807条规定的是建设工程的价款可就建设工程折价或者拍卖的价款优先受偿，但违约金、损害赔偿金都不属于建设工程的价款。建设工程价款优先受偿权的立法目的是保护建筑工人的基本生存权，而且违约金、损害赔偿金与普通债权没有本质区别，对于保护建筑工人的利益也没有特别意义。因此，承包人就违约金、损害赔偿金等主张优先受偿的，人民法院不应予以支持。[1]

3. 实现建设工程价款优先受偿权的费用不具有建设工程价款优先受偿权

根据《民法典》第807条规定可知，实现建设工程价款优先受偿权的费用显然不属于建设工程价款。《建工解释（一）》第40条第1款规定："承包

---

[1] 最高人民法院民事审判第一庭编著：《最高人民法院新建设工程施工合同司法解释（一）理解与适用》，人民法院出版社2021年版，第416页。

人建设工程价款优先受偿的范围依照国务院有关行政主管部门关于建设工程价款范围的规定确定。"以上法律、司法解释均把建设工程价款优先受偿权的范围界定为工程价款，价款的范围限定在依照国务院有关行政主管部门关于建设工程价款范围的规定确定。所以，实现债权的费用不应列为建设工程价款优先受偿权的范围。

4. 未完工程的预期可得利润不具有建设工程价款优先受偿权

承包人对未完工程的预期可得利润的法律性质属于发包人违约而造成损失的范畴，是承包人经营权的内容。建设工程价款优先受偿权的范围是承包人为建设工程应当支付的工作人员报酬、材料款等实际支出的费用。从建设工程价款优先受偿权的行使条件看，未完工程的逾期可得利润不属于承包人对建设工程实际投入的范围。所以，逾期可得利润不符合建设工程价款优先受偿权的实现要件，不应在建设工程价款优先受偿权中主张。

5. 承包人的垫资不属于建设工程价款优先受偿的范围

工程建设中垫资施工曾是明令禁止的，但是这一现象在工程实践中屡禁不止。在尊重事实的基础上，《建工解释（一）》第 25 条规定："当事人对垫资和垫资利息有约定，承包人请求按照约定返还垫资及其利息的，人民法院应予支持，但是约定的利息计算标准高于垫资时的同类贷款利率或者同期贷款市场报价利率的部分除外。当事人对垫资没有约定的，按照工程欠款处理。当事人对垫资利息没有约定，承包人请求支付利息的，人民法院不予支持。"由该法条可知，垫资不属于《建筑安装工程费用项目组成》《建设工程施工发包与承包价格管理暂行规定》中规定的工程价款的组成部分，不符合《建工解释（一）》第 40 条规定的享有建设工程价款优先受偿权的范围。建设工程价款优先受偿权的立法目的是对建筑工人的工资予以优先保护，而垫资行为的性质属于企业间的资金拆借行为，所垫资金来源承包人的自有资金，并非工人的工资。如将垫资款所生债权纳入优先受偿的范围，则与立法目的不符。

## 四、建设工程中不能行使建设工程价款优先受偿权的情形

建设工程价款优先受偿权的行使客体为承包人承建的建设工程，《民法

典》第807条规定承包人行使建设工程价款优先受偿权的方式为对该建筑物折价、拍卖，但该法条又作出例外的规定"除根据建设工程的性质不宜折价、拍卖外"。笔者认为，违法建筑、工程质量不合格且难以修复以及法律规定的其他情形等都属于《民法典》第807条规定的"根据建设工程的性质不宜折价、拍卖"的范围。

### （一）违法建筑

违法建筑是指未依法取得规划许可或者未按照规划许可内容建设的建筑物和构筑物，以及超过规划许可期限未拆除的临时建筑物和构筑物。《城乡规划法》第64条规定："未取得建设工程规划许可证或者未按照建设工程规划许可证的规定进行建设的，由县级以上地方人民政府城乡规划主管部门责令停止建设；尚可采取改正措施消除对规划实施的影响的，限期改正，处建设工程造价百分之五以上百分之十以下的罚款；无法采取改正措施消除影响的，限期拆除，不能拆除的，没收实物或者违法收入，可以并处建设工程造价百分之十以下的罚款。"可以看出，违法建筑并非只有拆除一个途径，如果导致违法的情况消除，或取得建设工程规划许可证，或违法建筑可以采取改正措施，缴纳罚款补办手续后，则不属于前文所述的违法建筑之列。但是在行政部门未纠正行为之前，违法建筑不受法律保护。因为建造行为违法，导致违法建筑无法完成初始登记，所以违法建筑不能进行合法处分，不能进入拍卖、变卖程序，也就不能成为建设工程价款优先受偿权的客体。

### （二）工程质量不合格且难以修复的建筑

工程质量不合格且难以修复的建筑属于不宜折价、拍卖的情形，承包人对该建设工程不享有优先受偿权，笔者认为应当从以下三点分析。

1. 工程质量不合格且难以修复，不能成为折价、拍卖的客体

"折价、拍卖"系民事法律行为，接近于买卖合同法律关系。民事法律行为必须符合法定的效力要件。《民法典》第143条规定："具备下列条件的民事法律行为有效：（一）行为人具有相应的民事行为能力；（二）意思表示真实；（三）不违反法律、行政法规的强制性规定，不违背公序良俗。"民法理论上所称的合同"不违反法律、行政法规的强制性规定，不违背公序良

俗"，既指合同的目的，又指合同的内容。合同的目的，是指当事人缔结合同的直接内心原因；合同的内容，是指合同中的权利义务及指向的对象。合同内容违法，有的体现为标的违法，有的体现为标的物违法，比如非法出版物的加工承揽合同。《建筑法》第3条规定："建筑活动应当确保建筑工程质量和安全，符合国家的建筑工程安全标准。"工程质量不合格且难以修复的建筑显然不"符合国家的建筑工程安全标准"。以工程质量不合格且难以修复的建筑作为折价、拍卖的标的物，属于标的物违法，在这个基础上建立起来的合同关系属于无效合同。

2. 工程质量不合格且难以修复的建筑不具备获取工程价款的条件，承包人也不享有优先受偿权

《建工解释（一）》第38条规定："建设工程质量合格，承包人请求其承建工程的价款就工程折价或者拍卖的价款优先受偿的，人民法院应予支持。"《民法典》第793条规定："建设工程施工合同无效，但是建设工程经验收合格的，可以参照合同关于工程价款的约定折价补偿承包人。建设工程施工合同无效，且建设工程经验收不合格的，按照以下情形处理：（一）修复后的建设工程经验收合格的，发包人可以请求承包人承担修复费用；（二）修复后的建设工程经验收不合格的，承包人无权请求参照合同关于工程价款的约定折价补偿。发包人对因建设工程不合格造成的损失有过错的，应当承担相应的责任。"《民法典》第806条第3款规定："合同解除后，已经完成的建设工程质量合格的，发包人应当按照约定支付相应的工程价款；已经完成的建设工程质量不合格的，参照本法第七百九十三条的规定处理。"通过以上法律及司法解释，笔者梳理出以下逻辑脉络。建设工程价款优先受偿权的行使是以建设工程质量合格为前提，已完成的建设工程质量不合格的承包人应当负责修复，修复合格的承包人有权请求发包人支付工程价款，修复不合格的承包人无权请求发包人支付工程价款。承包人享有建设工程价款优先受偿权是以发包人拖欠建设工程价款为条件的，因建设工程质量不合格发包人不负给付承包人工程价款的义务。所以承包人承建的建筑工程质量不合格且难以修复，承包人无权就建设工程享有价款优先受偿权。

3. "不宜折价、拍卖的建设工程"的其他情形

"不宜折价、拍卖的建设工程",除违法建筑及工程质量不合格且难以修复的建筑以外,还应当包括以下内容:建设工程未取得建设工程规划许可证或者未按照规划许可证的要求进行建设的;建设工程质量不合格,且无法予以修复的;建设工程属于事业单位、社会团体以公益目的建设的教育设施医疗设施及其他社会公益设施,但是对于学校、幼儿园、医院等机构的非公益设施范围内的建设工程,则不属于不宜折价、拍卖的建筑工程,如学校开办的宾馆、医院所开办的生产基地等非公益设施的建设工程;建设工程属于国家机关的办公用房或者军事建筑;无法独立存在或者分割后影响主建筑使用功能的附属工程。特别强调的是,对于所有权不明、权属存在争议的财产,查封、扣押、监管的财产,不属于"不宜折价、拍卖的建设工程"的财产。如果权属不清,可以通过折价拍卖的方式优先支付承包人的工程价款,多余价款予以提存;如果依法被查封、扣押、监管,财产是可以成为交易的对象,查封、扣押、监管行为只是在财产上形成负担,只是影响财产上的物权变动,只要涤除了权利负担物权即可变动。工程价款优先受偿权,本身就优先于一般债权及抵押债权,一般情况下依法被查封、扣押、监管的财产承包人可以行使建设工程价款优先受偿权。

## 五、承包人行使建设工程价款优先受偿权过程中的问题

### (一)在建设工程价款优先受偿权中折价、拍卖的理解

建设工程的折价是指发包人经与承包人协议将建设工程的所有权转让给承包人,以抵偿承包人的工程价款债权。折价和变卖不同,如果将标的物所有权转让给第三人则属于变卖。建设工程价款优先受偿权的实现方式规定了折价、拍卖两种方式,变卖则不属于建设工程价款优先受偿权的实现方式。只要发包人与承包人就建设工程折价达成协议,不损害其他债权人的利益,无论建设工程价款优先受偿权是否得到司法确认,待承包人的工程价款债权已届清偿期,价款优先受偿权已经确定时,就可签订折价协议。

1. 发包人与承包人签订的折价协议不得违反禁止"流质协议"的规定

发包人与承包人不得预先约定在债务履行期满后,承包人的工程价款债

权未受清偿时，建设工程的所有权转移给承包人。此种协议属于法律所禁止的"流质协议"，违反了《民法典》第 401 条的规定，是无效的。

2. 折价不得损害购房消费者以及其他债权人的利益

发包人与承包人协商将建设工程折价，尽管是双方当事人之间的合意行为，但折价协议不得损害其他债权人的利益，如发包人已经将建设的商品房预售给消费者，且消费者已经支付全部或者大部分购房款的，则承包人不得通过与发包人协商折价的方式实现其建设工程价款优先受偿权。

（二）实现建设工程价款优先受偿权不受商品房预告登记的限制

1. 预告登记不产生承包人丧失建设工程价款优先受偿权的法律后果

预告登记本质上是一种登记对抗行为，不具有物权效力。即使开发商进行了物权处分，根据《民法典》第 221 条第 1 款规定，"……预告登记后，未经预告登记的权利人同意，处分该不动产的，不发生物权效力"，开发商的物权处分行为也不发生物权变动的效力，此时该房产仍为开发商名下房产。所以，笔者认为可以作出如下理解，既然预告登记作为一种登记行为不产生物权效力，作出预告登记的房产依然为开发商的房产，那么承包人对其承建的房产，就不因具有预告登记而产生丧失建设工程价款优先受偿权的法律后果。

2. 建设工程价款优先受偿权优先于商品房预告登记

预告登记的主要目的在于防止开发商"一房二卖"，保护的是处于弱势地位的购房人的物权期待权。而建设工程价款优先受偿权则是为了解决开发商长期拖欠工程价款这一现实问题，维护的是施工人索取劳动报酬的基本权利。该权利突破了债权的平等性，以优先权的方式对施工人的基本生活权利加以保障。建设工程价款优先受偿权是法定优先权，承包人据此主张拍卖、折价在建工程的不属于对已进行预告登记的商品房擅自处分。但是，在强制执行中，商品房的购买人具有排除执行的权利，此时承包人的建设工程价款优先受偿权劣后于商品房购买人的权利。商品房的购买人排除执行的权利和商品房预告登记是两种不同的概念，不可混淆。

3. 拍卖实现建设工程价款优先受偿权不以预告登记权利人同意为前提

建设工程价款优先受偿权的实现通常是通过法院进行拍卖来实现的，而预告登记则取决于其与开发商的约定，与是否已支付全部或大部分购房款及其他前置条件并无必然联系。通过法院拍卖实现优先受偿权，属于法律强制力下进行的处分行为。该司法行为的效力不以预告登记权利人同意为前提。如果承包人建设工程价款优先受偿权受到预告登记权利人的限制，则可能导致建设工程价款优先受偿权这一制度落空。

## 第三节　建设工程价款优先受偿权的行使

建设工程价款优先受偿权是承包人享有的法定性、排他性的权利，承包人优先受偿权的行使将使发包人丧失建设工程的所有权，对发包人影响重大。建设工程价款优先受偿权应当是在发包人应当给付工程价款而未给付之时。故《建工解释（一）》第41条规定："承包人应当在合理期限内行使建设工程价款优先受偿权，但最长不得超过十八个月，自发包人应当给付建设工程价款之日起算。"

### 一、建设工程价款优先受偿权的实现

承包人对于建设工程价款优先受偿权的行使一般通过以下五种程序实现：其一，提起建设工程价款优先受偿权确认之诉，包括承包人单独提起建设工程价款优先受偿权确认之诉，也包括在工程价款诉讼中一并提出确认其享有工程价款优先受偿权；其二，申请确认其对该工程拍卖价款行使优先受偿权；其三，建设工程承包人自行与发包人协商以该工程折价抵偿尚未支付的工程价款；其四，直接申请法院拍卖以实现工程价款债权；其五，申请参加对建设工程价款的参与分配程序主张优先受偿权。特别要注意，建设工程承包人提起诉讼、申请仲裁仅要求判决或裁决由发包人向其支付工程价款，未要求确认其对该工程拍卖价款享有优先受偿权的，因为建设工程价款优先受偿权是一项独立的请求，如承包人未请求享有建设工程价款优先受偿权则无此权利，承包人在执行程序中不当然享有该权利。实践中关于建设工程价款优先受偿权的问题主要集中在以下几个方面。

（一）建设工程价款优先受偿权不适用实现担保物权程序

《民事诉讼法》在第15章"特别程序"中增设了"实现担保物权案件"一节，对担保物权实现的相关程序性问题作了规定。《民事诉讼法》第203条规定："申请实现担保物权，由担保物权人以及其他有权请求实现担保物权的人依照民法典等法律，向担保财产所在地或者担保物权登记地基层人民法院提出。"法条中的"担保物权人"包括抵押权人、质权人、留置权人。由于建设工程价款优先受偿权与担保物权中的抵押权在性质上有相似之处，所以实现建设工程价款优先受偿权是否适用于实现担保物权程序，在司法实践中存在争议。《民法典》规定了物权法定原则，实践中对于该原则应严格准用，建设工程价款优先受偿权不属于法定的担保物权，不具有准用《民事诉讼法》实现担保物权案件的法律依据。

（二）建设工程价款优先受偿权的行使方式

由于法律法规对建设工程价款优先受偿权规定得较为原则，承包人行使建设工程价款优先受偿权请求权，一般采取以下形式：一是承包人自行与发包人协商以该工程折价抵偿尚未支付的工程价款；二是提起诉讼单独要求确认其享有优先受偿权；三是在工程价款诉讼中一并提出享有优先受偿权。

1. 建设工程价款优先受偿权可以由人民法院审判确认

《民法典》第807条并没有规定，享有建设工程价款优先受偿权的承包人可以不经审判直接向人民法院申请依法拍卖享有优先权的建设工程的权利。建设工程价款优先受偿权虽然是一种法定权利，但是该权利的确认属于民事诉讼中确认之诉的范围，应当在审判程序中予以解决。人民法院应当在判决书主文中对承包人是否享有建设工程价款优先受偿权及优先权的具体数额予以明确，故建设工程价款优先受偿权不宜在执行程序中确认，应当先通过审判程序解决，待裁判生效后，承包人才能申请法院强制执行来拍卖相应的建设工程。

（1）建设工程价款优先受偿权直接适用执行程序，缺乏《民事诉讼法》法律依据。关于实现担保物权，除了《民事诉讼法》第203条规定外，第204条规定："人民法院受理申请后，经审查，符合法律规定的，裁定拍卖、变卖担保财产，当事人依据该裁定可以向人民法院申请执行；不符合法律规定的，裁定驳回申请，当事人可以向人民法院提起诉讼。"由上述两个法条可知，申请实现物权担保被法院驳回后，抵押权人应当向人民法院提起诉讼，经生效裁判确认后向人民法院执行担保财产，故优先权人直接适用执行程序缺乏《民事诉讼法》法律依据。

（2）建设工程价款优先受偿权人拍卖建设工程应当有生效的裁判文书。承包人行使建设工程价款优先受偿权的，可以向仲裁机构申请仲裁或者向人民法院提起诉讼，获得生效法律文书后，再向人民法院申请强制执行，这样才符合法律规定。人民法院在审判程序中审理并在判决主文中直接确认承包人享有的建设工程价款优先受偿权的范围。承包人获得生效判决或者调解书后，再向人民法院申请强制执行。那种直接由人民法院的执行机构负责对优先权人的拍卖建设工程申请进行审查并作出执行裁定作为执行根据，实质上是对建设工程价款优先受偿权给予了确认，具有越权之嫌。① 但是对建设工程价款优先受偿权的执行必须符合申请执行的法定条件。《民事诉讼法解释》第461条规定："当事人申请人民法院执行的生效法律文书应当具备下列条件：（一）权利义务主体明确；（二）给付内容明确。法律文书确定继续履行合同的，应当明确继续履行的具体内容。"如果承包人仅向人民法院申请确认享有建设工程价款优先受偿权，但是没有具体的给付工程价款的内容，那么承包人虽然持有生效的确认优先权的法律文书，有明确的权利义务主体，但因为没有明确的给付内容，故对该执行请求应不予立案。

2. 民事调解书可以作为确认建设工程价款优先受偿权的依据

《民事诉讼法解释》第355条第1款第5项规定："当事人申请司法确认调解协议，有下列情形之一的，人民法院裁定不予受理：……（五）调解协议内容涉及物权、知识产权确权的。……"工程价款优先受偿权在性质上属于法定优先权，具有一定的物权属性，据此有人认为，不应通过调解书确认

---

① 杨永清："《最高人民法院关于建设工程价款优先受偿权问题的批复》的理解与适用——兼谈与该权利有关的几个重要问题"，载最高人民法院民事审判第一庭编：《民事审判指导与参考》（总第11辑），法律出版社2002年版，第67页。

建设工程价款优先受偿权。笔者对以上观点不予认同。人民法院可以在建设工程施工合同案件调解中一并确认建设工程价款优先受偿权。建设工程价款优先受偿权系从属于建设工程价款的从权利，属优先权的范畴，不属于担保物权，不适用《民事诉讼法解释》第355条第1款第5项的规定。建设工程价款优先受偿权的行使方式，既包括诉讼的方式，也包括非诉讼的方式。根据《民法典》第807条的规定，建设工程价款优先受偿权既然可以通过协商折价的方式，那么调解方式当然也可以作为建设工程价款优先受偿权的合法有效行使方式。但是，因建设工程价款优先受偿权可能涉及其他债权人的权利顺位及其他债权人的合法权利的问题，法院应当对建设工程价款优先受偿权的行使主体、行使期限、行使方式、工程价款债权的范围等进行实质性审查，如是否存在当事人虚增工程价款数额、伪造竣工记录、伪造付款期限、伪造行使时间等情形。未经实体审查或经审查不符合建设工程价款优先受偿权行使条件的，法院不予出具调解书。《河北省建工审理指南》第36条规定："当事人以调解方式对优先受偿权进行确认的，人民法院应依法审查其合法性，对当事人恶意串通损害第三人合法权益的调解协议不予确认。"从河北省高级人民法院关于审理建设工程施工案件的指导意见看，虽然其对采取民事调解书的形式确认建设工程价款优先受偿权采取慎重态度，但原则上是认可这一方式的。

3. 承包人向发包人发函主张建设工程价款优先受偿权的效力

承包人在《建工解释（一）》第41条规定的行使建设工程价款优先受偿权的期限内向发包人发函主张优先受偿权的效力问题，在司法实践中存在两种意见：其一，承包人向发包人发函主张建设工程价款优先受偿权有效说；其二，承包人向发包人通过发函方式主张建设工程价款优先受偿权的无效说。目前对以上两种意见没有倾向性意见。

（1）承包人向发包人发函主张建设工程价款优先受偿权有效说。《民法典》第807条规定建设工程价款优先受偿权行使方式包括法院拍卖和当事人双方协议折价，法律并未限定建设工程价款优先权承包人行使方式。所以，承包人以催告函的方式主张建设工程价款优先受偿权的方式应为有效。承包人如果能够证明在法定期间内向发包人主张过优先受偿权，则承包人在有权行使优先受偿权的 18 个月之后起诉的，仍享有优先受偿权。最高人民法院 (2012) 民一终字第 41 号判决书中指出："关于一审判决华兴公司享有天成国贸中心 8 - 24 轴裙楼工程优先受偿权是否正确问题。天成公司认为，华兴公司起诉时主张优先权，已超过法定的期限，一审判决华兴公司享有优先权是错误的。本院认为，天成国贸中心一期工程在 2008 年 2 月 4 日竣工验收后，华兴公司于同年 5 月 12 日以'工作联系单'方式向天成公司主张案涉工程的优先受偿权，并未超出法定的优先受偿权除斥期间。天成公司认为华兴公司起诉时主张优先受偿权超出法定的期间缺乏事实和法律依据，不能成立。一审判决认定华兴公司享有天成国贸中心 8 - 24 轴裙楼工程价款优先权正确，应予维持。"所以，工程价款优先受偿权的立法目的在于保护承包人利益，承包人已主动发函要求行使优先受偿权的情况下，不能因为发包人不予配合而使得承包人丧失优先受偿权。

(2) 承包人向发包人通过发函方式主张建设工程价款优先受偿权的无效说。即承包人在 18 个月内主张优先受偿权需以诉讼或达成协议为限，仅在法定期间内发函催告，不受法律保护。建设工程价款优先受偿权立法目的虽然在于保护承包人利益，但法律对权利行权期间设定的目的在于维护法律关系的稳定。承包人在法定期间内发函主张优先受偿权，而迟迟不确定进入拍卖、变卖程序，将使得发包人的其他债权人始终处于不确定状态。所以，承包人向发包人通过发函方式主张建设工程价款优先受偿权的，不能认定为优先受偿权行使的有效方式。如原《江苏省高级人民法院关于审理建设工程施工合同纠纷案件若干问题的解答》第 18 条规定："承包人通过提起诉讼或申请仲裁的方式，主张建设工程价款优先受偿权的，属于行使建设工程价款优先受偿权的有效方式。承包人通过发函形式主张建设工程价款优先受偿权的，不认可其行使的效力。"

4. 发包人自行认可承包人建设工程价款优先受偿权的效力

建设工程价款优先受偿权系由法律直接规定的权利，该权利不依当事人的约定或发包人的自认而产生、变动。《民法典》第 807 条所规定的"协商折价"本身就是以承包人具备建设工程价款优先受偿权成立条件为前提的，这里的"协商折价"仅仅是这一权利的行使方式，而并非发包人与承包人可以自行确立承包建设工程价款优先受偿权。发包人自行认可承包人的建设工程价款优先受偿权，可能会导致发包人将建设工程折价给不具备享有建设工程价款优先受偿权条件的承包人，从而损害其他债权人。

## 二、建设工程价款优先受偿权的行使期限

《民法典》第807条规定是承包人享有建设工程价款优先受偿权的立法来源，但是《民法典》并没有规定对承包人至关重要的这一优先权从何时起行使以及行使期限，本节将对建设工程价款优先受偿权的行使期限进行分析。

（一）建设工程价款优先受偿权行使期限为18个月

2002年6月20日，最高人民法院公布了原《最高人民法院关于建设工程价款优先受偿权问题的批复》。该批复第4条规定："建设工程承包人行使优先权的期限为六个月，自建设工程竣工之日或者建设工程合同约定的竣工之日起计算。"但是，在司法实践中，情况远非该批复规定的如此简单，如实际竣工的时间早于或晚于约定竣工时间，应当以实际竣工还是约定竣工时间作为优先受偿权行使期限的起算点；承包人中途解约所承建的工程，由其他承包人继续施工并竣工，优先受偿权的起算点计算问题；建设工程并没有完全竣工，优先受偿权的起算点计算问题等情况，对于这些问题该优先受偿权批复均无法给予解决。故为回应现实，更好解决问题，《建工解释（一）》第41条将优先权行使期限延长至18个月，优先权行使期限的起始点更改为"自发包人应当给付建设工程价款之日起算"。

（二）建设工程价款优先受偿权的行使期限为除斥期间

对于优先受偿权行使期限是属于诉讼时效还是除斥期间，在实践中曾存在争议。有观点认为该期限的性质为特殊诉讼时效，应准予中止、中断和延长。但是主流观点则认为，建设工程价款优先受偿权的期限性质为除斥期间，该权利期限一旦届满即为消灭，不存在建设工程价款优先受偿权期限的中止、中断和延长。笔者认为，对该期限性质的认定，应当结合其所保护的权利的性质以及立法规定该期限所要达到的目的予以考察。《民法典》第199条规定："法律规定或者当事人约定的撤销权、解除权等权利的存续期间，除法

律另有规定外，自权利人知道或者应当知道权利产生之日起计算，不适用有关诉讼时效中止、中断和延长的规定。存续期间届满，撤销权、解除权等权利消灭。"从该法条对除斥期间的规定分析，除斥期间为权利预设期间，以促使法律关系尽早确定为目的，不得中止、中断和延长。建设工程价款优先受偿权为法律对承包人预先确定的法定权利，优先受偿权的生效无须登记，不具有公示的形式，其行使对其他权利人影响巨大。法律对优先受偿权行使期限的规定目的是促使承包人积极行使权利，防止承包人因长期怠于行使优先受偿权而妨碍其他权利人权利的实现。2008 年 2 月 29 日，最高人民法院以（2007）执他字第 11 号函，就广东省高级人民法院关于对人民法院调解书中未写明建设工程价款有优先受偿权应如何适用法律问题的请示答复时也采纳了这种观点，该答复指出，建设工程价款优先受偿权是一种法定优先权，无须当事人另行予以明示。所以，建设工程价款优先受偿权的行使期限应当属于除斥期间，该期限为 18 个月的不变期间，不存在中止、中断或延长的情形。另外要说明的是，除斥期间的主要特点之一在于其是由法律明确规定的权利存续期间。除斥期间必须是法律规定的期限，而非当事人约定，因此建设工程价款优先受偿权的行使期限不由当事人约定加以改变。①

（三）建设工程优先受偿权行使期限的计算

建设工程价款优先受偿权是承包人一项法定的权利。建设工程价款优先受偿权的成立与行使是两个不同的法律概念。建设工程价款优先受偿权的成立是承包人行使工程价款优先受偿权的前提条件。建设工程优先受偿权的成立和行使的时间界定，对于承包人通过建设工程优先受偿权获得工程价款，意义重大。

1. 建设工程价款优先受偿权的成立时间

建设工程价款优先受偿权是基于法律的规定直接赋予承包人，第三人难以知悉，确立优先受偿权成立的规则有利于维护交易安全。建设工程价款优先受偿权是法律直接规定的，承包人因发包人拖欠工程价款而对承建的建设

---

① 王楠楠："建设工程价款优先受偿权行使期限的问题研究"，载最高人民法院民事审判第一庭编：《民事审判指导与参考》（总第 78 辑），人民法院出版社 2019 年版，第 47 页。

工程享有优先折价或拍卖款优先受偿的权利，优先权成立的时间为建设施工的主要义务已经实际履行。值得注意的是，建设工程价款优先受偿权成立于工程价款成立之时，但不意味着该权利同时行使。建设工程施工合同属于继续性合同，承包人履行是一个长期的过程，工程价款的给付也分为预付款、进度款、结算款、质量保证金等。承发包双方在履行过程中根据施工实际状况以及建设工程的施工范围、工期、价款等情况，不断通过签证、往来函件等形式进行变动，建造行为依法依约完成之前，双方的权利义务不能特定。承包人享有优先受偿权的前提是承包人将劳动和建筑材料物化在建筑产品中，使劳动成果实现特定化。所以建设工程价款优先受偿权的成立必须在建设工程施工合同履行终结之时，如建设工程施工合同履行完毕或因发包人原因建设工程施工合同解除的情形。

2. 行使建设工程价款优先受偿权的起算时间

建设工程施工合同履行过程中通常经过工程竣工、验收、结算、付款期限届满四个不同阶段。参照 2017 年版《建设工程施工合同（示范文本）》的约定，"承包人应在工程竣工验收合格后 28 天内向发包人和监理人提交竣工结算申请单，并提交完整的结算资料"；"监理人应在收到竣工结算申请单后14 天内完成核查并报送发包人。发包人应在收到监理人提交的经审核的竣工结算申请单后 14 天内完成审批，并由监理人向承包人签发经发包人签认的竣工付款证书。监理人或发包人对竣工结算申请单有异议的，有权要求承包人进行修正和提供补充资料，承包人应提交修正后的竣工结算申请单。发包人在收到承包人提交竣工结算申请书后 28 天内未完成审批且未提出异议的，视为发包人认可承包人提交的竣工结算申请单，并自发包人收到承包人提交的竣工结算申请单后第 29 天起视为已签发竣工付款证书"；"发包人应在签发竣工付款证书后的 14 天内，完成对承包人的竣工付款。发包人逾期支付的，按照中国人民银行发布的同期同类贷款基准利率支付违约金；逾期支付超过56 天的，按照中国人民银行发布的同期同类贷款基准利率的两倍支付违约金"。在建设工程价款的结算过程中又存在各种变更、签证、索赔，从而导致建设工程的结算周期长、流程复杂，在竣工验收后 6 个月很难完成工程价款的最终审核、确认。原《最高人民法院关于建设工程价款优先受偿权问题的批复》第4条规定的"建设工程承包人行使优先权的期限为6个月，自建设工程竣工之日或者建设工程合同约定的竣工之日起计算"，事实上限制了承包人的优先受偿权。因此，为了更好地保护承包人的权利，《建工解释（一）》第41条规定："承包人应当在合理的期限内行使建设工程价款优先受偿权，但最长不得超过十八个月，自发包人应当给付建设工程价款之日起算。"该法条将行使建设工程价款优先受偿权的计算起点确定为建设工程价款应当给付之日。立法者如此设计建设工程价款优先受偿权的行使时间为债权应受满足之日，没有将行使优先受偿权的起诉时间具体化，主要是考虑到不能穷尽应当支付工程价款的所有情形，因此确定为自发包人应当给付建设工程价款之日。①

3. 建设工程价款优先受偿权中"应付工程价款之日"的确定

司法实践中，发包人应付工程价款之日的确定应当根据具体实际案件做客观判断，现仅提出以下观点以供参考。

（1）合同有约定的，应当遵从当事人约定。发包人与承包人签订建设工程施工合同，对工程价款的支付方式一般约定为，在工程施工完毕后，经过竣工、验收、结算，发包人依约支付工程价款。该工程价款的支付时间即为应付工程价款之日，也是行使建设工程价款优先受偿权的起算时间。在司法实践中，因为建设工程施工合同履行的复杂性，所以经常出现特殊的情况，对此应当予以注意。如果是分期施工、阶段付款的建设工程施工合同，承包人主张阶段性工程价款而合同仍在继续履行的，应以工程最终竣工结算后所确定的工程价款的应付款时间作为优先受偿权行使期限的起算点。承发包双方订立的施工合同尚处于履行期，双方当事人也未明确主张解除合同终止履行，承包人主张阶段性工程价款的付款时间作为优先受偿权的起算时间，不应予以支持。另外，质量保证金为保障工程质量而缴纳的，不属于应付工程价款，因而不应以建设单位返还质量保证金的时间作为应付工程价款的认定时间。还有一种情况是，建设工程实践中会出现发包人与承包人以协议的形

---

① 最高人民法院民事审判第一庭编著：《最高人民法院新建设工程施工合同司法解释（一）理解与适用》，人法院出版社2021年版，第423页。

式延长应付款时间。如果确是因一方原因，导致付款条件不能成就，双方协商一致另行确定了付款时间，应认定对付款时间的约定为有效，优先受偿权的行使起算时间以协议确定的付款时间为准。反之，承发包双方恶意串通，目的是损害抵押权人或其他第三人的利益，则仍应以原合同约定的付款日期作为应付工程价款之日，即为行使优先受偿权的起算。[1]

（2）合同无效，但建设工程经竣工验收合格的情况下，可参照合同约定确定应付工程价款的时间。建设工程的施工过程就是承包人将劳务即建筑材料物化到建设工程的过程，即使合同无效，也无法适用无效恢复原状的返还原则，只能折价补偿。因此，《民法典》第793条第1款规定："建设工程施工合同无效，但是建设工程经验收合格的，可以参照合同关于工程价款的约定折价补偿承包人。"建设工程质量合格，承包人可参照合同约定请求支付工程价款，亦可参照合同约定的支付工程价款的方式和日期请求发包人支付工程价款。在建设工程施工合同无效的情况下，如工程经竣工验收合格，可以参照合同约定支付工程价款的时间作为发包人应付工程价款成就的时间。

（3）合同解除或者终止履行，支付工程价款的时间有约定从约定，不能形成合意应付款之日，则应为当事人提起诉讼之日起。一般合同解除或者终止履行的时间早于合同约定的付款期限及工程竣工之日，即合同解除时工程尚未完工，合同约定的工程价款结算条件尚未成就。一方面，合同解除或终止后，承包人与发包人就工程价款的支付另行达成合意，以该协议约定确定工程价款的支付时间作为优先受偿权的起算时间；另一方面，合同解除或终止后，承包人与发包人对工程价款的数额有争议，当事人向司法机关或仲裁机构正式主张确认发包人欠付承包人工程价款，应付款之日则应为当事人提起诉讼之日起。[2]

（4）当事人对付款时间没有约定或者约定不明的，应付工程价款之日的确定。《建工解释（一）》第27条规定："利息从应付工程价款之日开始计

---

[1]　最高人民法院民事审判第一庭编著：《最高人民法院新建设工程施工合同司法解释（一）理解与适用》，人民法院出版社2021年版，第428页。

[2]　最高人民法院民事审判第一庭编著：《最高人民法院新建设工程施工合同司法解释（一）理解与适用》，人民法院出版社2021年版，第425页。

付。当事人对付款时间没有约定或者约定不明的，下列时间视为应付款时间：
（一）建设工程已实际交付的，为交付之日；（二）建设工程没有交付的，为
提交竣工结算文件之日；（三）建设工程未交付，工程价款也未结算的，为
当事人起诉之日。"该司法解释是关于发包人向承包人支付欠付工程价款利
息起算时间的规定，对承包人行使建设工程价款优先受偿权的起算时间也有
借鉴意义。参照《建工解释（一）》第 27 条，可以将建设工程施工合同划分
为几种情况，以确定大体公平的时间点作为行使优先受偿权的起算时间。一
是建设工程实际交付的，以建设工程交付之日为应付款时间。此时，发包人
对诉争建设工程已经实际控制，发包人对建设工程已经收益，仍然欠付承包
人工程价款，此时发包人应当向承包人支付工程价款。二是建设工程没有交
付，但承包人已经在建设工程竣工验收合格后，按照合同约定的时间提交了
竣工结算文件。如果建设工程施工合同约定发包人在合同约定的期限内不予
答复的，视为认可竣工结算文件，按照《建工解释（一）》第 20 条的规定，
竣工结算文件产生法律效力。此时，以承包人提交竣工结算文件的时间作为
工程价款结算的时间。三是建设工程价款未结算，建设工程也未交付。在这
种情况下，合同约定的工程价款结算条件尚未成就，无法确定应付工程价款
之日，应当规定一个拟制的应付款时间。以起诉时间作为应付款时间，主要
考虑起诉为权利人向司法机关正式主张权利的时间点，人民法院经过审理最
终认定了发包人拖欠承包人工程价款的事实。由于合同约定的工程价款结算
条件未成就，找不到起诉前的应付款时间点。因此，以一审原告起诉时间作
为应付款时间是适当的。①

4. 建设工程价款优先受偿权起始时间随发包人与承包人对应付款时间
的协商而变更

建设工程施工合同的发包人与承包人对结算款的争议，最终在施工约定
的工程结算期限届满后，另行对工程总造价、欠付工程价款数额及付款时间
达成新的协议。这种情况比较普遍，但其是否导致建设工程价款优先受偿权

① 最高人民法院民事审判第一庭编著：《最高人民法院新建设工程施工合同司法解释（一）理解与
适用》，人民法院出版社 2021 年版，第 427 页。

的起算时间相应顺延，在司法实践中存在争议。有学者认为，因建设工程价款优先受偿权，优先于担保物权及其他债权，承发包双方任意延长付款时间会对发包人的其他债权人产生不利影响，不应准许以牺牲发包人其他债权人利益的方式，任由承包人作出付款期限上的让步，从而改变优先受偿权的起算时间。但是，笔者认为，承发包双方在施工合同之外另行签订的关于付款时间的协议，实际上系对施工合同的工程价款数额及付款时间进行了变更，应当认定为有效，应付款之日即以另行约定的日期为准。但是为了避免发包人与承包人恶意串通，损害银行等发包人的其他债权人利益，人民法院应主动审查承发包双方的主观意愿及是否存在损害第三人利益的情形，如果确系一方原因，导致付款条件不能成就，双方协商一致另行确定了付款时间，且不存在恶意损害第三人利益的情形时，应认定对付款时间的约定为有效，优先受偿权的行使起算时间以协议确定的付款时间为准。反之，承发包双方恶意串通，目的是拖延银行抵押权的行使或损害第三人利益，则仍应以原合同约定的付款日期作为应付工程价款之日，即行使建设工程价款优先受偿权的起算时间。从实务情况看，需要重点关注抵押权人合法权益的保护问题。如果承包人向发包人提起建设工程优先受偿权诉讼，抵押权人可以有独立请求权之第三人的身份参加诉讼，如双方恶意串通以另行订立协议的方式拖延工程价款支付及行使优先受偿权的实现，抵押权人有权撤销该协议，并要求恶意串通的承包人和发包人承担赔偿责任的权利。[1]

### 三、放弃、限制建设工程价款优先受偿权的效力

判断承包人放弃、限制建设工程价款优先受偿权的效力，需回到《民法典》第807条建设工程价款优先受偿权的立法本意。建设工程价款优先受偿权的立法本意是保护建筑工人获得劳动报酬的合法权益，维护社会弱势群体的利益。《建工解释（一）》第42条规定："发包人与承包人约定放弃或者限制建设工程价款优先受偿权，损害建筑工人利益，发包人根据该约定主张承

---

[1] 王楠楠："建设工程价款优先受偿权行使期限的问题研究"，载最高人民法院民事审判第一庭编：《民事审判指导与参考》（总第78辑），人民法院出版社2019年版，第47页。

包人不享有建设工程价款优先受偿权的，人民法院不予支持。"该条司法解释以是否损害建筑工人的利益这一特定条件作为判断放弃、限制建设合同价款优先权效力的依据。损害建筑工人的利益的判断，应以承包人的资产负债情况为依据。如果承包人与发包人约定放弃或者限制建设工程价款优先受偿权，导致其工程价款债权不能实现，进而造成其资产负债状况恶化，以至于不能支付建筑工人的工资时，就属于"损害建筑工人利益"。

（一）发包人与承包人可以约定放弃或者限制建设工程价款优先受偿权

承包人放弃、限制建设工程价款优先受偿权，既可以采用承包人单方承诺放弃的方式，也可以采用承包人与发包人协议的方式；放弃、限制优先受偿权发生的时间可以是签订建设工程施工合同时，也可以是施工、结算过程中。但在目前承发包双方关系不对等的情况下，这种限制、放弃优先受偿权的行为是否符合民法意思自治的基本原则，是司法实践中一直争议的问题。

1. 建设工程价款优先受偿权既可以放弃也可以限制

建设工程价款优先受偿权是赋予承包人对承建的建设工程折价或者拍卖的价款优先受偿的权利。该权利属于民事权利，承包人可以自由处置，处置的方式可以是放弃，也可以是限制。承包人与发包人约定限制建设工程价款优先受偿权，既包括为建设工程价款优先受偿权的行使设定时间、条件，也包括限定建设工程价款优先受偿权所针对的建设工程的范围等方面。关于放弃建设工程价款优先受偿权分两种情况：一是绝对放弃，二是相对放弃。绝对放弃建设工程价款优先受偿权，是指承包人放弃对建设工程折价或者拍卖的价款优先受偿的权利。放弃建设工程价款优先受偿权既可以是放弃全部债权额的优先受偿权，也可以是放弃部分债权额的优先受偿权。放弃部分优先权时，其未放弃的部分仍然享有优先受偿权。针对承包人相对放弃建设工程价款优先受偿权，在司法实践中，对相对放弃，具体可以分为三种情形。

（1）只放弃优先于抵押权人优先受偿的权利，保留优先于普通债权人受清偿的权利。包括全部放弃和部分放弃两类情形，其中部分放弃是指建设工程价款优先受偿权人为发包人的某一个抵押权人之利益而放弃优先受偿权，并由其就建设工程应能够获得的优先分配金额与被抛弃利益之抵押权人按两者合计之债权额比例受偿。这种部分的相对放弃，实质上是建设工程价款优先受偿权人让利给发包人的某一抵押权人，使后者在让利范围内与其共同分享优先受偿的利益。因为可以优先受偿的金额是限定于建设工程价款优先受偿权人原来的债权额范围内，该种相对放弃行为对发包人的其他抵押权人和普通债权人的利益并无影响。

（2）放弃优先于抵押权人受清偿的权利，仅为发包人的某一特定的无担保债权人之利益而抛弃优先受偿利益，并由其就建设工程应能获得的优先分配金额与受抛弃利益之债权人按两者合计之债权额比例受偿。此种相对放弃行为，性质上与上述部分放弃优先于抵押权人效力之行为的性质相同，也无害于其他债权人的利益，自当为法律所允许。这一观点对放弃建设工程价款优先受偿权的行为作了细致区分。从中可以看到，放弃建设工程价款优先受偿权不仅涉及承包人与发包人的利益，也涉及发包人的债权人、建设工程的抵押权人的利益；不仅可能是基于承包人的单方意思表示或者承包人与发包人的双方意思表示，还可能基于承包人、发包人、发包人的债权人、建设工程抵押权人等多方的意思表示。[①]

（3）正确区分建设工程价款优先受偿权的放弃和限制。如果承包人与发包人约定放弃或者限制建设工程价款优先受偿权，则承包人的建设工程价款债权与普通债权的清偿顺序相同，排在设有抵押的债权之后。如果承包人与发包人约定限制建设工程价款优先受偿权，则需要根据双方当事人的具体约定来确定发包人各债权人之债权的清偿顺序。对于该约定，建设工程的抵押权人、发包人的其他债权人均可据以对抗承包人。如承包人与发包人约定的建设工程价款优先受偿权行使的时间和条件，则需要约定的时间届至或者约定的条件成就后，承包人才能行使建设工程优先受偿权。通常情况下，承包人与发包人约定限制建设工程价款优先受偿权是为特定第三人的利益，而且该特定第三人一般也是合同当事人。例如，发包人向商业银行贷款时，商业银行为了确保自己的贷款债权的实现，会要求与发包人和承包人签订约定，

---

① 最高人民法院民事审判第一庭编著：《最高人民法院新建设工程施工合同司法解释（一）理解与适用》，人民法院出版社 2021 年版，第 436 页。

约定承包人在商业银行的抵押权实现之后或者商业银行的贷款债权全部实现之后，才能行使建设工程价款优先受偿权。这类约定主要为保护发包人特定债权人的利益，发包人的其他债权人或者建设工程的其他抵押权人不能以此类约定对抗承包人。

2. 发包人利用优势地位迫使承包人放弃、限制优先受偿权不属于胁迫

在目前的建筑市场中，发包人优势地位明显，发包人往往利用自己的优势地位，要求承包人在签订建设工程施工合同时就放弃或限制优先受偿权，承包人为了承揽工程而一般会予以接受。笔者认为，发包人利用优势地位，承包人迫不得已放弃或者限制建设工程价款优先受偿权的情况，不属于法律意义上的胁迫。《民法典》第150条规定："一方或者第三人以胁迫手段，使对方在违背真实意思的情况下实施的民事法律行为，受胁迫方有权请求人民法院或者仲裁机构予以撤销。"建设工程的签订是承发包双方基于自身的利益进行商务谈判的过程。发包人利用优势地位要求承包人放弃或者限制建设工程价款优先受偿权，承包人作为平等的商事主体可以在发包人的强势下选择不承揽工程。所以发包人利用优势地位要求承包人放弃、限制建设工程价款优先受偿权的行为，无论是在签署建设工程施工合同商务谈判时，还是在施工、结算过程中形成，都不构成胁迫。

3. 约定放弃或者限制优先受偿权不属于恶意串通

《民法典》第154条规定："行为人与相对人恶意串通，损害他人合法权益的民事法律行为无效。"恶意串通为主观因素，是指当事人双方具有共同目的，希望通过订立合同损害国家、集体或者第三人的利益。它可以表现为双方当事人事先达成协议，也可以表现为一方当事人作出意思表示，对方当事人明知其目的非法，而以默示的方式接受。它可以是双方当事人相互配合，也可以是双方共同作为。恶意串通的行为存在一个明确的目的，就是希望通过订立合同损害国家、集体或者第三人的利益。发包人要求承包人放弃、限制建设工程价款优先受偿权，一般的目的是优先保护其他债权人的利益，这不必然导致损害建筑工人和其他债权人的利益。

（二）放弃或者限制优先受偿权不得损害建筑工人利益

建设工程价款优先受偿权是承包人享有的一项民事权利。《建工解释

（一）》第 42 条首先尊重承包人对这一项民事权利的处分权，但对该民事权利的处分进行了限定："……损害建筑工人利益，发包人根据该约定主张承包人不享有建设工程价款优先受偿权的，人民法院不予支持。"承包人处分建设工程价款优先受偿权这一民事权利，以不损害建筑工人的利益为限。立法者进行这种立法设计是来源于建设工程价款优先受偿权的立法目的，即通过赋予承包人以建设工程价款优先受偿权来达到保护建筑工人权益的目的。建设工程承包人的主要营业收入基本上全部来自承包建设工程的收入，都体现为建设工程价款。对建设工程价款优先受偿权的放弃、限制，会直接影响建设工程承包人的责任财产范围。故放弃或者限制建设工程价款优先受偿权，导致损害建筑工人利益，实为背离了《民法典》第 807 条的立法目的。在这种情况下，承包人与发包人关于放弃或者限制建设工程价款优先受偿权的约定就无效。发包人与承包人约定放弃或者限制建设工程价款优先受偿权是否损害建筑工人利益，应当从承包人整体的资产负债状况、现金流情况等作出判断，而不能以是否欠某一建筑工人的工资为判断标准。如果仅以承包人存在个别的欠薪行为，就认定其与发包人约定放弃或者限制建设工程价款优先受偿权损害了建筑工人利益，进而认定该约定无效，则可能会对承包人产生负面激励，使其恶意拖欠建筑工人工资，以达到继续行使建设工程价款优先受偿权的目的。

（三）承包人放弃或限制优先受偿权后对建设工程价款债权的效力

《民法典》第 807 条赋予建设工程价款债权就建设工程折价或者拍卖的价款优先受偿的效力。这条规定不仅对发包人的利益有影响，对发包人的其他债权人和建设工程的抵押权人的利益也有较大影响。这一制度赋予了建设工程承包人的价款债权以对抗发包人、发包人的债权人以及建设工程的抵押权人的效力，建设工程价款债权不再是普通的对人权，而取得了一定对世权的特性。《建工解释（一）》第 36 条规定："承包人根据民法典第八百零七条规定享有的建设工程价款优先受偿权优于抵押权和其他债权。"鉴于承包人的建设工程价款优先受偿权具有优先于抵押权的效力，该优先受偿权也应当具有物上追及力。承包人的建设工程价款优先受偿权能够对抗受让建设工程的第三人。如果承包人允诺放弃建设工程价款优先受偿权，其建设工程价款债权则失去上述效力，不能对抗发包人、发包人的债权人、建设工程的抵押权人和受让人。如果承包人允诺限制建设工程价款优先受偿权，则其建设工程价款债权在其允诺的范围内失去上述效力。

## 四、建设工程价款优先受偿权的相关问题

### （一）建设工程价款优先受偿权人不能对工程价款纠纷提起第三人撤销之诉

关于第三人撤销之诉，《民事诉讼法》第59条规定："对当事人双方的诉讼标的，第三人认为有独立请求权的，有权提起诉讼。对当事人双方的诉讼标的，第三人虽然没有独立请求权，但案件处理结果同他有法律上的利害关系的，可以申请参加诉讼，或者由人民法院通知他参加诉讼。人民法院判决承担民事责任的第三人，有当事人的诉讼权利义务。前两款规定的第三人，因不能归责于本人的事由未参加诉讼，但有证据证明发生法律效力的判决、裁定、调解书的部分或者全部内容错误，损害其民事权益的，可以自知道或者应当知道其民事权益受到损害之日起六个月内，向作出该判决、裁定、调解书的人民法院提起诉讼。……"关于第三人撤销之诉的提出理由为，第三人认为对双方争议的诉讼标的有独立请求权，或者第三人认为双方争议的诉讼标的处理结果同其有法律上的利害关系的。笔者认为建设工程价款优先受偿权人不能提起第三人撤销之诉，主要是基于以下两点理由。

1. 建设工程价款优先受偿权人对建设工程的权属不具有独立请求权

当事人双方对建设工程本身的所有权产生争议进行诉讼活动，不论哪一方胜诉，谁取得了建设工程的所有权，均不影响建设工程价款优先受偿权人行使变卖、拍卖的权利。建设工程的承包人仅对建设工程折价、拍卖款享有优先权，但建设工程本身并不享有直接的权利，不符合对双方争议的标的具有独立请求权这一条件。建设工程承包人不属于应当参加第三人撤销之诉的主体范畴。

2. 建设工程价款优先受偿权人对建设工程折价、拍卖款项仅具有优先权

当事人双方争议标的物，不是建设工程本身，而是其他债权，建设工程

被人民法院强制执行，用以折价、变卖满足债权人的其他债权。在这种情况下，建设工程承包人既对当事人双方争议的标的没有独立请求权，也在案件处理结果上没有法律上的利害关系。这仅仅涉及债权的顺位问题，这种问题的解决方式是人民法院在强制执行中针对以上债权的优先权进行排序，按照债权优先顺序的诉讼程序进行。

（二）享有建设工程价款优先受偿权的承包人提起执行异议之诉的问题

《民事诉讼法》第234条规定："执行过程中，案外人对执行标的提出书面异议的，人民法院应当自收到书面异议之日起十五日内审查，理由成立的，裁定中止对该标的的执行；理由不成立的，裁定驳回。案外人、当事人对裁定不服，认为原判决、裁定错误的，依照审判监督程序办理；与原判决、裁定无关的，可以自裁定送达之日起十五日内向人民法院提起诉讼。"《民事诉讼法解释》第309条规定："案外人或者申请执行人提起执行异议之诉的，案外人应当就其对执行标的享有足以排除强制执行的民事权益承担举证证明责任。"案外人执行异议之诉的提出主体是案外人或申请执行人，客体是执行标的，案外人的诉讼目的是人民法院中止对执行标的的执行，案外人的诉讼理由是其对执行标的享有足以排除强制执行的民事权益。通过以上分析，案外人执行异议之诉实质上是案外人认为执行标的物不应当予以执行。一般来说，执行标的物为案外人所有或案外人享有物权期待权等实体权利，足以排除强制执行。建设工程价款优先受偿权的本质是以建设工程折价、拍卖的价款，保证承包人的工程款债权的实现，保证的方式是建设工程承包人对建设工程折价、拍卖价款优先受偿。建设工程承包人对建设工程本身折价、拍卖的款项只存在一个具有优先性的债权，对建设工程本身并没有所有权或物权期待权等实体权利，所以享有建设工程价款优先受偿权的承包人不能达到对该建设工程阻却执行的效果。建设工程承包人以案外人身份对该建设工程享有优先受偿权为由提起执行异议之诉要求停止执行，人民法院应当不予支持。建设工程承包人应当另行提起诉讼，主张实现建设工程价款优先受偿权。建设工程承包人享有的建设工程价款优先受偿权，只能在其他案件的执行程序中向执行法院提出优先受偿的主张。

（三）建设工程价款优先受偿权人的参与分配问题

《民事诉讼法解释》第 506 条规定："被执行人为公民或者其他组织，在执行程序开始后，被执行人的其他已经取得执行依据的债权人发现被执行人的财产不能清偿所有债权的，可以向人民法院申请参与分配。对人民法院查封、扣押、冻结的财产有优先权、担保物权的债权人，可以直接申请参与分配，主张优先受偿权。"第 508 条规定："参与分配执行中，执行所得价款扣除执行费用，并清偿应当优先受偿的债权后，对于普通债权，原则上按照其占全部申请参与分配债权数额的比例受偿。清偿后的剩余债务，被执行人应当继续清偿。债权人发现被执行人有其他财产的，可以随时请求人民法院执行。"《民事诉讼法》的参与分配制度是解决已经取得执行依据的债权人，发现被执行人的财产不能清偿所有债权，对债务人财产进行分配的制度设计。在执行分配方案之诉中，主张其享有建设工程价款优先受偿权的债权人，人民法院应当审查优先受偿权是否产生、范围是否适当、期限是否经过等事项。经审查，建设工程承包人享有优先受偿权的，且具有优先于其他债权效力的，应当对债务人的财产优先分配，建设工程承包人不享有优先受偿权，或者优先受偿权劣后于其他债权效力的，应当由人民法院确认分配方案。

# 后　记

自 2006 年开始执业以来，我一直认为专业化是律师正确的发展方向。于是，我热衷于参加各种形式的法律培训，在北京、天津、石家庄、南京、沈阳等地均有参加，培训的内容主要包括建设工程、公司法、物权法、合同法、执行审查、刑事诉讼等。在众多的法律培训中，朱树英老师和张雷老师对我的影响尤为深刻，本书的形成不仅是我多年学习工作的总结，更是我在聆听朱树英老师和张雷老师课程后的思考。在积极参加法律培训的同时，我阅读了大量的法律著作，对本书形成影响较大的有王勇先生的《建设工程施工合同纠纷实务解析》、最高人民法院民事审判第一庭编著的《最高人民法院建设工程施工合同司法解释（一）理解与适用》《最高人民法院建设工程施工合同司法解释（二）理解与适用》以及秦德平先生的《建设工程施工合同审理审查实务》等。

本书的写作之所以选择建设工程施工纠纷领域是基于以下两方面考虑：一是我国正在进行大规模城市化建设，在今后的二三十年里，依旧有很大的发展潜力，建设工程行业对法律服务的旺盛需求亦将持续我整个执业生涯。二是建设工程法律自成体系。简单来说，建设工程法律结构体系不仅包括《民法典》《建筑法》《建工解释（一）》《建设工程质量管理条例》等法律法规，还有不计其数的部门规章及其他规范性文件，甚至也有很多高级人民法院陆续出台的关于建设工程施工合同纠纷案件的指导性文件。建设工程本身就是一门独立的专业，若想成为优秀的建工类律师仅仅具有法律专业知识是不够的，还必须对建设工程行业涉及的其他专业知识具有一定程度的理解和掌握。法律从业人员不通过专门的学习，是不可能系统地掌握建设工程的法律体系的，而不了解建设工程法律体系，就很难对复杂的建设工程案件提出系统的解决方案。

2018年，我发现仅靠阅读和听课，掌握的法律知识往往是零散的，鉴于此，我迫切地需要把自己零散的法律知识系统化、体系化。我曾读过王泽鉴先生的《法律人的学习在于训练，而非记忆》一文，其中有这样一句话让我记忆深刻："我写《民法学说与判例研究》，我跟各位同学老师报告，并不是我懂才去写它，因为我发现我不懂，但是这个问题值得研究，我就开始找资料，由不懂慢慢变成懂，懂之后就大胆地登出来，有了习惯之后就慢慢好起来了。"正因如此，写书的念头在我心中油然而生，并激励着我不断前行。本书在编著之初，计划采取案例分析的形式，对建设工程施工合同中涉及的法律问题采用知识点的形式进行讲解。但是随着编著的深入，发现因本人学识有限，采取案例分析的讲解形式很难从法律体系上将建设工程施工合同梳理清楚，而这完全违背了我编著本书的初衷。因而，后来我决定从建设工程施工合同法律的组成方面进行讲解，包括合同效力、合同主体、工程价款、建设工期、工程质量、履行障碍、司法鉴定、优先受偿权等。本书除对以上内容进行了介绍，还对建设工程施工合同案件中经常出现的表见代理、施工合同的管辖、建筑物的物权及转让、以物抵债等问题进行了讲解。整体而言，本书从理论和实务角度，系统地对建设工程施工合同的法律知识进行全面梳理和分析。本书书名定为《建设工程施工合同法律结构解析》，即是出于此种考虑。

我真诚地感谢王勇先生、秦德平先生、朱树英老师、张雷老师以及最高人民法院民事审判第一庭的各位法官。

董建福

2022年4月12日于唐山市路北区

# 本书涉及法律、法规及规范性文件

## 一、法律

1. 《中华人民共和国建筑法》

2. 《中华人民共和国合同法》（已废止）

3. 《中华人民共和国民法典》

4. 《中华人民共和国招标投标法》

5. 《中华人民共和国民事诉讼法》

6. 《中华人民共和国城乡规划法》

7. 《中华人民共和国城市房地产管理法》

8. 《中华人民共和国预算法》

9. 《中华人民共和国公司法》

10. 《中华人民共和国标准化法》

11. 《中华人民共和国中国人民银行法》

12. 《中华人民共和国商业银行法》

13. 《中华人民共和国消防法》

14. 《中华人民共和国消费者权益保护法》

15. 《中华人民共和国海商法》

16. 《中华人民共和国民用航空法》

17. 《中华人民共和国企业破产法》

18. 《中华人民共和国税收征收管理法》

## 二、行政法规

1. 《建设工程质量管理条例》（中华人民共和国国务院令第 714 号）

2. 《村庄和集镇规划建设管理条例》（中华人民共和国国务院令第 116 号）

3. 《不动产登记暂行条例》（中华人民共和国国务院令第 710 号）

4. 《中华人民共和国招标投标法实施条例》（中华人民共和国国务院令第 709 号）

5. 《中华人民共和国标准化法实施条例》（中华人民共和国国务院令第 53 号）

6. 《中华人民共和国城镇国有土地使用权出让和转让暂行条例》（中华人民共和国国务院令第 732 号）

7. 《建设工程安全生产管理条例》（中华人民共和国国务院令第 393 号）

8. 《城市房地产开发经营管理条例》（中华人民共和国国务院令第 732 号）

9. 《全民所有制工业企业承包经营责任制暂行条例》（中华人民共和国国务院令第 588 号）

10. 《中华人民共和国电信条例》（中华人民共和国国务院令第 666 号）

11. 《诉讼费用交纳办法》（中华人民共和国国务院令第 481 号）

## 三、部门规章

1. 《建筑业企业资质管理规定》（2018 年修正）

2. 《村镇建筑工匠从业资格管理办法》（中华人民共和国建设部令第 54 号）（已失效）

3. 《住宅室内装饰装修管理办法》（2011 年修正）

4. 《家庭居室装饰装修管理试行办法》

5. 《不动产登记暂行条例实施细则》（中华人民共和国自然资源部令第 5 号）

6. 《必须招标的工程项目规定》（中华人民共和国国家发展和改革委员会令第 16 号）

7. 《实施工程建设强制性标准监督规定》（2021 年修正）

8.《工程建设项目招标范围和规模标准规定》（中华人民共和国国家发展计划委员会令〔第 3 号〕）（已失效）

9.《〈标准施工招标资格预审文件〉和〈标准施工招标文件〉暂行规定》（国家发展和改革委员会、中华人民共和国工业和信息化部、中华人民共和国财政部、中华人民共和国住房和城乡建设部、中华人民共和国交通运输部、中华人民共和国铁道部、中华人民共和国水利部、国家广播电影电视总局、中国民用航空局令第 23 号）

10.《房屋建筑和市政基础设施工程施工招标投标管理办法》（中华人民共和国住房和城乡建设部令第 47 号）

11.《房屋建筑和市政基础设施工程施工分包管理办法》（2019 年修正）

12.《建筑工程施工许可管理办法》（2021 年修正）

13.《建筑施工企业项目经理资质管理办法》（建建〔1995〕第 1 号）

14.《对外援助成套项目管理办法（试行）》（中华人民共和国商务部令 2015 年第 3 号）

15.《房屋建筑和市政基础设施工程竣工验收备案管理办法》（中华人民共和国住房和城乡建设部令第 2 号）

16.《房屋建筑工程质量保修办法》（中华人民共和国建设部令〔第 80 号〕）

17.《商品房销售管理办法》（中华人民共和国建设部令〔第 88 号〕）

18.《建设部关于印发〈商品住宅实行住宅质量保证书和住宅使用说明书制度的规定〉的通知》（建房〔1998〕第 102 号）

19.《司法鉴定程序通则》（中华人民共和国司法部令第 132 号）

20.《司法鉴定机构登记管理办法》（中华人民共和国司法部令第 95 号）

21.《建设部关于印发〈建设工程施工发包与承包价格管理暂行规定〉的通知》（建标〔1999〕1 号）

## 四、司法解释

1.《最高人民法院关于建设工程价款优先受偿权问题的批复》（法释〔2002〕16 号）（已失效）

2. 《最高人民法院关于审理建设工程施工合同纠纷案件适用法律问题的解释》（法释〔2004〕14 号）（已失效）

3. 《最高人民法院关于审理建设工程施工合同纠纷案件适用法律问题的解释（二）》（法释〔2018〕20 号）（已失效）

4. 《最高人民法院关于审理建设工程施工合同纠纷案件适用法律问题的解释（一）》（法释〔2020〕25 号）

5. 《最高人民法院关于适用〈中华人民共和国民事诉讼法〉的解释》（法释〔2022〕11 号）

6. 《最高人民法院关于印发修改后的〈民事案件案由规定〉的通知》（法〔2020〕347 号）

7. 《最高人民法院关于审理民间借贷案件适用法律若干问题的规定》（法释〔2020〕17 号）

8. 《最高人民法院关于装修装饰工程款是否享有合同法第二百八十六条规定的优先受偿权的函复》（〔2004〕民一他字第 14 号）

9. 《最高人民法院关于审理商品房买卖合同纠纷案件适用法律若干问题的解释》（法释〔2020〕17 号）

10. 《最高人民法院关于经济合同的名称与内容不一致时如何确定管辖权问题的批复》（法复〔1996〕16 号）

11. 《最高人民法院关于审理工伤保险行政案件若干问题的规定》（法释〔2014〕9 号）

12. 《最高人民法院关于在审理经济纠纷案件中涉及经济犯罪嫌疑若干问题的规定》（法释〔2020〕17 号）

13. 《最高人民法院关于民事诉讼证据的若干规定》（法释〔2019〕19 号）

14. 《最高人民法院关于适用〈中华人民共和国合同法〉若干问题的解释（二）》（法释〔2009〕5 号）（已失效）

15. 《人民法院对外委托司法鉴定管理规定》（法释〔2002〕8 号）

16. 《最高人民法院关于首先查封法院与优先债权执行法院处分查封财产有关问题的批复》（法释〔2016〕6 号）

17. 《最高人民法院关于审理企业破产案件若干问题的规定》（法释

〔2002〕23 号）

## 五、其他规范性文件

1. 《住房和城乡建设部关于印发〈建筑业企业资质标准〉的通知》（建市〔2014〕159 号）

2. 《建设工程施工合同（示范文本）》（GF－2017－0201）

3. 《住房和城乡建设部关于印发〈房屋建筑和市政基础设施工程竣工验收规定〉的通知》（建质〔2013〕171 号）

4. 《河北省高级人民法院关于印发〈建设工程施工合同案件审理指南〉的通知》（冀高法〔2018〕44 号）

5. 《国务院关于投资体制改革的决定》（国发〔2004〕20 号）（部分失效）

6. 《北京市高级人民法院关于审理建设工程施工合同纠纷案件若干疑难问题的解答》（京高法发〔2012〕245 号）

7. 《住宅装饰装修行业自律管理企业准入与清出办法（试行）》（中国建筑装饰协会）

8. 《建设部关于加强村镇建设工程质量安全管理的若干意见》（建质〔2004〕216 号）

9. 《建设部关于加强农民住房建设技术服务和管理的通知》（建村〔2006〕303 号）

10. 《发展改革委关于印发〈必须招标的基础设施和公用事业项目范围规定〉的通知》（发改法规规〔2018〕843 号）

11. 《国家发展改革委办公厅关于进一步做好〈必须招标的工程项目规定〉和〈必须招标的基础设施和公用事业项目范围规定〉实施工作的通知》（发改办法规〔2020〕770 号）

12. 《住房和城乡建设部关于推进建筑业发展和改革的若干意见》（建市〔2014〕92 号）

13. 《河北省住房和城乡建设厅关于做好非国有资金投资建筑工程项目监管工作的通知》（冀建市〔2014〕33 号）（已失效）

14. 《住房和城乡建设部关于开展建筑业改革发展试点工作的通知》（建

市〔2014〕64 号）

15.《国务院办公厅关于开展工程建设项目审批制度改革试点的通知》（国办发〔2018〕33 号）

16.《全国民事审判工作会议纪要》（法办〔2011〕442 号）

17.《住房和城乡建设部公告第 1567 号——关于发布国家标准〈建设工程工程量清单计价规范〉的公告》（住房和城乡建设部公告第 1567 号）

18.《最高人民法院关于印发〈第八次全国法院民事商事审判工作会议（民事部分）纪要〉的通知》（法〔2016〕399 号）

19.《住房和城乡建设部、财政部关于印发〈建筑安装工程费用项目组成〉的通知》（建标〔2013〕44 号）

20.《建筑工程施工转包违法分包等违法行为认定查处管理办法（试行）》（建市〔2014〕118 号）（已失效）

21.《住房和城乡建设部关于印发建筑工程施工发包与承包违法行为认定查处管理办法的通知》（建市规〔2019〕1 号）

22.《建设部、国家工商行政管理总局关于印发〈建设工程施工专业分包合同（示范文本）〉、〈建设工程施工劳务分包合同（示范文本）〉的通知》（建市〔2003〕168 号）

23.《劳动和社会保障部关于确立劳动关系有关事项的通知》（劳社部发〔2005〕12 号）

24.《最高人民法院关于对最高人民法院〈全国民事审判工作会议纪要〉第 59 条作出进一步释明的答复》

25.《人力资源和社会保障部关于执行〈工伤保险条例〉若干问题的意见》（人社部发〔2013〕34 号）

26.《国务院关于取消第二批行政审批项目和改变一批行政审批项目管理方式的决定》（国发〔2003〕5 号）

27.《最高人民法院印发〈关于当前形势下审理民商事合同纠纷案件若干问题的指导意见〉的通知》（法发〔2009〕40 号）

28.《最高人民法院民事审判庭关于发包人收到承包人竣工结算文件后，在约定期限内不予答复，是否视为认可竣工结算文件的复函》（〔2005〕民一

他字第 23 号）

29.《建设部、国家计委、财政部关于严格禁止在工程建设中带资承包的通知》（建建〔1996〕第 347 号）（已失效）

30.《财政部、建设部关于印发〈建设工程价款结算暂行办法〉的通知》（财建〔2004〕369 号）

31.《住房和城乡建设部公告第 193 号——关于发布国家标准〈建筑工程施工质量验收统一标准〉的公告》（住房和城乡建设部公告第 193 号）

32.《住房和城乡建设部、财政部关于印发建设工程质量保证金管理办法的通知》（建质〔2017〕138 号）

33.《国务院办公厅关于清理规范工程建设领域保证金的通知》（国办发〔2016〕49 号）

34.《最高人民法院关于正确适用〈中华人民共和国合同法〉若干问题的解释（二）服务党和国家的工作大局的通知》（法〔2009〕165 号）

35.《最高人民法院关于当前形势下加强民事审判切实保障民生若干问题的通知》（法〔2012〕40 号）

36.《最高人民法院印发〈关于依法妥善审理涉新冠肺炎疫情民事案件若干问题的指导意见（一）〉的通知》（法发〔2020〕12 号）

37.《最高人民法院印发〈关于依法妥善审理涉新冠肺炎疫情民事案件若干问题的指导意见（二）〉的通知》（法发〔2020〕17 号）

38.《住房和城乡建设部公告第 419 号——关于发布行业标准〈建筑工程资料管理规程〉的公告》（住房和城乡建设部公告第 419 号）

39.《最高人民法院关于印发〈全国法院民商事审判工作会议纪要〉的通知》（法〔2019〕254 号）

40.《全国人民代表大会常务委员会关于司法鉴定管理问题的决定》（2015 年修正）

41.《最高人民法院关于如何认定工程造价从业人员是否同时在两个单位执业问题的答复》（法函〔2006〕68 号）

42.《司法部关于印发司法鉴定文书格式的通知》（司发通〔2016〕112 号）

43.《最高人民法院关于印发〈人民法院司法鉴定人名册制度实施办法〉的通知》（法发〔2004〕6号）

44.《国家税务总局关于人民法院强制执行被执行人财产有关税收问题的复函》（国税函〔2005〕869号）

45.《国家税务总局关于进一步加强房地产税收管理的通知》（国税发〔2005〕82号）

46.《江苏省高级人民法院关于审理建设工程施工合同纠纷案件若干问题的解答》（已失效）